Olfert · Investition

D1858777

umweltfreundlich
... weil auf chlor- und
säurefreiem Papier gedruckt.

Sie finden uns im Internet unter: www.kiehl.de

Kompendium der praktischen Betriebswirtschaft

Herausgeber Prof. Dipl.-Kfm. Klaus Olfert

Investition

von

Prof. Dipl.-Kfm. Klaus Olfert

9., durchgesehene und aktualisierte Auflage

Kiehl

Herausgeber:

Prof. Dipl.-Kfm. Klaus Olfert
Hochschule für Technik, Wirtschaft und Kultur Leipzig
Fachbereich Wirtschaftswissenschaften
Postfach 66, 04251 Leipzig

ISBN 3 470 **70479** 1 · 9. Auflage · 2003
© Friedrich Kiehl Verlag GmbH, Ludwigshafen (Rhein) 1977
Alle Rechte vorbehalten. Ohne Genehmigung des Verlages ist es nicht gestattet, das Buch oder Teile daraus nachzudrucken oder auf fotomechanischem Weg zu vervielfältigen, auch nicht für Unterrichtszwecke.
Druck: Druckhaus Beltz, Hemsbach – wi

Kompendium der praktischen Betriebswirtschaft

Das Kompendium der praktischen Betriebswirtschaft soll dazu dienen, das allgemein anerkannte und praktisch verwertbare Grundlagenwissen der modernen Betriebswirtschaftslehre praxisgerecht, übersichtlich und einprägsam zu vermitteln

Dieser Zielsetzung gerecht zu werden, ist gemeinsames Anliegen des Herausgebers und der Autoren, die durch ihr Wirken an Hochschulen, als leitende Mitarbeiter von Unternehmen und in der betriebswirtschaftlichen Unternehmensberatung vielfältige Kenntnisse und Erfahrungen sammeln konnten.

Das Kompendium der praktischen Betriebswirtschaft umfasst mehrere Bände, die einheitlich gestaltet sind und jeweils aus zwei Teilen bestehen:

- Dem **Textteil**, der systematisch gegliedert sowie mit vielen Beispielen und Abbildungen versehen ist, welche die Wissensvermittlung erleichtern. Zahlreiche Kontrollfragen mit Lösungshinweisen dienen der Wissensüberprüfung. Umfassende Literaturverzeichnisse zu jedem Kapitel verweisen auf die verwendete und weiterführende Literatur.

- Dem **Übungsteil**, der eine Vielzahl von Aufgaben und Fällen enthält, denen sich ausführliche Lösungen anschließen, die schrittweise und in verständlicher Form in die betriebswirtschaftlichen Fragestellungen einführen.

Als praxisorientierte Fachbuchreihe wendet sich das Kompendium der praktischen Betriebswirtschaft vor allem an:

- **Studierende** der Fachhochschulen und Universitäten, Akademien und sonstigen Institutionen, denen eine systematische Einführung in die betriebswirtschaftlichen Teilgebiete vermittelt werden soll, die eine praktische Umsetzbarkeit gewährleistet.

- **Praktiker** in den Unternehmen, die sich innerhalb ihres Tätigkeitsfeldes weiterbilden, sich einen fundierten Einblick in benachbarte Bereiche verschaffen oder sich eines umfassenden betrieblichen Handbuches bedienen wollen.

Für Anregungen, die der weiteren Verbesserung der Fachbuchreihe dienen, bin ich dankbar.

Klaus Olfert
Herausgeber

Vorwort zur 9. Auflage

Nachdem die 8. Auflage rasch vergriffen war, ist es notwendig geworden, das Buch neu aufzulegen. Die vorliegende Auflage wurde durchgesehen und aktualisiert.

Die Anregungen aus dem Hochschulbereich und aus der betrieblichen Praxis erwiesen sich als wertvoll. Hierfür sei herzlich gedankt.

Prof. Dr. Christopher Reichel hat mich, wie schon bei der 8. Auflage, auch bei dieser Auflage wiederum unterstützt, wofür ihm mein besonderer Dank gilt.

Leipzig/Neckargemünd, im Dezember 2002

Prof. Klaus Olfert

Vorwort zur 8. Auflage

Die Vorauflage wurde überarbeitet und aktualisiert. Berücksichtigung fanden dabei Regelungen, die mit der Einführung des Euro in Verbindung stehen. Schließlich wurde die neue Auflage erweitert. Das betrifft insbesondere die Themenkreise:

- Orientierungsgrößen für den Kalkulationszinssatz (Kapitalmarktzins, Unternehmenszins, Marktrisiko, Unternehmensrisiko)
- Steuerliche Engpässe auf Investitionsentscheidungen (Kapitalwert nach Steuern, Steuerparadoxon)
- Konzepte der Investitionsprogrammplanung (Kapitalwertbezogene und Interne Zinsfußbezogene Planung)
- Nutzungsdauerbezogener Kapitalwert (Lösung des Ersatzproblems mithilfe der Kapitalwertmethode)
- Informationsbedarf bei Unternehmensübernahme (Prüfungshandlungen, Due Diligence, Checklisten)
- Multiplikator-Bewertungsverfahren (Umsatzbezogener Unternehmenswert, Interfinanz-Methode, EBDIT-Methode)
- Cash Flow-Bewertungsverfahren (Discounted Cash Flow-Methode, Shareholder Value-Methode)

Im Übungsteil erfolgte ebenfalls eine Erweiterung auf 80 Aufgaben und Fälle.

Mein besonderer Dank gilt Herrn Prof. Dr. Christopher Reichel, der an der Hochschule für Technik, Wirtschaft und Kultur Leipzig das Lehrgebiet Finanzwirtschaft vertritt, für seine Unterstützung bei der Erstellung der Neuauflage.

Leipzig/Neckargemünd, im November 2000

Prof. Klaus Olfert

Benutzungshinweis

Kontrollfragen

Die Kontrollfragen dienen der Wissenskontrolle. Sie finden sich am Ende eines jeden Kapitels. Zur Wissenskontrolle wird folgende Vorgehensweise vorgeschlagen:

- Beantwortung der Kontrollfragen und Vermerk in der Spalte »bearbeitet«.
- Vergleich der beantworteten Kontrollfragen mit den in der Spalte »Lösungshinweis« gegebenen Textstellen.
- Vermerk in der Spalte »Lösung«, ob die beantworteten Kontrollfragen befriedigend (+) oder unbefriedigend (-) gelöst wurden.

Aufgaben/Fälle

Die Aufgaben/Fälle im Übungsteil dienen der Wissens- und Verständniskontrolle. Auf sie wird jeweils im Textteil hingewiesen:

01 Seite ...

02 Seite ...

03 Seite ...

04 Seite ...

05 Seite ...

.
.
.

Der Übungsteil befindet sich als »blauer Teil« am Ende des Buches. Es wird empfohlen, die Aufgaben/Fälle unmittelbar nach Bearbeitung der entsprechenden Textstellen zu lösen.

Inhaltsverzeichnis

A. Grundlagen

Unternehmen werden zu dem Zwecke betrieben, Leistungen zu erstellen. Dies geschieht durch die Kombination der Produktionsfaktoren

- Arbeit
- Betriebsmittel
- Werkstoffe

im Rahmen eines **güterwirtschaftlichen Prozesses**, der es notwendig macht, dass die Produktionsfaktoren beschafft und planvoll eingesetzt werden, um die betrieblichen Leistungen zu bewirken und zu verwerten. Die Zeitdauer des Prozesses kann erheblichen Umfanges sein.

Um die Bereitstellung der für den güterwirtschaftlichen Prozess erforderlichen Güter nach Art, Menge und Zeit sorgen sich verschiedene Abteilungen des Unternehmens:

- Die **Materialwirtschaft** hat die Materialien – Rohstoffe, Hilfsstoffe, Betriebsstoffe, Zulieferteile, Waren – bereitzustellen.
- Die **Fertigungswirtschaft** hat sich mit den Betriebsmitteln – Maschinen, maschinellen Anlagen, Vorrichtungen – zu befassen.
- Die **Personalwirtschaft** hat die kaufmännischen und gewerblichen Mitarbeiter bereitzustellen und zu betreuen.

Die Beschaffung der Produktionsfaktoren auf der einen Seite und der Absatz der betrieblichen Leistungen auf der anderen Seite sind aber nicht nur Elemente eines güterwirtschaftlichen Prozesses, sondern erfordern ebenso einen **finanzwirtschaftlichen Prozess**, denn für die zu beschaffenden Produktionsfaktoren fallen Auszahlungen an, die betrieblichen Leistungen führen zu Einzahlungen.

Der güterwirtschaftliche Prozess steht damit in wechselseitiger Beziehung zu dem finanzwirtschaftlichen Prozess, die Leistungsströme fließen den Zahlungsströmen entgegen und umgekehrt. Beide Prozesse sind aber nicht völlig deckungsgleich, denn es gibt auch **Zahlungsströme, denen keine Leistungsströme gegenüberstehen**:

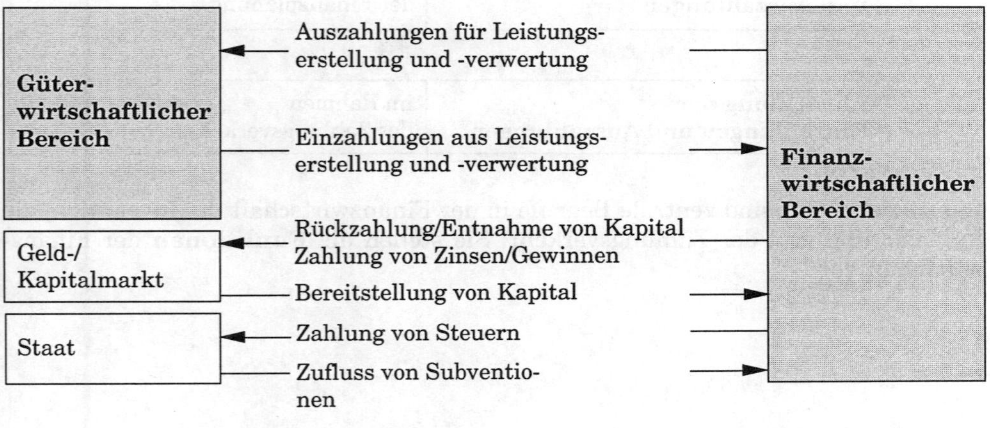

Der Finanzwirtschaft obliegt die Planung, Steuerung und Kontrolle der Einzahlungen und Auszahlungen des Unternehmens.

Ein typischer **finanzwirtschaftlicher Prozess** kann in folgender Weise ablaufen:

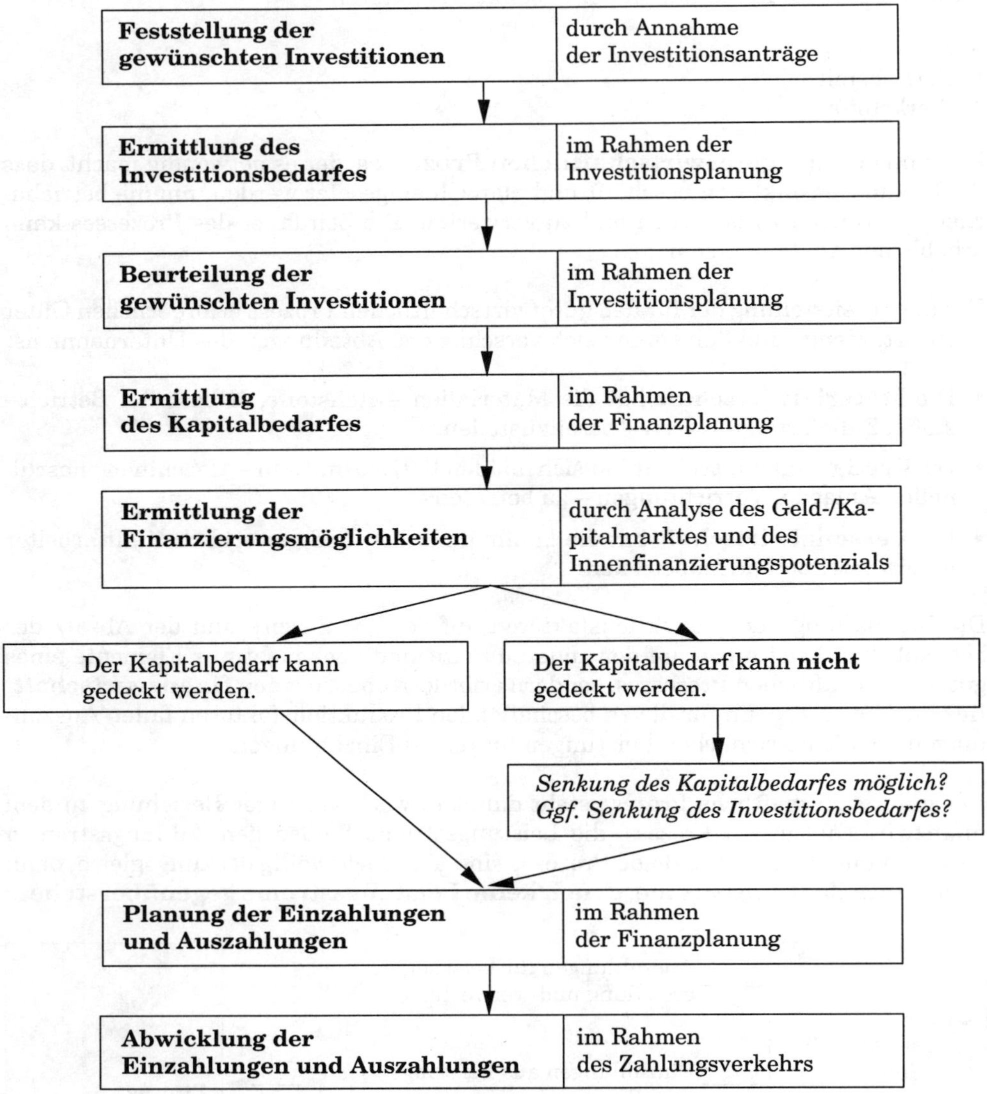

Wie zu sehen ist, sind zentrale Begriffe in der Finanzwirtschaft die Investition, die Finanzierung und der Zahlungsverkehr. Sie stellen die **Funktionen** der Finanzwirtschaft dar:

- Als **Kapitalverwendung** oder **Investition**, die dazu dient, das beschaffte Kapital im Unternehmen einzusetzen. Sie wird nachfolgend ausführlich dargestellt.

- Als **Kapitalbeschaffung** oder **Finanzierung**, die zur Aufgabe hat, das Unternehmen mit dem erforderlichen Kapital zu versorgen. Auf sie wird eingegangen, soweit das dem finanzwirtschaftlichen Verständnis dient - siehe ausführlich *Olfert, Olfert / Reichel*.

- Als **Kapitalverwaltung**, welche die Abwicklung der Einzahlungen und Auszahlungen des Unternehmens ermöglicht, die im Rahmen des **Zahlungsverkehrs** erfolgt.

Investition, Finanzierung und Zahlungsverkehr sind nicht nur Funktionen der Finanzwirtschaft. Sie müssen auch geplant, gesteuert und kontrolliert werden. Das geschieht im Rahmen der **finanzwirtschaftlichen Führung**.

Die **organisatorische Eingliederung** der finanzwirtschaftlichen Führung in das Unternehmen erfolgt auf unterschiedliche Weise, wobei vor allem folgende Kriterien auf die Organisationsform Einfluss nehmen:

- Unternehmensgröße
- Rechtsform
- Branche
- Art der Einbindung in den Konzern.

Nach dem Kriterium der **Unternehmensgröße** ergeben sich verschiedene Organisationsstrukturen:

- Die Unternehmensleitung **kleinerer** und auch **mittlerer Unternehmen** ist zumeist auch mit der finanzwirtschaftlichen Führung befasst, häufig noch in Verbindung mit dem Rechnungswesen.

  Strategische wie auch operative Finanzentscheidungen werden oftmals direkt von der Unternehmensleitung getroffen und nur routineartige Tätigkeiten werden delegiert. Stellt die finanzwirtschaftliche Führung einen Engpassfaktor dar, können existenzbedrohende Situationen für das Unternehmen entstehen.

  Mit **wachsender Unternehmensgröße** erfolgt schließlich oft eine Trennung der Führungsaufgaben in einen technischen und einen kaufmännischen Leitungsbereich, wobei letzterer die finanzwirtschaftliche Führung übernimmt.

- **Große Unternehmen** weisen meistens bereits im oberen Organisationsbereich eine eigenständige finanzwirtschaftliche Abteilung aus.

Die Finanzwirtschaft bzw. das Finanzwesen kann grundsätzlich funktional bzw. divisional in die Organisationsstruktur der Unternehmen eingeordnet sein:

- Die **funktionale Organisation** erfolgt durch die Zusammenfassung gleichartiger Verrichtungen und Arbeitsvorgänge in Abteilungen oder Ressorts mit den Zielsetzungen:

  – Erreichung von Spezialisierungsvorteilen
  – Degression der Kosten.

  Insbesondere kleinere und mittlere Unternehmen nutzen diese Organisationsform.

  Beispiel:

Ressort Einkauf	Ressort Technik	Ressort Vertrieb	Ressort Finanzen und Betriebswirtschaft
			o Controlling o Rechnungswesen o Finanzwesen: Disposition, Kredit, Ausland o Beteiligungen

  Nachteile dieser funktionale Organisationsform sind bei wachsenden Unternehmensgrößen Koordinationsprobleme, wie z. B. schwerfälliger Informationsfluss oder auch Überlastung der Führungskräfte.

- **Divisionale Organisationsformen** der finanzwirtschaftlichen Führung finden sich vor allem in größeren Unternehmen, wobei die Divisionalisierung durch eine Aufgabengliederung nach **Objekten** und **Sparten** erfolgt. Diese können sein:

  – Produkte oder Produktgruppen
  – Kunden oder Kundengruppen
  – Regionen oder Länder.

  Beispiel:

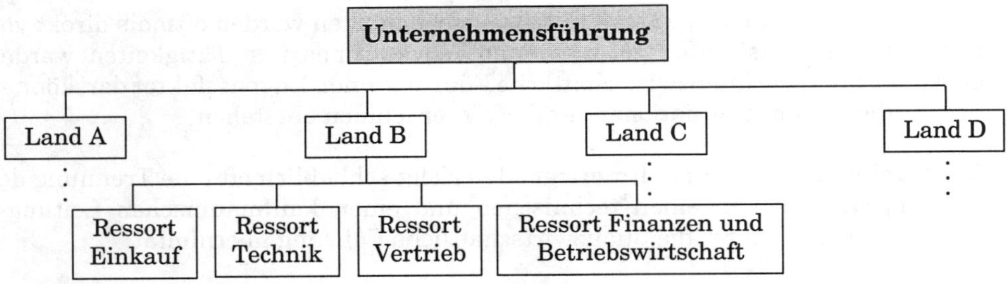

  Vorteile bestehen hier in der Verknüpfung von Zielgerichtetheit der Organisation, z. B. auf verschiedene Kundengruppen, und der Nutzung von funktionellen Spezialisierungsvorteilen.

  In Großkonzernen gilt allerdings des Öfteren, dass die finanzwirtschaftliche Führung zusätzlich als eine zentrale Querschnittsabteilung unterhalb der Unternehmensführung angesiedelt ist.

Die im Rahmen der Finanzwirtschaft zu lösenden Aufgaben sind vielfältig und komplex. Je größer ein Unternehmen ist, das gegebenenfalls noch konzernmäßige und/ oder internationale Verflechtungen aufweist, umso schwieriger sind die Aufgaben optimal zu gestalten.

In diesem Falle wird in jüngerer Zeit vermehrt eine **Funktionsteilung** im finanzwirtschaftlichen Bereich vorgenommen:

- Der **Controller** nimmt Aufgaben eines Gewinn-Managers wahr.
- Der **Treasurer** wirkt als Finanz-Manager.

Dabei können sich zwischen Controller und Treasurer folgende **Unterschiede** ergeben *(Eilenberger)*:

	Controller	**Treasurer**
Funktion	Gewinn-Manager	Finanz-Manager
Position	Leiter des Rechnungswesens	Leiter der Finanzwirtschaft
Aufgabe	Sicherung der Gewinnerzielung	Sicherung jederzeitiger Zahlungsfähigkeit
Steuerungsgröße	Gewinn	Liquidität
Bezugsgrößen	Aufwand / Ertrag Kosten / Erlös	Einnahmen / Ausgaben Einzahlungen/Auszahlungen
Ebenen	operativ	operativ
	taktisch	dispositiv
Aufgaben	o Allgemeine Unternehmensplanung und -steuerung sowie Kontrolle des Geschäftsablaufes o Berichterstattung und Interpretation des Unternehmensergebnisses o Unterstützung des Managements zur Erreichung der vorgegebenen Ziele o Bereitstellung von Unterlagen für das Finanzamt und andere staatliche Stellen o Sicherung des Vermögens durch innerbetriebliche Kontrollen	o Kapitalbeschaffung in Ausführung der Unternehmenspläne o Liquiditätssicherung durch kurzfristige Finanzierungsmaßnahmen o Pflege der Beziehungen zu den Kreditgebern und Aktionären o Überwachung der Gewährung von Kundenkrediten einschließlich Forderungseingang o Regelung und Koordination von Kapitalanlagen außerhalb des Unternehmens

Die Merkmale und Aufgaben des Controllers und Treasurers können in der betrieblichen Praxis - entsprechend unterschiedlicher Gegebenheiten im Unternehmen - gegebenenfalls von den oben beispielhaft dargestellten Regelungen abweichen.

Im Folgenden werden beschrieben:

Finanzwirtschaft	Kapital
	Finanzwirtschaftliche Funktionen
	Finanzwirtschaftliche Führung

1. Kapital

Das Kapital als zu verwendendes, zu beschaffendes oder zu verwaltendes Kapital ist ein grundlegender finanzwirtschaftlicher Begriff. Er wird in der Betriebswirtschaftslehre verschieden weit gefasst, beispielsweise:

- Kapital ist die abstrakte Wertsumme in der Bilanz.
- Kapital ist Geld für Investitionszwecke.
- Kapital ist gleich Geld.

Es lassen sich unterscheiden:

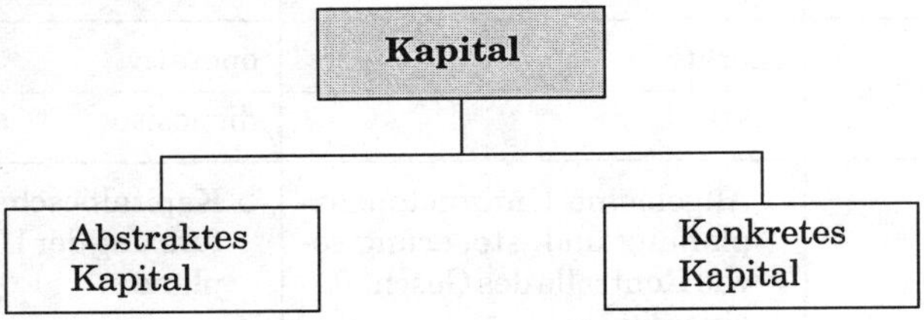

1.1 Abstraktes Kapital

Das abstrakte Kapital umfasst die Gesamtheit der Positionen, die sich auf der Passiv-Seite der Bilanz befinden. Dem abstrakten Kapital steht – als Gegenposten – auf der Aktiv-Seite das Vermögen als konkretes Kapital gegenüber.

Aktiva	**Bilanz** Passiva
Vermögen	Eigenkapital
	Fremdkapital

Der Ausweis des abstrakten Kapitals in der Bilanz dient mehreren **Zwecken**. So kann beispielsweise:

- Die Kapitalherkunft offengelegt werden
- Eine Kapitalbewertung vorgenommen werden
- Die Kapitalerhaltung überprüft werden.

Nach der **Kapitalart** lässt sich das abstrakte Kapital unter rechtlichen Gesichtspunkten untergliedern in – siehe ausführlich *Ditges / Arendt*:

- **Eigenkapital** eines Unternehmens, das sich grundsätzlich aus mehreren bilanziellen Positionen zusammensetzt. Das können sein:

Geschäftsanteile	Dabei handelt es sich um die Einlagen der Gesellschafter, die bei Kapitalgesellschaften das gezeichnete Kapital darstellen.
Rücklagen	Sie können bei Kapitalgesellschaften sein: ○ **Kapitalrücklagen** als Zuführung von Mehrbeträgen durch Gesellschafter in das Eigenkapital von außerhalb des Unternehmens. ○ **Gewinnrücklagen** als unternehmensinterne Zuführung von Beträgen aus dem Jahresüberschuss.
Gewinnvortrag	Er ergibt sich aus der Beschlussfassung der Gesellschafterversammlung bei Kapitalgesellschaften.
Jahresüberschuss	Das ist das im abgelaufenen Geschäftsjahr entstandene Ergebnis.

Dazu kommen in der Bilanz nicht erkennbar ausgewiesene **stille Reserven**.

Das Eigenkapital weist folgende **Eigenschaften** auf:

Rechtsverhältnis	Das Eigenkapital begründet ein Beteiligungsverhältnis.
Haftung	Der Eigenkapitalgeber haftet als (Mit-)Eigentümer je nach Rechtsform mindestens in Höhe der Einlage, gegebenenfalls auch mit seinem gesamten Privatvermögen.
Vermögen	Der Eigenkapitalgeber hat einen anteiligen Anspruch, wenn der Liquidationserlös die Schulden übersteigt.
Entgelt	Der Eigenkapitalgeber ist anteilig am Gewinn und Verlust beteiligt.
Mitbestimmung	Der Eigenkapitalgeber ist grundsätzlich zur Mitbestimmung berechtigt, praktisch kann aber mitunter eine Begrenzung erfolgen.
Verfügbarkeit	Das Eigenkapital ist grundsätzlich zeitlich unbegrenzt verfügbar, kann aber teilweise kurzfristig gekündigt werden.

Steuern	Eigenkapitalzinsen sind steuerlich nicht absetzbar, der Gewinn wird voll belastet, je nach Rechtsform durch ESt, KSt, GewSt.
Umfang	Das Eigenkapital ist durch die finanzielle Kapazität und/oder die Bereitschaft bisheriger und neuer Kapitalgeber begrenzt.
Interesse	Der Eigenkapitalgeber hat üblicherweise ein Interesse am Erhalt des Unternehmens.

- Das **Fremdkapital** eines Unternehmens, das die Gesamtheit seiner Schulden darstellt und bilanziell ausgewiesen wird als:

Rückstellungen	Sie sind durch das Merkmal der Ungewissheit zum Zeitpunkt der Bilanzerstellung gekennzeichnet. Die Ungewissheit bezieht sich auf den Verpflichtungsgrund und/oder die Höhe der Schulden.
Verbindlichkeiten	Sie sind – im Gegensatz zu den Rückstellungen – betragsmäßig und terminlich genau festgelegt.

Das Fremdkapital kann kurzfristiger, mittelfristiger oder langfristiger Natur sein.

Es hat folgende **Eigenschaften**:

Rechtsverhältnis	Das Fremdkapital begründet ein Schuldverhältnis.
Haftung	Der Fremdkapitalgeber haftet als Gläubiger des Unternehmens nicht.
Vermögen	Der Fremdkapitalgeber hat Anspruch auf Rückzahlung des zur Verfügung gestellten Kapitals.
Entgelt	Der Fremdkapitalgeber hat grundsätzlich einen Zinsanspruch, er ist üblicherweise nicht am Gewinn bzw. Verlust beteiligt.
Mitbestimmung	Der Fremdkapitalgeber ist grundsätzlich nicht zur Mitbestimmung berechtigt, praktisch kann dies aber in unterschiedlichem Umfang eingeräumt werden.
Verfügbarkeit	Das Fremdkapital ist grundsätzlich zeitlich begrenzt verfügbar.
Steuern	Fremdkapitalzinsen sind steuerlich als Aufwand absetzbar (mit Einschränkung bei der GewSt).
Umfang	Das Fremdkapital ist durch die Einschätzung des mit der Hingabe verbundenen Risikos und durch den Umfang verfügbarer Sicherheiten begrenzt.
Interesse	Der Fremdkapitalgeber ist am Erhalt seines Kapitals interessiert.

1.2 Konkretes Kapital

Das konkrete Kapital ist ein Wertausdruck, der Vermögenscharakter besitzt. Es tritt in Erscheinung als:

- Geld
- Rechte
- Sachgüter.

In der Bilanz des Unternehmens umfasst das konkrete Kapital die **Vermögensseite**:

Aktiva	**Bilanz**	Passiva
Anlagevermögen		Kapital
Umlaufvermögen		

Diese beiden Vermögenspositionen unterscheiden sich wie folgt:

- Im **Anlagevermögen** sind all jene Vermögensgegenstände zusammengefasst, die dem Unternehmen dauernd dienen.

  Beispiele: Sachanlagen, Finanzanlagen, immaterielle Vermögensgegenstände.

- Das **Umlaufvermögen** umfasst alle Gegenstände, die nicht zum Anlagevermögen gehören.

Beispiele: Vorräte, Forderungen, Wertpapiere, Kassenbestand, Schecks, Guthaben.

Das konkrete Kapital stellt, soweit es sich nicht um Geld oder geldähnliche Vermögensgegenstände handelt, **Investitionen** dar.

In der modernen Betriebswirtschaftslehre verwendet man häufig den konkreten, **monetären Kapitalbegriff**, da er funktional auf die finanzwirtschaftlichen Problemstellungen ausgerichtet ist.

01 Seite 387

2. Finanzwirtschaftliche Funktionen

Die Funktionen der Finanzwirtschaft sind, wie bereits gezeigt wurde:

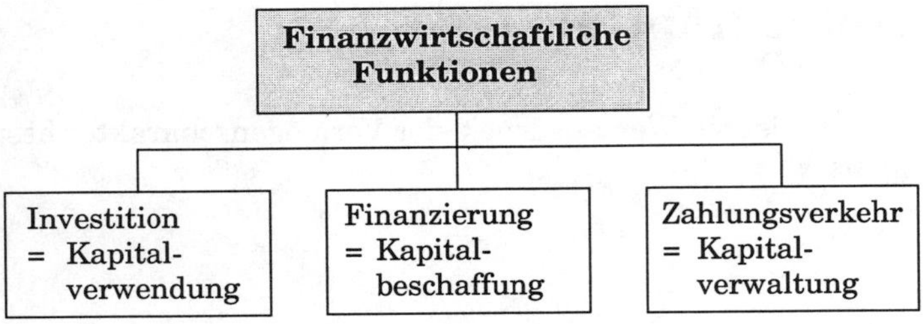

Die finanzwirtschaftlichen Funktionen geben Aufschluss darüber, auf welche Arten die Zahlungsströme des Unternehmens bewirkt und abgewickelt werden können.

Der dispositive Teil zu diesen Funktionen, die Planung, Steuerung und Kontrolle der Zahlungsströme, geschieht in der **finanzwirtschaftlichen Führung**.

2.1 Investition

Als Investition wurde bereits allgemein die Kapitalverwendung beschrieben. Durch die Investition erfolgt eine Bindung des beschafften Kapitals in Sachgüter oder Rechte, soweit die Bindung nicht bereits mit der Kapitalbeschaffung einherging. Die Investition ist somit im Wesentlichen eine Abkehr vom Geld.

Die Betriebswirtschaftslehre versteht unter Investition sehr Unterschiedliches. Ohne auf einzelne Begriffe differenziert eingehen zu wollen, sollen zusammenfassend erläutert werden:

- Der **vermögensbestimmte Investitionsbegriff**, der von der Umwandlung des Kapitals in Vermögen ausgeht, wobei der Vermögensbegriff unterschiedlich weit gefasst wird:

  – Anlagevermögen zur Produktion

  o zuzüglich Umlaufvermögen zur Produktion
  o zuzüglich die der Leistungsverwertung dienenden Aktiva
  o zuzüglich sonstigen Anlagevermögens
  o zuzüglich sonstigen Umlaufvermögens.

  Der am weitesten gefasste vermögensbestimmte Investitionsbegriff bezieht sich auf alle Vermögenswerte, die auf der Aktiv-Seite der Bilanz enthalten sind.

- Der **kombinationsbestimmte Investitionsbegriff**, der die Kombination der beschafften Investitionsobjekte zu einer neuen Produktionsausrüstung und die Eingliederung der beschafften Investitionsobjekte umfasst.

  Die ausschließliche Berücksichtigung des leistungswirtschaftlichen Aspektes lässt den kombinationsbestimmten Investitionsbegriff für die betriebliche Praxis als zu eng erscheinen.

- Der **zahlungsbestimmte Investitionsbegriff**, der unterschiedlich weit gefasst wird und auf den Auszahlungen für Vermögensteile beruht, die sein können:

  – Sach-Anlagevermögen
  – Sach-Umlaufvermögen

○ zuzüglich Finanz-Anlagevermögen ○ zuzüglich Finanz-Umlaufvermögen ○ zuzüglich Dienstleistungen

  Damit wird der finanzwirtschaftliche Aspekt berücksichtigt, was **vorteilhaft** erscheint.

  Der zahlungsbestimmte Investitionsbegriff kann dem vermögensbestimmten Investitionsbegriff – bei weiter Auslegung beider Begriffe – nahekommen.

Mit der Investition werden vor allem folgende grundlegende **Fragen** verbunden:

- *Welche Vermögensteile sind vom Unternehmen zu beschaffen?*
- *Wie sehen optimale – insbesondere kostenminimale – Investitionen aus?*
- *Wie lange dauern die Kapitalbindungen?*

Im Folgenden werden betrachtet:

- **Prozess**
- **Merkmale**
- **Arten**.

2.1.1 Prozess

Der Investitionsprozess bewirkt Einnahmen bzw. Einzahlungen sowie Ausgaben bzw. Auszahlungen. Die Begriffspaare unterscheiden sich wie folgt:

- **Einzahlungen** und **Auszahlungen** verändern den Bestand an liquiden Mitteln, der auch als Zahlungsmittelbestand bezeichnet wird. Er setzt sich aus Kassenbeständen und jederzeit verfügbaren Bankguthaben oder Kreditlinien zusammen.
- **Einnahmen** und **Ausgaben** verändern das Geldvermögen, das zuzüglich zum Zahlungsmittelbestand die Forderungen berücksichtigt und die Verbindlichkeiten hiervon abzieht.

Einzahlungen und Einnahmen bzw. Auszahlungen und Ausgaben sind dann identisch, wenn auf Kredit weder gekauft noch verkauft wird. *Eilenberger* sieht Einnahmen und Ausgaben als Oberbegriff an und empfiehlt deren Verwendung.

Da aber im Mittelpunkt der Betrachtungen, z. B. beim Kapitalbedarf oder bei den dynamischen Investitionsrechnungen, Zahlungsströme der Investitionen stehen, sollen den folgenden Ausführungen die Auszahlungen und Einzahlungen zu Grunde gelegt werden, also die tatsächlich fließenden Zahlungsströme ohne Berücksichtigung möglicher Kreditierungen.

Der **Investitionsprozess**, der die zeitliche Abfolge des Investierens darstellt, kann grundsätzlich einen bestimmten, typischen Verlauf nehmen:

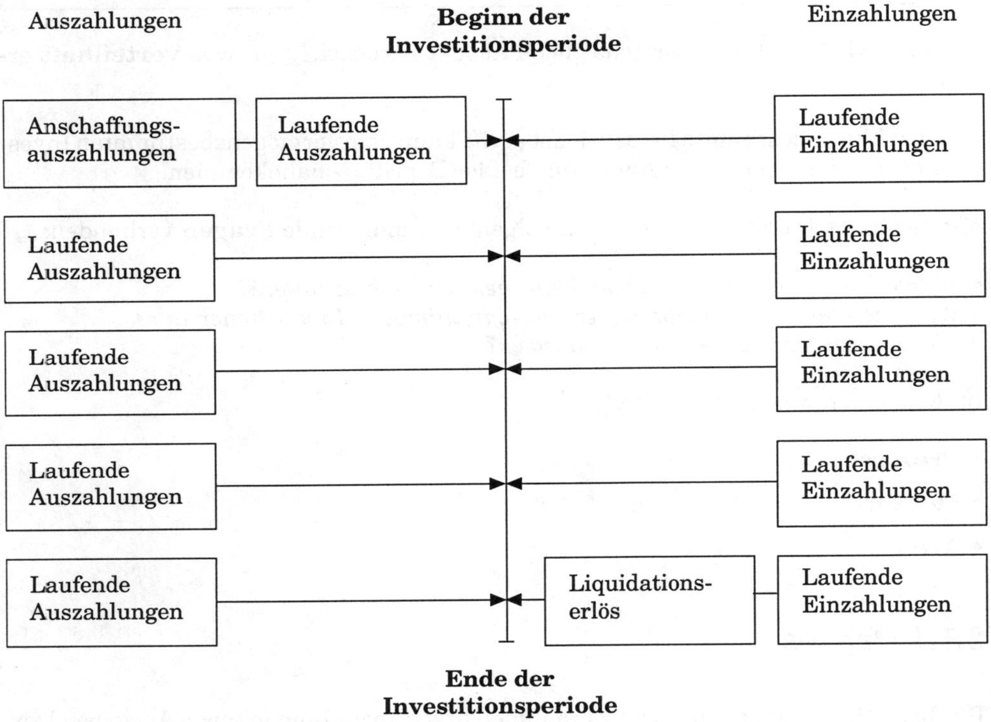

Wie zu sehen ist, beginnt der Investitionsprozess mit der ersten Auszahlung, die für die Beschaffung des einzelnen Investitionsobjektes erforderlich ist. Es folgen laufende Auszahlungen, beispielsweise für Löhne und Materialien.

Das auf diese Weise gebundene Kapital wird nach und nach wieder freigesetzt, indem die mithilfe des Investitionsobjektes erstellten Leistungen abgesetzt werden, wodurch Einzahlungen erfolgen. Die letzte Einzahlung aus dem jeweiligen Investitionsobjekt kann der Liquidationserlös sein.

Dementsprechend schließt sich der Investition die **Desinvestition** an. Sie ist die Freisetzung des durch die Investition gebundenen Kapitals. Die Desinvesition erfolgt in Form von Einzahlungen aus dem Verkauf der Erzeugnisse und Waren, also in Form der Umsatzerlöse, sowie aus dem Verkauf länger gebundener Vermögensteile des Unternehmens, z. B. Maschinen. Ihr kommt eine Finanzierungsfunktion zu.

Kern unterschiedet vier Arten von solchen Wertbewegungen:

Bestandsabhängige Zahlungsströme	Anschaffung des Investitionsobjektes
	Desinvestition des Investitionsobjektes
Nutzungsabhängige Zahlungsströme	Laufende Auszahlungen
	Laufende Einzahlungen aus Absatzerlösen

- Die **bestandsabhängigen Zahlungsströme** können – wie oben schematisch dargestellt – einmalig sein. Sie sind aber auch sukzessive möglich, beispielsweise bei der Bezahlung des Investitionsobjektes in mehreren Teilbeträgen.
- Die **nutzungsabhängigen Zahlungsströme** ergeben sich bei produktionswirtschaftlichen Investitionen grundsätzlich in sukzessiver Weise.

Grafisch lässt sich der Investitionsprozess darstellen:

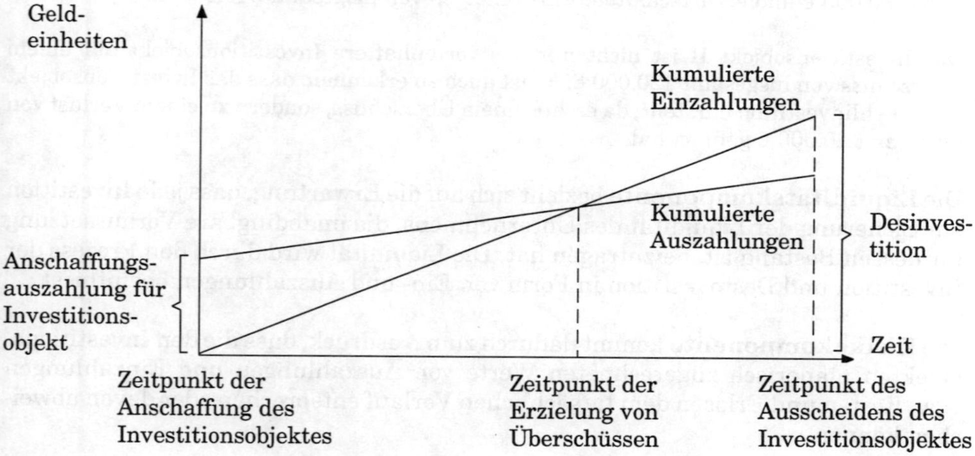

02 Seite 387

2.1.2 Merkmale

Investitionen und die damit verbundenen Investitionsprozesse sind durch drei Merkmale gekennzeichnet:

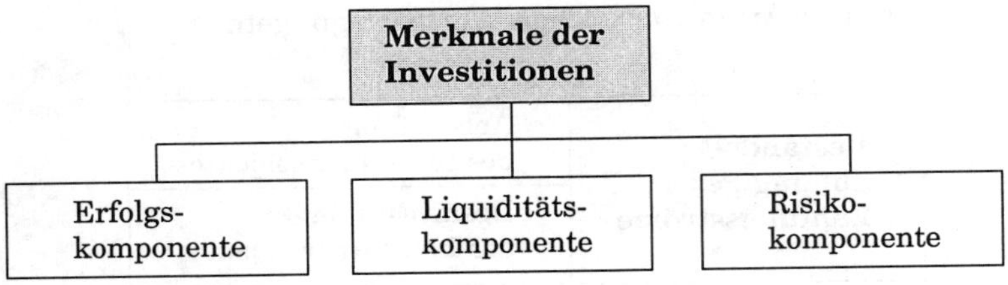

Sie finden bei der **Führung** im Investitionsbereich entsprechende Beachtung:

- Die **Erfolgskomponente** bezieht sich auf die Erwartung, dass jede Investition zum Erfolg des Unternehmens beizutragen hat, und legt offen, inwieweit dies im Einzelfall geschieht.

  Die Höhe des Erfolges lässt sich mithilfe der **Investitionsrechnungen** messen - siehe ausführlich Kapitel C, D, E. Der Erfolg einer Investition wird dabei grundsätzlich um so höher bewertet, je größer der aus der Investition resultierende Überschuss ist.

  Beispiel: 1996 wurden zwei Investitionsobjekte beschafft, die 2002 ausschieden. Investitionsobjekt I verursachte Auszahlungen von insgesamt 860.000 € und erwirtschaftete Einzahlungen von insgesamt 840.000 €. Investitionsobjekt II verursachte Auszahlungen von insgesamt 790.000 € und erwirtschaftete Einzahlungen von insgesamt 910.000 €.

  Das Investitionsobjekt II ist nicht nur das vorteilhaftere Investitionsobjekt mit einem Überschuss von insgesamt 120.000 €. Es ist auch zu erkennen, dass das Investitionsobjekt I eine Fehlinvestition darstellt, da es zu keinem Überschuss, sondern zu einem Verlust von insgesamt 20.000 € geführt hat.

- Die **Liquiditätskomponente** bezieht sich auf die Erwartung, dass jede Investition zur Sicherung der Liquidität des Unternehmens, die unabdingbare Voraussetzung für dessen Bestand ist, beizutragen hat. Die Liquidität wird durch den Prozess der Investition und Desinvestition in Form von Ein- und Auszahlungen beeinflusst.

- Die **Risikokomponente** kommt dadurch zum Ausdruck, dass die den Investitionsobjekten planerisch zugerechneten Werte von Auszahlungen und Einzahlungen bzw. Kosten und Erlösen dem tatsächlichen Verlauf entsprechen oder davon abweichen können.

  Praktisch bezieht sich die Risikokomponente damit auf zwei **Risiken**:

Erfolgsrisiko	Es bezieht sich auf die Gefahr, dass der Erfolg nicht planmäßig eintritt. Das Erfolgsrisiko kann sich grundsätzlich ergeben als: o Das **betragsmäßige Risiko**, wenn die gesamten Kosten bzw. Auszahlungen über den gesamten Erlösen bzw. Einzahlungen liegen. o Das **zeitmäßige Risiko**, wenn die gesamten Kosten bzw. Auszahlungen zwar geringer sind als die gesamten Erlöse bzw. Einzahlungen, letztere sich aber über einen größeren Zeitraum verteilen als geplant.

Liquiditätsrisiko	Es ergibt sich unmittelbar aus der Realisierung des Erfolgsrisikos. Darunter ist die Gefahr zu verstehen, dass die Desinvestition nicht oder nur verzögert erfolgt. Wie beim Erfolgsrisiko sind zu unterscheiden: ○ Das **betragsmäßige Risiko**, wenn die Liquidität des Unternehmens durch eine unvollständige Desinvestition gefährdet wird, die auch nicht durch eine Verlängerung der Investitionsperiode herbeigeführt werden kann, weil das Investitionsobjekt nicht länger nutzbar ist. ○ Das **zeitmäßige Risiko**, wenn eine vollständige Desinvestition während der geplanten Investitionsperiode zwar nicht möglich ist, aber durch eine Verlängerung der Investitionsperiode – verzögert – bewirkt werden kann, weil das Investitionsobjekt noch nutzbar ist.

Das Liquiditätsrisiko ist für das Unternehmen um so gravierender, je höher der Anteil von Fremdkapital für die Beschaffung des Investitionsobjektes ist, das normalerweise planmäßig zurückzuzahlen ist.

2.1.3 Arten

Als Arten der Investitionen können unterschieden werden:

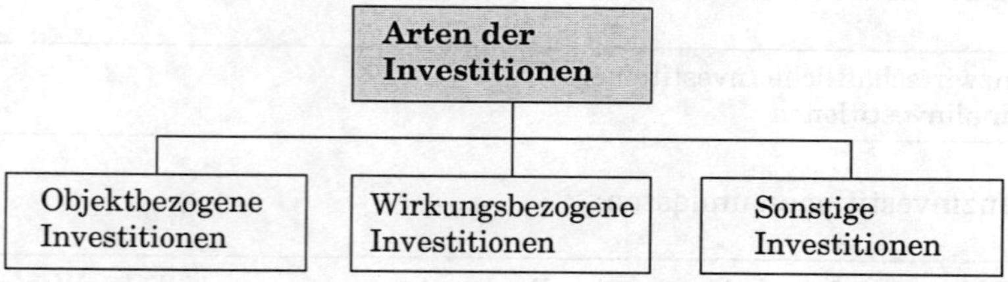

2.1.3.1 Objektbezogene Investitionen

Objektbezogene Investitionen sind:

- **Sachinvestitionen**, die am Leistungsprozess des Unternehmens direkt beteiligt sind – beispielsweise als Maschinen – oder den Leistungsprozess ermöglichen - beispielsweise als Gebäude.

  Anstelle von Sachinvestitionen kann auch gesprochen werden von:

  ○ Leistungswirtschaftlichen Investitionen
  ○ Produktionswirtschaftlichen Investitionen
  ○ Realinvestitionen

Welche Investitionen den Sachinvestitionen zuzurechnen sind, hängt vom gewählten Investitionsbegriff ab. In weitester Auslegung umfassen sie:

- o Gesamtes Sach-Anlagevermögen
- o Gesamtes Sach-Umlaufvermögen
- o Dienstleistungen zur Erfüllung des Betriebszweckes

Durch die Sachinvestitionen werden **Zahlungsströme** bewirkt:

- o Die Höhe der sich ergebenden **Auszahlungen** bzw. **Kosten** ist relativ einfach feststellbar.
- o Dagegen kann es sich als schwierig erweisen, die Höhe der durch die Sachinvestitionen bewirkten **Einzahlungen** bzw. **Erlöse** genau zu erfassen.

Beispiel: Eine Fräsmaschine wird im Rahmen eines mehrstufigen, komplexen Fertigungsprozesses eingesetzt. Es ist ohne große Schwierigkeiten möglich, die von dieser Fräsmaschine verursachten Auszahlungen bzw. Kosten zu ermitteln.

Welchen Anteil diese Fräsmaschine an den Einzahlungen bzw. Erlösen des Unternehmens hat, ist wegen der Mehrstufigkeit und Komplexität des Fertigungsprozesses unmittelbar überhaupt nicht und mittelbar nicht ohne weiteres festzustellen.

- **Finanzinvestitionen**, die sich auf das Finanzanlagevermögen des Unternehmens beziehen. Sie können auch bezeichnet werden als:

- o Finanzwirtschaftliche Investitionen
- o Nominalinvestitionen

Die Finanzinvestitionen umfassen:

- o **Forderungsrechte**, beispielsweise Bankguthaben, festverzinsliche Wertpapiere, gewährte Darlehen.
- o **Beteiligungsrechte**, beispielsweise Aktien und sonstige Beteiligungen an Unternehmen.

Für die Zurechenbarkeit der **Zahlungsströme** von Finanzinvestitionen gilt:

- o Die Höhe der sich ergebenden **Auszahlungen** ist – wie bei den Sachinvestitionen – genau zurechenbar.
- o Anders als bei den Sachinvestitionen lässt sich auch die Höhe der durch die Finanzinvestitionen bewirkten **Einzahlungen** zumeist genau erfassen, weil die Investitionsobjekte abgrenzbar sind.

- **Immaterielle Investitionen**, die sich vor allem auf drei Bereiche beziehen und dazu dienen, das Unternehmen wettbewerbsfähig zu halten bzw. seine Wettbewerbsfähigkeit zu stärken:

- Den **Personalbereich**, durch den Investitionen in geeignete Mitarbeiter, Aus- und Fortbildungsinvestitionen sowie Sozialinvestitionen erfolgen.
- Den **Forschungs- und Entwicklungsbereich**, in dem die Schaffung neuer Erzeugnisse und neuer, günstigerer Fertigungsverfahren als Investitionen erfolgt.
- Den **Marketingbereich**, der werbende und imageverbessernde Investitionen vornimmt.

Bezüglich der Zurechenbarkeit der **Zahlungsströme** ist für alle immateriellen Investitionen gemeinsam:

- Die Höhe der **Auszahlungen** bzw. **Kosten** ist mehr oder weniger genau erfassbar.
- Für die Zurechnung der Höhe von **Einzahlungen** bzw. **Erlösen** gibt es kaum geeignete Verfahren, sodass deren Erfassung schwer ist.

2.1.3.2 Wirkungsbezogene Investitionen

Nach ihrer Wirkung lassen sich folgende Arten von Investitionen unterscheiden:

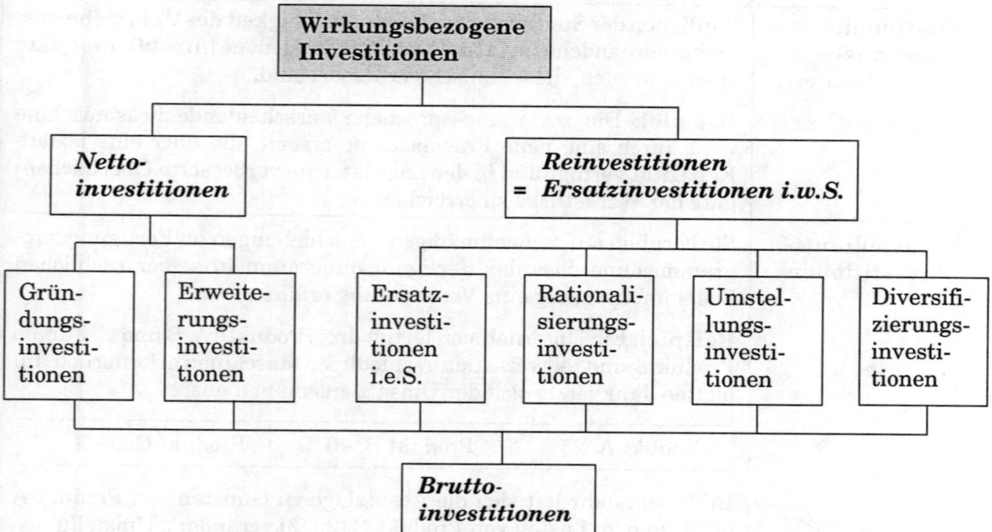

Sie sollen näher erläutert werden:

- **Nettoinvestitionen** sind Investitionen, die erstmals im Unternehmen vorgenommen werden, und zwar als:

Gründungs-investitionen	Sie fallen bei der Gründung des Unternehmens oder beim Kauf eines Unternehmens – und danach im Unternehmen nie mehr – an. Die Gründungsinvestitionen werden auch bezeichnet als: o Anfangsinvestitionen o Erstinvestitionen o Errichtungsinvestitionen o Neuinvestitionen
Erweiterungs-investitionen	Sie dienen der Vergrößerung eines vorhandenen Leistungspotenzials oder der Schaffung eines neuen Leistungspotenzials, wodurch sich die Kapazität des Unternehmens erhöht.

- **Reinvestitionen** sind Investitionen, die ein Wiederauffüllen des verminderten Bestandes an Produktionsfaktoren darstellen. Die Bestandsminderung kann während einer Periode durch Gebrauch oder Verbrauch oder durch sonstige Umstände geschehen. Reinvestitionen können sein:

Ersatzinvestitionen im engeren Sinne	Sie helfen, die Leistungsfähigkeit des Unternehmens zu erhalten, indem nicht mehr nutzbare Investitionsobjekte durch neue gleichartige Investitionsobjekte ersetzt werden. **Beispiel**: Eine ausscheidende Fräsmaschine wird durch eine neue Fräsmaschine ersetzt, die im Wesentlichen über die gleichen technischen Daten verfügt.
Rationalisierungs-investitionen	Sie dienen der Steigerung der Leistungsfähigkeit des Unternehmens, indem vorhandene Investitionsobjekte durch neue Investitionsobjekte ersetzt werden, die technisch verbessert sind. **Beispiel**: Die zuvor angesprochene ausscheidende Fräsmaschine wird durch eine neue Fräsmaschine ersetzt, die über eine höhere Kapazität verfügt und in der Lage ist, eine verbesserte Oberflächengüte der Werkstücke zu erreichen.
Umstellungs-investitionen	Sie beruhen auf mengenmäßigen Verschiebungen im Fertigungsprogramm, ohne dass das Fertigungsprogramm in seiner sachlichen Zusammensetzung eine Veränderung erfährt. **Beispiel**: Ein Unternehmen fertigt drei Produkte A, B und C. Für die Produkte sind teilweise unterschiedliche Maschinen erforderlich. Im letzten Jahr setzte sich der Umsatz zusammen aus: Produkt A: 25 % | Produkt B: 40 % | Produkt C: 35 % In diesem Jahr hat sich die Absatzlage zu Gunsten von Produkt A (45%) und zu Lasten von Produkt B (20 %) verändert. Umstellungsinvestitionen werden erforderlich, um dem erhöhten Fertigungsbedarf des Produktes A gerecht zu werden.
Diversifizierungs-investitionen	Sie werden zur Risikostreuung durchgeführt und tragen damit zur Sicherung eines Unternehmens bei, weshalb sie auch **Sicherungsinvestitionen** genannt werden. Ursachen können z. B. veränderte Absatz- oder Beschaffungsstrukturen sowie neue Märkte sein, die neue Produktionsgebiete erzwingen. Zu unterscheiden sind:

- ○ **Horizontale Diversifizierungsinvestitionen**, die eine Aufnahme von Produkten in das Fertigungsprogramm bedeuten, welche produktionstechnisch, beschaffungstechnisch oder absatzwirtschaftlich mit den bisherigen Produkten verwandt sind.

  Beispiel: Ein Holzspielzeughersteller produziert auch Holzmöbel oder Plastikspielzeug.

- ○ **Vertikale Diversifizierungsinvestitionen**, die Leistungen von vor- oder nachgelagerten Wirtschaftsstufen in das Unternehmen integrieren.

  Beispiel: Ein Holzspielzeughersteller kauft zur Sicherung seines Rohstoffbezuges eine Sägemühle oder eröffnet zur Sicherung seines Absatzes eine stationäre Vertriebsorganisation, die Holzspielzeugläden umfasst.

- ○ **Laterale Diversifizierungsinvestitionen**, die völlig neue Produktionsformen oder branchenfremde Produkte bedeuten.

  Beispiel: Ein Holzspielzeughersteller eröffnet eine Schnellimbisskette.

• Die **Bruttoinvestition** ergibt sich aus den Nettoinvestitionen und Reinvestitionen, stellt also die Gesamtheit der in einer Wirtschaftsperiode erfolgenden Investitionen dar.

2.1.3.3 Sonstige Investitionen

Als weitere Arten von Investitionen lassen sich vor allem unterscheiden:

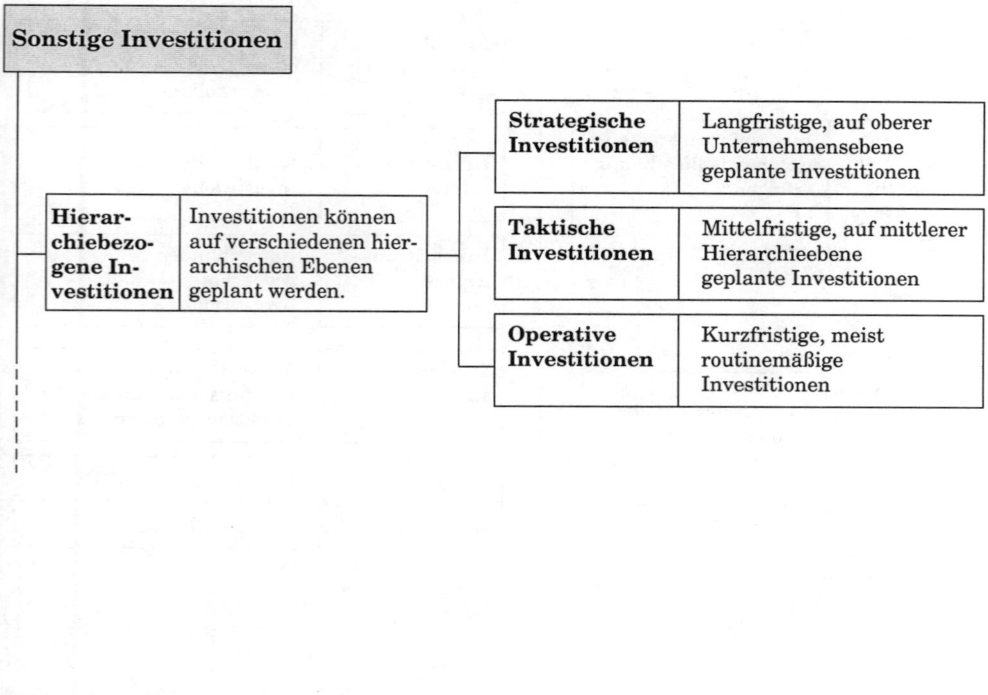

Kriterium	Erläuterung	Investitionsart	Beschreibung
Investorbezogene Investitionen	Investitionen können von verschiedenen Investoren erfolgen.	**Investitionen der Unternehmen**	Beispielsweise Maschinen, Beteiligungen, Vorräte
		Investitionen der Öffentlichen Hand	Beispielsweise Straßen, Schulen, Krankenhäuser
		Investitionen der privaten Haushalte	Beispielsweise Haushaltsgeräte, Fahrräder, Autos
Umschlagbezogene Investitionen	Die Desinvestition kann unterschiedlich schnell geschehen.	**Schnell umschlagende Investitionen**	Beispielsweise Rohstoffe, Handelswaren, Zulieferteile
		Mittelfristig umschlagende Investitionen	Beispielsweise Maschinen, Fahrzeuge
		Langsam umschlagende Investitionen	Beispielsweise Grundstücke, Gebäude, Beteiligungen
Umfangbezogene Investitionen	Investitionen können wertmäßig unterschiedlichen Umfang aufweisen.	**Routine-Investitionen**	Investitionen eher kleineren Umfanges
		Unternehmenspolitische Investitionen	Investitionen größeren Umfanges
Häufigkeitsbezogene Investitionen	Investitionen können unterschiedlich häufig erfolgen.	**Einzelinvestitionen**	Investitionen ohne Wiederholung
		Investitionsfolgen	Wiederholte Investitionen
		Investitionsketten	Nacheinander wiederholte Investitionen
Abhängigkeitsbezogene Investitionen	Investitionen können unterschiedliche Auswirkungen im Unternehmen haben.	**Isolierte Investitionen**	Investitionen ohne Auswirkungen auf andere Funktionsbereiche
		Interdependente Investitionen	Investitionen mit Auswirkungen auf andere Funktionsbereiche

03 Seite 388

2.2 Finanzierung

Kapital wird zur Leistungserstellung und Leistungsverwertung benötigt. Die Beschaffung des Kapitals wird Finanzierung genannt. Sie bezieht sich auf alle Maßnahmen der Beschaffung von Geld und geldwerten Gütern. Damit umfasst sie grundsätzlich:

- Geld
- Sachgüter
- Rechte.

Die **Passiv-Seite** der Bilanz, die das abstrakte Kapital enthält, gibt Auskunft über die Art und den Umfang des beschafften Kapitals. Die **Aktiv-Seite**, auf der das konkrete Kapital ausgewiesen ist, lässt erkennen, welche Güterarten mit dem von Kapitalgebern bereitgestellten Kapital beschafft wurden.

Die Finanzierung erfolgt in der betrieblichen Praxis überwiegend durch Zuführung von Geld. Ist dies nicht der Fall und werden Sachgüter oder Rechte zugeführt, dann fallen Finanzierung und Investition in einem Zeitpunkt zusammen.

Mit der Finanzierung verbunden sind folgende grundlegenden **Fragestellungen**:

- *Wie groß ist der Kapitalbedarf des Unternehmens?*
- *Welche Finanzierungsarten bieten sich zur Deckung des Kapitalbedarfes an?*
- *Wie sieht die optimale – insbesondere kostenminimale – Finanzierung aus?*

Die Kapitalbeschaffung lässt sich nach verschiedenen Kriterien systematisieren. Möglichkeiten können vor allem sein – siehe ausführlich *Olfert, Olfert/Reichel*:

- **Finanzierung mit unterschiedlichen Kapitalarten**
- **Finanzierung mit unterschiedlicher Kapitalherkunft**
- **Finanzierung mit unterschiedlichen Fristigkeiten**.

Dabei kann die Finanzierung für Investitonszwecke erfolgen oder finanzierungseigenen Zwecken dienen, beispielsweise indem Kapital ausgetauscht wird, weil es dem Unternehmen entzogen wurde. Es kann aber auch ein Wechsel von einer Kapitalart in eine andere Kapitalart oder ein Wechsel der Fristigkeiten erfolgen, wenn es vorteilhaft erscheint oder erzwungen wird.

Weiterhin kann die Finanzierung eine laufende Finanzierung sein oder nur aus einem bestimmten, einmalig oder gelegentlich auftretenden Anlass erfolgen, beispielsweise in Verbindung mit einer

- Gründung
- Kapitalerhöhung
- Kapitalherabsetzung
- Umwandlung
- Fusion
- Liquidation.

2.2.1 Finanzierung mit unterschiedlichen Kapitalarten

Die Finanzierung mit unterschiedlichen Kapitalarten – Eigenkapital (EK) oder Fremdkapital (FK) – kann fumfassen:

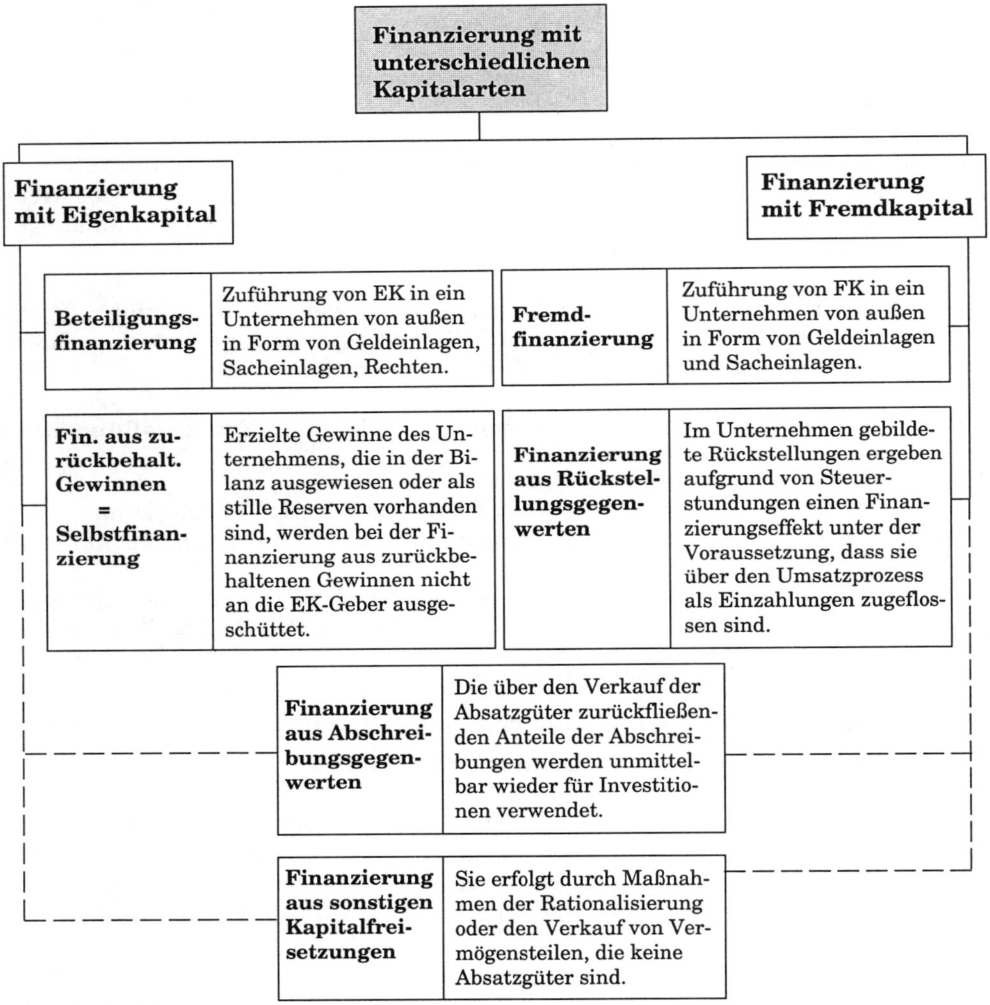

Die Finanzierung aus Abschreibungsgegenwerten und sonstigen Kapitalfreisetzungen kann – wie oben erkennbar ist – nicht eindeutig dem Eigenkapital oder Fremdkapital zugeordnet werden.

Die Beteiligungsfinanzierung wird auch als **Einlagenfinanzierung**, die Fremdfinanzierung als **Kreditfinanzierung** bezeichnet.

2.2.2 Finanzierung mit unterschiedlicher Kapitalherkunft

Nach der unterschiedlichen Herkunft des Kapitals lassen sich Außenfinanzierung und Innenfinanzierung gegenüberstellen:

Finanzierung mit unterschiedlicher Kapitalherkunft

- **Außenfinanzierung**: Kapital wird - unbeschadet seiner rechtlichen Stellung - von außerhalb des Unternehmens zugeführt.
  - **Beteiligungsfinanzierung**: Hier erfolgt die Zuführung von EK in ein Unternehmen von außen in Form von Geldeinlagen, Sacheinlagen, Rechten.
  - **Fremdfinanzierung**: Bei ihr wird die Zuführung von FK in ein Unternehmen von außen in Form von Geldeinlagen oder Sacheinlagen vorgenommen.
- **Innenfinanzierung**: Sie ist eine Finanzierung des Unternehmens von innen, d. h. aus eigener Kraft.
  - **Finanzierung aus Umsatzerlösen**: Sie ist eine Finanzierung aus zurückbehaltenen Gewinnen, Abschreibungsgegenwerten, Rückstellungsgegenwerten.
  - **Finanzierung aus sonstigen Kapitalfreisetzungen**: Sie erfolgt durch Maßnahmen der Rationalisierung oder den Verkauf von Vermögensteilen, die keine Absatzgüter sind.

Die Finanzierung aus Umsatzerlösen wird auch als **Überschussfinanzierung** oder als **Cash Flow-Finanzierung** bezeichnet.

2.2.3 Finanzierung mit unterschiedlichen Fristigkeiten

Als Finanzierung mit unterschiedlichen Fristigkeiten lassen sich nennen:

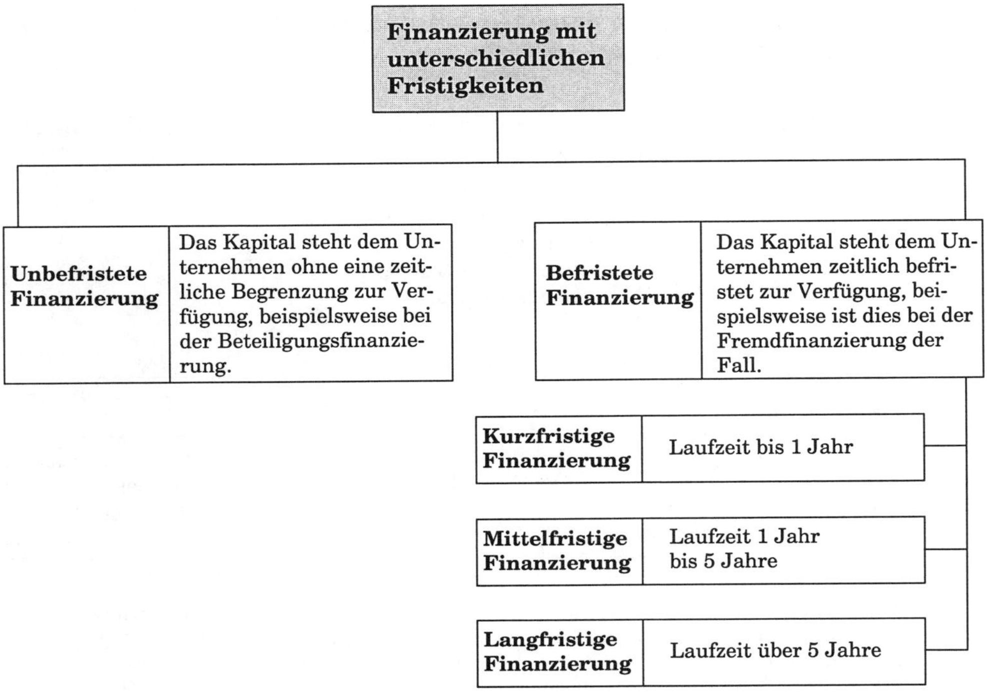

Seit 1999 werden Bankkredite in der Statistik der Deutschen Bundesbank mit obiger Einteilung der Fristigkeiten ausgewiesen. Damit fand eine Angleichung an die Einteilung der Fristigkeiten im HGB statt.

04 Seite 389

2.3 Zahlungsverkehr

Investition und Finanzierung müssen im Unternehmen abgewickelt werden, d. h. es sind finanzielle Transaktionen als Einzahlungen und Auszahlungen erforderlich. Dies geschieht im Rahmen der Kapitalverwaltung, die sich insbesondere mit der Abwicklung des Zahlungsverkehrs befasst.

Grundsätzlich kann der Zahlungsverkehr auf drei **Arten von Zahlungsmitteln** beruhen:

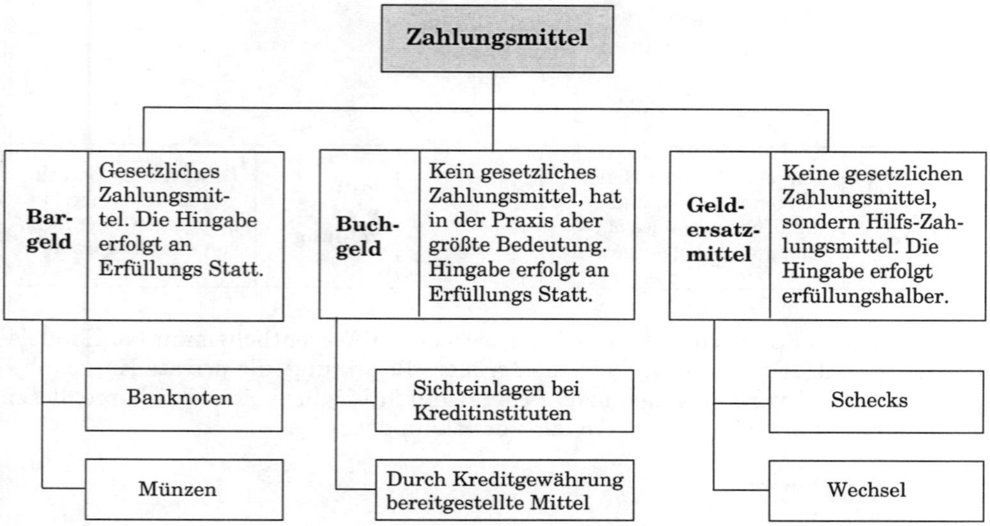

Bei einer Hingabe an **Erfüllungs Statt** ist durch die Hingabe die Verpflichtung des Schuldners gegenüber dem Gläubiger erfüllt, beispielsweise beim Bargeld oder Buchgeld in Form einer Überweisung.

Erfolgt eine Hingabe **erfüllungshalber**, ist die Verpflichtung des Schuldners gegenüber dem Gläubiger erst erfüllt, wenn das Zahlungsmittel, beispielsweise der Scheck oder der Wechsel, eingelöst wurde.

Der Zahlungsverkehr des Unternehmens kann – unter Verwendung der genannten Arten von Zahlungsmitteln – abgewickelt werden als:

- **Barzahlungsverkehr**
- **Halbbarer Zahlungsverkehr**
- **Bargeldloser Zahlungsverkehr**.

2.3.1 Barzahlungsverkehr

Beim Barzahlungsverkehr wird Bargeld übertragen. Dies kann auf folgende **Arten** geschehen - siehe ausführlich *Olfert, Olfert/Reichel*:

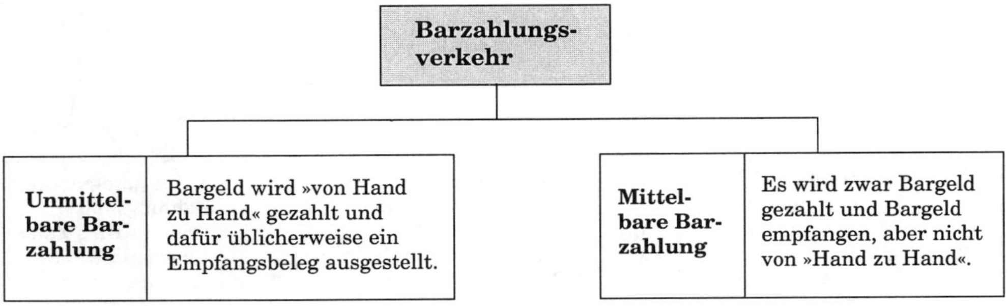

Im Geschäftsverkehr hat der Barzahlungsverkehr im Wesentlichen nur bei Handelsbetrieben und Dienstleistungsbetrieben größere Bedeutung, die private Kunden haben. Im Handel wird er zunehmend **ersetzt** durch Möglichkeiten des bargeldlosen Zahlungsverkehrs, die bestehen in der Verwendung von:

- Eurochequekarten
- Kreditkarten
- Electronic Cash-Systemen.

2.3.2 Halbbarer Zahlungsverkehr

Beim halbbaren Zahlungsverkehr wird Bargeld in Buchgeld umgewandelt oder umgekehrt. Damit muss einer der beiden am Zahlungsverkehr Beteiligten über ein Konto verfügen. Zu unterscheiden sind – siehe ausführlich *Olfert, Olfert / Reichel*:

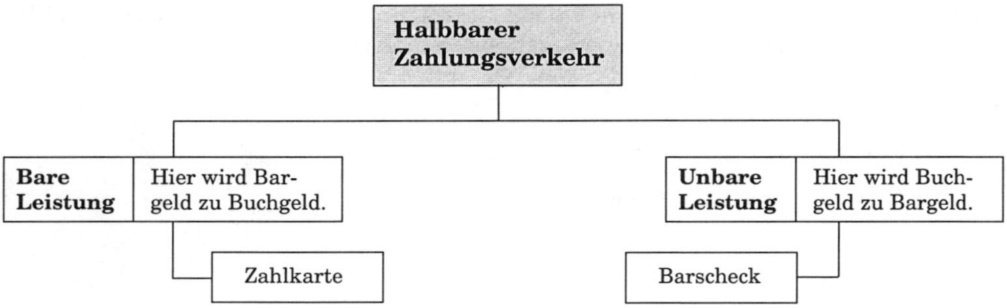

Die **Bedeutung** des halbbaren Zahlungsverkehrs ist in der betrieblichen Praxis im wesentlichen auf den Zahlschein begrenzt, der von den Unternehmen vielfach den Rechnungen beigelegt wird.

2.3.3 Bargeldloser Zahlungsverkehr

Beim bargeldlosen Zahlungsverkehr kommen weder der Zahlungspflichtige noch der Zahlungsempfänger mit Bargeld in Berührung. Beide verfügen über ein Konto.

Die Konten müssen nicht beim gleichen Kreditinstitut geführt werden. Dies setzt die Vernetzung der Kreditinstitute untereinander voraus.

Der Zahlungsverkehr zwischen Unternehmen ist fast ausschließlich bargeldloser Zahlungsverkehr. Er kommt in folgenden **Arten** vor – siehe ausführlich *Olfert, Olfert / Reichel*:

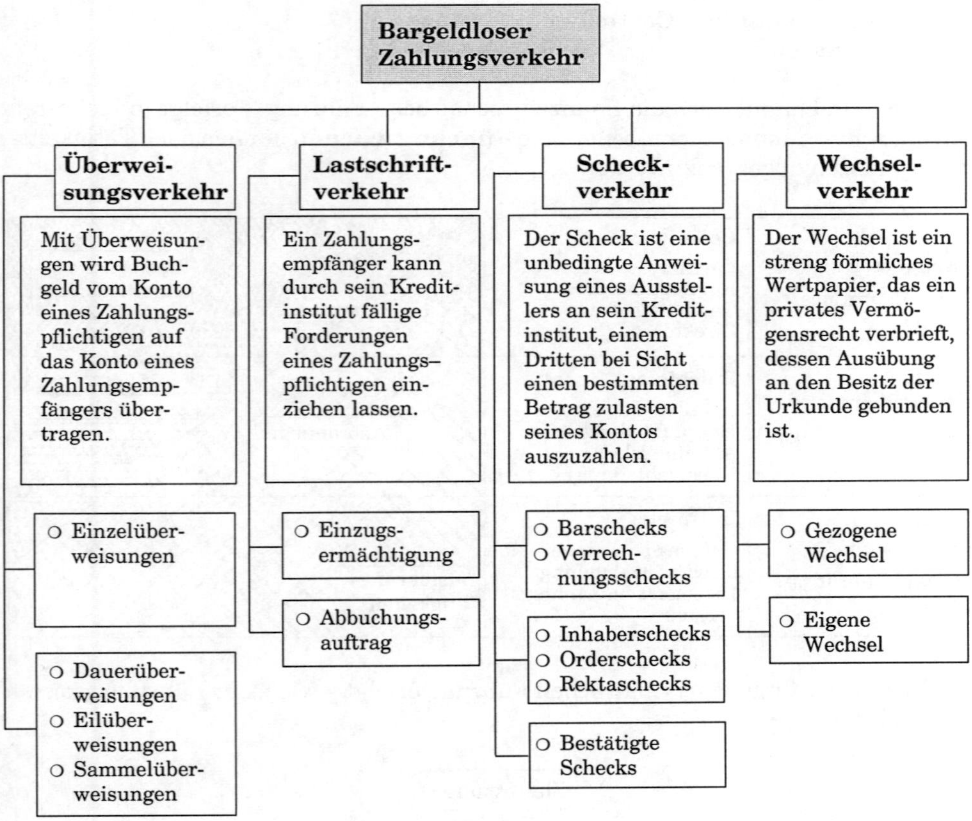

Instrumente des bargeldlosen Zahlungsverkehrs, die sich in den letzten Jahren entwickelt haben, sind insbesondere:

- Kreditkarten
- Electronic Cash-Systeme, z. B. die Elektronische Geldbörse
- Elektronic / Internet Banking.

05 Seite 390

3. Finanzwirtschaftliche Führung

Der finanzwirtschaftlichen Führung fällt die Aufgabe zu, die Investition, Finanzierung und den Zahlungsverkehr unter Beachtung der Ziele des Unternehmens zu steuern. Sie wird auch bezeichnet als:

- Finanz(wirtschaftliches) Management
- Finanz(wirtschaftliches) Controlling
- Kapitalmanagement.

Führung – und damit auch die finanzwirtschaftliche Führung – erfolgt in mehreren Führungs- bzw. Managementebenen. Die **Führungsebenen** können nach Tätigkeitsschwerpunkten abgegrenzt werden:

Top-Management = Obere Führungs ebene	**Beispiele:** Finanzvorstand Kaufmännischer Geschäftsführer Direktor
Middle-Management = Mittlere Führungsebene	**Beispiele:** Abteilungsdirektor Hauptabteilungsleiter Abteilungsleiter der Finanzabteilung
Lower-Management = Untere Führungsebene	**Beispiele:** Gruppenleiter innerhalb der Finanzabteilung Disponent im Zahlungsverkehr

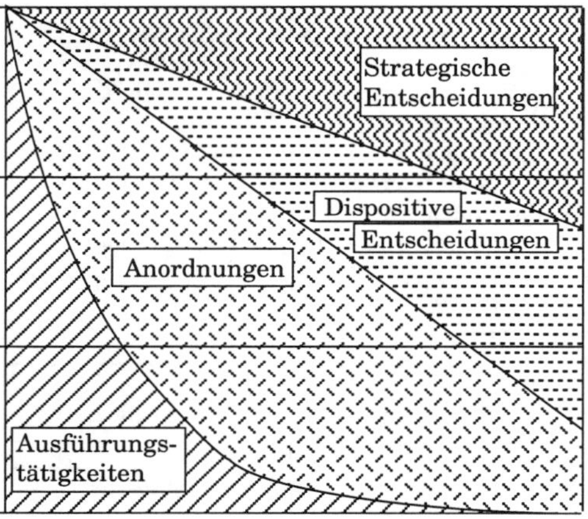

Der Prozess der finanzwirtschaftlichen Führung erfolgt – wie jeder Führungsprozess in vier **Phasen**:

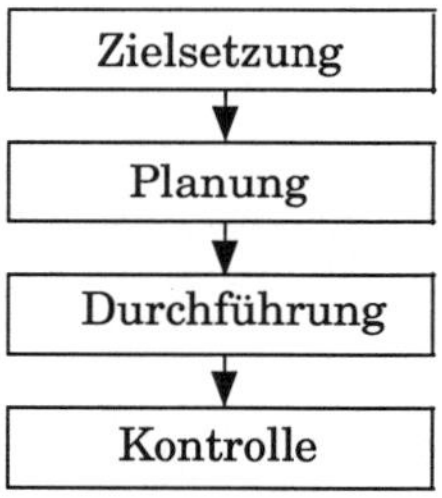

Sie sollen kurz erläutert werden:

- Der Führungsprozess beginnt mit der **Zielsetzung**. Sie bezieht sich auf den Zustand, den das Unternehmen in der Zukunft erreichen will.

Die Ziele sind dabei eindeutig vorzugeben nach:

o Inhalt o Zeit o Ausmaß	⇨	*Die Investitionsquote darf ...* *... im nächsten Jahr ...* *... nicht 25 % unterschreiten.*

Ziele lassen sich nach einer Vielzahl von **Kriterien** unterscheiden:

Formalisierungsgrad	o **Formalziele** beziehen sich auf die Art und Weise des betrieblichen Handelns und sind auf die Ableitung von Verhaltensmaximen gerichtet. o **Sachziele** dienen zur Realisierung der Formalziele und sind unmittelbar auf die Leistungserstellung gerichtet. Dabei kann üblicherweise zwischen mehreren Alternativen gewählt werden.
Bedeutung	o **Hauptzielen** kommt besonders große Bedeutung zu. o **Nebenziele** haben geringere Bedeutung.
Hierarchie	o **Oberziele** werden – meist relativ global – auf der oberen Hierarchieebene formuliert und können Formalziele und Sachziele sein. o **Unterziele** werden aus den Oberzielen abgeleitet und stellen konkrete Handlungsanweisungen dar. Sie können ausschließlich Sachziele sein.
Inhalt	o **Monetäre Ziele** können beispielsweise Gewinn, Umsatz, Rentabilität sein. o **Nicht-monetäre Ziele** sind beispielsweise Unabhängigkeit, Sicherheit, Wachstum, Macht.
Zusammenhang	o **Komplementäre Ziele** fördern sich in ihrer Erreichung gegenseitig. o **Konkurrierende Ziele** behindern oder schließen sich in ihrer Erreichung gegenseitig aus. o **Indifferente Ziele** stehen in keiner Abhängigkeit zueinander.

Die **Zielbildung** wird durch interne und externe Interessengruppen beeinflusst, beispielsweise durch Eigenkapitalgeber, Fremdkapitalgeber, Mitarbeiter, Kunden, Lieferanten, Gewerkschaften, Arbeitgeberverbände, staatliche Einrichtungen.

Die Ziele der Unternehmen können vielfältiger Art sein. *Ulrich/Fluri* nennen:

o **Marktleistungsziele**	Produktqualität, Produktinnovation, Kundenservice
o **Marktstellungsziele**	Umsatz, Marktanteil, Marktgeltung, neue Märkte
o **Rentabilitätsziele**	Gewinn, Umsatz-, Kapitalrentabilität
o **Finanzielle Ziele**	Kreditwürdigkeit, Liquidität, Kapitalstruktur

○ **Soziale Ziele**	Einkommen, Arbeitszufriedenheit, Integration
○ **Machtziele**	Unabhängigkeit, Image, Prestige, Einfluss

- Die **Planung** ist die systematische und zielorientierte Herbeiführung von Entscheidungen. Sie wird auch als **Willensbildung** bezeichnet.

  Nach allgemeiner Auffassung umfasst sie drei **Phasen**:

Anregungs-phase	Sie bezieht sich auf die Feststellung des Problems und seine Klärung mithilfe einer Ursachenanalyse. Es gilt, ○ das Problem zu erkennen ○ die Ausgangssituation zu analysieren ○ die Unternehmensziele festzustellen ○ die Unternehmensziele zu beachten ○ die Entscheidungsaufgabe zu präzisieren ○ die Entscheidungsaufgabe festzulegen
Suchphase	Sie dient der Vorbereitung der Entscheidung und umfasst als Maßnahmen: ○ Bestimmen der Entscheidungskriterien ○ Suchen alternativer Lösungsmöglichkeiten ○ Ausarbeiten alternativer Lösungsmöglichkeiten ○ Ermitteln der Konsequenzen alternativer Lösungen ○ Beurteilen der Konsequenzen alternativer Lösungen
Entscheidungs-phase	Sie baut auf den Erkenntnissen aus der Suchphase auf und schließt die Planung ab, indem ○ die Lösungsalternativen beurteilt werden ○ eine Rangordnung der Alternativen vorgenommen wird ○ die vorteilhafteste Lösungsalternative ausgewählt wird

- Der Planung schließt sich die **Durchführung** als Prozess der **Willensdurchsetzung** an. Ein frühzeitiges Einbinden der von der Entscheidung betroffenen Personen kann den Durchsetzungsprozess erleichtern.

- Nach der Planung und der Durchführung erfolgt im Führungsprozess die **Kontrolle**. Sie kann als **Willenssicherung** verstanden werden und besteht aus drei **Phasen**:

Erstellung der Kontroll-standards	Sie müssen messbar sein, beispielsweise: ○ 10 % Gewinnsteigerung ○ Umsatz von 20 Millionen €.
Soll-Ist-Vergleich	Die geplanten und tatsächlich eingetretenen Werte werden miteinander verglichen.
Abweichungs-analyse	Die Gründe von Abweichungen der Soll- und Ist-Werte werden offengelegt und Korrekturentscheidungen vorbereitet.

Die finanzwirtschaftliche Führung bezieht sich auf:

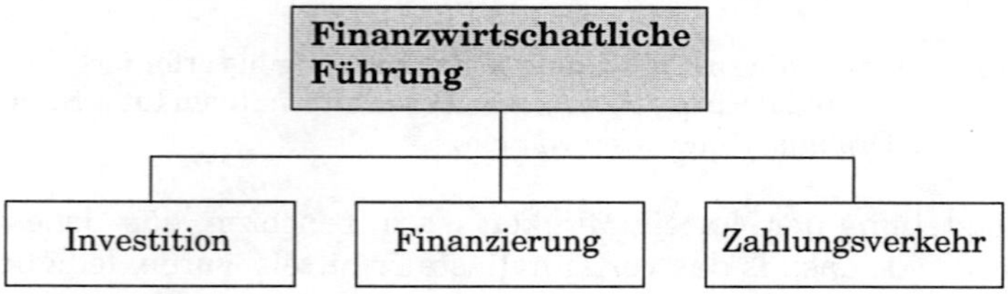

3.1 Investition

Da Investitionen sich vielfach durch umfangreiche und langfristige Kapitalbindungen auszeichnen, die finanzwirtschaftlich erheblichen Liquiditätsrisiken und Erfolgsrisiken unterliegen, kann der Bestand des Unternehmens leicht gefährdet werden, wenn die Investitionen nicht sorgsam bewirkt werden.

Dies sicherzustellen, ist Aufgabe der Führung im Investitionsbereich. Der Führungsprozess erfolgt in vier **Phasen**, wie sie allgemein für den Führungsprozess dargestellt wurden:

Zielsetzung	Die investitionsbezogenen Ziele werden im Folgenden behandelt.
Planung	Die investitionsbezogene Planung wird im Kapitel B ausführlich dargestellt, die in Verbindung mit der Planung einzusetzenden Vorteilhaftigkeits-Rechnungen in den Kapiteln C, D, E, F.
Durchführung	Auf die Durchführung der Investitionen wird in Kapitel B eingegangen.
Kontrolle	Die Kontrolle wird innerhalb der Investitionsplanung – Kapitel B – ausgeübt. Sie ist außerdem Gegenstand der finanzwirtschaftlichen Analyse, die im Kapitel G behandelt wird.

Das **Entscheidungsproblem**, das sich der Führung im Investitionsbereich stellt, kann sich beziehen:

- Auf eine **Einzelinvestition**, bei der es um die Entscheidung geht, die Vorteilhaftigkeit eines einzelnen Investitionsobjektes zu beurteilen, für das es keine Alternativen gibt.

  Beispiel: Eine bestimmte, für die Fertigung notwendige Spezialmaschine wird nur von einem einzigen Unternehmen angeboten.

  Das bedeutet, dass die Investitionsentscheidung nicht zwischen mehreren, gleichartigen Investitionsobjekten erfolgt, sondern lediglich im Hinblick darauf, inwieweit das betrachtete Investitionsobjekt als vorteilhaft anzusehen ist oder nicht. Bei mangelnder Vorteilhaftigkeit wird das Investitionsobjekt gegebenenfalls nicht beschafft.

- Auf mehrere alternative Investitionsobjekte, wie das für die meisten Investitionsentscheidungen typisch ist. Es besteht das **Auswahlproblem**.

  Beispiel: Eine Drehmaschine mit bestimmten, für die Fertigung erforderlichen technischen Daten wird von fünf Herstellern angeboten. Aus diesen alternativen Investitionsobjekten ist die vorteilhafteste Drehmaschine auszuwählen.

  Bei der Feststellung der Vorteilhaftigkeit ist zu beachten, dass jenes alternative Investitionsobjekt, das als das vorteilhafteste ermittelt wurde, lediglich eine Vorteilhaftigkeit aufweist, die zu den übrigen alternativen Investitionsobjekten relativ größer ist. Damit ist aber noch keineswegs gesagt, dass dieses Investitionsobjekt auch absolut vorteilhaft ist und die Investition vorgenommen werden sollte.

  Beispiel: Es ist denkbar, dass eine vom Unternehmen festgesetzte Mindestrentabilität auch vom vorteilhaftesten Investitionsobjekt nicht erreicht wird.

  Innerhalb des Auswahlproblems kann sich als besondere Entscheidungsfrage die **kritische Auslastung** stellen. Sie fragt bei Investionsalternativen, insbesondere dann, wenn sich deren Zusammensetzung von variablen und fixen Kosten unterschiedlich entwickeln, bis zu welcher Ausbringungsmenge die eine Alternative der anderen Alternative vorzuziehen ist.

- Auf das **Ersatzproblem**, wobei es hier um die Frage geht, wann es vorteilhaft ist, ein in Nutzung befindliches, technisch durchaus weiter verwendbares Investitionsobjekt durch ein neues, gleichartiges Investitionsobjekt zu ersetzen.

  Gründe für den Ersatz eines Investitionsobjektes können sein:

o Steigende Reparaturkosten	o Fallende qualitative Kapazität
o Steigende Ausschussquote	o Fallende Produktqualität
o Fallende quantitative Kapazität	

  In der betrieblichen Praxis ist diese Entscheidung häufig besonders schwierig. Auch in der Theorie gibt es keine völlig abgesicherten Überlegungen dazu, welcher Zeitpunkt des Ersatzes optimal ist.

Zur Führung im Investitionsbereich dienen:

- **Ziele**
- **Instrumente.**

3.1.1 Ziele

Die Führung im Investitionsbereich hat sich an den Zielen zu orientieren, die im Unternehmen - insbesondere langfristig - vorgegeben sind, und entwickelt aus diesen Zielen weitere Ziele, beispielsweise Unterziele.

Aus der obigen Zusammenstellung betrieblicher Ziele – Seite 43 – lassen sich Ziele erkennen, die für den Investitionsbereich keine unmittelbare Bedeutung aufweisen. Es sind aber auch Ziele festzustellen, die **für den Investitionsbereich bedeutsam** sind, insbesondere:

- Rentabilitätsziele
- Finanzwirtschaftliche Ziele.

Jedes Unternehmen wird unter dem speziellen Einfluss der Eigenkapitalgeber, Fremdkapitalgeber, Unternehmensleitung, Mitarbeiter, gegebenenfalls auch Lieferanten und Kunden zu einem **individuellen Zielsystem** gelangen.

Unabhängig davon kann für den Investitionsbereich ein allgemeines Zielsystem beschrieben werden, das grundsätzlich gültig ist. Dieses – um möglicherweise individuelle Ziele zu ergänzende – **allgemeine Zielsystem** umfasst:

Zielfunktion	Nebenbedingungen
o Maximierung der Rentabilität	o Erhalt der Liquidität o Erhalt der Unabhängigkeit o Erhalt der Sicherheit

Zwischen der Zielfunktion Rentabilität und den Nebenbedingungen bestehen Zielkonflikte. So kann z. B. bei einer sehr risikoreichen Investition eine sehr hoher Gewinn erreicht werden, wodurch sich die Zielgrößen Rentabilität und Sicherheit konfliktär gegenüberstehen.

Als Ziele, die auch den Investitionbereich betreffen, werden im Folgenden dargestellt:

3.1.1.1 Liquidität

Die Sicherung der Liquidität ist für das Unternehmen lebensnotwendig. Unter Liquidität wird grundsätzlich die gegenwärtige und in absehbarer Zukunft liegende Zahlungsfähigkeit eines Unternehmens verstanden. Sie kann auch als **aktuelle Liquidität** bezeichnet werden.

Es ist aber auch möglich, die Liquidität unter langfristiger Betrachtung – als **strukturelle Liquidität** – zu sehen. Sie ist im Finanzierungsbereich von Bedeutung, wenn es um die Frage geht, wie – mit Eigenkapital, Fremdkapital, kurzfristig, langfristig – Investitionen zu finanzieren sind - siehe ausführlich *Olfert, Olfert/Reichel*.

Die aktuelle Liquidität soll gewährleisten, dass das Unternehmen nicht zahlungsunfähig wird. Sie kann sein:

- **Absolute Liquidität**
- **Relative Liquidität**.

Die absolute Liquidität betrachtet lediglich die Aktiv-Seite der Bilanz, während die relative Liquidität sich auch auf die Passiv-Seite der Bilanz bezieht.

3.1.1.1.1 Absolute Liquidität

Die absolute Liquidität ist die Eigenschaft von Vermögensteilen, als Zahlungsmittel verwendet oder in Zahlungsmittel umgewandelt zu werden. Danach wird einem Vermögensgegenstand eine umso höhere Liquidität zugesprochen, je rascher er sich in Zahlungsmittel umwandeln lässt.

Es erscheint – genau betrachtet – unzweckmäßig, dies als (absolute) Liquidität zu bezeichnen. Vielmehr sollte hier von **Liquidierbarkeit** gesprochen werden, der durchaus praktische Bedeutung zuzumessen ist.

Für die Beurteilung der Liquidierbarkeit gilt es, zwei Gesichtspunkte zu beachten:

- Zunächst ist die **Liquidierungsdauer** festzustellen. Das ist der Zeitraum zwischen der Entscheidung zur Liquidierung eines Vermögensgegenstandes und dem Eingang des Liquidationserlöses.

  Tendenziell kann unterstellt werden, dass die Liquidierungsdauer umso niedriger sein kann, je »weiter unten« ein Vermögensgegenstand in der Bilanz ausgewiesen wird:

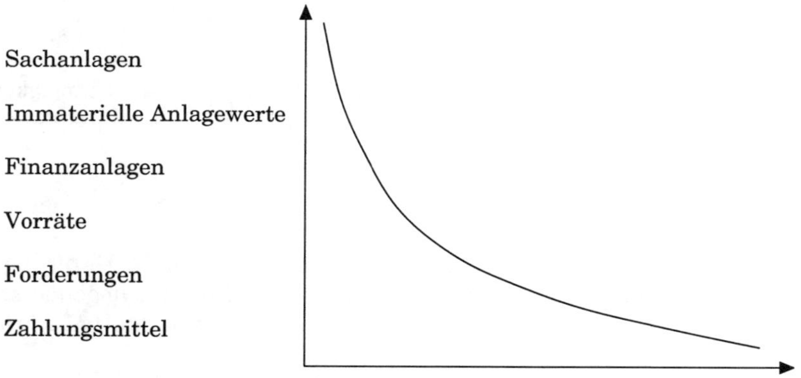

Die vorangegangenen Ausführungen lassen den Schluss zu, dass anlageintensive Unternehmen im Hinblick auf die Liquidierbarkeit von Vermögensteilen eine geringere Elastizität aufweisen als umlaufintensive Unternehmen.

- Neben der Liquidierungsdauer gilt es, den **Liquidierungsbetrag** festzustellen. Das ist der Geldbetrag, mit dem als Liquidationserlös zu rechnen ist. Er lässt sich nicht ohne Berücksichtigung der Situation, in der das Unternehmen sich befindet, ermitteln.

Der Liquidationserlös ist in seiner **Höhe** abhängig von:

Qualität	Die Qualität des zu liquidierenden Vermögenteiles äußert sich beispielsweise in dem Zustand eines Sachgutes oder in der Bonität von Forderungen.
Markt-gegebenheiten	Auf den Liquidationserlös können folgende Kriterien Einfluss nehmen: o **Marktexistenz** für ein Gut, die z. B. in Form eines Gebrauchgütermarktes vorliegen kann. o **Marktgängigkeit** eines Gutes, z. B. die aufgrund des Spezialisierungsgrades des Gutes eingeschränkt sein kann (Vergleich Fotokopierer gegenüber Spezialdruckmaschine). o **Organisationsgrad des Marktes**, der den Liquidationserlös bei hochorganisierten Märkten (z. B. Börse) positiv beeinflussen kann. o **Konjunktursituation**
Dringlichkeit	Je größer der Zeitdruck der Liquidisierung eines Gutes ist, desto geringer dürfte grundsätzlich der erzielbare Erlös für ein Gut sein.

Die Kenntnis der absoluten Liquidität bzw. der Liquidierbarkeit der Vermögensgegenstände ist für die Leitung des finanzwirtschaftlichen Bereiches von Interesse und zur Sicherung des Unternehmensbestandes zweifellos nützlich. Allerdings reichen diese Informationen nicht aus, um den Bestand des Unternehmens gewährleisten zu können.

3.1.1.1.2 Relative Liquidität

Die relative Liquidität überprüft die Möglichkeit des Unternehmens, seinen anstehenden Verpflichtungen nachzukommen. Sie wird auch als **Zahlungsbereitschaft** oder **Unternehmensliquidität** bezeichnet und kann statisch oder dynamisch betrachtet werden:

- Die **statische Liquidität** beschreibt das Verhältnis, das zwischen den Zahlungsmitteln, kurzfristigen Forderungen, Vorräten und den kurzfristigen Verbindlichkeiten besteht.

Kurzfristige Liquiditätsgrade sollen dazu dienen, die Flüssigkeit des Unternehmens im Hinblick auf seine Zahlungsverpflichtungen zu beurteilen:

Bar-liquidität	Liquidität 1. Grades $= \dfrac{\text{Zahlungsmittel}}{\text{Kurzfristige Verbindlichkeiten}}$
Liquidität auf kurze Sicht	Liquidität 2. Grades $= \dfrac{\text{Zahlungsmittel} + \text{kurzfristige Forderungen}}{\text{Kurzfristige Verbindlichkeiten}}$
Liquidität auf mittlere Sicht	Liquidität 3. Grades $= \dfrac{\text{Zahlungsmittel} + \text{kurzfristige Forderungen} + \text{Vorräte}}{\text{Kurzfristige Verbindlichkeiten}}$

Die Erwartungen, die in die Aussagekraft der Liquiditätsgrade gelegt werden, erweisen sich als nicht erfüllbar, denn die Liquidität wird nur zu einem einzigen Zeitpunkt gemessen. Unmittelbar vor oder nach diesem Zeitpunkt kann sie völlig anders aussehen.

Außerdem sind die Liquiditätsgrade zu eng mit der Bilanz verknüpft. Ob ein Unternehmen zahlungsfähig ist, lässt sich aus einzelnen aktiven oder passiven Bilanzpositionen nicht ohne weiteres entnehmen. Gründe für die **mangelhafte Aussagekraft** der Bilanz sind *(Wöhe / Bilstein)*:

- Die Fälligkeiten von kurzfristigen Forderungen und Verbindlichkeiten sind nicht bekannt.
- Das potenzielle Ausfallrisiko der kurzfristigen Forderungen ist nur schwer einzuschätzen.
- Die bilanziell ausgewiesenen Verbindlichkeiten enthalten nicht alle zu leistenden Auszahlungen.
- Die einbezogenen Bilanzpositionen unterliegen der Bewertung.
- Zur Sicherheit übereignete, verpfändete oder abgetretene Teile des Vermögens sind nicht erkennbar.
- Die Möglichkeiten zur Beschaffung oder Verlängerung kurzfristiger Kredite sind nicht feststellbar.

Mithilfe der statischen Liquidität lassen sich demnach keine hinreichend genauen Aussagen machen, um den Bestand des Unternehmens kontinuierlich gewährleisten zu können. Zudem erfolgt die Messung der Liquidität aufgrund der Beständebilanz stichtagsbezogen und weist daher vergangenheitsorientierte Werte auf.

Dennoch gelten die Liquiditätsgrade als wichtige Kennzahlen im Rahmen der Kreditwürdigkeitsprüfung durch die Kreditinstitute, weil sie aus den einzureichenden Jahresabschlüssen abgeleitet werden können.

- Die **dynamische Liquidität** bezieht sich – als relative Liquidität – nicht auf eine bilanzbezogene, zeitpunktbeschränkte Betrachtung.

Liquidität muss ständig, d. h. in allen Zeitpunkten des Unternehmenslebens vorhanden sein. **Illiquidität** gefährdet den Bestand des Unternehmens. So wird nach der Insolvenzordnung (§§ 17 ff.) ein Eröffnungsgrund für ein Insolvenzverfahren gesehen, wenn:

- bei einer OHG bzw. KG Zahlungsunfähigkeit gegeben ist
- bei einer AG, KGaA bzw. GmbH Zahlungsunfähigkeit und Überschuldung vorliegen

Zahlungsunfähigkeit ist das auf dem Mangel an Zahlungsmitteln beruhende Unvermögen des Schuldners, seine fälligen Geldschulden noch im Wesentlichen zu erfüllen. **Überschuldung** liegt vor, wenn das Vermögen die Schulden nicht mehr deckt.

Mithilfe der dynamischen Liquidität ist es möglich, das Unternehmen finanzwirtschaftlich in geeigneter Weise zu steuern. Dabei soll – mit *Witte* – unter der Liquidität die **Fähigkeit des Unternehmens** verstanden werden, **die zu einem Zeitpunkt zwingend fälligen Zahlungsverpflichtungen uneingeschränkt erfüllen zu können, die zu jedem Zeitpunkt seines Bestehens gegeben sein muss.**

Praktisch bedeutet dies, dass die so beschriebene Liquidität folgenden Erfordernissen gerecht zu werden hat:

- Es sind sämtliche Einzahlungen und Auszahlungen zu erfassen.
- Die Zahlungsströme sind in geeigneter Weise – nämlich unter Verwendung von Finanzplänen – zu erfassen.

Damit wird es möglich, nicht nur die momentane Liquidität festzustellen, die auf einen bestimmten Tag bezogen ist, sondern auch die Periodenliquidität planerisch zu ermitteln, wodurch offengelegt werden kann, inwieweit die Liquidität künftig gefährdet oder ungefährdet ist.

Die Liquidität – als dynamische Liquidität – lässt sich mithilfe der Finanzplanung sichern, in welche die Investitionsplanung eingeht, sowie durch die Finanzdisposition wie z. B. mithilfe des Cash Managements.

Bei hoher **Risikobereitschaft** der Führung im Investitionsbereich ist es möglich, dass der Liquidität zu Gunsten der Rentabilität geringere Bedeutung zugemessen wird. In kleineren Unternehmen hingegen kommt dem Sicherheitsgedanken – und damit auch Liquiditätsgedanken - mitunter größere Bedeutung zu, was die Rentabilität negativ beeinflussen kann.

06 Seite 390

3.1.1.2 Sicherheit

Mit jeder Investition ist die Chance verbunden, Gewinne daraus zu ziehen. Jede Investition birgt aber auch das **Risiko**, dass ein

- Gewinn nicht im erwarteten Umfang erzielt wird
- Gewinn überhaupt nicht erzielt wird
- Verlust erwirtschaftet wird.

Einerseits sollten Investitionen den Bestand des Unternehmens nicht in Gefahr bringen dürfen. Insofern sind zu hohe Risiken, die mit Investitionen verbunden sein können, zu vermeiden. Das gilt umso mehr, je hochwertiger die Investitionsobjekte sind und je länger sie im Unternehmen gebunden sind.

Andererseits kann sich ein Unternehmen langfristig nicht positiv weiterentwickeln, wenn es nicht zumindest angemessene Gewinne erzielt.

Diese durch Investitionen hervorgerufene Situation der Ungewissheit zukünftiger Ereignisse wird als »Informationsbedingte Probleme« ausführlicher dargestellt – siehe S. 93 ff. Zudem werden die »Informationsbedingten Lösungsansätze« zur Überbrückung der Ungewissheit bei unzureichenden Informationen grundlegend auf S. 102 ff. aufgezeigt.

3.1.1.3 Rentabilität

Die Rentabilität ist eine Maßzahl, die sich aus dem Verhältnis von Gewinn und Kapital bzw. Umsatz ergibt, beispielsweise als:

$$\text{Gesamtkapitalrentabilität} = \frac{\text{Gewinn} + \text{Fremdkapitalzinsen}}{\text{Gesamtkapital}} \cdot 100$$

$$\text{Eigenkapitalrentabilität} = \frac{\text{Gewinn}}{\text{Eigenkapital}} \cdot 100$$

$$\text{Umsatzrentabilität} = \frac{\text{Gewinn}}{\text{Umsatz}} \cdot 100$$

Die **Eigenkapitalgeber** erwarten für das von ihnen eingesetzte oder einzusetzende Kapital einen angemessenen Gewinn und damit auch eine entsprechende Rentabilität.

Aber auch für die **Fremdkapitalgeber** ist die Rentabilität von Interesse. Obwohl sie daraus keinen ertragsmäßigen Nutzen ziehen können, gibt die Rentabilität ihnen einen Hinweis auf die Einschätzung des Risikos, das sie mit der Bereitstellung ihres Kapitals eingehen.

Die Rentabilität des Unternehmens kann im Investitionsbereich durch die Wahl wirtschaftlich vorteilhafter Investitionsobjekte positiv beeinflusst werden.

07 Seite 391

3.1.1.4 Unabhängigkeit

Die Unabhängigkeit wird als Zielsetzung gewahrt, wenn Entscheidungen des Unternehmens nicht einer Einflussnahme Dritter unterliegen. Investitionen können innerhalb des Unternehmens von unterschiedlichen Faktoren abhängig sein, beispielsweise der Investitionspolitik des Unternehmens oder dem Innenfinanzierungspotenzial.

Investitionsentscheidungen sind aber auch durch Abhängigkeiten gekennzeichnet, die von außerhalb des Unternehmens befindlichen Institutionen ausgehen, beispielsweise den Marktpartnern, den Lieferanten, aber auch dem Staat.

Inbesondere erfordern Investitionen in der Regel Finanzierungen, die durch außerhalb des Unternehmens stehende Kapitalgeber gewährt werden. Die hierdurch entstehenden Abhängigkeiten zeigen sich beispielsweise in:

- **Informationspflichten**, die nach der Menge und der Qualität der bereitzustellenden Informationen unterschiedlichen groß sein können. Sie werden gegeben an:

  - Banken bei der Kreditvergabe
  - Gesellschafter bei einem weiteren Eigenkapitaleinsatz
  - Weitere Institutionen, die Informationen verlangen, wozu zählen:
    - Der Betriebsrat
    - Der Staat in Form einer Steuererklärung
    - Informationen gemäß der Publizitätspflicht

- **Beeinflussungen** als stärkste Form der Abhängigkeit. Dritte nehmen dann mit Weisungen oder notwendigen Genehmigungen einen Einfluss auf betriebliche Entscheidungen.

08 Seite 391

3.1.2 Instrumente

Die Instrumente, die der finanzwirtschaftlichen Führung zur Verfügung stehen, um die Ziele im Investitionsbereich erreichen zu können, sind insbesondere:

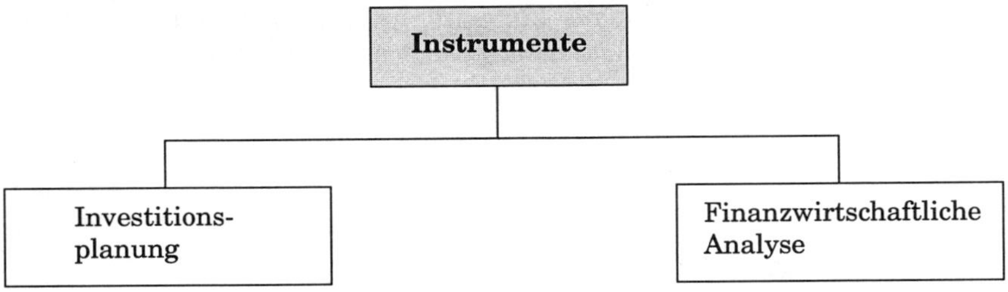

3.1.2.1 Investitionsplanung

Die Investitionsplanung dient der zielgerichteten Gestaltung des Investitionsbereiches. Mit ihrer Hilfe sollen nicht nur die Liquidität und damit der Bestand des Unternehmens gesichert werden. Die Investitionsplanung ist auch geeignet, die weiteren Ziele

- Sicherheit
- Rentabilität
- Unabhängigkeit

in ihrer Erreichung zu unterstützen.

Die Investitionsplanung kann sein:

- Eine **strategische Planung**, die langfristig ausgerichtet ist.
- Eine **taktische Planung**, die mittelfristiger Natur ist.
- Eine **operative Planung**, die kurzfristigen Charakter aufweist.

Im Rahmen der Investitionsplanung wird der **Investitionsplan** erstellt, der nicht nur Planwerte aufweist, sondern auch nach der Durchführung der Investition die tatsächlich eingetretenen Istwerte, um im Rahmen der Kontrolle aufgetretene Abweichungen feststellen und analysieren zu können. Der Investitionsplan enthält das für eine Rechnungsperiode geplante Investitionsprogramm.

Die Investitionsplanung wird ausführlich in Kapitel B dargestellt.

3.1.2.2 Finanzwirtschaftliche Analyse

Die finanzwirtschaftliche Analyse hat – als spezielle Form der **Investitionsanalyse** – die Aufgabe, das investive Verhalten des Unternehmens zu untersuchen. Dabei kommt dem Jahresabschluss – der Bilanz, der GuV-Rechnung, dem Anhang und gegebenenfalls dem Lagebericht – die zentrale Bedeutung zu.

Insgesamt umfasst die finanzwirtschaftliche Analyse vor allem:

Substanz-analyse	Die einzelnen **Positionen** der Bilanz werden überprüft im Hinblick auf: o Zustandekommen o Zusammensetzung o Entwicklung.
Kennzahlen-analyse	**Kennzahlen** sind Zahlen, die sich auf wirtschaftlich wichtige Tatbestände beziehen und diese in konzentrierter Form darstellen. Sie haben unterschiedliche Untersuchungsbereiche, die zu unterscheiden sind: **Investitionsanalyse** als o Analyse der Investitionsstruktur o Analyse der Investitionspolitik o Umsatzbezogene Investitionsanalyse **Finanzierungsanalyse** als o Analyse der Finanzierungsstruktur o Analyse der Finanzierungsdauer **Liquiditätsanalyse** als o statische Liquiditätsanalyse o dynamische Liquiditätsanalyse mit den Ausprägungen – Cash Flow – Kapitalflussrechnung **Sonstige Analysen** als o Ergebnisanalyse o Rentabilitätsanalyse

3.2 Finanzierung

Im Finanzierungsbereich hat sich die Führung – gleichermaßen wie im Investitionsbereich – an den **Zielen** des Unternehmens zu orientieren, die allgemein vor allem sind:

- Die **Liquidität** als Fähigkeit des Unternehmens, die zwingend fälligen Zahlungsverpflichtungen uneingeschränkt erfüllen zu können.

- Die **Rentabilität**, die einen Ausdruck des Unternehmenserfolges darstellt.

- Die **Unabhängigkeit**, die sich das Unternehmen so weit wie möglich – insbesondere den Fremdkapitalgebern gegenüber – erhalten sollte.

- Die **Sicherheit**, die z. B. bei der Fremdkapitalaufnahme in Form eines Zinsrisikos oder bei Eigenkapitalgrößen in Form des Haftungsrisikos ihren Ausdruck findet.

Instrumente der Führung im Finanzierungsbereich sind insbesondere -- siehe ausführlich *Olfert, Olfert/Reichel*:

- Die **Finanzplanung**, in der sämtliche Einzahlungen und Auszahlungen geplant und kontrolliert werden.

- Die **Finanzdisposition**, die der Überwachung und Steuerung des Dispositionsbestandes an liquiden Mitteln dient und heute vielfach als **Cash Management** bezeichnet wird.

- Die **finanzwirtschaftliche Analyse** als Finanzierungsanalyse, die Aufschluss über die Entwicklung im Finanzierungsbereich des Unternehmens gibt.

3.3 Zahlungsverkehr

Die Führung im Bereich des Zahlungsverkehrs hat die Abwicklung der finanziellen Transaktionen des Unternehmens zielgerichtet zu steuern. **Allgemeine Ziele** sind dabei vor allem:

- Liquidität
- Sicherheit
- Rentabilität.

Im Rahmen der Führung gilt es auch, geeignete **Regelungen** zu treffen, mit denen

- die technischen Voraussetzungen zur Zahlungsmittelübertragung geschaffen
- und damit die Zahlungswege vorgegeben werden,
- der organisatorische Rahmen der Abwicklung geschaffen wird,
- und damit die einzuschaltenden Mittler des Zahlungsverkehrs festgelegt werden.

Dazu gehört auch die Steuerung des Abrechnungsverkehrs unter Großunternehmen - das **Industrieclearing** – und innerhalb eines Konzerns – das **Konzernclearing**.

Die Schnittstellen zwischen der Abwicklung und der Führung der Kapitalverwaltung verwischen mit dem Einsatz von EDV-gesteuerten Cash Management-Systemen teilweise.

	Kontrollfragen	bearbeitet	Lösungshinweis	Lösung +	Lösung -
01	Beschreiben Sie den güterwirtschaftlichen Prozess!		15		
02	Inwieweit ist der finanzwirtschaftliche Prozess ein Spiegelbild des güterwirtschaftlichen Prozesses?		15		
03	Stellen Sie schematisch dar, wie der finanzwirtschaftliche Prozess grundsätzlich ablaufen kann!		16		
04	Welche Funktionen hat die Finanzwirtschaft zu erfüllen?		17		
05	Wie kann die Finanzwirtschaft im Unternehmen eingegliedert sein?		17 f.		
06	Welche Aufgaben hat der Controller?		19		
07	Worin bestehen die Aufgaben des Treasurers?		19		
08	Was kann unter Kapital verstanden werden?		20		
09	Was versteht man unter abstraktem Kapital?		20		
10	Aus welchen bilanziellen Positionen kann das Eigenkapital bestehen?		21		
11	Beschreiben Sie die Eigenschaften des Eigenkapitals!		21 f.		
12	Wie kann das Fremdkapital bilanziell ausgewiesen werden?		22		
13	Welche Eigenschaften hat das Fremdkapital?		22		
14	Was versteht man unter konkretem Kapital?		23		
15	Welche Positionen umfasst die Vermögensseite der Bilanz?		23		
16	Erläutern Sie, was unter Investition verstanden werden kann!		24		
17	Mit welchen grundlegenden Fragen hat sich der Investitionsbereich zu befassen?		25		
18	Beschreiben Sie den Ablauf des Investitionsprozesses!		26		
19	Was ist unter der Desinvestition zu verstehen?		26		
20	Welche Arten von Wertbewegungen lassen sich unterscheiden?		27		
21	Durch welche Merkmale sind Investitionsprozesse gekennzeichnet?		28		
22	Was versteht man unter der Erfolgskomponente?		28		
23	Beschreiben Sie die Liquiditätskomponente!		28		
24	Worin kann sich die Risikokomponente äußern?		28 f.		
25	Welche objektbezogenen Investitionen können unterschieden werden?		29 f.		
26	Wie lassen sich die Zahlungsströme den Sachinvestitionen zurechnen?		30		
27	Was sind Finanzinvestitionen?		30		

	Kontrollfragen	bearbeitet	Lösungshinweis	Lösung +	Lösung -
28	Inwieweit können die Zahlungsströme den Finanzinvestitionen zugerechnet werden?		30		
29	Wozu dienen immaterielle Investitionen?		30 f.		
30	Wie lassen sich die Zahlungsströme den immateriellen Investitionen zurechnen?		31		
31	Welche wirkungsbezogenen Investitionen lassen sich unterscheiden?		31		
32	Worin unterscheiden sich Netto- und Bruttoinvestitionen?		31		
33	Erläutern Sie die Arten der Nettoinvestitionen!		32		
34	Welche Reinvestitionen lassen sich unterscheiden?		32 f.		
35	Stellen Sie die »sonstigen« Investitionen in einem Schaubild zusammen!		33 f.		
36	Was versteht man unter Finanzierung?		35		
37	Welche grundlegenden Fragestellungen sind mit der Finanzierung verbunden?		35		
38	Stellen Sie die Finanzierung mit unterschiedlichen Kapitalarten in einem Schaubild dar!		36		
39	Systematisieren Sie die Finanzierungen mit unterschiedlicher Kapitalherkunft!		37		
40	Welche Finanzierungen mit unterschiedlicher Fristigkeit lassen sich unterscheiden?		38		
41	Geben Sie einen Überblick über die Zahlungsmittel!		39		
42	Was heißt es, die Hingabe eines Zahlungsmittels erfolge an Erfüllungs Statt bzw. erfüllungshalber?		39		
43	Welche Arten des Zahlungsverkehrs lassen sich unterscheiden?		39		
44	Welche Möglichkeiten gibt es, Barzahlungsverkehr abzuwickeln?		40		
45	Wie ist die Bedeutung des Barzahlungsverkehrs einzuschätzen?		40		
46	Was versteht man unter dem halbbaren Zahlungsverkehr?		40		
47	Welche Möglichkeiten gibt es, bargeldlosen Zahlungsverkehr durchzuführen?		41		
48	Welche Aufgabe hat die finanzwirtschaftliche Führung?		42		
49	Welche Tätigkeitsschwerpunkte können den einzelnen Führungsebenen zugeschrieben werden?		42		
50	Aus welchen Phasen besteht der finanzwirtschaftliche Führungsprozess?		42		
51	Erläutern Sie, welche Arten von Zielen sich nach verschiedenen Kriterien unterscheiden lassen!		43		

	Kontrollfragen	bear-beitet	Lösungs-hinweis	Lösung +	-
52	Wodurch wird die Zielbildung im Unternehmen beeinflusst?		43		
53	Welche betrieblichen Ziele können unterschieden werden?		43 f.		
54	In welchen Phasen verläuft die Planung?		44		
55	In welchen Phasen erfolgt die Kontrolle?		44		
56	Erläutern Sie die Entscheidungsprobleme, die sich dem Investitionsbereich stellen!		45 f.		
57	Welche Bedeutung haben die betrieblichen Ziele für den Investitionsbereich?		47		
58	Welche allgemeinen Ziele lassen sich für den Investitionsbereich nennen?		47		
59	Wozu dient die Liquidität?		47		
60	Worin unterscheiden sich aktuelle und strukturelle Liquidität?		47		
61	Beschreiben Sie die absolute Liquidität!		48 f.		
62	Welche Arten der relativen Liquidität lassen sich unterscheiden?		49 ff.		
63	Welche kurzfristigen Liquiditätsgrade lassen sich nennen und wie sind sie zu beurteilen?		50		
64	Beschreiben Sie die dynamische Liquidität!		51		
65	Erläutern Sie, was unter »Sicherheit« zu verstehen ist!		52		
66	Was versteht man unter Rentabilität?		52		
67	Welche Arten der Rentabilität lassen sich unterscheiden?		52		
68	Welche Bedeutung hat die Rentabilität als Ziel des Investitionsbereiches?		53		
69	Zeigen Sie, was unter der Zielsetzung »Unabhängigkeit« zu verstehen ist.		53		
70	Welcher Instrumente kann sich die finanzwirtschaftliche Führung im Investitionsbereich bedienen?		54		
71	Wozu dient die Investitionsplanung?		54		
72	Welche Arten der Investitionsplanung können unterschieden werden?		54		
73	Wie sieht der Investitionsplan aus?		54		
74	Welche Aufgaben hat die Investitionsanalyse?		55		
75	An welchen allgemeinen Zielen hat sich die Führung im Finanzierungsbereich zu orientieren?		55		
76	Was sind die Instrumente der Führung im Finanzierungsbereich?		56		
77	Was geschieht bei der Finanzdisposition?		56		

	Kontrollfragen	bear-beitet	Lösungs-hinweis	Lösung +	-
78	Welchen allgemeinen betrieblichen Zielen muss die Führung im Zahlungsverkehrsbereich gerecht werden?		56		
79	Welche Regelungen hat die Führung im Zahlungsverkehrsbereich zu treffen?		56		
80	Wie nennt man die Steuerung des Abrechnungsverkehrs unter Groß- und Konzernunternehmen?		56		

B. Investitionsplanung

Investitionsplanung ist die planerische Tätigkeit im finanzwirtschaftlichen Bereich, die sich mit der Beschaffung von Investitionsobjekten befasst. Wie jede Planung ist auch die Investitionsplanung durch drei **Merkmale** gekennzeichnet:

- Sie ist ein gedanklicher Prozess.
- Sie liegt vor der Ausführung.
- Sie ist auf zukünftiges Handeln gerichtet.

Die Investitionsplanung stellt eine **Teilplanung** der Unternehmensplanung dar, in die sie eingebunden ist. Sie wird im Investitionsplan dokumentiert und kann sein:

- Eine **strategische Planung**, die in der oberen Führungsebene erfolgt. Sie bezieht sich auf die Produkt- und Marktstrategien des Unternehmens und ist langfristig ausgerichtet.

  Beispiele: Investitionen zur Erweiterung der Kapazität, zur Forschung und Entwicklung, zur Einführung neuer Produkte, zur Qualitätssicherung.

- Eine **taktische Planung***, die sich aus der strategischen Planung ergibt, diese umsetzt und mittelfristig ausgerichtet ist. Sie bezieht sich auf die Aufrechterhaltung der laufenden Geschäftstätigkeit.

  Beispiele: Investitionen zur Ersatzbeschaffung oder zur Rationalisierung.

- Eine **operative Planung***, die aus der taktischen Planung abgeleitet wird, eine Ausführungsplanung ist und kurzfristigen Charakter hat. Sie bezieht sich insbesondere auf **Routine-Investitionen**.

  Beispiele: Laufende Neu- oder Ersatzbeschaffung geringerwertiger Investitionsobjekte.

Als Teilplanung der Unternehmensplanung hat die Investitionsplanung eine **herausragende Bedeutung**. Dafür gibt es mehrere Gründe:

- Investitionen bewirken vielfach **längere Kapitalbindungen**, bei strategischen Investitionen betragen sie mehr als 5 Jahre, mitunter 10 Jahre und mehr, bei taktischen Investitionen sind es bis zu 5 Jahre. Diese Kapitalbindungen können vor Ablauf der Planungsperioden nicht oder nur unter Inkaufnahme von Verlusten verändert oder aufgehoben werden. Das betrifft vor allem:

o Das Leistungsprogramm	o Das Leistungsvolumen
o Die Leistungsstruktur	

---

* Taktische und operative Planung werden in der Literatur mitunter auch umgekehrt definiert, also die operative als mittelfristige und die taktische als kurzfristige Planung.

Wie starr die Kapitalbindungen sind, hängt auch von den besonderen Merkmalen der Investitionsobjekte ab.

Beispiel: Ein metallverarbeitendes Unternehmen kann bei rückläufigem Absatz ohne neue Investitionen nicht auf die Herstellung von voraussichtlich gut absetzbaren chemischen Produkten übergehen.

Die Herstellung anderer metallbezogener Produkte ist aber durchaus möglich, wenn das Unternehmen über hinreichend universelle Maschinen verfügt. Hat es dagegen spezialisierte Maschinen oder Automatenstraßen, ist auch diese Lösung fraglich.

- Investitionen verändern vielfach die **Kostenstruktur** des Unternehmens. Mit ihnen erhöht sich der Anteil der fixen Kosten, die bekanntlich auch dann anfallen, wenn die Investitionsobjekte nicht oder in gering(er)em Umfang genutzt werden. Das kann besonders bei Gütern des Sach-Anlagevermögens problematisch sein.

  Beispiel: Eine Abfüllanlage verursacht im Jahr 80.000 € fixe Kosten, insbesondere Abschreibungen, gleichgültig ob sie mit maximaler Kapazität – 1.000 Einheiten/Tag – oder mit gegenwärtig nur 200 absetzbaren Einheiten/Tag arbeitet.

- Investitionen sind an den Möglichkeiten der **Finanzierung** auszurichten. Dabei ist nicht nur wichtig, dass die Investitionsobjekte überhaupt finanziert werden können. Je nach Investition kann auch bedeutsam sein, mit welchem Kapital – Eigenkapital, Fremdkapital, kurzfristig, langfristig – und zu welchen Bedingungen zu finanzieren ist.

  Beispiele: Von einer Investition, die einen geringeren Zinssatz erwirtschaftet als das notwendigerweise aufzunehmende Fremdkapital kostet, ist grundsätzlich abzuraten.

  Ebenso ist von der Beschaffung einer Fertigungsstraße abzuraten, die eine langfristige Kapitalbindung bedeutet, so weit sie nur mit kurzfristigem Fremdkapital finanziert werden könnte.

- Investitionen müssen in die übrigen **betrieblichen Teilplanungen** eingebunden und mit diesen abgestimmt werden.

  Beispiel: Eine noch so wirtschaftlich arbeitende Maschine ist für ein Unternehmen nutzlos, wenn die mit ihr zu fertigenden Produkte nicht abgesetzt werden können oder wenn sie des Einsatzes von Personal bedarf, das im Unternehmen weder vorhanden noch in absehbarer Zeit beschaffbar ist.

  Die Investition hätte am Absatzplan bzw. Personalplan ausgerichtet werden müssen.

- Investitionen sind vielfach wichtige **Träger des technischen Fortschritts**. Als solche fördern sie die Sicherung und Weiterentwicklung des Unternehmens, das den Wünschen bzw. Erwartungen der Kunden gerecht werden und sich den Wettbewerbern gegenüber behaupten kann.

  Beispiele: Investitionen zur Forschung und Entwicklung, zur Mitarbeiterqualifikation, in neue Fertigungsverfahren.

Die **Eignung** der Investitionsplanung, einzelne Investitionsobjekte oder ein ganzes Investitionsprogramm auf ihre bzw. seine Vorteilhaftigkeit und Durchführbarkeit hin zu beurteilen, hängt davon ab, inwieweit die Investitionsplanung folgenden Erfordernissen gerecht wird:

- Die Investitionsplanung muss **alle Investitionsobjekte** des Unternehmens einschließen, sie darf sich nicht nur auf hochwertige Investitionsobjekte oder bestimmte Arten von Investitionsobjekten beschränken.

  Allerdings müssen die Anstrengungen der Investitionsplanung in einem vernünftigen wirtschaftlichen Verhältnis zum erzielbaren Erfolg stehen. So werden Routineinvestitionen keinen so hohen planerischen Aufwand rechtfertigen wie die Beschaffung höher- oder hochwertiger Investitionsobjekte.

- Die Investitionsplanung muss sich an den **langfristigen Zielen** des Unternehmens orientieren. Mit den aufgrund der Investitionsplanung zu realisierenden Investitionsobjekten müssen diese Unternehmensziele verwirklicht werden können.

- Die Investitionsplanung muss auf der Grundlage genau festgelegter **Beurteilungskriterien** mithilfe zuverlässiger, problemgerechter **Verfahren** durchgeführt werden.

  Die Verwendung von Faustregeln, die weder Erfolgs- noch andere objektspezifische Kriterien berücksichtigen, ist abzulehnen.

  Beispiele für ersatzbezogene Faustregeln:

  - Ersatz der ältesten Investitionsobjekte
  - Ersatz der abgeschriebenen Investitionsobjekte
  - Ersatz der Investitionsobjekte bestimmten Alters
  - Ersatz der Investitionsobjekte bestimmter Laufzeit

- Die Investitionsplanung muss das **Informationsproblem** zu lösen versuchen, das sich daraus ergibt, dass die zukünftig erwartete Entwicklung zu beurteilen ist. Informationen über die Vergangenheit und Gegenwart sind dabei von keinem bzw. geringerem Nutzen.

  Gerade für strategische und taktische Investitionen lässt sich das Informationsproblem nur sehr schwer befriedigend in den Griff bekommen, da sowohl die Qualität als auch die Quantität der Informationen begrenzt ist.

- Die Investitionsplanung bedarf qualifizierter **Entscheidungsträger**, die hinreichend über fachliches Wissen und Erfahrungen verfügen. Sie müssen in eine geeignete **organisatorische Struktur** eingebunden sein:

  - Bei größeren Unternehmen gibt es vielfach eine ständig existente Investitionsabteilung als **Stabsstelle**, die auch als Investitionsplanung bezeichnet werden kann:

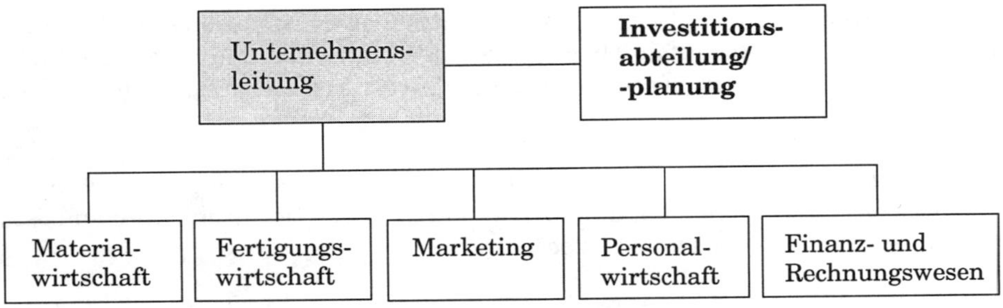

- Bei kleineren Unternehmen existiert häufig ein bedarfsweise zusammentretendes Gremium, der **Investitionsausschuss**. Er besteht erfahrungsgemäß aus Vertretern der betrieblichen Bereiche:

  - Materialwirtschaft
  - Fertigungswirtschaft
  - Finanzwirtschaft
  - Marketing

  Aus rechtlichen Gründen kann es sich anbieten, den Investitionsausschuss zu ergänzen, beispielsweise durch:

  - Sicherheitsbeauftragte
  - Juristen
  - Betriebsärzte
  - Betriebsratsmitglieder

  Die Hinzuziehung von Vertretern aus den betrieblichen Bereichen und sonstigen Personen – wie beim Investitionsausschuss beschrieben – kann auch bei der **Stabsstelle** erfolgen.

  Stabsstelle wie auch Investitionsausschuss haben folgende **Aufgaben**:

  - Annahme der Investitionsanträge
  - Prüfung der Investitionsanträge
  - Entscheidungsvorbereitung
  - Kontrolle der Investitionen.

  Bei Unternehmen, die lediglich über einen bedarfsweise zusammentretenden Investitionsausschuss verfügen, ist es den einzelnen Bereichen vielfach möglich, Investitionen bis zu einem bestimmten Wert selbständig vorzunehmen.

  Bei solchen Regelungen ist darauf zu achten, dass Investitionen nicht zunächst »zerlegt« werden, damit sie nicht den genehmigungspflichtigen Wert erreichen, um danach wieder »zusammengefügt« zu werden.

Die Investitionsplanung ist auf die Planung von einzelnen Investitionen, deren Vorteilhaftigkeit festgestellt werden soll, ebenso wie auf die Planung eines ganzen Investitionsprogrammes ausgerichtet. Zunächst soll gezeigt werden, wie einzelne Investitionen zu behandeln sind, danach erfolgt – unter Verwendung dieser Erkenntnisse – die Planung des Investitionsprogrammes:

Investitionsplanung	Planung von Einzelinvestitionen
	Planung des Investitionsprogrammes

1. Planung von Einzelinvestitionen

Die Planung von Einzelinvestitionen kann unabhängig von der Planung des Investitionsprogrammes oder im Verlaufe der Planung des Investitionsprogrammes erfolgen.

Es sollen dargestellt werden:

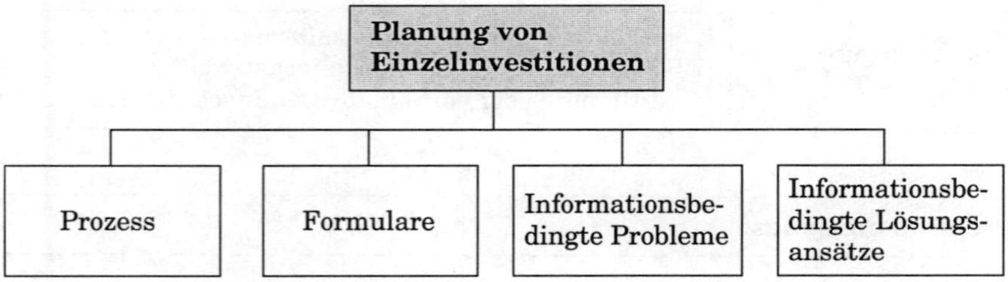

Der Prozess der Planung von Einzelinvestitionen erfolgt in mehreren Phasen. In der betrieblichen Praxis empfiehlt es sich, diesbezüglich **Formulare** zu verwenden, die den Vorteil haben, dass

- alle notwendigerweise mit einer Investition verbundenen Fragestellungen systematisch abgearbeitet werden müssen
- die Einheitlichkeit, wie Investitionen zu beurteilen sind, für den Entscheidungsprozess förderlich ist
- die Kontrolle der Investitionen gleichermaßen systematisch und in einem einheitlichen Rahmen möglich ist.

Da mit den Investitionen in der Zukunft liegende Gegebenheiten zu beurteilen sind, entsteht das Problem der Information. Es ist davon auszugehen, dass die Informationen eher von Ungewissheit als von Sicherheit geprägt sind.

Aus diesem Grunde sind in der betrieblichen Praxis wie auch im wissenschaftlichen Bereich Verfahren entwickelt worden, die helfen sollen, die gegebene Ungewissheit möglichst zu überbrücken.

1.1 Prozess

Der Planungsprozess für einzelne Investitionen läuft in mehreren **Phasen** ab, wie bei der finanzwirtschaftlichen Führung bereits allgemein dargestellt, die noch in einzelne **Stufen** unterteilt werden können.

Anregungsphase	o Anregung der Investition o Beschreibung des Investitionsproblems
Suchphase	o Festlegung der Bewertungskriterien o Festlegung der Begrenzungsfaktoren o Ermittlung der Investitionsalternativen
Entscheidungs-phase	o Vorauswahl der Investitionsalternativen o Bewertung der Investitionsalternativen o Bestimmung der vorteilhaftesten Investitionsalternative
Durchführungsphase	
Kontrollphase	o Soll-Ist-Vergleich o Abweichungsanalyse

Während die Durchführung - auch bei weiter Auslegung des Planungsbegriffes - kein Bestandteil der Planung ist, kann die Kontrolle als abschließende Phase der Planung angesehen werden.

Die planerischen Aktivitäten können umso wirkungsvoller gestaltet werden, je umfassender die **Rückkopplung** über die Kontrolle erfolgt. Sie darf sich nicht darauf beschränken, die Abweichungen zwischen den Plan- und Istwerten lediglich festzustellen bzw. zu dokumentieren. Die Kontrolle muss die Abweichungen auch analysieren.

Planungs- oder **Ausführungsfehler** können auf diese Weise aufgedeckt und wesentliche Erkenntnisse zur Vermeidung solcher Fehler in künftigen Planungsprozessen gewonnen werden.

Die einzelnen Stufen der Investitionsplanung werden in der betrieblichen Praxis grundsätzlich nacheinander in Angriff genommen. Dabei kann es sich aber ergeben, dass der Planungsprozess in einer bestimmten Stufe abgebrochen und in einer früheren Stufe wieder aufgenommen wird, wenn sich bei der Planung Schwierigkeiten ergeben.

1.1.1 Anregung der Investition

Die Anregung zu einer Investition ist Ausgangspunkt der Investitionsplanung. Sie kann aus dem Unternehmen oder von außerhalb des Unternehmens kommen:

Anregung der Investition	o Unternehmensinterne Anregung
	o Unternehmensexterne Anregung

Die **unternehmensinterne Anregung** zu einer Investition ist von allen Unternehmensbereichen möglich. Es bieten sich aber besonders an:

- Die **Fertigungswirtschaft**, die

o das Nutzungsende	o die Kostensteigerung
o die Qualitätsverschlechterung	o die Reparaturanfälligkeit
o die Kapazitätsabnahme	o den Ersatzteilbedarf

einer vorhandenen Maschine erkennen kann oder

o wiederholte Terminüberschreitungen
o wiederholte Engpassituationen
o wiederholt erforderliche Überstunden

aufgrund unzureichender Kapazität des Maschinenparks feststellt oder

o Fachartikel	o Prospekte
o Anzeigen	o Angebote

zur Kenntnis erhält, die Hinweise auf verbesserte Betriebsmittel geben, oder

o neue Fertigungsverfahren
o neue Materialien

einzusetzen beabsichtigt.

- Von der **Forschung und Entwicklung**, die Anregungen gewinnen kann durch:

o Erkenntnisse praktischer Forschungs- und Entwicklungstätigkeit
o Studium der Fachliteratur
o Erfahrungsaustausch der Fachleute
o Beobachten der Entwicklung von Schutzrechten

- Vom **Marketingbereich**, der durch seinen Kontakt mit dem Handel, den Absatzhelfern* und den Endverbrauchern oder Endverwendern der Produkte sowie mithilfe der Marktforschung erkennen kann:

o Aktivitäten der Konkurrenz	o Einstellungen der Endverwender
o Erwartungen des Handels	o Veränderungen des Marktes
o Erwartungen der Absatzhelfer	o Verschiebungen des Absatzprogrammes
o Einstellungen der Endverbraucher	

- Vom **Rechnungswesen**, das Veränderungen in der Kosten- und Erlösstruktur feststellen kann, die sich ergeben können durch:

o Veränderte Personalkosten	o Veränderte Verkaufsmengen
o Veränderte Materialkosten	o Veränderte Verkaufspreise

- Von der **Investitionsabteilung** oder von dem **Investitionsausschuss**, die nicht nur die Aufgabe haben, aus dem Unternehmen kommende Anregungen zu Investitionen im Zusammenwirken mit den entsprechenden Abteilungen einer Prüfung zu unterziehen, sondern die auch selbst Anregungen zu Investitionen geben können und sollen.

- Von den **Mitarbeitern**, die dem Unternehmen aufgrund ihrer Kenntnisse und Erfahrungen, welche sie in Erledigung ihrer Arbeitsaufgaben gewonnen haben, **Vorschläge** unterbreiten – siehe ausführlich *Ebel*:

Verbesserungsvorschläge	Sie werden von Mitarbeitern eingebracht und können – bei Eignung – zu Prämienzahlungen führen.
Schutzfähige Erfindungen	Sie müssen dem Unternehmen zur Kenntnis gegeben und zur Nutzung angeboten werden, wofür es – bei Annahme – eine Erfindervergütung zu zahlen hat.

Die Vorschläge können sich insbesondere beziehen auf:

o Verfahrensgestaltung	o Arbeitsablaufgestaltung
o Arbeitsplatzgestaltung	

Die **unternehmensexterne Anregung** zu einer Investition kann erfolgen:

- Von **Marktpartnern**, die als Handel, Absatzhelfer, weiterverarbeitende Unternehmen, Banken und Versicherungen auf das Unternehmen einwirken.

- Von **Beratungsunternehmen**, die beispielsweise als Forschungsinstitute oder Ingenieurbüros technisch sowie als Marktforschungsinstitute oder Werbeagenturen

---
* Das sind u. a. Handelsvertreter, Kommissionäre, Handelsmakler, Spediteure, Frachtführer, Lagerbetriebe.

wirtschaftlich orientiert oder als Unternehmensberatungen generell beratend im Unternehmen tätig sein können.

- Vom **Gesetzgeber**, der durch Erlass neuer Vorschriften – beispielsweise im Unfallschutz, Umweltschutz – Initiator von Investitionen ist.

- Von **Kunden**, die mit den Produkten oder Leistungen des Unternehmens unzufrieden waren. Solche Probleme gilt es über Kundenreklamations-Abteilungen entsprechend abzufragen, zu beseitigen und zu berücksichtigen. Sie können wertvolle Anregungen zu Änderungen geben.

Die Anregung zu einer Investition kann – wie zu sehen ist – aus vielen Quellen kommen und alle Bereiche des Unternehmens betreffen.

Beispiel*: Die Metall GmbH stellt acht verschiedene Produktarten her, die teilweise auf universellen, teilweise auf spezialisierten Maschinen gefertigt werden.

Der Fertigungsplan ist nach den Angaben des Marketingbereiches erstellt und sieht für dieses Jahr folgende **Fertigungsmengen pro Monat** vor:

Produktart	Produktmenge Stück/Monat
A	8.000
B	12.000
C	10.000
D	8.000
E	18.000
F	4.000
G	9.000
H	2.000

Der Marketingbereich informiert Ende April, dass sich die monatlichen Absatzmengen der Produkte D und G – durch Konkurrenzaktivitäten bedingt – um jeweils 1.000 Stück vermindern werden. Andererseits ist ein Großabnehmer für das Produkt F gefunden worden, der ab Mitte des Jahres zusätzlich 2.000 Stück/Monat abnehmen wird.

Diese Information ist als Anregung für die Investitionsplanung zu verstehen, die näher zu untersuchen ist.

1.1.2 Beschreibung des Investitionsproblems

Die Anregung der Investition, die in allgemeiner Weise erfolgt ist, bedarf der Konkretisierung, um feststellen zu können, ob investitionsbezogene Maßnahmen zu ergreifen sind und wie diese gegebenenfalls auszusehen haben.

---

* Dieses Beispiel wird über die verschiedenen Stufen der Planung auf den nächsten Seiten fortgeführt.

Dies geschieht durch eine möglichst umfassende Beschreibung des Investitionsproblems, die folgende **Informationen** enthalten sollte:

- Darstellung des Investitionsproblems
- Begründung des Investitionsproblems
- Dringlichkeit der Investition
- Vorteile der Investition
- Nachteile der Investition.

Beispiel: Der Betriebsleiter gibt aufgrund der veränderten Prognose des Marketingbereiches am 15. Mai folgende – hier vereinfachte – Stellungnahme ab:

Das Produkt D wird auf drei Universalmaschinen und einer Spezialmaschine gefertigt; letztere kann nicht zur Herstellung anderer Produkte eingesetzt werden. Das Produkt G wird ausschließlich auf Spezialmaschinen gefertigt, die ebenfalls nicht zur Herstellung sonstiger Produkte zu verwenden sind.

Das Produkt F wird auf zwei Universalmaschinen - einer Drehmaschine und einer Fräsmaschine - und drei Spezialmaschinen gefertigt. Die drei Spezialmaschinen verfügen über eine ausreichende Kapazitätsreserve, um die Leistungssteigerung auf 6.000 Stück / Monat zu ermöglichen. Durch verminderten Bedarf für das Produkt D ist die Fräsmaschine ebenfalls in der Lage, die Mehrfertigung bei Produkt F zu realisieren. Es muss aber darauf hingewiesen werden, dass damit bei den genannten Maschinen die Kapazitätsgrenzen erreicht sind. Eine weitere, auch geringe Erhöhung der Fertigungszahlen wird bei diesen Maschinen ohne zusätzliche Investition nicht möglich sein.

Die erhöhten Fertigungszahlen des Produktes F sind mit der vorhandenen Drehmaschine nicht realisierbar. Hier ist eine entsprechende ***Investition*** *vorzunehmen, die folgende Daten aufweist:*

1 Universaldrehmaschine
(Termin: 20. Juni)

Technische Daten:

....

....

....

1 Energieanschluss
(Termin: 20. Juni)

1 Dreher
(Termin: 1. Juli)

Aufstellung und Installation der Drehmaschine müssen bis zum 25. Juni abgeschlossen sein.

Die Investition ist ***dringlich****.*

Sie ermöglicht es, die beim Ausfall von Spezialdrehmaschinen durch Wartung oder Reparatur immer wieder auftretenden Kapazitätsprobleme durch eine Kapazitätsreserve von 30 % besser bewältigen zu können.

Damit ist das Investitionsproblem exakt beschrieben und begründet.

1.1.3 Festlegung der Bewertungskriterien

Mit der Beschreibung des Investitionsproblems ist bekannt, worüber eine Entscheidung getroffen werden muss. Um aber die Entscheidung vornehmen zu können, bedarf es der Festlegung geeigneter Bewertungskriterien.

Diese sind aus den **Zielen** des Unternehmens abzuleiten, die sein können:

- **Formalziele**, welche die übergeordneten Unternehmensziele darstellen. Dazu zählen:

Gewinnstreben	Es findet seinen Ausdruck im Wunsch des Unternehmens, einen bestimmten Mindestgewinn oder einen möglichst hohen Gewinn pro Jahr zu erwirtschaften.
Umsatzstreben	Es will einen bestimmten Mindestumsatz oder einen möglichst hohen Umsatz, auf den Markt bezogen gegebenenfalls auch einen bestimmten Mindest-Marktanteil oder einen möglichst hohen Marktanteil, erreichen.
Wachstumsstreben	Es kann in einer bestimmten Steigerung – insbesondere von Gewinn oder Umsatz – bestehen, aber auch Prestigeüberlegungen beinhalten.
Sicherheitsstreben	Dabei will das Unternehmen – häufig in Verbindung mit dem Wachstumsstreben – seinen Bestand sichern, indem es einen Risikoausgleich zu schaffen versucht.
Sozialstreben	Es berücksichtigt angemessen den Menschen als soziales Wesen und seine Umwelt in den unternehmerischen Planungen.

- **Sachziele**, die formuliert werden müssen, um die Formalziele praktisch zu realisieren. Sie beziehen sich unmittelbar auf betriebliche Handlungen.

  So kann das als **Gewinnstreben** bezeichnete Formalziel möglicherweise zu folgenden Sachzielen führen:

Verbesserung der Erlössituation	**Beispiel:** Sie kann durch Steigerung des Absatzes aufgrund von werbenden und verkaufsfördernden Maßnahmen oder durch Variation der Erzeugnisse erfolgen.
Verbesserung der Kostensituation	**Beispiel:** Sie ist durch Kostendegression aufgrund des Einsatzes wirtschaftlicher arbeitender Betriebsmittel oder durch Übernahme vor- oder nachgelagerter Fertigungsstufen möglich.
Beseitigung innerbetrieblicher Engpässe	**Beispiel:** Sie können durch eine Verbesserung des Arbeitsablaufes oder durch eine Veränderung der Unternehmensgröße beseitigt werden.
Ausnutzung steuerlicher Möglichkeiten	**Beispiel:** Sie sind durch Schaffung von Abschreibungsmöglichkeiten oder durch Ausnutzung von Investitionszulagen möglich.

Die aus den Zielen des Unternehmens abzuleitenden Bewertungskriterien lassen sich unterscheiden in:

Quantitative Bewertungs-kriterien	Sie werden nachfolgend im Überblick und ausführlich in den Kapiteln C, D, E beschrieben.
Qualitative Bewertungs-kriterien	Sie werden in den Nutzwertrechnungen berücksichtigt und im nächsten Abschnitt kurz sowie im Kapital F näher dargestellt.

1.1.3.1 Quantitative Bewertungskriterien

Quantitative Bewertungskriterien sind Maßstäbe der Vorteilhaftigkeit von Investitionen, die bei den **traditionellen Investitionsrechnungen** verwendet werden. Es ist darauf hinzuweisen, dass auch andere als die dort zugrunde gelegten Kriterien quantifizierbar wären, in der betrieblichen Praxis aber – besonders aus Gründen der Vereinfachung oder Erleichterung – eine Quantifizierung nicht erfolgt.

Quantifizierte Bewertungskriterien sind vor allem:

- Die **Kosten**, deren Höhe mithilfe der Kostenvergleichsrechnung ermittelt werden.

- Der **Gewinn**, dessen Höhe im Rahmen der Gewinnvergleichsrechnung festgestellt wird.

- Die **Rentabilität**, deren Ausmaß unter Verwendung des Gewinnes und des durchschnittlich gebundenen Kapitals mithilfe der Rentabilitätsvergleichsrechnung ermittelt wird.

- Die **Amortisationszeit**, die im Rahmen der Amortisationsvergleichsrechnung offenlegt, in welcher Zeit die Überschüsse aus einer Investition den Kapitaleinsatz decken.

Kosten, Gewinn, Rentabilität und Amortisationszeit sind Bewertungskriterien der **statischen Investitionsrechnungen**. Sie wurden in der Vergangenheit in der betrieblichen Praxis gerne eingesetzt, da sie relativ einfach zu handhaben sind. Ihre Eignung, Informationen über die Vorteilhaftigkeit von Investitionen zu vermitteln, wird indessen unterschiedlich beurteilt. Die Gründe hierfür sind in ihren besonderen **Merkmalen** zu sehen:

- Sie beziehen sich lediglich auf eine Periode
- Sie berücksichtigen keine Interdependenzen
- Sie basieren auf Kosten und Erlösen

Statische Investitionsrechnungen können geeignet sein, die Vorteilhaftigkeit abgrenzbarer, gleichartiger Investitionsobjekte auf der Grundlage repräsentativer oder durchschnittlicher Werte festzustellen.

In der Praxis in jüngerer Zeit weiter verbreitet und intensiver als die statischen Investitionsrechnungen genützt sind folgende quantitative Bewertungskriterien:

- Der **Kapitalwert**, der sich auf der Grundlage der Kapitalwertmethode als Differenz der Barwerte von Einzahlungen und Auszahlungen ergibt.

- Der **interne Zinsfuß**, dessen Höhe mithilfe der Internen Zinsfuß-Methode als der Zinssatz ermittelt wird, der beim Abzinsen einer Einzahlungenreihe und Auszahlungenreihe zu einem Kapitalwert von Null führt.

- Die **Annuität**, die im Rahmen der Annuitätenmethode zeigt, wie hoch die jährlich gleich transformierten Überschüsse einer Investition sind.

  Kapitalwert, interner Zinsfuß und Annuität sind Bewertungskriterien der **dynamischen Investitionsrechnungen**. Sie sind zwar schwerer zu handhaben, ihre Eignung, Informationen über die Vorteilhaftigkeit von Investitionen zu vermitteln, ist indessen positiver zu beurteilen als bei den statischen Investitionsrechnungen.

  Die Gründe hierfür sind in ihren besonderen **Merkmalen** zu sehen:

  - Sie beziehen sich auf alle Nutzungsperioden
  - Sie bedienen sich finanzmathematischer Methoden
  - Sie basieren auf Einzahlungen und Auszahlungen

  Dynamische Investitionsrechnungen können geeignet sein, die Vorteilhaftigkeit von abgrenzbaren Investitionsobjekten festzustellen.

Nach *Däumler* (S. 27 ff.) nutzen deutsche Großunternehmen vorwiegend dynamische Verfahren, während in kleineren und mittleren Unternehmen oftmals statische Verfahren noch verbreiteter sind oder überhaupt keine Investitionsrechnungen durchgeführt werden.

Über den Zeitverlauf haben sich laut **Umfragen** (*Däumler (S. 27 ff.)*, *Grabbe)* die dynamischen Investitionsrechnungen gegenüber den statischen Investitionsrechnungen stärker durchgesetzt:

Methode	Anwendende Unternehmen in %					
	1974	Rang	1989	Rang	1996	Rang
Kapitalwertmethode	21 %	5	59 %	1	73 %	1
Interne Zinsfuß-Methode	43 %	2	59 %	2	68 %	2
Amortisationsvergleichsrechnung	78 %	1	55 %	3	53 %	3
Kostenvergleichsrechnung	26 %	4	46 %	4	46 %	4
Rentabilitätsvergleichsrechnung	31 %	3	39 %	5	44 %	5
Gewinnvergleichsrechnung	10 %	6	14 %	7	14 %	6
Annuitätenmethode	7 %	7	25 %	6	5 %	7
MAPI-Methode	1 %	8	0,5 %	8	0,5 %	8

Die Prozentangaben addieren sich auf über hundert Prozent, da die meisten Unternehmen gleichzeitig zur Berechnung einer Investition mehr als drei Methoden anwenden.

Beispiel: Die zu beschaffende Universaldrehmaschine könnte nach folgenden quantitativen Bewertungsfaktoren beurteilt werden:

- Amortisationszeit
- Interner Zinsfuß

Neben den dargestellten quantitativen Bewertungskriterien gibt es noch weitere, spezielle Kriterien, die sich auf die **Unternehmensbewertung** beziehen, vor allem:

- Den **Ertragswert** als Zukunftserfolgswert, der den Gegenwartswert der zukünftig erwarteten Gewinne darstellt.

- Den **Reproduktionswert** als **Substanzwert**, der die Summe der einzelnen Beschaffungspreise zur Erstellung des Unternehmens umfasst und als **Teilreproduktionswert** die immateriellen Güter nicht berücksichtigt.

- Den **Mittelwert**, der sich aus dem arithmetischen Mittel von Ertragswert und (Teil-) Reproduktionswert ergibt.

Diese Bewertungsverfahren sind traditionelle Methoden der Unternehmensbewertung in Deutschland.

Sie werden im Kapitel E durch Praktikerverfahren ergänzt, die auf Multiplikatoren basieren und daher **Multiplikator-Verfahren** genannt werden.

Ebenso sind die neueren auf dem Cash Flow ruhenden Verfahren im Kapitel E zu beschreiben, deren Ausprägungen **Discounted Cash Flow-Methode** und **Shareholder Value-Methode** Berücksichtigung finden.

1.1.3.2 Qualitative Bewertungskriterien

Qualitative Bewertungskriterien sind Maßstäbe der Vorteilhaftigkeit von Investitionen, die nicht quantifiziert werden sollen oder können und in den **Nutzwertrechnungen** verwendet werden.

Die traditionellen – statischen und dynamischen – Investitionsrechnungen reichen für eine zweckentsprechende Investitionsentscheidung vielfach nicht aus, weil sie lediglich monetär quantifizierbare Bewertungskriterien berücksichtigen, indem sie vor allem mit Kosten und Erlösen bzw. Auszahlungen und Einzahlungen rechnen.

Die Grenzen dieser Investitionsrechnungen liegen zunächst dort, wo eine Quantifizierung der Bewertungskriterien nicht möglich ist. Praktisch indessen sind die Grenzen enger gezogen, da es eine ganze Reihe an sich quantifizierbarer Bewertungskriterien gibt, die aber keinen Eingang in die traditionellen Investitionsrechnungen finden. Hierfür gibt es zwei **Gründe**:

- Die traditionellen Investitionsrechnungen sollen möglichst einfach anwendbar sein. Eine Aufnahme von weiteren quantifizierbaren Bewertungskriterien würde ihre Komplexität - möglicherweise beträchtlich - erhöhen.

- Die Tatsache, dass Bewertungskriterien quantifizierbar sind, sagt noch nichts darüber aus, welcher Aufwand für die Quantifizierung notwendig ist. Er kann gegebenenfalls wirtschaftlich unvertretbar hoch sein.

Unbeschadet dessen dürfen Investitionsrechnungen nicht darauf beschränkt sein, die Vorteilhaftigkeit von Investitionen lediglich unter Anlegung quantifizierter Bewertungskriterien zu ermitteln. In eine Investitionsentscheidung müssen alle bedeutsamen Bewertungskriterien Eingang finden, also auch qualitative Bewertungskriterien.

Die Nutzwertrechnungen können geeignet sein, den Mangel der traditionellen Investitionsrechnungen durch **qualitative Bewertung** – auch von quantifizierbaren Kriterien – zu überwinden und eine umfassende Beurteilung von Investitionsobjekten zu gewährleisten. Sie ermöglichen es, alternative Investitionsobjekte unter Berücksichtigung verschiedener Ziele des Investors ihrer Vorteilhaftigkeit nach einzuordnen. Maßstäbe der Vorteilhaftigkeit sind die **Nutzwerte** der alternativen Investitionsobjekte.

Es lassen sich vor allem die folgenden qualitativen Bewertungskriterien unterscheiden:

- **Wirtschaftliche Bewertungskriterien**

  Beispiel: Die zu beschaffende Universaldrehmaschine könnte den folgenden wirtschaftlichen Bewertungskriterien unterzogen werden:

o Garantie	o Kulanz
o Kundendienst	o Zuverlässigkeit

- **Technische Bewertungskriterien**

  Beispiel: Die zu beschaffende Universaldrehmaschine könnte nach den folgenden technischen Bewertungskriterien beurteilt werden:

o Genauigkeitsgrad	o Werkstückdimension
o Kapazitätsreserve	o Störunanfälligkeit

- **Soziale Bewertungskriterien**

  Beispiel: Die zu beschaffende Universaldrehmaschine könnte unter den folgenden sozialen Bewertungskriterien betrachtet werden:

o Ästhetik	o Umweltfreundlichkeit

- **Rechtliche Bewertungskriterien**

  Hier wird die rechtliche Zulässigkeit beurteilt, die alternativen Investitionsobjekte zu realisieren.

Die qualitativen Bewertungskriterien können – ihrer Bedeutung entsprechend – zusätzlich **gewichtet** werden. Damit wird der Tatsache Rechnung getragen, dass nicht alle qualitativen Bewertungskriterien für die Beurteilung der alternativen Investitionsobjekte die gleiche Bedeutung haben.

Der Vorgang der qualitativen Bewertung mittels Punktbewertungsverfahren wird auch als **Scoring** bezeichnet.

1.1.4 Festlegung der Begrenzungsfaktoren

Neben den Bewertungskriterien, die daraufhin untersucht werden, ob sie mehr oder weniger erfüllt sind, gibt es meist Begrenzungsfaktoren für die Investitionsentscheidung. Das sind **Nebenbedingungen**, die unbedingt erfüllt sein müssen, wenn die Investitionsalternative als zulässig angesehen werden soll.

Investitionsalternativen, die den Begrenzungsfaktoren nicht uneingeschränkt entsprechen, sind für das Unternehmen uninteressant, weiterverfolgt zu werden. Sie scheiden bei der Vorauswahl der Investitionsalternativen, dem **Screening**, aus.

Die Begrenzungsfaktoren können, wie bei den Bewertungsfaktoren dargestellt, sein:

- Wirtschaftlicher Art
- Technischer Art
- Sozialer Art
- Rechtlicher Art.

Es ist auch möglich, dass einzelne Bewertungskriterien im speziellen Fall als Begrenzungsfaktoren wirken. So kann von einem Unternehmen eine bestimmte Rentabilität der Investitionsalternativen vorausgesetzt werden, deren Nichterreichen die betreffende Investitionsalternative einer weiteren Untersuchung entzieht.

Denkbar ist auch, dass eine Investition innerhalb eines bestimmten Zeitraums zwingend erfolgen muss, was bedeutet, dass eine sonst vorteilhafte Investitionsalternative unzulässig ist, wenn sie nicht innerhalb dieses Zeitraumes beschaffbar ist.

Beispiel: Für die zu beschaffende Universaldrehmaschine sollen als Begrenzungsfaktoren angenommen werden:

- Technische Daten
- Lieferzeit
- Unfallverhütungsvorschriften

1.1.5 Ermittlung der Investitionsalternativen

Der Festlegung geeigneter Bewertungskriterien schließt die Ermittlung der möglichen Investitionsalternativen an. Je nach Art des Investitionsproblems kann die Ermittlung der möglichen Investitionsalternativen erfolgen durch:

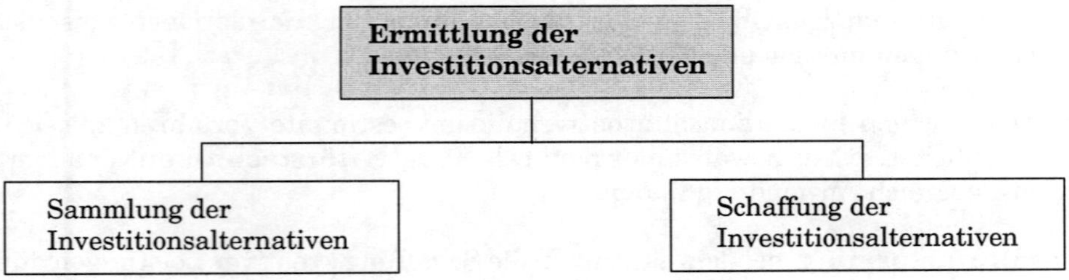

1.1.5.1 Sammlung der Investitionsalternativen

Bezieht sich die Investition auf standardisierte Objekte, beispielsweise die oben angesprochene Universaldrehmaschine, ist es lediglich erforderlich, sich unter Ausnutzung aller zweckdienlich erscheinenden Quellen einen Überblick zu verschaffen, der Aufschluss über die möglichen Investitionsalternativen gibt.

Quellen können sein:

- Kataloge
- Preislisten
- Prospekte
- Fachzeitschriften
- Zeitungen
- Branchenhandbücher
- Bezugsquellenverzeichnisse
- Lieferantenkarteien
- Messen
- Ausstellungen

Beispiel: Für die zu beschaffende Universaldrehmaschine werden vom Unternehmen acht mögliche Alternativen zusammengetragen:

Alternative Nr.	Hersteller/ Lieferer	Preis €
I	Maschinenbau GmbH	19.260
II	Müller Drehmaschinen	18.790
III	Gebrüder Neumaier	20.043
IV	Werkzeugmaschinen AG	25.217
V	Pfälzische Maschinenfabrik GmbH	18.310
VI	Universalmaschinen GmbH	26.050
VII	Adolf Schmidt & Co.	21.009
VIII	Spezialmaschinen GmbH	24.910

Die als möglich erkannten Investitionsalternativen werden im nächsten Schritt auf ihre Zulässigkeit hin überprüft.

1.1.5.2 Schaffung von Investitionsalternativen

Handelt es sich bei der angestrebten Investition nicht um ein standardisiertes Objekt, wie oben beispielhaft dargestellt, sondern um ein komplexes, möglicherweise auch technologisch neuartiges Objekt, genügt die Sammlung von Informationen meist nicht. Problemlösungen müssen erarbeitet werden.

Zur Schaffung von Investitionsalternativen dienen bestimmte Verfahren, die sich in der betrieblichen Praxis bewährt haben und als **Kreativitätstechniken** vor allem im Marketingbereich Anwendung finden:

- Das **Brainstorming**, bei dem es sich um die Schaffung kreativer Leistungen durch eine in einer Gruppensitzung ungehemmte Diskussion handelt.

  Die Gruppe sollte maximal 10 Teilnehmer mit möglichst unterschiedlichen Kenntnissen und Erfahrungen umfassen, denen das zu diskutierende Thema bzw. Problem frühzeitig und möglichst genau vorzugeben ist.

  Die Gruppensitzung beginnt mit der Bekanntgabe der Sitzungsregeln, der sich der Austausch der Ideen anschließt, die zu protokollieren sind. Die Sitzungsdauer sollte 30 Minuten nicht übersteigen.

  Grundregeln der Sitzung sind:

o Keine Kritik	o Freier Lauf der Phantasie
o Quantität vor Qualität	o Freier Lauf der Assoziation
o Keine Killerphrasen	o Weiterentwicklung der Ideen

  Die bei der Gruppensitzung entwickelten Ideen sind anschließend daraufhin zu überprüfen, ob sie unmittelbar, mittelbar oder nicht verwertbar sind.

- Die **Methode 635**, die mit dem Brainstorming verwandt ist. Bei ihr schreiben anlässlich einer Gruppensitzung

  o 6 Gruppenmitglieder
  o 3 Vorschläge innerhalb von
  o 5 Minuten auf.

  Dafür sind geeignete Vordrucke bereitzustellen. Die Vordrucke mit den drei Lösungsalternativen werden jeweils den Nachbarn weitergegeben, welche die Lösungsalternativen weiterentwickeln.

  Bei fünfmaliger Weitergabe der Vordrucke und entsprechender Weiterentwicklung der Lösungsalternativen ergeben sich innerhalb einer halben Stunde 108 mögliche Lösungen.

  Die Auswertung der Lösungsalternativen erfolgt wie beim Brainstorming.

- Die **morphologische Methode**, die der möglichst vollständigen Erfassung aller Lösungsalternativen und der Prüfung ihrer Kombinationsmöglichkeiten dient.

  Das Investitionsproblem ist möglichst allgemein festzulegen, damit Lösungsmöglichkeiten nicht von vornherein ausgeschlossen werden.

Der **Ablauf** der morphologischen Methode erfolgt:

- o Aufstellung eines morphologischen Kastens
- o Festlegung der Funktionen des Investitionsobjektes
- o Eintragung der Funktionen in der Vertikalen
- o Für jede Funktion getrennte Suche nach Lösung
- o Eintragung der alternativen Lösungen in der Horizontalen
- o Kombination der alternativen Lösungen
- o Auswahl der optimalen Lösung

Beispiel: Konstruktion einer Kaffeemaschine nach *Geschka*
(Beschränkung auf 3 Lösungsalternativen)

Funktionen	**Lösungsalternativen**		
	1	2	3
Wasser kochen	Heizplatte (außen)	Heizspirale (innen)	Induktions-erhitzung
Kaffee filtern	Filter-papier	poröses Material	Zentrifuge
Kaffee warmhalten	Wärme-zufuhr	Isolierung	Wärmehaube
Kaffee aus-schenken	Zweitbehälter zum Ausgießen	Pumpe zum Ausgeben	Hahn zum Ausschenken

Aus dem morphologischen Kasten können beispielsweise zwei **Alternativen** entwickelt werden:

Funktion	**Alternative 1**	**Alternative 2**
kochen	Heizplatte	Heizspirale
filtern	poröses Material	Filterpapier
wärmen	Wärmehaube	Isolierung
ausschenken	Hahn	Zweitbehälter

Die zusammengestellten Investitionsalternativen, die gesammelt oder geschaffen wurden, sind zweckmäßigerweise auf entsprechenden **Formularen** systematisch festzuhalten und – soweit vorhanden – an die Investitionsabteilung weiterzugeben, durch die eine zentrale Bearbeitung erfolgen kann.

1.1.6 Vorauswahl der Investitionsalternativen

Die möglichen Investitionsalternativen – im Beispiel waren es acht Maschinen – sind auf ihre Vorteilhaftigkeit hin zu untersuchen. Aus Kosten- und Zeitgründen erscheint es aber nicht zweckmäßig, unmittelbar nach der Ermittlung der möglichen Investitionsalternativen alle diese einer umfassenden Untersuchung zu unterziehen.

Erfahrungsgemäß gibt es häufig einzelne Investitionsalternativen, welche den **Begrenzungsfaktoren**

- wirtschaftlicher Art
- technischer Art
- sozialer Art
- rechtlicher Art

denen die Investition unterliegt, nicht gerecht werden. Als Begrenzungsfaktoren sind jene Kriterien anzusehen, deren Nichterfüllung die betreffende Investitionsalternative aus der weiteren Betrachtung fallen lässt. Dabei wird eine Investitionsalternative bereits dann ausgeschieden, wenn lediglich ein Begrenzungsfaktor – von möglicherweise mehreren – nicht erfüllt ist.

Die Vorauswahl, die auch als **Screening** bezeichnet wird, kann – sofern vorhanden – von der Investitionsabteilung im Zusammenwirken mit den betroffenen Abteilungen erfolgen.

Beispiel: Für die zu beschaffende Universaldrehmaschine wurden bei Formulierung des Investitionsproblems am 15.05. des Jahres die technischen Daten genannt. Die Verfügbarkeit der Maschine wurde auf den 20.06. des Jahres terminiert, die Einhaltung der Unfallverhütungsvorschriften gefordert.

Diese Daten sind hier als Begrenzungsfaktoren anzusehen, die unbedingt erfüllt sein müssen. Es ergibt sich am 18.05. des Jahres folgendes Bild:

Alternative Nr.	Technische Daten	Lieferzeit	Unfallverhütungsvorschriften
I	erfüllt	3 Wochen	erfüllt
II	erfüllt	2 Wochen	erfüllt
III	erfüllt	6 Wochen	erfüllt
IV	erfüllt	5 Wochen	erfüllt
V	erfüllt	4 Wochen	erfüllt
VI	nicht erfüllt	2 Wochen	erfüllt
VII	erfüllt	3 Wochen	erfüllt
VIII	erfüllt	2 Wochen	erfüllt

Die Investitionsalternativen III und IV entfallen, weil ihre Lieferfristen zu lang sind. Die Investitionsalternative VI wird ebenfalls nicht weiterverfolgt, da sie den technischen Erfordernissen nicht gerecht wird.

1.1.7 Bewertung der Investitionsalternativen

Die zulässigen Investitionsalternativen werden schließlich einer eingehenden Beurteilung – dem **Scoring** – unterzogen, wobei die oben festgelegten Bewertungskriterien zu Grunde gelegt werden.

Die Bewertung der Investitionsalternativen geschieht mithilfe der traditionellen Investitionsrechnungen und - für die nicht quantifizierten Bewertungskriterien - unter Verwendung der Nutzwertrechnungen.

Beispiel: Als Bewertungskriterien und zulässige Investitionsalternativen haben sich für die Universaldrehmaschine bis jetzt ergeben.

Bewertungs-kriterium	Alternative I	Alternative II	Alternative V	Alternative VII	Alternative VIII
Amortisationszeit Interner Zinsfuß					
Garantie Kundendienst Zuverlässigkeit Kulanz					
Genauigkeitsgrad Kapazitätsreserve Werkstückdimension Störunanfälligkeit					
Ästhetik Umweltfreundlichkeit					
Wertzahl					

Die Investitionsalternativen sind nun hinsichtlich ihrer Vorteilhaftigkeit zu beurteilen, wobei sich bei den ersten beiden Kriterien reale Zahlen ergeben, die übrigen Kriterien werden mit Punkten bewertet:

5 Punkte	sehr gut (erfüllt)
4 Punkte	gut (erfüllt)
3 Punkte	befriedigend (erfüllt)
2 Punkte	ausreichend (erfüllt)
1 Punkt	mangelhaft (erfüllt)
0 Punkte	ungenügend (erfüllt)

Dabei mag sich unter Verwendung der erforderlichen Investitions- und Nutzwertrechnungen, die später beschrieben werden, folgende Bewertung ergeben:

Bewertungs-kriterium	Alternative I	Alternative II	Alternative V	Alternative VII	Alternative VIII
Amortisationszeit Interner Zinsfuß	4,4 Jahre 12,0 %	4,9 Jahre 11,4 %	4,1 Jahre 11,8 %	3,6 Jahre 13,8 %	3,8 Jahre 12,4 %
Garantie Kundendienst Zuverlässigkeit Kulanz	3 5 4 4	2 4 3 3	2 4 3 3	4 4 5 5	4 3 4 5
Genauigkeitsgrad Kapazitätsreserve Werkstückdimension Störunanfälligkeit	3 4 5 2	3 4 4 4	4 4 5 5	4 5 4 4	4 5 4 4
Ästhetik Umweltfreundlichkeit	3 4	3 4	5 4	3 5	4 4
Wertzahl	**37**	**34**	**39**	**43**	**41**

Es ist nochmals darauf hinzuweisen, dass die qualitativen Bewertungskriterien zusätzlich noch **gewichtet** werden können, worauf hier verzichtet wird.

1.1.8 Bestimmung der vorteilhaftesten Investitionsalternative

Die Bewertung der Investitionsalternativen ermöglicht es, die vorteilhafteste Investitionsalternative zu bestimmen. Das geschieht, indem die bewerteten Investitionsalternativen in eine **Rangordnung** gebracht werden.

Beispiel:

Kriterium	Rang 1	Rang 2	Rang 3	Rang 4	Rang 5
Amortisationszeit Interner Zinsfuß	VII VII	VIII VIII	V I	I V	II II
Wertzahl	VII	VIII	V	I	II

Die vorteilhafteste Investitionsalternative ist die Alternative VII.

Die Erstellung einer endgültigen Rangordnung und damit die Bestimmung der vorteilhaftesten Investitionsalternative kann sich in der betrieblichen Praxis schwieriger gestalten, wenn die Rangfolge der einzelnen abschließenden Bewertungskriterien jeweils unterschiedlich ist. In diesem Fall muss eine sorgsame Abwägung, gegebenenfalls auch die Beschaffung zusätzlicher Informationen erfolgen.

Mit der Bestimmung der vorteilhaftesten Investitionsalternative ist die Planung im engeren Sinne abgeschlossen. Es folgt die Realisierung, der sich dann die Kontrolle anschließt.

1.1.9 Realisierung der Investition

Die Realisierung der Investition erfolgt aufgrund des **Beschlusses**, die Investition vorzunehmen, der grundsätzlich gefasst werden kann durch:

- Die **Unternehmensleitung**, vor allem in kleineren Unternehmen und/oder ab einer bestimmten, festgelegten Investitionssumme.
- Die **Investitionsabteilung** als Stabstelle der Unternehmensleitung.
- Den **Investitionsausschuss** als dem Gremium, das zu diesem Zwecke zusammenkommt.
- Die **Abteilungsleitung** des Bereiches, in welchem die Investition vorgenommen werden soll, insbesondere wenn die Investition einen bestimmten, durch die Unternehmensleitung festgelegten Betrag nicht übersteigt und/oder wenn die Investition innerhalb eines durch die Unternehmensleitung genehmigten Budgets liegt.

Ist im Unternehmen geregelt, bis zu welchem Betrag eine Investition auf einer bestimmten Entscheidungsebene verabschiedet werden darf, beispielsweise kleinere Investitionen durch die Abteilungsleitung, ohne dass sie durch die Investitionsplanung, den Investitionsausschuss oder die Unternehmensleitung genehmigt werden müssen, besteht die Gefahr, dass Investitionsobjekte, die diese Grenzen überschreiten, in mehrere Teile zerlegt werden, um die übergeordneten Instanzen nicht in das Genehmigungsverfahren einbeziehen zu müssen.

Der Beschluss, eine beantragte Investition vorzunehmen, ist dem Antragsteller und den mit dem Vollzug des Beschlusses befassten Stellen des Unternehmens mitzuteilen.

1.1.10 Kontrolle der Investition

Die vom Unternehmen realisierte Investition ist schließlich einer Kontrolle zu unterziehen. Hierfür gibt es drei **Gründe**:

- **Abweichungen** zwischen den planerisch erfassten und den sich tatsächlich ergebenden Daten sollen festgestellt werden.

  Beispiele: Die Materialkosten liegen höher als geplant, weil die angeschaffte Maschine eine geringere Werkstoffausbeute ermöglicht als erwartet.

  Die Störanfälligkeit der Maschine ist höher als erwartet.

  Die Anschaffungskosten der Maschine sind höher als geplant, da noch zusätzliche, nicht kalkulierte Kosten anfallen.

- **Anpassungsmaßnahmen** der sich tatsächlich ergebenden Daten als Ist-Werte an die planerisch erfassten Daten als Soll-Werte sollen ermöglicht werden, sofern diese noch durchführbar sind.

Beispiele: Eine geringere Werkstoffausbeute kann gegebenenfalls durch Veränderungen im Fertigungsablauf oder durch Ersetzen von Maschinenteilen behoben werden. Eine Störanfälligkeit kann eventuell durch Ersetzen bestimmter Maschinenteile ausgeschaltet werden. Höhere Anschaffungskosten lassen sich dagegen kaum durch nachträgliche Anpassungsmaßnahmen korrigieren.

- **Erfahrungswerte** sollen für künftige Planungen gewonnen werden, um realistisch(er)e Daten ansetzen zu können und sicherzustellen, dass Datenmanipulationen nicht möglich sind.

  Beispiele: Die mit einer bestimmten Art von Maschinen erzielte Werkstoffausbeute bietet die Grundlage für künftige Planungen. Das gleiche gilt für die Störanfälligkeit und die damit verbundenen Reparaturkosten, die für die Zukunft zu schätzen sind. Bei den Anschaffungskosten zeigen die Erfahrungswerte, mit welchen Nebenkosten künftig gegebenenfalls noch zu rechnen ist.

Die Investitionskontrolle kann als **individuelle Kontrolle** erfolgen, die sich auf die einzelne Investition bezieht. Dabei sind die gleichen Bewertungskriterien zu Grunde zu legen, wie sie in der Planung verwendet wurden. Nur so ist es möglich, eine konkrete Vergleichbarkeit herbeizuführen.

Beispiel: Wurde die anzuschaffende Maschine quantitativ anhand ihrer Amortisationszeit und ihres internen Zinsfußes beurteilt, sind diese Kriterien auch für die Kontrolle anzulegen.

Die Investitionskontrolle ist auch als **summarische Kontrolle** durchführbar, bei der alle Investitionen von Teilbereichen oder des gesamten Unternehmens zusammengefasst werden.

Die Kontrolle der Investition kann grundsätzlich zu verschiedenen **Zeitpunkten** erfolgen. Es ist möglich, die Kontrolle

- einmalig
- mehrfach

vorzunehmen. Für die Häufigkeit der Kontrolle sollte ausschlaggebend sein, inwieweit eine mehrfache Kontrolle zweckmäßig und wirtschaftlich vertretbar ist.

Um gegebenenfalls noch Anpassungsmaßnahmen beim Investitionsobjekt vornehmen zu können, ist eine frühzeitige Kontrolle vorteilhaft. Eine Kontrolle, die erst beim Ausscheiden des Investitionsobjektes erfolgt, erscheint vielfach zu spät und weniger nützlich.

Lüder schlägt als **Zeitpunkt der Kontrolle** vor:

- Das Ende der geplanten Anlaufperiode.

- Die Zeitpunkte, in denen verbesserte, funktionsgleiche Investitionsobjekte verfügbar werden.

- Die Zeitpunkte, in denen größere Reparaturen erforderlich werden.

- Die Zeitpunkte, in denen Programmumstellungen für das betreffende Investitionsobjekt vorgenommen werden sollen.
- Das Ende der Amortisationszeit.
- Das Ende von Gewährleistungs- oder Garantiefristen.
- Die Zeitpunkte, in denen zusätzliche Investitionsobjekte angeschafft werden sollen.
- Das Ende der geplanten wirtschaftlichen Nutzungsdauer.

09 Seite 391

Umfassender als die Kontrolle eines Investitionvorhabens ist das **Investitionscontrolling**, das eine unternehmensübergreifende Zielsetzung hat durch die Unterstützung der Unternehmensführung mit den Aufgabenbereichen Planung, Steuerung, Kontrolle und Informationsversorgung.

Wie auch die Kontrolle kann die koordinierende und informatorische Wirkung des Controlling bezogen werden auf:

- Ein **einzelnes Investitionsobjekt**, wobei entweder direkt an einer Festlegung der Investitionsziele, der Alternativenauffindung, der Umsetzungs- und Durchführungsprüfung mitgewirkt werden kann oder dies nur indirekt durch zum Beispiel Verfahrens- oder Kommunikationshilfen geschehen kann.

- **Mehrere Investitionsobjekte**, wobei hier insbesondere die zeitliche Abstimmung deren Ablaufes und deren Integrierung in unternehmensweite Investitionsprogramme im Vordergrund steht.

- Die **unternehmensweite Investitionsbudgetierung.** Hier hilft das Invesitionscontrolling z. B. bei der Zielformulierung im Budgetbereich, kann aber auch bei der Feststellung eines Investitionsbudget und dessen Überwachung mitwirken.

Das Investitionscontrolling als übergreifendes betriebswirtschaftliches Steuerungsinstrument gleicht die Investitionsvorhaben mit den strategischen Unternehmenszielsetzungen ab, koordiniert aber auch deren Verträglichkeit mit einzelnen Teilplänen, z. B. dem Produktions-, Absatz- bzw. Finanzplan.

Neben dieser Koordinationsfunktion dient das Investitionscontrolling insbesondere auch der Informationsversorgung der Entscheidungsträger im Finanzmanagement.

Die Entwicklung, das Kennzahlensystem als gesamtheitliches Strategieinstrument zu verstehen, wird beispielsweise durch das Konzept der **Balance Scorecard** vorangetrieben – siehe Kapitel G.

1.2 Formulare

<table>
<tr><td colspan="6">Investitionsantrag</td><td>Blatt 1</td></tr>
<tr><td rowspan="2">Investitionsprogramm</td><td>Pos. Nr.</td><td></td><td>Investitions-Nr.</td><td>Genehmig. gruppe</td><td>Invest. gruppe</td><td rowspan="2">Investitionsbetrag €</td></tr>
<tr><td></td><td></td><td></td><td></td><td></td></tr>
</table>

<table>
<tr><td colspan="5">Text (kurze Beschreibung des Vorhabens)</td></tr>
<tr><td>Inventar-Nr.</td><td colspan="2">Aufstellungsort</td><td>für Abteilung</td><td>Datum des Antrages</td></tr>
<tr><td></td><td>Geb.</td><td>Gesch.</td><td></td><td></td></tr>
<tr><td colspan="5"></td></tr>
</table>

<table>
<tr><td colspan="3">Begründung
(Einzelangaben, gegebenenfalls mit Anlagen)</td></tr>
<tr><td colspan="3">Energiekapazität und -Zuführung ist .... vorhanden.</td></tr>
<tr><td rowspan="2">Beantragende Abteilung</td><td colspan="2">Unterschriften</td></tr>
<tr><td>Betriebs- bzw. Abteilungsleiter</td><td>Technische Direktion</td></tr>
</table>

Investitionsantrag							Blatt 2
Investitionsprogramm	Pos. Nr.		Investitions-Nr.	**Genehmig. gruppe**	**Invest. gruppe**	Investitionsbetrag €	

Text (kurze Beschreibung des Vorhabens)

Inventar-Nr.	Aufstellungsort		für Abteilung	Datum des Antrages
	Geb.	Gesch.		

Kostenvoranschlag

Gegliedert nach Bauleistungen, Haupt- und Nebenaggregaten und Vorrichtungen - Montage, Umräumarbeiten, Installationen - gegebenenfalls mit quantitativen Angaben und Erstellungsterminen auf beigegebenen Sonderanlagen

Lfd. Nr.	Schlüssel-Nr.	Art der Leistung	Eigen-leistungen €	Fremd-leistungen €	Voranschlag lt. Angebot oder Eigen-kalkulation
1					
2					
3					
4					
5					
6					
7					
8					
9					
10					
11					
12					
13					
14					
15					
16					
17					
18					
19					
20					
21					
22					
23					
24					
25					
		Summe			

Investitionsantrag							Blatt 3
Investitionsprogramm	Pos. Nr.		Investitions-Nr.	**Genehmig. gruppe**	**Invest. gruppe**	Investitionsbetrag €	

Text (kurze Beschreibung des Vorhabens)				
Inventar-Nr.	Aufstellungsort		für Abteilung	Datum des Antrages
	Geb.	Gesch.		

Zahlungsplan

Die Zahlungstermine sind Grundlage der Finanzvorschau und daher möglichst genau zu planen. Eintretende Änderungen sind der Betriebsabrechnung sofort zu melden.

Lfd. Nr.	Art der Leistung	Betrag €	im 1. Monat	…	im 9. Monat	im 10.-12. Monat	im 13.-15. Monat	im 16.-18. Monat	nach 1½ Jahren
1				…					
2				…					
3				…					
4				…					
5				…					
6				…					
7				…					
8				…					
9				…					
10				…					
11				…					
12				…					
13				…					
14				…					
15				…					
16				…					
17				…					
18				…					
19				…					
20				…					
21				…					
22				…					
23				…					
24				…					
25				…					
	Summe			…					

Investitionsantrag							Blatt 4
Investitionsprogramm	Pos. Nr.		Investitions-Nr.	**Genehmig. gruppe**	**Invest. gruppe**	Investitionsbetrag €	

Text (kurze Beschreibung des Vorhabens)			
Inventar-Nr.	Aufstellungsort	für Abteilung	Datum des Antrages
	Geb. / Gesch.		

Wirtschaftlichkeitsberechnung der Technik

(Darstellung der quantitativen Auswirkung nach Zeit, Menge, Material, Personalaufwand etc., gegebenenfalls Vergleichszahlen und Anlagen)

Investitionsantrag							Blatt 4
Investitionsprogramm	Pos. Nr.		Investitions-Nr.	**Genehmig. gruppe**	**Invest. gruppe**	Investitionsbetrag €	

Text (kurze Beschreibung des Vorhabens)				
Inventar-Nr.	Aufstellungsort		für Abteilung	Datum des Antrages
	Geb.	Gesch.		

Kaufmännische Beurteilung

Cash Flow	20..	20..	20..	20..	20..	20..	20..	Σ
Einzahlungen Ausszahlungen								

Wirtschaftlichkeitsermittlung — Interner Zinsfuß in % ☐ — Amortisationsdauer ☐

Analyseanlagen

- ☐ Marktanalyse
- ☐ Nutzwertanalyse
- ☐ Business-Plan
- ☐ Sensitivitätsanalyse
- ☐ Bilanzausweitung
- ☐ GuV-Ausweitung
- ☐ Kostenvergleichsrechnung
- ☐ Investitionsalternativen

Beantragende Abteilung:	**Unterschriften**	
	Entscheidungsträger	Controller

Investitionsantrag						Blatt 6
Investitionsprogramm	Pos. Nr.		Investitions-Nr.	**Genehmig. gruppe**	**Invest. gruppe**	Investitionsbetrag €

Text (kurze Beschreibung des Vorhabens)

Inventar-Nr.	Aufstellungsort		für Abteilung	Datum des Antrages
	Geb.	Gesch.		

Zusammenfassung

Investitionsart Investitionsbetrag Interner Zinsfuß Amortisationszeit Mindestamortisationszeit (Vergleichswert unter Berücksichtigung der geforderten Kapitalverzinsung)	

Investitionsbeginn

Beendigung

Finanzierung aus:

Bewilligung nach Teilbeträgen und Terminen					
Termin	20.....	20.....	20.....	20.....	Gesamt
€					

genehmigt, den **20....**

INVESTITIONSKONTROLLE

Investitionsprogramm	Pos. Nr.		Investitions-Nr.	**Genehmig. gruppe**	**Invest. gruppe**	Investitionsbetrag €

Text (kurze Beschreibung des Vorhabens):

Inventar-Nr.	Aufstellungsort		für Abteilung	Datum des Antrages
	Geb.	Gesch.		

Antrag genehmigt am:

Investitionsaufwand

Genehmigter Betrag	€
Abgerechneter Betrag (lt. Notiz Betriebsabrechnung vom ...)	€
Über/Unterschreitung	€

Einhaltung der geplanten Liefer- und Zahlungstermine

Beurteilung der techn. Ausführung

Wirtschaftlichkeitsrechnung

Interner Zinsfuß	Soll	%	**Amortisation**	Soll
	Ist	%		Ist

Datum: Unterschrift: gez. ....

1.3 Informationsbedingte Probleme

Die Planung einer Investition lässt sich – wie beschrieben – in verschiedenen Stufen vornehmen, wobei es sich als zweckmäßig erweist, wenn der Prozess der Planung formularmäßig durchgeführt wird. Organisatorisch ist die Investitionsplanung ohne größere Schwierigkeiten realisierbar.

Bei der Darstellung des Planungsprozesses wurde unterstellt, dass die **Informationen** vorliegen bzw. beschaffbar sind, die für die Beurteilung der Vorteilhaftigkeit eines Investitionsobjektes benötigt werden. Dies ist in der betrieblichen Praxis aber vielfach nicht ohne weiteres der Fall, insbesondere wenn es gilt, die quantitativen Investitionsrechnungen mit Daten zu füllen.

Hier setzen die Überlegungen zu **unsicheren Erwartungen** ein. Dies meint, dass die Informationen z. B. über die Rückflüsse eines Investitionsobjektes nach Volumen oder nach ihrer Anfallszeit in Form von Einzahlungen prognostiziert werden müssen und ein so gewonnener Datenbestand Unsicherheit über den tatsächlichen Erfolg eines Investitionsobjektes bedeutet.

Weitere mit Unsicherheiten belegten Datengrößen werden in den nachfolgenden Abschnitten – siehe S. 94 ff. – näher aufgezeigt. Solche die Investitionsobjekte beeinflussenden Variablen können zu unterschiedlichen Ergebnissen führen. Für diese unsicheren Erwartungen haben sich Verfahren entwickelt, die auf Seite 102 ff. beschrieben werden.

Im Hinblick auf ihre Vorhersehbarkeit lassen sich unterscheiden:

- **Sicherheit**, bei der die Daten eindeutig und bekannt sind. Von ihr auszugehen, ist in einem marktwirtschaftlichen System meist unrealistisch, da vollkommene Voraussicht unterstellt wird.

- **Ungewissheit**, die dadurch gekennzeichnet ist, dass nicht bekannt ist, welche Werte die Daten annehmen werden. Sie ist durch die Entwicklung des Marktes geprägt, die nicht oder nur bedingt im Entscheidungsbereich des Unternehmens liegt, aber auch dadurch, dass Handlungen des Unternehmens in ihren Auswirkungen nicht ohne weiteres berechenbar sind.

  Die Ungewissheit ist grundsätzlich umso größer, je länger sich der Planungszeitraum erstreckt.

  Die Ungewissheit kann im Übrigen in zwei **Formen** auftreten. Das sind:

Risiko	Bei ihm herrscht eine bedingte Ungewissheit darüber, wie die Daten sich entwickeln werden. Sie lässt sich überbrücken, indem **objektive Wahrscheinlichkeiten** über die Entwicklung der Daten ermittelt werden. Das ist möglich, wenn Informationen aus der Vergangenheit vorliegen, die nutzbar gemacht werden können.

Unsicherheit	Hier ist die Ungewissheit vollkommen, es sind also keine objektiven Wahrscheinlichkeiten ermittelbar. Es ist denkbar, dass überhaupt keine Wahrscheinlichkeiten über die Entwicklung der Daten gebildet werden können. Möglich ist aber auch, dass **subjektive Wahrscheinlichkeiten** zu Grunde gelegt werden, welche die persönliche Einschätzung des Planers wiedergeben.

Wenn die Vorteilhaftigkeit eines Investitionsobjektes im Rahmen der Investitionsplanung quantitativ durch Investitionsrechnungen beurteilt werden soll, ist es erforderlich, sich mit den folgenden informationsbedingten Problemen zu befassen:

- **Anschaffungskosten/-auszahlungen**
- **Rest(erlös)wert/Liquidationserlös**
- **Gewinn/Überschuss**
- **Nutzungsdauer**
- **Kalkulationszinssatz**.

1.3.1 Anschaffungskosten/-auszahlungen

Die mit der Beschaffung eines Investitionsobjektes verbundenen Kosten bzw. Auszahlungen lassen sich zumeist hinsichtlich der Informationserhebung ohne besondere Schwierigkeiten ermitteln. Es ist vor allem darauf zu achten, dass ihre Feststellung im erforderlichen **Umfang** erfolgt:

- Grundlage ist zunächst der **Nettopreis** des Investitionsobjektes:

	Angebotspreis
–	Rabatt
–	Bonus
+	Mindermengenzuschlag
=	**Zielpreis**
–	Skonto
=	**Barpreis**
+	Verpackung
+	Fracht
+	Rollgeld
+	Versicherung
+	Zoll
=	**Nettopreis**

- Dazu können noch **Kosten** bzw. **Auszahlungen** kommen, die anfallen, **um** das Investitionsobjekt tatsächlich **nutzen zu können**. Das können sein:

Umbaukosten	Sie fallen an für die Änderung und Verlegung vorhandener Wirtschaftsgüter.
Installationskosten	Sie entstehen beispielsweise für Aufstellung, den Einbau bzw. den Energieanschluss.
Anlaufkosten	Dabei geht es um die Inbetriebnahme, Probeläufe, Einarbeitung usw.
Projektierungskosten	Sie fallen für in Zusammenhang mit dem Investitionsobjekt stehende Entwürfe, Untersuchungen, Gutachten usw. an.

Das Investitionsobjekt muss nicht immer von außen beschafft, sondern kann auch selbst hergestellt werden. In diesem Falle sind die **Herstellungskosten** bzw. die **Auszahlungen für die Herstellung** anzusetzen.

1.3.2 Rest(erlös)wert / Liquidationserlös

In den Investitionsrechnungen sind nicht nur die Anschaffungskosten bzw. die für die Anschaffung erforderlichen Auszahlungen zu berücksichtigen, sondern auch gegebenenfalls der Betrag, der für das Investitionsobjekt noch zu erlangen ist, wenn es ausscheidet.

Bei den statischen Investitionsrechnungen wird dieser Betrag meist als **Restwert** bzw. Resterlöswert, bei den dynamischen Investitionsrechnungen üblicherweise als **Liquidationserlös** bezeichnet.

Dieser Betrag ist zu schätzen, was wegen des meist mehrere Jahre zu überbrückenden Zeitraumes schwierig ist. Kann angenommen werden, dass der Rest(erlös)wert oder Liquidationserlös den Abbau- und Entsorgungskosten für das ausscheidende Investitionsobjekt entspricht, ist es möglich, auf seinen Ansatz zu verzichten.

1.3.3 Gewinn / Überschuss

Während der Zeit seiner Nutzung bewirkt das Investitionsobjekt Erlöse und Kosten, deren Differenz bei den statischen Investitionsrechnungen als Gewinn bezeichnet wird bzw. Einzahlungen und Auszahlungen, deren Differenz bei den dynamischen Investitionsrechnungen der Überschuss ist. Sie sind grundsätzlich für jedes einzelne Nutzungsjahr planerisch zu erfassen.

Die **Zurechnung** erweist sich in der betrieblichen Praxis jedoch als **schwierig**:

- **Gewinne** bzw. **Überschüsse** lassen sich wegen mangelnder Information in ihrer Höhe nicht ohne weiteres auf die einzelnen teilweise weit in der Zukunft liegenden Nutzungsjahre projizieren.

- **Erlöse** bzw. **Einzahlungen** können einzelnen Investitionsobjekten nicht ohne weiteres zugerechnet werden, wenn Abhängigkeiten zwischen den Produktionsfaktoren bestehen.

  Beispiel: Mehrstufige, komplexe Produktionsprozesse.

- **Kosten** bzw. **Auszahlungen** sind einzelnen Investitionsobjekten eher zurechenbar, wenngleich auch hier Probleme zu sehen sind, sofern Abhängigkeiten zwischen den Produktionsfaktoren bestehen.

Zudem können, obwohl dies in der Praxis oftmals außer Acht gelassen wird, steuerliche Einwirkungen Gewinne oder Einzahlungsüberschüsse ändern. Diese Problematik wird beispielhaft anhand der Kapitalwertmethode ausgeführt – siehe Seite 100 ff..

1.3.4 Nutzungsdauer

Die Nutzungsdauer eines Investitionsobjektes, die bei der quantitativen Ermittlung seiner Vorteilhaftigkeit festgelegt werden muss, ist der Zeitraum, in dem das Investitionsobjekt zweckentsprechend verwendet werden kann. Es lassen sich unterscheiden:

- Die **technische Nutzungsdauer**, die den Zeitraum umfasst, in dem das Investitionsobjekt maximal genutzt werden kann. Sie ist schwer bestimmbar und hängt davon ab, inwieweit die Bereitschaft vorhanden ist, Kosten für Reparaturen in Kauf zu nehmen.

  Beispiel: Eine Maschine, die immer wieder repariert und mit Ersatzteilen versehen wird, kann über Jahrzehnte hinweg – theoretisch unendlich lang – technisch genutzt werden.

  Die Verwendung der technischen Nutzungsdauer zur quantitativen Beurteilung der Vorteilhaftigkeit eines Investitionsobjektes macht Schwierigkeiten. Einerseits ist die technische Nutzungsdauer grundsätzlich größer als die wirtschaftliche Nutzungsdauer, andererseits erfordert ihre Feststellung das Vorliegen statistischer Daten als Erfahrungswerte.

- Die **wirtschaftliche Nutzungsdauer**, die den Zeitraum umfasst, in dem das Investitionsobjekt unter ökonomischen Gesichtspunkten genutzt werden kann. Sie liegt grundsätzlich unter der technischen Nutzungsdauer.

  Beispiel: Die wirtschaftliche Nutzungsdauer endet beispielsweise dann, wenn die Reparatur einer Maschine zwar technisch problemlos, wirtschaftlich aber nicht mehr vertretbar ist.

  Eine **Praktikerregel** besagt, dass die Instandsetzung eines Investitionsobjektes dann unwirtschaftlich ist, wenn die Kosten der Reparatur 50 % oder mehr der Kosten einer Neuanschaffung betragen.

  Einflussfaktoren der wirtschaftlichen Nutzungsdauer des Investitionsobjektes sind vor allem:

Technischer Verschleiß	Er erfolgt durch die Nutzung des Investitionsobjektes, aber auch außerhalb seiner Nutzung, beispielsweise durch Rosten.
Technische Entwicklung	Sie führt dazu, dass neue für die spezielle Problemlösung geeignete Investitionsobjekte auf den Markt kommen, die gegebenenfalls kostengünstiger, vielseitiger oder qualitativ besser arbeiten.
Wirtschaftliche Entwicklung	Sie macht Güter nicht mehr oder in geringerem Umfang absetzbar, die mithilfe eines Investitionsobjektes erstellt werden.

- **Die betriebsgewöhnliche Nutzungsdauer**, die den Zeitraum umfasst, der für das einzelne Investitionsobjekt von der Finanzverwaltung als grundsätzlich typisch festgelegt ist. Sie lässt sich der AfA-Tabelle entnehmen.

  Auch die betriebsgewöhnliche Nutzungsdauer bietet keine hinreichend genauen Informationen, da es sich hier nur um einen standardisierten, nicht auf den speziellen Einzelfall bezogenen Wert handelt.

- **Die rechtliche Nutzungsdauer**, die den Zeitraum umfasst, den ein Investitionsobjekt durch rechtsverbindliche Vereinbarung für den Investor nutzbar ist, auch wenn das Investitionsobjekt technisch und/oder wirtschaftlich weiter genutzt werden könnte.

  Sie lässt sich in bestimmten Fällen – nämlich bei fest vereinbarten Nutzungsfristen – zur Beurteilung der Vorteilhaftigkeit eines Investitionsobjektes gut heranziehen.

  Beispiele: Vergebene Lizenzen, gemietete Gebäude, geleaste Maschinen, gewährte Darlehen.

Überwiegend wird man sich zur Beurteilung der Vorteilhaftigkeit eines Investitionsobjektes an der **wirtschaftlichen Nutzungsdauer** orientieren müssen, für die es allerdings kein gesichertes Verfahren ihrer Ermittlung gibt, auch wenn theoretisch Ansätze entwickelt worden sind.

Letztlich muss der Versuch gemacht werden, den technischen Verschleiß sowie die technische und wirtschaftliche Entwicklung gedanklich vorwegzunehmen, wobei aktuelle Sachinformationen und Erfahrungswerte der Vergangenheit hilfreich sein können.

Ein Ansatz zur Optimierung der Nutzungsdauer eines Investitionsobjektes stellt der **nutzungsdauerbezogene Kapitalwert** dar. Er errechnet einen für das Investitionsobjekt optimalen Ersatzzeitpunkt bzw. eine optimale Laufzeit einer Investition. Dieser Zeitpunkt findet sich dort, wo der nutzungsdauerbezogene Kapitalwert ein Maximum erreicht. Die Ausführungen hierzu finden sich im Kapitel D.

1.3.5 Kalkulationszinssatz

Der Kalkulationszinssatz stellt bei der Bewertung einer Investition den Zinssatz dar, der vom Investor als gewünschte Mindestverzinsung gefordert wird. Er dient daher

z. B. in den dynamischen Investitionsrechnungen als Diskontierungsgröße, um zukünftige Zahlungsströme einer Investition auf ihren gegenwärtigen Wert, den Barwert, abzuzinsen.

Es bestehen verschiedene Möglichkeiten den Kalkulationszinssatz festzulegen, wobei zuerst folgende **generelle Einflüsse** festzustellen sind:

Risiko	Je höher das in einer Investition ruhende Risiko bewertet wird, desto höher ist der Kalkulationszinssatz anzusetzen. Er spiegelt damit die Risikosituation bzw. deren Einschätzung durch den Investor wider.
Eingesetztes Kapital	Die unterschiedliche Finanzierung von Investitionen beeinflusst den Kalkulationszinssatz: o **Vollständige Eigenfinanzierung**: Hier orientiert sich der Kalkulationszinssatz am Kapitalmarktzins, der eine Anlagealternative, z. B. in Form einer risikolosen Anleihe, zur Investition darstellt. Diesem »Habenzinssatz« wird ein entsprechender Risikosatz aufgeschlagen. o **Vollständige Fremdfinanzierung**: Als Mindestzinssatz sind die Kosten der Kreditierung anzusetzen, die z. B. durch den »Sollzinssatz« des Kapitalmarktes oder durch den Zinssatz eines Bankkredits bestimmt werden können. Auch hier kommt ein Risikozuschlag dazu. o **Mischfinanzierung**: Die beiden eingesetzten Kapitalformen (Eigen- und Fremdkapital) können mit ihren unterschiedlichen Zinssätzen entsprechend ihrer Gewichtung den für die Investition anzuwendenden Kalkulationszinssatz beeinflussen. Dies zeigt auch der auf der nächsten Seite dargestellte WACC-Ansatz.
Steuerliche Berücksichtigung	Investitionsrechnungen können vor- oder nachsteuerliche Betrachtungen sein. Steuern werden insbesondere in Form der Abzugsfähigkeit der Fremdkapitalzinsen berücksichtigt. Dies geschieht vereinfachend durch einen Gewinnsteuersatz (s), z. B. s = 50 %, der als Faktor (1-s) mit dem Fremdkapitalzinssatz multipliziert wird.

Bei der **Festlegung** des Kalkulationszinssatzes kann erfolgen:

- Eine Orientierung am **Kapitalmarktzins**, der – wie gezeigt – bei einer entsprechend weitgehend eigen- bzw. fremdfinanzierten Investition eine Untergrenze darstellt. Da die Kapitalbindung im Investitionsobjekt ein zusätzliches Risiko bedeutet, ist dies z. B. in Form eines Aufschlages zu berücksichtigen.

  Als Zinsfuß wird in diesem Zusammenhang oft der so genannte »landesübliche Zinsfuß« für langfristige, risikolose Anleihen verwendet. Risikolose Anleihen sind z. B. Bundesobligationen, Pfandbriefe oder mit dem Prädikat der Mündelsicherheit versehene Wertpapiere.

- Eine Orientierung am **Branchenzins**, der die durchschnittliche Rendite in der betreffenden Branche wiedergibt.

- Eine Orientierung am **Unternehmenszins**, der eine Alternative zur marktzinsbezogenen Ermittlung des Kalkulationszinssatzes ist. Er ergibt sich aus der durchschnittlichen Verzinsung des langfristig im Unternehmen gebundenen Kapitals und kann daher auch als **gewichteter Kapitalzins** bezeichnet werden.

  Die aus der Bilanz verfügbare Verteilung der Kapitalarten gewichtet die unterschiedlichen Zinssätze für Fremdkapital und Eigenkapital:

  - Die Höhe der Verzinsung des Fremdkapitals kann in der Praxis z. B. aus den mit den Banken geschlossenen Kreditverträgen abgelesen werden.

  - Die Verzinsung des Eigenkapitals richtet sich an den Forderungen der Eigenkapitalgeber aus.

  Beispiel:

	Anteil am Gesamtkapital	Verzinsung
Langfristiges Fremdkapital	70 %	5 %
Vorhandenes Eigenkapital	30 %	15 %

Gewichteter Kapitalzins: $\frac{70 \cdot 5\,\%}{100} + \frac{30 \cdot 15\,\%}{100} = 3{,}5\,\% + 4{,}5\,\% = \mathbf{8\,\%}$

  Diese Form des Kalkulationszinssatzes findet sich auch im **WACC-Ansatz**. Das Kürzel WACC bedeutet „**W**eighted **A**verage **C**ost of **C**apital" und meint ebenso einen durchschnittlichen, gewichteten Kapitalkostensatz, der eine Verbindung zwischen Investition und Finanzierung darstellen soll.

  Eine Investition ist demnach für ein Unternehmen dann wertschaffend, wenn die Rendite der Investition, gemessen z. B. anhand des Internen Zinsfußes, den WACC-Zinssatz übersteigt. Diese Differenz, auch als »Spread« bezeichnet, ist eine Wertsteigerungsgröße in modernen Wertkonzepten, z. B. EVA-Ansatz (**E**conomic **V**alue **A**dded), die einzelne Investitionen, aber auch die Änderungen des Unternehmenswertes gesamthaft untersuchen.

- Eine Orientierung am **Markt-** und **Unternehmensrisiko**, wie es z. B. im **CAPM**, dem **C**apital **A**sset **P**ricing Model, geschieht, das den Preis risikobehafteter Wertpapiere in einem Marktportefeuille bestimmt. Beispielsweise werden zur Ermittlung des Unternehmenswertes (Shareholder Value) eines aktiennotierten Unternehmens die Eigenkapitalkosten anhand der Rendite einer risikolosen Anleihe und des zum Markt unternehmensspezifischen Risikos festgelegt. Weitere Ausführungen hierzu finden sich im Kapitel E.

Neben diesen Ansätzen können **subjektive Erwartungen** des Investors zur Feststellung der Höhe des Kalkulationszinssatzes führen. Dies ist allerdings nicht unproblematisch, wenn die Erwartungen nicht auf einer gesicherten Basis beruhen.

In der betrieblichen Praxis wird dann ein bestimmter Kalkulationszinssatz festgelegt, der von der im Einzelfall praktizierten Finanzierung unabhängig ist. Die Zinshöhe soll gemäß Befragungen von Unternehmen dann zwischen 8 und 15 % liegen.

10 Seite 393

1.3.6 Steuerliche Einflüsse auf Investitionsentscheidungen

Innerhalb der praktischen Investitionsentscheidung werden steuerliche Einflüsse oftmals außer Acht gelassen. Steuern können nach *Eilenberger* einbezogen werden, wenn durch Investitionen stark variierende Überschüsse und/oder hohe steuerliche Subventionen sowie erhebliche Inflationsraten vorliegen.

Sollen steuerliche Auswirkungen Berücksichtigung bei Investitionsrechnungen finden, kann dies zweifach geschehen:

- Erstens werden die **Einzahlungsüberschüsse** um die Steuerlast gemindert. Findet zur Beurteilung der Investition beispielsweise die Kapitalwertmethode, die ausführlich auf S. 209 ff. beschrieben wird, Anwendung, müssten hierzu im Zähler der Formel die jährlichen Einzahlungsüberschüsse durch die Steuerzahlungen gekürzt werden.

  Diese Abzüge ergeben sich aus der Multiplikation der um die Abschreibung geminderten Einzahlungsüberschüsse mit dem Steuersatz, der in diesen Rechnungen zumeist pauschaliert angesetzt wird, z. B. mit 50 %.

- Zweitens ist der **Zinssatz** im Nenner der Kapitalwertformel zu korrigieren, da die steuerliche Wirkung des die Investition finanzierenden Fremdkapitals einbezogen werden kann.

  Findet beispielsweise das Modell des gewichteten Kapitalzinsfußes Anwendung, müsste der Fremdkapitalzinssatz nicht nur entsprechend seinem Anteil am Gesamtkapital angesetzt werden, sondern auch um den Steuersatz gemindert in die Berechnung eingehen.

Hierdurch ergeben sich für den Kapitalwert der Investition gegenläufige, sich möglicher Weise sogar gegenseitig aufhebende Auswirkungen. So verringern sich die im Zähler ausgewiesenen Größen aufgrund der Steuerlast, wodurch der Kapitalwert der Investition abnimmt.

Gegenläufig hierzu werden diese niedrigeren Werte durch den steuerlich niedrigeren Zinssatz weniger stark abdiskontiert, wodurch der Kapitalwert steigt.

Der **Kapitalwert nach Steuern** kann mit folgender Formel errechnet werden:

$$C_{0s} = \sum_{t=1}^{n} [EÜ_t - s \cdot (EÜ_t - AB_t)] \cdot \frac{1}{(1 + i_s)^t} - A_0$$

C_{0s} = Kapitalwert nach Steuern
$EÜ_t$ = unversteuerte Einzahlungsüberschüsse in der Periode t
AB_t = steuerliche Abschreibungen der Periode t
s = pauschalierter Ertragssteuersatz
i_s = Kalkulationszinsfuß nach Steuern = $(1 - s) \cdot i$
i = Kalkulationszinsfuß vor Steuern
n = Nutzungsdauer der Investition
A_0 = Auszahlungsbetrag der Investition

Für diese Formel sind als **Voraussetzungen** zu nennen:

- Die Steuerzahlung erfolgt am Periodenende.
- Die Abschreibungen erfolgen linear.
- Verluste werden für die Perioden nicht prognostiziert.

Aufgrund der oben angegebenen gegenläufigen Entwicklung der Kapitalwertermittlung, kann die Kapitalwertmethode mit einer steuerlichen Berücksichtigung vorteilhafter erscheinen als die Berechnung des gleichen Investitionsobjektes ohne Steuerberücksichtigung. Dies ist das so genannte **Steuerparadoxon*** *(Schneider)*.

---

* **Beispiel:** Ein Investitionsobjekt weist folgende Zahlungsströme (in €) auf:

Periode 0	Periode 1	Periode 2	Periode 3	Periode 4	Periode 5
– 250.000	+ 53.000	+ 65.000	+ 68.000	+ 70.000	+ 75.000

Die Unternehmensleitung erwartet eine Verzinsung von 10 %.

Der **Kapitalwert ohne Berücksichtigung der Steuern** beträgt:

	Periode 0	Periode 1	Periode 2	Periode 3	Periode 4	Periode 5
Zahlungsstrom	– 250.000	+ 53.000	+ 65.000	+ 68.000	+ 70.000	+ 75.000
$\frac{1}{(1+i)^t}$:	1	0,909091	0,826446	0,751315	0,683013	0,620921
$C_0 = \rightarrow$	– 250.000	+ 48.181,82	+ 53.718,99	+ 51.089,42	+ 47.810,91	+ 46.569,08

$C_0 =$ **– 2.629,78**

Die Investition ist nicht vorteilhaft. Sie erreicht nicht die geforderte Verzinsung von 10 %.

Der **Kapitalwert unter Berücksichtigung der Steuern** bei dem gleichen Zinssatz von 10 % und einem Steuersatz von 40 %, linearen Abschreibungen und fremdfinanzierten Investition hat folgenden Wert:

Periode 0	Periode 1	Periode 2	Periode 3	Periode 4	Periode 5
– 250.000	+ 53.000	+ 65.000	+ 68.000	+ 70.000	+ 75.000
AB	– 50.000	– 50.000	– 50.000	– 50.000	– 50.000
EÜ-AB	+ 3.000	+ 15.000	+ 18.000	+ 20.000	+ 25.000
s · (EÜ–AB)	+ 1.200	+ 6.000	+ 7.200	+ 8.000	+ 10.000
EÜ–s · (EÜ–AB)	+ 51.800	+ 59.000	+ 60.800	+ 62.000	+ 65.000

$i_s = (1-s) \cdot i = (1-0{,}4) \cdot 0{,}1 = 0{,}06.$

Die steuerliche Berücksichtigung ergibt einen Zins von 6 %.

$\frac{1}{(1+i_s)^t}$:	1	0,943396	0,889996	0,839619	0,792094	0,747258
$C_{0s} = \rightarrow$	– 250.000	+ 48.867,91	+ 52.509,76	+ 51.048,84	+ 49.109,83	+ 48.571,77

$C_{0s} =$ **108,11**

Die Investition erweist sich unter Berücksichtigung der Steuern als vorteilhaft.

1.4 Informationsbedingte Lösungsansätze

Zur Bewältigung der dargestellten Probleme, die sich vor allem aus den unzureichenden Informationen über die in der Zukunft liegenden Daten ergeben, sind in der betrieblichen Praxis, aber auch in der Theorie verschiedene Verfahren entwickelt worden, die helfen sollen, die Ungewissheit zu überbrücken.

Es lassen sich vor allem unterscheiden:

- Das **Korrekturverfahren** und die **Sensitivitätsanalyse**, welche die Ungewissheit vor allem durch Risikoaufschläge und Risikoabschläge in den Investitionsberechnungen berücksichtigen.

  Zudem finden hier oft **Szenarien** Verwendung, wobei sehr optimistische Varianten (best case) sehr pessimistischen Varianten (worst case) gegenübergestellt werden und zu einem plausibelsten Fall führen.

- Die **Risikoanalyse** und das **Entscheidungsbaum-Verfahren**, welche vor allem Wahrscheinlichkeitsrechnungen sind. Hier finden Wahrscheinlichkeiten direkte Anwendung in den Berechnungen zum Investitionsvorhaben.

In der Theorie findet als Ansatz bei unsicheren Erwartungen die **Portfolio-Selection-Theory** oder **Portfolio-Theorie** breite Verwendung. Sie zielt auf eine nach dem Risiko und dem Erlös abgestimmte Mischung eines Wertpapierportefeuilles unter Einbezug der Ungewissheit.

Durch die Aufteilung eines Investitionsvolumens auf unterschiedliche Wertpapiere (Aktien und Anleihen) soll eine risikoeffizientere und der individuellen Risikoscheu des Investors angepasste Situation geschaffen werden zur Alternative einzelner Investitionsobjekte.

Sie basiert auf den Überlegungen von *Markowitz* und wird ansatzweise in der Praxis zur Wertpapierberatung herangezogen. Weitergehende Ausführungen hierzu finden sich bei *Perridon / Steiner*.

1.4.1 Korrekturverfahren

Beim Korrekturverfahren wird die Ungewissheit überbrückt, von der die Daten geprägt sind, indem diese mit

- Risikozuschlägen
- Risikoabschlägen

versehen werden. Dadurch wird dem Grundsatz eines vorsichtigen Planansatzes Rechnung getragen.

Das Korrekturverfahren wird vor allem bei folgenden **Daten** eingesetzt:

- Beim **Kalkulationszinssatz**, wenn dieser sich in seiner Höhe an der Ungewissheit orientiert, die mit dem Investitionsobjekt verbunden ist. Es können mehrere Risikokategorien gebildet werden, die mit unterschiedlichen Risikozuschlägen versehen werden.

Beispiel:

Risiko-kategorie	Ausmaß des Risikos	Vorläufiger Kalkulations-zinssatz	Risiko-zuschlag	Kalkulations-zinssatz
I	Kein Risiko	10 %	0 %	10 %
II	Geringes Risiko	10 %	2 %	12 %
III	Mittleres Risiko	10 %	6 %	16 %
IV	Hohes Risiko	10 %	12 %	22 %

Ein Investitionsobjekt wird einer Risikokategorie zugeordnet und deren Kalkulationszinssatz in der Investitionsrechnung angesetzt. Dabei bietet es sich an, für wesensgleiche Gruppen von Investitionsobjekten operationale Kriterien festzulegen, die es ermöglichen, die Zuordnung in eine Risikokategorie problemlos vorzunehmen.

Weitere Möglichkeiten der Korrektur können auch sein:

– Die **doppelte Diskontierung**

– Die **Diskontierung mit ansteigenden Zinssätzen**

- Bei der **Nutzungsdauer**, indem diese umso kürzer angesetzt wird, je höher die Ungewissheit eingeschätzt wird.

Beispiel:

Technische Nutzungsdauer	10 Jahre
Wirtschaftliche Nutzungsdauer	8 Jahre
– Risikoabschlag	2 Jahre
= Angesetzte Nutzungsdauer	6 Jahre

- Beim **Rest(erlös)wert** bzw. **Liquidationserlös**, indem dieser umso niedriger angesetzt wird, je höher die Ungewissheit eingeschätzt wird.

Beispiel:

Erwarteter Rest(erlös)wert/Liquidationserlös	8.000 €
– Risikoabschlag	2.000 €
= Angesetzter Rest(erlös)wert/Liquidationserlös	6.000 €

- Bei **Gewinnen** bzw. **Überschüssen**, indem diese umso niedriger angesetzt werden, je höher die Ungewissheit eingeschätzt wird. Dabei können die Kosten bzw. Auszahlungen mit Risikozuschlägen und/oder die Erlöse bzw. Einzahlungen mit Risikoabschlägen versehen werden.

  Es ist aber auch möglich, die wahrscheinlichen Kosten bzw. Auszahlungen und Erlöse bzw. Einzahlungen zu erfassen und den Risikoabschlag erst bei der Ermittlung der Gewinne bzw. Überschüsse anzusetzen.

  Beispiel:

		Wahrscheinlicher Wert 2003	Korrektur um 5 %	Korrigierter Wert 2003
	Erlöse bzw. Einzahlungen	900.000	– 45.000	855.000
–	Kosten bzw. Auszahlungen	700.000	+ 35.000	735.000
=	Gewinne bzw. Überschüsse	200.000		120.000

Das Korrekturverfahren wird in der betrieblichen Praxis bevorzugt angewendet. Dies ist in seiner relativ **einfachen Handhabung** begründet. Indessen hat das Korrekturverfahren mehrere **Nachteile:**

- Die Risikozuschläge und/oder Risikoabschläge erfolgen nicht auf analytischer Grundlage, sondern lediglich summarisch.
- Die Risikozuschläge und/oder Risikoabschläge lassen sich in ihrer Höhe nicht objektivieren, da entsprechende Maßstäbe fehlen.
- Die Risikozuschläge und/oder Risikoabschläge können - bei Anwendung auf mehrere Daten - zu einer Negativ-Kumulation führen und ein Investitionsobjekt dadurch »totrechnen«.
- Die Risikozuschläge und/oder Risikoabschläge können sich auf Daten beziehen, die an sich nicht in besonderer Weise unsicher sind.
- Die Berücksichtigung des Risikos erfolgt anhand von Größen, die selbst keinen Unsicherheitsfaktor darstellen, wie z. B. der Kalkulationszinssatz oder die Nutzungszeit der Investition.

1.4.2 Sensitivitätsanalyse

Als Sensitivitätsanalyse werden verschiedene Verfahren bezeichnet, mit deren Hilfe man Erkenntnisse darüber zu gewinnen vermag, wie empfindlich ein durch ein investitionsrechnerisches Verfahren ermitteltes Ergebnis ist, wenn sich darin eingehende Daten verändern.

Der Sensitivitätsanalyse stehen grundsätzlich zwei **Rechenverfahren** zur Verfügung:

- Die **Ergebnis-Änderungs-Rechnung**, wenn ermittelt werden soll, wie sich das Ergebnis einer Investitionsrechnung bei Variation eines Eingabewertes verändert. In Anlehnung an *Blohm / Lüder* lassen sich folgende Schritte zur Durchführung der Ergebnis-Änderungs-Rechnung nennen:

  - Auswahl der als unsicher erachteten Eingabewerte
  - Aufstellung der mathematischen Funktion des betreffenden Verfahrens der Investitionsrechnung unter Berücksichtigung der Abhängigkeiten zwischen den Eingabewerten
  - Festlegung der Höhe der Abweichungen bei den Eingabewerten
  - Bestimmung der Ergebnis-Änderung bei Änderung der einzelnen Eingabewerte und Konstellationen

- Die **Kritische Werte-Rechnung**, wenn ermittelt werden soll, wie sich ein oder mehrere Eingabewerte verändern dürfen, ohne dass sich das Ergebnis außerhalb einer bestimmten, vorgegebenen Wertspanne bewegt. In Anlehnung an *Blohm / Lüder* ist folgende Vorgehensweise möglich:

  - Auswahl des oder der Eingabewerte, deren kritische(r) Wert(e) ermittelt werden soll(en)
  - Aufstellung der mathematischen Funktion des betreffenden Verfahrens der Investitionsrechnung
  - Auflösung der mathematischen Funktion nach dem Eingabewert bzw. den Eingabewerten, die als kritisch angesehen werden

Beispielhaft für eine Kritische Werte-Rechnung kann die **Break-even-Rechnung** angeführt werden. Der **Break-even-point** zeigt jene Schwellenmenge an, die abgesetzt werden muss, damit eine Investition von der Verlust- in die Gewinnzone kommt. Seine Errechnung kann vereinfacht durch die Nullsetzung der Gleichung erfolgen, die den Gewinn bzw. Verlust bei bestimmten Mengen errechnet:

x = Schwellenmenge (Break-even-Menge)
k_{fix} = Fixkosten (€/Jahr)
p = Preis (€/Stück)
k_{var} = Variable Kosten (€/Stück)

$$x \cdot p - (k_{fix} + x \cdot k_{var}) = 0$$

$$x \cdot p = k_{fix} + x \cdot k_{var}$$

$$x \cdot p - x \cdot k_{var} = k_{fix}$$

$$x \cdot (p - k_{var}) = k_{fix}$$

$$x = \frac{k_{fix}}{p - k_{var}}$$

Beispiel: Eine Investition kostet 200.000 € in der Anschaffung. Die Abschreibung erfolgt linear über 5 Jahre. Sonstige Fixkosten pro Jahr fallen in Höhe von 10.000 € an. Damit betragen die Fixkosten pro Jahr 50.000 €. Sonstige Informationen sind: Erwarteter Preis pro Stück 20 €; variable Kosten pro Stück 8,10 €.

$$x = \frac{k_{fix}}{p - k_{var}} = \frac{50.000}{20 - 8,10} = \mathbf{4.202\ Stück}$$

Um die Gewinnzone zu erreichen, müssen mindestens 4.202 Stück abgesetzt werden.

11 Seite 394

Mithilfe der Sensitivitätsanalyse lässt sich zwar das Problem der Ungewissheit nicht umfassend und eindeutig lösen. Das Verfahren gibt aber einen wertvollen **Einblick in die Struktur eines Investitionsobjektes** und in die Auswirkungen der Ungewissheit.

1.4.3 Risikoanalyse

Als Risikoanalyse werden verschiedene Verfahren zusammengefasst, deren Zweck die Gewinnung einer **Wahrscheinlichkeitsverteilung** für die in ein Verfahren der Investitionsrechnung eingehenden Eingabewerte ist.

Die Risikoanalyse stellt ein theoretisch interessantes Modell dar, das in der betrieblichen Praxis mittels Operations-Research-Verfahren in Form von z. B. Investitionssimulationen umgesetzt wird.

Insbesondere die enorm angewachsene Rechenleistung der computergetragenen Datenverarbeitung lässt Simulationsverfahren zu, welche die jeweiligen Einflussfaktoren einer Investition mithilfe von Zufallszahlen in mehreren Simulationsdurchgängen zu wahrscheinlichkeitsverteilten Ergebnisgrößen formt.

Solche Ergebnisgrößen können der Interne Zinsfuß oder der Kapitalwert einer Investition sein, während hierauf Einfluss nehmende Größen, wie z. B. Kapitaleinsatz, Nutzungsdauer, Zinssatz, Ein- und Auszahlungen zu ermitteln und subjektiv zu schätzen sind. Im Mittelpunkt des Modells stehen die untereinander bestehenden Abhängigkeiten der Einflussfaktoren und deren Auswirkung auf die Ergebnisgröße.

Blohm / Lüder fassen den Ablauf einer **Investitionssimulation** in vier Schritte zusammen:

1	Bestimmung der Einflussgrößen und deren Wahrscheinlichkeitsverteilungen
2	Zufallsgesteuertes Kombinieren der Einflussgrößen unter Berücksichtigung der Wahrscheinlichkeit
3	Errechnung des Ergebniswertes einer jeden Kombination
4	Darlegung der Verteilung der Ergebnisse, wodurch eine Aussage über das Risiko einer Investition aufgrund der mit entsprechender Häufigkeit aufgetretenen Ergebnisgrößen möglich wird.

1.4.4 Entscheidungsbaum-Verfahren

Das Entscheidungsbaum-Verfahren kann vorzugsweise bei einem mehrstufigen Investitions-Planungsprozess eingesetzt werden, der durch Ungewissheit gekennzeichnet ist.

Grundlage für den Einsatz des Entscheidungsbaum-Verfahrens ist der Entscheidungsbaum, mit dessen Hilfe es möglich ist, den Planungsprozess klar und übersichtlich darzustellen.

Gesucht wird ein Weg, der vom Ausgangspunkt über die Zufallsereignisknoten bis hin zum Endknoten führt. Jeder Weg stellt eine vollständige Entscheidung dar und ist zu optimieren (*Perridon / Steiner*).

Die Endpunkte werden durch die erwarteten Überschüsse (ü) charakterisiert, die mit bestimmten Wahrscheinlichkeiten (w) erreicht werden.

Beispiel von *Perridon / Steiner*:

Ein Unternehmen steht vor der Entscheidung, ein neu zu fertigendes Erzeugnis

- vollautomatisch zu fertigen (Alternative A)
- in Lohnauftrag fertigen zu lassen (Alternative B).

Die Alternative A erfordert einen Kapitaleinsatz von 1,8 Mio €, die Alternative B einen Kapitaleinsatz von 1,1 Mio €.

Die maximale Fertigungsmenge liegt bei A wesentlich höher als bei B und hat damit höhere Gewinnerwartungen, andererseits erfordert A eine höhere minimale Fertigungsmenge als B, um Verluste zu vermeiden.

Es müssen außerdem **Folgeentscheidungen** getroffen werden:

- *Soll eine Einführung des Produktes im Ausland erfolgen?*
- *Soll der Absatz des Produktes durch eine Werbemaßnahme verbessert werden?*
- *Soll eine Zusatzinvestition realisiert werden?*

Mithilfe des **Rollback-Verfahrens** erfolgt eine Optimierung vom Prozessende her. Dabei wird jeweils diejenige Alternative, die den höheren Erwartungswert aufweist, als die vorteilhaftere angesehen.

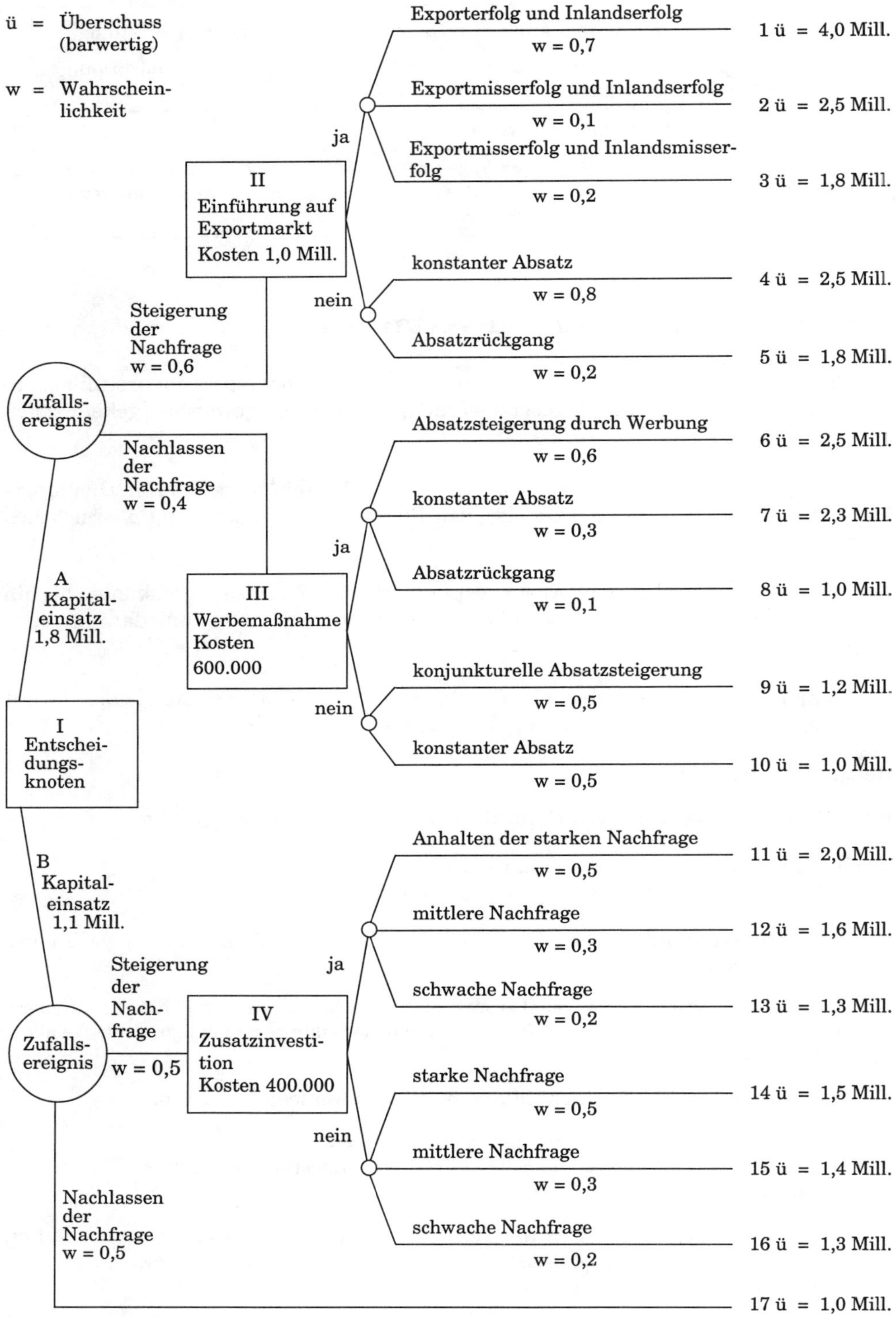
ü = Überschuss (barwertig)
w = Wahrscheinlichkeit
I
Entscheidungsknoten
A
Kapitaleinsatz
1,8 Mill.
B
Kapitaleinsatz
1,1 Mill.
Zufallsereignis
Steigerung der Nachfrage
w = 0,6
Nachlassen der Nachfrage
w = 0,4
II
Einführung auf Exportmarkt
Kosten 1,0 Mill.
ja
Exporterfolg und Inlandserfolg
w = 0,7
1 ü = 4,0 Mill.
Exportmisserfolg und Inlandserfolg
w = 0,1
2 ü = 2,5 Mill.
Exportmisserfolg und Inlandsmisserfolg
w = 0,2
3 ü = 1,8 Mill.
nein
konstanter Absatz
w = 0,8
4 ü = 2,5 Mill.
Absatzrückgang
w = 0,2
5 ü = 1,8 Mill.
III
Werbemaßnahme
Kosten
600.000
ja
Absatzsteigerung durch Werbung
w = 0,6
6 ü = 2,5 Mill.
konstanter Absatz
w = 0,3
7 ü = 2,3 Mill.
Absatzrückgang
w = 0,1
8 ü = 1,0 Mill.
nein
konjunkturelle Absatzsteigerung
w = 0,5
9 ü = 1,2 Mill.
konstanter Absatz
w = 0,5
10 ü = 1,0 Mill.
Zufallsereignis
Steigerung der Nachfrage
w = 0,5
IV
Zusatzinvestition
Kosten 400.000
ja
Anhalten der starken Nachfrage
w = 0,5
11 ü = 2,0 Mill.
mittlere Nachfrage
w = 0,3
12 ü = 1,6 Mill.
schwache Nachfrage
w = 0,2
13 ü = 1,3 Mill.
nein
starke Nachfrage
w = 0,5
14 ü = 1,5 Mill.
mittlere Nachfrage
w = 0,3
15 ü = 1,4 Mill.
schwache Nachfrage
w = 0,2
16 ü = 1,3 Mill.
Nachlassen der Nachfrage
w = 0,5
17 ü = 1,0 Mill.

(1) **Entscheidung in Knoten II**

Einführung des Erzeugnisses					
Überschüsse für Ergebnisknoten II			Wahrscheinlichkeit		Erwartungswert
1	4.000.000	·	0,7	=	2.800.000
2	2.500.000	·	0,1	=	250.000
3	1.800.000	·	0,2	=	360.000
					3.410.000
–	Zusätzliche Kosten				1.000.000
					2.410.000

Keine Einführung des Erzeugnisses					
4	2.500.000	·	0,8	=	2.000.000
5	1.800.000	·	0,2	=	360.000
					2.360.000

Die Einführung des Erzeugnisses im Ausland ist vorteilhaft.

(2) **Entscheidung in Knoten III**

Durchführung einer Werbemaßnahme					
Überschüsse für Ergebnisknoten III			Wahrscheinlichkeit		Erwartungswert
6	2.500.000	·	0,6	=	1.500.000
7	2.300.000	·	0,3	=	690.000
8	1.000.000	·	0,1	=	100.000
					2.290.000
–	Kosten für Werbung				600.000
					1.690.000

Keine Durchführung einer Werbemaßnahme					
9	1.200.000	·	0,5	=	600.000
10	1.000.000	·	0,5	=	500.000
					1.100.000

Die Durchführung der Werbemaßnahme ist vorteilhaft.

(3) **Entscheidung in Knoten IV**

Durchführung der Zusatzinvestition					
Überschüsse für Ergebnisknoten IV			Wahrscheinlichkeit		Erwartungswert
11	2.000.000	·	0,5	=	1.000.000
12	1.600.000	·	0,3	=	480.000
13	1.300.000	·	0,2	=	260.000
					1.740.000
–	Kosten				400.000
					1.340.000

Keine Durchführung einer Zusatzinvestition					
14	1.500.000	·	0,5	=	750.000
15	1.400.000	·	0,3	=	420.000
16	1.300.000	·	0,2	=	260.000
					1.430.000

Die Durchführung der Zusatzinvestition ist **nicht** vorteilhaft.

(4) **Entscheidung in Knoten I**

Alternative A					
Zufallsereignis	Erwartungswert des Überschusses		Wahrscheinlichkeit		Erwartungswert
Steigerung der Nachfrage	2.410.000	·	0,6	=	1.446.000
Nachlassen der Nachfrage	1.690.000	·	0,4	=	676.000
					2.122.000
– Kapitaleinsatz A					1.800.000
					322.000

Alternative B					
Steigerung der Nachfrage	1.430.000	·	0,5	=	715.000
Nachlassen der Nachfrage	1.000.000	·	0,5	=	500.000
					1.215.000
– Kapitaleinsatz B					1.100.000
					115.000

Die Alternative A ist vorteilhafter als die Alternative B.

Das Entscheidungsbaum-Verfahren wird in der betrieblichen Praxis nur in geringem Umfang eingesetzt, und dann auch nur in großen Unternehmen. Es geht von einigen **Voraussetzungen** aus, die bei der praktischen Anwendung nicht ohne weiteres unterstellt werden können. Das sind:

- Risikoneutralität des Investors
- Quantifizierbarkeit der Wahrscheinlichkeiten
- Quantifizierbarkeit der Überschüsse.

12 **Seite 394**

2. Planung des Investitionsprogrammes

Die Investitionsplanung wurde zunächst auf eine einzelne Investition bezogen, bei der mehrere alternative Investitionsobjekte untersucht wurden.

Das Unternehmen hat in einer Rechnungsperiode aber nicht nur eine Investition abzuwickeln, sondern eine **Vielzahl von Investitionen** zu planen, die letztlich das Investitionsprogramm darstellen und im Investitionsplan dokumentiert werden.

Dabei ergibt sich als typischer **Ablauf** der Planung:

Bevor auf diese einzelnen Ablaufstufen näher eingegangen wird, soll zunächst ein Überblick über die möglichen Konzepte der Planung gegeben werden.

2.1 Planungskonzepte

Als Planungskonzepte lassen sich unterscheiden:

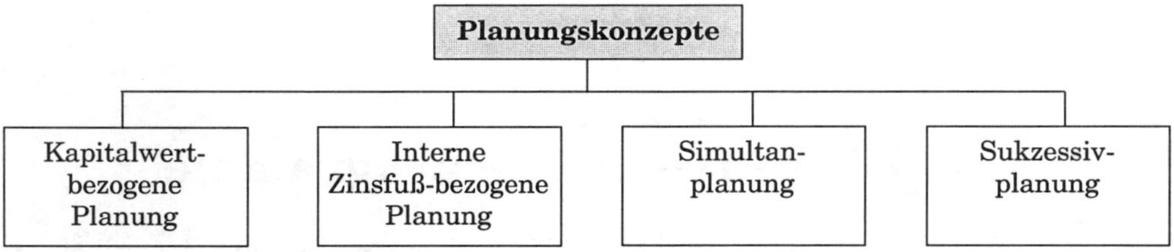

2.1.1 Kapitalwertbezogene Planung

Die Planung anhand des Kapitalwertes (C_0) bzw. der Kapitalwertrate (C_r), stellt als **Profitability Index** mittels einer Relation des Kapitalwertes (C_0) und des Kapitaleinsatzes (A_0) einer Investition Rangfolgen in Investitionsprogrammen auf:

$$C_r = \frac{C_0}{A_0}$$

Die Höhe des Kapitalwertes einer Investition dient als Maßstab ihrer Vorteilhaftigkeit. Er errechnet sich aus der Differenz der mit einem Kalkulationszins (q) abgezinsten Einzahlungen (e) und Auszahlungen (a) über die Investitionsdauer (n) sowie unter Berücksichtigung der Anschaffungsauszahlung (A_0):

$$C_0 = \frac{e_n - a_n}{q^n} - A_0$$

Seine Berechnung wird näher im Kapitel D. dargelegt.

Investitionsprogramme stellen hier mehrere, sich gegenseitig nicht ausschließende Investitionen dar. Unter der weiteren Prämisse eines vollkommenen Kapitalmarktes und konstanter Kapitalkosten soll das Investitionsbudget begrenzt sein. Damit konkurrieren die Investitionsalternativen untereinander.

Beispielhaft für die Entscheidung nach dem **Kapitalwert** (C_0) seien untenstehende vier Investitionsobjekte genannt, die bei einem Kalkulationszinssatz von 10 % folgende Daten aufweisen, wobei e_1–a_1 die Einzahlungsüberschüsse des ersten Jahres darstellen:

Investitionsobjekt	A_0	e_1-a_1	e_2-a_2	C_0	Rangfolge
I	– 1.000	650	560	53,72	1
II	– 550	360	300	25,21	2
III	– 200	125	125	16,94	3
IV	– 150	80	85	– 7,02	4

Aus dieser Sicht ist die Investitionsalternative I die vorteilhafteste, da sie bei einem Kalkulationszinssatz von 10 % den höchsten Kapitalwert aufweist. Die Alternative IV erreicht diesen Kalkulationszinssatz nicht.

Sollen für das Investitionsprogramm 1.500 Geldeinheiten zur Verfügung stehen, können unter der Annahme der Teilbarkeit der Investitionen 100 % der Investitionsalternative I und 91 % der Investitionsalternative II durchgeführt werden.

Als Problem muss festgestellt werden, dass der Kapitalwert die unterschiedlichen Kapitaleinsätze der Investitionen außer Acht lässt.

Legt man daher die **Kapitalwertrate** $C_r = \frac{C_0}{A_0}$ als Bewertungskriterium zu Grunde, erhält man:

Investitionsobjekt	A_0	C_0	C_r	Rangfolge
I	– 1.000	53,72	0,054	2
II	– 550	25,21	0,046	3
III	– 200	16,94	0,085	1
IV	– 150	– 7,02	– 0,047	4

Unter den gleichen Annahmen wie oben würde als Entscheidung im Investitionsprogramm stehen: 100 % der Investitionsalternative III, 100 % der Investitionsalternative I und 55 % von der Investitionsalternative II.

Eine Berechnung des Internen Zinsfußes (r), der die Rentabilität einer Investition misst und ebenso im Kapitel D näher dargelegt wird, bestätigt diese Rangfolge der Investitionsalternativen in diesem Beispiel.

Investitionsobjekt	A_0	e_1-a_1	e_2-a_2	r	Rangfolge
I	– 1.000	650	560	14,09 %	2
II	– 550	360	300	13,51 %	3
III	– 200	125	125	16,26 %	1
IV	– 150	80	85	6,53 %	4

Perridon / Steiner zeigen aber auch auf, dass diese Bestätigung nicht sein muss, was durch die unterschiedlichen Wiederanlageprämissen der Kapitalwertrate und des Internen Zinsfußes bedingt ist. Somit könnten in einem solchen Falle keine eindeutigen Investitionsprogrammentscheidungen getroffen werden.

13 Seite 395

2.1.2 Interne Zinsfuß-bezogene Methode

Hier wird anhand des Internen Zinsfußes eine Rangfolge der Investitionsobjekte aufstellt. Sie kann mithilfe des **Dean-Modells** erfolgen, das wie die kapitalwertbezogene Planung von beliebig teilbaren Investitionsprogrammen ausgeht.

Der Rangfolge der Investitionsobjekte stellt *Dean* die **Finanzierungsmöglichkeiten** des Investitionsprogrammes gegenüber, wobei steigende Zinssätze aufgrund des zunehmenden Finanzierungsvolumens unterstellt werden. Ein Optimum wird im Schnittpunkt der Kapitalangebotskurve (Zinssätze der Finanzierung) und der Kapitalnachfragekurve (Interne Zinsfüße der Investitionen) gefunden.

Beispielhaft sei auf die obige Berechnung verweisen. Für die Rentabilitätsberechnung anhand des Internen Zinsfußes ergaben sich:

Investitionsobjekt	A_0	$e_1 - a_1$	$e_2 - a_2$	r	Rangfolge
I	– 1.000	650	560	14,09 %	2
II	– 550	360	300	13,51 %	3
III	– 200	125	125	16,26 %	1
IV	– 150	80	85	6,53 %	4

Dem stehen gegenüber folgende Finanzierungsmöglichkeiten:

Finanzierungs-möglichkeiten	Volumen	Zinssatz
A	600	10 %
B	400	12 %
C	300	13 %
D	200	14 %

Grafisch ergeben sich folgende Kapitalnachfragekurve (Investition) und Kapitalangebotskurve (Finanzierungsmöglichkeit):

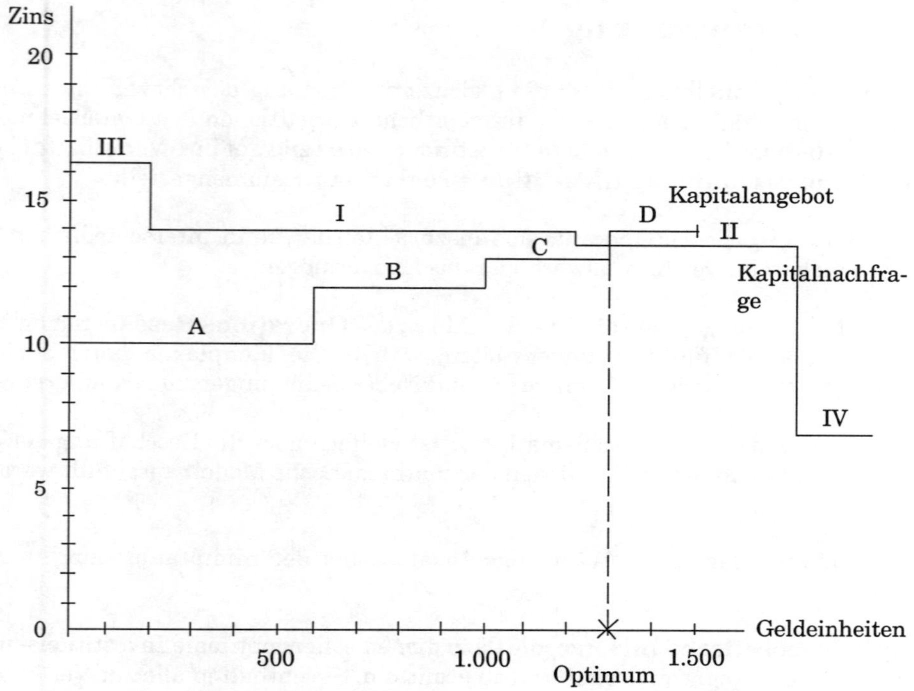

Wie in der Abbildung zu sehen ist, könnten die Investitionsobjekte III und I vollständig durchgeführt werden und noch 100 Geldeinheiten oder 18 % des Investitionsobjektes II berücksichtigt werden.

Kritikpunkte an diesem Modell sind nach *Perridon / Steiner*:

- Es sind keine Beschränkungen hinsichtlich der Produktionsfaktoren und der Absatzmöglichkeiten vorhanden.
- Die Investitionsrückflüsse müssen die Liquidität des Unternehmens auch in späteren Perioden sichern.
- Die Investitionsobjekte sind beliebig teilbar.
- Die Investitionsobjekte sind voneinander unabhängig.
- Die Investitionswahlmöglichkeiten finden zum selben Zeitpunkt statt.
- Die Finanzierung und die Investition werden als voneinander unabhängig betrachtet.

2.1.3 Simultanplanung

Unter der Simultanplanung wird die gleichzeitige Planung der Einzahlungen und Auszahlungen verstanden, die sich auf sämtliche Investitionen des Unternehmens bezieht. Dabei werden die einzelnen Investitionen in Bezug auf ihre Vorteilhaftigkeit beurteilt und das **optimale Investitionsprogramm** zusammengestellt.

Das Kriterium, woran das Optimum sich auszurichten hat, kann unterschiedlicher Art sein, beispielsweise der Kapitalwert oder das Endvermögen.

Die Simultanplanung ist mithilfe der Verfahren des **Operations Research** möglich. Dabei ist eine Zielfunktion zu erstellen, welche die komplexen betrieblichen Interdepenzen widerspiegelt. Außerdem sind Nebenbedingungen zu formulieren.

Beides ist schwierig. Noch problematischer ist vielfach aber die Beschaffung der erforderlichen Informationen, mit denen das mathematische Modell ausgefüllt werden muss.

Es werden vor allem zwei **Arten** von Ansätzen bei der Simultanplanung unterschieden:

- **Kapitaltheoretische Ansätze**, die dazu dienen sollen, optimale Investitions- und Finanzierungsprogramme simultan zu ermitteln. Sie enthalten alle zur Verfügung stehenden alternativen Investitionsobjekte und alle alternativen Finanzierungsformen als Variable, die in die Zielfunktion eingehen.

  Die Beziehungen der einzelnen Variablen untereinander werden in den Nebenbedingungen ausgedrückt.

  Als **Beispiele** können genannt werden:

Ein-Perioden-Modell von *Albach*	Beim ihm gehen die einzelnen Investitionsvorhaben mit ihren positiven Kapitalwerten und die verschiedenen Finanzierungsmöglichkeiten mit ihren negativen Kapitalwerten in die Zielfunktionen ein. Es werden diejenigen Investitionen und Finanzierungsmaßnahmen ausgewählt, die zu einem maximalen Kapitalwert führen. Dabei gelten als Nebenbedingungen: o Die Erhaltung des finanziellen Gleichgewichtes o Die gegebenen Absatzbedingungen.
Ansatz von *Hax*	*Hax* legt eine andere Zielfunktion zu Grunde. Sie ist auf die Maximierung des Endvermögens gerichtet. Im Vergleich zum *Albach*'schen Modell hat der Ansatz von *Hax* zwei **Vorteile**: o Den Verzicht auf einen Kalkulationszinssatz o Die Berücksichtigung mehrerer Perioden. Das Problem betrieblicher Interdependenzen wird aber auch durch diesen Ansatz nicht gelöst.

- **Produktionstheoretische Ansätze**, die sich darauf beziehen, optimale Investitions- und Produktionsprogramme simultan zu ermitteln. Sie berücksichtigen und erfassen den untrennbaren Zusammenhang zwischen der Investitionsplanung und der Produktionsplanung, der sich vielfach daraus ergibt, dass Entscheidungen im Produktionsbereich auch den Investitionsbereich betreffen.

  Umgekehrt gibt es viele Fälle, bei denen Entscheidungen über Investitionen zu Auswirkungen im Produktionsbereich führen.

  In die Modelle, die u. a. von *Swoboda* vorgeschlagen werden, gehen die Produktions- und Investitionsvariablen ein.

2.1.4 Sukzessivplanung

In der betrieblichen Praxis erfolgt üblicherweise eine Sukzessivplanung. Dabei wird mit einem Teilplan begonnen, dem ausschlaggebende Bedeutung zugemessen wird. Nach und nach werden dann die übrigen Teilpläne entwickelt, also auch der Investitionsplan.

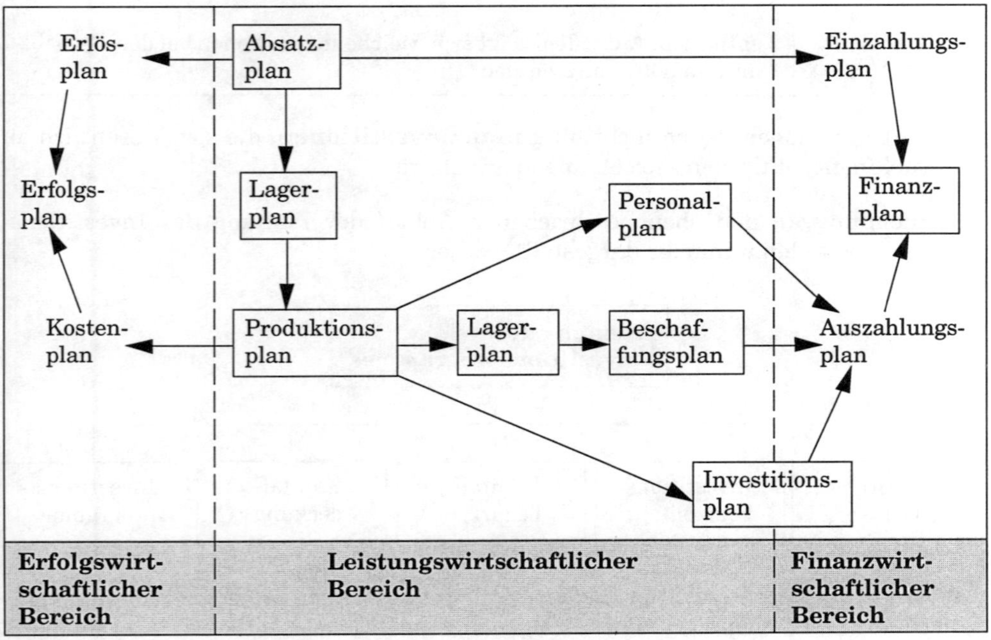

Für den Investitionsplan sind zwei Pläne von besonderer Bedeutung:

Absatzplan	Er dient meist als Ausgangsplan. Er enthält die Absatzerwartungen für die zu betrachtende Wirtschaftsperiode, die auch als **Primärbedarf** bezeichnet werden und den Bedarf an Fertigerzeugnissen darstellen. Aus dem Primärbedarf werden der Sekundärbedarf und Tertiärbedarf abgeleitet. Der Absatzplan ist **nicht geeignet**, als Ausgangsplan verwendet zu werden, wenn in einem Teilbereich des Unternehmens ein **Engpass** besteht. In diesem Fall muss planerisch vom Engpassbereich ausgegangen werden. **Beispiel:** Wenn ein kapazitativer, personeller oder finanzieller Engpass besteht, nützt es nichts, von Absatzerwartungen auszugehen, die zwar den Möglichkeiten des Marktes entsprechen, sich aber wegen des Engpasses nicht ausschöpfen lassen.
Produktionsplan	Darin ist der aus dem Primärbedarf abzuleitende o **Sekundärbedarf** als Bedarf an Rohstoffen und Werkstoffen o **Tertiärbedarf** als Bedarf an Hilfsstoffen, Betriebsstoffen, Werkzeugen enthalten. Außerdem zeigt sich, welche Investitionen bei den Betriebsmitteln notwendig werden.

Diese Ausführungen gelten nicht für **Finanzinvestitionen**, die sich wesentlich an unternehmenspolitischen Zielsetzungen orientieren.

In Anlehnung an den oben beschriebenen Ablauf der Planung des Investitionsprogrammes sollen nunmehr dargestellt werden:

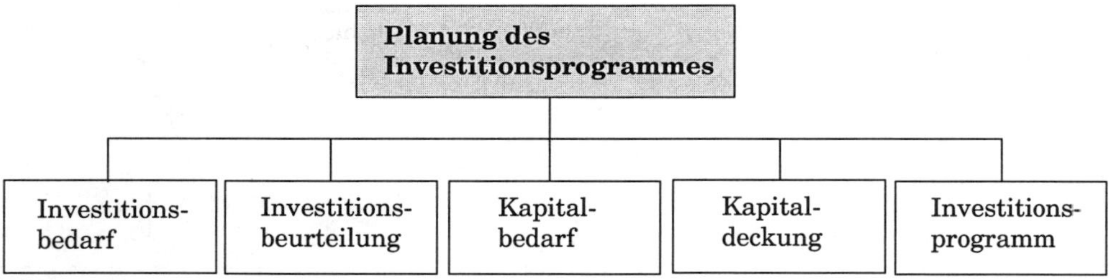

Die Ermittlung des Investitionsbedarfes, die Investitionsbeurteilung und die Festlegung des Investitionsprogrammes erfolgen im Investitionsbereich des Unternehmens.

Die Ermittlung des Kapitalbedarfes und die Kapitaldeckung sind dem Finanzierungsbereich des Unternehmens zuzuordnen. Da sie aber in enger Verzahnung zum Investitionsbereich stehen und das Investitionsprogramm wesentlich beeinflussen, soll ebenfalls auf sie eingegangen werden.

2.2 Investitionsbedarf

Um das Investitionsprogramm festzulegen, muss zunächst der Investitionsbedarf ermittelt werden. Darunter ist die **Summe aller in der Anregungsphase** des Investitions-Planungsprozesses **gewünschten Investitionen** zu verstehen:

Anregungsphase	Anregung der Investitionen 1 ... n
	Beschreibung der Investitionsprobleme 1 ... n

Der Investitionsbedarf umfasst alle für eine Rechnungsperiode gewünschten Investitionen. Dabei ist davon auszugehen, dass deren Durchführung in unterschiedlichem Maße notwendig sein kann. Insofern sollten die einzelnen Investitionswünsche entsprechend gekennzeichnet sein.

Die einfachste Unterscheidung könnte die Einteilung sein in:

- **Notwendige Investitionen**, die - wenn sie nicht vorgenommen würden - zu einer wesentlichen Beeinträchtigung der Erreichung betrieblicher Ziele führen würden.

  Beispiel: Die Erhaltung der Leistungsbereitschaft durch den Ersatz einer nicht mehr nutzbaren, für die Produktion aber unbedingt notwendigen Maschine.

- **Erwünschte Investitionen**, die nicht zwingend erforderlich sind, um die Leistungsfähigkeit des Unternehmens zu sichern. Sie können aber die Erreichung der betrieblichen Ziele ebenfalls mit fördern.

  Ob sie letztlich zu verwirklichen sind, hängt von bestimmten Begrenzungsfaktoren ab, beispielsweise der Möglichkeit ihrer Finanzierung.

2.3 Investitionsbeurteilung

Die sich als Investitionsbedarf darstellenden Investitionen sind einzeln zu beurteilen, wie dies ausführlich bei der Planung der Einzelinvestitionen beschrieben wurde.

Die einzelnen Beurteilungen dienen dazu, festzustellen,

- inwieweit die Investitionen überhaupt vorteilhaft sind,
- welche alternativen Investitionsobjekte am vorteilhaftesten sind.

Die Ergebnisse dieser Beurteilungen können dazu führen, dass Investitionen, die zunächst gewünscht wurden, nicht weiter im angestrebten Investitionsprogramm verbleiben.

2.4 Kapitalbedarf

Für die Festlegung des Investitionsprogrammes ist es notwendig zu wissen, ob die geplanten Investitionen finanzierbar sind. In diesem Zusammenhang muss festgestellt werden, wie die Investitionen des angestrebten Investitionsprogrammes den Kapitalbedarf des Unternehmens beeinflussen und inwieweit eine Finanzierung des sich ergebenden Kapitalbedarfes möglich ist.

Der Kapitalbedarf entsteht dadurch, dass vom Unternehmen Auszahlungen – beispielsweise für Maschinen, Rohstoffe, Personal – zu leisten sind, denen unmittelbar keine zumindest gleich hohen Einzahlungen – beispielsweise aus dem Verkauf der erstellten Produkte – gegenüberstehen.

Die **Größe** des Kapitalbedarfes hängt ab:

- Von der Höhe der Auszahlungen und Einzahlungen.
- Vom zeitlichen Abstand zwischen den Auszahlungen und Einzahlungen.

Damit ist der Kapitalbedarf – bei unveränderten Auszahlungen und Einzahlungen – umso höher, je weiter die Zahlungsströme zeitlich auseinanderfallen.

Der Kapitalbedarf ergibt sich allgemein durch Subtraktion der kumulierten Einzahlungen von den kumulierten Auszahlungen in einem bestimmten Zeitpunkt:

Kapitalbedarf	=	Kumulierte Auszahlungen	–	Kumulierte Einzahlungen

Beispiel:

Monat	Auszahlungen	Einzahlungen
Januar	1.000 €	0 €
Februar	2.000 €	0 €
März	3.000 €	1.000 €
April	1.000 €	2.000 €
Mai	2.000 €	2.000 €
Juni	1.000 €	2.000 €

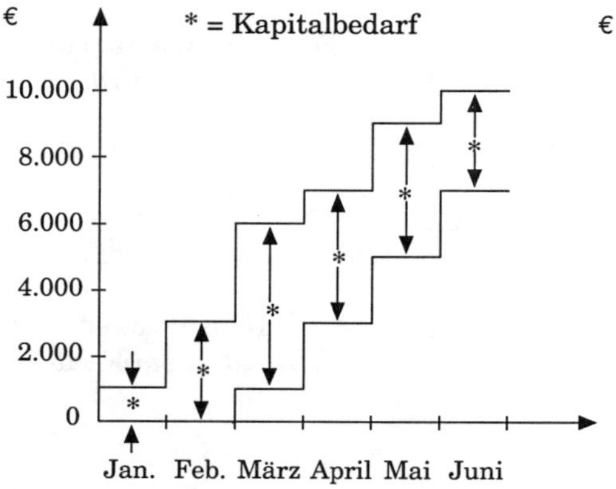

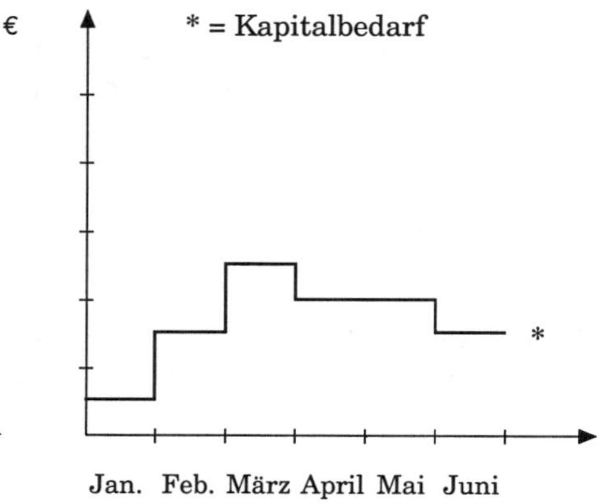

Wenn den Auszahlungen unmittelbar gleich hohe – oder gar höhere – Einzahlungen gegenüberstehen, gibt es keinen bzw. einen »negativen« Kapitalbedarf und damit nicht das Erfordernis, Finanzierungsmaßnahmen einzuleiten. Diese Situation ist in der betrieblichen Praxis aber selten anzutreffen.

Beispiel:

Monat	Auszahlungen	Einzahlungen
Januar	1.000 €	0 €
Februar	2.000 €	0 €
März	3.000 €	3.000 €
April	0 €	4.000 €
Mai	1.000 €	2.000 €
Juni	2.000 €	1.000 €

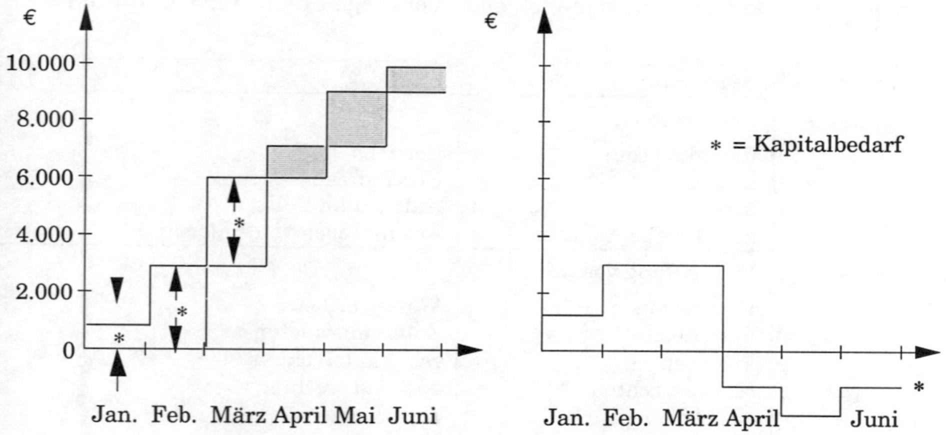

Wie zu sehen ist, ist in den Monaten April, Mai, Juni kein (positiver) Kapitalbedarf gegeben, der durch Finanzierungsmaßnahmen zu decken wäre. Es steht Kapital zu Anlagezwecken zur Verfügung.

14 Seite 395

15 Seite 396

Der Kapitalbedarf soll betrachtet werden im Hinblick auf:

- **Elemente**
- **Einflussfaktoren**
- **Ermittlung**.

2.4.1 Elemente

Elemente des Kapitalbedarfes sind Auszahlungen und Einzahlungen:

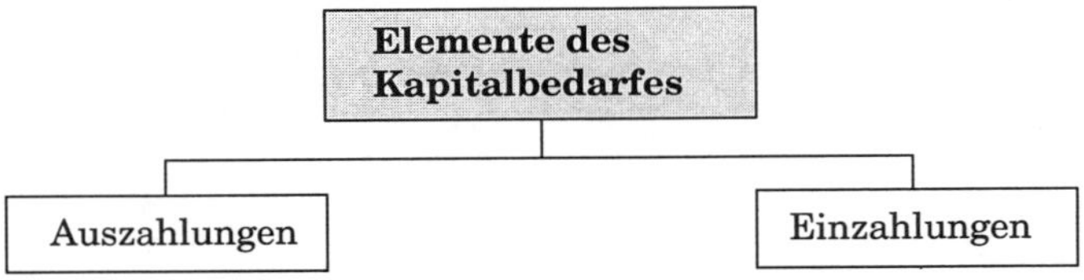

2.4.1.1 Auszahlungen

Als Auszahlungen können allgemein folgende Vorgänge unterschieden werden:

Auszahlungen	Beispiele	
Sachanlagen	Erwerb von ... Grundstücken Gebäuden Maschinen maschinelle Anlagen	Betriebs- und Geschäftsausstattung Anlagen im Bau Anzahlungen von Anlagen
Immaterielle Anlagen	Beschaffung von ... Konzessionen Patenten Lizenzen Markenrechten Urheberrechten Werksrechten Gebrauchsmustern	Warenzeichen Zuteilungsquoten Syndikatsrechten Nutzungsrechten Erfindungen Rezepten Geheimverfahren
Finanzanlagen	Erwerb von ... Beteiligungen Wertpapieren	Gewährung von ... Ausleihungen
Material	Erwerb von ... Rohstoffen Hilfsstoffen Betriebsstoffen	Zulieferteilen Waren
Personal	Auszahlungen für ... Löhne Gehälter sonstige Personalkosten	Sozialkosten – Rentenversicherung (AG-Anteil) – Krankenversicherung (AG-Anteil) – Pflegeversicherung (AG-Anteil) – Arbeitslosenversicherung (AG-Anteil) – gesetzliche Unfallversicherung
Steuern/ Abgaben	Auszahlungen für ... Steuern vom Einkommen Steuern vom Ertrag	sonstige Steuern steuerliche Abgaben

Eigenkapital	Tilgung von Eigenkapital	
Fremdkapital	Tilgung von Fremdkapital	
Zinsen/ Provisionen/ Gewinne	Auszahlungen für ... Finanzierungsvorgänge laufende Zinsen Bereitstellungszinsen	 zinsähnliche Kosten Bereitstellungsprovisionen Gewinnausschüttungen
Sonstige Auszahlungen	Auszahlungen für ... Energie Instandhaltung Reparaturen Versicherungen	 Entwicklung Werbung Vertrieb Miete usw.

2.4.1.2 Einzahlungen

Einzahlungen können allgemein folgende Vorgänge umfassen:

Einzahlungen	Beispiele	
Umsätze	Verkauf von ... Erzeugnissen	 Handelswaren
Sachanlagen	Verkauf von ... Grundstücken Gebäuden Maschinen	 maschinellen Anlagen Betriebs- und Geschäftsausstattung
Immaterielle Anlagen	Abgabe von ... Konzessionen Patenten Lizenzen Markenrechten Urheberrechten Werksrechten Gebrauchsmustern	 Warenzeichen Zuteilungsquoten Syndikatsrechten Nutzungsrechten Erfindungen Rezepten Geheimverfahren
Finanzanlagen	Verkauf von ... Beteiligungen Wertpapieren	Tilgung von ... gewährten Ausleihungen
Eigenkapital	Aufnahme von Eigenkapital	
Fremdkapital	Aufnahme von Fremdkapital	
Zinsen/ Provisionen/ Gewinne	Einzahlungen aus ... Finanzierungsvorgängen Beteiligungen	 Wertpapieren gewährten Ausleihungen
Sonstige Einzahlungen	Einzahlungen aus ... Vermietung Verkauf von Abfallstoffen	 Steuererstattungen usw.

2.4.2 Einflussfaktoren

Es lassen sich mehrere Faktoren nennen, die auf die Höhe des Kapitalbedarfes Einfluss ausüben können. *Gutenberg* und *Hahn* nennen:

Mengenbezogene Einflussfaktoren				**Zeitbezogener Einflussfaktor**	**Wertbezogener Einflussfaktor**
Prozess-anordnung	Unternehmens-größe	Leistungs-programm	Beschäfti-gung	Prozessge-schwindigkeit	Preis

2.4.2.1 Mengenbezogene Einflussfaktoren

Bei den mengenbezogenen Einflussfaktoren wird angenommen, dass die Erstellung der betrieblichen Leistungen eines **Grundprozesses** bedarf. Der hieraus resultierende Kapitalbedarf ergibt sich – *Hahn* zufolge – aus drei Arten von Kapitalbindungen:

- Der Einsatz des Anlagevermögens bindet Kapital.
- Das Halten von Werkstoff- und Fertigerzeugnis-Lägern bindet Kapital.
- Das Gewähren von Anzahlungen und Zahlungszielen bindet Kapital.

Als mengenbezogene Einflussfaktoren sollen dargestellt werden:

- **Prozessanordnung**
- **Unternehmensgröße**
- **Leistungsprogramm**
- **Beschäftigung**.

2.4.2.1.1 Prozessanordnung

Als betrieblicher **Prozess** wird die zeitlich fixierte Abfolge güter- und finanzwirtschaftlicher Vorgänge verstanden, die von der Beschaffung der Einsatzgüter bis zum Absatz der Erzeugnisse reicht:

- Beschaffung der Materialien
- Lagerung der Materialien
- Fertigung
- Lagerung der Erzeugnisse
- Absatz der Erzeugnisse.

Mit der Beschaffung der Materialien sind Auszahlungen verbunden. Ebenso fallen Auszahlungen bei der Lagerung der Materialien, der Fertigung und bei der Lagerung der Erzeugnisse an. Schließlich verursacht der Absatz ebenfalls Auszahlungen. Nach erfolgtem Absatz fließen dem Unternehmen Einzahlungen zu.

Aus dieser Betrachtung wird ersichtlich, dass das Unternehmen sich zwecks Minimierung des Kapitalbedarfes bemühen sollte, die betrieblichen Prozesse optimal anzuordnen. Dabei gibt es drei grundsätzliche **Gestaltungsmöglichkeiten**:

- Die betrieblichen Prozesse werden **zeitlich nebeneinander** angeordnet, d. h. mehrere Prozesse beginnen und enden jeweils zur gleichen Zeit.

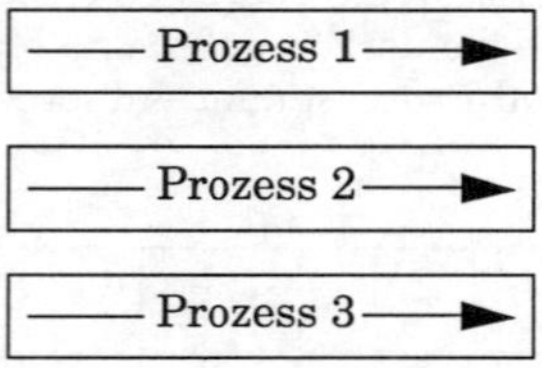

Bei dieser Vorgehensweise steigt der Kapitalbedarf zu Beginn der gleichzeitig nebeneinander anlaufenden Prozesse (1, 2, 3) beträchtlich an, da Auszahlungen anfallen, ohne dass zunächst Einzahlungen zu verzeichnen sind. Diese kommen erst mit dem Verkauf der gefertigten Güter in das Unternehmen, wobei sie den Kapitalbedarf unmittelbar absinken lassen.

Beispiel: Die Metallbau GmbH erstellt gleichartige Maschinen, wobei stets drei Maschinen zeitlich nebeneinander gefertigt werden. Pro Maschine fallen als Auszahlungen an:

Woche 1: 5.000 €	Woche 2: 7.500 €	Woche 3: 1.500 €

Der betriebliche Prozess dauert jeweils 5 Wochen, in der Woche 6 erfolgen die Einnahmen in Höhe von 14.000 € pro Maschine.

Woche / Prozess	1	2	3	4	5	6	7	8	9	10	11	12	13	14	15
1 – 3	15.000	22.500	4.500	–	–	42.000									
4 – 6						15.000	22.500	4.500	–	–	42.000				
7 – 9											15.000	22.500	4.500	–	–
Kumulierte Auszahl.	15.000	37.500	42.000	42.000	42.000	57.000	79.500	84.000	84.000	84.000	99.000	121.500	126.000	126.000	126.000
Kumulierte Einzahl.	0	0	0	0	0	42.000	42.000	42.000	42.000	42.000	84.000	84.000	84.000	84.000	84.000
Kapitalbedarf	**15.000**	**37.500**	**42.000**	**42.000**	**42.000**	**15.000**	**37.500**	**42.000**	**42.000**	**42.000**	**15.000**	**37.500**	**42.000**	**42.000**	**42.000**

- Die betrieblichen Prozesse werden **zeitlich gestaffelt** angeordnet, d. h. wenn ein Prozess bis zu einem gewissen Punkt fortgeschritten ist, beginnt der nächste Prozess.

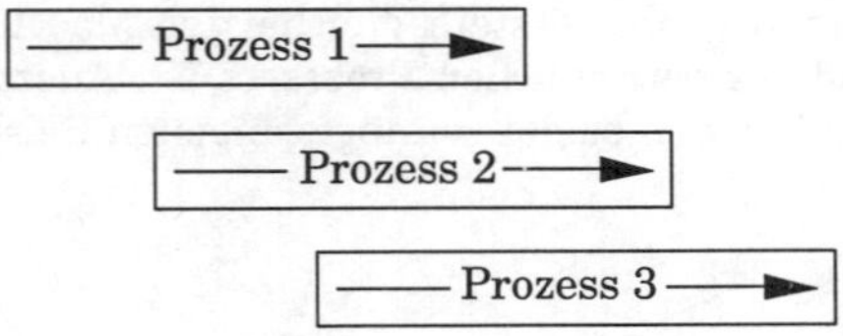

Die Höhe des Kapitalbedarfes wird sich bei dieser überlappenden Anordnung im Vergleich zu der zeitlich nebeneinanderliegenden Anordnung vermindern. Die Extremwerte des Kapitalbedarfes werden abgebaut, da Einzahlungen aus abgeschlossenen Prozessen erfolgen, wenn Auszahlungen für folgende Prozesse anfallen. Es erfolgt eine Nivellierung des Kapitalbedarfes.

Beispiel: Die Metallbau GmbH erstellt gleichartige Maschinen, wobei stets dann eine neue Maschine gebaut wird, wenn sich die derzeit gefertigte Maschine in der Woche 3 befindet. Auszahlungen, Einzahlungen und Prozessdauer entsprechen dem vorangegangenen Beispiel.

Woche / Prozess	1	2	3	4	5	6	7	8	9	10	11	12	13	14	15
1	5.000	7.500	1.500	–	–	14.000									
2			5.000	7.500	1.500	–	–	14.000							
3					5.000	7.500	1.500	–	–	14.000					
4							5.000	7.500	1.500	–	–	14.000			
5									5.000	7.500	1.500	–	–	14.000	
6											5.000	7.500	1.500	–	–
7													5.000	7.500	1.500
Kumulierte Auszahl.	5.000	12.500	19.000	26.500	33.000	40.500	47.000	54.500	61.000	68.500	75.000	82.500	89.000	96.500	98.000
Kumulierte Einzahl.	0	0	0	0	0	14.000	14.000	28.000	28.000	42.000	42.000	56.000	56.000	70.000	70.000
Kapitalbedarf	**5.000**	**12.500**	**19.000**	**26.500**	**33.000**	**26.500**	**33.000**	**26.500**	**33.000**	**26.500**	**33.000**	**26.500**	**33.000**	**26.500**	**28.000**

- Die betrieblichen Prozesse werden **zeitlich nacheinander** angeordnet, d. h. der Beginn eines neuen Prozesses setzt voraus, dass der bisherige Prozess abgeschlossen ist.

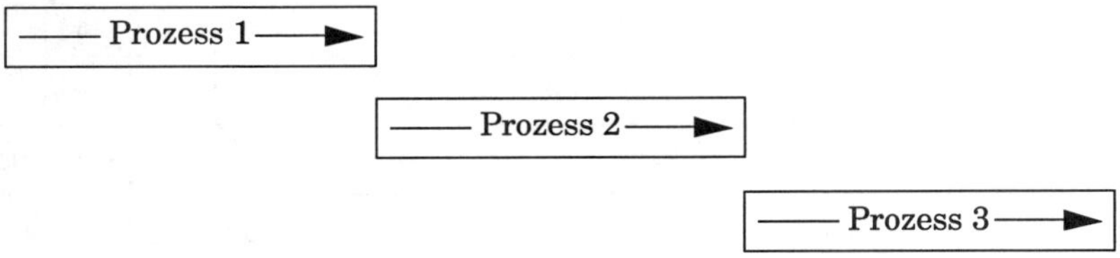

Das bedeutet, dass der Kapitalbedarf sich auf niedrigem Niveau bewegen wird, da den Ausgaben für den jeweils neu zu beginnenden Prozess Einzahlungen aus dem beendeten Prozess gegenüberstehen.

Beispiel: Die Metallbau GmbH erstellt gleichartige Maschinen, wobei immer nur eine Maschine Gegenstand des betrieblichen Prozesses ist. Auszahlungen, Einzahlungen und Prozessdauer entsprechen den beiden vorangegangenen Beispielen.

Woche / Prozess	1	2	3	4	5	6	7	8	9	10	11	12	13	14	15
1	5.000	7.500	1.500	–	–	14.000									
2						5.000	7.500	1.500	–	–	14.000				
3											5.000	7.500	1.500	–	–
Kumulierte Auszahl.	5.000	12.500	14.000	14.000	14.000	19.000	26.500	28.000	28.000	28.000	33.000	40.500	42.000	42.000	42.000
Kumulierte Einzahl.	0	0	0	0	0	14.000	14.000	14.000	14.000	14.000	28.000	28.000	28.000	28.000	28.000
Kapitalbedarf	**5.000**	**12.500**	**14.000**	**14.000**	**14.000**	**5.000**	**12.500**	**14.000**	**14.000**	**14.000**	**5.000**	**12.500**	**14.000**	**14.000**	**14.000**

Als Folgerung für die Praxis bleibt festzuhalten, dass zeitlich gestaffelte Prozessanordnungen zu bevorzugen sind. Als Gründe hierfür können gelten:

- Sie vermindern den Kapitalbedarf absolut, d. h. das Unternehmen kommt mit einem geringeren Kapitalbedarf aus.
- Aufgrund von zeitlich gestaffelten Prozessanordnungen sind ausgeglichenere Verläufe der Kapitalinanspruchnahme zu verzeichnen. Dies ist insbesondere vorteilhaft für die Disposition der notwendigen finanziellen Mittel.

2.4.2.1.2 Unternehmensgröße

Die Veränderung der Unternehmensgröße führt grundsätzlich zu einer Veränderung des Kapitalbedarfes. Indessen können gesicherte Aussagen über das Ausmaß der Veränderung des Kapitalbedarfes nicht ohne weiteres gemacht werden.

Der Kapitalbedarf kann sich gegebenenfalls verändern:

	Zunehmende Unternehmensgröße	**Abnehmende Unternehmensgröße**
Anlagevermögen	Unterproportionaler Anstieg möglich, wenn Kapazitätsreserven vorhanden sind.	Unterproportionale Abnahme möglich.
	Häufig überproportionaler Anstieg möglich wegen Verfahrensänderungen und verstärkten Absatzbemühungen.	Häufig unterproportionaler Abnahme möglich.
Umlaufvermögen	Proportionaler Anstieg möglich, unterproportional bei Rationalisierung und mengenbedingt geringeren Preisen.	Proportionale oder unterproportionale Abnahme möglich.

16 › Seite 396

2.4.2.1.3 Leistungsprogramm

Die Auswirkungen von Veränderungen im Leistungsprogramm des Unternehmens lassen sich nicht ohne weiteres vorhersagen.

Grundsätzlich ist anzunehmen, dass ein Unternehmen mit großer Typenvielfalt einen höheren Kapitalbedarf aufweisen wird als ein Unternehmen mit geringer Typenvielfalt bzw. mit nur einem Erzeugnis.

Bei Veränderungen im Leistungsprogramm kann es drei **Ausgangssituationen** geben:

- Die für die Veränderung des Leistungsprogrammes erforderliche **Kapazität** ist **vorhanden**, d. h. sie reicht quantitativ und qualitativ aus.

  In diesem Fall wird nicht mit einem merklichen Ansteigen oder Absinken des Kapitalbedarfes zu rechnen sein.

- Die für die Veränderung des Leistungsprogrammes erforderliche **Kapazität** ist **nicht vorhanden**.

  Bei Aufnahme neuer Erzeugnisse ergibt sich eine Erhöhung des Kapitalbedarfes, die erheblich sein kann. Dagegen ist nicht unbedingt eine merkliche Verminderung des Kapitalbedarfes festzustellen, wenn Erzeugnisse aus dem Leistungsprogramm eliminiert werden, die freiwerdenden Kapazitäten aber weiter bestehen bleiben. Möglicherweise sinken lediglich die Auszahlungen für Güter des Umlaufvermögens.

- Bei der Veränderung des Leistungsprogrammes besteht ein **Substitutionsverhältnis** zwischen einem bisher gefertigten Erzeugnis und einem künftig zu erstellenden Erzeugnis.

  In diesem Falle wäre denkbar, dass aus dem Verkauf des auslaufenden Erzeugnisses dem Unternehmen noch Einzahlungen zufließen, die für Auszahlungen verwendet werden, die das neue Erzeugnis betreffen.

2.4.2.1.4 Beschäftigung

Unter Beschäftigung wird die tatsächliche Nutzung des Leistungsvermögens eines Unternehmens verstanden. *Hahn* nennt diese Größe daher auch **Nutzungsgrad**. Variationen der Beschäftigung können Auswirkungen auf die Höhe des Kapitalbedarfes haben.

Die Beschäftigung kann auf drei **Arten** variiert werden:

- Bei der **quantitativen Anpassung** verändert das Unternehmen die Zahl seiner Arbeitsplätze. Der Kapitalbedarf kann folgende Veränderungen erfahren:

Erhöhung	Sie ergibt sich etwa proportional bei einer Erhöhung der Arbeitsplätze.
Verminderung	Sie führt zu einer proportionalen Verminderung der Arbeitsplätze, wenn entsprechend weniger Werkstoffe verbraucht sowie die nicht mehr benötigten Mitarbeiter und Maschinen freigesetzt werden. Ist das nicht der Fall, vermindert sich der Kapitalbedarf unterproportional.

- Bei der **zeitlichen Anpassung** wird die Arbeitszeit verändert, wobei die Zahl der Arbeitsplätze und die Prozessgeschwindigkeit als unverändert angesehen werden.

  Der Kapitalbedarf verhält sich beim Umlaufvermögen und bei den Löhnen im Wesentlichen proportional, bei Überstundenzuschlägen leicht überproportional. Bezüglich des Anlagevermögens bleibt er unverändert.

- Bei der **intensitätsmäßigen Anpassung** wird die Beschäftigung durch eine Variation der Prozessgeschwindigkeit verändert, ohne dass die Zahl der Arbeitsplätze oder der Umfang der Arbeitszeit verändert werden.

  Die Veränderung des Kapitalbedarfes wird bei der nachfolgenden Darstellung der Prozessgeschwindigkeit erörtert.

2.4.2.2 Prozessgeschwindigkeit

Die Prozessgeschwindigkeit ist – im Gegensatz zu den oben dargestellten mengenbezogenen Einflussfaktoren des Kapitalbedarfes – ein zeitbezogener Einflussfaktor.

Unter Prozessgeschwindigkeit wird der zeitliche Bedarf verstanden, den der einzelne betriebliche Prozess benötigt. Ihre Höhe und die Höhe des Kapitalbedarfes stehen in engem Verhältnis zueinander. Je größer die Prozessgeschwindigkeit ist, um so näher liegen die Auszahlungen und Einzahlungen zeitlich beieinander, was eine Minderung des Kapitalbedarfes zur Folge haben kann.

Der Kapitalbedarf entwickelt sich bei **Veränderung der Prozessgeschwindigkeit** grundsätzlich unterschiedlich:

- Bei zeitlich **nebeneinander angeordneten Prozessen** nimmt die Dauer der Kapitalbindung ab, wenn die Prozessgeschwindigkeit erhöht wird. Der Kapitalbedarf vermindert sich aber nur dann, wenn freiwerdende Kapazitäten anderweitig Verwendung finden oder liquidiert werden.

- Bei zeitlich **gestaffelt angeordneten Prozessen** kann eine Verminderung des Kapitalbedarfes erreicht werden, wenn die erhöhte Prozessgeschwindigkeit die Einzahlungen vorverlagert, sodass sie vor den Auszahlungen liegen.

Eine **Steigerung der Prozessgeschwindigkeit** ist sowohl im güterwirtschaftlichen Bereich als auch im finanzwirtschaftlichen Bereich möglich:

- Im **güterwirtschaftlichen Bereich** ist eine Beschleunigung der Prozessgeschwindigkeit - insbesondere durch eine Verkürzung der Verweilzeiten bei der Fertigung und Lagerung - erreichbar, sofern diese Möglichkeiten technisch nicht schon ausgeschöpft sind.

Beispiel: Die Erstellung eines Erzeugnisses verursacht folgende Auszahlungen:

Tag 1: 2.000 €	Tag 2: 1.500 €	Tag 3: 1.000 €

Am Tag 7 erfolgen Einzahlungen von 4.500 €.

Der einzelne betriebliche Prozess dauert 6 Tage. Jeweils ab dem 4. Tag wird mit der Erstellung eines neuen Erzeugnisses begonnen.

Durch Rationalisierungsmaßnahmen im Bereich des Lagers sollen die Güter dem Verkauf zwei Tage früher zur Verfügung stehen, wodurch die Einzahlungen bereits am Tag 5 erfolgen.

Kapitalbedarf **vor** der Rationalisierungsmaßnahme:

Prozess \ Tag	1	2	3	4	5	6	7	8	9	10	11	12	13	14
1	2.000	1.500	1.000	–	–	–	4.500							
2				2.000	1.500	1.000	–	–	–	4.500				
3							2.000	1.500	1.000	–	–	–	4.500	
4										2.000	1.500	1.000	–	–
Kumulierte Auszahl.	2.000	3.500	4.500	6.500	8.000	9.000	11.000	12.500	13.500	15.500	17.000	18.000	18.000	18.000
Kumulierte Einzahl.	0	0	0	0	0	0	4.500	4.500	4.500	9.000	9.000	9.000	13.500	13.500
Kapitalbedarf	**2.000**	**3.500**	**4.500**	**6.500**	**8.000**	**9.000**	**6.500**	**8.000**	**9.000**	**6.500**	**8.000**	**9.000**	**4.500**	**4.500**

Kapitalbedarf **nach** der Rationalisierungsmaßnahme:

Prozess \ Tag	1	2	3	4	5	6	7	8	9	10	11	12	13	14
1	2.000	1.500	1.000	–	4.500									
2				2.000	1.500	1.000	–	4.500						
3							2.000	1.500	1.000	–	4.500			
4										2.000	1.500	1.000	–	4.500
5													2.000	1.500
Kumulierte Auszahl.	2.000	3.500	4.500	6.500	8.000	9.000	11.000	12.500	13.500	15.500	17.000	18.000	20.000	21.500
Kumulierte Einzahl.	0	0	0	0	4.500	4.500	4.500	9.000	9.000	9.000	13.500	13.500	13.500	18.000
Kapitalbedarf	**2.000**	**3.500**	**4.500**	**6.500**	**3.500**	**4.500**	**6.500**	**3.500**	**4.500**	**6.500**	**3.500**	**4.500**	**6.500**	**3.500**

Verringerung des Kapitalbedarfs	0	0	0	0	4.500	4.500	0	4.500	4.500	0	4.500	4.500	–2.000	1.000

- Im **finanzwirtschaftlichen Bereich** kann die Prozessgeschwindigkeit vor allem eine Veränderung erfahren, indem sich die Zahlungsgewohnheiten der Kunden oder die Zahlungsbedingungen der Lieferanten wandeln.

  Eine Steigerung der Prozessgeschwindigkeit ist allerdings nur dann wirklich realisierbar, wenn der Markt dies erlaubt.

  Beispiel: Ist es branchenüblich, dass Kundenzahlungen innerhalb einer Frist von vier Wochen geleistet werden, erscheint es für das Unternehmen nicht ohne weiteres möglich, eine vierzehntägige Zahlungsfrist zu verlangen, wenn es nicht Gefahr laufen will, Kunden zu verlieren.

17 Seite 396

2.4.2.3 Preis

Der Preis ist ein wertbezogener Einflussfaktor des Kapitalbedarfes. Er beeinflusst den Kapitalbedarf in seiner Höhe.

Sinken die Preise der zu beschaffenden Güter, mindert sich auch der Kapitalbedarf, da die Auszahlungen für eine bestimmte Bezugsmenge abnehmen.

Bei Preissteigerungen treten entgegengesetzte Wirkungen ein.

2.4.3 Ermittlung

Der Kapitalbedarf des Unternehmens muss hinreichend genau ermittelt werden, um frühzeitig Maßnahmen der Kapitaldeckung – also der Finanzierung – einleiten zu können, damit der Bestand des Unternehmens nicht gefährdet wird. Grundsätzlich kann der Kapitalbedarf mithilfe der Kapitalbedarfsrechnung oder im Finanzplan ermittelt werden:

Kapitalbedarfsrechnung	Sie kann bei Gründungen und Unternehmenserweiterungen den Kapitalbedarf auf relativ einfache Weise als Näherungswert ermitteln. Dies ist umso besser möglich, je mehr sie unternehmerspezifisch oder zumindest branchenspezifisch aufgebaut ist.
Finanzplan	Er enthält alle prognostizierten Auszahlungen und Einzahlungen des Unternehmens. Durch ihre Gegenüberstellung kann der Kapitalbedarf festgestellt werden – siehe ausführlich *Olfert*. Ein Beispiel für den Finanzplan findet sich im nachfolgenden Abschnitt. Er ist nicht ohne weiteres bei Gründungen und Unternehmenserweiterungen zur Ermittlung des Kapitalbedarfes geeignet, da Prognosen mangels Vergangenheitsdaten schwerlich erstellbar sind.

Die **Kapitalbedarfsrechnung** wird in drei **Schritten** durchgeführt:

1	Ermittlung des Anlagekapitalbedarfes
2	Ermittlung des Umlaufkapitalbedarfes
3	Feststellung des Gesamtkapitalbedarfes

Mit der getrennten Ermittlung des Anlage- und Umlaufkapitalbedarfes wird den unterschiedlichen Eigenschaften des Anlagevermögens und des Umlaufvermögens – besonders unter zeitlichem Bezug – Rechnung getragen.

2.4.3.1 Anlagekapitalbedarf

Der Anlagekapitalbedarf ist der Kapitalbedarf, der durch das Anlagevermögen des Unternehmens verursacht wird und dazu dient, die Betriebsbereitschaft des Unternehmens sicherzustellen.

Um den Anlagekapitalbedarf zu ermitteln, sind die Anschaffungskosten für die Anlagegüter festzustellen, die sich insbesondere zusammensetzen können aus:

	Anschaffungspreis
+	Transportkosten
+	Montagekosten
+	Versicherungen
+	Provisionen
=	**Anschaffungskosten**

Die für die Anlagegüter zu leistenden Auszahlungen werden addiert und ergeben den Anlagekapitalbedarf.

Beispiel:	Grundstücke	280.000 €
	Gebäude	420.000 €
	Maschinen	80.000 €
	Betriebs- und Geschäftsausstattung	30.000 €
	Anlagekapitalbedarf	**810.000 €**

Wird die Kapitalbedarfsrechnung aus Anlass der Gründung des Unternehmens erstellt, sind noch Auszahlungen für die Gründung und Ingangsetzung des Geschäftsbetriebes anzusetzen:

- Auszahlungen für die **Gründung** können sein:

o Gerichtskosten	o Provisionen
o Notariatskosten	o Sonstige Vergütungen
o Maklergebühren	

- Auszahlungen der **Ingangsetzung des Geschäftsbetriebes** sind beispielsweise

o Personalbeschaffungskosten	o Auszahlungen für Einführungswerbung
o Auszahlungen für Marktstudien	o Auszahlungen für Organisationsgutachten

2.4.3.2 Umlaufkapitalbedarf

Der Umlaufkapitalbedarf ist der Kapitalbedarf, der durch das Umlaufvermögen des Unternehmens verursacht wird und dazu dient, die Durchführung des **Leistungsprozesses** sicherzustellen.

Die Ermittlung des Umlaufkapitalbedarfes gestaltet sich schwieriger als beim Anlagekapitalbedarf. Das ist insbesondere darin begründet, dass die täglichen Auszahlungen und die Dauer ihrer Bindung nicht ohne weiteres ermittelbar sind.

Der Umlaufkapitalbedarf wird in drei **Schritten** ermittelt:

- Zunächst wird die **Kapitalbindungsdauer** des Umlaufvermögens festgestellt.

  Sie ergibt sich aus *(Perridon / Steiner)*:

o Der Rohstofflagerdauer	o Der Fertigerzeugnis-Lagerdauer
o Der Produktionsdauer	o Dem Kundenziel

  Das Lieferantenziel kann bei der Kapitalbindung für Werkstoffe abgesetzt werden.

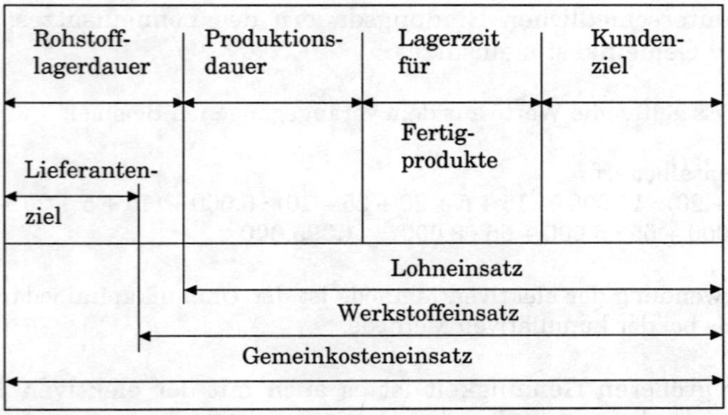

- Sodann werden die **durchschnittlichen täglichen Auszahlungen** ermittelt:

o Täglicher Werkstoffeinsatz o Täglicher (Fertigungs)Lohneinsatz	o Täglicher Gemeinkosteneinsatz (so weit sie zu Auszahlungen führen)

- Schließlich wird der Umlaufkapitalbedarf ermittelt, wobei zwei **Methoden** eingesetzt werden können:

  – Die **kumulative Methode**, bei der die gesamte Kapitalbindungsdauer ermittelt und mit den durchschnittlichen täglichen Auszahlungen multipliziert wird:

Umlauf-kapitalbedarf	=	Kapitalbindungs-dauer abzüglich Lieferantenziel	Durchschnitt-liche tägliche Auszahlungen

Beispiel:

	Rohstofflagerdauer	25 Tage
	Lieferantenziel	10 Tage
	Produktionsdauer	20 Tage
	Fertigerzeugnis-Lagerdauer	5 Tage
	Kundenziel	15 Tage
	ø täglicher Lohneinsatz	15.000 €
	ø täglicher Werkstoffeinsatz	5.000 €
	ø täglicher Gemeinkosteneinsatz	8.000 €

Umlaufkapitalbedarf = (15 + 5 + 20 + 25 – 10) · (5.000 + 15.000 + 8.000)
= 55 · 28.000 = **1.540.000 €**

Der ermittelte Umlaufkapitalbedarf kann nur so genau sein, wie die angewendete Methode es ermöglicht. Die Tatsache, dass Auszahlungen zu unterschiedlichen Zeitpunkten und in verschiedenen Abständen zu leisten sind, findet hier keine hinreichende Berücksichtigung. Deshalb ergibt sich ein überhöhter Kapitalbedarf.

  – Die **elektive Methode** ist genauer als die kumulative Methode. Sie berücksichtigt die unterschiedlichen Bindungsdauern des Lohneinsatzes, Werkstoffeinsatzes und Gemeinkosteneinsatzes.

Beispiel: Es gelten die Werte aus dem vorangegangenen Beispiel.

Umlaufkapitalbedarf =
= (15 + 5 + 20) · 15.000 + (15 + 5 + 20 + 25 – 10) · 5.000 + (15 + 5 + 20 + 25) · 8.000
= 40 · 15.000 + 55 · 5.000 + 65 · 8.000 = **1.395.000 €**

Unter Verwendung der elektiven Methode ist der Umlaufkapitalbedarf um 145.000 € geringer als bei der kumulativen Methode.

Trotz ihrer größeren Genauigkeit ist es auch mit der elektiven Methode nicht möglich, genaue Aussagen über den Umlaufkapitalbedarf zu machen.

2.4.3.3 Gesamtkapitalbedarf

Der gesamte Kapitalbedarf ergibt sich aus der Addition von Anlagekapitalbedarf und Umlaufkapitalbedarf.

Beispiel:

	Kumulative Methode	**Elektive Methode**
Anlagekapitalbedarf	810.000 €	810.000 €
Umlaufkapitalbedarf	1.540.000 €	1.395.000 €
Kapitalbedarf	**2.350.000 €**	**2.205.000 €**

18 Seite 397

2.5 Kapitaldeckung

Die Kapitaldeckung wird im Rahmen der Finanzplanung ermittelt – siehe ausführlich *Olfert*. Grundlage ist der **Finanzplan**, der beispielsweise folgendes Aussehen haben kann:

Finanzplan vom 01.01.2001 bis 31.12.2001

Beträge in Tsd.€	**Januar**		**Februar**		**März**		...
	Plan	Ist	Plan	Ist	Plan	Ist	
A. Zahlungsmittel-Anfangsbestand							
Einzahlungen							
Umsätze							
Sachanlagen							
Immaterielle Anlagen							
Finanzanlagen							
Eigenkapital							
Fremdkapital							
Zinsen/Provisionen/Gewinne							
Sonstige							
B. Gesamte Einzahlungen							

Auszahlungen							
Sachanlagen							
Immaterielle Anlagen							
Finanzanlagen							
Material							
Personal							
Steuern/Abgaben							
Eigenkapital							
Fremdkapital							
Zinsen/Provisionen/Gewinne							
Sonstige							
C. Gesamte Auszahlungen							
D. Zahlungsmittel-Schlussbestand (A + B – C)							

Die Einzahlungs-Seite gibt Auskunft über die Finanzierung. Die Auszahlungs-Seite enthält im Wesentlichen die Investition, insbesondere in den ersten fünf Positionen.

Bei der Kapitaldeckung geht es nicht nur um die Frage, mit welchem Kapital die gewünschten Investitionen zu finanzieren sind, wobei zu unterscheiden sind:

- Eigenkapital
- Fremdkapital.

Es ist auch zu beachten,

- welche Kapitalkosten, beispielsweise Zinsen, es verursacht
- ob mögliche Zinsen fest oder variabel sind
- welche Fristigkeit das Kapital hat
- welche Kündigungsfristen für das Kapital gelten
- welche Einflussmöglichkeiten die Kapitalgeber haben oder fordern
- welche Sicherheiten für das Kapital zu stellen sind.

Beispielsweise sollten hochwertige Investitionsobjekte mit langfristig zur Verfügung stehendem Kapital finanziert werden, um Risiken des Kapitalanschlusses und erhöhter Zinsen zu entgehen.

2.6 Investitionsprogramm

Die Festlegung des Investitionsprogrammes für eine zu planende Rechnungsperiode orientiert sich also an:

- Dem notwendigen Investitionsbedarf
- Dem wünschenswerten Investitionsbedarf
- Dem sich daraus ergebenden Kapitalbedarf
- Den Finanzierungsmöglichkeiten zur Deckung des Kapitalbedarfes.

Dabei kann es sich ergeben, dass die gewünschten Investitionen finanzierbar sind. Es ist aber auch möglich, dass die finanziellen Mittel nicht für alle Investitionen ausreichen. Dementsprechend unterscheidet man folgende zu ergreifenden **Maßnahmen**, um das Investitionsprogramm festzulegen:

- **Anpassung des Investitionsplanes**
- **Anpassung des Finanzierungsplanes.**

2.6.1 Anpassung des Investitionsplanes

Der Bedarf an Investitionen ergibt sich aus der Auszahlungs-Seite des Finanzplanes. Wie gezeigt wurde, dient grundsätzlich der Absatzplan als Ausgangspunkt dazu, den Bedarf an Investitionen zu ermitteln.

Ergänzend ist der Bedarf an Finanzinvestitionen festzustellen, der nicht unmittelbar auf Absatzüberlegungen, sondern auf unternehmenspolitischen Zielsetzungen beruht.

Da die Kapitaldeckung normalerweise einen Engpass im Unternehmen darstellt, gilt es – wie oben erläutert – den Investitionsbedarf zu unterteilen in:

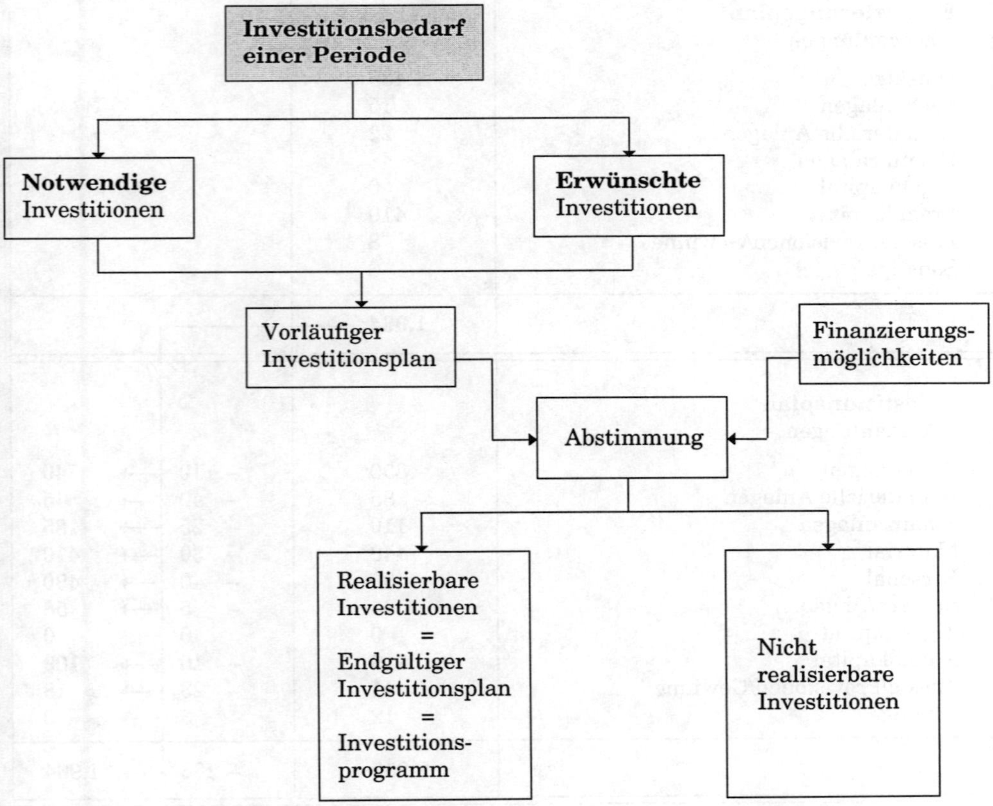

In das Investitionsprogramm müssen nach Möglichkeit alle notwendigen Investitionen aufgenommen werden. Soweit der Finanzierungsplan es erlaubt, sind außerdem möglichst viele erwünschte, aber nicht zwingend notwendige Investitionen im Investitionsprogramm zu berücksichtigen.

Dabei erweist es sich als Vorteil, wenn die **Dringlichkeit** der einzelnen Investitionen in der Planungsstufe »Beschreibung des Investitionsproblems« dargelegt wurde. Neben der Trennung von notwendigen und erwünschten Investitionen lässt sich für letztere eine Präferenzordnung aufstellen, mit deren Hilfe rasch festgelegt werden kann, welche erwünschte Investition im Investitionsprogramm zu berücksichtigen ist.

Unter der Annahme, dass der Finanzierungsplan es ermöglicht, alle notwendigen Investitionen und einen begrenzten Teil der erwünschten Investitionen zu realisieren, ist der vorläufige **Investitionsplan** in seinen Ansätzen **zu revidieren**.

Beispiel:

	Vorläufiger Ansatz 2003 Tsd. €	**Revidierter Ansatz 2003 Tsd. €**	
Finanzierungsplan – Einzahlungen –			
Umsätze	1.455		
Sachanlagen	15		
Immaterielle Anlagen	22		
Finanzanlagen	48		
Eigenkapital	0		
Fremdkapital	410		
Zinsen/Provisionen/Gewinne	8		
Sonstige	6		
	1.964 →		
Investitionsplan – Auszahlungen –			
Sachanlagen	850	– 110 →	740
Immaterielle Anlagen	85	– 40 →	45
Finanzanlagen	110	– 25 →	85
Material	440	– 30 →	410
Personal	530	– 40 →	490
Steuern/Abgaben	63	– 5 →	58
Eigenkapital	0	0 →	0
Fremdkapital	119	– 10 →	109
Zinsen/Provisionen/Gewinne	41	– 23 →	18
Sonstige	12	– 3 →	9
	2.250	– 286 →	1.964

Vereinfachend wurde bei der Revision des Investitionsplanes unterstellt, dass die Veränderung des Investitionsplanes nicht zu Veränderungen beim Finanzierungsplan führt, was in der betrieblichen Praxis nicht ohne weiteres angenommen werden kann.

2.6.2 Anpassung des Finanzierungsplanes

Im Unternehmen kann aber auch die Situation auftreten, dass mit den vorläufig geplanten finanziellen Mitteln der Bedarf an notwendigen Investitionen nicht gedeckt werden kann.

In diesen Fällen wäre die Liste der als notwendig ausgewiesenen Investitionen nochmals zu überprüfen und festzustellen, ob einzelne Investitionen nicht doch noch verschiebbar sind. Ist das nicht oder nicht in dem für die Finanzierung erforderlichen Umfang möglich, wird das Unternehmen nicht umhin können, den **Finanzierungsplan** entsprechend **anzupassen**.

Beispiel:

	Vorläufiger Ansatz 2003 Tsd. €	**Revidierter Ansatz 2003 Tsd. €**	
Finanzierungsplan – Einzahlungen –			
Umsätze	1.455	0	→ 1.455
Sachanlagen	15	0	→ 15
Immaterielle Anlagen	22	0	→ 22
Finanzanlagen	48	0	→ 48
Eigenkapital	0	+ 10	→ 10
Fremdkapital	410	+ 83	→ 493
Zinsen/Provisionen/Gewinne	8	0	→ 8
Sonstige	6	0	→ 6
	1.964	**+ 93**	**→ 2.057**
Investitionsplan – Auszahlungen –			
Sachanlagen	780		
Immaterielle Anlagen	50		
Finanzanlagen	85		
Material	430		
Personal	510		
Steuern/Abgaben	58		
Eigenkapital	0		
Fremdkapital	109		
Zinsen/Provisionen/Gewinne	23		
Sonstige	12		
	2.057		

Veränderungen beim Finanzierungsplan können in der betrieblichen Praxis zu Veränderungen im Investitionsplan führen, was hier aus Gründen der Vereinfachung unberücksichtigt geblieben ist.

	Kontrollfragen	bear-beitet	Lösungs-hinweis	Lösung +	Lösung -
01	Was versteht man unter Investitionsplanung?		61		
02	Durch welche Merkmale ist die Investitionsplanung gekennzeichnet?		61		
03	Worin wird die Investitionsplanung dokumentiert?		61		
04	Beschreiben Sie die strategische Investitionsplanung!		61		
05	Was ist unter der taktischen Investitionsplanung zu verstehen?		61		
06	Beschreiben Sie die operative Investitionsplanung!		61		
07	Aus welchen Gründen ist der Investitionsplanung eine herausragende Bedeutung zuzumessen?		61 ff.		
08	Welche Forderungen sind zu stellen, damit die Investitionsplanung in geeigneter Weise durchgeführt werden kann?		63		
09	In welchen Organisationseinheiten kann die Investitionsplanung erfolgen?		63 f.		
10	Beschreiben Sie, was unter dem Investitionsausschuss zu verstehen ist!		64		
11	Welche Aufgaben stellen sich dem Investitionsbereich?		64		
12	Wo liegen Gefahren, wenn die betrieblichen Abteilungen ihre Investitionen bis zu einem bestimmten Wert selbständig vornehmen können?		64		
13	In welchen Stufen wird die Investitionsplanung vorgenommen?		66		
14	Welche Unternehmensbereiche sind besonders geeignet, Anregungen für Investitionen zu geben?		67 f.		
15	Nennen Sie Merkmale, die in der Fertigungswirtschaft auf die Notwendigkeit einer Investition hindeuten?		67		
16	Welche Merkmale zeigen bei den übrigen unternehmensinternen Quellen die Notwendigkeit einer Investition an?		67 f.		
17	Welche unternehmensexternen Quellen gibt es, die eine Investition anregen können?		68 f.		
18	Wozu dient die Beschreibung des Investitionsproblems?		69 f.		
19	Welche Informationen sollten in der Beschreibung des Investitionsproblems enthalten sein?		70		
20	Woraus sind die Bewertungskriterien für eine Investition abzuleiten?		71		
21	Geben Sie Beispiele für Formalziele im Investitionsbereich!		71		
22	Weshalb müssen Sachziele aus den Formalzielen abgeleitet werden?		71		

	Kontrollfragen	bearbeitet	Lösungshinweis	Lösung +	Lösung -
23	Geben Sie Beispiele für Sachziele im Investitionsbereich!		71		
24	Was versteht man unter quantitativen Bewertungskriterien?		72		
25	Erläutern Sie die wichtigsten quantitativen Bewertungskriterien!		72 f.		
26	Bringen Sie diese Bewertungskriterien in eine Rangordnung bezüglich ihrer Verwendung in der Praxis!		73		
27	Welche quantitativen Bewertungskriterien lassen sich für die Unternehmensbewertung heranziehen?		74		
28	Nennen Sie vier Gruppen von qualitativen Bewertungskriterien!		75		
29	Wozu dient die Gewichtung von qualitativen Bewertungskriterien?		76		
30	Welche Bedeutung haben Begrenzungsfaktoren für die Beurteilung einer Investition?		76		
31	Welcher Art können die Begrenzungsfaktoren sein?		76		
32	In welchen Fällen kann die Ermittlung von Investitionsalternativen durch deren Sammlung erfolgen?		77		
33	Welche Quellen bieten sich für die Sammlung von Investitionsalternativen vor allem an?		77		
34	Wann ist die Schaffung von Investitionsalternativen erforderlich?		77 f.		
35	Nennen Sie die wichtigsten Verfahren zur Schaffung von Investitionsalternativen!		78		
36	Wie wird das Brainstorming durchgeführt?		78		
37	Beschreiben Sie die Methode 635!		78		
38	Stellen Sie die morphologische Methode dar!		78 f.		
39	Wie erfolgt die Vorauswahl der Investitionsalternativen?		80		
40	Welche Rechnungen werden für die Bewertung der Investitionsalternativen eingesetzt?		81		
41	In welcher Weise wird die Bestimmung der vorteilhaftesten Investitionsalternative vorgenommen?		82		
42	Wie und durch wen kann die Realisierung der Investition erfolgen?		83		
43	Welche Gründe gibt es, Investitionen nach ihrer Realisierung einer Kontrolle zu unterziehen?		83 f.		
44	Was versteht man unter individueller und summarischer Investitionskontrolle?		84		

	Kontrollfragen	bearbeitet	Lösungshinweis	Lösung +	Lösung -
45	Welche Überlegungen sind anzustellen, wenn festgelegt werden soll, wann und wie oft eine Investitionskontrolle vorgenommen wird?		84		
46	Welche Zeitpunkte während der Nutzung einer Investition bieten sich für die Kontrolle an?		84 f.		
47	Worin bestehen die zentralen Probleme der Investitionsplanung?		93		
48	Beschreiben Sie, welche Daten es entsprechend ihrer unterschiedlichen Genauigkeit gibt!		93		
49	Worin liegt der Unterschied zwischen risikobehafteten und unsicheren Daten?		93 f.		
50	Worauf ist bei der Erfassung der Anschaffungskosten/-auszahlungen zu achten?		94 f.		
51	Inwieweit lässt sich der Rest(erlös)wert/Liquidationserlös eines Investitionsobjektes abschätzen?		95		
52	Unter welcher Annahme kann in den Investitionsrechnungen auf den Ansatz des Rest(erlös)wertes/Liquidationserlöses verzichtet werden?		95		
53	Weshalb erweist sich die Zurechnung der Gewinne/Überschüsse eines Investitionsobjektes häufig als schwierig?		95 f.		
54	Welche Arten von Nutzungsdauern können unterschieden werden?		96 f.		
55	Welchen Einflussfaktoren unterliegt die wirtschaftliche Nutzungsdauer?		97		
56	Welche Nutzungsdauer ist für die Verwendung in Investitionsrechnungen geeignet?		97		
57	Erläutern Sie, woran sich der in den Investitionsrechnungen anzusetzende Kalkulationszinssatz orientieren kann!		98 f.		
58	Was versteht man unter dem Korrekturverfahren?		102 f.		
59	Erläutern Sie die Vorgehensweise beim Korrekturverfahren!		102 f.		
60	Wie ist das Korrekturverfahren zu beurteilen?		104		
61	Beschreiben Sie die Sensitivitätsanalyse!		104 f.		
62	Was ist unter der Risikoanalyse zu verstehen?		106		
63	Beschreiben Sie das Entscheidungsbaum-Verfahren!		107		
64	Beschreiben Sie den Ablauf der Planung des Investitionsprogrammes!		111		
65	Erläutern Sie, wie bei der Simultanplanung vorgegangen wird!		116		

	Kontrollfragen	bearbeitet	Lösungshinweis	Lösung +	Lösung -
66	Welche Ansätze lassen sich bei der Simultanplanung unterscheiden?		116 f.		
67	Wie ist die Vorgehensweise bei der Sukzessivplanung?		117		
68	Welche Pläne sind bei der Sukzessivplanung von besonderer Bedeutung?		118		
69	Was versteht man unter dem Investitionsbedarf?		119		
70	Wie sollte der Investitionsbedarf unterteilt werden?		119		
71	Wie erfolgt die Beurteilung der Investitionen des Investitionsprogrammes?		119		
72	Welche Bedeutung hat der Kapitalbedarf für die Planung des Investitionsprogrammes?		120		
73	Wodurch wird die Größe des Kapitalbedarfes beeinflusst?		120 ff.		
74	Welche Auszahlungen können unterschieden werden?		122 f.		
75	Welche Einzahlungen können unterschieden werden?		123		
76	Nennen Sie die Einflussfaktoren, die auf den Kapitalbedarf wirken können!		124		
77	Welche mengenbezogenen Einflussfaktoren lassen sich unterscheiden?		124		
78	Was versteht man unter einem betrieblichen Prozess?		124		
79	Erläutern Sie die grundsätzlichen Gestaltungsmöglichkeiten betrieblicher Prozesse!		124 ff.		
80	Wie wirkt sich die Unternehmensgröße auf den Kapitalbedarf aus?		127		
81	Erläutern Sie, wie sich ein verändertes Leistungsprogramm auf den Kapitalbedarf auswirkt!		128		
82	Erläutern Sie die Arten, in denen die Beschäftigung variiert werden kann!		128 f.		
83	Wie verändert sich der Kapitalbedarf bei Beschäftigungsänderungen?		128 f.		
84	Was versteht man unter der Prozessgeschwindigkeit?		129		
85	Wie verändert sich der Kapitalbedarf bei veränderter Prozessgeschwindigkeit?		129 f.		
86	Welchen Einfluss haben Veränderungen der Preise auf den Kapitalbedarf?		131		
87	Auf welche Weisen kann der Kapitalbedarf grundsätzlich ermittelt werden?		131 f.		

	Kontrollfragen	bearbeitet	Lösungshinweis	Lösung +	Lösung -
88	Für welche Fälle eignet sich die Kapitalbedarfsrechnung?		131		
89	Nennen Sie die Schritte, in denen die Kapitalbedarfsrechnung durchgeführt wird!		132		
90	Wie wird der Anlagekapitalbedarf festgestellt?		132 f.		
91	Aus welchen Auszahlungen können sich die Anschaffungskosten zusammensetzen?		132 f.		
92	Welche Auszahlungen können bei der Gründung eines Unternehmens entstehen?		133		
93	Nennen Sie Beispiele für Auszahlungen, die mit der Ingangsetzung des Geschäftsbetriebes entstehen können!		133		
94	Wie wird der Umlaufkapitalbedarf grundsätzlich ermittelt?		133 f.		
95	Worin unterscheiden sich die kumulative und elektive Methode?		134		
96	Wie kann die Kapitaldeckung erfolgen?		135 f.		
97	Nach welchen Kriterien sollte die Kapitaldeckung ausgerichtet werden?		136		
98	Woran orientiert sich das Investitionsprogramm?		136 f.		
99	Zeigen Sie, wie der Investitionsplan gegebenenfalls an die zur Verfügung stehenden Finanzmittel angepasst werden kann!		137 f.		
100	Welche Überlegungen sind anzustellen, wenn der Wert der unbedingt notwendigen Investitionen über dem Wert der zur Verfügung stehenden Finanzmittel liegt?		139		

C. Statische Investitionsrechnungen zur Beurteilung von Sachinvestitionen

Statische Investitionsrechnungen werden in der betrieblichen Praxis eingesetzt, da sie relativ einfach zu handhaben sind. Ihre Eignung, Informationen über die Vorteilhaftigkeit von Investitionen zu vermitteln, wird allerdings unterschiedlich beurteilt.

Die Gründe hierfür sind in den besonderen **Merkmalen** der statischen Investitionsrechnungen zu sehen:

- Sie beziehen sich lediglich auf eine Periode.
- Sie berücksichtigen keine Interdependenzen.
- Sie basieren auf Kosten und Erlösen.

Die **Beschränkung** der statischen Investitionsrechnungen auf **eine Periode** kann ihre Einsetzbarkeit beeinflussen, je nachdem, welche Periode für die Beurteilung der Investitionen herangezogen wird:

- Ist die **Anfangsperiode**, das erste Nutzungsjahr von Investitionsobjekten, die Grundlage für die Investitionsentscheidung, muss die Eignung der statischen Investitionsrechnungen bezweifelt werden, die Vorteilhaftigkeit der Investitionsobjekte feststellen zu können, denn die Anfangsperiode ist üblicherweise nicht repräsentativ für die Gesamtheit der Nutzungsperioden.

  Beispiel: Materialkosten und Personalkosten, Ausbringungsmengen sowie Kosten für Instandhaltungen können sich im Zeitablauf – teilweise erheblich – verändern.

  Wenn die Investitionsentscheidung dennoch unter Verwendung von Daten gefällt wird, die für die Anfangsperiode gelten, kann der Grund nur darin gesehen werden, dass zeitlich weiterreichende Daten nicht zu ermitteln sind.

- Die Eignung der statischen Investitionsrechnungen ist positiver zu bewerten, wenn anstelle der Anfangsperiode von einer **Repräsentativperiode** ausgegangen wird, die für die Investitionsobjekte typische Daten aufweist. Welche Periode typisch ist, kann nicht generell gesagt werden, sondern ist vom einzelnen Investitionsobjekt und seiner spezifischen Nutzung abhängig.

- Eine weitere Verbesserung können die statischen Investitionsrechnungen erfahren, wenn der Investitionsentscheidung eine **Durchschnittsperiode** zu Grunde gelegt wird, die sich ergibt, indem die Ermittlung der Daten für alle Nutzungsperioden getrennt vorgenommen und aus den Ergebnissen das arithmetische Mittel gebildet wird.

  Voraussetzung ist, dass die in die Investitionsrechnungen einfließenden Daten nicht stark schwanken, denn das arithmetische Mittel sagt nichts über die unterschiedliche Bedeutung der Daten im Zeitablauf aus.

Beispiel:

Periode	1 €	2 €	3 €	4 €	5 €	**Arithmetisches Mittel**
Gewinn aus Investition I	20.000	17.000	14.000	11.000	8.000	14.000
Gewinn aus Investition II	8.000	11.000	14.000	17.000	20.000	14.000

Gewinne aus einer Investition sind für das Unternehmen um so positiver zu bewerten, je früher sie höchstmöglich erzielt werden. Das bedeutet für das obige Beispiel, dass die Investition I vorteilhafter ist als die Investition II, obgleich das arithmetische Mittel beider Investitionen den gleichen Wert aufweist.

Die Eignung der statischen Investitionsrechnungen zur Beurteilung der Vorteilhaftigkeit von Investitionsobjekten hängt auch davon ab, dass **betriebliche Interdependenzen** nicht in erheblichem Umfang bestehen; d. h. es muss eine gewisse Kontinuität in der Entwicklung der in die statischen Investitionsrechnungen eingehenden Daten gegeben sein, die durch Einflüsse der übrigen Funktionsbereiche des Unternehmens nicht (zu) stark beeinträchtigt wird.

Schließlich ist festzustellen, dass die statischen Investitionsrechnungen mit den traditionell im Rechnungswesen erfassten Größen – **Kosten** und **Erlösen** – arbeiten, nicht aber mit Einzahlungen und Auszahlungen, wie die genaueren dynamischen Investitionsrechnungen.

Statische Investitionsrechnungen können geeignet sein, die **Vorteilhaftigkeit von abgrenzbaren, gleichartigen Investitionsobjekten auf der Grundlage repräsentativer oder durchschnittlicher Werte** festzustellen.

Nach den unterschiedlichen Kriterien zur Beurteilung der Vorteilhaftigkeit von Investitionsobjekten lassen sich als statische Investitionsrechnungen vor allem nennen:

Statische Investitions-rechnungen	Kostenvergleichsrechnung
	Gewinnvergleichsrechnung
	Rentabilitätsvergleichsrechnung
	Amortisationsvergleichsrechnung

Die Amortisationsvergleichsrechnung kann auch dynamisiert werden, wodurch die Entwicklung des Investitionsobjektes über die Zeit besser berücksichtigt wird.

Eine weitere – teilweise dynamisierte – Investitionsrechnung ist die **MAPI-Methode.** Sie findet in der betrieblichen Praxis keine Verwendung, weshalb auf eine ausführliche Darstellung verzichtet wird.

1. Kostenvergleichsrechnung

Die Kostenvergleichsrechnung ist das einfachste Verfahren der statischen Investitionsrechnung. Sie dient dazu, Investitionsobjekte auf ihre Vorteilhaftigkeit hin miteinander zu vergleichen, indem sie die von ihnen verursachten Kosten einander gegenüberstellt. Dasjenige Investitionsobjekt ist das vorteilhaftere bzw. vorteilhafteste, das die geringeren bzw. geringsten Kosten verursacht:

$$K_I \gtreqless K_{II}$$

Die **Erlöse,** die durch die Investitionsobjekte verursacht werden, bleiben bei der Kostenvergleichsrechnung **unberücksichtigt.** Das bedeutet, dass gleich hohe Erlöse der zu vergleichenden Investitionsobjekte zu unterstellen sind, um eine Vergleichbarkeit herbeizuführen. Diese Voraussetzung kann bei Rationalisierungsinvestitionen erfüllt sein, bei anderen Investitionen ist sie aber häufig nicht gegeben.

Der Umfang der in die Kostenvergleichsrechnung einzubeziehenden Kostenarten ist nicht unumstritten. In betrieblicher Praxis und Literatur wird diskutiert, ob es notwendig ist, alle in Zusammenhang mit den Investitionsobjekten stehenden Kostenarten beim Kostenvergleich zu berücksichtigen, oder ob es ausreicht, den Kostenvergleich lediglich auf diejenigen Kostenarten zu beschränken, die bei den zu vergleichenden Investitionsobjekten in unterschiedlicher Höhe anfallen.

Beispiel: Die Maschinenbau GmbH beabsichtigt, eine neue Fräsmaschine zu beschaffen. Drei Angebote unterschiedlicher Fabrikate liegen vor, die gleich hohe Personalkosten und Materialkosten verursachen, sich bei den übrigen Kosten aber unterscheiden.

Teilweise wird die Auffassung vertreten, dass ein Vergleich der voneinander abweichenden Kosten ausreiche, um die Vorteilhaftigkeit der zu vergleichenden Investitionsobjekte hinreichend beurteilen zu können. Indessen sollte in der betrieblichen Praxis grundsätzlich nicht darauf verzichtet werden, einen **umfassenden, differenzierten Kostenvergleich** vorzunehmen, in dem sämtliche bedeutsamen Kostenarten enthalten sind, da die relative Bedeutung von Kostenunterschieden mit dem Einbeziehen von wenigen oder vielen Kostenarten in den Kostenvergleich variiert.

Außerdem zwingt ein umfassender, differenzierter Kostenvergleich dazu, dass die Entscheidungsträger sich mit allen wichtigen Kostenarten eingehend beschäftigen müssen und weniger zu Globalurteilen gelangen, die auf Erfahrungswerten, nicht aber auf präzisen Erhebungen beruhen.

Im Folgenden sollen behandelt werden:

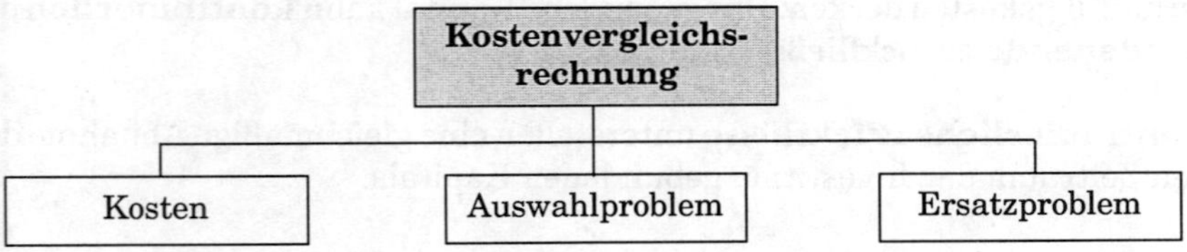

1.1 Kosten

Kosten sind allgemein der wertmäßige Verzehr von Produktionsfaktoren zur Erstellung und Verwertung betrieblicher Leistungen und zur Sicherung der dafür notwendigen Kapazitäten.

Die wesentlichen **Kostenarten,** die in den Kostenvergleich einbezogen werden sollten, sind:

- **Kapitalkosten**
- **Betriebskosten.**

1.1.1 Kapitalkosten

Kapitalkosten setzen sich aus den kalkulatorischen Abschreibungen und kalkulatorischen Zinsen zusammen:

- Die **kalkulatorischen Abschreibungen** werden für die Wertminderung materieller und immaterieller Gegenstände des Anlagevermögens in der Rechnungsperiode als Kosten angesetzt. Ihre Höhe wird auf unterschiedliche Weise ermittelt, je nachdem, ob linear, degressiv oder nach Leistung abgeschrieben wird – siehe ausführlich *Olfert*.

  Üblicherweise geht man in der Investitionsrechnung von der linearen Abschreibung aus, bei der jede Periode der voraussichtlichen Nutzung des Investitionsobjektes gleichmäßig mit kalkulatorischen Abschreibungen belastet wird:

$$b = \frac{A - RW}{n}$$

  b = Abschreibungen (€/Periode)
  A = Anschaffungskosten (€)
  RW = Restwert (€)
  n = Nutzungsdauer (Jahre)

- Die **kalkulatorische Zinsen** sind anzusetzen, um das im Unternehmen befindliche betriebsnotwendige Kapital zu verzinsen, wobei sie zweckmäßigerweise auf der Grundlage von Durchschnittswerten ermittelt werden.

  Zu unterscheiden sind verschiedene **Arten der Kapitalrückflüsse**, welche die Anschaffungskosten decken. Das gebundene Kapital kann **kontinuierlich** oder **am Periodenende** zurückfließen.

  - **Kontinuierliche Rückflüsse** unterstellen eine gleichmäßige Abnahme des über den Zeitraum der Investition gebundenen Kapitals.

Bestehen **keine Restwerte**, so ergibt sich das durchschnittliche Kapital durch die Halbierung der Anschaffungskosten. Die kalkulatorischen Zinsen ergeben sich dann aus:

$$Z = \frac{A}{2} \cdot i$$

Z = Zinsen (€/Periode)
A = Anschaffungskosten (€)
i = Kalkulationszinssatz (%)

Das gebundene Kapital kann grafisch dargestellt werden:

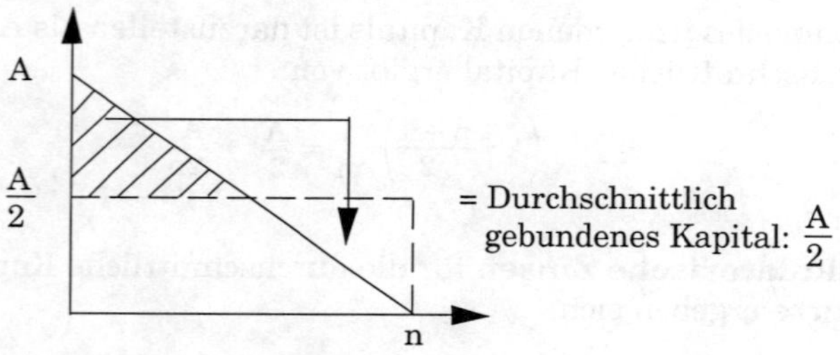

Sind **Restwerte vorhanden**, müssen sie dem durchschnittlichen gebundenen Kapital hinzugerechnet werden:

$$Z = \frac{A + RW}{2} \cdot i$$

Z = Zinsen (€/Periode)
A = Anschaffungskosten (€)
RW = Restwert (€)
i = Kalkulationszinssatz (%)

Grafische Darstellung des durchschnittlich gebundenen Kapitals:

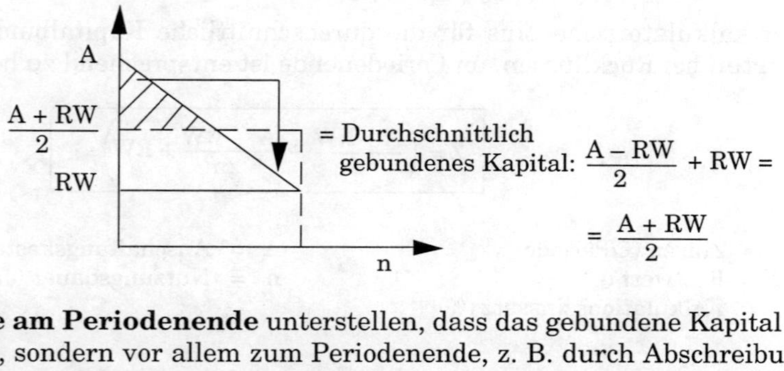

– **Rückflüsse am Periodenende** unterstellen, dass das gebundene Kapital nicht gleichmäßig, sondern vor allem zum Periodenende, z. B. durch Abschreibungen, dem Investitionsobjekt wieder zufließt. Grafisch sind Rückflüsse am Periodenende

ohne Restwert in Form einer Treppenfunktion darzustellen, deren Fläche dem durchschnittlich gebundenen Kapital entspricht:

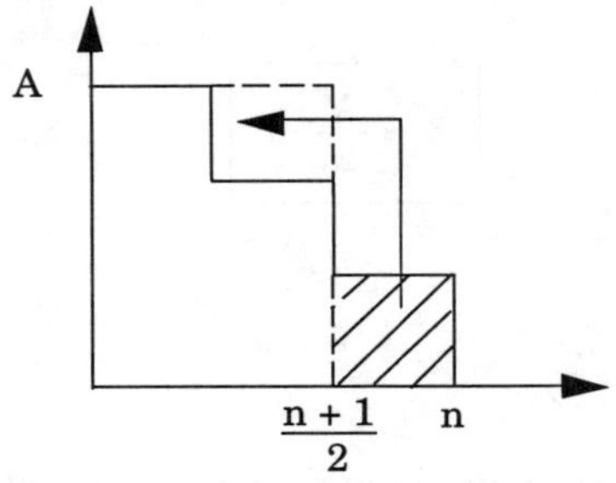

Die Summe des gebundenen Kapitals ist darzustellen als $A \cdot \frac{n+1}{2}$, wodurch sich ein durchschnittliches Kapital ergibt von:

$$\left(A \cdot \frac{n+1}{2}\right) \cdot \frac{1}{n} = \frac{A}{2} + \frac{A}{2n}$$

Als **kalkulatorische Zinsen** für die durchschnittliche Kapitalbindung **ohne Restwerte** ergeben sich:

$$Z = \left(\frac{A}{2} + \frac{A}{2n}\right) \cdot i$$

Z = Zinsen (€/Periode)
RW = Restwert (€)
i = Kalkulationszinssatz (%)
A = Anschaffungskosten (€)
n = Nutzungsdauer (Jahre)

Sollen **Restwerte** in der Berechnung berücksichtigt werden, erweitert sich die Formel des durchschnittlich gebundenen Kapitals wie folgt:

$$\left((A - RW) \cdot \frac{n+1}{2}\right) \cdot \frac{1}{n} + RW = \frac{A - RW}{2} + \frac{A - RW}{2n} + RW$$

Der kalkulatorische Zins für die durchschnittliche Kapitalbindung **mit Restwerten** bei Rückflüssen am Periodenende ist entsprechend zu berechnen:

$$Z = \left(\frac{A - RW}{2} + \frac{A - RW}{2n} + RW\right) \cdot i$$

Z = Zinsen (€/Periode)
RW = Restwert (€)
i = Kalkulationszinssatz (%)
A = Anschaffungskosten (€)
n = Nutzungsdauer (Jahre)

Die Kapitalkosten pro Periode, die auch als **Kapitaldienst*** bezeichnet werden, ergeben sich als Summe aus den kalkulatorischen Abschreibungen und den kalkulatorischen Zinsen bei kontinuierlichen Rückflüssen:

$$KD = \frac{A - RW}{n} + \frac{A + RW}{2} \cdot i$$

19 Seite 397

1.1.2 Betriebskosten

Die Betriebskosten bestehen vor allem aus folgenden Kostenarten:

- **Personalkosten,** die sein können:

Löhne	Sie stellen vertragsmäßiges Entgelt dar, das der Arbeitgeber dem Arbeiter für geleistete Arbeit zu zahlen verpflichtet ist, wobei ein Zeitlohn, Akkordlohn oder Prämienlohn vereinbart sein kann.
Gehälter	Sie sind vertragsmäßiges Entgelt, das der Arbeitgeber dem kaufmännischen oder technischen Angestellten als Zeitlohn zu zahlen verpflichtet ist.
Sozialleistungen	Zu ihnen ist der Arbeitgeber aufgrund gesetzlicher Vorschriften als gesetzliche Sozialleistungen oder freiwilliger Vereinbarungen als freiwillige Sozialleistungen zu leisten verpflichtet.

- **Materialkosten,** die sich beziehen können auf:

Fertigungsstoffe	Sie gehen als Hauptbestandteile unmittelbar in die Erzeugnisse ein, beispielsweise Rohstoffe, Werkstoffe.
Hilfsstoffe	Sie gehen ebenfalls unmittelbar in die Erzeugnisse ein, jedoch nicht als Hauptbestandteile, beispielsweise Schrauben, Nieten, Nägel.
Betriebsstoffe	Sie gehen nicht in die Erzeugnisse ein, sondern werden mittelbar oder unmittelbar bei der Herstellung der Erzeugnisse verbraucht, beispielsweise Schmierstoffe.

* Der Begriff »Kapitaldienst« wird in der Finanzierung auch als die Summierung von Zins und Tilgung im Bereich der Darlehen verwendet.

- **Instandhaltungskosten,** die sein können:

Instandsetzungskosten	Sie fallen zur Herstellung der Funktionsfähigkeit des Investitionsobjektes an.
Inspektionskosten	Sie werden für das Feststellen und Beurteilen des gegenwärtigen Zustandes des Investitionsobjektes verursacht.
Wartungskosten	Sie fallen durch das Bewahren der Funktionsfähigkeit des Investitionsobjektes an, indem Hilfsstoffe ersetzt oder ergänzt werden sowie ein Reinigen und Pflegen, Ein- und Nachstellen des Investitionsobjektes erfolgt.

- **Raumkosten,** die anteilig vor allem aus den Abschreibungen, Zinsen, Personalkosten, Instandhaltungskosten, Energiekosten für die Räume bestehen können.

- **Energiekosten,** die unter anderem durch den Verbrauch von Strom, Gas, Öl, Benzin, Dampf, Druckluft, Wasser entstehen können.

- **Werkzeugkosten,** die für Handwerkzeuge, Messwerkzeuge und Maschinenwerkzeuge entstehen können.

Kapitalkosten bei kontinuierlichen Rückflüssen sowie lineare Abschreibungen und Betriebskosten sind die gesamten periodenbezogenen Kosten, die ein Investitionsobjekt verursacht:

$$K = KD + B$$

oder

$$K = \frac{A - RW}{n} + \frac{A + RW}{2} \cdot i + B$$

K = Kosten (€/Periode)
KD = Kapitaldienst (€/Periode)
B = Betriebskosten (€/Periode)

Die Kosten stellen den Maßstab zur Beurteilung der Vorteilhaftigkeit von Investitionsobjekten dar, der sich bei der Kostenvergleichsrechnung auf das Auswahlproblem und das Ersatzproblem beziehen kann.

Einzelinvestitionen können mithilfe der Kostenvergleichsrechnung hinsichtlich ihrer Vorteilhaftigkeit nicht beurteilt werden.

1.2 Auswahlproblem

Das Auswahlproblem stellt sich, wenn mehrere alternative Investitionsobjekte vorhanden sind, von denen das kostengünstigere bzw. kostengünstigste zu bestimmen ist. Der Kostenvergleich kann auf unterschiedliche Weise erfolgen:

- **Kostenvergleich pro Periode**
- **Kostenvergleich pro Leistungseinheit.**

Ist die voraussichtlich genutzte **mengenmäßige Leistung** – nicht die Kapazität als maximal mögliche Leistung – der alternativen Investitionsobjekte gleich hoch, genügt ein **Kostenvergleich pro Periode**.

Es ist in diesem Fall aber ebenso möglich, einen Kostenvergleich pro Leistungseinheit vorzunehmen. Beide Vorgehensweisen führen zum gleichen Ergebnis.

Der Kostenvergleich pro Periode ist hingegen nicht durchführbar, wenn die voraussichtlich genutzte **mengenmäßige Leistung** der alternativen Investitionsobjekte **unterschiedlich hoch** ist. Hier bietet ausschließlich der **Kostenvergleich pro Leistungseinheit** hinreichend genaue Ergebnisse.

1.2.1 Kostenvergleich pro Periode

Der Kostenvergleich pro Periode kann bei voraussichtlich **gleich hohen Leistungen** der alternativen Investitionsobjekte auf zweifache Weise erfolgen:

- Als **tabellarischer Kostenvergleich,** für den in der betrieblichen Praxis unternehmensspezifische **Formulare** verwendet werden sollten. Er zeichnet sich durch seine Übersichtlichkeit aus.

  Die **Grundstruktur** für die Ermittlung der Kosten pro Periode lässt sich wie folgt darstellen:

		Investitionsobjekt I	**Investitionsobjekt II**
Leistung	Stück/Jahr	......	......
Fixe Kosten Variable Kosten	€/Jahr €/Jahr	....	....
Gesamte Kosten	€/Jahr	......	......
Kostendifferenz I - II	€/Jahr	......	

Beispiel: Zwei alternative Investitionsobjekte sind zu vergleichen. Investitionsobjekt I arbeitet halbautomatisch, Investitionsobjekt II dagegen nicht. Die Investitionsobjekte weisen folgende Daten auf:

		Investitionsobjekt I		Investitionsobjekt II	
Anschaffungskosten	€	200.000		100.000	
Restwert	€	0		0	
Nutzungsdauer	Jahre	10		10	
Auslastung*	Stück/Jahr	20.000		20.000	
Zinssatz	%	10		10	
Abschreibungen	€/Jahr	20.000		10.000	
Zinsen	€/Jahr	10.000		5.000	
Raumkosten	€/Jahr	1.000		1.000	
Instandhaltungskosten	€/Jahr	2.000		2.000	
Gehälter**	€/Jahr	10.000		10.000	
Sonstige fixe Kosten	€/Jahr	4.000		2.000	
Fixe Kosten	€/Jahr		47.000		30.000
Löhne**	€/Jahr	90.000		110.000	
Materialkosten	€/Jahr	190.000		200.000	
Energiekosten	€/Jahr	5.000		5.500	
Werkzeugkosten	€/Jahr	7.000		7.500	
Sonst. variable Kosten	€/Jahr	3.000		3.000	
Variable Kosten	€/Jahr		295.000		326.000
Gesamte Kosten	€/Jahr		342.000		356.000
Kostendifferenz I - II	€/Jahr	**– 14.000**			

Dem Investitionsobjekt I ist der Vorzug zu geben, da es um 14.000 €/Jahr weniger Kosten verursacht als das Investitionsobjekt II.

- Als **mathematischer Kostenvergleich**, bei dem die **Ingenieurformel** Anwendung findet, die — für zwei alternative Investitionsobjekte – folgendes Aussehen hat:

  – **ohne** Berücksichtigung eines Restwertes

$$B_I + \frac{A_I}{2} \cdot i + \frac{A_I}{n_I} \gtreqless B_{II} + \frac{A_{II}}{2} \cdot i + \frac{A_{II}}{n_{II}}$$

* Werden mehrere Erzeugnisse auf den alternativen Investitionsobjekten gefertigt, ist die Maschinenlaufzeit in Std./Jahr zu verwenden.

** Einschließlich Nebenkosten (Sozialleistungen).

– **mit** Berücksichtigung eines Restwertes

$$B_I + \frac{A_I + RW_I}{2} \cdot i + \frac{A_I - RW_I}{n_I} \gtreqless B_{II} + \frac{A_{II} + RW_{II}}{2} \cdot i + \frac{A_{II} - RW_{II}}{n_{II}}$$

A = Anschaffungskosten (€)
B = Betriebskosten (€/Periode)
RW = Restwert (€)
n = Nutzungsdauer (Jahre)
i = Kalkulationszinssatz (%)
I = Investitionsobjekt I
II = Investitionsobjekt II

Der Restwert wird in der Formel zu den Anschaffungskosten addiert, weil sich das aus folgender Umformung ergibt:

Durchschnittlich gebundenes Kapital $= \frac{A - R}{2} + R = \frac{A + R}{2}$

Beispiel: Die Vorteilhaftigkeit der alternativen Investitionsobjekte aus dem tabellarischen Kostenvergleich lässt sich nach der Ingenieurformel errechnen.

Investitionsobjekt I	**Investitionsobjekt II**
$B_I + \frac{A_I}{2} \cdot i + \frac{A_I}{n_I}$	$B_{II} + \frac{A_{II}}{2} \cdot i + \frac{A_{II}}{n_{II}}$
1.000 + 2.000 + 10.000 + 4.000 + + 90.000 + 190.000 + 5.000 + + 7.000 + 3.000 + $+ \frac{200.000}{2} \cdot 0{,}10 + \frac{200.000}{10}$	1.000 + 2.000 + 10.000 + 2.000 + + 110.000 + 200.000 + 5.500 + + 7.500 + 3.000 + $+ \frac{100.000}{2} \cdot 0{,}10 + \frac{100.000}{10}$
= **342.000 €**	= **356.000 €**

$$K_I < K_{II}$$

Dem Investitionsobjekt I ist der Vorzug zu geben, da es um 14.000 € geringere Kosten verursacht als das Investitionsobjekt II.

Wie zu sehen ist, entspricht das Ergebnis des tabellarischen Kostenvergleiches dem Ergebnis des mathematischen Kostenvergleiches.

Beispiel: Würde ein Restwert beim Investitionsobjekt I von 12.000 €, beim Investitionsobjekt II von 10.000 € zu berücksichtigen sein, ergäbe sich folgendes Bild:

Investitionsobjekt I	Investitionsobjekt II
$B_I + \frac{A_I + RW_I}{2} \cdot i + \frac{A_I - RW_I}{n_I}$	$B_{II} + \frac{A_{II} + RW_{II}}{2} \cdot i + \frac{A_{II} - RW_{II}}{n_{II}}$
1.000 + 2.000 + 10.000 + 4.000 + + 90.000 + 190.000 + 5.000 + + 7.000 + 3.000 + $+ \frac{200.000 + 12.000}{2} \cdot 0{,}10 + \frac{200.000 - 12.000}{10}$	1.000 + 2.000 + 10.000 + 2.000 + + 110.000 + 200.000 + 5.500 + + 7.500 + 3.000 + $+ \frac{100.000 + 10.000}{2} \cdot 0{,}10 + \frac{100.000 - 10.000}{10}$
= **341.400 €**	= **355.500 €**
$K_I < K_{II}$	

Beim Anfallen eines Restwertes für beide Investitionsobjekte verändert sich die Entscheidung, dem Investitionsobjekt I den Vorzug zu geben, nicht. Das Investitionsobjekt II verursacht um 14.100 € mehr Kosten pro Periode als das Investitionsobjekt I.

1.2.2 Kostenvergleich pro Leistungseinheit

Der Kostenvergleich alternativer Investitionsobjekte muss sich auf die einzelne Leistungseinheit beziehen, wenn die voraussichtlich genutzte mengenmäßige **Leistung** – nicht die Kapazität – der alternativen Investitionsobjekte **unterschiedlich hoch** ist.

Beispiel: Wenn ein Investitionsobjekt I eine Kapazität von 20.000 Stück/Jahr, ein Investitionsobjekt II dagegen eine Kapazität von 22.000 Stück/Jahr aufweist, aber feststeht, dass in beiden Fällen lediglich 18.000 Stück/Jahr genutzt werden, ist ein Kostenvergleich pro Leistungseinheit nicht erforderlich.

Die Kapazität alternativer Investitionsobjekte kann nur dann als Grundlage für den Kostenvergleich dienen, wenn das Unternehmen beabsichtigt, das Leistungsvermögen der alternativen Investitionsobjekte in vollem Umfang auszunutzen. Damit sind die voraussichtlich genutzten mengenmäßigen Leistungen mit den Kapazitäten der alternativen Investitionsobjekte identisch.

Die **Eignung** des Kostenvergleiches pro Leistungseinheit zur Beurteilung der Vorteilhaftigkeit alternativer Investitionsobjekte ist nicht unumstritten, erscheint jedoch gegeben, wenn folgende **Voraussetzungen** erfüllt sind:

- Die mithilfe der alternativen Investitionsobjekte zu fertigenden Erzeugnisse sind ähnlich oder gleich.

- Die Preise der zu fertigenden Erzeugnisse sind in ihrer Höhe nicht von der Absatzmenge abhängig.

Während beim Kostenvergleich pro Periode eine Aufteilung der Kosten in fixe und variable Kosten nicht erforderlich ist, muss diese Unterscheidung beim Kostenvergleich pro Leistungseinheit erfolgen, wenn die voraussichtlich genutzte mengenmäßige Leistung bei den alternativen Investitionsobjekten unterschiedlich hoch ist.

Die **Grundstruktur** für die Ermittlung der Kosten pro Leistungseinheit lässt sich darstellen:

		Investitionsobjekt I	**Investitionsobjekt II**
Leistung	Stück/Jahr	......	......
Fixe Kosten	€/Jahr €/Stück*	....	....
Variable Kosten	€/Jahr €/Stück*	....	....
Gesamte Kosten	€/Jahr €/Stück*	....	....
Kostendifferenz I - II	€/Stück	......	

Beispiel: Zwei alternative Investitionsobjekte sind zu vergleichen. Ihre Daten sind der nachstehenden Tabelle zu entnehmen.

* Kosten pro Stück = Kosten pro Jahr : Leistung pro Jahr

		Investitionsobjekt I			Investitionsobjekt II		
Anschaffungskosten	€		180.000			240.000	
Restwert	€		0			0	
Nutzungsdauer	Jahre		8			8	
Auslastung	Stück/Jahr		35.000			40.000	
Zinssatz	%		10			10	
Abschreibungen	€/Jahr	22.500			30.000		
Zinsen	€/Jahr	9.000			12.000		
Raumkosten	€/Jahr	2.000			2.000		
Instandhaltungskosten	€/Jahr	2.200			2.500		
Gehälter	€/Jahr	8.000			9.000		
Sonstige fixe Kosten	€/Jahr	3.000			3.500		
Fixe Kosten	€/Jahr	46.700			59.000		
	€/Stück			1,33			1,48
Löhne	€/Jahr	70.000			40.000		
	€/Stück		2,00			1,00	
Materialkosten	€/Jahr	140.000			152.000		
	€/Stück		4,00			3,80	
Energiekosten	€/Jahr	7.700			11.200		
	€/Stück		0,22			0,28	
Werkzeugkosten	€/Jahr	4.550			5.600		
	€/Stück		0,13			0,14	
Sonst. variable Kosten	€/Jahr	2.100			3.200		
	€/Stück		0,06			0,08	
Variable Kosten	€/Jahr	224.350			212.000		
	€/Stück			6,41			5,30
Gesamte Kosten	€/Jahr	271.050			271.000		
	€/Stück			7,74			6,78
Kostendifferenz I - II	€/Stück	**+ 0,96**					

Dem Investitionsobjekt II ist der Vorzug zu geben, da es um 0,96 €/Stück weniger Kosten verursacht als das Investitionsobjekt I.

Die variablen Kosten müssen nicht notwendigerweise – wie im Beispiel – in €/Jahr ausgewiesen werden, sondern können gegebenenfalls unmittelbar in €/Stück erfasst werden.

1.2.3 Kritische Auslastung

Um eine Investitionsentscheidung vornehmen zu können, **genügt** es häufig **nicht**, den Kostenvergleich

- pro Periode
  oder
- pro Leistungseinheit

vorzunehmen. Das wird besonders dann der Fall sein, wenn die Auslastung des Investitionsobjektes nicht als (weitgehend) sicheres Datum anzusehen ist, und umso größere Bedeutung haben, je unterschiedlicher fixe und variable Kosten der Investitionsobjekte sind bzw. sich entwickeln.

Beispiel: Investitionsobjekt I verursacht hohe fixe Kosten, dagegen relativ geringe variable Kosten, da es halbautomatisch arbeitet. Investitionsobjekt II verursacht merklich niedrigere fixe Kosten, aber relativ hohe variable Kosten, da es nicht automatisiert ist.

In den genannten Fällen wird es notwendig sein, die kritische Auslastung zu ermitteln. Sie liegt bei jener Ausbringungsmenge, bei der die Kosten der alternativen Investitionsobjekte gleich hoch sind. Um sie errechnen zu können, sind die **Kostenfunktionen** beider alternativer Investitionsobjekte **gleichzusetzen**:

$$K_I = K_{fI} + k_{vI}x$$
$$K_{II} = K_{fII} + k_{vII}x$$

$$\boxed{K_{fI} + k_{vI}x = K_{fII} + k_{vII}x}$$

oder

$$\boxed{x_{kr} = \frac{K_{fII} - K_{fI}}{k_{vI} - k_{vII}}}$$

x_{kr}	=	Kritische Auslastung (Stück)
K	=	Kosten (€/Periode)
K_f	=	Fixe Kosten (€/Periode)
k_v	=	Variable Kosten (€/Stück)
I	=	Investitionsobjekt I
II	=	Investitionsobjekt II

Beispiel: Es soll die kritische Auslastung der Investitionsobjekte I und II aus dem Beispiel zum Kostenvergleich pro Periode – Seite 156 – ermittelt werden.

		Investitionsobjekt I	**Investitionsobjekt II**
Fixe Kosten	€/Jahr	47.000	30.000
Variable Kosten	€/Jahr	295.000	326.000
Gesamte Kosten	€/Jahr	342.000	356.000
Kostendifferenz I - II	€/Jahr	**– 14.000**	

Um die Kostengleichung zu erstellen, sind die variablen Kosten von €/Jahr auf €/Stück umzurechnen.

$$K_{fI} + k_{vI}x = K_{fII} + k_{vII}x$$

$$47.000 + 14{,}75\,x = 30.000 + 16{,}30\,x$$

$$x = \mathbf{10.968}$$

Grafisch lässt sich die kritische Auslastung - auch ohne Umrechnung von €/Jahr auf €/Stück - wie folgt darstellen:

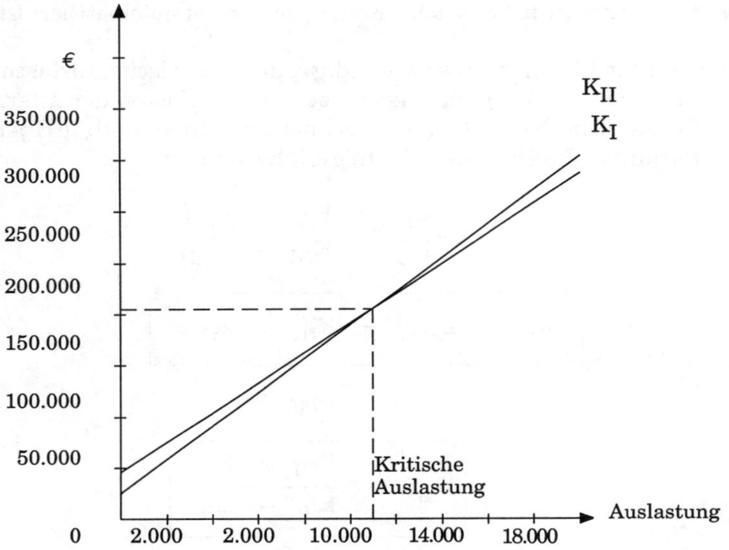

Die Feststellung aus dem Kostenvergleich pro Periode – Seite 157 –, dass das Investitionsobjekt I die kostengünstigere Alternative darstellen würde, ist nur solange zutreffend, als die Auslastung des Investitionsobjektes über 10.968 Stück/Jahr liegt.

20 Seite 398

22 Seite 399

21 Seite 398

23 Seite 399

1.3 Ersatzproblem

Die Kostenvergleichsrechnung kann nicht nur zur Lösung des Auswahlproblems bei alternativen Investitionsobjekten eingesetzt werden. Es ist auch möglich, mit ihrer Hilfe die Frage zu klären, ob es wirtschaftlicher ist, ein in Betrieb befindliches, noch nutzbares Investitionsobjekt durch ein neues Investitionsobjekt zu ersetzen und wann der geeignete Ersatzzeitpunkt ist.

Über die rechnerische Vorgehensweise gibt es **unterschiedliche Auffassungen**, die sich wie folgt zusammenfassen lassen:

- Beim Kostenvergleich sollen die Kapital- und Betriebskosten des alten Investitionsobjektes den Kapital- und Betriebskosten des neuen Investitionsobjektes gegenübergestellt werden.

- Beim Kostenvergleich sollen lediglich die Betriebskosten des alten Investitionsobjektes den Kapital- und Betriebskosten des neuen Investitionsobjektes gegenüber gestellt werden.

Da die Kostenvergleichsrechnung die Aufgabe hat, künftig anfallende Kosten miteinander zu vergleichen, verzichtet man auf den Ansatz der Kapitalkosten für das alte Investitionsobjekt. Als Begründung hierfür kann angeführt werden, dass bei einer Neuinvestition die Kapitalkosten der Altanlage weiterhin anzusetzen wären.

Däumler (S. 171 ff.) zeigt entsprechende Entscheidungssituationen auf:

Vorzeitige Neuanschaffung:		**Weitere Nutzung der Altanlage**
$\text{Kapitalkosten}_{neu}$ $+\text{Betriebskosten}_{neu}$ $+\text{Kapitalkosten}_{alt}$	<	$\text{Betriebskosten}_{alt}$ $+ \text{Kapitalkosten}_{alt}$

Eine Entscheidung zur Neuanschaffung ist daher dann zu treffen, wenn die Betriebskosten des alten Investitionsobjektes größer sind als die Kapital- und Betriebskosten des neuen Investitionsobjektes. Die Kapitalkosten des alten Investitionsobjektes können, wie aus der Gleichung ersichtlich, außer Acht gelassen werden, da sie in beiden Entscheidungssituationen anfallen.

Damit wird dem Kostenvergleich nur jener Wertverzehr zu Grunde gelegt, der nach dem Zeitpunkt der Investitionsentscheidung gegeben ist. Hierdurch fällt, wie gezeigt, der mögliche **Restbuchwert des alten Investitionsobjektes** weg, der als früherer Schätzwert die sich rechnerisch ergebenden Kapitalkosten vorgab. Als Formel für das Ersatzproblem gilt also:

$$\text{Kapitalkosten}_{neu} + \text{Betriebskosten}_{neu} < \text{Betriebskosten}_{alt}$$

24 Seite 400

Eine andere Situation ergibt sich, wenn das alte Investitionsobjekt – unabhängig von dem möglicherweise vorhandenen Restbuchwert – einen **Resterlöswert** aufweist. Dieser Resterlöswert entspricht einem Liquidationswert zum Ersatzzeitpunkt und ist daher aufgrund seiner Bedeutsamkeit für die Vergleichsperiode kostenmäßig zu berücksichtigen.

Entsprechend sind in den Kostenvergleich einzubeziehen:

- Die durchschnittliche **Verringerung des Liquidationserlöses,** mit welcher das alte Investitionsobjekt zu belasten ist. Dabei wird der Resterlöswert zum Beginn und zum Ende der Vergleichsperiode ermittelt und die Differenz aus beiden Werten durch die Zahl der buchmäßig noch zu nutzenden Zahl der Jahre - das ist die Vergleichsperiode - dividiert:

$$l = \frac{L_{AV} - L_{EV}}{v}$$

l = Durchschnittliche Verringerung des Liquidationserlöses (€)
L_{AV} = Liquidationserlös (Resterlöswert) am Anfang der Vergleichsperiode (€)
L_{EV} = Liquidationserlös (Resterlöswert) zum Ende der Vergleichsperiode (€)
v = Umfang der Vergleichsperiode (Jahre)

Beispiel: Ein Investitionsobjekt könnte 8 Jahre genutzt werden. Nach 5 Jahren soll überprüft werden, ob ein Ersatz vorteilhaft ist. Der Resterlöswert zum Ende des 5. Jahres würde 18.000 € betragen. Als Resterlöswert nach der geschätzten Nutzungsdauer von 8 Jahren werden 9.000 € erwartet.

Die durchschnittliche Verringerung des Liquidationserlöses des zu ersetzenden Investitionsobjektes würde anzusetzen sein mit jährlich

$$l = \frac{18.000 - 9.000}{3} = \mathbf{3.000\ €}$$

- **Die kalkulatorischen Zinsen** auf das noch gebundene Kapital, die auf der Grundlage des Resterlöswertes zum Anfang der Vergleichsperiode zu ermitteln sind, da sie bei einer Weiternutzung des Investitionsobjektes berechtigterweise angesetzt werden müssen.

  Ein Resterlöswert zum Ende der Vergleichsperiode ist ebenfalls zu berücksichtigen.

$$Z = \frac{L_{AV} + L_{EV}}{2} \cdot i$$

Z = Zinsen pro Periode (€)
L_{AV} = Liquidationserlös (Resterlöswert) am Anfang der Vergleichsperiode (€)
L_{EV} = Liquidationserlös (Resterlöswert) zum Ende der Vergleichsperiode (€M)
i = Kalkulationszinssatz (%)

Beispiel: Unter der Annahme, dass die im vorangegangen Beispiel genannten Werte weiter gültig sind und der kalkulatorische Zinssatz bei 10 % liegt, ergeben sich als durchschnittlich jährlich anfallende kalkulatorische Zinsen:

$$\frac{18.000 + 9.000}{2} \cdot 0{,}10 = \mathbf{1.350\ €}$$

Wie beim Auswahlproblem, lässt sich die Kostenvergleichsrechnung auch beim Ersatzproblem durchführen mithilfe eines

- **Kostenvergleiches pro Periode**
- **Kostenvergleiches pro Leistungseinheit**.

Erweist sich eine Ersatzinvestition aufgrund des Kostenvergleiches für ein bestimmtes Jahr als nicht vorteilhaft, kann der Kostenvergleich für das nächste Jahr, gegebenenfalls für die nächsten Jahre – jeweils getrennt – wiederum vorgenommen werden, um den geeigneten Ersatzzeitpunkt zu bestimmen.

1.3.1 Kostenvergleich pro Periode

Ein Kostenvergleich pro Periode kann erfolgen, wenn das alte Investitionsobjekt und das neue Investitionsobjekt über eine gleich hohe mengenmäßige Auslastung verfügen.

Die **Grundstruktur** für die Ermittlung der Kosten pro Periode lässt sich darstellen:

		Altes Investitionsobjekt		**Neues Investitionsobjekt**	
Leistung	Stück/Jahr	......		......	
Nutzungsdauer	Jahre	......		......	
Restnutzungsdauer	Jahre	......		–	
Resterlöswert am Anfang der Vergleichsperiode	€	.....		–	
Resterlöswert am Ende der Vergleichsperiode	€	......		–	
Abschreibungen	€/Jahr	–		......	
Verringerung des Liquidationswertes	€/Jahr	......		–	
Zinsen	€/Jahr	......		......	
Sonstige fixe Kosten	€/Jahr	......		......	
Fixe Kosten	€/Jahr		......		......
Variable Kosten	€/Jahr		......		......
Gesamte Kosten	€/Jahr		......		......
Kostendifferenz A - N	€/Jahr			......	

Beispiel: Ein Investitionsobjekt ist seit 8 Jahren im Einsatz. Seine Nutzungsdauer ist auf 10 Jahre veranschlagt. Das Unternehmen erhält ein Angebot über ein weiterentwickeltes, funktionsgleiches Investitionsobjekt, wobei das alte Investitionsobjekt in Zahlung gegeben werden könnte. Die Daten sind der Tabelle zu entnehmen.

		Altes Investitionsobjekt		**Neues Investitionsobjekt**	
Anschaffungskosten	€		*170.000*		245.000
Restwert	€		*5.000*		5.000
Nutzungsdauer	Jahre		*10*		10
Auslastung	Stück/Jahr		*20.000*		20.000
Zinssatz	%		10		10
Restnutzungsdauer	Jahre		2		–
Resterlöswert Ende des 8. Jahres	€		25.000		–
Resterlöswert Ende des 10. Jahres	€		5.000		–
Abschreibungen	€/Jahr	–		24.000	
Verringerung des Liquidationswertes	€/Jahr	10.000		–	
Zinsen	€/Jahr	1.500		12.500	
Raumkosten	€/Jahr	1.500		1.400	
Instandhaltungskosten	€/Jahr	2.775		1.975	
Gehälter	€/Jahr	8.500		8.500	
Sonstige fixe Kosten	€/Jahr	3.300		2.800	
Fixe Kosten	€/Jahr		27.575		51.175
Löhne	€/Jahr	82.000		74.000	
Materialkosten	€/Jahr	166.000		151.000	
Energiekosten	€/Jahr	5.500		5.000	
Werkzeugkosten	€/Jahr	8.800		7.900	
Sonst. variable Kosten	€/Jahr	4.500		5.400	
Variable Kosten	€/Jahr		266.800		243.300
Gesamte Kosten	€/Jahr		294.375		294.475
Kostendifferenz A - N	€/Jahr		**– 100**		

Der Kostenvergleich lässt erkennen, dass es noch nicht vorteilhaft ist, das alte Investitionsobjekt zum Ende des 8. Jahres durch das neue Investitionsobjekt zu ersetzen.

Die in der Tabelle *kursiv* ausgedruckten Zahlen sind für den Kostenvergleich ohne Bedeutung.

1.3.2 Kostenvergleich pro Leistungseinheit

Der Kostenvergleich muss sich dann notwendigerweise auf die einzelne Leistungseinheit beziehen, wenn die mengenmäßige Auslastung des alten und des neuen Investitionsobjektes unterschiedlich sind.

Die **Grundstruktur** des Kostenvergleiches ist die gleiche, wie sie für den Kostenvergleich pro Periode dargestellt wurde. Sie bezieht sich lediglich auf die einzelne Leistungseinheit:

		Altes Investitionsobjekt		Neues Investitionsobjekt	
Leistung	Stück/Jahr	......		......	
Nutzungsdauer	Jahre	......		......	
Restnutzungsdauer	Jahre	......		–	
Resterlöswert am Anfang der Vergleichsperiode	€	......		–	
Resterlöswert am Ende der Vergleichsperiode	€	......		–	
Abschreibungen	€/Stück	–		......	
Verringerung des Liquidationswertes	€/Stück	......		–	
Zinsen	€/Stück	......		......	
Sonstige fixe Kosten	€/Stück	......		......	
Fixe Kosten	€/Stück		......		......
Variable Kosten	€/Stück		......		......
Gesamte Kosten	€/Stück		......		......
Kostendifferenz A - N	€/Stück		......		

Beispiel: Ein Investitionsobjekt ist seit 6 Jahren im Einsatz. Seine Nutzungsdauer ist auf 10 Jahre veranschlagt, seine Auslastung beträgt 15.000 Stück/Jahr. Dem Unternehmen wird ein verbessertes Investitionsobjekt angeboten, dessen Auslastung mit 20.000 Stück/Jahr angesetzt werden kann. Die übrigen Daten sind der Tabelle zu entnehmen.

		Altes Investitionsobjekt		Neues Investitionsobjekt	
Anschaffungskosten	€	*180.000*		260.000	
Restwert	€	*0*		0	
Nutzungsdauer	Jahre	10		10	
Auslastung	Stück/Jahr	*15.000*		20.000	
Zinssatz	%	10		10	
Restnutzungsdauer	Jahre	4		–	
Resterlöswert Ende des 6. Jahres	€	10.000		–	
Resterlöswert Ende des 10. Jahres	€	0		–	
Abschreibungen	€/Stück	–		1,30	
Verringerung des Liquidationswertes	€/Stück	0,17		–	
Zinsen	€/Stück	0,03		0,65	
Raumkosten	€/Stück	0,10		0,08	
Instandhaltungskosten	€/Stück	0,14		0,12	
Gehälter	€/Stück	0,53		0,47	
Sonstige fixe Kosten	€/Stück	0,22		0,19	
Fixe Kosten	€/Stück		1,19		2,81
Löhne	€/Stück	5,33		4,99	
Materialkosten	€/Stück	9,20		9,13	
Energiekosten	€/Stück	0,23		0,20	
Werkzeugkosten	€/Stück	0,29		0,25	
Sonst. variable Kosten	€/Stück	0,36		0,29	
Variable Kosten	€/Stück		15,41		14,86
Gesamte Kosten	€/Stück		16,60		17,67
Kostendifferenz A - N	€/Stück		**– 1,07**		

Es ist zu erkennen, dass es nicht vorteilhaft ist, das alte Investitionsobjekt zum Ende des 6. Jahres ausscheiden zu lassen, da es um 1,07 €/Stück geringere Kosten verursacht als das neue Investitionsobjekt.

25 Seite 400

1.4 Eignung

Die Kostenvergleichsrechnung ist ein in der betrieblichen Praxis gerne verwendetes Verfahren der statischen Investitionsrechnung. Nach Umfragen setzen rund 46 % der befragten Unternehmen die Kostenvergleichsrechnung ein, um die Vorteilhaftigkeit von Investitionen zu ermitteln.

Allerdings findet sie meist zusammen mit anderen Investitionsberechnungen, z. B. mit der Internen Zinsfuß-Methode bzw. Amortisationsvergleichsrechnung, Verwendung. Nach den oben dargestellten Umfragen werden oft neben den dominierenden dynamischen Investitionsrechnungsmethoden auch parallel dazu statische – insbesondere die Kostenvergleichsrechnung – Methoden verwendet.

Der **Vorteil** der Kostenvergleichsrechnung ist zweifellos in der relativ einfachen Anwendbarkeit dieses Verfahrens zu sehen. Sie schafft einen ersten groben Überblick, so weit vergleichbare Investitionen vorliegen.

Mehrere **Nachteile** schränken die Eignung der Kostenvergleichsrechnung indessen ein:

- Die **Kurzfristigkeit des Kostenvergleiches,** der üblicherweise für ein Jahr erfolgt und damit Entwicklungen im Zeitablauf unberücksichtigt lässt. Besonders problematisch ist er, wenn er sich auf das erste Jahr der Nutzung der Investitionsobjekte bezieht. Wird er für eine Repräsentativperiode oder eine Durchschnittsperiode durchgeführt, verbessert sich seine Aussagekraft.

- Die **Auflösbarkeit der Kosten,** die gegebenenfalls mit ihren fixen und variablen Bestandteilen zu ermitteln sind, beispielsweise auch, um die Kostenfunktionen zu erstellen, was sich in der betrieblichen Praxis vielfach als recht schwierig erweist.

- Die **Nichtberücksichtigung der Erlöse,** die damit für alle alternativen Investitionsobjekte als gleich hoch angesehen werden müssen, und die sich im Zeitablauf nicht oder bei allen alternativen Investitionsobjekten nur gleichartig verändern dürfen.

- Die **Nichtberücksichtigung des Kapitaleinsatzes,** dessen Einbeziehung – in Verbindung mit den Erlösen – erst offenlegt, inwieweit eine Investition wirklich rentabel ist. Mit dem Kostenvergleich wird lediglich die kostenminimale Investition ermittelt, ohne dass deren Rentabilität ausreichend hoch sein muss.

2. Gewinnvergleichsrechnung

Die Gewinnvergleichsrechnung stellt eine **Erweiterung der Kostenvergleichsrechnung** durch Einbeziehung der Erlöse dar, die - im Gegensatz zu der Annahme bei der Kostenvergleichsrechnung - für die einzelnen Investitionsobjekte unterschiedlich hoch sein können, wofür es vor allem zwei **Gründe** gibt:

- Die alternativen Investitionsobjekte können sich in ihrer **quantitativen Leistungsfähigkeit** unterscheiden und deshalb beim gleichen Erlös pro Stück einen um so höheren Erlös pro Periode erbringen, je mehr Stück pro Periode gefertigt werden, sofern der Absatzmarkt die Erzeugnisse zu einem unveränderten Preis aufnimmt.

- Die alternativen Investitionsobjekte können sich in ihrer **qualitativen Leistungsfähigkeit** unterscheiden und dadurch ermöglichen, einen unterschiedlich hohen Erlös pro Stück und – bei gleich hoher Mengenleistung – einen entsprechend unterschiedlich hohen Erlös pro Periode zu erwirtschaften, sofern es für die unterschiedlichen Qualitäten einen Absatzmarkt gibt.

Beide Gründe können einzeln oder gemeinsam gegeben sein, beispielsweise bei Ersatz- und Erweiterungsinvestitionen, aber auch bei Rationalisierungsinvestitionen.

Durch die Einbeziehung der durch die Investitionsobjekte erwirtschafteten Erlöse lässt sich die Vorteilhaftigkeit der Investitionen besser beurteilen als bei der Kostenvergleichsrechnung. Denn ein noch so kostengünstiges Investitionsobjekt muss nicht notwendigerweise auch einen Gewinn bringen.

Als **Gewinn** wird bei der Gewinnvergleichsrechnung allgemein die Differenz aus Kosten und Erlösen verstanden:

$$\boxed{G = E - K}$$

G = Gewinn (€/Periode)
E = Erlöse (€/Periode)
K = Kosten (€/Periode)

Mithilfe der Gewinnvergleichsrechnung können beurteilt werden:

- Die Vorteilhaftigkeit eines **einzelnes Investitionsobjektes.** Sie ist gegeben, wenn der Gewinn größer oder gleich Null ist:

$$\boxed{G \geqslant 0}$$

- Die Vorteilhaftigkeit **alternativer Investitionsobjekte**, wobei das Investitionsobjekt das vorteilhaftere bzw. vorteilhafteste ist, das den größeren bzw. größten Gewinn erzielt:

$$\boxed{G_I \gtreqless G_{II}}$$

- Die Vorteilhaftigkeit des **Ersatzes eines alten Investitionsobjektes** durch ein neues Investitionsobjekt.

Sie sollen dargestellt werden:

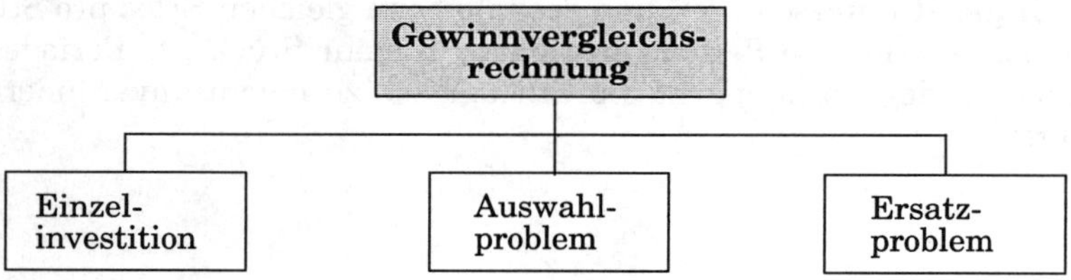

2.1 Einzelinvestition

Die Gewinnvergleichsrechnung ist geeignet, ein einzelnes Investitionsobjekt danach zu beurteilen, ob es vorteilhaft ist. Davon kann dann ausgegangen werden, wenn es keinen Verlust erwirtschaftet, d. h. der Gewinn mindestens Null ist.

Die Ermittlung der Vorteilhaftigkeit erfolgt vorzugsweise tabellarisch. Sie weist folgende **Grundstruktur** auf:

		€
Erlöse		......
Fixe Kosten	......	
Variable Kosten	......	
Gesamte Kosten		......
Gewinn		......

Beispiel: Ein Investitionsobjekt verursacht fixe Kosten pro Periode von 20.000 € und variable Kosten pro Periode von 30.000 €. Die Auslastung beträgt 10.000 Stück pro Periode, die zum Preis von 8,50 € pro Stück verkauft werden können.

			€
Erlöse	€/Jahr		85.000
Fixe Kosten	€/Jahr	20.000	
Variable Kosten	€/Jahr	30.000	
Gesamte Kosten	€/Jahr		50.000
Gewinn	€/Jahr		**35.000**

Die Investition ist vorteilhaft, da sie einen Gewinn von 35.000 € pro Periode erzielt.

Die Ermittlung der Vorteilhaftigkeit eines Investitionsobjektes kann auch – in entsprechender Weise – pro Leistungseinheit erfolgen.

2.2 Auswahlproblem

Das Auswahlproblem stellt sich, wenn mehrere alternative Investitionsobjekte vorhanden sind, von denen das gewinnträchtigere bzw. gewinnträchtigste zu bestimmen ist.

Bei voraussichtlich **gleicher** mengenmäßig genutzter **Leistung** der alternativen Investitionsobjekte kann der Gewinnvergleich vorgenommen werden als:

- **Gewinnvergleich pro Periode**
- **Gewinnvergleich pro Leistungseinheit**.

Beide Rechnungen führen zum gleichen Ergebnis.

Ist die voraussichtliche mengenmäßig genutzte **Leistung** der alternativen Investitionsobjekte **unterschiedlich hoch**, kommt nur ein Gewinnvergleich pro Periode in Betracht, um die Vorteilhaftigkeit der Investitionsobjekte beurteilen zu können.

Die **Grundstruktur** der tabellarisch durchgeführten Gewinnvergleichsrechnung hat folgendes Aussehen:

	Investitionsobjekt I		**Investitionsobjekt II**	
Leistung	......		......	
Erlöse		......		......
Fixe Kosten Variable Kosten	....		....	
Gesamte Kosten		......		......
Gewinn	......		......	
Gewinndifferenz I - II	......			

2.2.1 Gewinnvergleich pro Periode

Der Gewinnvergleich pro Periode ist **möglich,** kann aber auch pro Leistungseinheit durchgeführt werden, wenn die alternativen Investitionsobjekte voraussichtlich mit gleich hoher mengenmäßiger Leistung genutzt werden.

Beispiel: Zwei alternative Investitionsobjekte sind zu vergleichen. Die Daten sind der Tabelle zu entnehmen.

		Investitions-objekt I		Investitions-objekt II	
Anschaffungskosten	€		105.000		100.000
Restwert	€		0		0
Nutzungsdauer	Jahre		10		10
Auslastung	Stück/Jahr		20.000		20.000
Zinssatz	%		10		10
Erlöse	€/Jahr		360.000		360.000
Fixe Kosten	€/Jahr	32.000		29.000	
Variable Kosten	€/Jahr	280.000		285.000	
Gesamte Kosten	€/Jahr		312.000		314.000
Gewinn	€/Jahr		48.000		46.000
Gewinndifferenz I - II	€/Jahr		**+ 2.000**		

Wie zu sehen ist, erweist sich das Investitionsobjekt I – bei gleicher Auslastung beider Investitionsobjekte – als vorteilhafter, da es um 2.000 € mehr Gewinn zu erwirtschaften vermag als das Investitionsobjekt II.

Erbringen die alternativen Investitionsobjekte – entgegen der vorangegangenen Annahme – unterschiedlich hohe mengenmäßige Leistungen auf, ist es **notwendig,** sich des Gewinnvergleiches pro Periode zu bedienen.

Beispiel: Ein Investitionsobjekt I erwirtschaftet bei einer Auslastung von 10.000 Stück/Jahr einen Erlös von 220.000 €/Jahr. Die Kosten betragen 185.000 €/Jahr.

Ein alternatives Investitionsobjekt II erwirtschaftet lediglich einen Erlös von 198.000 €/Jahr bei Kosten von 164.000 €/Jahr. Die Auslastung ist kapazitätsbedingt auf 9.000 Stück/Jahr beschränkt.

		Investitions-objekt I	Investitions-objekt II
Auslastung	Stück/Jahr	10.000	9.000
Erlöse	€/Jahr	220.000	198.000
Kosten	€/Jahr	185.000	164.000
Gewinn	€/Jahr	35.000	34.000
Gewinndifferenz I - II	€/Jahr	**+ 1.000**	

Das Investitionsobjekt I ist das vorteilhaftere, da es einen Gewinn erwirtschaftet, der pro Periode um 1.000 € höher liegt als beim Investitionsobjekt II.

2.2.2 Gewinnvergleich pro Leistungseinheit

Der Gewinnvergleich alternativer Investitionsobjekte pro Leistungseinheit ist **möglich**, wenn die mengenmäßig genutzte Leistung der alternativen Investitionsobjekte gleich hoch ist. Er kann aber auch pro Periode erfolgen.

Beispiel: Die beim Gewinnvergleich pro Periode dargestellte Rechnung mit gleicher Auslastung der alternativen Investitionsobjekte – Seite 173 – soll entsprechend auf die Leistungseinheit bezogen werden.

				Investitionsobjekt I		**Investitionsobjekt II**
Anschaffungskosten		€		105.000		100.000
Restwert		€		0		0
Nutzungsdauer		Jahre		10		10
Auslastung		Stück/Jahr		20.000		20.000
Zinssatz		%		10		10
Erlöse		€/Stück		18,00		18,00
Fixe Kosten	32.000:20.000	€/Stück	1,60			
	29.000:20.000	€/Stück			1,45	
Var. Kosten	280.000:20.000	€/Stück	14,00			
	285.000:20.000	€/Stück			14,25	
Gesamte Kosten		€/Stück		15,60		15,70
Gewinn		€/Stück		2,40		2,30
Gewinndifferenz I - II		€/Stück		**+ 0,10**		

Wie bereits beim Gewinnvergleich pro Periode, erweist sich das Investitionsobjekt I - bei gleicher Auslastung beider Investitionsobjekte - auch beim Vergleich pro Leistungseinheit in entsprechender Weise vorteilhaft, da es um 0,10 €/Stück mehr Gewinn zu erwirtschaften vermag als das Investitionsobjekt II.

Ist die voraussichtlich mengenmäßig genutzte **Leistung** der alternativen Investitionsobjekte **unterschiedlich hoch**, kommt ein Gewinnvergleich pro Leistungseinheit nicht in Betracht, da er zu **falscher Beurteilung** führt.

2.2.3 Kritische Auslastung

Vielfach kann die mengenmäßige Leistung der alternativen Investitionsobjekte nicht genau festgelegt werden, da sie sich insbesondere an den Möglichkeiten zu orientieren hat, die der Markt bietet. Verbindlich liegen lediglich die technischen Daten der Investitionsobjekte vor, die unter anderem Aufschluss über die Kapazitätsgrenzen geben.

Dann ist es zweckmäßig, die kritische Auslastung zu ermitteln, bei der die durch die alternativen Investitionsobjekte erwirtschafteten Gewinne gleich hoch sind. Hierzu sind die **Gewinnfunktionen** der alternativen Investitionsobjekte **gleichzusetzen**:

$$G_I = p_I x - k_{vI} x - K_{fI}$$
$$G_{II} = p_{II} x - k_{vII} x - K_{fII}$$

$$\boxed{p_I x - k_{vI} x - K_{fI} = p_{II} x - k_{vII} x - K_{fII}}$$

G = Gewinn (€/Periode)
x_{kr} = Kritische Auslastung (Stück)
p = Preis (€/Stück)
K_f = Fixe Kosten (€/Periode)
k_v = Variable Kosten (€/Stück)

Beispiel: Zwei alternative Investitionsobjekte weisen die in der Tabelle aufgeführten Daten auf:

		Investitions-objekt I	**Investitions-objekt II**
Kapazität	Stück/Jahr	20.000	20.000
Erlöse	€/Stück	18,00	18,00
Fixe Kosten	€/Jahr	32.500	29.000
Variable Kosten	€/Stück	14,00	14,25

$$G_I = 18\,x - 14\,x - 32.500$$
$$G_{II} = 18\,x - 14{,}25\,x - 29.000$$

$$18\,x - 14\,x - 32.500 = 18\,x - 14{,}25\,x - 29.000$$
$$x_{kr} = \mathbf{14.000\ Stück}$$

Grafisch lässt sich die kritische Menge wie folgt darstellen:

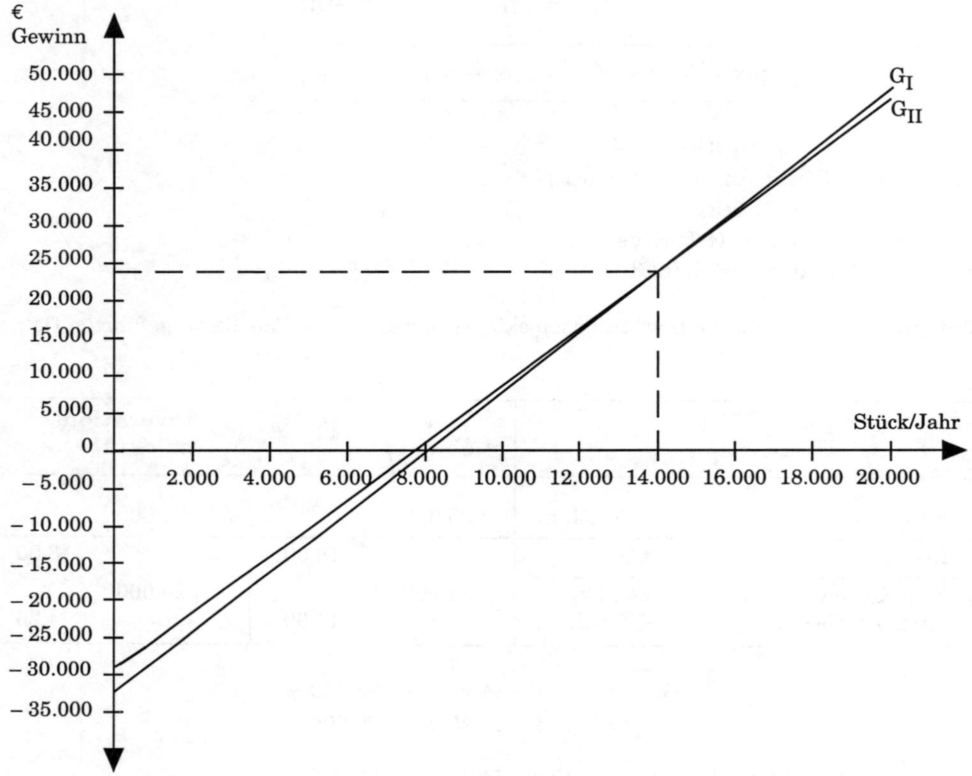

Wie zu erkennen ist, liegt die kritische Menge bei 14.000 Stück/Jahr. Beträgt die Auslastung der alternativen Investitionsobjekte weniger als 14.000 Stück/Jahr, dann ist das Investitionsobjekt II das vorteilhaftere; bei einer Auslastung von mehr als 14.000 Stück/Jahr wäre das Investitionsobjekt I vorzuziehen.

26 Seite 401

27 Seite 402

2.3 Ersatzproblem

Die Gewinnvergleichsrechnung kann nicht nur zur Lösung des Auswahlproblems bei alternativen Investitionsobjekten eingesetzt werden. Es ist auch möglich, mit ihrer Hilfe die Frage zu klären, ob es wirtschaftlicher ist, ein in Betrieb befindliches, noch nutzbares Investitionsobjekt durch ein neues Investitionsobjekt zu ersetzen und wann der geeignete Ersatzzeitpunkt ist.

Was den Ansatz der Kosten bei der Gewinnvergleichsrechnung betrifft, so gelten die entsprechenden Ausführungen zur Kostenvergleichsrechnung. Den dort genannten Kosten des alten und neuen Investitionsobjektes werden die Erlöse aus diesen Objekten gegenübergestellt. Als Kriterium der Vorteilhaftigkeit gilt der Gewinn, der vor der Ersatzinvestition erzielt wird bzw. nach der Ersatzinvestition zu erwarten ist:

$$G_A \lesseqgtr G_N$$

Für den tabellarischen Gewinnvergleich gilt die folgende **Grundstruktur:**

	Altes Investitionsobjekt	**Neues Investitionsobjekt**
Anschaffungskosten	......	......
Restwert	......	......
Nutzungsdauer	......	......
Auslastung	......	......
Zinssatz	......	......
Restnutzungsdauer	......	
Resterlöswert zu Beginn der Restnutzungsdauer	......	
Resterlöswert am Ende der Restnutzungsdauer	......	
Erlöse	......	......
Fixe Kosten	......	......
Variable Kosten	......	......
Gesamte Kosten	......	......
Gewinn	......	......
Gewinndifferenz A - N	......	

Der Gewinnvergleich zur Lösung des Ersatzproblems kann bei voraussichtlich gleicher mengenmäßig genutzter Leistung des alten und neuen Investitionsobjektes durchgeführt werden als:

- **Gewinnvergleich pro Periode**
- **Gewinnvergleich pro Leistungseinheit.**

Erweist sich eine Ersatzinvestition aufgrund des Gewinnvergleiches für ein bestimmtes Jahr als nicht vorteilhaft, kann der Gewinnvergleich für das nächste Jahr, gegebenenfalls für die nächsten Jahre - jeweils getrennt - wiederum vorgenommen werden, um den geeigneten Ersatzzeitpunkt zu bestimmen.

2.3.1 Gewinnvergleich pro Periode

Ist die voraussichtlich genutzte **Leistung** des alten und neuen Investitionsobjektes **gleich hoch**, kann ein Gewinnvergleich pro Periode erfolgen. Es ist aber auch möglich, den Gewinnvergleich pro Leistungseinheit durchzuführen. Beide Berechnungen führen zum gleichen Ergebnis.

Beispiel: Es ist Ende des 8. Jahres zu prüfen, ob ein altes, 10 Jahre nutzbares Investitionsobjekt durch ein neues Investitionsobjekt ersetzt werden soll. Der Verkaufspreis einer Produkteinheit beträgt beim alten Investitionsobjekt 18,50 €, beim neuen Investitionsobjekt wegen verbesserter Oberflächengüte 19,50 €. Im Übrigen gelten folgende Daten:

		Altes Investitionsobjekt		Neues Investitionsobjekt	
Anschaffungskosten	€	170.000		245.000	
Restwert	€	5.000		5.000	
Nutzungsdauer	Jahre	10		10	
Auslastung	Stück/Jahr	20.000		20.000	
Zinssatz	%	10		10	
Restnutzungsdauer	Jahre	2		–	
Resterlöswert Ende 8. Jahr	€	25.000		–	
Resterlöswert Ende 10. Jahr	€	5.000		–	
Erlöse	€/Jahr		370.000		390.000
Fixe Kosten	€/Jahr	29.075		51.175	
Variable Kosten	€/Jahr	268.300		243.300	
Gesamte Kosten	€/Jahr		297.375		294.475
Gewinn	€/Jahr		72.625		95.525
Gewinndifferenz A - N	€/Jahr		**– 22.900**		

Es lohnt sich, das alte Investitionsobjekt auszusondern und das neue Investitionsobjekt zu beschaffen, da es einen um 22.900 € höheren Gewinn erwirtschaftet.

Bei **unterschiedlich hoher Leistung** des alten und des neuen Investitionsobjektes ist der Gewinnvergleich stets pro Periode durchzuführen.

Beispiel: Zwei Investitionsobjekte sind im Hinblick auf ihre Vorteilhaftigkeit zu vergleichen, die Daten sind der Tabelle zu entnehmen.

		Altes Investitionsobjekt	Neues Investitionsobjekt
Anschaffungskosten	€	210.000	380.000
Restwert	€	20.000	20.000
Nutzungsdauer	Jahre	10	10
Auslastung	Stück/Jahr	40.000	60.000
Zinssatz	%	10	10
Restnutzungsdauer	Jahre	4	–
Resterlöswert Ende des 6. Jahres	€	60.000	–
Resterlöswert Ende des 10. Jahres	€	20.000	–
Erlöse	€/Jahr	220.000	330.000
Abschreibungen	€/Jahr	–	36.000
Verringerung des Liquidationswertes	€/Jahr	10.000	–
Zinsen	€/Jahr	4.000	20.000
Sonstige fixe Kosten	€/Jahr	6.000	15.000
Fixe Kosten	€/Jahr	20.000	71.000
Löhne	€/Jahr	70.000	25.000
Materialkosten	€/Jahr	105.000	135.000
Sonst. variable Kosten	€/Jahr	15.000	10.000
Variable Kosten	€/Jahr	190.000	170.000
Gesamte Kosten	€/Jahr	210.000	241.000
Gewinn	€/Jahr	10.000	89.000
Gewinndifferenz A - N	€/Jahr	**– 79.000**	

Die Anschaffung des neuen, leistungsstärkeren Investitionsobjektes ist zu befürworten, da es einen um 79.000 € höheren Gewinn erwirtschaftet als das alte Investitionsobjekt.

2.3.2 Gewinnvergleich pro Leistungseinheit

Ist die genutzte **Leistung** von altem und neuem Investitionsobjekt **gleich hoch,** dann kann der Gewinnvergleich pro Leistungseinheit vorgenommen werden. Es ist aber auch möglich, den Gewinnvergleich periodenbezogen durchzuführen.

Beispiel: Die beim Gewinnvergleich pro Periode untersuchten Investitionsobjekte gleicher Leistung – Seite 178 – werden dem Gewinnvergleich pro Leistungseinheit unterzogen.

			Altes Investitionsobjekt		Neues Investitionsobjekt	
Anschaffungskosten		€		170.000		245.000
Restwert		€		5.000		5.000
Nutzungsdauer		Jahre		10		10
Auslastung		Stück/Jahr		20.000		20.000
Zinssatz		%		10		10
Restnutzungsdauer		Jahre		2		–
Resterlöswert Ende 8. Jahr		€		25.000		–
Resterlöswert Ende 10. Jahr		€		5.000		
Erlöse	370.000:20.000	€/Stück		18,50		
	390.000:20.000	€/Stück				19,50
Fixe Kosten	29.075:20.000	€/Stück	1,45			
	51.175:20.000	€/Stück			2,56	
Var. Kosten	268.300:20.000	€/Stück	13,42			
	243.300:20.000	€/Stück			12,17	
Gesamte Kosten		€/Stück		14,87		14,73
Gewinn		€/Stück		3,63		4,77
Gewinndifferenz A - N		€/Stück		**– 1,14**		

Eine Neuinvestition ist zu empfehlen, da mit ihr ein Stückgewinn erwirtschaftet wird, der um 1,14 € höher liegt als beim alten Investitionsobjekt, und die – bei gleicher Leistung beider Investitionsobjekte – einen entsprechend höheren Jahresgewinn aufweist.

Bei **unterschiedlich hoher Leistung** von altem und neuem Investitionsobjekt ist ein Gewinnvergleich pro Leistungseinheit nicht geeignet.

28 Seite 402

2.4 Eignung

Die Gewinnvergleichsrechnung wird in der betrieblichen Praxis weniger eingesetzt als die Kostenvergleichsrechnung, obwohl sie positiver zu beurteilen ist, da sie nicht nur die Kostenseite, sondern auch die Erlösseite beim Investitionsobjekt und damit auch unterschiedliche Qualitäten der Produkte berücksichtigt.

Untersuchungen ergeben, dass sich rund 14 % befragter Unternehmen der Gewinnvergleichsrechnung bedienen, um die Vorteilhaftigkeit von Investitionen zu beurteilen.

Mehrere **Nachteile** schränken die Eignung der Gewinnvergleichsrechnung aber ein:

- Die **Kurzfristigkeit des Gewinnvergleiches,** der üblicherweise für ein Jahr erfolgt und damit Entwicklungen im Zeitablauf unberücksichtigt lässt. Besonders problematisch ist er, wenn er sich auf das erste Jahr der Nutzung der Investitionsobjekte bezieht. Wird er für eine Repräsentativperiode oder eine Durchschnittsperiode durchgeführt, verbessert sich seine Aussagekraft.

- Die **Auflösbarkeit der Kosten,** die gegebenenfalls mit ihren fixen und variablen Bestandteilen zu ermitteln sind, beispielsweise auch um die Kostenfunktionen zu erstellen, was sich in der betrieblichen Praxis vielfach als recht schwierig erweist.

- Die **Zurechenbarkeit der Erlöse,** die hinsichtlich eines einzelnen Investitionsobjektes problematisch sein kann, beispielsweise wenn das zu erstellende Produkt auf mehreren Maschinen gefertigt wird. Ein Erlösanteil ist dann häufig nur über Hilfskonstruktionen zurechenbar.

- Die **Nichtberücksichtigung des Kapitaleinsatzes,** dessen Einbeziehung erst offenlegt, inwieweit eine Investition wirklich rentabel ist. Mit dem Gewinnvergleich wird lediglich die gewinnmaximale Investition ermittelt, ohne dass deren Rentabilität ausreichend hoch sein muss.

3. Rentabilitätsvergleichsrechnung

Während bei der Kostenvergleichsrechnung und Gewinnvergleichsrechnung ein wesentlicher Kritikpunkt ist, dass nur eine relative Vorteilhaftigkeit von Investitionen - ohne Berücksichtigung des erforderlichen Kapitaleinsatzes - ermittelt werden kann, ermöglicht die Rentabilitätsvergleichsrechnung, eine **absolute Vorteilhaftigkeit** von Investitionen festzustellen. Dabei geht sie grundsätzlich von den Ergebnissen der Kostenvergleichsrechnung und Gewinnvergleichsrechnung aus.

In der Literatur, aber auch in der betrieblichen Praxis gibt es eine Vielzahl von Vorschlägen, wie die Rentabilität von Investitionen zu ermitteln ist. Sie unterscheiden sich vor allem darin, das die in die Rentabilitätsformel eingehenden Größen des Gewinnes und des Kapitaleinsatzes voneinander abweichend definiert werden. Ein Beispiel ist die MAPI-Methode – siehe Fußnote Seite 182.

Unter der Zielsetzung, mithilfe der Rentabilitätsvergleichsrechnung die **durchschnittliche jährliche Verzinsung** des eingesetzten Kapitals von Investitionsobjekten zu ermitteln, gilt:

$$\boxed{R = \frac{G}{D} \cdot 100}$$

oder

$$R = \frac{E - K}{D} \cdot 100$$

R = Rentabilität (%)
G = Gewinn (€/Periode)
E = Erlöse (€/Periode)
K = Kosten (€/Periode)
D = Durchschnittlicher Kapitaleinsatz (€)

---

* Von einer relativen Rentabilität geht *Terborgh* aus, der die von ihm entwickelte **MAPI-Methode** vorschlägt, um feststellen zu können, ob der Ersatz eines Investitionsobjektes zum jetzigen Zeitpunkt oder erst in der nächsten Periode vorteilhafter ist.

Dabei wird der Zustand bei Durchführung der Investition mit dem Zustand verglichen, der ohne die Investition bestehen würde. Entscheidungskriterium ist die relative Rentabilität, die bei Ersatz des alten Investitionsobjektes in der nächsten Periode erzielt werden kann. Mit dieser Kennzahl wird die Dringlichkeit der Investition für das Unternehmen gemessen.

Die relative **Rentabilität** wird ermittelt:

$$r = \frac{(2) + (3) - (4) - (5)}{(1)}$$

(1) = **Erforderliches Kapital**
Das sind die Anschaffungskosten des neuen Investitionsobjektes abzüglich freigesetzter und/oder vermiedener Kapitalbeträge (Liquidationserlöse, ersparte Großreparaturen).

(2) = **Laufender Betriebsgewinn des nächsten Jahres**
Das ist die Summe aus der Erlössteigerung und der Verminderung der laufenden Kosten infolge der Investition.

(3) = **Vermiedener Kapitalverzehr des nächsten Jahres**
Das ist die Verminderung des Liquidationserlöses der vorhandenen Anlage bei Weiterbeschäftigung im nächsten Jahr plus der Anteil an Ausgaben für etwa notwendig werdende Großreparaturen bei Weiterverwendung.

(4) = **Eintretender Kapitalverzehr des nächsten Jahres**
Das ist die Differenz zwischen den Barwerten der Rückflüsse zu Beginn des 1. und des 2. Jahres; dies entspricht dem Kapitalverzehr der neuen Anlage im nächsten Jahr und wird mithilfe der MAPI-Diagramme festgestellt.

(5) = **Ertragssteuerbetrag des nächsten Jahres**
Das ist der zusätzlich entstehende Anfall von Ertragsteuern infolge der Realisierung der Investition.

Der Einsatz der MAPI-Methode geht so vor sich, dass in zugehörigen MAPI-Formularen die erforderlichen Werte eingetragen werden, worauf sich die Ermittlung des MAPI-Dringlichkeitswertes anschließt. Je höher die relative Rentabilität einer Investition ist, um so dringlicher wird die Investition eingestuft.

Die MAPI-Methode ist ein statisches Investitionsrechnungsverfahren mit dynamischen Elementen, das für die betriebliche Praxis keine Bedeutung mehr hat. Sie wird laut Umfragen von 0,5 % der Unternehmen angewandt. Sie unterstellt **unrealistische Entwicklungen:**

- Zunehmenden relativen Gewinn
- Normierbare Gewinnverläufe
- Gleichartigkeit der Kostenwirtschaftlichkeit.

Der **durchschnittliche Gewinn** ist als zusätzlicher, durch die Investition verursachter Gewinn zu verstehen, der nach überwiegender Auffassung **nicht durch kalkulatorische Zinsen gemindert sein darf**, da sich ansonsten statt der durchschnittlichen jährlichen Verzinsung lediglich die über den kalkulatorischen Zins hinausgehende Verzinsung ergeben würde. Bei Rationalisierungsinvestitionen tritt der durchschnittliche zusätzliche Gewinn als durchschnittliche zusätzliche Kostenersparnis in Erscheinung.

Wie der durchschnittliche Gewinn, ist auch der **durchschnittliche Kapitaleinsatz** als zusätzlicher Kapitaleinsatz anzusehen, bei dem eine gegebenenfalls investitionsbedingte Erweiterung des Umlaufvermögens hinzugerechnet werden muss. Der **Ansatz** des durchschnittlichen Kapitaleinsatzes erfolgt nach überwiegender Auffassung in folgender Weise:

- **Nicht abnutzbare Anlagegüter** – beispielsweise Grundstücke – werden mit den Anschaffungskosten angesetzt, da sie am Ende der Investitionsperiode nicht verbraucht sind.

- **Abnutzbare Anlagegüter** – beispielsweise Maschinen – werden mit den halben Anschaffungskosten angesetzt:

$$D = \frac{\text{Anschaffungskosten}}{2}$$

  Bei einem Restwert ergibt sich als durchschnittlicher Kapitaleinsatz*:

$$D = \frac{\text{Anschaffungskosten} - \text{Restwert}}{2} + \text{Restwert}$$

$$\downarrow$$

$$D = \frac{\text{Anschaffungskosten} + \text{Restwert}}{2}$$

- **Umlaufvermögen** - beispielsweise investitionsbedingte zusätzliche Fertigungsstoffe - werden ebenfalls mit den Anschaffungskosten angesetzt.

Mithilfe der Rentabilitätsvergleichsrechnung können beurteilt werden:

- Die Vorteilhaftigkeit eines **einzelnen Investitionsobjektes**. Sie ist gegeben, wenn seine Rentabilität der vom Unternehmen festgelegten Mindestrentabilität entspricht oder über ihr liegt:

$$R \geqq R_{min}$$

- Die Vorteilhaftigkeit **alternativer Investitionsobjekte,** wobei das Investitionsobjekt das vorteilhaftere bzw. vorteilhafteste ist, das die höhere bzw. höchste Rentabilität aufweist:

---

* Der durchschnittliche Kapitaleinsatz wird auch durch unterschiedliche Kapitalrückflussarten bestimmt, die auf S. 150 ff. bereits aufgezeigt wurden.

$$R_I \lesseqgtr R_{II}$$

- Die Vorteilhaftigkeit des **Ersatzes eines alten Investitionsobjektes** durch ein neues Investitionsobjekt

Sie sollen dargestellt werden:

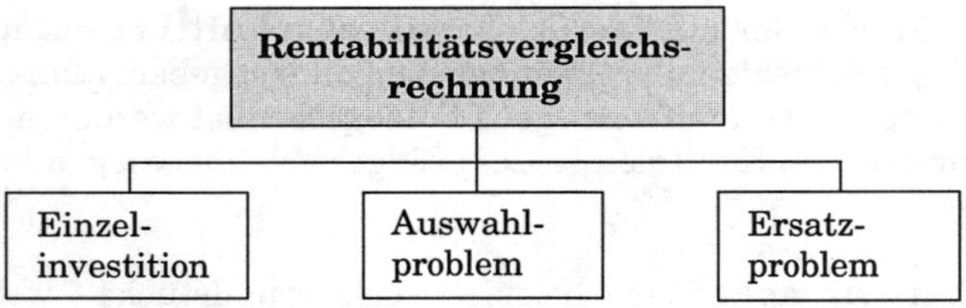

3.1 Einzelinvestition

Die Rentabilitätsvergleichsrechnung ist geeignet, ein einzelnes Investitionsobjekt danach zu beurteilen, ob es vorteilhaft ist. Davon kann ausgegangen werden, wenn es die vom Unternehmen festgelegte Mindestrentabilität erreicht oder übersteigt.

Beispiel: Es ist zu prüfen, ob ein Investitionsobjekt angeschafft werden soll, das 90.000 € kostet und 6 Jahre nutzbar ist. Bei einer Auslastung von 20.000 Stück/Jahr betragen die über die Abschreibungen und Zinsen hinausgehenden fixen Kosten 5.000 €/Jahr, die variablen Kosten 72.000 €/Jahr. Erlöse lassen sich in Höhe von 112.300 € erzielen. Als Mindestrentabilität sind 40 % festgelegt.

	€	
Erlöse		112.300
Abschreibungen	15.000	
Zinsen	–	
Sonstige fixe Kosten	5.000	
Fixe Kosten	20.000	
Variable Kosten	72.000	
Gesamte Kosten		92.000
Gewinn		**20.300**

$$R = \frac{E - K}{D} \cdot 100$$

$$R = \frac{112.300 - 92.000}{45.000} \cdot 100 = \mathbf{45{,}11\ \%}$$

Die Investition ist vorteilhaft, da das Investitionsobjekt eine um über 5 % höhere Rentabilität erwirtschaftet als vom Unternehmen gefordert.

3.2 Auswahlproblem

Das Auswahlproblem tritt vor allem auf bei:

- Erweiterungsinvestitionen
- Diversifikationsinvestitionen.

Dabei geht es um die Frage des erzielbaren **zusätzlichen Gewinnes.**

Beispiel: Neben dem zunächst als Einzelinvestition geprüften Investitionsobjekt soll noch ein zweites Investitionsobjekt alternativ auf seine Vorteilhaftigkeit hin untersucht werden. Die Daten sind der Tabelle zu entnehmen.

		Investitionsobjekt I		Investitionsobjekt II	
Anschaffungskosten	€		90.000		88.020
Restwert	€		0		0
Nutzungsdauer	Jahre		6		6
Auslastung	Stück/Jahr		20.000		23.000
Zinssatz	%		10		10
Erlöse			112.300		114.230
Abschreibungen		15.000		14.670	
Zinsen		–		–	
Sonstige fixe Kosten		5.000		4.000	
Fixe Kosten			20.000		18.670
Variable Kosten			72.000		70.000
Gesamte Kosten			92.000		88.670
Gewinn			**20.300**		**25.560**

$$R = \frac{E - K}{D} \cdot 100$$

$$R_I = \frac{112.300 - 92.000}{45.000} \cdot 100 = \mathbf{45{,}11\ \%}$$

$$R_{II} = \frac{114.230 - 88.670}{44.010} \cdot 100 = \mathbf{58{,}08\ \%}$$

Das Investitionsobjekt II ist vorteilhafter als das Investitionsobjekt I, da es eine um 12,97 % höhere Rentabilität aufweist.

Kalkulatorische **Zinsen** blieben im Beispiel unberücksichtigt. Wäre der Gewinn aus einer Gewinnvergleichsrechnung übernommen worden, hätten die kalkulatorischen Zinsen dem dort ausgewiesenen Gewinn hinzugerechnet werden müssen.

Dem Rentabilitätsvergleich liegen zwei **Einschränkungen** zu Grunde:

- Die Anschaffungskosten der alternativen Investitionsobjekte müssen gleich oder ähnlich hoch sein.
- Die Nutzungsdauern der alternativen Investitionsobjekte müssen gleich oder ähnlich hoch sein.

Sind Anschaffungskosten oder/und Nutzungsdauern der alternativen Investitionsobjekte unterschiedlich hoch, müssen sie vergleichbar gemacht werden, um falsche Beurteilungen zu vermeiden. Dies geschieht mithilfe einer **Differenzinvestition.**

Beispiele: Die Anschaffungskosten des Investitionsobjektes I betragen 80.000 €, des Investitionsobjektes II lediglich 50.000 €. Es ist eine reale oder fiktive Differenzinvestition zu unterstellen, die mit 30.000 € angesetzt wird.

Die Nutzungsdauer des Investitionsobjektes A beträgt 8 Jahre, des Investitionsobjektes B lediglich 5 Jahre. Auch hier ist eine reale oder fiktive Differenzinvestition zu unterstellen, welche die bei B fehlenden 3 Jahre ergänzt.

Mit den Differenzinvestitionen müssen also die Anschaffungskosten oder/und Nutzungsdauern derjenigen Investitionsobjekte, die geringere Werte aufweisen, »aufgefüllt« werden.

Beispiel: Das Investitionsobjekt I aus dem vorangegangenen Beispiel – Seite 185 – wird überraschend im Preis gesenkt. Es kostet jetzt nur noch 66.000 € anstelle 90.000 €.

Damit verbleibt eine Differenz von 88.020 € – 66.000 € = 22.020 € zwischen beiden alternativen Investitionsobjekten, für die eine Differenzinvestition zu berücksichtigen ist. Einzeldaten der Differenzinvestition liegen nicht vor. Es ist lediglich bekannt, dass sie einen Gewinn von 5.000 € erwirtschaftet.

		Investitionsobjekt I		Differenzinvestition	Investitionsobjekt II	
Anschaffungskosten	€	66.000		22.020	88.020	
Restwert	€	0			0	
Nutzungsdauer	Jahre	6			6	
Auslastung	Stück/Jahr	20.000			23.000	
Zinssatz	%	10			10	
Erlöse	€/Jahr		112.300			114.230
Abschreibungen	€/Jahr	11.000			14.670	
Zinsen	€/Jahr	–		–	–	
Sonstige fixe Kosten	€/Jahr	5.000			4.000	
Fixe Kosten	€/Jahr	16.000			18.670	
Variable Kosten	€/Jahr	72.000			70.000	
Gesamte Kosten	€/Jahr		88.000			88.670
Gewinn	€/Jahr		**24.300**	**5.000**		**25.560**

$$R = \frac{E - K}{D} \cdot 100$$

$$R_I = \frac{(112.300 - 88.000) + 5.000}{44.010} \cdot 100 = \mathbf{66{,}58\ \%}$$

$$R_{II} = \frac{114.230 - 88.670}{44.010} \cdot 100 = \mathbf{58{,}08\ \%}$$

Nach der revidierten Rentabilitätsvergleichsrechnung ist das Investitionsobjekt I – einschließlich der vorgesehenen Differenzinvestition – die bessere Investitionsalternative.

29 Seite 403

30 Seite 404

3.3 Ersatzproblem

Das Ersatzproblem tritt vor allem auf bei:

- Ersatzinvestitionen
- Rationalisierungsinvestitionen.

Dabei geht es um die Frage der **zusätzlichen Kostenersparnis.**

Zu diesem Zwecke muss die Gleichung zur Berechnung der Rentabilität entsprechend abgewandelt werden. Es gilt unter der Voraussetzung konstanter Erlöse:

$$R = \frac{K_A - K_N}{D_N} \cdot 100$$

R = Rentabilität (%)
K = Kosten (€/Periode)
D = Durchschnittlicher Kapitaleinsatz (€)
A = Altes Investitionsobjekt
N = Neues Investitionsobjekt.

Beispiel: Ein altes Investitionsobjekt verursacht durchschnittliche jährliche Kosten von 35.000 €. Für ein neues Investitionsobjekt würden dagegen nur jährliche Kosten von 28.000 € anfallen. Die Anschaffungskosten des neuen Investitionsobjektes betragen 70.000 €.

$$R = \frac{K_A - K_N}{D_N} \cdot 100$$

$$R = \frac{35.000 - 28.000}{35.000} \cdot 100 = \mathbf{20\ \%}$$

Die durchschnittliche Rentabilität beträgt 20 %.

Fällt für das alte Investitionsobjekt ein Resterlös an, dann ist dieser vom durchschnittlichen Kapitaleinsatz abzuziehen.

31 Seite 405

3.4 Eignung

Die Rentabilitätsvergleichsrechnung wird in der betrieblichen Praxis häufig eingesetzt, wenn auch nicht immer genau in der zuvor dargestellten Form. Untersuchungen zeigen, dass sich rund 44 % befragter Unternehmen der Rentabilitätsvergleichsrechnung bedienen, um die Vorteilhaftigkeit von Investitionen zu beurteilen. Auch lassen sich unterschiedliche Aggregate mit unterschiedlichen Funktionen als Investitionsalternativen miteinander vergleichen.

Mit der Rentabilitätsvergleichsrechnung lassen sich aussagekräftigere Informationen gewinnen als mit der Kostenvergleichsrechnung und der Gewinnvergleichsrechnung, weil sie es ermöglicht, eine **absolute Vorteilhaftigkeit** – durch Einbeziehung des Kapitaleinsatzes – erkennen zu lassen.

Da die Rentabilitätsvergleichsrechnung auf der Kostenvergleichsrechnung und der Gewinnvergleichsrechnung aufbaut, gelten teilweise die dort genannten Kritikpunkte.

Insgesamt sind als **Nachteile** der Rentabilitätsvergleichsrechnung zu nennen:

- Die **Kurzfristigkeit des Rentabilitätsvergleiches,** der üblicherweise für ein Jahr erfolgt und damit Entwicklungen im Zeitablauf unberücksichtigt lässt. Besonders problematisch wäre es, wenn er sich auf das erste Jahr der Nutzung des Investitionsobjektes beziehen würde. Bezieht er sich auf eine Durchschnittsperiode, verbessert sich seine Aussagekraft.

- Die **Zurechenbarkeit der Erlöse,** die hinsichtlich eines einzelnen Investitionsobjektes problematisch sein kann, beispielsweise wenn das zu erstellende Produkt auf mehreren Maschinen zu fertigen ist. Ein Erlösanteil ist dann häufig nur durch Hilfskonstruktionen zurechenbar.

- Die **Notwendigkeit von Differenzinvestitionen,** die gegeben ist, wenn sich die zu vergleichenden Investitionsobjekte in ihren Anschaffungskosten oder/und in ihren Nutzungsdauern unterscheiden. Durch die Differenzinvestitionen wird eine Vergleichbarkeit hergestellt, die praktischen Gegebenheiten nicht entsprechen muss.

4. Amortisationsvergleichsrechnung

Die Amortisationsvergleichsrechnung geht von den Ergebnissen der Kostenvergleichsrechnung und Gewinnvergleichsrechnung aus und dient dem Unternehmen zur

Einschätzung des Risikos, das es finanzwirtschaftlich mit der Investition eingeht. Das Risiko findet seinen Ausdruck in den finanzwirtschaftlichen Zielsetzungen Liquidität, Sicherheit und Unabhängigkeit. Die Zielsetzung Rentabilität wird durch die Amortisationsvergleichsrechnung **nicht** untersucht. Sie wird auch bezeichnet als:

- Kapitalrückfluss-Methode
- Pay-off-Methode
- Pay-back-Methode.

Die Vorteilhaftigkeit einer Investition wird an der **Amortisationszeit** gemessen. Das ist der Zeitraum, innerhalb dessen das für ein Investitionsobjekt eingesetzte Kapital wieder in das Unternehmen zurückgeflossen ist. Sie wird auch als **Wiedergewinnungszeit** bezeichnet.

Die Amortisationszeit kann wie folgt berechnet werden:

$$t_w = \frac{A - RW}{\text{Durchschnittlicher Rückfluss}}$$

t_w = Amortisationszeit (Jahre)
A = Kapitaleinsatz (€)
RW = Restwert (€)

Dabei gilt:

- Als **Kapitaleinsatz** sind die ursprünglichen Anschaffungskosten für das Investitionsobjekt anzusehen, die gegebenenfalls um den Restwert vermindert werden, der nicht amortisiert werden muss. Wird durch die Investition zusätzliches Umlaufvermögen gebunden, ist es den Anschaffungskosten zuzurechnen.

- Der **durchschnittliche Rückfluss** wäre eigentlich als Differenz zwischen den durchschnittlichen jährlichen Einzahlungen und den durchschnittlichen jährlichen Auszahlungen zu ermitteln. Das ist aber bei einer statischen Investitionrechnung nicht möglich, da sie lediglich mit Kosten und Erlösen rechnet.

  Näherungsweise kann der durchschnittliche jährliche Rückfluss erfasst werden als:

  $$\text{Durchschnittlicher jährlicher Gewinn} + \text{Jährliche Abschreibungen}$$

  Bei Rationalisierungsinvestitionen tritt der durchschnittliche jährliche Gewinn als durchschnittliche Kostenersparnis in Erscheinung:

  $$\text{Durchschnittliche Kostenersparnis} + \text{Jährliche Abschreibungen}$$

Für eine Beurteilung der **Wirtschaftlichkeit** von Investitionsobjekten ist die Amortisationsvergleichsrechnung, wie gezeigt, grundsätzlich nicht geeignet, es sei denn, die Nutzungsdauer des Investitionsobjektes liegt unter der Amortisationszeit des Investitionsobjektes. Hier wäre der Ausnahmefall gegeben, mangelnde Wirtschaftlichkeit des Investitionsobjektes erkennen zu können.

Mithilfe der Amortisationsvergleichsrechnung können beurteilt werden:

- Die Vorteilhaftigkeit eines **einzelnen Investitionsobjektes.** Dabei ist Voraussetzung, dass die maximal vertretbare Amortisationszeit vom Unternehmen festgelegt ist, über die das Investitionsobjekt nicht hinausgehen darf:

$$t_w \leq t_{w\,max}$$

- Die Vorteilhaftigkeit **alternativer Investitionsobjekte,** wobei das Investitionsobjekt das vorteilhaftere bzw. vorteilhafteste ist, das die geringere bzw. geringste Amortisationszeit aufweist.

$$t_{wI} \lesseqgtr t_{wII}$$

- Die Vorteilhaftigkeit des **Ersatzes eines alten Investitionsobjektes** durch ein neues Investitionsobjekt.

Sie sollen dargestellt werden:

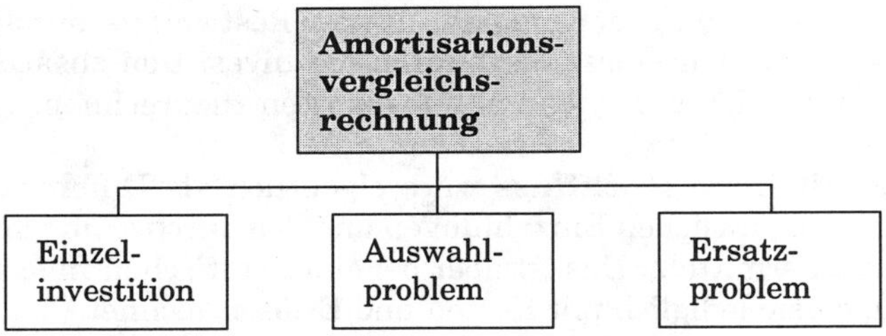

4.1 Einzelinvestition

Die Amortisationsvergleichsrechnung ist geeignet, ein einzelnes Investitionsobjekt danach zu beurteilen, ob es vorteilhaft ist. Davon kann ausgegangen werden, wenn seine Amortisationszeit gleich oder kleiner als die vom Unternehmen festgelegte maximale Amortisationszeit ist.

Die Ermittlung der Amortisationszeit kann auf zweifache Weise erfolgen:

- Bei der **Durchschnittsrechnung** lautet die oben allgemein dargestellte Gleichung zur Errechnung der Amortisationszeit:

$$\text{Amortisationszeit} = \frac{\text{Kapitaleinsatz}}{\text{Durchschnittlicher jährlicher Gewinn} + \text{Jährliche Abschreibungen}}$$

Werden Erweiterungsinvestitionen in Betracht gezogen, sind **zusätzlich erzielbare Gewinngrößen** und **zusätzlich anfallende Abschreibungsgrößen** zu verwenden.

Beispiel: Ein 8 Jahre nutzbares Investitionsobjekt weist die in der Tabelle genannten Daten auf. Die vom Unternehmen geforderte Amortisationszeit beträgt 3 Jahre.

	€
Anschaffungskosten	100.000
Restwert	0
Abschreibungen	12.500
Gewinn	20.000
Rückfluss	**32.500**

$$t_w = \frac{100.000}{20.000 + 12.500} = \textbf{3,08 Jahre}$$

Die Investition ist nicht vorteilhaft, da die Amortisationszeit des Investitionsobjektes größer ist als die vom Unternehmen zugelassene Amortisationszeit.

- Die **Kumulationsrechnung** hat gegenüber der Durchschnittsrechnung den **Vorteil,** dass die durchschnittlichen jährlichen Rückflüsse nicht durch einen einzigen Betrag ausgewiesen, sondern die geschätzten Rückflüsse für die einzelnen Jahre getrennt erfasst werden.

Dabei werden die jährlichen Rückflüsse während der Nutzungsdauer solange kumuliert, bis der Wert des Kapitaleinsatzes erreicht ist.

Beispiel: Das bei der Durchschnittsrechnung betrachtete Investitionsobjekt hat jährlich folgende Rückflüsse:

	Rückflüsse (€)	
	Jährlich	Kumuliert
1. Jahr	26.000	
2. Jahr	28.000	54.000
3. Jahr	24.000	78.000
4. Jahr	25.000	**103.000**
5. Jahr	36.000	139.000
6. Jahr	44.000	183.000
7. Jahr	40.000	223.000
8. Jahr	37.000	260.000

Es ist festzustellen, dass die Amortisationszeit bei differenzierter Erfassung der Rückflüsse nicht – wie bei der Durchschnittsrechnung – bei 3,08 Jahren, sondern bei knapp 4 Jahren liegt.

Die Kumulationsrechnung lässt sich dadurch noch verfeinern, indem sie noch weiter **dynamisiert** wird – siehe S. 193.

4.2 Auswahlproblem

Das Auswahlproblem tritt vor allem auf bei:

- Erweiterungsinvestitionen
- Diversifizierungsinvestitionen.

Dabei geht es ebenfalls um die Frage des erzielbaren **zusätzlichen Gewinnes.**

Die Berechnung der Vorteilhaftigkeit alternativer Investitionsobjekte kann – wie bei der Einzelinvestition – auf unterschiedliche Weise erfolgen:

- Mit der **Durchschnittsrechnung,** bei der die alternativen Investitionsobjekte einander gegenübergestellt werden.

Beispiel: Zwei alternative Investitionsobjekte stehen als Erweiterungsinvestition zur Auswahl. Die Daten sind der Tabelle zu entnehmen.

		Investitionsobjekt I	**Investitionsobjekt II**
Anschaffungskosten	€	100.000	150.000
Restwert	€	0	0
Nutzungsdauer	Jahre	5	5
Zusätzliche Abschreibungen	€/Jahr	20.000	30.000
Zusätzlicher Gewinn	€/Jahr	28.000	36.000
Rückfluss	€/Jahr	**48.000**	**66.000**

$$t_{wI} = \frac{100.000}{28.000 + 20.000} = \textbf{2,08 Jahre}$$

$$t_{wII} = \frac{150.000}{36.000 + 30.000} = \textbf{2,27 Jahre}$$

Das Investitionsobjekt I ist dem Investitionsobjekt II vorzuziehen, da es eine um 0,19 Jahre kürzere Amortisationszeit aufweist.

- Bei der **Kumulationsrechnung** werden die durchschnittlichen jährlichen Rückflüsse geschätzt und solange kumuliert, bis der Wert des Kapitaleinsatzes erreicht ist.

Beispiel: Zwei alternative Investitionsobjekte sollen verglichen werden. Investitionsobjekt I kostet 100.000 €, Investitionsobjekt II kostet 150.000 €. Die Investitionsobjekte sind 5 Jahre nutzbar.

	Investitions-objekt I		**Investitions-objekt II**	
	Rückfluss Jährlich	Rückfluss Kumuliert	Rückfluss Jährlich	Rückfluss Kumuliert
1. Jahr	44.000		80.000	
2. Jahr	40.000	84.000	76.000	**156.000**
3. Jahr	46.000	**130.000**	58.000	214.000
4. Jahr	52.000	182.000	54.000	268.000
5. Jahr	58.000	240.000	62.000	330.000

Das Investitionsobjekt II ist das vorteilhaftere, da es sich kurz vor Ende des 2. Jahres bereits amortisiert hat, während das Investitionsobjekt I sich erst einige Zeit nach Beginn des 3. Jahres amortisiert.

Es ist festzustellen, dass die Durchschnittsrechnung – trotz der gleichen Daten – eine **andere Vorteilhaftigkeit** ergeben hat als die kumulierte Rechnung, die individueller und damit genauer zu sein vermag.

Eine weitere Verbesserung kann die Amortisationsvergleichsrechnung erfahren, wenn sie als **dynamische Rechnung** durchgeführt wird. Die jährlichen Rückflüsse werden dabei mit dem Abzinsungsfaktor $1/q^n$ – siehe Anhang – abgezinst, d. h. auf ihren Wert zum Investitionszeitpunkt – dem Barwert – zurückgerechnet und kumuliert, bis der Kapitaleinsatz erreicht ist.

Beispiel: Der Amortisationszeitpunkt für das Investitionsobjekt I aus dem vorangegangenen Beispiel wird bei einem kalkulatorischen Zinssatz von 10 % wie folgt errechnet:

Jahr	**Rückfluss**	**Abzinsungs-faktor**	**Barwert**	**Rückfluss kumuliert**
1	44.000	0,909091	40.000	
2	40.000	0,826446	33.058	73.058
3	46.000	0,751315	34.560	**107.618**
4	52.000	0,683013	35.517	143.135
5	58.000	0,620921	36.013	179.148

Die dynamische Amortisationsvergleichsrechnung zeigt, dass sich die Amortisationszeit bis kurz vor Ende des 3. Jahres verlängert.

32 Seite 405

33 Seite 406

4.3 Ersatzproblem

Das Ersatzproblem tritt vor allem auf bei:

- Ersatzinvestitionen
- Rationalisierungsinvestitionen.

Dabei wird der durchschnittliche jährliche Gewinn als durchschnittliche jährliche **Kostenersparnis** interpretiert. Zu diesem Zweck muss die Gleichung zur Berechnung der Amortisationszeit entsprechend abgewandelt werden:

$$\text{Amortisationszeit} = \frac{\text{Zusätzlicher Kapitaleinsatz}}{\text{Ersparte Kosten} + \text{Zusätzliche Abschreibungen}}$$

Zu beachten ist, dass die **kalkulatorischen Zinsen** in Höhe des die Fremdkapitalzinsen übersteigenden Betrages in den Nenner des Bruches aufgenommen werden müssen, sofern sie bei der Kostenermittlung berechnet wurden:

$$\text{Amortisationszeit} = \frac{\text{Zusätzlicher Kapitaleinsatz}}{\text{Ersparte Kosten} + \text{Über Fremdkapitalzinsen hinaus verrechnete kalkulatorische Zinsen} + \text{Zusätzliche Abschreibungen}}$$

Ein Restwert ist vom zusätzlichen Kapitaleinsatz abzuziehen.

Beispiel: Die Anschaffungskosten für ein neues Investitionsobjekt betragen 160.000 €. Das Investitionsobjekt kann 6 Jahre lang genutzt werden und führt zu einer jährlichen Kostenersparnis von 18.000 €. Der Restwert des Investitionsobjektes beträgt 10.000 €.

$$t_W = \frac{160.000 - 10.000}{18.000 + 25.000} = \mathbf{3{,}49\ Jahre}$$

Das neue Investitionsobjekt hat sich nach 3,49 Jahren amortisiert.

34 Seite 406

4.4 Eignung

Die Amortisationsvergleichsrechnung ist das am häufigsten verwendete Verfahren der statischen Investitionsrechnung. Rund 53 % der befragten Unternehmen bedienen sich schätzungsweise der Amortisationsvergleichsrechnung, um die Vorteilhaftigkeit von Investitionen zu bestimmen.

Mit der Amortisationsvergleichsrechnung steht den Unternehmen ein **einfaches Verfahren** zur Verfügung, das es ermöglicht, das finanzwirtschaftliche Risiko von Investitionen grob abschätzen zu können. Liquiditäts-, Sicherheits- und Unabhängigkeitsaspekte stehen im Vordergrund. Die Amortisationsvergleichsrechnung sollte aber stets in Verbindung mit einem anderen geeigneten Verfahren der Investitionsrechnung angewendet werden, da sie mehrere **Nachteile** aufweist:

- Die **Kurzfristigkeit des Vergleiches,** der üblicherweise für ein Jahr erfolgt und damit Entwicklungen im Zeitablauf unberücksichtigt lässt. Besonders problematisch ist er, wenn er sich auf das erste Jahr der Nutzung des Investitionsobjektes bezieht. Wird er für eine Repräsentativperiode oder eine Durchschnittsperiode durchgeführt, verbessert sich die Aussagekraft. Eine weitere Verbesserung bietet die Kumulationsrechnung.

- Die **Zurechenbarkeit der Erlöse,** die hinsichtlich eines einzelnen Investitionsobjektes problematisch sein kann, beispielsweise wenn das zu erstellende Produkt auf mehreren Maschinen zu fertigen ist. Ein Erlösanteil ist dann häufig nur durch Hilfskonstruktionen zurechenbar.

- Die **Nichtberücksichtigung des Kapitaleinsatzes** unter Rentabilitätsgesichtspunkten. Mit dem Vergleich der Amortisationszeiten wird lediglich die relativ vorteilhafteste Investition ermittelt, ohne dass deren Rentabilität ausreichend sein muss.

- Die **Nichtberücksichtigung der Rückflüsse nach der Amortisationszeit,** die sich bei den zu untersuchenden Investitionsobjekten sehr unterschiedlich weiterentwickeln können, wodurch die Gefahr von Fehlentscheidungen gegeben ist.

- Die **Nichtberücksichtigung unterschiedlicher Nutzungsdauern,** die bei den alternativen Investitionsobjekten gegeben sein können. Damit sind die Investitionsobjekte schwer vergleichbar, kürzerfristige Investitionen scheinen vorteilhafter zu sein als längerfristige Investitionen, was nicht gerechtfertigt ist.

	Kontrollfragen	bearbeitet	Lösungshinweis	Lösung +	Lösung -
01	Nennen Sie die Merkmale statischer Investitionsrechnungen!		147		
02	Auf welche Periode können statische Investitionsrechnungen sich beziehen?		147		
03	Weshalb ist zu empfehlen, statischen Investitionsrechnungen eine Durchschnittsperiode zugrunde zu legen?		147		
04	Welche statischen Investitionsrechnungen können unterschieden werden?		148		
05	Was versteht man unter der Kostenvergleichsrechnung?		149		
06	Welches Investitionsobjekt wird bei der Kostenvergleichsrechnung als vorteilhaft angesehen?		149		
07	Welche Kosten sollen in die Kostenvergleichsrechnung einbezogen werden?		150		
08	Erläutern Sie, was unter den Kapitalkosten verstanden wird und wie ihre Ermittlung erfolgt!		150 ff.		
09	Was versteht man unter dem Kapitaldienst?		153		
10	Welche Kostenarten lassen sich als Betriebskosten erfassen?		153 f.		
11	Inwieweit können Einzelinvestitionen mithilfe der Kostenvergleichsrechnung beurteilt werden?		154		
12	Unter welcher Voraussetzung können alternative Investitionsobjekte bei der Kostenvergleichsrechnung durch einen Periodenvergleich beurteilt werden?		155		
13	Welche Arten des Kostenvergleichs können unterschieden werden?		155		
14	Auf welche Arten kann der Kostenvergleich pro Leistungseinheit oder pro Periode erfolgen?		155		
15	Auf welche Arten kann der Kostenvergleich pro Periode erfolgen?		155 ff.		
16	Kann beim Kostenvergleich pro Leistungseinheit auf eine Kostenauflösung in fixe und variable Kosten verzichtet werden?		159		
17	Was versteht man unter einer kritischen Auslastung?		161		
18	In welchen Fällen ist die Ermittlung der kritischen Auslastung besonders von Bedeutung?		161		
19	Welche Auffassungen gibt es über die rechnerische Vorgehensweise zur Lösung des Ersatzproblems bei der Kostenvergleichsrechnung?		163		
20	Womit lässt sich ein Verzicht auf den Ansatz der Kapitalkosten des alten Investitionsobjektes beim Kostenvergleich begründen?		163		

	Kontrollfragen	bear-beitet	Lösungs-hinweis	Lösung +	Lösung -
21	Inwieweit ist ein möglicher Resterlöswert für das alte Investitionsobjekt beim Kostenvergleich zu berücksichtigen?		163		
22	Der Ersatz eines Investitionsobjektes erweist sich für ein bestimmtes Jahr nicht als vorteilhaft; wie kann der optimale Ersatzzeitpunkt festgestellt werden?		165		
23	Welche Bedeutung hat die Kostenvergleichsrechnung in der Praxis?		168		
24	Worin besteht der Vorteil der Kostenvergleichsrechnung?		169		
25	Welche Nachteile schränken die Eignung der Kostenvergleichsrechnung ein?		169		
26	Was versteht man unter der Gewinnvergleichsrechnung?		170		
27	Welches Investitionsobjekt wird bei der Gewinnvergleichsrechnung als vorteilhaft bzw. das vorteilhaftere angesehen?		170		
28	Inwieweit kann die Gewinnvergleichsrechnung zur Beurteilung einer Einzelinvestition eingesetzt werden?		171		
29	In welchen Fällen muss die Vorteilhaftigkeit von alternativen Investitionsobjekten durch einen Gewinnvergleich pro Periode vorgenommen werden?		172		
30	Weshalb bedingt eine gleich hohe mengenmäßig genutzte Leistung der alternativen Investitionsobjekte einen Gewinnvergleich pro Leistungseinheit?		174		
31	Wie erfolgt die Ermittlung der kritischen Auslastung beim Gewinnvergleich?		174 f.		
32	Wie lautet das Kriterium der Vorteilhaftigkeit beim Gewinnvergleich, wenn das Ersatzproblem gelöst werden soll?		177		
33	Auf welche Weise kann der optimale Ersatzzeitpunkt mithilfe des Gewinnvergleiches ermittelt werden?		177		
34	Welche Arten des Gewinnvergleiches lassen sich beim Ersatzproblem unterscheiden?		177 ff.		
35	Mit welcher Häufigkeit wird die Gewinnvergleichsrechnung in der betrieblichen Praxis eingesetzt?		180		
36	Wie ist die Eignung der Gewinnvergleichsrechnung zu beurteilen?		181		
37	Was versteht man unter der Rentabilitätsvergleichsrechnung?		181		
38	Worin unterscheidet sich die Rentabilitätsvergleichsrechnung wesentlich von der Kosten- und Gewinnvergleichsrechnung?		181		
39	Wie ist der durchschnittliche Gewinn bei der Rentabilitätsvergleichsrechnung zu interpretieren?		183		

	Kontrollfragen	bearbeitet	Lösungshinweis	Lösung +	Lösung -
40	In welcher Form tritt der durchschnittliche Gewinn bei Rationalisierungsinvestitionen bei der Rentabilitätsvergleichsrechnung in Erscheinung?		183		
41	Wie ist der durchschnittliche Kapitaleinsatz bei der Rentabilitätsvergleichsrechnung zu verstehen?		183		
42	Wie erfolgt der Ansatz des durchschnittlichen Kapitaleinsatzes bei den verschiedenen Wirtschaftsgütern in der Rentabilitätsvergleichsrechnung?		183		
43	Welches Investitionsobjekt ist bei der Rentabilitätsvergleichsrechnung als vorteilhaft bzw. das vorteilhaftere anzusehen?		183 f.		
44	Bei welchen Arten von Investitionen tritt das Auswahlproblem auf?		185		
45	Was geschieht mit den kalkulatorischen Zinsen in der Rentabilitätsvergleichsrechnung?		185		
46	Welchen Einschränkungen unterliegt der Rentabilitätsvergleich?		186		
47	Wie können diese Einschränkungen überbrückt werden?		186		
48	Bei welchen Arten von Investitionen tritt das Ersatzproblem auf?		187		
49	Welche Voraussetzung gilt für die Berechnung der Rentabilität beim Ersatzproblem?		187		
50	Welche Bedeutung kommt der Rentabilitätsvergleichsrechnung in der betrieblichen Praxis zu?		188		
51	Worin liegt der Vorteil der Rentabilitätsvergleichsrechnung?		188		
52	Welche Nachteile müssen der Rentabilitätsvergleichsrechnung zugeschrieben werden?		189		
53	Was ist unter der MAPI-Methode zu verstehen?		182		
54	Wie erfolgt der Einsatz der MAPI-Methode?		182		
55	Was wird unter der Amortisationsvergleichsrechnung verstanden?		188		
56	Wozu dient die Amortisationsvergleichsrechnung?		188 f.		
57	Erläutern Sie, was unter der Amortisationszeit zu verstehen ist!		189		
58	Was wird bei der Amortisationsvergleichsrechnung unter dem Kapitaleinsatz verstanden?		189		
59	Woraus besteht der durchschnittliche Rückfluss bei der Amortisationsvergleichsrechnung?		189		
60	Welches Investitionsobjekt ist bei der Amortisationsvergleichsrechnung als vorteilhaft bzw. das vorteilhaftere anzusehen?		190		
61	Erläutern Sie, wie die Amortisationszeit ermittelt werden kann!		190 f.		

	Kontrollfragen	bearbeitet	Lösungshinweis	Lösung +	Lösung -
62	Welchen Vorteil weist die Kumulationsrechnung gegenüber der Durchschnittsrechnung auf?		191		
63	Wie kann die Kumulationsrechnung verfeinert werden?		192		
64	Wie wird die dynamische Amortisationsvergleichsrechnung durchgeführt?		194		
65	Bei welchen Arten von Investitionen ergibt sich das Ersatzproblem?		194		
66	Wie wird der durchschnittliche jährliche Gewinn beim Ersatzproblem der Amortisationsvergleichsrechnung interpretiert?		194		
67	Wie häufig nutzt die Praxis Amortisationsvergleichsrechnungen?		194		
68	Worin besteht der Vorteil der Amortisationsvergleichsrechnung?		194		
69	Inwieweit ist die Amortisationsvergleichsrechnung für eine Beurteilung der Wirtschaftlichkeit von Investitionsobjekten geeignet?		194		
70	Diskutieren Sie die Nachteile der Amortisationsvergleichsrechnung!		195		

D. Dynamische Investitionsrechnungen zur Beurteilung von Sachinvestitionen

Dynamische Investitionsrechnungen werden in der betrieblichen Praxis häufiger eingesetzt als statische Investitionsrechnungen, da sie höhere Aussagekraft als diese besitzen. Ihre Eignung, Informationen über die Vorteilhaftigkeit von Investitionen zu vermitteln, ist indessen zweifellos erheblich positiver zu beurteilen als bei den statischen Investitionsrechnungen.

Die Gründe für die positivere Beurteilung sind in den besonderen **Merkmalen** der dynamischen Investitionsrechnungen zu sehen:

- Sie basieren auf Einzahlungen und Auszahlungen.
- Sie beziehen sich auf alle Nutzungsperioden.
- Sie bedienen sich finanzmathematischer Methoden.

Investitionen führen zu Zahlungsströmen. Das sind:

- Kapitalbindende **Auszahlungen,** die aus den Auszahlungen der Anschaffung oder der Herstellung einschließlich der damit verbundenen Nebenauszahlungen sowie den laufenden Auszahlungen für die Nutzung der Investitionsobjekte bestehen. Zinsen bleiben dabei unberücksichtigt, da eine Abzinsung bereits durch die dynamischen Investitionsrechnungen erfolgt.

- Kapitalfreisetzende **Einzahlungen,** die den kapitalbindenden Auszahlungen gegenüberstehen und aus den Erlösen für die Leistungen des Unternehmens – den Erzeugnissen – sowie den Erlösen aus der Liquidation von Investitionsobjekten bestehen.

Die Verwendung der Zahlungsströmen erscheint für die Prüfung der Vorteilhaftigkeit von Investitionen vorteilhafter als die kostenrechnungsorientierte Betrachtung, wie sie bei den statischen Investitionsrechnungen erfolgt.

Beispiel: Kosten entstehen erst dann, wenn Rohstoffe in den Fertigungsprozess gelangen. Betriebliche Leistungen sind aber bereits gegeben, wenn Mehrbestände an Halb- und Fertigfabrikaten vorliegen. Die Auszahlungen für Rohstoffe entstehen für das Unternehmen – finanzwirtschaftlich gesehen – aber bereits beim Kauf, so weit nicht ein Zielkauf vorliegt, die Einzahlungen lassen sich erst durch einen Verkauf der Fertigfabrikate erzielen und durch den Zufluss liquider Mittel.

Die Einzahlungen und Auszahlungen, welche die Investitionsobjekte bewirken, werden für **alle Nutzungsperioden** der Investitionsobjekte vorhergesagt. Die Schätzungen sind indes nicht einfach, denn es ist nicht nur die Höhe der Zahlungsströme zu erfassen, sondern auch ihre zeitliche Verteilung auf die einzelnen Nutzungsperioden vorzunehmen.

In der betrieblichen Praxis machen diese Schätzungen erhebliche Schwierigkeiten, weil die – theoretisch unterstellte – Voraussicht nicht hinreichend gegeben ist. Man versucht, die mangelnde Voraussicht durch korrigierende oder analysierende Maßnahmen – wie sie auf Seite 93 ff. beschrieben wurden – zu überbrücken.

Die dynamischen Investitionsrechnungen bedienen sich **finanzmathematischer Methoden,** wodurch die Bedeutung der Daten im Zeitablauf berücksichtigt wird. Dies geschieht durch Verzinsung, mit deren Hilfe eine Vergleichbarkeit der Zahlungsströme herbeigeführt wird. Dazu ist vom Unternehmen der **Kalkulationszinssatz** festzulegen, wie bereits auf Seite 97 ff. beschrieben.

Im Folgenden werden dargestellt:

Dynamische Investitionsrechnungen	Kapitalwertmethode
	Interne Zinsfuß-Methode
	Annuitätenmethode

Zuerst sollen aber notwendige finanzmathematische Grundkenntnisse vermittelt werden, die sich durch die folgenden Grundbegriffe widerspiegeln.

1. Finanzmathematische Begriffe

Den dynamischen Investitionsrechnungen liegen insbesondere folgende finanzmathematische Begriffe zu Grunde:

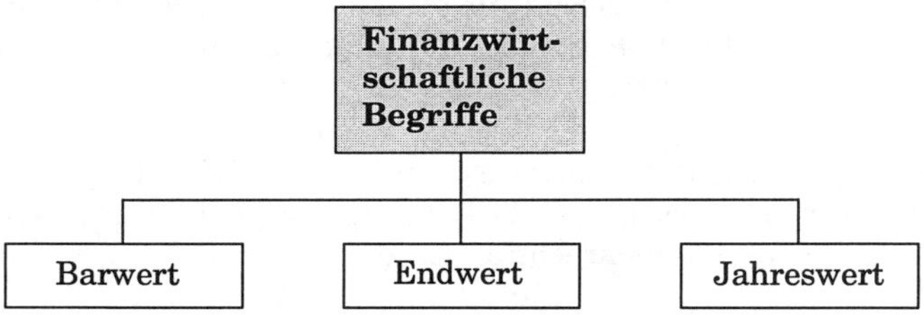

Neben diesen Begriffen ist noch der **Zeitwert** zu nennen. Der Zeitwert einer Einzahlung oder Auszahlung ist der Wert, den diese zum Zeitpunkt ihres Anfallens hat. Er berücksichtigt – bei zeitlich unterschiedlichem Anfall von Einzahlungen oder Auszahlungen – den Zeitfaktor nicht.

1.1 Barwert

Der Barwert* einer zukünftigen Einzahlung oder zukünftigen Auszahlung ist der Wert, der sich durch **Abzinsung** ergibt. Mit seiner Hilfe kann festgestellt werden,

* Der Barwert wird auch **Gegenwartswert** genannt.

welchen Wert eine oder mehrere während einer Betrachtungsperiode geleistete Zahlungen zu Beginn der Betrachtungsperiode haben.

- Bei **einmaliger Zahlung**

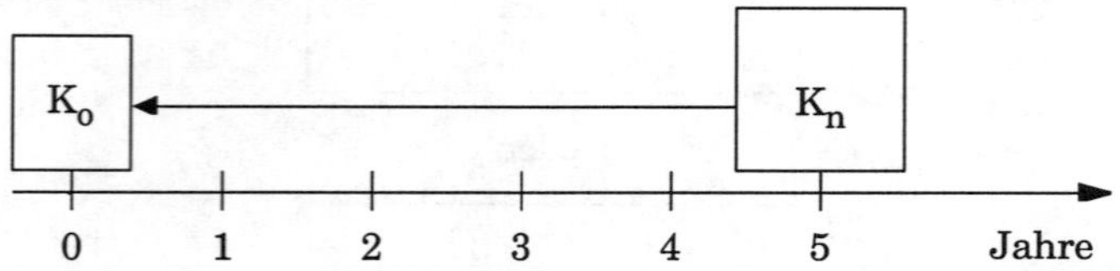

zu Ende der Betrachtungsperiode ergibt sich der Barwert durch Multiplikation des Zeitwertes der Zahlung, also den zukunftsbezogenen Wert K_n, mit dem **Abzinsungsfaktor**, dessen Wert einer entsprechenden finanzmathematischen Tabelle – siehe Anhang – entnommen werden kann:

$$K_o = K_n \cdot \frac{1}{q^n}$$

oder

$$K_o = K_n \cdot \frac{1}{(1+i)^n}$$

K_o = Barwert (€)

K_n = Kapital am Ende des n-ten Jahres (€)

$\frac{1}{q^n}$ = Abzinsungsfaktor

i = Kalkulationszinssatz (%)

Beispiel: Ein Betrag von 10.000 €, der am Ende des fünften Jahres zur Verfügung steht, hat bei einem Zinssatz von 5 % zu Beginn der Vergleichsperiode folgenden Wert:

$$K_o = 10.000 \cdot \frac{1}{1{,}05^5} = 10.000 \cdot 0{,}783526 = \mathbf{7.835{,}26\ €}$$

- Bei **mehrmaliger Zahlung**

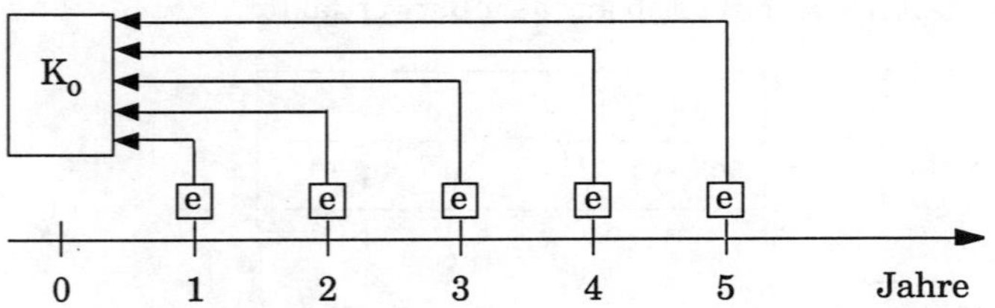

gleich hoher Zahlungsbeträge am Ende jeder Periode (= 1 Jahr) des Betrachtungszeitraumes ergibt sich der Barwert durch Multiplikation des Zeitwertes der einzelnen Zahlungen mit dem **Barwertfaktor***, dessen Wert einer entsprechenden finanzmathematischen Tabelle – siehe Anhang – entnommen werden kann:

$$K_o = e \cdot \frac{q^n - 1}{q^n (q - 1)}$$

oder

$$K_o = e \cdot \frac{(1 + i)^n - 1}{i (1 + i)^n}$$

K_o = Barwert (€)

e = Einzahlungen (€/Jahr)

$\frac{q^n - 1}{q^n (q - 1)}$ = Barwertfaktor

i = Kalkulationszinssatz (%)

Beispiel: Aufgrund eines Pachtvertrages werden 10 Jahre lang 1.200 € pro Jahr für ein Grundstück gezahlt. Würde die gesamte Pacht zu Beginn der Pachtdauer auf einmal entrichtet, wäre bei einem Zinssatz von 8 % folgender Betrag zu zahlen:

$$K_o = 1.200 \cdot \frac{1{,}08^{10} - 1}{1{,}08^{10} \cdot (1{,}08 - 1)} = 1.200 \cdot 6{,}710081 = \mathbf{8.052{,}10\ €}$$

35 Seite 407

36 Seite 407

37 Seite 407

- Bei **mehrmaligen, unbegrenzt häufigen gleich hohen Zahlungen**

Mit einer Laufzeit n = ∞ ergibt sich aus dem Barwertfaktor:

$$\frac{q^n - 1}{q^n \cdot (q - 1)} \rightarrow \frac{q^\infty - 1}{q^\infty \cdot (q - 1)}$$

---

* Er wird auch bezeichnet als:

- Diskontierungssummenfaktor
- Abzinsungssummenfaktor
- Kapitalisierungsfaktor

K_0 kann nun bei mehrmaligen, unbegrenzt häufigen gleich hohen Zahlungen e errechnet werden:

$$K_0 = e \cdot \frac{q^{\infty} - 1}{q^{\infty} \cdot (q - 1)}$$

Da $q\infty$ und $(q\infty - 1)$ unendliche Größen sind, lassen sie sich aus der Gleichung kürzen. Es entsteht eine kaufmännische Kapitalisierungsformel, die als Faustformel eine »**ewige Rente**« errechnet. Sie ist eine Grenzwertbetrachtung.

$$K_0 = e \cdot \frac{1}{(q - 1)}$$

Beispiel: Ein Unternehmen prognostiziert einen durchschnittlichen zukünftigen Gewinnüberschuss von jährlich 50.000 €. Wie hoch wäre die ewige Rente, die bei einer Unternehmensbewertung einen Kaufpreis für dieses Unternehmen darstellen kann, wenn ein Zinssatz von 8 % als Kalkulationsgrundlage angenommen wird? Da die Zeitdauer der Unternehmensübernahme nicht bekannt ist, wird eine unendliche Laufzeit unterstellt.

$$K_0 = 50.000 \cdot \frac{1}{(1.08 - 1)} = \frac{50.000}{0,08} = \mathbf{625.000\ €}$$

38 Seite 408

1.2 Endwert

Der Endwert von Einzahlungen oder Auszahlungen ist der Wert, der sich durch **Aufzinsung** ergibt. Mit seiner Hilfe kann festgestellt werden, welchen Wert eine oder mehrere während einer Betrachtungsperiode geleistete Zahlungen am Ende der Betrachtungsperiode haben.

- Bei einer **einmaligen Zahlung**

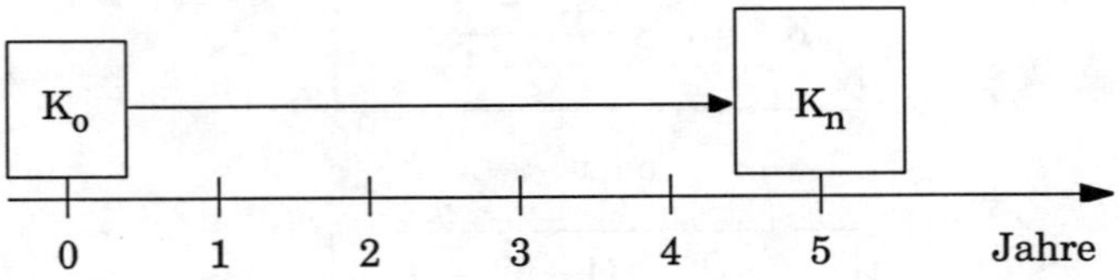

ergibt sich der Endwert durch Multiplikation des Zeitwertes der Zahlung mit dem **Aufzinsungsfaktor**, dessen Wert einer entsprechenden finanzmathematischen Tabelle – siehe Anhang – entnommen werden kann:

$$K_n = K_o \cdot q^n$$

oder

$$K_n = K_o \cdot (1 + i)^n$$

K_n = Endwert (€)
K_o = Wert im Zeitpunkt t_o (€)
q^n = Aufzinsungsfaktor
i = Kalkulationszinssatz (%)

Beispiel: Der Gesellschafter einer GmbH stellt dem Unternehmen einen Kredit von 20.000 € zu einem Zinssatz von 8 % zur Verfügung. Kreditbetrag und Zinsen werden dem Gesellschafter zum Ende des 5. Jahres ausgezahlt.

Der Gesellschafter erhält am Ende des 5. Jahres:

K_5 = 20.000 · $1{,}08^5$ = 20.000 · 1,469328 = **29.386,56 €**

- Bei **mehrmaliger Zahlung**

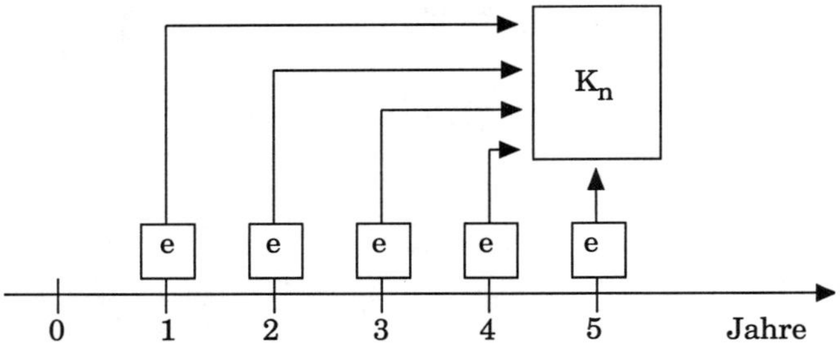

gleich hoher Zahlungsbeträge am Ende jeder Periode (= 1 Jahr) des Betrachtungszeitraumes ergibt sich der Endwert durch Multiplikation des Zeitwertes der einzelnen Zahlung mit dem **Endwertfaktor***, dessen Wert einer entsprechenden finanzmathematischen Tabelle – siehe Anhang – entnommen werden kann:

$$K_n = e \cdot \frac{q^n - 1}{q - 1}$$

oder

$$K_n = e \cdot \frac{(1 + i)^n - 1}{i}$$

* Er wird auch als **Aufzinsungssummenfaktor** bezeichnet.

K_n = Endwert (€)

e = Einzahlungen (€/Jahr)

$\frac{q^n - 1}{q - 1}$ = Endwertfaktor

i = Kalkulationszinssatz (%)

Beispiel: Es werden zum Ende eines jeden Jahres 1.000 € bereitgestellt. Der Zinssatz beträgt 5 %. Am Ende des 10. Jahres beträgt das Kapital:

$$K_{10} = 1.000 \cdot \frac{1{,}05^{10} - 1}{1{,}05 - 1} = 1.000 \cdot 12{,}577893 = \mathbf{12.577{,}89\ €}$$

39 Seite 408

40 Seite 409

1.3 Jahreswert

Finanzmathematisch lässt sich nicht nur der Wert einer Zahlung zu Beginn oder zum Ende einer Vergleichsperiode ermitteln, sondern auch die **jährlich in gleicher Höhe anfallenden Werte**, die sich aus einem bestimmten auf den Beginn oder das Ende der Vergleichsperiode bezogenen Wert ergeben:

- Bei **Zahlung eines jetzt fälligen Betrages** in mehreren Teilbeträgen, die jeweils gleich hoch sind und am Ende jeder Periode (= 1 Jahr) geleistet werden,

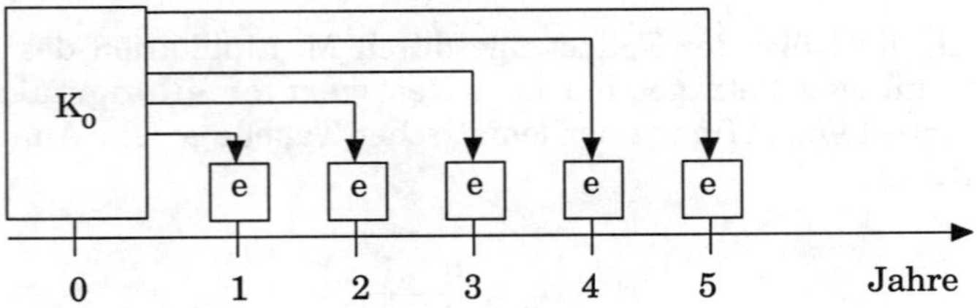

ergibt sich die Höhe der Teilbeträge durch Multiplikation des jetzt fälligen Betrages mit dem **Kapitalwiedergewinnungsfaktor***, dessen Wert einer entsprechenden finanzmathematischen Tabelle – siehe Anhang – entnommen werden kann:

$$e = K_o \cdot \frac{q^n\ (q - 1)}{q^n - 1}$$

oder

* Er wird auch bezeichnet als:

- Verrentungsfaktor
- Annuitätenfaktor

$$e = K_0 \cdot \frac{i\ (1+i)^n}{(1+i)^n - 1}$$

e	=	Einzahlungen (€/Jahr)
K_0	=	Wert im Zeitpunkt t_0 (€)
$\frac{q^n\ (q-1)}{q^n - 1}$	=	Kapitalwiedergewinnungsfaktor
i	=	Kalkulationszinssatz (%)

Beispiel: Ein Versicherungsnehmer will sich die fällige Versicherungssumme von 80.000 € in 10 jährlichen Raten auszahlen lassen. Als Zinssatz sind 8 % anzusetzen. Danach erhält er jährlich:

$$e = 80.000 \cdot \frac{1{,}08^{10} \cdot (1{,}08 - 1)}{1{,}08^{10} - 1} = 80.000 \cdot 0{,}149029 = \mathbf{11.922{,}32\ €}$$

- Bei **Zahlung eines zu einem späteren Zeitpunkt fälligen Betrages** in mehreren davor liegenden Teilbeträgen, die jeweils gleich hoch sind und am Ende jeder Periode (= 1 Jahr) geleistet werden,

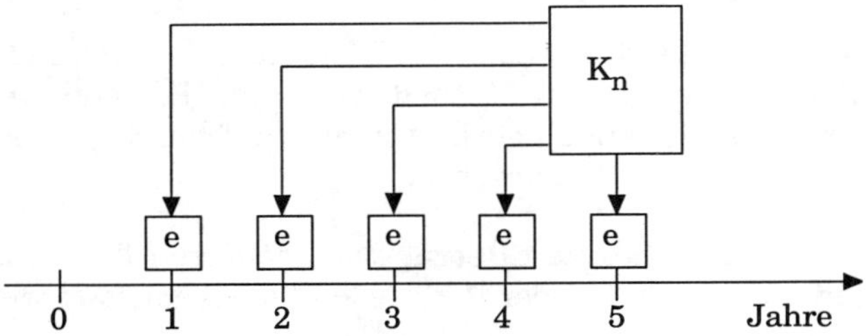

ergibt sich die Höhe der Teilbeträge durch Multiplikation des zu dem späteren Zeitpunkt fälligen Betrages mit dem **Restwertverteilungsfaktor**, dessen Wert einer entsprechenden finanzmathematischen Tabelle – siehe Anhang – entnommen werden kann:

$$e = K_n \cdot \frac{q-1}{q^n - 1}$$

oder

$$e = K_n \cdot \frac{i}{(1+i)^n - 1}$$

e	=	Einzahlungen (€/Jahr)
K_n	=	Wert im Zeitpunkt t_n (€)
$\frac{q-1}{q^n - 1}$	=	Restwertverteilungsfaktor
i	=	Kalkulationszinssatz

Beispiel: Ein am Ende des 5. Jahres von einem Unternehmen bereitzustellender Geldbetrag von 20.000 € wird auf Wunsch des Berechtigten zuvor in 5 gleichen Raten zum Jahresende ausgezahlt. Als jährliche Rate erhält der Berechtigte bei einem Zinssatz von 8 %:

$$e = 20.000 \cdot \frac{1{,}08 - 1}{1{,}08^5 - 1} = 20.000 \cdot 0{,}170456 = \mathbf{3.409{,}12\ €}$$

40 Seite 409

41 Seite 409

Die bisher gezeigten Werte, wie z. B. Barwert und Endwert, aber auch die noch anzuführenden Werte der dynamischen Investitionsrechnung wie Kapitalwert, Interner Zinsfuß oder Annuität, können mit **Kalkulationsprogrammen** (z. B. Excel, Lotus 123) der unterschiedlichen Softwarehersteller am Computer berechnet werden.

Aufschluss über die Verwendung solcher **finanzmathematischen Funktionen** geben die Hilfsprogramme der jeweiligen Software. Generell kann gesagt werden, dass nach Eingabe der finanzmathematischen Funktion Angaben von Zahlungsgrößen oder Datenbereiche notwendig werden, welche die investitionsbedingten Zahlungsströme enthalten. Zumeist ist dann weiterhin anzugeben der verwandte Zins oder ein Versuchszins, z. B. bei einer Interpolation mittels der Internen-Zinsfuß-Methode.

Die dynamischen Investitionsrechnungen können durchgeführt werden als:

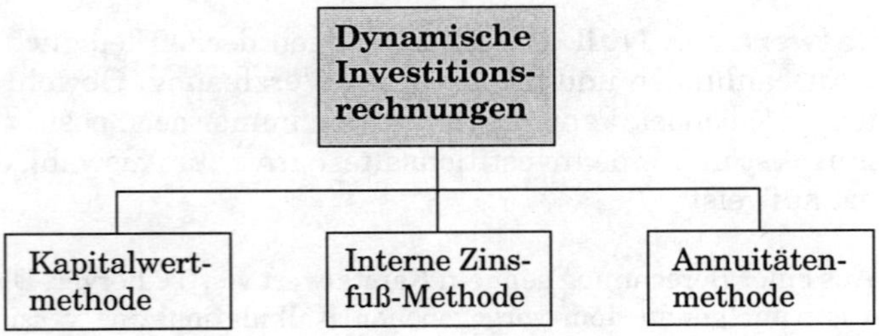

2. Kapitalwertmethode

Die Kapitalwertmethode, die auch als **Bar-Kapitalwert-Methode*** bezeichnet werden kann, ist ein Verfahren der dynamischen Investitionsrechnung, bei dem der Kapitalwert zum Beginn der Nutzungsdauer von Investitionsobjekten als Maßstab der Vorteilhaftigkeit dient.

* Von der (Bar-)Kapitalwert-Methode ist die weniger gebräuchliche **End-Kapitalwert-Methode** zu unterscheiden, bei welcher die Zahlungsreihen von Investitionsobjekten auf das Ende des Betrachtungszeitraumes bezogen werden.

Als **Kapitalwert** einer Investition ist die Differenz zwischen dem Barwert der investitionsbedingten Einzahlungen und dem Barwert der investitionsbedingten Auszahlungen zu verstehen:

$$C_o = C_e - C_a$$

C_o = Kapitalwert (€)
C_e = Abgezinste Einzahlungen (€) (einschließlich Liquidationserlös)
C_a = Abgezinste Auszahlungen (€) (einschließlich Anschaffungswert)

Ein Liquidationserlös des Investitionsobjektes wird abgezinst und den Überschüssen des Investitionsobjektes zugerechnet.

Der **Kapitalwert** kann sein:

- Ein **positiver Kapitalwert**. Er zeigt, dass ein Investitionsobjekt über die investitionsbedingten Auszahlungen und die erwartete Verzinsung hinaus einen barwertigen Investitionsgewinn in Höhe des positiven Kapitalwertes erwirtschaftet.

  Beispiel: Aus einer Berechnung geht ein Kapitalwert von 2.500 € hervor. Dies besagt, dass sich die Investition mit einem über dem vorgegebenen Kalkulationszins liegenden Wert verzinst hat. D. h. der Investor gewinnt sein eingesetztes Kapital zurück. Er erhält in Höhe des angesetzten Zinsfuß eine Verzinsung der jeweils ausstehenden Beträge. Er realisiert darüber hinaus einen barwertigen Überschuss von 2.500 €.

- Ein **Kapitalwert von Null**. Die Einzahlungen decken lediglich die investitionsbedingten Auszahlungen und die erwartete Verzinsung. Obwohl ein Investitionsgewinn nicht gegeben ist, kann die Investition immer noch positiv beurteilt werden – es sei denn, es stünde eine Investitionsalternative zur Auswahl, die einen höheren Kapitalwert aufweist.

  Beispiel: Aus einer Berechnung geht ein Kapitalwert von 0 € hervor. Dies meint, dass sich die Investition mit genau dem vorgegebenen Kalkulationszins verzinst hat. D. h. der Investor gewinnt sein eingesetztes Kapital zurück. Er erhält auch in Höhe des angesetzten Zinsfuß eine Verzinsung der jeweils ausstehenden Beträge. Ein barwertigen Überschuss wird nicht realisiert.

- Ein **negativer Kapitalwert**. Er deutet darauf hin, dass die Investition unvorteilhaft ist. Die Einzahlungen decken die investitionsbedingten Auszahlungen und die erwartete Verzinsung nicht.

  Beispiel: Es ergibt sich ein Kapitalwert von – 2.500 €. Dies deutet darauf hin, dass die Investition den vorgegebenen Kalkulationszins nicht erreicht hat. D. h. der Investor gewinnt sein eingesetztes Kapital nicht oder nur teilweise zurück. Die vorgegebene Mindestverzinsung auf die jeweils ausstehenden Beträge kann nicht realisiert werden. Die Investition ist daher nicht vorteilhaft, der Investor muss einen barwertigen Verlust von 2.500 € hinnehmen.

Mithilfe der Kapitalwertmethode können beurteilt werden:

- Die Vorteilhaftigkeit eines **einzelnen Investitionsobjektes.** Sie ist gegeben, wenn der Kapitalwert größer oder gleich Null ist:

$$C_o \geq 0$$

- Die Vorteilhaftigkeit **alternativer Investitionsobjekte,** wobei das Investitionsobjekt das vorteilhaftere bzw. vorteilhafteste ist, das den größeren bzw. größten Kapitalwert aufweist:

$$C_{oI} \gtreqless C_{oII}$$

- Der **optimale Ersatzzeitpunkt** eines alten Investitionsobjektes durch ein neues Investitionsobjekt.

Sie sollen dargestellt werden:

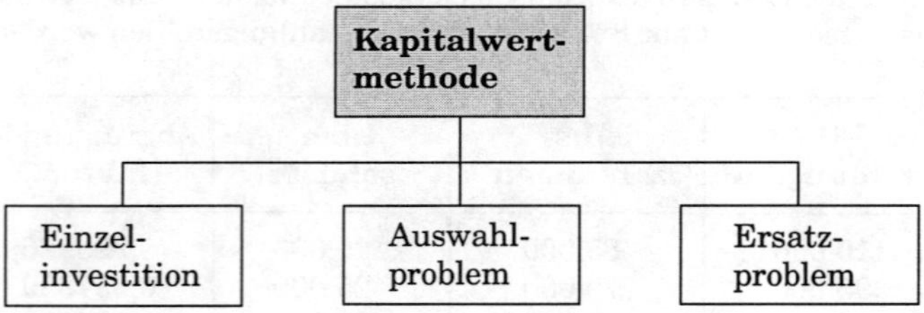

2.1 Einzelinvestition

Die Kapitalwertmethode ist geeignet, ein einzelnes Investitionsobjekt danach zu beurteilen, ob es vorteilhaft ist. Der Beurteilung einer Einzelinvestition können dabei **drei Situationen** zu Grunde liegen:

- Die jährlichen **Überschüsse** sind **unterschiedlich hoch**, was in der betrieblichen Praxis meist zu unterstellen ist. Es gilt die oben genannte Gleichung in folgender Form:

$$C_o = \frac{e_1 - a_1}{q^1} + \frac{e_2 - a_2}{q^2} + \dots + \frac{e_n - a_n}{q^n} - a_o$$

oder

$$C_o = \frac{ü_1}{q^1} + \frac{ü_2}{q^2} + \dots + \frac{ü_n}{q^n} - a_o$$

Ein **Liquidationserlös** des Investitionsobjektes wird abgezinst und den Überschüssen aus dem Investitionsobjekt zugerechnet:

$$C_o = \frac{e_1 - a_1}{q^1} + \frac{e_2 - a_2}{q^2} + ... + \frac{e_n - a_n}{q^n} + \frac{L}{q^n} - a_o$$

C_o = Kapitalwert (€)
e = Einzahlungen in den Nutzungsjahren 1 ... n (€/Jahr)
a = Auszahlungen in den Nutzungsjahren 1 ... n (€/Jahr)
$\frac{1}{q^n}$ = Abzinsungsfaktor (%) in den Nutzungsjahren 1 ... n
a_o = Anschaffungswert (€)
ü = Überschüsse in den Nutzungsjahren 1 ... n (€/Jahr)
L = Liquidationserlös (€)

Die Berechnung des Kapitalwertes erfolgt zweckmäßigerweise tabellarisch.

Beispiel: Es soll entschieden werden, ob ein bestimmtes Investitionsobjekt beschafft werden soll oder nicht. Das Investitionsobjekt kostet 100.000 € und ist 5 Jahre nutzbar. Der Kalkulationszinssatz wird mit 8 % angesetzt. Die Zahlungsreihen werden geschätzt:

Jahr	Ein-zahlungen	Aus-zahlungen	Über-schüsse	Abzinsungs-faktor	Barwert
1	110.000	85.000	25.000	0,925926	23.148
2	95.000	70.000	25.000	0,857339	21.433
3	105.000	70.000	35.000	0,793832	27.784
4	100.000	65.000	35.000	0,735030	25.726
5	90.000	80.000	10.000	0,680583	6.806
= Summe					104.897
– Anschaffungswert					100.000
= Kapitalwert					**4.897**

Die Investition ist vorteilhaft, weil der Kapitalwert positiv ist. Die Mindestverzinsung von 8 % wurde erreicht und sogar übertroffen. Dies zeigt sich in einem barwertigen Gewinn in Höhe von 4.897 €.

- Im weniger praxisbedeutsamen Fall, dass die jährlichen **Überschüsse gleichbleibend** sind, kann auf eine differenzierte tabellarische Ermittlung des Kapitalwertes verzichtet werden und die Berechnung mithilfe des **Barwertfaktors** erfolgen:

$$C_o = ü \cdot \frac{q^n - 1}{q^n (q - 1)} - a_o$$

C_o = Kapitalwert (€)
ü = Überschuss (€/Jahr)
$\frac{q^n - 1}{q^n (q - 1)}$ = Barwertfaktor
a_o = Anschaffungswert (€)

Ein möglicher **Liquidationserlös** des Investitionsobjektes wird abgezinst und dem Barwert der Überschüsse aus dem Investitionsobjekt zugerechnet:

$$C_o = ü \cdot \frac{q^n - 1}{q^n (q - 1)} + \frac{L}{q^n} - a_o$$

Beispiel: Ein Investitionsobjekt kostet 150.000 € und ist 10 Jahre nutzbar. Der Kalkulationszinssatz beträgt 8 % und die jährlichen Überschüsse 22.200 €.

C_o = 22.200 · 6,710081 – 150.000
C_o = 148.963,80 – 150.000 = **– 1.036,20 €**

Die Investition ist nicht vorteilhaft, da sie einen negativen Kapitalwert aufweist. Die angestrebte Mindestverzinsung von 8 % wurde nicht erreicht. Man hat einen barwertigen Verlust in Höhe von 1.036,20 € hinzunehmen.

- In der betrieblichen Praxis kann der Fall auftreten, dass die **Nutzungsdauer** eines Investitionsobjektes **nicht bestimmbar** ist, beispielsweise beim Kauf eines Grundstückes oder eines Unternehmens. Bei gleichbleibenden jährlichen Überschüssen ist die Gleichung zur Berechnung des Kapitalwertes – unter der Annahme unendlich langer Nutzung – in Form der bereits dargelegten **»ewigen Rente«** zu verwenden.

$$C_o = ü \cdot \frac{1}{q-1} - a_o$$

C_o = Kapitalwert (€)
ü = Überschuss (€/Jahr)
q = Kalkulationszinssatz (%)
a_o = Anschaffungswert (€)

Beispiel: Ein Investitionsobjekt hat einen Anschaffungswert von 80.000 €. Die jährlichen Überschüsse betragen 6.600 €, der Kalkulationszinssatz liegt bei 8 %. Die Nutzungsdauer ist unbestimmt.

$$C_o = 6.600 \cdot \frac{1}{1{,}08 - 1} - 80.000$$

C_o = 82.500 – 80.000 = **2.500 €**

Die Investition ist vorteilhaft, da der Kapitalwert positiv ist.

2.2 Auswahlproblem

Häufiger als die Beurteilung einer Einzelinvestition ist in der betrieblichen Praxis die Notwendigkeit, unter mehreren alternativen Investitionsobjekten das günstigere bzw. günstigste auszuwählen. Dabei ist dasjenige Investitionsobjekt das vorteilhaftere bzw. vorteilhafteste, das den höheren bzw. höchsten positiven Kapitalwert aufweist.

Der tabellarische Vergleich der alternativen Investitionsobjekte ist – bei Kenntnis der Einzahlungen und Auszahlungen – problemlos möglich, wenn die **Anschaffungswerte** und **Nutzungsdauern** der alternativen Investitionsobjekte **gleich** sind.

Beispiel: Zwei alternative Investitionsobjekte sind zu vergleichen. Beide haben Anschaffungswerte von 100.000 € und eine Nutzungsdauer von 5 Jahren. Der Kalkulationszinssatz beträgt 8 %. Die jährlichen Einzahlungen und Auszahlungen sind der Tabelle zu entnehmen.

Jahr	Abzinsungs-faktor	Investitionsobjekt I				Investitionsobjekt II			
		Einzahlungen	Auszahlungen	Überschüsse	Barwert	Einzahlungen	Auszahlungen	Überschüsse	Barwert
1	0,925926	110.000	85.000	25.000	23.148	130.000	105.000	25.000	23.148
2	0,857339	95.000	70.000	25.000	21.433	140.000	110.000	30.000	25.720
3	0,793832	105.000	70.000	35.000	27.784	135.000	110.000	25.000	19.846
4	0,735030	100.000	65.000	35.000	25.726	125.000	105.000	20.000	14.701
5	0,680583	90.000	80.000	10.000	6.806	130.000	100.000	30.000	20.417
= Summe					104.897				103.832
– Anschaffungswert					100.000				100.000
= Kapitalwert					**4.897**				**3.832**

Das Investitionsobjekt I ist positiver zu beurteilen, da es einen um 1.065 € höheren Kapitalwert aufweist als das Investitionsobjekt II.

Unterscheiden sich die alternativen Investitionsobjekte in ihrem Anschaffungswert oder/und ihrer Nutzungsdauer, wird mitunter vorgeschlagen, eine **Differenzinvestition** anzusetzen.

Beispiel: Für die Fertigung stehen zwei alternative Investitionsobjekte zur Auswahl. Investitionsobjekt I hat einen Anschaffungswert von 120.000 €, eine Nutzungsdauer von 5 Jahren und einen Liquidationserlös von 12.000 €.

Investitionsobjekt II weist einen Anschaffungswert von 80.000 € und eine Nutzungsdauer von 5 Jahren auf, ein Liquidationserlös ist nicht zu erwarten. Der Kalkulationszinssatz beträgt 10 %.

Die Differenz zwischen den Anschaffungswerten der Investitionsobjekte I und II soll in einem (kleineren) Investitionsobjekt bestehen, dessen Anschaffungswert der Differenz von 40.000 € entspricht und das ebenfalls 5 Jahre nutzbar sein wird. Das Investitionsobjekt wird einen Liquidationserlös von 5.000 € haben.

Jahr	Abzinsungs-faktor	Investitionsobjekt I		Investitionsobjekt II		Differenzinvestition	
		Überschüsse	Barwert	Überschüsse	Barwert	Überschüsse	Barwert
1	0,909091	30.000	27.273	20.000	18.182	8.000	7.273
2	0,826446	45.000	37.190	25.000	20.661	10.000	8.264
3	0,751315	40.000	30.053	25.000	18.783	15.000	11.270
4	0,683013	45.000	30.736	25.000	17.075	20.000	13.660
5	0,620921	35.000	21.732	20.000	12.418	20.000	12.418
+ Liquidationserlös	0,620921	12.000	7.451	–		5.000	3.105
= Summe			154.435		87.119		55.990
– Anschaffungswert			120.000		80.000		40.000
= Kapitalwert					**7.119**		**15.990**
			34.435		**23.109**		

Unter Berücksichtigung einer Differenzinvestition ergibt sich, dass Investitionsobjekt I einen um 11.326 € höheren Kapitalwert aufweist als das Investitionsobjekt II. Wichtig ist festzustellen, dass der Ansatz einer **Differenzinvestition** aber **nicht erforderlich** ist, sofern die Rückflüsse aus einer Investition mit dem Zinssatz angelegt werden, der dem Kalkulationszinssatz entspricht, da die Kapitalwertmethode die Kapitalbindung implizit berücksichtigt, d. h. die Differenzinvestition nichts an der Beurteilung der Vorteilhaftigkeit ändert.

Das Auswahlproblem kann in geeigneter Weise nicht nur für alternative Investitionsobjekte mit jährlich unterschiedlich hohen Überschüssen, sondern auch – mithilfe der bei den Einzelinvestitionen dargestellten Gleichungen – für alternative Investitionsobjekte

- mit jährlich gleich hohen Überschüssen bei einer **begrenzten Nutzungsdauer**
- mit jährlich gleich hohen Überschüssen bei einer **unbegrenzten Nutzungsdauer**

gelöst werden.

43 Seite 410

44 Seite 410

45 Seite 411

46 Seite 412

2.3 Ersatzproblem

Die Kapitalwertmethode kann zur Lösung des Ersatzproblems eingesetzt werden, wenn es um die Frage geht, ob es vorteilhaft ist, eine Ersatzinvestition

- sofort durchzuführen
  oder
- in der nächsten Periode durchzuführen.

Die Lösung des Ersatzproblems mithilfe der Kapitalwertmethode ist **nicht ohne Probleme,** da die Restnutzungsdauer des alten Investitionsobjektes und die Nutzungsdauer des neuen Investitionsobjektes beträchtlich auseinanderfallen. Beim Auswahlproblem ist gezeigt worden, dass in solchen Situationen Differenzinvestitionen gebildet werden, die eine Vergleichbarkeit herstellen.

Differenzinvestitionen, die beim Ersatzproblem anzusetzen wären, würden den Vergleich erheblich beeinflussen und damit die Gefahr fehlerhafter Ergebnisse und – daraus resultierend – falscher Entscheidungen in sich bergen.

Beispiel: Es soll geprüft werden, ob ein altes Investitionsobjekt sofort oder in der folgenden Periode ausscheiden soll, um durch ein neues, 10 Jahre nutzbares Investitionsobjekt ersetzt zu werden. Die Differenzinvestition müsste eine vieljährige Nutzungsdauer aufweisen, was nicht sinnvoll sein kann.

Man versucht deshalb, das Problem anders zu lösen, indem man zur Überbrückung der Zeitdifferenz unterstellt, das **neue Investitionsobjekt** werde nach Ablauf seiner Nutzungsdauer jeweils **identisch**, d. h. unter Fortschreibung der Kapitalwerte der Investition **ersetzt**. Die Annahme der identischen Wiederholung der Investition erfordert es, den Kapitalwert durch den Faktor $\frac{q^n}{q^n - 1}$ zu ergänzen. Damit ergibt sich – in Anlehnung an *ter Horst* – für die sofortige, d. h. im **Zeitpunkt t_0** erfolgte Investition die allgemeine Gleichung:

$$C_0^{t_0} = L_A + C_{0N} \cdot \frac{q^n}{q^n - 1}$$

Folgende **Situationen** sind möglich:

- Bei **unterschiedlich hohen** jährlichen **Überschüssen** des neuen Investitionsobjektes kann – ohne Berücksichtigung eines Liquidationserlöses beim neuen Investitionsobjekt – die Gleichung wie folgt aufgelöst werden:

$$C_0^{t_0} = L_A + \left(\frac{e_1 - a_1}{q^1} + \frac{e_2 - a_2}{q^2} + \ldots + \frac{e_n - a_n}{q^n} - a_{0N} \right) \cdot \frac{q^n}{q^n - 1}$$

  Ein **Liquidationserlös** des neuen Investitionsobjektes wird abgezinst und den Überschüssen zugerechnet.

- Sind die jährlichen **Überschüsse** des neuen Investitionsobjektes **gleich hoch**, hat die aufgelöste Gleichung – ohne Berücksichtigung eines Liquidationserlöses beim neuen Investitionsobjekt – folgendes Aussehen:

$$C_0^{t_0} = L_A + \left(ü_N \cdot \frac{q^n - 1}{q^n (q - 1)} - a_{0N} \right) \cdot \frac{q^n}{q^n - 1}$$

$C_o^{t_o}$ = Kapitalwert zum Zeitpunkt t_o (€)
L_A = Liquidationserlös des alten Investitionsobjektes (€)
$ü_N$ = Jährlicher Überschuss des neuen Investitionsobjektes (€/Jahr)
a_{oN} = Anschaffungswert des neuen Investitionsobjektes (€)
e = Einzahlungen (€/Jahr)
a = Auszahlungen (€/Jahr)
$\frac{q^n - 1}{q^n (q-1)}$ = Barwertfaktor

Ein **Liquidationserlös** des neuen Investitionsobjektes wird abgezinst und dem Barwert der Überschüsse aus dem neuen Investitionsobjekt zugerechnet.

Für die Investition in der nächsten Periode, d. h. im **Zeitpunkt t_1**, errechnet sich der Kapitalwert allgemein wie folgt:

$$C_o^{t_1} = (ü_A + L_A + C_{oN}^{t_1} \cdot \frac{q^n}{q^n - 1}) \cdot \frac{1}{q}$$

Auf die bereits genannten **Situationen** bezogen gilt:

- Bei **unterschiedlich hohen** jährlichen **Überschüssen** des neuen Investitionsobjektes kann die Gleichung – ohne Berücksichtigung eines Liquidationserlöses beim neuen Investitionsobjekt – wie folgt aufgelöst werden:

$$C_o^{t_1} = [ü_A + L_A + (\frac{e_1 - a_1}{q^1} + \frac{e_2 - a_2}{q^2} + ... + \frac{e_n - a_n}{q^n} - a_{oN}) \cdot \frac{q^n}{q^n - 1}] \cdot \frac{1}{q}$$

Ein **Liquidationserlös** des neuen Investitionsobjektes wird abgezinst und den Überschüssen aus dem neuen Investitionsobjekt zugerechnet.

- Sind die jährlichen **Überschüsse** des Investitionsobjektes **gleich hoch**, hat die aufgelöste Gleichung – ohne Berücksichtigung eines Liquidationserlöses beim neuen Investitionsobjekt – folgendes Aussehen:

$$C_o^{t_1} = [ü_A + L_A + (ü_N \cdot \frac{q^n - 1}{q^n (q-1)} - a_{oN}) \cdot \frac{q^n}{q^n - 1}] \cdot \frac{1}{q}$$

$C_o^{t_1}$ = Kapitalwert zum Zeitpunkt t_1 (€)
L_A = Liquidationserlös des alten Investitionsobjektes (€)
$ü_{N,A}$ = Überschuss des neuen/alten Investitionsobjektes (€/Jahr)
a_{oN} = Anschaffungswert des neuen Investitionsobjektes (€)
e = Einzahlungen (€/Jahr)
a = Auszahlungen (€/Jahr)
$\frac{q^n - 1}{q^n (q-1)}$ = Barwertfaktor
$\frac{1}{q^n}$ = Abzinsungsfaktor

Ein **Liquidationserlös** des neuen Investitionsobjektes wird abgezinst und dem Barwert der Überschüsse aus dem neuen Investitionsobjekt zugerechnet.

Beispiel: Ein in Betrieb befindliches Investitionsobjekt hat einen Anschaffungswert von 150.000 € und erbringt jährliche Überschüsse von 20.000 €. Bei sofortigem Ersatz beträgt der Liquidationserlös 8.000 €, bei Ersatz in der nächsten Periode 5.000 €. Ein neues Investitionsobjekt mit einem Anschaffungswert von 165.000 € würde jährliche Überschüsse von 30.000 € erbringen können. Als Liquidationserlös nach einer Nutzungsdauer von 8 Jahren werden 3.000 € erwartet. Der Kalkulationszinssatz ist 8 %.

$$C_0^{t_0} = 8.000 + (30.000 \cdot 5{,}746639 + 3.000 \cdot 0{,}540269 - 165.000) \cdot \frac{1{,}850930}{1{,}850930 - 1}$$

$$C_0^{t_0} = \mathbf{27.620\ €}$$

$$C_0^{t_1} = [20.000 + 5.000 + (30.000 \cdot 5{,}746639 + 3.000 \cdot 0{,}540269 - 165.000) \cdot \frac{1{,}850930}{1{,}850930 - 1}] \cdot \frac{1}{1{,}08}$$

$$C_0^{t_1} = \mathbf{41.315\ €}$$

Es ist vorteilhafter, das alte Investitionsobjekt erst in der nächsten Periode durch das neue Investitionsobjekt zu ersetzen, da der Kapitalwert dann um 13.695 € höher liegt.

Wichtig ist, darauf hinzuweisen, dass die dargestellte Ermittlung der Vorteilhaftigkeit einer Ersatzinvestition unter folgenden **Voraussetzungen** erfolgt:

- Die jährlichen Überschüsse und die Restwerte des alten Investitionsobjektes nehmen im Zeitablauf ab.
- Das neue Investitionsobjekt wird nach Ablauf seiner Nutzungsdauer unendlich oft identisch wiederholt.
- Die Identität zwischen altem und neuem Investitionsobjekt lässt technischen Fortschritt unberücksichtigt.

47 Seite 412

- Die Fragestellung des Ersatzproblem kann mithilfe der Kapitalwertmethode auch dahingehend gestellt werden, nach welcher Zeit eine Ersatzinvestition durchzuführen ist – ob also die angenomme Festsetzung des Nutzungszeitraums ökonomisch sinnvoll ist.

Die Regel für diesen **nutzungsdauerbezogenen Kapitalwert** lautet:

> Der optimale Ersatzzeitpunkt innerhalb der Nutzungszeit eines Investitionsobjektes ist in der Periode gegeben, in welcher der periodenbezogene Kapitalwert des Investitionsobjektes ein Maximum erreicht.

Um die Nutzungsdauer zu optimieren, müssen die Kapitalwerte für jede Periode berechnet werden. Diese Kapitalwerte C_{0n} ergeben sich durch die barwertige Summe der Einzahlungsüberschüsse aus den aufgelaufenen Perioden zuzüglich des jeweiligen barwertigen Liquidationserlöses aus der betrachteten Periode.

$$C_{0n} = -a_0 + \sum_{t=1}^{n} \frac{ü_t}{q^t} + \frac{L_n}{q^n}$$

C_{0n} = Kapitalwert in der Periode n
a_0 = Anfangsinvestition
$ü_t$ = Differenz aus Einzahlungen und Auszahlungen des Jahres t
L_n = Liquidationserlös / Liquidationsaufwand im Jahr n
q = 1 + i, wobei i = Zinssatz
n = Jahre

Beispiel: Ein Investitionsobjekt kostet 3.000 € und erbringt Überschüsse (ü) und Liquidationserlöse (L) in den jeweiligen Perioden (n), wie untenstehend in der Tabelle ausgewiesen. Als Zinssatz wurden 8 % angesetzt:

Jahr	$ü_t$	$1/q^t$	L_n	C_{0n}
0	– 3.000,00			
1	2.000,00	0,925926	1.500,00	240,74
2	1.700,00	0,857339	800,00	995,20
3	1.200,00	0,793832	600,00	**1.738,23**
4	500,00	0,735030	100,00	1.702,94

Die Frage nach der optimalen Nutzungsdauer beantwortet die Spalte mit den nutzungsdauerbezogenen Kapitalwert (C_{0n}). Dieser erreicht in der dritten Periode sein Maximum und gibt damit die optimale Nutzungsdauer vor, also drei Jahre anstatt der geplanten vier Jahre.

Zur Verdeutlichung der Berechnung des Kapitalwertes pro Periode seien die einzelnen Jahresberechnungen nochmals ausführlich dargelegt:

C_{01} = 240,74 = – 3.000 + (2.000 + 1.500) · 0,925926
C_{02} = 995,20 = – 3.000 + 2.000 · 0,925926 + (1.700 + 800) · 0,857339
C_{03} = **1.738,23** = – 3,000 + 2.000 · 0,925926 + 1.700 · 0,857339 + (1.200 + 600) · 0,793832
C_{04} = 1.702,94 = – 3.000 + 2.000 · 0,925926 + 1.700 · 0,857339 + 1.200 · 0,793832 + + (500 + 100) · 0,735030

Wesentlichen Einfluss bei dieser Betrachtungsweise des Ersatzproblemes nehmen die sich über die Nutzungsdauer ändernden Liquidiationswerte des Investitionsobjektes. Deren Ermittlung kann Schwierigkeiten bereiten, da die Restbuchwerte bzw. Liquidationswerte des Investitionsobjektes von den dann tatsächlich zu realisierenden Markterlösen abweichen können. Zudem weist dieses Modell extreme Reagibilität aufgrund sich ändernder Liquidiationswerte auf.

48 Seite 413

2.4 Eignung

Die Kapitalwertmethode ist ein Verfahren der dynamischen Investitionsrechnung, das – nach den oben angeführten Untersuchungen – von rund 73 % befragter Großunternehmen verwendet wird, um die Vorteilhaftigkeit von Investitionen zu bestimmen. Damit kommt sie noch vor der Internen Zinsfuß-Methode am häufigsten zur Anwendung.

Gegenüber der statischen Investitionsrechnung weist die Kapitalwertmethode erhebliche **Vorteile** auf, die insbesondere in der Möglichkeit liegen, Zahlungsreihen zeitlich und betragsmäßig differenziert erfassen zu können.

Nachteile der Kapitalwertmethode sind:

- Die **Zurechenbarkeit der Zahlungsreihen,** die vielfach nicht ohne weiteres möglich ist, wenn das Investitionsobjekt nicht im Rahmen eines isolierten einstufigen Fertigungsprozesses genutzt wird.
- Die **Ungewissheit der Zahlungsreihen,** die nach ihrer Höhe und ihrem zeitlichen Anfall prognostiziert werden müssen, was aber in der betrieblichen Praxis – trotz korrigierender und analysierender Hilfsverfahren – Schwierigkeiten bereitet.
- Sie trifft nur **ungenaue Aussagen zur tatsächlichen Rentabilität** einer Investition. Es wird lediglich bekannt, ob ein vorgegebener Zinssatz erreicht wurde oder ob dies nicht der Fall war.

3. Interne Zinsfuß-Methode

Die Interne Zinsfuß-Methode ist ein Verfahren der dynamischen Investitionsrechnung, bei dem der interne Zinsfuß als Maßstab der Vorteilhaftigkeit von Investitionen dient.

Der interne Zinsfuß ist der Zinssatz, der beim Diskontieren der Einzahlungsreihe und Auszahlungsreihe zu einem Kapitalwert von Null führt:

$$C_o = \frac{e_1 - a_1}{q^1} + \frac{e_2 - a_2}{q^2} + \ldots + \frac{e_n - a_n}{q^n} - a_o$$

wobei

$$C_o = 0$$

und

$$q = (1 + i)$$

ergibt

$$0 = \frac{e_1 - a_1}{(1+i)^1} + \frac{e_2 - a_2}{(1+i)^2} + \ldots + \frac{e_n - a_n}{(1+i)^n} - a_o$$

C_o = Kapitalwert (€)
e = Einzahlungen (€/Jahr)
a = Auszahlungen (€/Jahr)
i = Kalkulationszinssatz (%)

Ein **Liquidationserlös** des Investitionsobjektes wird abgezinst und den Überschüssen aus dem Investitionsobjekt zugerechnet.

Der **interne Zinsfuß** lässt sich auf zweifache Weise ermitteln:

- Es werden zwei unterschiedliche Zinssätze – als Versuchszinssätze – frei gewählt, für welche die Kapitalwerte der Investition(en) **tabellarisch** ermittelt werden. Die Feststellung des internen Zinsfußes erfolgt dann durch eine **grafische Darstellung,** wobei die beiden Kapitalwerte durch eine Gerade miteinander verbunden werden. Der Schnittpunkt der Geraden mit der Ordinate zeigt den internen Zinsfuß.

Beispiel:

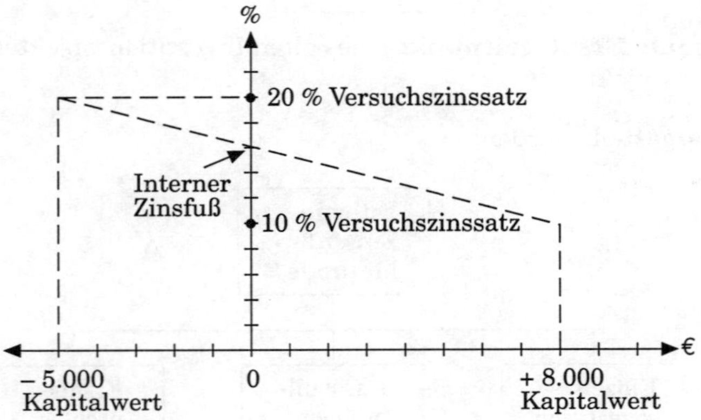

In diesem Beispiel ergab der Versuchszinsfuß von 20 % einen negativen Kapitalwert von – 5.000 €, der zweite Versuchszinsfuß von 10 % einen positiven Wert von 8.000 €. Daher muss die Rentabilität dieser Investition zwischen diesen beiden Versuchszinssätzen liegen.

- Es werden – wie zuvor – zwei unterschiedliche Zinssätze als Versuchszinssätze frei gewählt, für welche die Kapitalwerte der Investition(en) **tabellarisch** ermittelt werden. Die Feststellung des internen Zinsfußes erfolgt dann **rechnerisch** nach der »Regula falsi«:

$$r = i_1 - C_{o1} \cdot \frac{i_2 - i_1}{C_{o2} - C_{o1}}$$

r	=	Interner Zinsfuß (%)
i	=	(Versuchs-)Zinssatz 1 bzw. 2 (%)
C_o	=	Kapitalwert bei i_1 bzw. i_2 (€)

Mithilfe der Internen Zinsfuß-Methode können beurteilt werden:

- Die Vorteilhaftigkeit eines **einzelnen Investitionsobjektes**. Sie ist gegeben, wenn der interne Zinsfuß der vom Unternehmen festgelegten Mindestverzinsung entspricht oder über ihr liegt:

$$r \geqq i_{min}$$

- Die Vorteilhaftigkeit **alternativer Investitionsobjekte,** wobei das Investitionsobjekt das vorteilhaftere bzw. vorteilhafteste ist, das den größeren bzw. größten internen Zinsfuß aufweist:

$$r_I \lesseqgtr r_{II}$$

- Der **optimale Ersatzzeitpunkt** eines alten Investitionsobjektes durch ein neues Investitionsobjekt.

Sie sollen dargestellt werden:

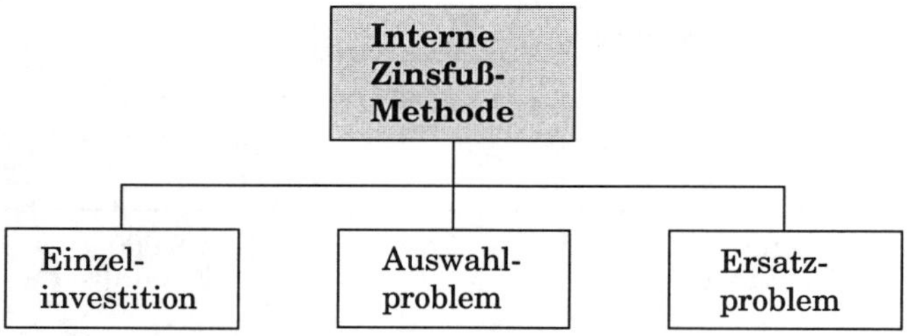

3.1 Einzelinvestition

Eine Einzelinvestition kann unter Verwendung der Internen Zinsfuß-Methode auf ihre Vorteilhaftigkeit hin überprüft werden. Diese ist gegeben, wenn der interne Zinsfuß größer oder gleich der vom Unternehmen festgelegten Mindestverzinsung ist.

Der Beurteilung einer Einzelinvestition können dabei **vier Situationen** zu Grunde liegen:

- Das Investitionsobjekt weist, wie es meist in der betrieblichen Praxis der Fall ist, im Zeitablauf **unterschiedlich hohe Überschüsse** auf. Die Ermittlung des internen Zinsfußes wird – wie oben beschrieben – tabellarisch-rechnerisch oder tabellarisch-grafisch vorgenommen.

Beispiel: Es soll geprüft werden, ob die Anschaffung eines Investitionsobjektes vorteilhaft ist, dessen Anschaffungswert 100.000 € beträgt und das 5 Jahre nutzbar ist. Die jährlichen Überschüsse sind der Tabelle entnehmbar. Die zu erreichende Mindestverzinsung der Investition beträgt 9 %. Als Versuchszinssätze werden 8 % und 16 % gewählt.

		i = 0,08		i = 0,16	
Jahr	**Überschüsse**	**Abzinsungsfaktor**	**Barwert**	**Abzinsungsfaktor**	**Barwert**
1	10.000	0,925926	9.259	0,862069	8.621
2	35.000	0,857339	30.007	0,743163	26.011
3	25.000	0,793832	19.846	0,640658	16.016
4	35.000	0,735030	25.726	0,552291	19.330
5	30.000	0,680583	20.417	0,476113	14.283
= Summe			105.255		84.261
– Anschaffungswert			100.000		100.000
= Kapitalwert			**5.255**		**– 15.739**

Rechnerisch ergibt sich der interne Zinsfuß aus der »Regula falsi«:

$$r = i_1 - C_{o1} \cdot \frac{i_2 - i_1}{C_{o2} - C_{o1}}$$

$$r = 0{,}08 - 5.255 \cdot \frac{0{,}16 - 0{,}08}{-15.739 - 5.255} = \mathbf{0{,}10}$$

Grafisch kann der interne Zinsfuß ermittelt werden:

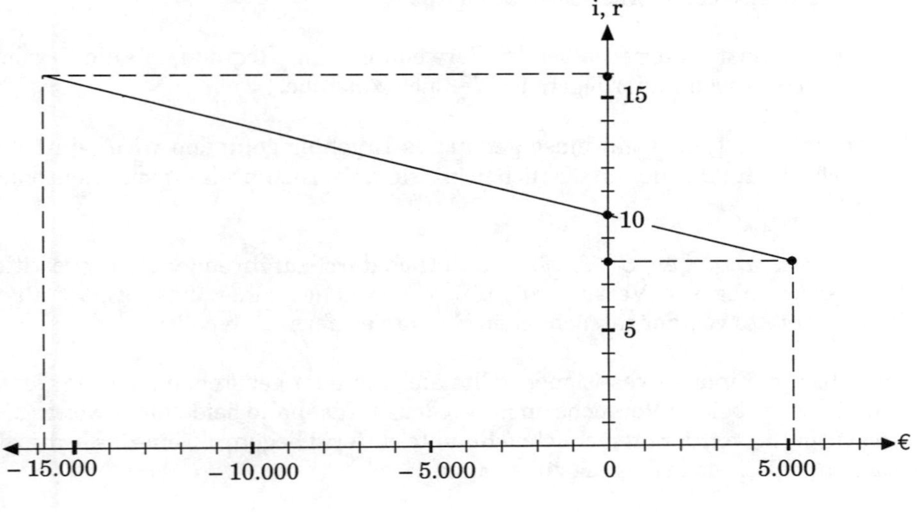

Die Anschaffung des Investitionsobjektes ist vorteilhaft, weil der interne Zinsfuß um ein Prozent über der geforderten Mindestverzinsung liegt.

Die Interne Zinsfuß-Methode nach der »Regula falsi« ist allerdings hinsichtlich der Genauigkeit ihrer Aussage noch weitergehend zu untersuchen.

Beispiel: Ein Unternehmen investiert 200.000 € und erhofft sich in den nächsten sechs Jahren jeweils einen Überschuss von 45.000 €. Errechnen Sie den internen Zinsfuß unter der Verwendung folgender Versuchszinssätze:

(1) $i_1 = 5\ \%$ und $i_2 = 15\ \%$
(2) $i_1 = 8\ \%$ und $i_2 = 12\ \%$
(3) $i_1 = 9\ \%$ und $i_2 = 10\ \%$

(1) C_{01} bei 5 % = 28.406 € $\qquad$ C_{02} bei 15 % = – 29.698 €

$$r = i_1 - C_{01} \cdot \frac{i_2 - i_1}{C_{02} - C_{01}} = 0{,}05 - 28.406 \cdot \frac{0{,}15 - 0{,}05}{-29.698 - 28.406} = \mathbf{0{,}0988}$$

Es ergibt sich ein interner Zinsfuß von 9,88 %.

(2) C_{01} bei 8 % = 8.030 € $\qquad$ C_{02} bei 12 % = – 14.987 €

$$r = i_1 - C_{01} \cdot \frac{i_2 - i_1}{C_{02} - C_{01}} = 0{,}08 - 8.030 \cdot \frac{0{,}12 - 0{,}08}{-14.987 - 8.030} = \mathbf{0{,}0940}$$

Es ergibt sich ein interner Zinsfuß von 9,40 %.

(3) C_{01} bei 9 % = 1.866 € $\qquad$ C_{02} bei 10 % = – 4.013 €

$$r = i_1 - C_{01} \cdot \frac{i_2 - i_1}{C_{02} - C_{01}} = 0{,}09 - 1.866 \cdot \frac{0{,}10 - 0{,}09}{-4.013 - 1.866} = \mathbf{0{,}0932}$$

Es ergibt sich ein interner Zinsfuß von 9,32 %.

Wie zu sehen ist, differieren bei der Verwendung der »Regula falsi« die Ergebnisse je nach dem Auseinanderliegen der Versuchszinsfüße.

Festzuhalten ist, dass ein umso genaueres Ergebnis gefunden wird, je näher die Versuchszinsfüße an der tatsächlichen internen Verzinsung des Investitionsobjektes liegen.

Däumler (Grundlagen, S. 93) rät hinsichtlich durchzuführender Sachinvestitionen die Verwendung von Versuchszinsfüßen, von denen einer nicht weiter als zwei Prozentpunkte von der tatsächlichen Rendite entfernt sein sollte.

Im Falle von Finanzinvestitionen sollte aufgrund der gebotenen höheren Genauigkeit einer der beiden Versuchszinsfüße oder im Idealfalle beide nicht weiter als ein Prozentpunkt von der tatsächlichen Rendite entfernt liegen, um eine bis in die zweite Kommastelle genaue Lösung zu erhalten.

Hierdurch können mehrere Kapitalwertrechnungen mit unterschiedlichen Zinsfüßen notwendig werden.

Verwiesen sei hier noch einmal auf die Errechnung des internen Zinsfußes mittels der Kalkulationsprogramme der Softwarehersteller.

- Bei **zeitlich begrenzter** Nutzung des Investitionsobjektes und **gleichbleibenden** jährlichen **Überschüssen** lässt sich der interne Zinsfuß auf vereinfachte Weise über die finanzmathematischen Tabellen im Anhang ermitteln *(Däumler, Grundlagen, S. 98 ff.)*. Es gilt – ohne Berücksichtigung eines Liquidationserlöses – die Gleichung

$$0 = ü \cdot \frac{(1 + i)^n - 1}{i\,(1 + i)^n} - a_o$$

ü = Überschuss (€/Jahr)

a_o = Anschaffungswert (€)

$\frac{(1 + i)^n - 1}{i\,(1 + i)^n}$ = Barwertfaktor

Nach dem Barwertfaktor aufgelöst ergibt sich daraus:

$$\frac{(1 + i)^n - 1}{i\,(1 + i)^n} = \frac{a_o}{ü}$$

Der somit errechenbare Barwertfaktor wird in der entsprechenden finanzmathematischen Tabelle - siehe Anhang - gesucht. Der interne Zinsfuß lässt sich, gegebenenfalls nach Interpolation, feststellen.

Ein **Liquidationserlös** des Investitionsobjektes ist entsprechend zu berücksichtigen.

Beispiel: Ein Investitionsobjekt hat einen Anschaffungswert von 100.000 €. Die jährlichen Überschüsse betragen 18.000 €. Es wird mit einer Lebensdauer von 8 Jahren gerechnet. Die angestrebte Mindestverzinsung soll 10 % betragen.

$$\frac{(1 + i)^n - 1}{i\,(1 + i)^n} = \frac{a_o}{ü}$$

$$\frac{(1 + i)^8 - 1}{i\,(1 + i)^8} = \frac{100.000}{18.000}$$

$$\frac{(1 + i)^8 - 1}{i\,(1 + i)^8} = \mathbf{5{,}555556}$$

In der entsprechenden finanzmathematischen Tabelle - siehe Anhang - findet sich bei einem Zinssatz von 9 % der Wert 5,534819. Der interne Zinsfuß liegt damit unbedeutend unter 9 %.

Bei einem zu erreichenden Zinssatz von 10 % erscheint das Investitionsobjekt nicht vorteilhaft.

- Der Fall, dass ein Investitionsobjekt gleichbleibend hohe jährliche Überschüsse erzielt, wobei seine Nutzungsdauer – wie im Beispiel – begrenzt ist, kann nicht als praxistypisch angesehen werden. Von größerer praktischer Bedeutung ist, wenn ein Investitionsobjekt über **gleichbleibende** jährliche **Überschüsse** bei **unbestimmter Nutzungsdauer** verfügt, beispielsweise bei der Investition in ein Grundstück oder Gebäude.

  Dem Investitionsobjekt werden unendlich fließende, gleichbleibend hohe Überschüsse unterstellt, was zu folgender Vereinfachung bei der Berechnung des internen Zinsfußes führt:

$$r = \frac{ü}{a_0}$$

r = Interner Zinsfuß (%)
ü = Überschuss (€/Jahr)
a_0 = Anschaffungswert (€)

Beispiel: Ein Investitionsobjekt hat einen Anschaffungswert von 100.000 €. Die jährlichen Überschüsse betragen 12.000 €. Der zu erreichende Zinssatz liegt bei 10 %.

$$r = \frac{12.000}{100.000} = \mathbf{0{,}12}$$

Der interne Zinsfuß weist einen um 2 % höheren Wert auf als die geforderte Mindestverzinsung. Das Investitionsobjekt ist vorteilhaft.

- Der so genannte **Zwei-Zahlungs-Fall** *(Däumler, Grundlagen, S. 100 ff.)*, bei dem der Anschaffungswert als Auszahlungsgröße bekannt ist und der Wert der Investition am Investitionsende. Solche Zahlungsgrößen, die eine bekannte Anzahl von Jahren auseinander liegen, können anfallen bei z. B. Grundstücken, Kunstwerken, Edelmetallen, aber auch z. B. bei Zerobonds.

  Entsprechend kann als Formel entwickelt werden:

$$C_0 = E_n \cdot \frac{1}{(1+i)^n} - a_0 \quad \text{oder} \quad E_n \cdot \frac{1}{q^n} - a_0$$

$$0 = E_n \cdot \frac{1}{q^n} - a_0 \quad \text{umgeformt} \quad a_0 = E_n \cdot \frac{1}{q^n}$$

Dies ergibt:

$$\frac{E_n}{a_0} = q^n \quad \text{oder} \quad q = \sqrt[n]{\frac{E_n}{a_0}}$$

a_0 = Anschaffungswert (€)
E_n = Endwert (€) der Investition im Jahre n
r = q – 1

Beispiel: Ein Investor hat vor 8 Jahren ein Grundstück für 200.000 € gekauft und kann es nun für 500.000 € wieder verkaufen. Errechnen Sie die Rendite.

$$q = \sqrt[n]{\frac{E_n}{a_0}} = \sqrt[8]{\frac{500.000}{200.000}} = 1{,}1214$$

r = **0,1214**

Die Rendite dieses Grundstückkaufes beträgt 12,14 %.

3.2 Auswahlproblem

Häufiger als die Beurteilung einer Einzelinvestition ist in der betrieblichen Praxis die Notwendigkeit, unter mehreren alternativen Investitionsobjekten das günstigere bzw. das günstigste auszuwählen. Dabei ist dasjenige Investitionsobjekt das vorteilhaftere bzw. vorteilhafteste, das den höheren bzw. höchsten internen Zinsfuß aufweist.

Es soll zunächst davon ausgegangen werden, dass die alternativen Investitionsobjekte den **gleichen Anschaffungswert** und die **gleiche Nutzungsdauer** haben. Die Berechnung des internen Zinsfußes erfolgt in gleicher Weise, wie bei der Einzelinvestition dargestellt. Es werden lediglich mehrere Investitionsobjekte vergleichend nebeneinander gestellt.

Beispiel: Zwei alternative Investitionsobjekte sind zu vergleichen. Ihre Anschaffungswerte liegen bei 95.000 €, sie sind 5 Jahre nutzbar, Liquidationserlöse sind nicht gegeben. Die geforderte Mindestverzinsung beträgt 10 %. Die jährlichen Überschüsse können der Tabelle entnommen werden.

	Investitionsobjekt I					**Investitionsobjekt II**				
		i = 0,06		i = 0,14			i = 0,06		i = 0,14	
Jahr	**Überschuss**	**Abzinsungsfaktor**	**Barwert**	**Abzinsungsfaktor**	**Barwert**	**Überschuss**	**Abzinsungsfaktor**	**Barwert**	**Abzinsungsfaktor**	**Barwert**
1	15.000	0,943396	14.151	0,877193	13.158	20.000	0,943396	18.868	0,877193	17.544
2	30.000	0,889996	26.700	0,769468	23.084	35.000	0,889996	31.150	0,769468	26.931
3	20.000	0,839619	16.792	0,674972	13.499	25.000	0,839619	20.990	0,674972	16.874
4	40.000	0,792094	31.684	0,592080	23.683	20.000	0,792094	15.842	0,592080	11.842
5	30.000	0,747258	22.418	0,519369	15.581	25.000	0,747258	18.681	0,519369	12.984
			111.745		89.005			105.531		86.175
– Anschaffungswert			95.000		95.000			95.000		95.000
= Kapitalwert			**16.745**		**– 5.995**			**10.531**		**– 8.825**

$$r = i_1 - C_{o1} \frac{i_2 - i_1}{C_{o2} - C_{o1}}$$

$$r_I = 0{,}06 - 16.745 \cdot \frac{0{,}14 - 0{,}06}{-5.995 - 16.745} = \mathbf{0{,}119}$$

$$r_{II} = 0{,}06 - 10.531 \cdot \frac{0{,}14 - 0{,}06}{-8.825 - 10.531} = \mathbf{0{,}104}$$

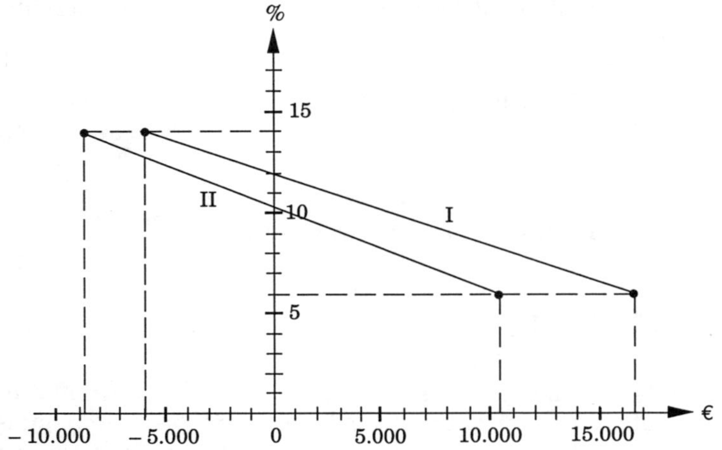

Das Investitionsobjekt I ist mit einem internen Zinsfuß von 11,9 % dem Investitionsobjekt II vorzuziehen.

Sollte mit der »Regula falsi« höhere Genauigkeit erreicht werden, muss einer der beiden Versuchszinsfüße oder im Idealfalle beide nicht weiter als ein Prozentpunkt von der tatsächlichen Rendite dieser beiden Investitionsobjekte entfernt liegen. Mit der nochmaligen Rechnung erhält man eine, wie bereits gezeigt, bis in die zweite Kommastelle genaue Lösung.

	Investitionsobjekt I					**Investitionsobjekt II**				
		i = 0,11		i = 0,12			i = 0,1		i = 0,11	
Jahr	**Überschuss**	**Abzinsungsfaktor**	**Barwert**	**Abzinsungsfaktor**	**Barwert**	**Überschuss**	**Abzinsungsfaktor**	**Barwert**	**Abzinsungsfaktor**	**Barwert**
1	15.000	0,900901	13.514	0,892857	13.393	20.000	0,909091	18.182	0,900901	18.018
2	30.000	0,811622	24.349	0,797194	23.916	35.000	0,826446	28.926	0,811622	28.407
3	20.000	0,731191	14.624	0,711780	14.236	25.000	0,751315	18.783	0,731191	18.280
4	40.000	0,658731	26.349	0,635518	25.421	20.000	0,683013	13.660	0,658731	13.175
5	30.000	0,593451	17.804	0,567427	17.023	25.000	0,620921	15.523	0,593451	14.836
Summe Barwerte			96.639		93.988			95.074		92.715
– Anschaffungswert			95.000		95.000			95.000		95.000
= Kapitalwert			**1.639**		**– 1.012**			**74**		**– 2.285**

$$r = i_1 - C_{o1} \frac{i_2 - i_1}{C_{o2} - C_{o1}}$$

$$r_I = 0{,}11 - 1.639 \cdot \frac{0{,}12 - 0{,}11}{-1.012 - 1\text{-}630} = \mathbf{0{,}1162}$$

Für das Investitionsobjekt I ergibt sich ein interner Zinsfuß von 11,62 %. Dieses Ergebnis differiert um 0,3 % vom vorhergehenden Ergebnis. Diese Abweichung kann insbesondere bei Finanzinvestition von Bedeutung sein.

$$r_{II} = 0{,}10 - 74 \cdot \frac{0{,}11 - 0{,}10}{-2.285 - 74} = \mathbf{0{,}1003}$$

Für das Investitionsobjekt II ergibt sich ein interner Zinsfuß von 10,03 % und damit ebenfalls eine Abweichung von über 0,3 %.

Stimmen bei den alternativen Investitionsobjekten die Anschaffungswerte oder/und Nutzungsdauern nicht überein, sind **Differenzinvestitionen** zu bilden, um eine Vergleichbarkeit herzustellen.

Das Auswahlproblem kann in geeigneter Weise nicht nur für alternative Investitionsobjekte mit jährlich unterschiedlich hohen Überschüssen, sondern auch – mithilfe der vereinfachten Gleichungen – für alternative Investitionsobjekte erfolgen:

- mit jährlich gleich hohen Überschüssen bei einer **begrenzten Nutzungsdauer**
- mit jährlich gleich hohen Überschüssen bei einer **unbegrenzten Nutzungdauer.**

49 Seite 414

50 Seite 414

51 Seite 414

3.3 Ersatzproblem

Die Lösung des Ersatzproblems mithilfe der Internen Zinsfuß-Methode ist grundsätzlich möglich. Sie wirft aber zwei **Probleme** auf:

- Wie bei der Kapitalwertmethode ist das **Auseinanderfallen** der Restnutzungsdauer des alten Investitionsobjektes und der Nutzungsdauer des neuen Investitionsobjektes auch durch den Ansatz von Differenzinvestitionen nicht zu überbrücken.

  Die zeitliche Differenz kann durch die Annahme, das neue Investitionsobjekt werde nach Ablauf seiner Nutzungsdauer jeweils identisch ersetzt, in ihrer Bedeutung gemindert werden.

- Der **Rechenaufwand** zur Lösung des Ersatzproblems mithilfe der Internen Zinsfuß-Methode ist sehr groß.

Insbesondere wegen des hohen Rechenaufwandes wird in der betrieblichen Praxis, aber auch in der Literatur meistens darauf verzichtet, das Ersatzproblem unter Verwendung der Internen Zinsfuß-Methode zu lösen.

Die Kapitalwertmethode und vor allem die Annuitätenmethode finden stattdessen entsprechende Anwendung.

3.4 Eignung

Die Interne Zinsfuß-Methode ist ebenso wie die Kapitalwertmethode ein in der betrieblichen Praxis sehr häufig verwendetes Verfahren der Investitionsrechnungen, um einzelne oder alternative Investitionsobjekte im Hinblick auf ihre Vorteilhaftigkeit zu beurteilen. So empfiehlt der ZVEI – Zentralverband der Elektrotechnischen Industrie – die Anwendung der Internen Zinsfuß-Methode wegen der »Anschaulichkeit dieser Methode«.

Rund 68 % befragter Großunternehmen setzen die Interne Zinsfuß-Methode nach den oben angeführten Untersuchungen im Rahmen ihrer Investitionsplanung ein.

Gegenüber den statischen Investitionsrechnungen weist die Interne Zinsfuß-Methode erhebliche **Vorteile** auf, die insbesondere in der Möglichkeit liegen, Zeitreihen zeitlich und betragsmäßig differenziert erfassen zu können. Ob diese Möglichkeit allerdings in entsprechender Weise genutzt werden kann, ist unter Beachtung der Nachteile zu hinterfragen.

Nachteile der Internen Zinsfuß-Methode sind:

- Die **Zurechenbarkeit der Zahlungsreihen,** die vielfach nicht ohne weiteres möglich ist, wenn das Investitionsobjekt nicht im Rahmen eines isolierten einstufigen Fertigungsprozesses genutzt wird.

- Die **Ungewissheit der Zahlungsreihen,** die nach ihrer Höhe und ihrem zeitlichen Anfall genau prognostiziert werden müssen, was aber in der betrieblichen Praxis - trotz korrigierender und analysierender Hilfsverfahren - Schwierigkeiten bereitet.

- Die **Vergleichbarkeit der Investitionen,** die unterschiedliche Anschaffungswerte oder/und unterschiedliche Nutzungsdauern haben können, wobei in diesen Fällen grundsätzlich versucht wird, eine Vergleichbarkeit durch den Ansatz realer oder fiktiver Differenzinvestitionen herbeizuführen, die aber um so problematischer ist, je höher die Differenzinvestition angesetzt werden muss.

- Die **Eindeutigkeit der Ergebnisse,** die nur dann gegeben ist, wenn die Investitionsobjekte über ihre gesamte Nutzungsdauer hinweg (positive) Überschüsse erwirtschaften, was nicht immer unterstellt werden kann, beispielsweise in der Anlaufphase oder gegen Ende der Nutzungsdauer.

4. Annuitätenmethode

Die Annuitätenmethode ist ein Verfahren der dynamischen Investitionsrechnung, bei dem die Annuität von Investitionen als Maßstab der Vorteilhaftigkeit dient.

Die Annuitätenmethode ist eng mit der Kapitalwertmethode verwandt, im Grunde genommen ist sie eine Umkehrung der Kapitalwertmethode. Beide Investitionsrechnungen unterscheiden sich in der Ermittlung des Erfolges:

- Die Kapitalwertmethode zeigt den **Totalerfolg** von Investitionsobjekten auf.

- Die Annuitätenmethode bezieht sich auf den **Periodenerfolg,** indem sie die durchschnittlichen jährlichen Einzahlungen den durchschnittlichen jährlichen Auszahlungen gegenüberstellt.

Die Einzahlungen und Auszahlungen aus Investitionsobjekten werden in zwei äquivalente und uniforme Reihen umgerechnet, wobei – wie bei der Kapitalwertmethode – eine Diskontierung auf den Bezugszeitpunkt vorgenommen wird.

Die auf diese Weise ermittelten Barwerte werden danach in gleiche jährliche Überschüsse - die **Annuitäten** - aufgeteilt, indem sie mit dem Kapitalwiedergewinnungsfaktor multipliziert werden:

$$d = C_o \cdot \frac{q^n (q-1)}{q^n - 1}$$

d = Annuität (€/Jahr)

C_o = Kapitalwert (€)

$\frac{q^n (q-1)}{q^n - 1}$ = Kapitalwiedergewinnungsfaktor

Mithilfe der Annuitätenmethode können beurteilt werden:

- Die Vorteilhaftigkeit eines **einzelnen Investitionsobjektes.** Sie ist gegeben, wenn seine Annuität größer oder gleich Null ist:

$$d \geqq 0$$

- Die Vorteilhaftigkeit **alternativer Investitionsobjekte,** wobei das Investitionsobjekt das vorteilhaftere bzw. vorteilhafteste ist, das die größere bzw. größte Annuität aufweist:

$$d_I \lesseqgtr d_{II}$$

- Der **optimale Ersatzzeitpunkt** eines alten Investitionsobjektes durch ein neues Investitionsobjekt.

Sie sollen dargestellt werden:

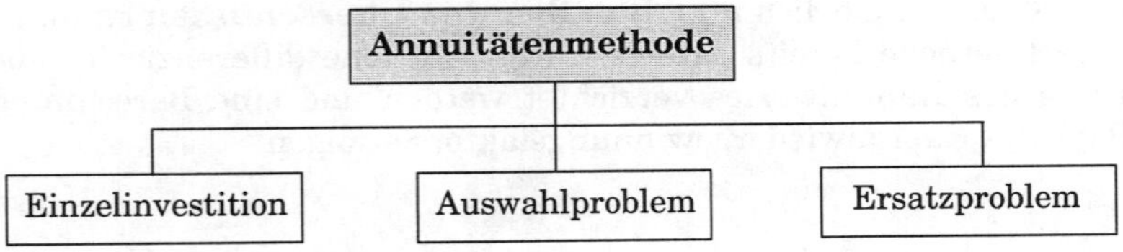

4.1 Einzelinvestition

Eine Einzelinvestition kann unter Verwendung der Annuitätenmethode auf ihre Vorteilhaftigkeit hin überprüft werden. Diese ist gegeben, wenn die Annuität der Einzelinvestition größer oder gleich Null ist.

Der Beurteilung einer Einzelinvestition können drei **Situationen** zu Grunde liegen:

- Die jährlichen **Überschüsse** sind, wie in der Mehrzahl der praktischen Fälle, im Zeitablauf **unterschiedlich hoch.** Die Ermittlung der Annuität erfolgt mithilfe der oben genannten Gleichung:

$$d = C_0 \cdot \frac{q^n (q-1)}{q^n - 1}$$

Beispiel: Ein Investitionsobjekt hat einen Anschaffungswert von 80.000 € und Überschüsse von 25.000 € im 1. Jahr, 30.000 € im 2. Jahr, 40.000 € im 3. Jahr, 20.000 € im 4. Jahr und 10.000 € im 5. Jahr. Der Kalkulationszinssatz beträgt 10 %. Ein Liquidationserlös fällt nicht an.

Jahr	Überschuss	Abzinsungsfaktor	Barwert
1	25.000	0,909091	22.727
2	30.000	0,826446	24.793
3	40.000	0,751315	30.053
4	20.000	0,683013	13.660
5	10.000	0,620921	6.209
= Summe			97.442
– Anschaffungswert			80.000
= Kapitalwert			**17.442**

$$d = C_0 \cdot \frac{q^n (q-1)}{q^n - 1}$$

$d = 17.442 \cdot 0{,}263797 =$ **4.601 €/Jahr**

Das Investitionsobjekt erscheint vorteilhaft, da es zu einer positiven Annuität führt.

- Im weniger praxisbedeutsamen Fall eines **zeitlich begrenzt** nutzbaren Investitionsobjektes mit jährlich **gleichbleibenden Überschüssen** kann, wie bei der Kapitalwertmethode bereits gezeigt wurde, auf eine differenzierte tabellarische Ermittlung des Kapitalwertes verzichtet werden und eine Berechnung auf der Grundlage des Kapitalwiedergewinnungsfaktors erfolgen.

Ohne Berücksichtigung eines Liquidationserlöses gilt die Gleichung:

$$d = ü - a_o \cdot \frac{q^n (q-1)}{q^n - 1}$$

Ein **Liquidationserlös** des Investitionsobjektes wird abgezinst und vom Anschaffungswert des Investitionsobjektes abgezogen:

$$d = ü - (a_o - L \cdot \frac{1}{q^n}) \cdot \frac{q^n (q-1)}{q^n - 1}$$

d = Annuität (€/Jahr)

$ü$ = Überschuss (€/Jahr)

a_o = Anschaffungswert (€)

$\frac{q^n (q-1)}{q^n - 1}$ = Kapitalwiedergewinnungsfaktor

L = Liquidationserlös (€)

$\frac{1}{q^n}$ = Abzinsungsfaktor

Beispiel: Ein Investitionsobjekt ist 8 Jahre nutzbar und erbringt jährliche Überschüsse von 8.000 €. Der Anschaffungswert beträgt 40.000 € und der Kalkulationszinssatz 10 %. Ein Liquidationserlös fällt nicht an.

$$d = ü - a_o \cdot \frac{q^n (q-1)}{q^n - 1}$$

$d = 8.000 - 40.000 \cdot 0{,}187444 =$ **502 €/Jahr**

Das Investitionsobjekt erscheint vorteilhaft, da es eine positive Annuität erwirtschaftet.

- Größere praktische Bedeutung hat die Ermittlung der Annuitäten bei zeitlich **unbegrenzt nutzbaren** Investitionsobjekten mit jährlich **gleichbleibenden Überschüssen,** beispielsweise bei Grundstücken und Gebäuden.

Die Gleichung vereinfacht sich weiter:

$$d = ü - a_o \cdot i$$

d = Annuität (€/Jahr)

$ü$ = Überschuss (€/Jahr)

a_o = Anschaffungswert (€)

i = Kalkulationszinssatz (%)

Beispiel: Ein Investitionsobjekt mit einem Anschaffungswert von 20.000 € führt zu einem jährlichen, unbegrenzten Überschuss von 1.900 €. Der Kalkulationszins beträgt 10 %.

$d = ü - a_0 \cdot i$

$d = 1.900 - 20.000 \cdot 0{,}10 =$ **– 100 €/Jahr**

Das Investitionsobjekt ist nicht vorteilhaft, weil die von ihm erwirtschaftete Annuität negativ ist.

4.2 Auswahlproblem

Häufiger als die Beurteilung einer Einzelinvestition ist in der betrieblichen Praxis die Notwendigkeit, unter mehreren alternativen Investitionsobjekten das günstigere bzw. das günstigste auszuwählen. Dabei ist dasjenige Investitionsobjekt das vorteilhaftere bzw. vorteilhafteste, das die höhere bzw. höchste Annuität aufweist.

Im Gegensatz zu der Kapitalwertmethode und der Internen Zinsfuß-Methode ist es bei der Annuitätenmethode nicht erforderlich, Differenzinvestitionen anzusetzen, wenn der Anschaffungswert oder/und die Nutzungsdauer der alternativen Investitionsobjekte unterschiedlich sind. Das ist durch die Umformung in gleich hohe jährliche Überschüsse der alternativen Investitionsobjekte möglich.

Beispiel: Zwei alternative Investitionsobjekte stehen zur Auswahl. Investitionsobjekt I hat einen Anschaffungswert von 60.000 €, Investitionsobjekt II von 70.000 €. Beide Investitionsobjekte sind 4 Jahre nutzbar, ein Liquidationserlös fällt nicht an. Der Kalkulationszinssatz beträgt 10 %. Die Überschüsse sind der Tabelle zu entnehmen.

Jahr	Abzinsungs-faktor	Investitionsobjekt I		Investitionsobjekt II	
		Über-schuss	**Barwert**	**Über-schuss**	**Barwert**
1	0,909091	18.000	16.364	18.000	16.364
2	0,826446	25.000	20.661	30.000	24.793
3	0,751315	25.000	18.783	30.000	22.539
4	0,683013	20.000	13.660	25.000	17.075
= Summe			69.468		80.771
– Anschaffungswert			60.000		70.000
= Kapitalwert			**9.468**		**10.771**

$$d = C_0 \cdot \frac{q^n (q-1)}{q^n - 1}$$

$d_I = 9.468 \cdot 0{,}315471 =$ **2.987 €/Jahr**

$d_{II} = 10.771 \cdot 0{,}315471 =$ **3.398 €/Jahr**

Das Investitionsobjekt II ist das vorteilhaftere, da es eine um 411 € höhere Annuität erzielt.

Das Auswahlproblem kann in geeigneter Weise nicht nur für alternative Investitionsobjekte mit jährlich unterschiedlich hohen Überschüssen, sondern auch – mithilfe der vorstehend dargestellten, vereinfachten Gleichungen – für alternative Investitionsobjekte erfolgen:

- Mit jährlich gleich hohen Überschüssen bei **begrenzter Nutzungsdauer**
- Mit jährlich gleich hohen Überschüssen bei **unbegrenzter Nutzungsdauer**.

52 Seite 415

53 Seite 415

54 Seite 416

4.3 Ersatzproblem

Die Annuitätenmethode kann zur Lösung des Ersatzproblems eingesetzt werden, wenn es um die Frage geht, ob es vorteilhaft ist, eine Ersatzinvestition

- sofort durchzuführen
  oder
- in der nächsten Periode durchzuführen.

Wie bei der Kapitalwertmethode ist die Lösung des Ersatzproblems bei der Annuitätenmethode **nicht ohne Probleme**. So wird – um eine Berechenbarkeit möglich zu machen – unterstellt, das neue Investitionsobjekt werde nach Ablauf seiner Nutzungsdauer jeweils identisch ersetzt.

Der optimale Ersatzzeitpunkt ist nach der Annuitätenmethode* erreicht, wenn die Annuität des alten Investitionsobjektes – bei abnehmenden Überschüssen oder/und Restwerten – in der nächsten Periode kleiner als die Annuität des neuen Investitionsobjektes ist.

Die Annuitäten des neuen und des alten Investitionsobjektes werden getrennt ermittelt:

---

* In Anlehnung an *Swoboda, ter Horst*.

- **Annuität des neuen Investitionsobjektes**
  - **bei jährlich unterschiedlich hohen Überschüssen**

$$d_N = C_{oN} \cdot \frac{q^n (q-1)}{q^n - 1}$$

d_N = Annuität des neuen Investitionsobjektes (€/Jahr)
C_{oN} = Kapitalwert des neuen Investitionsobjektes (€)

  - **bei jährlich gleich hohen Überschüssen**

$$d_N = ü_N - a_{oN} \cdot \frac{q^n (q-1)}{q^n - 1}$$

Ein **Liquidationserlös** des neuen Investitionsobjektes wird abgezinst und vom Anschaffungswert des Investitionsobjektes abgezogen:

$$d_N = ü_N - (a_{oN} - L \cdot \frac{1}{q^n}) \cdot \frac{q^n (q-1)}{q^n - 1}$$

d_N = Annuität des neuen Investitionsobjektes (€/Jahr)
$ü_N$ = Überschüsse des neuen Investitionsobjektes (€/Jahr)
a_{oN} = Anschaffungswert des neuen Investitionsobjektes (€)
$\frac{q^n (q-1)}{q^n - 1}$ = Kapitalwiedergewinnungsfaktor
L = Liquidationserlös (€)
$\frac{1}{q^n}$ = Abzinsungsfaktor

- **Annuität des alten Investitionsobjektes**

$$d_A = ü_A - L_A^{t_o} \cdot i - (L_A^{t_o} - L_A^{t_1})$$

d_A = Annuität des alten Investitionsobjektes (€/Jahr)
$ü_A$ = Überschüsse des alten Investitionsobjektes (€/Jahr)
$L_A^{t_o}$ = Liquidationserlös des alten Investitionsobjektes im Zeitpunkt t_o
i = Kalkulationszinssatz (%)
$L_A^{t_1}$ = Liquidationserlös des alten Investitionsobjektes im Zeitpunkt t_1

Das Produkt $L_A^{t_0} \cdot i$ gibt die Zinsen an, die dadurch entstehen, dass das alte Investitionsobjekt eine Periode länger genutzt und der ansonsten in t_0 erzielbare Liquidationserlös noch eine Periode länger gebunden wird.

Die Differenz $L_A^{t_0} - L_A^{t_1}$ ergibt den Betrag, um den der Liquidationserlös des alten Investitionsobjektes entwertet wird, wenn es eine Periode länger genutzt wird.

Beispiel: Ein in Betrieb befindliches Investitionsobjekt hat einen Anschaffungswert von 150.000 € und erbringt jährliche Überschüsse von 20.000 €. Bei sofortigem Ersatz beträgt der Liquidationserlös 8.000 €, bei Ersatz in der nächsten Periode 5.000 €. Ein neues Investitionsobjekt mit einem Anschaffungswert von 165.000 € würde jährliche Überschüsse von 30.000 € erbringen können. Als Liquidationserlös werden nach einer Nutzungsdauer von 8 Jahren 3.000 € erwartet. Der Kalkulationszinssatz ist 8 %.

$$d_N = \ddot{u}_N - (a_{0N} - L \cdot \frac{1}{q^n}) \cdot \frac{q^n (q-1)}{q^n - 1}$$

$$d_N = 30.000 - (165.000 - \frac{3.000}{1,850930}) \cdot 0,174015 = \mathbf{1.570\ €/Jahr}$$

$$d_A = \ddot{u}_A - L_A^{t_0} \cdot i - (L_A^{t_0} - L_A^{t_1})$$

$$d_A = 20.000 - 8.000 \cdot 0,08 - (8.000 - 5.000) = \mathbf{16.360\ €/Jahr}$$

Es ist vorteilhafter, das alte Investitionsobjekt in der jetzigen Periode weiterzunutzen, da es eine höhere Annuität aufweist als das neu einzusetzende Investitionsobjekt.

Wie bei der Kapitalwertmethode gelten für die Ermittlung der Vorteilhaftigkeit einer Ersatzinvestition mithilfe der Annuitätenmethode folgende **Voraussetzungen:**

- Die jährlichen Überschüsse und Restwerte des alten Investitionsobjektes nehmen im Zeitablauf ab.
- Das neue Investitionsobjekt wird nach Ablauf seiner Nutzungsdauer unendlich oft identisch wiederholt.
- Die Identität zwischen altem und neuem Investitionsobjekt lässt technischen Fortschritt unberücksichtigt.

55 Seite 416

4.4 Eignung

Die Annuitätenmethode ist ein in der betrieblichen Praxis weniger oft verwendetes Verfahren der dynamischen Investitionsrechnung, um die Vorteilhaftigkeit von Investitionen zu bestimmen. Nach den angeführten Untersuchungen setzen nur noch 5 % – vormals 25 % – der befragten Großunternehmen die Annuitätenmethode ein.

Gegenüber den statischen Investitionsrechnungen weist die Annuitätenmethode erhebliche **Vorteile** auf, die insbesondere in der Möglichkeit liegen, Zahlungsreihen zeitlich und betragsmäßg differenziert erfassen zu können.

Die Annuitätenmethode periodisiert den Erfolg eines Investitionsobjektes, was dem Praktiker möglicherweise mehr sagt als die Kenntnis des Totalerfolges wie bei der Kapitalwertmethode. Unterschiedliche Anschaffungswerte oder/und Nutzungsdauern bedingen nicht den Ansatz von Differenzinvestitionen.

Wie bei der Kapitalwertmethode und der Internen Zinsfuß-Methode sind aber auch **Nachteile** zu nennen:

- Die **Zurechenbarkeit der Zahlungsreihen**, die vielfach nicht ohne weiteres möglich ist, wenn das Investitionsobjekt nicht im Rahmen eines isolierten, einstufigen Fertigungsprozesses genutzt wird.

- Die **Ungewissheit der Zahlungsreihen,** die nach ihrer Höhe und ihrem zeitlichen Anfall genau prognostiziert werden müssen, was aber in der betrieblichen Praxis – trotz korrigierender und analysierender Hilfsverfahren – Schwierigkeiten bereitet.

	Kontrollfragen	bearbeitet	Lösungshinweis	Lösung +	Lösung -
01	Nennen Sie die Merkmale dynamischer Investitionsrechnungen!		201		
02	Was versteht man unter kapitalbindenden Auszahlungen?		201		
03	Erläutern Sie, was unter kapitalfreisetzenden Einzahlungen zu verstehen ist!		201		
04	Welche Vorteile weist der Ansatz von Auszahlungen und Einzahlungen gegenüber dem von Kosten und Erlösen in den statischen Investitionsrechnungen auf?		201		
05	Beurteilen Sie die Berücksichtigung aller Nutzungsperioden eines Investitionsobjektes bei den dynamischen Investitionsrechnungen!		201 f.		
06	Was versteht man unter dem Zeitwert?		202		
07	Erläutern Sie, was der Barwert ist!		202		
08	Wie wird der Barwert auch noch genannt?		202		
09	Wie kann der Barwert bei einmaliger Zahlung, wie bei mehrfachen, gleich hohen Zahlungen ermittelt werden?		203		
10	Was ist unter dem Endwert zu verstehen?		205		
11	Wie wird der Endwertfaktor auch bezeichnet?		205 f.		
12	Wie wird der Endwert bei mehrmaligen, unbegrenzt häufigen gleich hohen Zahlungen errechnet?		206		
13	Wie wird ein jetzt fälliger Betrag in mehrere gleich hohe Jahresbeträge aufgeteilt?		207 f.		
14	Wie wird ein später fälliger Betrag in mehrere gleich hohe Jahresbeträge aufgeteilt?		208		
15	Zählen Sie die dynamischen Investitionsrechnungen auf!		209		
16	Was versteht man unter der Kapitalwertmethode?		209		
17	Woraus ergibt sich der Kapitalwert?		210		
18	Was geschieht mit einem Liquidationserlös bei der Kapitalwertmethode?		210		
19	Welches Investitionsobjekt ist bei der Kapitalwertmethode als vorteilhaft bzw. als das vorteilhafteste anzusehen?		211		
20	Wie wird der Kapitalwert bei jährlich gleichbleibenden zeitlich begrenzten Überschüssen ermittelt?		212		
21	Auf welche Weise kann die Ermittlung des Kapitalwertes bei jährlich gleichbleibenden, zeitlich unbegrenzten Überschüssen vorgenommen werden?		213		
22	Unter welchen Voraussetzungen ist die Lösung des Auswahlproblems mithilfe der Kapitalwertmethode problemlos möglich?		214		

	Kontrollfragen	bear-beitet	Lösungs-hinweis	Lösung +	-
23	Inwieweit müssen unterschiedliche Anschaffungswerte und/oder Nutzungsdauern der alternativen Investitionsobjekte bei der Kapitalwertmethode ausgeglichen werden?		214		
24	Inwieweit kann gesagt werden, die Lösung des Ersatzproblems mithilfe der Kapitalwertmethode sei schwierig?		216		
25	Wo liegen die Probleme bei der Lösung des Ersatzproblems mithilfe der Kapitalwertmethode?		216		
26	Warum bietet es sich nicht an, mit Differenzinvestitionen zu arbeiten, um das Ersatzproblem lösbar zu machen?		216		
27	Wie geht man vor, um das Ersatzproblem mithilfe der Kapitalwertmethode zu lösen?		216		
28	Welche Voraussetzungen müssen erfüllt sein, wenn das Ersatzproblem mithilfe der Kapitalwertmethode gelöst werden soll?		218		
29	Wie häufig wird die Kapitalwertmethode in der betrieblichen Praxis eingesetzt?		220		
30	Worin liegen die Vorteile der Kapitalwertmethode?		220		
31	Erläutern Sie, welche Nachteile der Kapitalwertmethode zuzurechnen sind!		220		
32	Was versteht man unter der Internen Zinsfuß-Methode?		220		
33	Wie wird der interne Zinsfuß ermittelt?		221		
34	Zeigen Sie beispielhaft die grafische Feststellung des internen Zinsfußes!		221		
35	Welches Investitionsobjekt ist bei der Internen Zinsfuß-Methode als vorteilhaft bzw. als das vorteilhaftere anzusehen?		222		
36	Zeigen Sie, wie der interne Zinsfuß bei jährlich gleichbleibenden, zeitlich begrenzten Überschüssen ermittelt wird!		225		
37	Wie errechnet man den internen Zinsfuß bei jährlich gleichbleibenden, zeitlich unbegrenzten Überschüssen?		225 f.		
38	Unter welchen Voraussetzungen lassen sich die internen Zinsfüße beim Auswahlproblem ohne weiteres ermitteln?		227		
39	Wozu ist zur Lösung des Auswahlproblems bei der Internen Zinsfuß-Methode eine Differenzinvestition zu bilden?		229		
40	Inwieweit kann die Interne Zinsfuß-Methode auch zur Lösung des Ersatzproblems herangezogen werden?		229		
41	Warum verzichtet man üblicherweise darauf, das Ersatzproblem mithilfe der Internen Zinsfuß-Methode zu lösen?		229		
42	Wie häufig wird die Interne Zinsfuß-Methode in der betrieblichen Praxis eingesetzt?		230		

	Kontrollfragen	bear-beitet	Lösungs-hinweis	Lösung +	Lösung -
43	Worin liegen die Vorteile der Internen Zinsfuß-Methode?		230		
44	Erläutern Sie die Nachteile der Internen Zinsfuß-Methode!		230		
45	Was versteht man unter der Annuitätenmethode?		230		
46	Worin unterscheidet sich die Annuitätenmethode von der Kapitalwertmethode?		230		
47	Wie wird eine Annuität grundsätzlich ermittelt?		231		
48	Welches Investitionsobjekt ist bei der Annuitätenmethode als vorteilhaft bzw. als das vorteilhaftere anzusehen?		231		
49	Zeigen Sie, wie die Annuität bei jährlich gleichbleibenden, zeitlich begrenzten Überschüssen ermittelt wird!		232 f.		
50	Wie errechnet man die Annuität bei jährlich gleichbleibenden, zeitlich unbegrenzten Überschüssen?		233		
51	Ist es bei der Annuitätenmethode erforderlich, unterschiedliche Anschaffungswerte und/oder Nutzungsdauern durch eine Differenzinvestition auszugleichen?		234		
52	Begründen Sie Ihre Anwort aus der vorigen Frage!		234		
53	Wie ist die Lösbarkeit des Ersatzproblems mithilfe der Annuitätenmethode zu beurteilen?		235		
54	Unter welcher Annahme ist die Lösung des Ersatzproblems bei der Annuitätenmethode möglich?		235		
55	Wodurch ist der optimale Ersatzzeitpunkt bei der Annuitätenmethode gekennzeichnet?		235		
56	Wie können die Annuitäten des neuen Investitionsobjektes ermittelt werden?		236		
57	Auf welche Weise kann die Feststellung der Annuitäten des alten Investitionsobjektes erfolgen?		236 f.		
58	Unter welchen Voraussetzungen kann die Vorteilhaftigkeit einer Ersatzinvestition mithilfe der Annuitätenmethode beurteilt werden?		237		
59	Wie häufig wird die Annuitätenmethode in der betrieblichen Praxis eingesetzt?		237		
60	Wie ist die Eignung der Annuitätenmethode für die Beurteilung der Vorteilhaftigkeit von Investitionen zu beurteilen?		238		

E. Investitionsrechnungen zur Beurteilung von Finanzinvestitionen

Ein Unternehmen muss seine finanziellen Mittel nicht nur in Sachinvestitionen binden, beispielsweise in Betriebsmitteln. Es kann für das Unternehmen auch interessant sein, Finanzinvestitionen durchzuführen. Dabei gibt es vor allem folgende Möglichkeiten:

Finanz-investitionen	Unternehmen
	Aktien
	Festverzinsliche Wertpapiere

Diesen Finanzinvestitionen ist gemeinsam, dass sie eher – vor allem beim Unternehmenskauf – unter mittelfristigen bis langfristigen Aspekten zu sehen sind.

Weitere Möglichkeiten, Finanzinvestitionen vorzunehmen, können sein:

- Gewährung von Darlehen
- Anlage von Festgeld.

1. Unternehmen

Unternehmen können – finanzwirtschaftlich gesehen – aus mehreren Gründen zum Gegenstand von Investitionsrechnungen werden.

Beispiele: Kauf eines Unternehmens, Pacht eines Unternehmens, Beteiligung an einem Unternehmen, Fusion mit einem Unternehmen.

Bei all diesen Vorgängen geht es um die Frage, welchen Wert das Unternehmen hat. Die Preisermittlung für ein solches zumeist nicht börsennotiertes Investitionsobjekt ist schwierig. Während für andere vertretbare Güter, wie z. B. Aktien oder festverzinsliche Wertpapiere, Märkte bestehen, auf welchen Preise über die Konzentration von Angebot und Nachfrage relativ leicht feststellbar sind, gilt dies nicht für den Kauf oder Verkauf von Unternehmen.

Aufgrund dieser fehlenden Märkte hat sich im Unternehmenshandel das **Mergers & Acquisition-Geschäft*** etabliert, das bei einer Preisermittlung helfen kann. Neben beispielsweise Unternehmensberatungen, Wirtschaftsprüfern und Banken existieren in diesem Geschäftsbereich der Beteiligungs- und Unternehmensvermittlung M&A-Firmen, die ausschließlich dieses Geschäft betreiben.

---

* **Merger** kann als Fusion durch die Verbindung mit anderen Unternehmen übersetzt werden, während **Acquisition** die Übernahme von Unternehmen durch Kauf bedeutet.

M&A-Firmen stehen anderen Institutionen beim Erwerb von Beteiligungen oder ganzer Unternehmen mit Beratungsleistungen zur Seite. Ebenso helfen sie bei der Objektsuche sowie der Durchführungsbetreuung, die bis zur Finanzierung einer Übernahme reichen kann. Für diese Dienste erhalten M&A-Firmen Provisionen.

Um den Wert des Unternehmens erklären und bestimmen zu können, ist es zweckmäßig, folgende Gesichtspunkte zu erörtern:

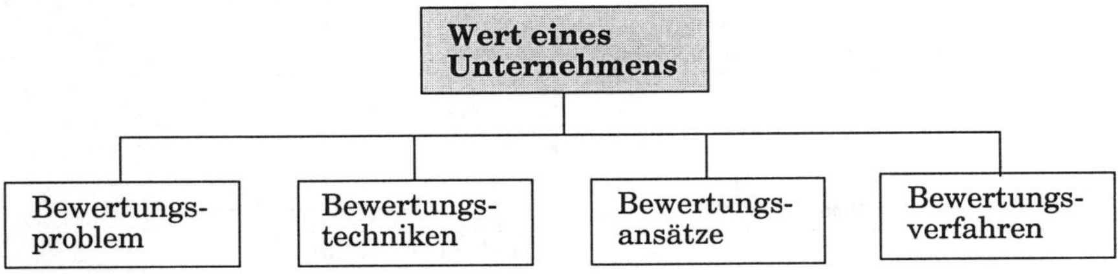

1.1 Bewertungsproblem

Mit der Unternehmensbewertung wird der Zweck verfolgt, einen möglichst realistischen Unternehmenswert festzustellen. Das kann nicht einfach durch die Erfassung und Bewertung der im Unternehmen befindlichen Sachgüter wie Gebäude, Maschinen, Werkzeuge und Fertigungsstoffe erfolgen. Es sind vielmehr weitere Gesichtspunkte zu berücksichtigen.

Beispiel: Ein umsatzträchtiges Unternehmen mit gutem Kundenstamm ist höher zu bewerten als ein Unternehmen mit gleicher materieller Ausstattung, das über diese Vorzüge nicht oder nicht in diesem Maße verfügt.

Das *Institut der Wirtschaftsprüfer (IdW)* ging bisher bei Überlegungen zur Unternehmensbewertung davon aus, dass der Unternehmenswert grundsätzlich durch das **Ertragswert-Verfahren** zu bestimmen ist. Das heißt, dass der Barwert der zukünftigen Überschüsse zumindest theoretisch den richtigen Unternehmenswert widerspiegelt.

Nach neuerer Auffassung des *IdW* kann nun neben dem Ertragswert-Verfahren auch das **Discounted Cash Flow-Verfahren** verwendet werden. Beide Verfahren stützen sich letztlich auf die Abdiskontierung zukünftiger Überschüsse und werden in den nachfolgenden Kapiteln dargestellt.

Die Ermittlung des Unternehmenswertes führt im praktischen Einzelfall zu **Schwierigkeiten**:

- Eine rein zahlungsstromorientierte **Überschussrechnung** ist meist sehr schwer erstellbar und wird deswegen näherungsweise ersetzt durch eine in der Praxis durchführbare ertragsbezogene Überschussrechnung.

- Die für die Unternehmensbewertung zu verwendenden **Daten** liegen zumeist nicht nur in der näheren Zukunft, sondern möglicherweise auch in nicht absehbaren Betrachtungszeiträumen und sind daher unsicher.

- Die Einschätzungen des **Zukunftserfolges** sind subjektiv, weshalb die Bewertenden, also Käufer oder Verkäufer, zu verschiedenen Preisen und damit zu unterschiedlichen Unternehmenswerten gelangen können.

  Solche unterschiedliche Preishöhen können sich aus unterschiedlichen Auffassungen ergeben:

  - Bezüglich zukünftiger **Marktentwicklungen**
  - Hinsichtlich von **Übernahmerisiken**, die z. B. in Form der Abwanderung des Management oder des Verlustes wichtiger Kunden gegeben sein können.
  - Über die Realisierung von möglichen **Synergieeffekten**, die z. B. im warenwirtschaftliche Bereich durch Umsatzsteigerungen bzw. Kostenreduzierung oder im Finanzbereich durch die Reduzierung von Kapitalbeschaffungskosten gegeben sein können.

- Es bestehen neben Sachwerten auch immaterielle Vermögensgegenstände, die den **Goodwill** des Unternehmens ergeben und oft schwer zu quantifizieren ist.

Moxter sieht als gemeinsames Merkmal aller Unternehmensbewertungen den **potenziellen Preis**, der für Unternehmen oder Unternehmensteile ermittelt wird. Dieser Preis kann sich in einen effektiven Preis verwandeln, in einen Preis also, der bei der Veräußerung des Unternehmens tatsächlich realisiert wird, was aber nicht zwingend der Fall sein muss.

Beim potenziellen Preis kann es sich um einen **Grenzpreis** handeln, der angibt, wieviel ein rational entscheidender Käufer eines Unternehmens – als Maximal-Kaufpreis – höchstens zu zahlen bereit ist bzw. wieviel ein rational entscheidender Verkäufer eines Unternehmens – als Mindest-Verkaufspreis - wenigstens erzielen will.

Busse von Colbe spricht davon, dass der Verkäufer sich eine Vorstellung über die Preisuntergrenze machen muss, bei der sich ein Verkauf für ihn erst zu lohnen beginnt. Umgekehrt hat der Käufer eine Vorstellung von der Preisobergrenze zu entwickeln, deren Überschreiten für ihn nicht in Betracht kommt.

Der Unternehmenswert muss aber nicht in jedem Falle der Grenzpreis sein. Er kann sich auch als fairer **Einigungspreis** ergeben, der zwischen dem Mindestpreis des potenziellen Verkäufers und dem Höchstpreis des potenziellen Käufers liegt.

Weitere Voraussetzung für jede Unternehmensbewertung ist eine sorgfältige **Prüfung der vorliegenden Informationen**.

Im Folgenden sollen zur Lösung des Bewertungsproblems erörtert werden:

- **Bewertungsprinzipien**
- **Vorbereitungen zur Unternehmensbewertung**.

1.1.1 Bewertungsprinzipien

Der Unternehmensbewertung liegen mehrere Prinzipien zugrunde, die aus folgenden **Überlegungen** resultieren:

- Der **Wert eines Unternehmens als Ganzes** ist ein anderer als die Summe seiner Einzelteile. Die Vorstellung eines Zusammenhangs zwischen Unternehmenswert und Inventar bzw. Bilanz im Sinne einer Vermögensaufstellung ist nicht haltbar. Auch nicht quantifizierbare immaterielle Werte, die nicht unbedingt in einer Bilanz enthalten sind, müssen erfasst werden. Sie ergeben den Goodwill des Unternehmens.

  Beispiele: Lizenzen, Patente, Firmenwert.

- Der **Käufer eines Unternehmens** wird sich weniger für die Anschaffungs- bzw. Restwerte der übernommenen Wirtschaftsgüter oder deren gegenwärtigen Wert interessieren, sondern dafür, welche Gewinne er in Zukunft mit ihnen erwirtschaften kann.

- Der **Verkäufer eines** erfolgreich arbeitenden **Unternehmens** wird sich vernünftigerweise nicht damit einverstanden erklären, dass ihm für die von ihm geschaffenen Erfolgsaussichten kein Entgelt zugebilligt wird.

Aus diesen Überlegungen können die **Prinzipien** der Unternehmensbewertung abgeleitet werden:

- Das Unternehmen ist ein Organismus und als solcher zu bewerten. Nicht die Addition von Einzelwerten, sondern nur eine umfassende **Gesamtbewertung** des Unternehmens führt zum Wert des Unternehmens als Ganzes.

- Das Unternehmen ist eine **Individualität**. Ihr muss Rechnung getragen werden. Dabei ist zu vermeiden, die Eigenschaften eines Unternehmens durch vermutete branchentypische Merkmale zu ersetzen.

- Der Unternehmenswert bestimmt sich nicht aufgrund vergangener oder gegenwärtiger Ereignisse, sondern im Hinblick auf **zukünftige Entwicklungen**. Vergangenheit und Gegenwart haben eine Hilfsfunktion im Hinblick auf die Abschätzung der Zukunft. Bei der Wertermittlung findet eine Interpolation oder Fortschreibung der vergangenen und gegenwärtigen Entwicklung statt.

- Das Unternehmen ist ein Gebrauchsgut, dessen Wert von dem **Nutzen** abhängig ist, den es stiftet. Es kommt daher bei der Bewertung darauf an, zu wissen, in welcher Weise das Unternehmen in der Zukunft genutzt werden soll.

1.1.2 Vorbereitungen zur Unternehmensbewertung

Die Bewertung eines Unternehmens setzt voraus, dass eine **ausreichende Anzahl von Informationen** über das zu erwerbende Unternehmen eingeholt wird.

Hierbei ist die Informationseinholung nach Art der Unternehmensübernahme zu unterscheiden:

Feindliche Übernahme	Bei solchen Übernahmen weiß das zu übernehmende Unternehmen von den Übernahmeabsichten nichts. Dementsprechend fraglich ist es in der Praxis, ob ausreichende Informationsmaterialien für den Käufer des Unternehmens verfügbar sind und damit eine relativ gesicherte Wertermittlung durchführbar ist.
Freundliche Übernahme	Bei freundlichen Übernahmen arbeiten Käufer und Verkäufer eines Unternehmens zusammen, da die Übernahmeabsicht beiderseits bekannt ist. Dementsprechend werden hier ausreichende Informationsmengen vorliegen, wobei allerdings auch diese auf ihr Zutreffen zu überprüfen sind.

Liegen entsprechende Informationsmöglichkeiten vor, werden folgende **Prüfungshandlungen** empfohlen, die als Vorgang auch **Due Diligence** genannt werden:

- Analyse der Jahresabschlüsse der letzten drei bis fünf Jahre. Die Jahresabschlüsse sollten durch die Prüfungsberichte der Abschlussprüfer unterlegt bzw. testiert sein.

- Produktbezogene Prognose des Umsatzes, der Deckungsbeiträge sowie des Bruttogewinns anhand von entsprechenden Controlling- bzw. Planungsunterlagen

- Prognose der Fixkosten, die möglichst den unterschiedlichen Verursachern z. B. in der Produktion, dem Vertrieb oder auch der Verwaltung zu zuordnen sind.

- Darlegung der Personalkosten, wobei insbesondere das Gehaltsgefüge der leitenden Angestellten interessiert, da vor allem hier Gefahren für die zukünftige Zusammenarbeit drohen.

- Angleichung unterschiedlicher Bilanzierungs- und Bewertungsauffassungen. Entsprechend können Gewinnkorrekturen notwendig werden und die Analyse der Vermögenswerte Bewertungsunterschiede deutlich machen, wobei insbesondere Anlagevermögen und Vorratsvermögen interessieren.

- Überprüfung bereits bestehender Aufträge, die möglicher Weise zukünftige Verlustbringer sein können, sowie die Analyse von ungewissen Tatbeständen, z. B. Garantien, Gewährleistungen, die zukünftige Verbindlichkeiten entstehen lassen können.

- Analyse der Gesellschaftsverträge, eventuell bestehender Kooperationsverträge und anderer langfristiger Vertragsbindungen, um die zukünftige rechtliche wirtschaftliche Lage gut einschätzen zu können.

- Analyse der notwendigen Abschreibungen.

Zur Informationssammlung und Informationsverarbeitung liegen in größeren Unternehmen Akquisitionsrichtlinien vor, die neben den Vorgaben zur Wertermittlung auch Checklisten mit Formularcharakter für die Analyse des zu übernehmenden Unternehmens verwenden.

Solche Checklisten zur Due Diligence können enthalten:

Umfeldanalyse	Sie untersucht die politische, gesellschaftliche und wirtschaftliche Lage einer Branche im Inland oder auch eines Landes generell, was insbesondere bei Investition im Ausland besonders empfehlenswert ist.
Unternehmensanalyse	Hier sind folgende Tatbestände zu untersuchen: o Name o Absatzstruktur o Kapazitäten o Beschäftigtenzahl o Verkaufsgrund o Eigentumsverhältnisse o Gebäude o Geschäftsentwicklung o Produktpalette o Kundenstruktur o Standort o Unternehmenskultur o Gründungsjahr o Grundstücke o Unternehmensstruktur o Wirtschaftlichkeit
Unternehmensstrategie	Hier sollten insbesondere untersucht werden: o Vorhandene Synergien und deren Umsetzung o Strategiekompatibilität
Managementfaktoren	Es sollten die Kompatibilität der Organisationsstrukturen sowie die vorhandenen personellen Qualifikationen getestet werden.
Finanzen und Steuern	Die Finanzsituation und die steuerliche Strukturierung des Unternehmens sind zu analysieren.

5 6 Seite 417

1.2 Bewertungstechniken

Für die Unternehmensbewertung gibt es grundsätzlich zwei Bewertungstechniken:

- **Einzelbewertung**
- **Gesamtbewertung**.

1.2.1 Einzelbewertung

Bei der Einzelbewertung wird der Unternehmenswert durch **Addition der Werte aller inventurfähigen Unternehmensteile** ermittelt. Die Wertermittlung der einzelnen Teile erfolgt unabhängig voneinander. Kombinationseffekte, die zu Mehr- oder Minderwerten aus dem gemeinsamen Einsatz dieser Teile führen, werden nicht berücksichtigt.

Beispiel: Zwei nebeneinanderliegende Grundstücke haben – isoliert gesehen – je einen Verkaufswert von 100.000 €. Ihr Verkehrswert als Einheit kann wegen günstigerer Nutzungsmöglichkeiten 250.000 € betragen, was einen positiven Kombinationseffekt in Höhe von 50.000 € ausmacht.

Der **Vorteil** der Einzelbewertung liegt in der einfachen Handhabung, denn für die Bewertung genügt die Kenntnis der Verkehrswerte der Gegenstände.

Als **Nachteile** sind zu nennen:

- Es werden nicht alle Gegenstände erfasst.
- Die Kombinationseffekte des Einsatzes von Gegenständen, die für ein Unternehmen wichtig sind, werden nicht berücksichtigt.

1.2.2 Gesamtbewertung

Mit der Gesamtbewertung können die Kombinationseffekte praxisentsprechend berücksichtigt werden. Es interessiert der Nutzen aus dem Einsatz aller Gegenstände im Unternehmen, der sich in den Überschüssen ausdrückt, die das Unternehmen erwirtschaftet.

Die Vorteilhaftigkeit der Investition in ein Unternehmen lässt sich erkennen, indem die Höhe der Überschüsse aus dem zu bewertenden Unternehmen ermittelt und verglichen wird, welcher Mindestbetrag aufzuwenden wäre, um Überschüsse dieser Höhe aus einer alternativen Kapitalanlage zu erhalten.

Dieses Verfahren der Gesamtbewertung entspricht den Aufgaben der Unternehmensbewertung. Dabei muss allerdings als **Nachteil** der Gesamtbewertung angesehen werden, dass die Überschüsse nicht mit Sicherheit vorausgesagt werden können.

1.3 Bewertungsansätze

Als Wertansätze können bei der Unternehmensbewertung unterschieden werden:

- **Liquidationswert**
- **Reproduktionswert**
- **Ertragswert**
- **Firmenwert**
- **Cash Flow**.

1.3.1 Liquidationswert

Bei der Liquidation eines Unternehmens werden die einzelnen Vermögensteile abgestoßen und die Schulden beglichen. Der Liquidationswert gibt demnach an, welcher Erlös zu erzielen wäre, wenn die vorhandenen Güter einzeln verkauft würden. Für Verkäufer und Käufer gilt:

- Der Liquidationswert stellt für den potentiellen **Verkäufer** normalerweise die **Grenzpreis-Untergrenze** dar, es sei denn, die Auflösung des Unternehmens sei aus irgendwelchen Gründen ausgeschlossen.

  Der Liquidationswert markiert den Punkt, unter den der Grenzpreis für den potenziellen Verkäufer nicht fallen kann. Denn der potenzielle Unternehmensverkäufer hat keinen Anlass, irgendwelchen Preisangeboten potenzieller Käufer näherzutreten, die unter diesem Betrag liegen.

  Dem potenziellen Verkäufer steht es grundsätzlich frei, sein Unternehmen zu liquidieren und hierdurch den Liquidationswert zu realisieren *(Moxter)*.

- Auch für den potenziellen **Käufer** kann der Liquidationswert Bedeutung haben. Bei einer beabsichtigten Zerschlagung eines z. B. maroden Unternehmens durch den potenziellen Käufer stellt der Liquidationswert für ihn die **Grenzpreis-Obergrenze** dar, die er normalerweise nicht bereit sein wird, zu überschreiten.

  Zudem kann der Liquidationswert für den potenziellen Käufer eines Unternehmens eine absolute Risikoobergrenze darstellen für den Fall, dass dieses Unternehmen nach der Übernahme liquidationsreif wird.

1.3.2 Reproduktionswert

Der Liquidationswert ist die Summe der einzelnen Veräußerungspreise. Als Spiegelbild dazu kann ein Reproduktionswert festgestellt werden, der die Summe der einzelnen Beschaffungspreise darstellt und zeigt, was die Erstellung des Unternehmens kosten würde. Er wird auch als **Substanzwert** bezeichnet.

Die entscheidenden Fragen, die sich bei der Ermittlung des Reproduktionswertes stellen, beziehen sich auf:

- Den **Umfang** der in die Berechnung einzubeziehenden Vermögensgüter
- Den anzusetzenden **Wert** der einzubeziehenden Vermögensgüter.

In die Berechnung des Reproduktionswertes werden nur diejenigen Vermögensteile aufgenommen, die als **betriebsnotwendig** anzusehen sind, wobei erforderliche Reserven an Produktionsfaktoren zu berücksichtigen sind.

Der Reproduktionswert kann sowohl materielle als auch immaterielle Werte beinhalten. In seiner Verknüpfung mit dem Erfordernis der Betriebsnotwendigkeit ist er eine im Zeitablauf schwankende Größe, da er von der jeweiligen konjunkturellen Lage abhängig ist.

Wirtschaftsgüter, die nicht zum betriebsnotwendigen Vermögen gehören, sind – so weit sie mitveräußert werden sollen – mit ihrem jeweiligen Liquidationswert anzusetzen.

Hieraus ergibt sich, dass zu unterscheiden ist zwischen:

- Dem Reproduktionswert im Sinne des betriebsnotwendigen Vermögens
- Dem Reproduktionswert im Sinne des gesamten Vermögens.

Als Elemente des Reproduktionswertes können folgende **Kostenwerte** unterschieden werden:

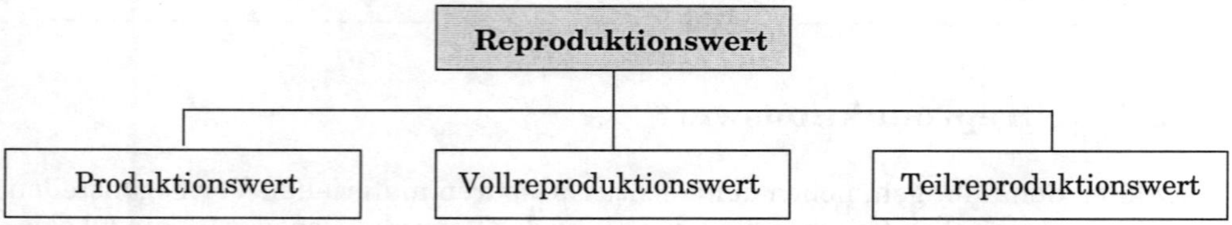

1.3.2.1 Produktionswert

Der Wert eines Gutes ist abhängig von den bei seiner Erstellung verursachten Kosten, aber auch vom Erlös, den es zu erbringen vermag. Der Produktionswert beinhaltet nur die **Kostenseite**.

Setzt man die einzelnen Güter mit den Werten an, die sie zur Zeit ihrer Anschaffung oder Herstellung hatten, gelangt man zu dem auf **Vergangenheitswerten** aufgebauten Anschaffungswert oder Produktionswert.

Dieser Wert sagt jedoch nichts darüber aus, wieviel Kapital heute aufgewendet werden müsste, um das Unternehmen in seinem gegenwärtigen Zustand aufzubauen. Da der Käufer eines Unternehmens gerade dies aber wissen möchte, ist der Produktionswert für ihn **kein geeigneter Wertmaßstab**.

1.3.2.2 Vollreproduktionswert

Bei der Bewertung eines Unternehmens sind demnach nicht die Anschaffungs- oder Herstellungskosten, sondern die Wiederbeschaffungskosten am Bewertungsstichtag, d. h. die Tageswerte im Zeitpunkt des Überganges oder Verkaufes des Unternehmens anzusetzen. Werden die einzelnen Vermögensteile auf diese Weise bewertet, ergibt deren Summe den Vollreproduktionswert.

Strittig ist, ob für die Bewertung eines Unternehmens als Ganzes der **Reproduktionsaltwert** der Anlagen – das ist der Tagesbeschaffungswert abzüglich angemessener Abschreibungen – oder der **Reproduktionsneuwert** – das ist das Tagesbeschaffungswert – heranzuziehen ist:

- *Schmalenbach* spricht sich für den Reproduktionsneuwert ohne Berücksichtigung von Abschreibungen aus, da dieser auch von einem potenziellen Konkurrenten aufgewendet werden müsste.

- *Hax* befürwortet dagegen den Reproduktionsaltwert, wobei er folgende Gründe nennt:

- Die Summe der Neuwerte war zu keinem Zeitpunkt im Unternehmen investiert und ist daher vom Käufer nicht voll zu tragen bzw. zu ersetzen.
- Die Konkurrenzgefahr wird nicht durch den Neuwert der bestehenden Anlage, sondern durch den Neuwert einer leistungsgleichen Anlage bestimmt, der aber infolge technischen Fortschritts niedriger anzusetzen sei.

1.3.2.3 Teilreproduktionswert

Trotz aller Bemühungen, neben den leicht erfassbaren materiellen Vermögensteilen auch die immateriellen Güter in die Ermittlung des Reproduktionswertes einzubeziehen, ist die wertmäßige Erfassung einiger immaterialler Güter nicht möglich, da die Aufwendungen nicht feststellbar sind, die zu ihrer Entstehung führten, und ihre Bewertung im Hinblick auf den gegenwärtigen Zeitpunkt undurchführbar ist.

Es handelt sich um jene immateriellen Güter, die in sich unselbständig und eng mit der Existenz des betreffenden Unternehmens verbunden sind.

Beispiele:

- Äußere Organisation
- Innere Organisation
- Stellung am Beschaffungs- und Absatzmarkt
- Markenname
- Standort
- Betriebsklima
- Mitarbeiterstamm
- Kundenstamm

Alle diese immateriellen Güter müssten eigentlich im Reproduktionswert des Unternehmens enthalten sein. Da sie aber in der Regel wertmäßig nicht erfassbar sind, spricht man zweckmäßigerweise vom **Teil**reproduktionswert und bezieht diesen auf die bewertbaren Güter.

Das bedeutet, dass der **Substanzwert** als für den Produktionswert verwendbarer Begriff hier auch entsprechende Anwendung auf dem Teilreproduktionswert findet.

Hinsichtlich der **Anwendungshäufigkeit** des Substanzwertes als Ermittlungsgröße eines Unternehmenswertes ist in der Praxis festzustellen, dass seine Bedeutung gesunken ist, obwohl oftmals noch auf diese Wertgröße in Gesellschaftsverträgen oder im steuerlichen Bereich verwiesen wird.

Der Substanzwert kann eine **Kontrollgröße** darstellen, die den Realitätsbezug anderer Wertansätze, wie z. B. der auf die Zukunft bezogenene Verfahren, überprüft.

Als **Hilfsgröße** wird der Substanzwert bei der Errechnung zukünftiger Finanzbedarfe oder der Beurteilung der Kreditwürdigkeit und der Krisenanfälligkeit eingesetzt. Schließlich ist er auch als Druckmittel in den Verhandlungen zur Kaufpreissenkung verwendbar.

57 **Seite 417**

1.3.3 Ertragswert

Einen weiteren möglichen Wertansatz bei der Ermittlung des Unternehmenswertes stellt der Ertragswert dar, der verstanden werden kann als:

- Zukunftserfolgswert
- Zukunftsentnahmewert.

Unter **Zukunftserfolg** versteht man den nachhaltig erzielbaren zukünftigen Reingewinn des Unternehmens. Seine Ermittlung bereitet besondere Schwierigkeiten, da die Zukunft nur auf dem Wege der Schätzung berücksichtigt werden kann.

Für die Ermittlung des Ertragswertes sind von Bedeutung:

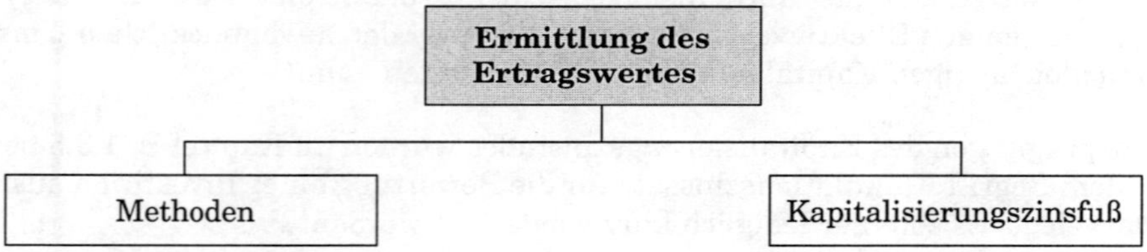

1.3.3.1 Methoden

Für die Bestimmung des Zukunftserfolges sind besonders zwei Methoden zu unterscheiden:

- Der Zukunftserfolg kann auf der **Grundlage des Vergangenheitserfolges** bestimmt werden. Dabei wird von einer eingehenden Untersuchung der zukünftigen Marktlage des Unternehmens ausgegangen, wobei eine Beurteilung vorgenommen wird:

❍ Der konjunkturellen Lage	❍ Der Branchenentwicklung
❍ Der weltwirtschaftlichen Vorgänge	❍ Der Unternehmensentwicklung

Neben der marktorientierten Analyse sind weitere Faktoren zu berücksichtigen:

❍ Die vorhandene Kapazität	❍ Der durchschnittlich erreichte Beschäftigungsgrad.
❍ Der optimale Leistungsgrad	

In einer Analyse wird beurteilt, mit welchen Kosten der geschätzte Umsatz bei rationaler Unternehmensführung verbunden sein dürfte. Ziel ist es, über die Umsatzentwicklung und Kostenschätzung die zukünftigen Erfolgschancen zu ermitteln.

Ein ähnliches Ergebnis ergibt sich, wenn man von der Umsatzrentabilität vergangener Perioden ausgeht und den Gewinn über die durchschnittliche, als repräsentativ angesehene Rentabilität und den geschätzten zukünftigen Umsatz ermittelt.

- Der Zukunftserfolg kann durch **Projizierung der Vergangenheitserfolge** ermittelt werden. Das ist die in der betrieblichen Praxis wesentlich häufiger verwendete, aber mit erheblichen Unsicherheiten behaftete Methode zur Ermittlung des Ertragswertes. Sie besteht in einer Projizierung der in der Vergangenheit erzielten Erfolge auf die zukünftige Gewinnentwicklung.

1.3.3.2 Kapitalisierungszinsfuß

Für die Durchführung der Diskontierung der zukünftigen Reinerträge wird ein Zinsfuß benötigt, der als Kapitalisierungszinsfuß bezeichnet wird. Er stellt den Zinssatz derjenigen Effektivverzinsung dar, die unter den augenblicklichen Umständen von gleichartigen Kapitalanlagen erwartet werden kann.

Die Ausprägungen des Kapitalisierungszinsfußes wurden im Kapitel B, 1.3.5 bereits unter dem Begriff Kalkulationszinssatz für die Bewertung einer Investition ausführlich dargelegt. Es soll hier lediglich kurz wiederholt werden:

- Der Kapitalisierungszinsfuß kann bei einer **Orientierung am Kapitalmarktzins** in seiner Höhe im wesentlichen von den gegenwärtigen Kapitalmarktverhältnissen abhängig sein. Sie finden ihren Ausdruck im landesüblichen Zinsfuß, der den durchschnittlich in dem betreffenden Zeitraum zu erwartenden Reinertrag einer **risikofreien Kapitalanlage** bezeichnet.

  Beispiele: Staatsanleihen, Hypothekenpfandbriefe, erststellige Hypotheken.

  Eine Kapitalanlage, die nicht risikofrei ist, kann nur dann zum Nominalwert gehandelt werden, wenn sie außer dem landesüblichen Ertrag risikofreier Kapitalanlagen eine Prämie abwirft, die das betreffende Risiko deckt.

  Viele Autoren kommen zu dem Schluss, dass – da die Kapitalanlage in einem Unternehmen nicht risikofrei ist – der landesübliche Zinsfuß korrigiert werden müsse, um zum Kapitalisierungszinsfuß für die Ermittlung des Ertragswertes zu gelangen.

  In der betrieblichen Praxis sind vor allem zwei **Bestimmungsverfahren** zur **Berücksichtigung des Risikos** üblich:

  - Der **Zuschlag einer Risikoprämie**, der besonders von *Schmalenbach* empfohlen wird. Dabei wird neben dem Entgelt für die reine Kapitalüberlassung, dem landesüblichen Zins, eine Risikoprämie angesetzt, in der vor allem folgende Faktoren beim zu bewertenden Unternehmen berücksichtigt werden sollten:

o Unternehmensform	o Geschäftszweig
o Unternehmensgröße	o Spezielle Risiken

Dietz sieht die Ermittlung des Kapitalisierungszinsfußes enger:

»Zum landesüblichen Zins darf höchstens ein Zuschlag für die geringe Liquidität oder Mobilität des investierten Kapitals kommen. Das allgemeine Unternehmerwagnis ist bereits bei der Feststellung des nachhaltig erzielbaren Reinertrages berücksichtigt.

Den Kapitalisierungsfaktor wegen des allgemeinen Unternehmerwagnisses zu erhöhen, hieße, dass der als nachhaltig erzielbar angesehene Reinertrag dies voraussichtlich nicht ist und führt damit also zu einer Korrektur der Rechnung an der falschen Stelle und zerstört gerade das (durch den landesüblichen Zins) angestrebte Ziel, die Vergleichbarkeit aller wirtschaftlichen Ertragsobjekte.«

- Die **Hereinnahme des Branchenzinses**, die *Mellerowicz* befürwortet. Dabei wird als Grundlage für die Ermittlung des Kapitalisierungszinsfußes das arithmetische Mittel verwendet aus:

○ Landesüblichem Zins	○ Branchenzins

Hinzu kommt dann noch ein den unternehmensindividuellen Verhältnissen angemessener Zuschlag.

Dieser Auffassung liegt zu Grunde, dass der Zins zwei **Funktionen** zu erfüllen hat:

- Funktion der Generalisierung des Reinertrages als Grundlage
- Funktion der Berücksichtigung des Risikos als Zuschlag

Das arithmetische Mittel wird verwendet, weil sich der Landeszins aus dem Konkurrenzkampf nichtinvestierter Kapitalien, der Branchenzins aus dem Konkurrenzkampf investierter Kapitalien ergibt.

Durch die in einem besonderen Risikozuschlag erfolgende Berücksichtigung der Risiken entsprechend ihrer betriebsindividuellen Wirksamkeit soll der Individualität eines Unternehmens Rechnung getragen werden.

Zur Ermittlung des individuellen Risikos sollen branchengleiche Unternehmen verglichen werden mit dem Ziel, die Besonderheit des zu bewertenden Unternehmens in einem Index zu erfassen.

Gegen die Hereinnahme des Branchenzinses wird vorgebracht, dass der durch einen hohen Branchenzins erhöhte Kapitalisierungszinsfuß zu einer nicht gerechtfertigten Unterbewertung von Unternehmen führt, da der Ertragswert um so niedriger wird, je höher der Kapitalisierungszinsfuß gewählt oder bestimmt wird.

Die bisherigen Ausführungen zeigen, dass unter der Voraussetzung einer richtigen Ermittlung des objektiven nachhaltig erzielbaren zukünftigen Reinertrages als **Kapitalisierungszinsfuß** anzusetzen ist:

	Landesüblicher Zinsfuß
+	Zuschlag für die mangelnde Mobilität der Kapitalanteile
=	Kapitalisierungszinsfuß

Selbst wenn an der genannten Voraussetzung Zweifel bestehen, sollen eventuelle Risiken eher bei der Ermittlung der zukünftigen Reinerträge in Ansatz gebracht werden, da die Auswirkungen einer solchen Handhabung im Gegensatz zu einer Berücksichtigung im Zinsfuß überschaubarer sind.

- Neben der Orientierung am Kapitalmarkt ist auch eine **Orientierung an der Finanzsituation** des Unternehmens denkbar. Der **Unternehmenszins**, der auch **gewichteter Kapitalzins** genannt wird oder im **WACC-Ansatz** (**W**eighted **A**verage **C**ost of **C**apital) zu finden ist, berücksichtigt die unterschiedliche Verzinsung des langfristig im Unternehmen gebundenen Kapitals und gewichtet diese Verzinsung mit den jeweiligen Anteilen der Kapitalarten an der Bilanzsumme.

  Beispiel:

	Anteil am Gesamtkapital	Verzinsung
Langfristiges Fremdkapital	80 %	7 %
Vorhandenes Eigenkapital	20 %	20 %

  Gewichteter Kapitalzins: $\frac{80 \cdot 7\,\%}{100} + \frac{20 \cdot 18\,\%}{100} = 5{,}6\,\% + 3{,}6\,\% = \mathbf{9{,}2\,\%}$

  Damit wird ein unternehmensinterner Renditemaßstab vorgegeben, der auch unter Verwendung möglicher Risikozuschläge als Abdiskontierungsgröße zukünftiger Erträge verwendet werden kann.

- Ebenso wurden im Kapital B 1.3.5 moderne Kalkulationsgrößen angesprochen, die sich am **Markt- und Unternehmensrisiko** orientieren. Das Capital Asset Pricing Modell wird im nachfolgenden Kapitel im Rahmen des Shareholder Value-Verfahrens näher erläutert.

1.3.4 Firmenwert

Der Firmenwert ist für sich allein betrachtet zwar kein eigenständiger Unternehmenswert, jedoch kommt ihm im Rahmen der Unternehmensbewertung eine so große Bedeutung zu, dass auf grundlegende Darstellung nicht verzichtet werden soll.

Unter dem Firmenwert, der auch als **Geschäftswert** oder **Goodwill** bezeichnet wird, versteht man die Differenz zwischen dem Zukunftserfolgswert und dem Teilreproduktionswert:

$$F = EW - RW$$

F = Firmenwert (€)
EW = Ertragswert als Zukunftserfolgswert (€)
RW = (Teil-) Reproduktionswert (€)

Der Firmenwert kann positiver oder negativer Natur sein. **Ursachen** für die Existenz eines positiven Firmenwertes können sein:

- **Die immateriellen Güter**, die nur in Verbindung mit dem betreffenden Unternehmen existieren können und deren Anteil am Firmenwert stets positiv oder gleich Null ist.

- **Der Kapitalisierungsmehrwert**, der die Summe der Mehrwerte von Gütern ist, die zwar in der Bilanz enthalten sind, aber auf Grund der bei der Ermittlung des Substanzwertes erfolgten preisabhängigen Bewertung unter dem Wert angesetzt worden sind, der sich bei einer ertragsabhängigen Bewertung ergibt.

Der Kapitalisierungsmehrwert kann auch negativ sein und damit zum **Kapitalisierungsminderwert** werden, wodurch sich ein Firmenwert ergeben kann, der ebenfalls negativ ist.

Es lassen sich zwei **Arten** von Firmenwerten unterscheiden:

- Der **originäre Firmenwert**, der sich im Laufe des Bestehens und der Entwicklung des Unternehmens ergibt und immaterielle Werte widerspiegelt, die vom Unternehmen selbst geschaffen wurden. Solche Werte können beispielsweise sein:

o Firmennamen	o Markennamen
o Angemeldete Patente	

  Eine Aufnahme des originären Firmenwertes als Aktivposten unter die Vermögenspositionen der Bilanz ist nach § 248 Abs. 2 HGB sowie ebenso nach § 5 Abs. 2 EStG nicht gestattet.

- **Der derivative Firmenwert**, der vom Käufer eines Unternehmens im Rahmen des Gesamtkaufpreises gezahlt wird:

	Gesamtkaufpreis bei Übernahme eines Unternehmens
–	Werte der einzelnen Vemögensgegenstände des Unternehmens im Zeitpunkt der Übernahme
=	**Derivativer Firmenwert**

  Im Gegensatz zum originären Firmenwert kann der derivative Firmenwert nach **Handelsrecht** aktiviert werden – Aktivierungs*recht* nach § 255 Abs. 4 Satz 1 HGB. Wird davon Gebrauch gemacht, ist der Betrag gesondert auszuweisen und in jedem folgenden Geschäftsjahr zu mindestens einem Viertel durch Abschreibungen zu tilgen (§ 255 Abs. 4 Satz 2 HGB).

  Nach **Steuerrecht** gilt für den derivativen Firmenwert eine Aktivierungs*pflicht* (§ 5 Abs. 2 EStG). Er ist auf der Grundlage einer (fiktiven) betriebsgewöhnlichen Nutzungsdauer von 15 Jahren linear abzuschreiben (§ 7 Abs. 1 Satz 3 EStG).

1.3.5 Cash Flow

In modernen Bewertungsverfahren wird der Cash Flow als Wertansatz zur Unternehmensbewertung herangezogen, wobei er in unterschiedlichen Ausprägungsformen erscheint, die im Folgenden aufgezeigt werden sollen.

Gemeinsam ist allen Cash Flow-Größen, dass sie die **finanzielle Wertschöpfung** eines Unternehmens **in einer bestimmten Periode** widerspiegeln.

Gründe für unterschiedliche Berechnungsschemata innerhalb des Cash Flow-Konzeptes liegen in der unterschiedlicher Weise Aufwand und Ertrag bzw. Gewinnteile in die Berechnung aufzunehmen oder wegzulassen.

Die Unterschiedlichkeit der Berechnung richtet sich nach **Zweckbestimmungen** des Cash Flows, der sein kann:

- Ein **Indikator für die Finanzkraft**, der generell die Innenfinanzierungsmöglichkeiten eines Unternehmens zeigt. Beispielhaft seinen Ersatz- oder auch Erweiterungsinvestitionen genannt, die aus unternehmenseigener Kraft finanziert werden können.

- Ein **Indikator für die Schuldentilgung**, der die unternehmenseigenen Möglichkeiten zur Tilgung der Verbindlichkeiten offen legt. Eine Ausprägungsform ist die Cash Flow-Ziffer, welche die Verbindlichkeiten des Unternehmen ins Verhältnis zum Cash Flow setzt.

  Diese Kennziffer zeigt die Anzahl der Jahre auf, die benötigt würden, um Verbindlichkeiten durch den Cash Flow zu tilgen. Sie wird bei der Prüfung der Kreditwürdigkeit und Kreditfähigkeit beispielsweise durch Banken eingesetzt.

- Ein **Indikator für das Gewinnpotenzial**, denn der Cash Flow zeigt auch die Fähigkeit des Unternehmens auf, Dividenden an die Eigenkapitalgeber auszuschütten.

Der Cash Flow für eine Geschäftsperiode kann auf zwei Arten ermittelt werden:

- Die **direkte Ermittlung** erfolgt durch die Gegenüberstellung der zahlungswirksamen Erträge und der zahlungswirksamen Aufwendungen. Sie kann nur **unternehmensintern** geschehen.

- Die **indirekte Ermittlung** kann bei der **unternehmensexternen Analyse** angewandt werden. Der Cash Flow wird hierbei aus des Daten des Jahresabschlusses abgeleitet.

Olfert unterscheidet als indirekt gewonnene Cash Flow-Größen:

Cash Flow im engeren Sinne	Er gibt das Volumen der Unternehmensfinanzierung aus Umsatzerlösen nach der Deckung des reinen Aufwandes an und steht dem Unternehmen für Investitionen, für die Tilgung von Krediten und für die Gewinnausschüttung zur Verfügung . Der Cash Flow i. e. S. zeigt dementsprechend den Spielraum der **Selbstfinanzierung** an. Seine Errechnung erfolgt: Nichtentnommener Gewinn + neugebildete Rücklagen + Abschreibungen + Pauschalwertberichtigungen **= Cash Flow im engeren Sinne**
Cash Flow im weiteren Sinne	Er geht über die Selbstfinanzierungsmittel hinaus und erfasst auch fremdfinanzierte Mittel, die längerfristig im Unternehmen verweilen und genutzt werden können. Dabei werden alle Liquiditätszuflüsse und Liquiditätsabflüsse aufgezeigt. Die Errechnung des Cash Flow i. w. S. ist wie folgt möglich: Jahresgewinn / - verlust – Gewinnvortrag + Verlustvortrag + Erhöhung von Rücklagen – Auflösung von Rücklagen + Erhöhung von langfristigen Rückstellungen – Auflösung von langfristigen Rückstellungen + Abschreibungen (+ außerordentlicher Aufwand) (– außerordentlicher Ertrag) **= Cash Flow im weiteren Sinne** Beispielhaft für die unterschiedlichen Auffassungen zum Cash Flow steht der Streit um die Einbeziehung der außerordentlichen Aufwände bzw. der außerordentlichen Erträge: o Zum einen wird versucht, periodengerechte Werte zu ermitteln, indem alle außerordentlichen Erträge bzw. Aufwände, die ein Normaljahr bzw. ein Normalergebnis verzerren, keine Berücksichtigung finden. o Eine längerfristige Betrachtung, wie sie bei der Investitionsrechnung normalerweise üblich ist, kann zum anderen für die Beibehaltung des außerordentlichen Aufwands und Ertrags sprechen, da diese außerordentlichen Posten sich in einer Langfristbetrachtung über die Zeit ausgleichen und damit weniger stark ins Gewicht fallen.

- Eine Modifikation der **indirekte Ermittlung** (*Ziegenbein*) führt über den **Brutto Cash Flow** zum in den neueren Bewertungsmethoden (Discounted Cash Flow-

Verfahren bzw. Shareholder Value-Verfahren) verwandten **Free Cash Flow**. Auch dieser kann auf unterschiedliche Weise errechnet werden.

Ausgehend vom **Brutto Cash Flow** wird über den **Operating Cash Flow** der **Free Cash Flow** festgestellt (*Ziegenbein*):

Vorsteuerliches Betriebsergebnis	Dies ist das nachhaltig erzielbare, vorsteuerliche Betriebsergebnis. Es ist durch die Nachhaltigkeit von Zufallsgrößen befreit.
+ Kalkulatorische Größen	Kalkulatorische Zinsen und kalkulatorische Abschreibungen werden hinzu addiert.
+/– Veränderungen bei langfristigen Rückstellungen	Dies sind insbesondere Zuführungen zu Pensionsrückstellungen bzw. deren Auflösung.
= Brutto Cash Flow	
– Ersatzinvestitionen – Steuerzahlungen **= Operating Cash Flow**	Notwendige, ersatzschaffende Investitionen sind abzuziehen wie ebenso anfallende Steuerzahlungen zu berücksichtigen sind.
– Erweiterungsinvestitionen **= Free Cash Flow**	Diese auf das Sachanlagevermögen gerichteten Investitionen bestimmten u. a. die zukünftige Entwicklung eines Unternehmens. Sie sind nach *Rappaport* als Werttreiber des zukünftigen Unternehmenswertes anzusehen.

Der Free Cash Flow gibt damit als Folge der operativen Tätigkeit eines Unternehmens eine Nach-Steuer-Größe an, die all jenen zur Verfügung steht, die dem Unternehmen Kapital zur Verfügung gestellt haben. Damit steht er sowohl den Eigenkapitalgebern als auch den Fremdkapitalgebern nach Abzug der Unternehmenssteuern zur Verfügung.

Hieraus folgt, dass der Free Cash Flow eine Größe darstellt, die den Eigenkapitalgebern nach Steuerabzug zur Verfügung stünden, wenn es keine Fremdkapitalverbindlichkeiten gäbe.

58 Seite 417

1.4 Bewertungsverfahren

Betriebswirtschaftslehre und Steuerlehre haben verschiedene Verfahren der Unternehmensbewertung entwickelt, die erkennen lassen, dass die Unternehmensbewertung sich der genauen Berechenbarkeit entzieht und eine mehr oder weniger genaue Schätzung angewendet werden muss. Sie kann wegen ihres zum Teil subjektiven Charakters zu verschiedenen Ergebnissen führen.

Gemeinsam ist diesen Verfahren, dass drei **Bewertungsgrundsätze** zu beachten sind:

Stichtags-prinzip	Es muss eine Festlegung des Bewertungsstichtages erfolgen, damit nachvollzogen werden kann, wem (Käufer oder Verkäufer) welche finanziellen Zuflüsse zustehen. Dies kann ein vertraglich vereinbarter oder gesetzlich bestimmter Bewertungsstichtag sein.
Bewertung des nicht betriebs-notwendigen Vermögens	Das sind Vermögensgegenstände, die veräußert werden könnten, ohne die Funktion des Unternehmens zu stören. Sie sind separat unter Einbezug der dazugehörigen Verbindlichkeiten zu bewerten, was in der Regel nach dem Liquidationswert geschehen kann.
Berücksichti-gung des Risikos	Da zumeist zukünftige Daten (finanzielle Überschüsse) in die Bewertung einfließen, besteht hinsichtlich ihrer Prognose Unsicherheiten. Sie werden durch Risikoprämien aufgefangen, wobei grundsätzlich zwei **Möglichkeiten** bestehen: o Die erwarteten finanziellen Überschüsse werden gekürzt. o Der Kapitalisierungszinsfuß wird erhöht durch einen Risikozuschlag. Dieser Risikozuschlag ist schwer bestimmbar. Erfahrungswerte können durch besondere Unternehmenssituationen oftmals nicht übernommen werden. Eine marktgestützte Ermittlung des Risikozuschlages bietet das **Capital Asset Pricing-Modell**, das im Folgenden noch geschildert wird.

Es gibt eine Vielzahl von Verfahren für die Unternehmensbewertung, die wie folgt eingeteilt werden können:

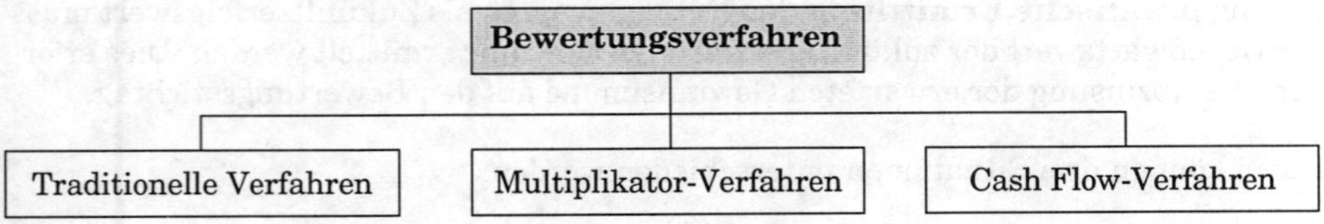

Festzuhalten ist, dass es keine richtigen oder falschen Bewertungsmethoden gibt. Bei einer Unternehmensbewertung werden gewöhnlicher Weise mehrere Verfahren gleichzeitig eingesetzt. Damit entsteht eine Bandbreite unterschiedlicher Unternehmenswerte, die Orientierungs- und auch Kontrollgrößen für den Käufer bzw. für den Verkäufer eines Unternehmens darstellen.

Hinzukommt, dass oftmals innerhalb eines Bewertungsverfahrens auch noch verschiedene Ausgangslagen mit unterschiedlichen Datengrößen als **Szenarien** in Form eines »schlechtesten Falls« und eines »besten Falls« festgelegt werden. Aufgrund dieser Risikobetrachtung kann dann der »wahrscheinlichste Fall« ermittelt werden.

1.4.1 Traditionelle Verfahren

In der betrieblichen Praxis verwendete traditionelle **Verfahren** der Unternehmensbewertung sind vor allem:

- **Ertragswert-Verfahren**
- **Substanzwert-Verfahren**
- **Mittelwert-Verfahren**
- **Übergewinn-Verfahren**.

1.4.1.1 Ertragswert- Verfahren

Der Unternehmensbewertung sollte die Bewertung der nachhaltig erzielbaren Gewinne zu Grunde liegen. Ihre Erzielung wird mit der Kombination materieller und immaterieller Güter im Unternehmensprozess angestrebt. Der Grad der Zielerfüllung bestimmt den Unternehmenswert als **Ertragswert**.

Nach dem Ertragswert-Verfahren wird der **künftig erwartete Gewinn kapitalisiert,** der langfristig bei einer normalen Unternehmensleistung erzielt wird. Die Konkurrenzgefahr wird dabei im Zukunftsertrag berücksichtigt.

Eine überdurchschnittliche Leistung des bisherigen Unternehmens wird nur insoweit berücksichtigt, als sie in einer guten Organisation besteht und dadurch eine Mehrrente auch in Zukunft abwirft.

Abschreibungen auf den Firmenwert bleiben unberücksichtigt.

Für die **praktische Ermittlung des Ertragswertes** als Zukunftserfolgswert muss der Gegenwartswert der zukünftig erwarteten Gewinne ermittelt werden. Dies erfordert die Abzinsung der erwarteten Gewinnsumme auf den Bewertungsstichtag.

Dabei können drei Situationen unterschieden werden:

- Bei einer **begrenzten Lebensdauer** des betrachteten Unternehmens und **unterschiedlich hohen Gewinnen** ergibt sich als Ertragswert:

$$\boxed{EW = \frac{G_1}{q^1} + \frac{G_2}{q^2} + ... + \frac{G_n}{q^n}}$$

EW = Ertragswert als Zukunftserfolgswert (€)
G = Gewinn (€/Jahr)
$\frac{1}{q^n}$ = Abzinsungsfaktor
n = Jahr

Beispiel: Der Zukunftserfolgswert eines Unternehmens soll festgestellt werden, dessen Lebensdauer noch mit 6 Jahren angesetzt wird. Der Kalkulationszinssatz beträgt 10 %, die jährlich erzielbaren Gewinne sind der Tabelle zu entnehmen.

Jahr	Gewinn	Abzinsungs-faktor	Bar-wert
1	30.000	0,909091	27.273
2	35.000	0,826446	28.926
3	40.000	0,751315	30.053
4	30.000	0,683013	20.490
5	20.000	0,620921	12.418
6	10.000	0,564474	5.645
Zukunftserfolgswert			**124.805**

- Bei einer **begrenzten Lebensdauer** des betrachteten Unternehmens, aber jährlich **gleich hohen Gewinnen** kann die Gleichung vereinfacht werden:

$$EW = G \cdot \frac{q^n - 1}{q^n (q - 1)}$$

EW = Zukunftserfolgswert (€)
G = Gewinn (€/Jahr)
$\frac{q^n - 1}{q^n (q - 1)}$ = Barwertfaktor

Beispiel: Aufgrund einer anderen Schätzung aus dem vorangegangenen Beispiel wird ein Gewinn von jährlich 27.500 € beim betrachteten Unternehmen angenommen. Die Lebensdauer von 6 Jahren und der Kalkulationszinssatz von 10 % bleiben unverändert.

$$EW = G \cdot \frac{q^n - 1}{q^n (q - 1)}$$

EW = 27.500 · 4,355261 = **119.770 €**

Fällt bei einem Unternehmen, das eine begrenzte Lebensdauer und jährlich gleich hohe Gewinne aufweist, ein **Liquidationserlös** an, muss die vorstehende Gleichung entsprechend erweitert werden:

$$EW = G \cdot \frac{q^n - 1}{q^n (q - 1)} + L \cdot \frac{1}{q^n}$$

EW = Ertragswert als Zukunftserfolgswert (€)
G = Gewinn (€/Jahr)
L = Liquidationserlös (€)
$\frac{q^n - 1}{q^n (q - 1)}$ = Barwertfaktor
$\frac{1}{q^n}$ = Abzinsungsfaktor

Beispiel: Die im vorangegangenen Beispiel gemachte Schätzung wird aufrechterhalten. Es soll lediglich noch berücksichtigt werden, dass zum Ende des 6. Jahres eine Liquidation des Vermögens des Unternehmens erfolgt, die 12.000 € erbringt.

$$EW = G \cdot \frac{q^n - 1}{q^n (q - 1)} + L \cdot \frac{1}{q^n}$$

$$EW = 27.500 \cdot 4{,}355261 + \frac{12.000}{0{,}564474} = \mathbf{126.544\ €}$$

- Bei einer **unbegrenzten Lebensdauer** und jährlich **gleich hohen Gewinnen** gilt die vereinfachte Gleichung:

$$\boxed{EW = \frac{G}{q-1}}$$

EW = Ertragswert als Zukunftserfolgswert (€)
G = Gewinn (€/Jahr)
$\frac{1}{q-1}$ = »Ewige Rente«

Eine unbegrenzte Lebensdauer des Unternehmens (»Ewige Rente«) kann unterstellt werden, wenn die Lebensdauer nicht von vornherein begrenzt ist, d.h. von einer Lebensdauer »über viele Jahre hinweg« ausgegangen werden kann.

Beispiel: Ein Unternehmen wird für 365.000 € zum Verkauf angeboten. Es wird erwartet, dass jährlich ein Gewinn von 40.000 € erzielt wird. Eine Lebensdauer ist nicht abschätzbar. Der Kalkulationszinssatz beträgt 10 %. Ob das Angebot vorteilhaft ist, wird wie folgt errechnet:

$$EW = \frac{G}{q-1}$$

$$EW = \frac{40.000}{0{,}10} = \mathbf{400.000\ €}$$

Das Angebot erscheint vorteilhaft, da der Verkaufspreis um 35.000 € geringer ist als der Zukunftserfolgswert.

59 Seite 417

60 Seite 418

1.4.1.2 Substanzwert-Verfahren

Das Substanzwert-Verfahren ist kein eigenständiges Verfahren zur Unternehmensbewertung, kann aber ergänzend zum Ertragswertverfahren als Hilfs- und Kontrollgröße verwendet werden.

Der Substanzwert lässt sich dabei nicht nur – wie oben beschrieben – als Tageswert der bewertbaren Vermögensteile des Unternehmens zum Zeitpunkt des Überganges oder Verkaufes interpretieren, die betriebsnotwendig sind:

SW	=	Tageswert der bewertbaren Vermögensteile	–	Tageswert der bewertbaren nicht betriebsnotwendigen Vermögensteile

SW = Substanzwert (€)

Beispiel:

Aktiva	**Bilanz**		Passiva
	€		€
Anlagevermögen	920.000	Eigenkapital	800.000
Umlaufvermögen	450.000	Fremdkapital	570.000
	1.370.000		1.370.000

Im Anlagevermögen sind 80.000 € enthalten, die nicht betriebsnotwendig sind.

SW = 920.000 – 80.000 + 450.000 = **1.290.000 €**

Es sei darauf hingewiesen, dass in der Literatur mitunter das betriebsnotwendige Vermögen um das im Unternehmen befindliche Fremdkapital gekürzt wird, um den Substanzwert festzustellen. Diese Vorgehensweise erscheint nicht zweckmäßig.

Sieben nennt einen weiteren Substanzwert, den **zukunftsorientierten Substanzwert**, der als Differenz aus den abgezinsten Auszahlungen des zu beurteilenden Unternehmens und den abgezinsten Auszahlungen für ein entsprechend gleichartiges, neu zu errichtendes Unternehmen verstanden wird.

$$ZSW = A_{ON} - A_{OA}$$

ZSW = Zukunftssubstanzwert (€)
A_{OA} = Barwert der Auszahlungen des zu beurteilenden Unternehmens (€)
A_{ON} = Barwert der Auszahlungen des neu zu errichtenden Unternehmens (€)

Der Zukunftssubstanzwert kann sein:

- Ein **negativer Zukunftssubstanzwert,** der den Kauf des zu beurteilenden Unternehmens nicht als vorteilhaft erscheinen lässt. Es wäre für den Investor günstiger, wenn er das Unternehmen neu errichten würde.

- Ein **positiver Zukunftssubstanzwert**, der zeigt, wie hoch die – abgezinste – Ersparnis ist, wenn das zu beurteilende Unternehmen erworben wird, anstelle es neu zu errichten.

Sofern er kleiner als der Zukunfts**erfolgs**wert ist, kann er als **Preisobergrenze** des potenziellen Käufers angesehen werden. Ist er jedoch größer, entspricht der Zukunfts**erfolgs**wert der Preisobergrenze des potenziellen Käufers.

Beispiel: Ein zu beurteilendes Unternehmen weist folgende Zahlungsreihen aus:

Jahr	Einzahlungen	Auszahlungen
1	330.000	280.000
2	340.000	300.000
3	320.000	290.000
4	370.000	350.000
5	320.000	300.000

Eine Untersuchung ergibt, dass ein neues, gleichartiges Unternehmen folgende Auszahlungen verursachen würde:

Jahr	Auszahlungen
1	380.000
2	250.000
3	240.000
4	270.000
5	250.000

Der **Zukunftssubstanzwert** ergibt sich bei einem Kalkulationszinsfuß von 10 %:

Jahr	Abzinsungs-faktor	Bestehendes Unternehmen		Neues Unternehmen	
		Auszahlungen	Barwert	Auszahlungen	Barwert
1	0,909091	280.000	254.545	380.000	345.455
2	0,826446	300.000	247.934	250.000	206.612
3	0,751315	290.000	217.881	240.000	180.316
4	0,683013	350.000	239.055	270.000	184.414
5	0,620921	300.000	186.276	250.000	155.230
Summe			1.145.691		1.072.027
Zukunftssubstanzwert			**73.664**		

Als **Zukunftserfolgswert** des bestehenden Unternehmens würde sich ergeben:

Jahr	Einzahlungen	Auszahlungen	Überschuss	Abzinsungs-faktor	Bar-wert
1	330.000	280.000	50.000	0,909091	45.455
2	340.000	300.000	40.000	0,826446	33.058
3	320.000	290.000	30.000	0,751315	22.539
4	370.000	350.000	20.000	0,683013	13.660
5	320.000	300.000	20.000	0,620921	12.418
Summe					**127.130**

Da der Zukunftssubstanzwert (erheblich) unter dem Zukunftserfolgswert liegt, ist er als Preisobergrenze des potenziellen Käufers anzusehen.

61 Seite 418

62 Seite 419

1.4.1.3 Mittelwert-Verfahren

In der betrieblichen Praxis bedient man sich häufig des Mittelwert-Verfahrens, einer Kombination des Zukunftserfolgswertes und des Teilreproduktionswertes.

Der Zukunftserfolgswert wird heute zwar weithin als der für die Unternehmensbewertung richtige Wert angesehen. Er ist aber durch eine beträchtliche Ungewissheit geprägt. Insbesondere, wenn er weit über dem Teilreproduktionswert liegt, muss die Gefahr aufkommender Konkurrenz berücksichtigt werden, die aus den offensichtlich günstigen Gewinnmöglichkeiten resultiert und geeignet ist, die Ertragslage und damit auch den Zukunftserfolgswert zu vermindern.

Dieser latenten Konkurrenzgefahr wird im Mittelwert-Verfahren dadurch Rechnung getragen, dass aus dem Zukunftserfolgswert und dem Teilreproduktionswert das arithmetische Mittel gebildet wird:

$$U = \frac{EW + RW}{2}$$

U = Unternehmenswert (€)
EW = Ertragswert als Zukunftserfolgswert (€)
RW = (Teil-) Reproduktionswert (€)

Beispiel: Der Zukunftserfolgswert eines zu beurteilenden Unternehmens beträgt 300.000 €, sein Teilreproduktionswert 200.000 €. Als Verkaufspreis werden 320.000 € genannt. Ob die Investition vorteilhaft ist, zeigt folgende Berechnung:

$$U = \frac{EW + RW}{2}$$

$$U = \frac{300.000 + 200.000}{2} = \mathbf{250.000\ €}$$

Nach dem Mittelwert-Verfahren erscheint die Investition nicht vorteilhaft.

Die Notwendigkeit der gleichgewichtigen Einbeziehung des Ertragswertes und Teilreproduktionswertes in die Berechnung des Unternehmenswertes lässt sich damit begründen, dass der Preis eines Gutes durch den aus dem Gut zu ziehenden Nutzen und durch die für die Herstellung dieses Gutes erforderlichen Erzeugungskosten bestimmt werde. Ein Halbieren beider Werte wird vielfach aber als zu schematisch abgelehnt und stattdessen die Berücksichtigung der Besonderheiten des Einzelfalles durch spezielle Gewichtung beider Faktoren gefordert.

Beispiel: Es ist die Bilanz der Steiger OHG gegeben. Die Positionen des Anlage- und Umlaufvermögens sind mit ihren Wiederbeschaffungswerten angesetzt. Beim abnutzbaren Anlagevermögen sind die zeitanteilig gekürzten Wiederbeschaffungswerte angesetzt.

AKTIVA		**Bilanz der Steiger OHG**	PASSIVA
	€		€
I. Anlagevermögen		**I. Eigenkapital**	7.500.000
1. Bebaute Grundstücke			
a) mit Fabrikgebäuden	800.000	**II. Fremdkapital**	8.800.000
b) mit Wohngebäuden	1.400.000		
2. Unbebaute Grundstücke	1.000.000		
3. Maschinen	5.500.000		
4. Betriebs- und Geschäftsausstattung	400.000		
II. Umlaufvermögen			
1. Roh-, Hilfs- und Betriebsstoffe	3.000.000		
2. Fertigerzeugnisse	1.400.000		
3. Forderungen aus Lieferungen und Leistungen	2.100.000		
4. Kasse, Postscheck	100.000		
5. Bankguthaben	600.000		
	16.300.000		16.300.000

Von den in der Bilanz aufgeführten Wirtschaftsgütern gehören nicht zum betriebsnotwendigen Vermögen:

Position	**Wiederbeschaffungswert** (zum Teil zeitanteilig gekürzt)	**Liquidationswert**
I. 1. b) Grundstücke	100.000	130.000
Gebäude	500.000	500.000
2. Unbebaute Grundstücke	700.000	800.000
II. 1. Roh-, Hilfs- und Betriebsstoffe	800.000	600.000

In den kommenden Jahren wird im Durchschnitt ein Reingewinn (G) von jährlich 3.000.000 € erwartet.

Der Kalkulationszinssatz wird mit 10 % festgelegt.

Es ergeben sich:

(1) **Substanzwert**

	€
Bilanzsumme	16.300.000
– Wiederbeschaffungswert der nicht betriebsnotwendigen Wirtschaftsgüter	2.100.000
+ Liquidationswert der nicht betriebsnotwendigen Wirtschaftsgüter	2.030.000
Substanzwert als (Teil-)Reproduktionswert	**16.230.000**

(2) **Ertragswert**

Unter der Annahme, dass die Lebensdauer des Unternehmens zeitlich nicht begrenzt ist, ergibt sich als Ertragswert:

$$EW = \frac{G}{q-1} = \frac{3.000.000}{0{,}1} = \mathbf{30.000.000\ €}$$

(3) **Unternehmenswert nach dem Mittelwert-Verfahren**

$$U = \frac{EW + RW}{2}$$

$$U = \frac{30.000.000 + 16.230.000}{2} = \mathbf{23.115.000\ €}$$

63 Seite 419

1.4.1.4 Übergewinn-Verfahren

Mithilfe des Übergewinn-Verfahrens soll der Firmenwert unter Verwendung des vom Unternehmen erzielten Übergewinnes, d. h. des Gewinnes, der über die Normalverzinsung des Substanzwertes hinaus erzielt wird, errechnet werden.

Zwei **Verfahren** sind zu unterscheiden:

- Die **Methode der Übergewinnabgeltung,** die insbesondere in den angelsächsischen Ländern verbreitet ist, geht von dem Grundgedanken aus, dass dem Verkäufer eines Unternehmens nicht nur der Reproduktionswert zusteht, sondern auch ein Betrag, der für den Verzicht auf die **Übergewinne** der kommenden Jahre entschädigt.

  Die Übergewinne werden aber nur für eine beschränkte Anzahl von Jahren abgegolten, da:

- o Übergewinne nach Ablauf einiger Jahren auf den neuen Eigentümer und nicht auf den Voreigentümer zurückzuführen sind (originärer Firmenwert)
- o Übergewinne durch den Konkurrenzdruck allmählich verschwinden.

Die Ermittlung des Unternehmenswertes kann für den einfachsten Fall erfolgen:

$$U = RW + m\,(G - i \cdot RW)$$

U = Unternehmenswert (€)
RW = (Teil-) Reproduktionswert (€)
G = Durchschnittlicher Gewinn (€/Jahr)

i = Normalzinsfuß (%)

m = Faktor der angenommenen Flüchtigkeit des Firmenwertes (Er liegt üblicherweise zwischen 3 und 6.)

Der Unternehmenswert setzt sich nach diesem Verfahren zusammen aus dem Reproduktionswert zuzüglich eines bestimmten Betrages, »der als Abfindung für die Übergewinne gezahlt wird, die auf bereits vor dem Eigentumsübergang bestehenden Gegebenheiten beruhen, also letztlich den Bemühungen der verkaufenden Partei zu verdanken sind, infolge des Verkaufs der Unternehmung nun aber dem Erwerber zufließen« *(Jacob)*.

- **Methode der Übergewinnkapitalisierung,** die von dem Grundgedanken ausgeht, dass über die Normalverzinsung des Reproduktionswertes hinausgehende Gewinne besonders stark risikobehaftet sind.

  Die Konsequenz aus dieser Überlegung ist, den Übergewinn mit einem höheren als dem normalen Zinssatz zu kapitalisieren. Der so ermittelte Barwert ist der **Firmenwert** (= F).

  Den Wert für das Unternehmen als Ganzes erhält man nach folgender Formel:

$$U = RW + \frac{G - i \cdot RW}{h}$$

U = Unternehmenswert
RW = (Teil-) Reproduktionswert
G = Jährlicher Gewinn
i = Kalkulationszinssatz
h = Zinssatz für Übergewinne

Vom Standpunkt der praktischen Anwendung ist gegen die Methode der Übergewinnkapitalisierung einzuwenden, dass keine Anhaltspunkte für die Festlegung des Zinssatzes für Übergewinne existieren.

Beispiel: Unter Verwendung der Daten aus der Bilanz der Steiger OHG sollen der Unternehmenswert und der Firmenwert mithilfe der Methode der Übergewinnkapitalisierung unter der Annahme eines Zinsfußes für die Kapitalisierung der Übergewinne von 15 % ermittelt werden.

$$U = RW + \frac{G - i \cdot RW}{h}$$

$$U = 16.230.000 + \frac{3.000.000 - 0{,}10 \cdot 16.230.000}{0{,}15} = \mathbf{25.410.000\ €}$$

$$F = \frac{G - i \cdot RW}{h}$$

$$F = \frac{3.000.000 - 0{,}10 \cdot 16.230.000}{0{,}15} = \mathbf{9.180.000\ €}$$

Der Firmenwert könnte auch mithilfe der indirekten Methode ermittelt werden.*

64 Seite 419

1.4.2 Multiplikator-Verfahren

Multiplikator-Verfahren sind eine Form der Unternehmensbewertung, die in der Praxis aufgrund der Unkompliziertheit und der Schnelligkeit in der Anwendung Verbreitung gefunden haben.

Multiplikatoren vervielfältigen Ergebnisgrößen, die aus der Vergangenheit stammen oder die für die Zukunft prognostiziert sind. Sie können letztlich als der Kehrwert der Kapitalisierungszinsen gesehen werden, die wie z. B. im Ertragswert-Verfahren Zukunftswerte berechnen.

Für die Anwendung von Multiplikator-Verfahren sprechen **zwei Gründe**:

- **Fehlende Informationen**, denn potenzielle Käufer von Unternehmen besitzen im Anfangsstadium der Akquisition zumeist sehr wenige Daten und Informationen zum Übernahmeobjekt.

  In einer solchen Situation finden oftmals relativ einfache, schnell durchführbare Verfahren Verwendung, die mit einer minimalen Menge an Information auskommen. Sie geben rasch einen ersten Eindruck hinsichtlich möglicher Kaufpreise. Voraussetzungen sind bereits vorliegende Erfahrungen mit Unternehmensbewertungen in den jeweiligen Märkten.

- **Markttransparenz**, denn Multiplikator-Verfahren werden für Unternehmensbewertungen insbesondere angewandt, wenn transparente Märkte bestehen. Dies bedeutet, dass Multiplikatoren in bestimmten Branchen bei Unternehmenskäufen

---

* $F = U - RW$
$F = 25.410.000 - 16.230.000 = \mathbf{9.180.000\ €}$

und Unternehmensverkäufen allen Beteiligten bekannt sind, z. B. den Käufern, Verkäufern und/oder den finanzierenden Banken.

Es ist auch denkbar, dass M&A-Firmen im Bewertungsprozess solche Multiplikatoren verwenden oder auf spezielle Anfrage hin gegen Gebühr zur Verfügung stellen.

Folgende Verfahren sind zu unterscheiden:

Multiplikator-Verfahren

Umsatzbezogener Unternehmenswert	Kurs-Gewinn-Verhältnis-Methode	Interfinanz-Methode	EBDIT-Methode

1.4.2.1 Umsatzbezogener Unternehmenswert

Dies ist die einfachste Weise, um zu einem Unternehmenswert zu kommen. Die Ermittlung erfolgt durch die Festlegung des Preises für eine Umsatzgröße des zu übernehmenden Unternehmens. Somit ist Unternehmenswert ein **Bruchteil** bzw. ein **Vielfaches vom Umsatz**.

Zwingend notwendig sind hierbei sehr gute Kenntnisse der jeweiligen Branche, in der ein Unternehmenskauf getätigt werden soll. Weiterhin sind ebenso Erfahrungswerte aus vorhergehenden Unternehmenskäufen unerlässlich, um zu richtigen Multiplikatoren und damit zu einigermaßen realitätsnahen Ergebnissen zu gelangen.

Der Unternehmenswert ergibt sich aus:

$$\text{Unternehmenswert} = \text{Umsatz in €} \cdot \text{Wert pro Umsatzeinheit in €}$$

Beispiel: Ein Unternehmen im Bereich des Spezialversandhandels soll erworben werden. Das Unternehmen weist einen Jahresumsatz von 30 Mio. € auf. Erfahrungswerte in der Branche der Spezialversender besagen, dass in dieser Branche eine Umsatzeinheit mit 40 bis 50 Cent bewertet werden kann. Damit können zwei Unternehmenswerte errechnet werden:

Obere Grenze des Kaufpreises = 30.000.000 € · 0,50 € = **15.000.000 €**

Untere Grenze des Kaufpreises = 30.000.000 € · 0,40 € = **12.000.000 €**

Der Wert des Spezialversandhauses kann zwischen 12 und 15 Mio. € liegen.

1.4.2.2 Kurs-Gewinn-Verhältnis-Methode

Bei der Kurs-Gewinn-Verhältnis-Methode wird der Unternehmenswert auf Basis eines nachhaltig erzielbaren, zukünftigen Ergebnisses nach Steuern und des Kurs-

Gewinn-Verhältnisses (KGV) berechnet. Beide Größen werden miteinander multipliziert, wobei eine weitere Zusatzbestimmung nicht erforderlich ist, da durch die Verwendung des Kurs-Gewinn-Verhältnisses eine indirekte Berücksichtigung des Zeitmoments gegeben ist.

Das Kurs-Gewinn-Verhältnis wird auch **Price-Earning-Ratio** genannt und ausführlich bei der Bewertung von Aktien im nachfolgenden Kapitel – siehe S. 297 f. – dargestellt.

Zur Anwendung kommt dieses Verfahren wegen seiner einfachen und schnellen Handhabung bei Unternehmen, die an der Aktienbörse notiert werden. Hier sind auch die Kurs-Gewinn-Verhältnisse oftmals veröffentlicht. Weiterhin dient die Kurs-Gewinn-Verhältnis-Methode als Grobschätzung des Unternehmenswertes zum Zeitpunkt einer Neu-Emission.

Die Formel für das Kurs-Gewinn-Verhältnis gleicht der Formel, die auch bei der Aktienbewertung Anwendung findet:

$$\text{Kurs-Gewinn-Verhältnis} = \frac{\text{Börsenwert des Unternehmens}}{\text{Gewinn des Unternehmens}}$$

Als **Gewinn** ist der ausgewiesene, **nachsteuerliche Jahresüberschuss** verwendbar. Er kann zusätzlich um Zurechnungen und/oder Abrechnungen von außerordentlichen, periodenfremden sowie dispositionsbedingten Aufwendungen und Erträgen korrigiert werden.

Weiterhin finden fiktive Ertragssteuern Berücksichtigung, um eine nachsteuerliche Größe in Form eines »echten« Nettogewinns auszuweisen. Es können auf Vergangenheitswerten basierende Gewinnprognosen erstellt werden, wobei sich letztlich die Verwendung von Durchschnittsgrößen empfiehlt.

Damit ergibt sich als Formel für die Unternehmensbewertung:

$$\text{Unternehmenswert} = \text{Ø Gewinn des Unternehmens} \cdot \text{Kurs – Gewinn – Verhältnis}$$

Allgemein spiegelt die Festsetzung des Kurs-Gewinn-Verhältnis zur Ermittlung des Unternehmenswertes Marktgegebenheiten wider.

Damit gilt, dass ein höheres Kurs-Gewinn-Verhältnis verwendet werden sollte, wenn das Risiko innerhalb einer Branche entsprechend niedrig ist, da ein höheres Kurs-Gewinn-Verhältnis den Unternehmenswert steigert. Des weiteren sollten bei einem hohen Kurs-Gewinn-Verhältnis die Erwartungen im Markt bzw. die durch den Markt getragenen Bewertungen von Unternehmensstrategien entsprechend positiv sein.

Beispiel: Ein Unternehmen weist einen nachhaltigen und nachsteuerlichen Gewinn von 15 Mio. € auf. Dieser Gewinn wurde als Durchschnittsgröße aus vergangenheits- und zukunftsorientierten Daten gewonnen. Für das Unternehmen wird ein Kurs-Gewinn-Verhältnis errechnet in Höhe von 12. Als Unternehmenswert ergibt sich:

$$\text{Unternehmenswert} = 15 \text{ Mio. €} \cdot 12 = \mathbf{180\ Mio.\ €}$$

Diese Methode kann wie folgt beurteilt werden:

Vorteile	Nachteile
o Kurs-Gewinn-Verhältnisse werden veröffentlicht und sind damit leicht ermittelbar. Sie treffen Aussagen über das Risiko und die Markterwartung des zu bewertenden Unternehmens. o Die KGV-Größen spiegeln damit relativ deutlich Markt- und Branchenverhältnisse wider.	o Unterschiedliche Entwicklungen im Zeitverlauf können vernachlässigt oder durch die Durchschnittsbetrachtung verfälscht werden. Die Prognose eines tatsächlich nachhaltig erzielbaren Gewinns ist schwierig. o Zudem finden die Auswirkungen des für die Erzielung des Gewinns notwendigen Investitionsvolumens nur ungenügende Berücksichtigung. Hier wirken die Kurs-Gewinn-Verhältnisse zu grob und zu indirekt.

65 Seite 420

1.4.2.3 Interfinanz-Methode

Diese Methode ist nach dem deutschen M&A-Unternehmen Interfinanz benannt. Sie errechnet den Unternehmenswert auf der Basis bereinigter und gewichteter Gewinne der **letzten fünf Jahre**. Außerdem ist es möglich, auch die geplanten Gewinne der **nächsten zwei Jahre** zu berücksichtigen.

Folgende Größen werden einbezogen:

- **Gewichtete Gewinne**, wobei die Gewinne, die am weitesten in der Vergangenheit zurückliegen, weniger stark Berücksichtigung in der Berechnung finden. Dagegen sind die aktuellsten Gewinngrößen mit entsprechend starken Einfluss in die Rechnung mit aufzunehmen, z. B. ausgehend von t_0 = jetzt:

Jahr	Gewichtungsgröße
t_{-4}	1
t_{-3}	2
t_{-2}	3
t_{-1}	4
t_0	5
t_{+1}	4
t_{+2}	3
Summe	22

Die Gewinngrößen der Jahre werden mit dem jeweiligen Gewichtungsfaktor multipliziert und nach dem Aufsummieren durch die Summe der Gewichtungsgrößen geteilt.

Hierdurch entsteht eine durchschnittlicher, gewichteter Gewinn.

- **Bereinigte Gewinne**, indem außerordentliche Ergebnisse berücksichtigt werden, d. h. der ausgewiesene Gewinn um außerordentliche Aufwendungen erhöht bzw. um außerordentliche Erträge vermindert wird.

  Ebenso können stille Reserven, Vorleistungen für die Zukunft und nachlaufende Kosten der Vergangenheit, soweit sie bestimmte Größen annehmen, einbezogen werden.

Die gewichteten und ggf. bereinigten Durchschnittswerte werden als **Normalertrag** bezeichnet und mit einem Multiplikator x vervielfältigt.

Unternehmenswert	=	Bereinigter, gewichteter Durchschnittsgewinn	· Multiplikator

Der Multiplikator verändert sich nach Standort, Branche, Management, Sortiment usw. und kann zwischen 4 und 10 liegen. Der Kapitalisierungszins ist in ihm enthalten, das Risiko am Markt entsprechend wiedergegeben. Dieser Multiplikator kann, sofern noch keine Erfahrungen mit diese Form der Berechnung vorliegen, entsprechend bei M&A-Firmen erfragt werden.

Diese Methode kann wie folgt beurteilt werden:

Vorteile	Nachteile
o Vorteilhaft ist eine leichte Zugänglichkeit zu den Daten, die aus vorliegenden Geschäftsberichten zur Unternehmensbewertung herangezogen werden können. o Ebenso positiv zu beurteilen ist, dass es sich dabei aus objektiven, weil überprüfbaren Werte, z. B. der Gewinn aus einem überprüften Abschluss, handeln kann.	o Die Interfinanz-Methode kann zu stark vergangenheitsorientiert sein, wenn nur bereits vorhandene Unternehmensdaten Verwendung finden. Weiterhin bleibt die Kapitalstruktur unberücksichtigt.

66 Seite 420

1.4.2.4 EBDIT-Methode

EBDIT steht für eine Unternehmenskennzahl, die »**E**arning **b**efore **d**epreciation, **i**nterest and **t**ax« bedeutet, also für Gewinn vor Abschreibungen, Zins und Steuern.

Dabei handelt es sich um eine operative Größe, die von außerordentlichen Einflüssen bereinigt den freien Erfolg eines Unternehmens darstellt und einem Brutto Cash Flow nahekommt. Die Kapitalstruktur des Unternehmens wird außer Acht gelassen.

Der Unternehmenswert wird über das nachhaltig erzielbare Ergebnis vor AfA-Größen, Steuern und Fremdkapitalzinsen errechnet:

	Gewinn vor Steuern
+	Abschreibung
+	Zinsen
=	EBDIT

Es können auch aufgrund des Vorliegens von Daten aus mehreren Jahren Durchschnittsgrößen gebildet werden.

Das errechnete Ergebnis wird durch den Multiplikator indirekt verzinst, der für die EBDIT-Methode normalerweise bei 3 bis 6 liegt. Zur Ermittlung des Unternehmenswertes ist abschließend das im Unternehmen befindliche Fremdkapital in Abzug zu bringen.

Der Multiplikator kann auch errechnet werden bei börsennotierten Unternehmen, indem folgende Größen in das Verhältnis gesetzt werden:

$$\text{Multiplikator} = \frac{\text{Börsenwert des Unternehmens}}{\text{EBDIT}}$$

Es bestehen Einflussfaktoren für die Höhe des Multiplikators. So können Konjunkturverläufe z. B. Multiplikatoren beeinflussen. Die Multiplikatoren stellen generell **ein Maß für das Risiko** dar:

Niedriger Multiplikator	Als Ausdruck eines **höheren Risikos** wird ein niedriger Multiplikator verwendet z. B. bei: o Unternehmen, die wenig differenzierte Produkte herstellen (Ein-Produkt-Unternehmen) o Unternehmen, die zyklische Abhängigkeiten aufweisen o Unternehmen mit stark schwankendem EBDIT Wenn also gesamthaft höhere Risiken bestehen, verringert sich der Multiplikator.
Hoher Multiplikator	Entsprechend wird ein höherer Multiplikator verwandt z. B. bei Mehrproduktunternehmen bzw. bei Unternehmen mit hohem Wachstumspotenzial. Diese Unternehmen werden als **weniger risikoreich** eingestuft.

Neben der **EBDIT-Methode** gibt es auch eine **EBIT-Methode**. Sie errechnet den freien Erfolg eines Unternehmens ohne Abschreibung als »**E**arning **b**efore **i**nterest and **t**ax«. Deswegen muss der Multiplikator bei ihr höher liegen. Während er bei der EBDIT-Methode beim 3 bis 6 fachen liegt, kann der Multiplikator bei der EBIT-Methode auf das 5 bis 8 fache angesetzt werden.

Multiplikatoren werden von M&A-Gesellschaften ermittelt und gegen Gebühr zur Verfügung gestellt. Sie sind aber auch, wie die obige Formel zeigt, aus Geschäftsberichten und Veröffentlichungen von Aktiengesellschaften ableitbar.

6 7 Seite 420

1.4.3 Cash Flow-Verfahren

Als Cash Flow-Verfahren zur Unternehmensbewertung sollen unterschieden werden:

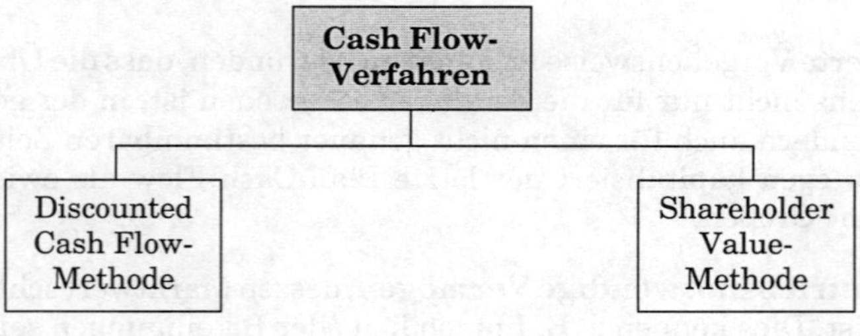

Für beide aus dem angelsächsischen Raum stammende Methoden der Unternehmensbewertung wird als Bewertungsgröße der **Free Cash Flow** herangezogen, der bereits dargestellt wurde. Als operative Größe gibt er die Erfolge der Unternehmenstätigkeit in Form einer Nach-Steuer-Größe an. Sie steht allen zur Verfügung, die dem Unternehmen Kapital überlassen haben.

Der Free Cash Flow kann unterschiedlich errechnet werden und soll für die Cash Flow-Verfahren wie folgt definiert sein:

	Gewinn vor Zinsen und Ertragssteuern
+	Abschreibungen
–	Investitionen in das Anlagevermögen
–	Zuwachs im kurzfristigen Umlaufvermögen
+/–	Steuern
=	**Free Cash Flow**

1.4.3.1 Discounted Cash Flow-Methode

Ziel der Discounted Cash Flow-Methode ist es, durch die Marktwerte des Eigenkapitals und des Fremdkapitals den Gesamtwert eines Unternehmens zu bestimmen.

Folgende Hauptbestandteile des Unternehmenswertes sind für die Errechnung des Unternehmenswertes nach der Discounted Cash Flow-Methode zu berücksichtigen:

- **Prognostizierte Free Cash Flows**, die eine Ausgangsbasis für eine bestimmte Planungszeit bilden. Dies macht eine Cash Flow-Planung über fünf bis sechs Jahre notwendig.

  Jeder einzelne Plan-Cash Flow ist über eine Barwertrechnung auf seinen heutigen Gegenwartswert abzudiskontieren. Die barwertigen Ergebnisse werden aufsummiert.

- Die **Verrentung der letzten Plangröße**, d. h. der im Plan als letzter Free Cash Flow ausgewiesene Überschuss wird als **ewige Rente** aufgefasst und entsprechend kapitalisiert. Dieser im letzten Planungsjahr kapitalisierte Wert wird dann wiederum auf den heutigen Zeitpunkt zu einem Restwert des Unternehmens herabdiskontiert.

  Die praktizierte Vorgehensweise ist damit zu begründen, dass die Übernahme eines Unternehmens nicht nur für die Zeitdauer vorgesehen ist, in der geplante Zahlen vorliegen, sondern auch für einen nicht genauer bestimmbaren Zeitraum darüber hinaus. Deswegen kapitalisiert der letzte Plan-Cash Flow als ewige Rente diese »unendlichen« Größen.

- Das **nicht betriebsnotwendige Vermögen**, dessen Marktwert schließlich noch zu bestimmen ist. Dies können z. B. Immobilien oder Beteiligungen sein, die nicht im Rahmen des Geschäftsbetriebes genutzt werden.

Die Ermittlung des Gesamtwertes kann grafisch dargestellt werden:

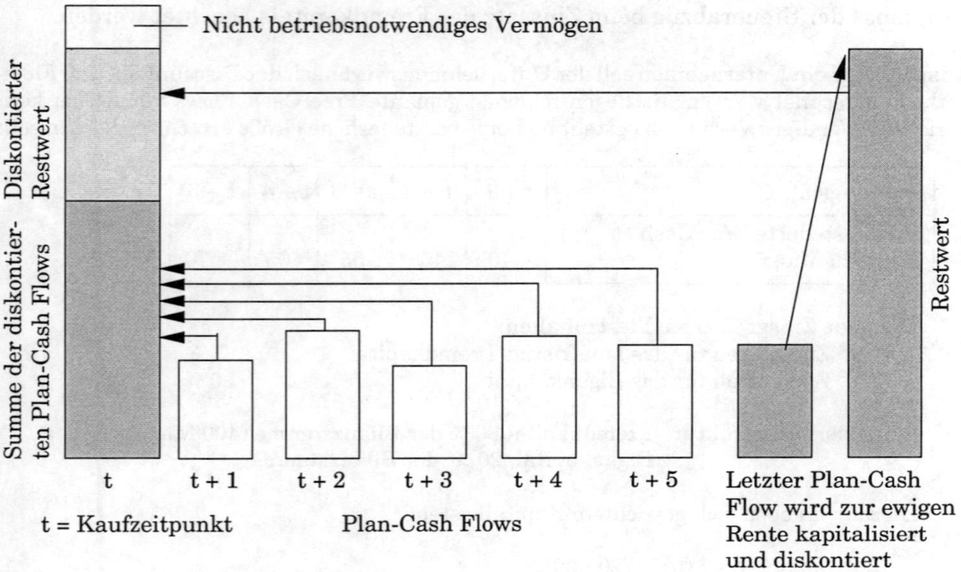

Zu Abdiskontierung der Free Cash Flows ist ein **Kapitalisierungszinsfuß** zu bestimmen. Hierzu wird zumeist der bereits geschilderte gewichtete Kapitalzins oder WACC-Ansatz herangezogen, der die Kapitalkosten nach den Eigen- und Fremdkapitalanteilen gewichtet.

Zur Wiederholung sei er hier nochmals aufgeführt:

	Anteil am Gesamtkapital	**Verzinsung**
Langfristiges Fremdkapital:	80 %	6,5 %
Vorhandenes Eigenkapital:	20 %	25 %

Die Verzinsung des Fremdkapitals sollte hier mittels langfristiger Fremdkapitalkosten ermittelt werden, z. B. anhand von Anleihezinssätzen. Die Verzinsung des Eigenkapitals ergibt sich durch die Vorgaben der Kapitalgeber. Die aus der Bilanz erhaltene Verteilung der Kapitalarten gewichtet nun die unterschiedlichen Zinssätze für Fremdkapital und Eigenkapital.

Gewichteter Kapitalzins: $\frac{80 \cdot 6{,}5\,\%}{100} + \frac{20 \cdot 25\,\%}{100} = 5{,}25\,\% + 5\,\% = \mathbf{10{,}2\,\%}$

Der Kapitalisierungszinsfuß zeigt die Mindestverzinsung für Investitionen im Unternehmen an. Haben Investitionen eine höhere Verzinsung, steigt der Unternehmenswert. Entsprechend wird Unternehmenswert vernichtet, wenn Investitionen durchgeführt werden, die diesen gewichteten Kapitalzins nicht erreichen.

Die Berechnung der Discounted Cash Flow-Größe kann sowohl **vor Steuern** als auch **nach Steuern** erfolgen. Falls eine nachsteuerliche Betrachtung in Erwägung gezogen wird, muss der Steuerabzug beim Zinssatz des Fremdkapitals beachtet werden.

Beispiel: Für ein Unternehmen soll der Unternehmenswert nach der Discounted Cash Flow-Methode errechnet werden. Es liegen folgende geplante Free Cash Flows vor, wobei kein betriebsnotwendiges Vermögen besteht und eine vorsteuerliche Größe errechnet werden soll:

Planungsjahre	t + 1	t + 2	t + 3	t + 4	t + 5
Prognostizierte Free Cash Flows in Mio. €	40	45	55	65	70

Folgende Zinsgrößen sind festzuhalten:

Zinskosten für das langfristige Fremdkapital	7 %
Zinskosten für das Eigenkapital	20 %

Finanzierungsstruktur: Fremdkapital 80 % der Bilanzsumme (400 Mio. €)
Eigenkapital 20 % der Bilanzsumme

Hieraus ergeben sich gewichtete Kapitalkosten:

$$\frac{80 \cdot 7\ \%}{100} + \frac{20 \cdot 20\ \%}{100} = 5{,}6\ \% + 4\ \% = 9{,}6\ \%$$

Jahre	Free Cash Flow in Mio. €	Barwertfaktor	Barwert in Mio. €
t + 1	40	0,912409	36,50
t + 2	45	0,832490	37,46
t + 3	55	0,759571	41,78
t + 4	65	0,693039	45,05
t + 5	70	0,632335	44,26
		Summe	**205,05**

Der zuletzt geplante Free Cash Flow aus dem fünften Jahr in Höhe von 70 Mio. € wird als ewige Rente aufgefasst und zu einem Restwert entsprechend kapitalisiert:

$$\text{Restwert} = \frac{\text{FCF}}{q - 1} = \frac{70\ \text{Mio. €}}{1{,}096 - 1} = 729{,}17\ \text{Mio. €}$$

Entsprechend kann als Barwert des Restwertes errechnet werden:

Barwert des Restwertes = 729,17 Mio. € · 0,632335 = **461,08 Mio. €**

Als Gesamtwert des Unternehmens ergibt sich:

Summe der prognostizierten Free Cash Flows + Barwert des Restwertes	205,05 Mio € 461,08 Mio. €
Gesamtwert – Fremdkapital	666,13 Mio. € 400,00 Mio. €
= Unternehmenswert	**266,13 Mio. €**

68 Seite 421

1.4.3.2 Shareholder Value-Methode

Die Shareholder Value-Methode ist eine aus dem Amerikanischen übernommene Art der wertorientierten Unternehmensführung, die eine Maximierung des Marktwertes des Unternehmens anstrebt und insbesondere Strategien hinsichtlich ihrer Wertschaffung oder Wertvernichtung des Vermögens unternehmensintern beurteilen kann.

Diese Methode eignet sich vor allem für die Ermittlung des Unternehmenswertes von aktiennotierten Unternehmen, was durch die Bezeichnung Shareholder Value deutlich wird, die dem Aktionärsvermögen entspricht und unter Berücksichtigung von steuerlichen Faktoren den Marktwert des Eigenkapitals ermittelt.

Die Shareholder Value-Methode fußt auf der Discounted Cash Flow-Methode und greift unmittelbar auf diese zurück. So wird bei ihr der Marktwert des Eigenkapitals aus der Differenz von Unternehmenswert und dem Marktwert des Fremdkapitals errechnet. Bei Aktiengesellschaften ist dies dann dem Aktionärsvermögen (Shareholder Value) gleichzusetzen.

Entsprechend sind folgende **Schritte** zur Ermittlung des Shareholder Value notwendig:

1	Prognostizierung von Free Cash Flows und deren Diskontierung
2	Verrentung des zuletzt geplanten Free Cash Flows zur ewigen Rente und deren Diskontierung
3	Aufsummierung dieser Ergebnisse und Abzug des Fremdkapitals

Als Ausgangsbasis werden wie bei der Discounted Cash Flow-Methode die Free Cash Flows verwendet, allerdings als vorsteuerliche Größen. Der **Unterschied** zur Discounted

Cash Flow-Methode besteht in der Ermittlung des Kalkulationszinssatzes. Im Shareholder Value-Ansatz wird ebenso ein gewichteter Zinssatz aus Fremdkapitalkosten und Eigenkapitalkosten ermittelt, wobei allerdings für den Ansatz der Eigenkapitalkosten Besonderheiten bestehen.

Börsengehandelte Publikumsaktiengesellschaften beziehen ihr Eigenkapital über den Kapitalmarkt, wobei dessen Verzinsung sich an dem dort herrschenden Risiko misst und im Kalkulationszinssatz in Form der Risikoprämie berücksichtigt wird. Für Investoren in langlaufende Staatsanleihen großer Industrienationen herrscht dahingegen ein wesentlich geringeres Risiko. Entsprechend können für Aktionäre die Eigenkapitalkosten wie folgt festgestellt werden:

Eigenkapital- kosten	=	Rendite einer risikofreien Anlage	+ Risikoprämie

Da die Rendite einer risikofreien Anlage aus Informationen z. B. Umlaufrendite oder Rendite einer drei- bis vierjährig laufenden Staatsanleihe, einfach zu ermitteln ist, verbleibt nur noch die Bestimmung der Risikoprämie. Hierzu dient das **Capital Asset Pricing Modell** (CAPM), das die Risikoprämie wie folgt aufteilt:

Risiko- prämie	=	Renditeschwankungs- koeffzient β	·	Durchschnittliche Risikoprämie

Dabei gilt:

- Der **Renditeschwankungskoeffizient** β ist das Maß für das speziell auf das Unternehmen bezogene Marktrisiko, das daher ein systematisches Risiko des Unternehmens darstellt. Es ergibt sich aus dem Verhältnis der Kovarianz von Aktien- und Marktrendite zu der Varianz der Marktrendite. Dies führt zu einer Regressionsanalyse von einem unternehmensspezifischen Aktienkurs und dem Aktienindex, der den Gesamtmarkt abbildet, wie z. B. der Dax.

  Betas werden für aktiennotierte Unternehmen veröffentlicht:

β = 1	Das unternehmensspezifische Risiko entspricht in diesem Falle genau dem Aktienmarktrisiko. Die Entwicklung der Aktienkurse ist identisch mit der Entwicklung des Gesamtmarktes.
β < 1	Die Aktienrendite schwankt weniger als die Gesamtmarktrendite und ist damit risikoärmer.
β > 1	Das unternehmensspezifische Marktrisiko schwankt stärker als die Gesamtmarktrendite, wodurch ein erhöhtes Risiko wiedergegeben wird.

- Die **durchschnittliche Risikoprämie** ergibt sich aus der Differenz der Aktienmarktrendite, die z. B. über die Dax-Entwicklung messbar ist, und der Rendite der risikofreien Anlage.

Durchschnittliche Risikoprämie	=	Marktrendite für Aktien	−	Rendite einer risikofreien Anlage

Mit der Feststellung der Risikoprämie können die **Eigenkapitalkosten** bestimmt werden. Sie ergeben sich aus dem Zinssatz einer risikofreien Anlage zuzüglich des systematischen Risikos des Unternehmens als Beta-Faktor, das mit dem Marktpreis des Risikos, das am Aktienmarkt herrscht, multipliziert wird:

$$Z = r + (E_{rm} - r) \cdot \beta$$

Z = Zinssatz für die Eigenkapitalkosten
r = risikolose Anleihe
E_{rm} = Marktrendite für Aktien
$E_{rm} - r$ = durchschnittliche Risikoprämie des Aktienmarktes
β = systematisches Risiko des zu bewertenden Unternehmens

Beispiel: Für die Ermittlung der Eigenkapitalkosten Z sind folgende Informationen vorhanden. Risikolose Staatsanleihen haben eine Effektivverzinsung von 6,5 %. Die Marktrendite im Aktienmarkt beträgt 20 %. Da das zu bewertende Unternehmen stärker risikobehaftet als der Gesamtaktienmarkt ist, wurde ein Beta von 1,15 errechnet.

$$Z = r + (E_{rm} - r) \cdot \beta = 6{,}5\,\% + (20\,\% - 6{,}5\,\%) \cdot 1{,}15 = 22{,}025\,\%$$

Die in die Discounted Cash Flow-Berechnung einzusetzenden Eigenkapitalkosten nach dem Shareholder Value-Ansatz betragen demnach 22,03 %.

69 Seite 421

2. Aktien

Ein Unternehmen hat nicht nur die Möglichkeit, andere Unternehmen als Investitionsobjekt in Betracht zu ziehen. Es kann sich auch typischerweise über die Börse **an Unternehmen beteiligen**, indem es Aktien erwirbt.

Dabei sind folgende Betrachtungen zweckmäßig:

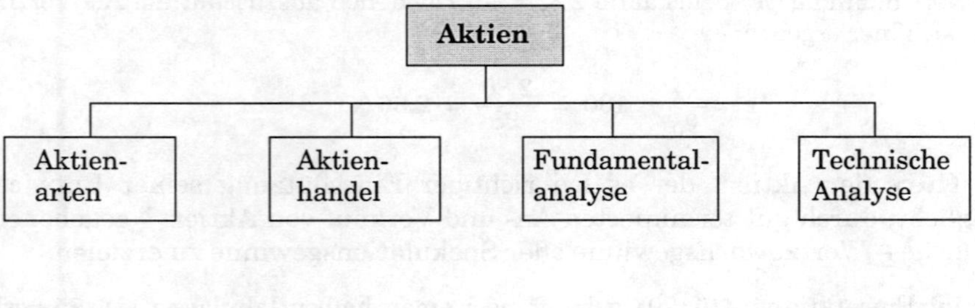

Aktien sind Wertpapiere, die **Mitgliedschaftsrechte** verbriefen. Diese sind:

- Stimmrecht (in der Hauptversammlung)
- Recht auf Anteil am Gewinn (Dividende)
- Recht auf Anteil am Liquidationserlös
- Recht auf Bezug neuer Aktien.

Als Wertpapiere bestehen die Aktien aus folgenden Teilen, die nur zusammen übertragbar sind:

Mantel	**Bogen**	
	Coupon	Erneuerungs-schein

- Der **Mantel** ist derjenige Teil der Wertpapierurkunde, in dem die Anteilsrechte verbrieft sind.

- Der **Coupon** ist der Dividendenschein, der für die Auszahlung der Dividende und die Ausübung des Bezugsrechtes erforderlich ist. Er wird am Fälligkeitstag vom Dividendenbogen, der aus 10 bis 20 Coupons und einem Erneuerungsschein besteht, abgetrennt und eingelöst.

- Der **Erneuerungsschein**, der auch Talon genannt wird, ist der letzte Abschnitt des Dividendenbogens und dient der Beschaffung eines neuen Dividendenbogens, wenn der alte Bogen verbraucht ist.

Ein Unternehmen, das in Aktien investieren und die Vorteilhaftigkeit seiner Investition untersuchen will, muss sich befassen mit:

- Der **Dividende** auf die Aktien als Gewinnausschüttung. Sie ergibt sich durch die Teilung des ausgeschütteten Gewinns durch die Anzahl der ausstehenden Aktien. Entsprechend kann dies ein Betrag pro Aktie sein (Stückaktie) oder als Prozentsatz vom Nennwert (Nennwertaktie) errechnet werden.

  Die Bedeutung der Dividende ist für eine Investitionsentscheidung nicht mehr dominierend, da sie oftmals nur wenige Prozentpunkte des zu investierenden Kapitals – Börsenkurs beim Kauf der Aktie – ausmacht.

  Beispiel: Eine Stückaktie wurde für 98 € gekauft. Nach einem Jahr beschließt die Hauptversammlung pro Stückaktie 2,80 € an Dividende auszuschütten. Als Verzinsung würde sich hier ergeben:

$$r = \frac{G}{a_0} \cdot 100 = \frac{2{,}80}{98} = \mathbf{2{,}86\ \%}$$

- Dem **Kurs** der Aktien, der es bei richtiger Einschätzung seiner Entwicklung ermöglicht, durch gut terminierten An- und Verkauf von Aktien – gegebenenfalls erhebliche – Wertzuwachsgewinne oder Spekulationsgewinne zu erzielen.

  Beispiel: Eine Aktie wird für 70 € gekauft, nach einem halben Jahr lassen sich 95 € erlösen.

Es ist einsichtig, dass der Kurs der Aktien nicht zwangsweise – wie im Beispiel – steigen muss. Er kann über einen Betrachtungszeitraum auch abnehmende Tendenz aufweisen. Erfolgt in dieser Situation ein Verkauf, muss die Investition als unvorteilhaft angesehen werden.

Schließlich ist es möglich, dass der Kurs mehr oder weniger starken Schwankungen unterliegt.

- Den mit den Aktien verbundenen **Rechten**, die unterschiedlich gestaltet sein können.

Beispiel: Aktien können ohne weiteres übertragen werden, ihre Übertragung kann aber auch an die Zustimmung der Gesellschaft gebunden sein. Es gibt auch Aktien, die eine bevorzugte Dividende erhalten.

Das investierende Unternehmen muss sich eingehend damit beschäftigen, die in Betracht kommenden Aktien einer entsprechenden **Analyse** zu unterziehen. Praktisch ist es allerdings recht schwierig, die künftige Kurs- und Dividendenentwicklung – insbesondere über einen längeren Zeitraum – abzuschätzen und damit die Daten für die Berechnung der Vorteilhaftigkeit der Investition in eine Aktie bereitzustellen.

Dazu kommt noch, dass über die Verfahrensweise, wie eine Prognose erfolgen soll, Uneinigkeit bei den Experten besteht.

2.1 Aktienarten

Um eine Entscheidung bezüglich der Investition in Aktien treffen zu können, ist es wichtig, bestimmte Merkmale einzelner Aktienarten zu kennen, zumal sie teilweise die Rechte des investierenden Unternehmens beeinflussen.

Grundsätzlich sind folgende Aktienarten zu unterscheiden – siehe ausführlich *Olfert, Olfert / Reichel*:

Kriterium	**Art der Aktien**
Unterschiedliche Wertbezeichnung	o Nennbetragsaktien o Stückaktien o Quotenaktien
Unterschiedliche Übertragungsmöglichkeiten	o Inhaberaktien o Namensaktien
Unterschiedlicher Rechtsumfang	o Stammaktien o Vorzugsaktien
Unterschiedlicher Ausgabezeitpunkt	o Junge (neue) Aktien o Alte Aktien
Unterschiedliche Verfügungsmöglichkeiten	o Eigene Aktien o Vorratsaktien

Eigene Aktien sind Aktien, die eine AG von sich selbst hält. Seit 1998 ist nach dem Gesetz zur Kontrolle und Transparenz im Unternehmensbereich erlaubt, dass Aktiengesellschaften bis zu 10 Prozent der eigenen Aktien vom Markt zurückkaufen können. **Vorratsaktien** sind Aktien, die eine AG über den gegenwärtigen Kapitalbedarf hinaus geschaffen hat.

Die genannten Aktienarten sind für das investierende Unternehmen weniger bedeutsam. Dagegen sollten betrachtet werden:

- **Aktien unterschiedlicher Wertbezeichnung**
- **Aktien unterschiedlicher Übertragungsmöglichkeiten**
- **Aktien unterschiedlichen Rechtsumfanges**
- **Aktien unterschiedlicher Ausgabezeitpunkte**.

2.1.1 Aktien unterschiedlicher Wertbezeichnung

Nennwertaktien, Quotenaktien und Stückaktien sind Aktien **unterschiedlicher Wertbezeichnung**.

Nennwertaktien, die auch Nominalaktien genannt werden, lauten auf einen bestimmten Nennbetrag. In Geldeinheiten ausgedrückt musste er seit 1999 auf mindestens 5 DM oder 1 € lauten. Für die Wahl der Währung bestand bis 31.12.2001 Entscheidungsfreiheit, ab diesen Zeitpunkt waren dann alle Aktien auf € umzustellen. Höhere Nennwerte pro Aktie müssen durch volle EURO-Beträge teilbar sein.

Die Summe der Aktiennennbeträge ergibt das Grundkapital als gezeichnetes Kapital (§ 152 Abs. 1 AktG). Die Nennbeträge dienen als Bemessungsgrundlage für das Stimmrecht und die Gewinnverteilung. Nennwertaktien dürfen nur zum Nennwert oder einem höheren Betrag (»über pari«) ausgegeben werden.

Quotenaktien, auch Anteilsaktien genannt, weisen keinen Nennbetrag aus, sondern verbriefen direkt einen quotalen Anteil am Reinvermögen, beispielsweise lauten sie auf 1/10.000. In Deutschland sind sie verboten.

Stückaktien wurden aufgrund der Umstellung von DM auf € durch das Stückaktiengesetz von 1998 eingeführt. Diese **nennwertlose** Stückaktienform verkörpert einen Anteil im gleichen Umfang am Grundkapital, wobei sich der Anteil durch die Höhe des Grundkapitals und die Anzahl der ausgegebenen Stückaktien bestimmt.

Durch die Umstellung von DM auf € entstanden bei einer Beibehaltung von Nennwertaktien »krumme« Werte, die eine Nennbetragsglättung erforderten. Dies war möglich durch:

- Kapitalerhöhungen bzw. Kapitalherabsetzungen
- Neustückelung des Grundkapitals.

Die Praxis zeigte, dass sich die Mehrzahl der Aktiengesellschaften für eine Umstellung von Nennwertaktien auf Stückaktien entschlossen hat, da hierdurch aufwendige Nennbetragsglättungen entfallen.

Werden EURO-Stückaktien ausgegeben, errechnet sich ihr »fiktiver Nennwert« aus dem Verhältnis des Grundkapitals und der Anzahl der ausgegeben Aktien, wobei der fiktive Nennwert von 1 € nicht unterschritten werden darf.

2.1.2 Aktien unterschiedlicher Übertragungsmöglichkeiten

Inhaberaktien tragen keinen Namen eines Berechtigten. Damit gilt der jeweilige Inhaber als Berechtigter. Sie sind Wertpapiere, die übertragen werden durch:

- Einigung
- Übergabe.

Voraussetzung für ihre Ausgabe ist, dass der Aktien-Nennbetrag voll eingezahlt wurde. Ist dies nicht der Fall, gibt es zwei Möglichkeiten:

- Inhaberaktien werden erst ausgegeben, wenn die volle Einzahlung des Aktien-Nennbetrages erfolgt ist. Bis dahin werden zunächst lediglich Interims- oder Zwischenscheine ausgegeben.

- Es werden Aktien ausgegeben, die aber Namensaktien sein müssen.

Namensaktien tragen die Namen der Aktionäre, die im Aktienregister der Gesellschaft eingetragen sind. Bei den Namensaktien handelt es sich um Orderpapiere, die übertragen werden durch:

- Einigung
- Indossament
- Übergabe.

Die Übertragung ist der Gesellschaft anzuzeigen. Daraufhin erfolgt die Umschreibung im Aktienregister. Das ist notwendig, da nur derjenige als Aktionär gilt, der im Aktienregister eingetragen ist.

Im börslichen Handel haben bedeutende Unternehmen die Aktienform von der Inhaber- in die der Namensaktie gewechselt. Als **Gründe für die Umstellung** von Inhaberaktien auf Namensaktien sind zu nennen:

- Problemloser weltweiter Handel und damit weltweite Möglichkeiten der Kapitalbeschaffung. In der USA sind beispielsweise nur Namensaktien börsenfähig.

- Aufbau eines »Investor relationsship«, wobei hier insbesondere die Möglichkeit der gezielten Ansprache und der Information der Aktionäre genutzt werden soll.

- Kenntnis der Aktionärsstruktur, also der Zusammensetzung der Eigentümer einer Aktiengesellschaft.

Die Ausgabe von Namensaktien zum Börsenhandel war bisher eingeschränkt, da bei einer Übertragung der Namensaktien eine Indossierung dieses Orderpapiers und eine Umschreibung im Aktienregister notwendig wurde.

Dies soll nun zum einen durch Blanko-Zessionen oder durch eine Zessionserklärung bei Ordererteilung und zum anderen durch die EDV-gestützte Führung von Aktienregistern ermöglicht werden. Die Deutsche Börse bietet bereits die elektronische Handelbarkeit dieser beim Handel physisch nicht vorhandenen Namenspapiere an.

Bei ihrer Ausgabe muss ein eventuelles Agio voll eingezahlt werden, die Mindesteinzahlung auf den Nennwert der Namensaktie beträgt lediglich 25 %.

Von **vinkulierten Namensaktien** wird gesprochen, wenn die Übertragung der Namensaktien an die Zustimmung der Gesellschaft geknüpft ist. Damit soll insbesondere eine Verschiebung der Beteiligungsverhältnisse verhindert werden.

2.1.3 Aktien unterschiedlichen Rechtsumfangs

Stammaktien sind die in Deutschland hauptsächlich verbreiteten Aktien. Sie basieren auf dem Prinzip der Gleichberechtigung und beinhalten:

- Geiches Stimmrecht
- Gleiches Recht auf Dividende
- Gleiches Recht am Liquidationserlös
- Gleiches Recht bei Kapitalerhöhungen (Bezugsrecht).

Im Gegensatz zu den Stammaktien räumen **Vorzugsaktien** den innehabenden Aktionären besondere Ansprüche ein, die sich besonders beziehen können auf:

Dividende	Der Vorzugsaktionär hat einen erhöhten Dividendenanspruch. Häufig wird dieser Vorzug an einen Verzicht gekoppelt, beispielsweise den Verzicht auf das Stimmrecht. Die stimmrechtslose Vorzugsaktie ist die in der Praxis verbreitete Form der Vorzugsaktie.
Stimmrecht	Der Vorzugsaktionär würde ein verstärktes Stimmrecht in der Hauptversammlung erhalten, was in Deutschland aber grundsätzlich verboten ist.
Liquidationserlös	Der Vorzugsaktionär hat Sonderrechte bei der Auflösung der Gesellschaft, beispielsweise das Recht auf vorrangige Befriedigung aus dem Liquidationserlös.

Vorzugsaktien, deren besondere Ansprüche sich auf die Dividende beziehen, sind:

- **Vorzugsaktien mit prioritätischem Dividendenanspruch**, bei welchen den Vorzugsaktionären vor Ausschüttung der Dividenden an die Stammaktionäre eine Vorzugsdividende in einer bestimmten Höhe zu zahlen ist.

Der Vorteil dieser Aktien liegt darin, dass die Vorzugsaktionäre auch bei geringem Gewinn ihre Dividende bekommen können, während für die Stammaktionäre eine geringere oder keine Dividende mehr verbleibt.

Beispiel: Die Vorzugsaktionäre erhalten vorab eine Vorzugsdividende von 5 %, das sind pro 50 €-Aktie 2,50 €. Ist noch Gewinn vorhanden, erhalten die Stammaktionäre ebenfalls 5 % pro Aktie. Ein verbleibender Restgewinn wird auf die Vorzugs- und Stammaktien gleichmäßig aufgeteilt.

Ist ein prioritätischer Dividendenanspruch **mit Überdividende** festgelegt, erhalten die Vorzugsaktionäre und Stammaktionäre zunächst je einen festgelegten Prozentsatz, der bei den Vorzugsaktionären höher ist als bei den Stammaktionären. Ein verbleibender Gewinnrest wird dann gleichmäßig auf alle Aktionäre verteilt.

- **Limitierte Vorzugsaktien**, bei denen die Vorzugsdividende auf einen bestimmten prozentualen Höchstsatz begrenzt ist. Über diesen Prozentsatz hinaus fließt der Gewinn zur Verteilung an die Stammaktionäre.

  Vorteilhaft sind die limitierten Vorzugsaktien für die Vorzugsaktionäre nur bei schlechter Ertragslage, denn höhere Gewinne führen nicht zu einer erhöhten Dividende.

- **Kumulative Vorzugsaktien**, denen gewissermaßen eine garantierte Mindestverzinsung zugrundeliegt, denn ein Anspruch auf Vorzugsdividende besteht hier auch in Verlustjahren, der in den auf den Verlust folgenden Gewinnjahren ausgeglichen werden muss.

  Nur bei dieser Art der Aktien ist es zulässig, das Stimmrecht in der Satzung auszuschließen. Stimmrechtlose Aktien dürfen allerdings höchstens bis zur Höhe des Nennbetrages der stimmberechtigten Aktien ausgegeben werden.

  Das Stimmrecht der an sich stimmrechtlosen Aktien lebt dann auf, wenn in einem Jahr der Dividendenvorzug nicht oder nicht ganz gewährt und im kommenden Jahr die Rückstände nicht zugleich mit dem vollen Vorzug nachbezahlt werden. Es endet erst dann, wenn keine Forderungen aus dem Dividendenvorzug mehr bestehen.

2.1.4 Aktien unterschiedlicher Ausgabezeitpunkte

Junge Aktien, die vielfach auch **neue Aktien** genannt werden, sind die bei einer Kapitalerhöhung ausgegebenen Aktien, bis sie den alten Aktien in ihren Rechten gleichgestellt sind.

Sie erhalten häufig – aufgrund ihres Ausgabezeitpunktes – **nur für einen Teil des Geschäftsjahres** eine **Dividende**. Mit der Auszahlung der Dividende für das Ausgabejahr werden sie alte Aktien.

Alte Aktien sind Aktien, die vor einer Kapitalerhöhung im Umlauf waren.

2.2 Aktienhandel

Der Aktienhandel kann grundsätzlich erfolgen als:

- **Börslicher Aktienhandel**
- **Außerbörslicher Aktienhandel**.

Der wesentliche Teil des Aktienhandels ist börslicher Aktienhandel.

2.2.1 Börslicher Aktienhandel

Der börsliche Aktienhandel erfolgt an einer **Wertpapierbörse*** und kann nach folgenden Kriterien unterschieden werden:

- Nach den **Marktformen** liegen vor:

Kassamarkt	Der Kassamarkt ist durch eine sofortige Erfüllung des Börsengeschäftes gekennzeichnet. Die Preisfeststellung einer Wertpapiertransaktion und die Erfüllung fallen zeitlich zusammen. Die Ausführung hat innerhalb von zwei Börsenwerktagen stattzufinden.
Optionsmarkt	Hier fallen Abschluss und Erfüllung eines Wertpapierkaufes bzw. Wertpapierverkaufes zeitlich auseinander (mindestens drei Börsenwerktage). Ausgewählte Aktien können an der EUREX in Form von standardisierten Optionsgeschäften abgewickelt werden.

- Im **Kassamarkt** unterscheidet man unterschiedliche Börsensegmente**:

Amtlicher Handel	Um am Handel am amtlichen Markt teilnehmen zu können, bestehen die höchsten **Anforderungen** an ein Unternehmen: o Das Unternehmen muss drei Jahre bestehen. o Das Emissionsvolumen muss bestimmte Größen betragen, die Aktien müssen ausreichend gestreut werden. o Der Publizitätspflicht muss mit Zwischenberichterstattungen entsprochen werden.

* An der Wertpapierbörse werden nicht nur Aktien gehandelt, sondern auch Schuldverschreibungen.

** Bis Ende 2003 will die Deutsche Börse AG die Börsensegmente neu ordnen und damit die Segmente Neuer Markt und Smax ablösen. Auf der Basis des so genannten »Domestic Segments« werden zwei Segmente (Technologie sowie traditionelle Wirtschaftsbereiche) hervorgehoben. An der Spitze dieses pyramidenähnlichen Aufbaus stünde der Dax mit den 30 größten Unternehmen.
Der Dax und die beiden herausgestellten Segmente bilden dann das »Prime Segment«, das sich durch besondere Anforderungen hinsichtlich der Publikationspflicht auszeichnen soll (Quartalsberichte, internationale Rechnungslegung, jährliche Analystenkonferenz, Ad-hoc-Mitteilungen, englischsprachige Berichterstattung).

Geregelter Markt	Dieses Marktsegment für kleinere und mittlere Aktiengesellschaften zeichnet sich durch geringere Zulassungsbedingungen und Publizitätspflichten aus.
Neuer Markt	Hier werden **junge Unternehmen**, die aus innovationsstarken Wachstumsbranchen (z. B. Technologie-, Computer-, Software- oder Internet-Bereich) stammen, gehandelt, wobei internationale Standards der Börsenzulassung bestehen, die zum Teil die deutschen Normen übertreffen.
Smax	Der »Small Cap exchange« stellt führende, mittelständische Unternehmen aus traditionellen Branchen heraus, die zwar erfolgreich sind, aber noch eine geringe Marktkapitalisierung (Small Caps) aufweisen.
Freiverkehr	In diesem Segment für kleine, junge, unbekannte Unternehmen bestehen sehr geringe Zulassungsvoraussetzungen sowie Publizitätspflichten.

- Nach der **Form des Handels** gibt es:

Parketthandel	Diese traditionelle Form des Börsenhandel findet direkt vor Ort an der Börse statt mit inzwischen ausgeweiteten Handelszeiten (9.00 und 20.00 Uhr). Zum Handel zugelassene Personen stellen über Makler die Kurswerte bestimmter Aktien fest.
Computerhandel	**Xetra** (**Ex**change **E**lectronic **Tra**ding) stellt ein elektronisches Wertpapierhandelssystem für bis zu maximal 40.000 Wertpapiere dar. Es basiert auf einem zentralen Orderbuch, zu dem on-line-Verbindung zur Auftragserteilung besteht und das Auflistung über noch nicht ausgeführte Aufträge gibt.

Der Handel an einer Wertpapierbörse führt zum **Börsenkurs**. Das ist der Wert, mit dem eine Aktie an einem Börsentag gekauft bzw. verkauft wird. Der Börsenkurs hängt in seiner Höhe ab von

- Angebot
- Nachfrage

d. h. er ergibt sich aus dem Verhalten der Anbieter und Nachfrager, das folgenden **Einflussfaktoren** unterliegen kann:

- Der **Berechnung des inneren Wertes** einer Aktie als

o Bilanzkurs	o PER-Kennziffer
o Ertragswertkurs	

durch die potenziellen Anleger, die damit abschätzen wollen, ob der Börsenkurs als »Preis« der Aktie gerechtfertigt ist – siehe Fundamentalanalyse, Seite 293 ff.

- Der **gesamtwirtschaftlichen Lage** und ihrer zukünftigen erwarteten Entwicklung - Konjunktur, Aufschwung, Abschwung.

- Der **Liquiditätslage** der Wirtschaft, die von geld-, kredit- und zinspolitischen Maßnahmen der Europäischen Zentralbank beeinflusst werden kann.

- **Politischen Einflüssen** durch wirtschaftspolitische Entscheidungen und die staatliche Finanzpolitik.

- **Außenwirtschaftlichen Einflüssen** durch ausländische Spekulationen, wirtschaftspolitische Maßnahmen und Veränderungen der Umtauschverhältnisse fremder Währungen.

- **Psychologischen Einflüssen** durch Gerüchte, Stimmungen, »Flucht« in Sachwerte und spekulative Verhaltensweisen.

Der Börsenkurs eines Wertpapieres kann entsprechend seines Ausweises sein:

- **Stückkurs**, wenn er in € pro Stück – bezogen auf einen €-Nennwert oder auf eine Stückaktie – angegeben ist. Der Stückkurs ist der für Aktien gebräuchliche Kurs.

- **Prozentkurs**, wenn er in Prozent des Nennwertes angegeben ist, wie dies bei Obligationen gebräuchlich ist.

Für die Festsetzung des Börsenkurses können unterschieden werden:

- Der **Schlusskurs** bzw. der letzt verfügbare Kurs, der oftmals anstatt des Kassakurses veröffentlicht wird. Der Kassakurs verliert aufgrund der Erweiterung der Handelszeit immer stärker an Aktualität.

- Der **variable Kurs**, der als fortlaufende Notierung insbesondere durch den Xetra-Handel (z. B. alle wichtigen DAX-Werte) immer bedeutender wird. Die Erfassung der in der fortlaufenden Notierung gehandelten Aktien ist an den Börsenplätzen unterschiedlich.

- Der **Einheitskurs**, der als Kassakurs bezeichnet wird und für nicht im Xetra-System gehandelten Aktien durch amtliche Makler in folgender Weise festgestellt wird:

Beispiel:

Kaufaufträge		Verkaufsaufträge	
100 Stück	billigst	120 Stück	bestens
220 Stück	zu 224,– €	80 Stück	zu 220,– €
260 Stück	zu 223,– €	200 Stück	zu 222,– €
200 Stück	zu 222,– €	340 Stück	zu 223,– €
350 Stück	zu 221,– €	550 Stück	zu 224,– €
400 Stück	zu 220,– €		

Ausführbar zum Kurs	Käufe	Verkäufe	Umsatz
220,–	1.530	200	200
221,–	1.130	200	200
222,–	780	400	400
223,–	**580**	**740**	**580**
224,–	320	1.290	320

Der Einheitskurs wird zu dem Kurs festgesetzt, der einen **größtmöglichen Umsatz** – also eine gleichzeitige Ausführungsmöglichkeit von Kauf- und Verkaufsaufträgen – möglich macht.

So können zu einem Kurs von 223 € im Beispiel 580 Aktien gehandelt werden. Dies ist der höchst mögliche Umsatz.

Da ein Überangebot von 160 Aktien besteht, die zu diesem Kurs nicht verkaufbar waren, wird der Einheitskurs mit einem Kurszusatz versehen. Der oben ermittelte Kurs würde wegen des Angebotsüberhanges mit 223 bB angegeben.

Diese Kurzzeichen weisen auf bestimmte Marktsituation hin. Sie sind auf Seite 294 dargestellt.

70 Seite 421

2.2.2 Außerbörslicher Handel

Beim außerbörslichen Handel werden

- amtlich notierte
- amtliche nicht notierte

Werte zwischen Kreditinstituten untereinander und mit Großanlegern telefonisch oder fernschriftlich angekauft bzw. verkauft.

2.3 Fundamentalanalyse

Die Fundamentalanalyse basiert auf dem Gedanken, dass der Kurs einer Aktie durch ihren **inneren Wert** bestimmt ist, der sich aus den unternehmensinternen und unternehmensexternen Daten darstellt.

Die Gegenüberstellung des »inneren Wertes« einer Aktie mit dem Börsenkurs einer Aktie kann Aussagen erbringen über die Kaufwürdigkeit einer Aktie.

Kurszusätze und Hinweise (Frankfurter Wertpapierbörse)				
Kurszusätze	Zu den festgestellten Kursen müssen bei Ziffer 1 bis 5 außer den unlimitierten Kauf- und Verkaufsaufträgen alle über dem festgestellten Kurs limitierten Kaufaufträge und alle unter dem festgestellten Kurs limitierten Verkaufsaufträge ausgeführt sein. Inwieweit die zum festgestellten Kurs limitierten Kauf- und Verkaufsaufträge ausgeführt werden konnten, ergeben die Kurszusätze.			
	1.	b oder Kurs ohne Zusatz	bezahlt	Alle Aufträge sind ausgeführt.
	2.	bG	bezahlt Geld	Die zum festgestellten Kurs limitierten Kaufaufträge müssen nicht vollständig ausgeführt sein. Es bestand weitere Nachfrage.
	3.	bB	bezahlt Brief	Die zum festgestellten Kurs limitierten Verkaufsaufträge müssen nicht vollständig ausgeführt sein. Es bestand weiteres Angebot.
	4.	ebG	etwas bezahlt Geld	Die zum festgestellten Kurs limitierten Kaufaufträge konnten nur zu einem geringen Teil ausgeführt werden.
	5.	ebB	etwas bezahlt Brief	Die zum festgestellten Kurs limitierten Verkaufsaufträge konnten nur zu einem geringen Teil ausgeführt werden.
	6.	ratG	rationiert Geld	Die zum Kurs und darüber limitierten sowie die unlimitierten Kaufaufträge konnten nur beschränkt ausgeführt werden.
	7.	ratB	rationiert Brief	Die zum Kurs und niedriger limitierten sowie die unlimitierten Verkaufsaufträge konnten nur beschränkt ausgeführt werden.
	8.	*	Sternchen	Kleine Beträge konnten nicht gehandelt werden.
Hinweise	1.	G	Geld	Zu diesem Preis bestand nur Nachfrage.
	2.	B	Brief	Zu diesem Preis bestand nur Angebot.
	3.	–	gestrichen	Ein Kurs konnte nicht festgestellt werden.
	4.	– G	gestrichen Geld	Ein Kurs konnte nicht festgestellt werden, da überwiegend Nachfrage bestand.
	5.	– B	gestrichen Brief	Ein Kurs konnte nicht festgestellt werden, da überwiegend Angebot bestand.
	6.	– T	gestrichen Taxe	Ein Kurs konnte nicht festgestellt werden. Der Preis ist geschätzt.
	7.	ex D	ohne Dividende	Notierung am Tag des Abschlags der Dividende.
	8.	ex BR	ohne Bezugsrecht	Notierung am Tag des Abschlags eines Bezugsrechts.
	9.	ex BA	ohne Berichtigungsaktien	Erste Notiz nach Umstellung des Kurses auf das aus Gesellschaftsmitteln berichtigte Aktienkapial.
	10.	– Z	gestrichen Ziehung	Die Notierung ist an den beiden dem Auslosungstag vorangehenden Börsentagen ausgesetzt.
	11.	ex Z	ausgenommen Ziehung	Der notierte Kurs versteht sich für die nicht ausgelosten Stücke. (Der Hinweis ist nur am Auslosungstag zu verwenden.)

Im Rahmen der Fundamentalanalyse können ermittelt werden:

- **Bilanzkurs**
- **Ertragswertkurs**
- **PER-Kennziffer.**

2.3.1 Bilanzkurs

Der Bilanzkurs ist eine betriebswirtschaftliche Kennzahl, die offenlegt, wieviel Rücklagen bzw. Reserven eine Aktiengesellschaft im Verhältnis zum gezeichneten Kapital hat. Er zeigt den »inneren Wert« einer Aktie aufgrund der vorhandenen **Vermögenssubstanz** an.

Der **Bilanzkurs** wird ermittelt:

$$\text{Bilanzkurs} = \frac{\text{Bilanziertes Eigenkapital}}{\text{Gezeichnetes Kapital}} \cdot 100$$

Das bilanzierte Eigenkapital setzt sich aus den nachstehenden Positionen zusammen:

	Gezeichnetes Kapital
+	Kapitalrücklage
+	Gewinnrücklagen
+	Gewinnvortrag
–	Verlustvortrag
=	**Bilanziertes Eigenkapital**

In dem so ermittelten Eigenkapital ist das Vorhandensein stiller Reserven nicht berücksichtigt.

Beispiel:

Aktiva	**Bilanz in Mio €**		Passiva
Anlagevermögen	300	Gezeichnetes Kapital	200
Umlaufvermögen	200	Kapitalrücklagen	75
		Gewinnrücklagen	75
		Verbindlichkeiten	150
	500		500

$$\text{Bilanzkurs} = \frac{200 + 75 + 75}{200} \cdot 100 = \mathbf{175\ \%}$$

Setzt man einen realen oder bei der Stückaktie einen »fiktiven« Nennwert von 5 € pro Aktie an ergibt sich ein Bilanzkurs von 8,75 €. Dieser Bilanzkurs ist mit dem aktuellen Börsenkurs zu vergleichen und gibt dem Investor Aufschluss über die Kaufwürdigkeit einer Aktie.

Mögliche Differenzen zwischen einem niedrigen Bilanzkurs und einem höheren Börsenkurs können an noch nicht in der obigen Formel berücksichtigten **stillen Reserven** liegen oder am vom Investor individuell einzuschätzenden **Goodwill** eines Unternehmens.

Stille Reserven entstehen im Unternehmen durch Bilanzierungsmaßnahmen, wie die Unterbewertung von Vermögensgegenständen und/oder die Überbewertung von Verbindlichkeiten. In obiger Formel sind solche Reserven nicht enthalten. Daher kommt in der Fundamentalanalyse oftmals der **korrigierte Bilanzkurs** zur Anwendung.

$$\text{Korrigierter Bilanzkurs} = \frac{\text{Bilanziertes Eigenkapital} + \text{stille Reserven}}{\text{Gezeichnetes Kapital}} \cdot 100$$

Beispiel: Die Annahme, dass in obiger Bilanz stille Reserven von 30 Mio. € enthalten sind, führt zu einem korrigierten Bilanzkurs von:

$$\text{Korrigierter Bilanzkurs} = \frac{200 + 75 + 75 + 30}{200} \cdot 100 = \mathbf{190\ \%}$$

71 Seite 422

2.3.2 Ertragswertkurs

Der Ertragswertkurs ist eine betriebswirtschaftliche Kennzahl, die den »inneren Wert« einer Aktie aufgrund gegebener **Ertragserwartungen** anzeigt.

Er wird ermittelt:

$$\text{Ertragswertkurs} = \frac{\text{Ertragswert}}{\text{Gezeichnetes Kapital}} \cdot 100$$

Dieser Prozentwert kann mit dem echten oder mit dem fiktiven Nennwert multipliziert werden, um eine EURO-Größe und damit Vergleichbarkeit zu Börsenwerten zu bekommen.

Der **Ertragswert** kann errechnet werden:

- Bei jährlich **gleichbleibenden Gewinnen** und **unbegrenzter Lebensdauer**

$$\text{Ertragswert} = \frac{\text{Gewinn}}{q - 1}$$

Beispiel: Bei einen gezeichneten Kapital von 100.000 €, einem Gewinn von jährlich 40.000 € und einem Kapitalisierungszinsfuß von 8 % (q = 1,08) betragen

$$\text{Ertragswert} = \frac{40.000}{0{,}08} = 500.000\ €$$

$$\text{Ertragswertkurs} = \frac{500.000}{100.000} \cdot 100 = \mathbf{500\ \%}$$

- Bei jährlich **gleichbleibenden Gewinnen** und **begrenzter Lebensdauer**

$$\boxed{\text{Ertragswert} = \text{Gewinn} \cdot \frac{q^n - 1}{q^n \cdot (q-1)}}$$

$\frac{q^n - 1}{q^n \cdot (q-1)}$ = Barwertfaktor oder Diskontierungssummenfaktor

- Bei jährlich **veränderlichen Gewinnen** und **begrenzter Lebensdauer**

$$\boxed{\text{Ertragswert} = \Sigma\, G_t \cdot \frac{1}{q^n}}$$

G = Gewinn (€/Jahr)
t = Periode (1, 2, 3, ..., n)
$\frac{1}{q^n}$ = Abzinsungsfaktor

In Anlehnung an den Ertragswert wird bei einer Bewertung von Aktien in dieser Form auch der Unternehmenswert verwendet, der mit der **Discounted Cash Flow-Methode** gewonnen werden kann. Hier kann die Börsenkapitalisierung einer Aktiengesellschaft mit diesem Unternehmenswert verglichen werden:

$$\boxed{\begin{matrix}\text{Anzahl der ausge-}\\ \text{gebenen Aktien}\end{matrix} \cdot \begin{matrix}\text{Börsenkurs}\\ \text{der Aktie}\end{matrix} = \begin{matrix}\text{Discounted}\\ \text{Cash Flow}\end{matrix}}$$

Ebenso ist es möglich den Börsenkurs der Aktie mit dem Discounted Cash Flow pro Aktie zu vergleichen:

$$\boxed{\text{Börsenkurs der Aktie} = \frac{\text{Discounted Cash Flow}}{\text{Anzahl der ausgegebenen Aktien}}}$$

72 Seite 422

73 Seite 423

2.3.3 PER-Kennziffer

Als vereinfachtes, statisch orientiertes Beurteilungskriterium für die Vorteilhaftigkeit von Aktien wird in der betrieblichen Praxis häufig die PER-Kennziffer verwendet. Sie stellt die **Price-Earning-Ratio** dar, das **Kurs-Gewinn-Verhältnis** von Aktien.

Die PER-Kennziffer zeigt, zum Wievielfachen des Gewinnes eine Aktie gehandelt bzw. bewertet wird. Sie wird wie folgt ermittelt:

$$\text{PER} = \frac{\text{Börsenkurs in €}}{\text{Gewinn je Aktie in €}}$$

In dem Gewinn können auch Rücklagen einschließlich – soweit bekannt – stille Reserven enthalten sein. Der PER-Multiplikator entspricht in etwa einer unendlichen Rente, da er als Multiplikator vorgibt, mit welchem Faktor des Gewinns die Börse momentan die Aktie einschätzt.

Der **Kauf** von Aktien ist **vorteilhaft,** wenn die PER-Kennziffern niedrig sind. Untersuchungen zeigen, dass Aktien mit niedrigen PER-Kennziffern in den darauf folgenden Jahren eine günstigere Kursentwicklung haben als Aktien mit hohen PER-Kennziffern.

Aktien mit hohen PER-Kennziffern werden dagegen keine großen Kurssteigerungen zugesprochen. Im Gegenteil, es muss möglicherweise mit Kursverlusten gerechnet werden.

Beispiel: Die Aktien der Elektronik AG werden zur Zeit mit 125 € gehandelt. Der Gewinn pro Aktie beträgt 25 €. Demgegenüber beträgt der Börsenkurs der Aktien der Computer AG derzeit 180 € bei einem Gewinn pro Aktie von 20 €.

Nach der PER-Kennziffer scheinen die Aktien der Elektronik AG das bessere Investitionsobjekt zu sein.

Die PER-Kennziffer stellt ein **brauchbares Beurteilungskriterium** für den Zeit- oder/und Unternehmensvergleich in gleichen oder vergleichbaren Branchen dar.

$$\text{PER}_{\text{Elektronik AG}} = \frac{125}{25} = \mathbf{5}$$

$$\text{PER}_{\text{Computer AG}} = \frac{180}{20} = \mathbf{9}$$

Kritiker der Fundamentalanalyse führen an, dass es nicht ausreicht, sich auf Dividenden, Gewinne und Kurse als Daten bei der Beurteilung der Vorteilhaftigkeit von Investitionsentscheidungen zu beschränken.

2.4 Technische Analyse

Die Kritik an der Fundamentalanalyse, auf die zuvor hingewiesen wurde, und die Tatsache, dass die Börsenkurse und die inneren Werte der Aktien häufig voneinander abweichen, hat dazu geführt, die technische Analyse zu bevorzugen, um die Entwicklung der Aktien abzuschätzen.

Bei der technischen Analyse wird darauf verzichtet, die inneren Werte der Aktien festzustellen und zu analysieren. Man beschränkt sich darauf, die **Börsenkurse** zu **beobachten**, zu **registrieren** und hieraus **Rückschlüsse** auf zukünftige Entwicklungen zu **ziehen**, indem Trendverläufe prognostiziert werden.

Der technischen Analyse liegen folgende **Überlegungen** zu Grunde:

- Kurse ergeben sich aus Angebot und Nachfrage.
- Kurse sind rationalen und irrationalen Einflüssen ausgesetzt, die am Markt kontinuierlich ausgeglichen werden.
- Kurse neigen dazu, sich in abschätzbaren Trends zu entwickeln.
- Kurse lassen Änderungen der Grundrichtung erkennen, die auf grundlegenden Marktveränderungen beruhen.
- Kurse neigen dazu, wiederholt charakteristische Verläufe aufzuweisen.

Aus diesen Überlegungen sind insbesondere zwei Begriffe – nämlich Trends und Formationen – herauszuheben und gesondert zu erklären:

- **Trends** zeichnen über eine bestimmte Zeit eine konstante Entwicklung von Aktien nach und geben damit eine gewisse Grundrichtung der Aktienentwicklung vor. Grundlegend für die Trendbetrachtung war die **Dow-Theorie**, die Aussagen über die Entwicklung am Gesamtmarkt durch die gemittelten Kursverläufe ausgewählter Aktien zu treffen versuchte.

  Nach der Dow-Theorie unterscheidet man drei verschiedene Trends (*Buchner*):

Primärtrends	Sie stellen langfristige Trends von mehreren Jahren dar, zumindest aber als einen Trend über ein Jahr. Zielsetzung ist das Erkennen des Einsetzens von langfristigen Auf- und Abwärtsbewegungen.
Sekundärtrends	Sie zeigen sich in Form von Bewegungen, die als Reaktionen auf Auf- und Abwärtsbewegungen im langfristigen Bereich erklärt werden können. Sie können von einigen Wochen bis hin zu einigen Monaten anhalten und verlaufen entgegengesetzt zum Primärtrend.
Tertiärtrends	Sie stellen kurzfristige Trends von einer Woche bis hin zu wenigen Monaten dar. Ihnen schreibt man nur eine schwache Aussagekraft zu, außer ihre Entwicklung bildet zufällig den Beginn einer Trendumkehr ab.

- **Formationen** zeigen gemäß der Chartanalyse bevorstehende Trendwechsel an. Dies geschieht über das Erkennen von sich wiederholenden Verläufen der Aktienkurse, die mit grafischen Charakteristika ausgestattet sind. Diese Formationen sollen Aussagen für die Zukunft zu lassen. Es sind zu unterscheiden:

Trendbestätigende Konsolidierungsformationen	Sie liegen vor, wenn die dominierende Trendrichtung zeitweise durch eine Konsolidierungsphase aussetzt. Werden bestimmte Formationen sichtbar (z. B. Dreieck, Flagge, Wimpel) ist mit der Fortsetzung des ursprünglichen Trends zu rechnen.
Trendumkehrformationen	Sie kündigen eine Trendumkehr an. Auch hier sollen bestimmte Formationen (z. B. Untertasse-Formation, Kopf-Schulter-Formation, W- und M-Formation) die zukünftige Kursentwicklung aufzeigen.

Kritisch sei angemerkt, dass bis heute statistisch nachgewiesene Verläufe von Kursen und deren Übereinstimmung mit der Chartisten-Meinung oder das Wiederkehren von eindeutig gleichen Formationen fehlen.

Die **Methoden**, derer sich die technische Analyse bedient, lassen sich in zwei Gruppen einteilen:

- **Analyse von Einzelaktien,** bei der man sich der **Charts** bedient. Das sind Diagramme, die in grafischer Form die Kurs- und Umsatzentwicklung börsennotierter Aktien darstellen.

  In Deutschland werden vor allem folgende Charts verwendet:

Liniencharts	Sie sind geeignet, Trendveränderungen offenzulegen, indem die periodisch eingetragenen Schlusskurse grafisch miteinander verbunden werden.
Balkencharts	Bei ihnen werden die Höchst- und Tiefstkurse des jeweils erfassten Zeitraumes durch senkrechte Striche – die Kursspanne – erfasst, wodurch Veränderungen der Marktstruktur sehr differenziert erkennbar werden.
Point and Figur-Chart	Sie zeigen in Form von alternierenden Säulen steigende Kurse durch bestimmte Zeichen („x„) und auch fallende Kurse („•") an. So lange sich der Kurs in eine Richtung bewegt, wird dies durch eine vertikale Säule mit einem der oben gezeigten Zeichen dargestellt. Dies geschieht bis zu einem Kursumschwung und damit entsteht die nächste, nebenstehende Säule.

- **Analyse des Gesamtmarktes,** denn für eine Investitionsentscheidung reicht es nicht aus, nur die Entwicklung der in Betracht kommenden Aktien zu untersuchen.

  Der Investor sollte vor einer Einzelanalyse prüfen, in welcher Situation sich der Markt befindet. Auch hierfür bieten Diagramme eine wertvolle Hilfe.

In den **USA** sind die bekanntesten **Aktienindizes**:

- o Dow Jones Industrial Index (30 Industrie-Aktien)
- o Dow Jones Transportation Index (20 Transport-Aktien)
- o Standard & Poor's Index (500 Aktien)

Als bekannteste **deutsche Aktienindizes** lassen sich nennen:

o **DAX-Index** (30 deutsche Standardwerte)

Adidas-Salomon	Dt. Telekom	Metro
Allianz	E.ON	Münch. Rück
Altana	Epcos	MLP
BASF	Fresen.MedC.	RWE
Bayer	Henkel	SAP
BMW	HypoVereinsbank	Schering
Commerzbank	Infineon	Siemens
DaimlerChrysl.	Linde	ThyssenKrupp
Deutsche Bank	Lufthansa	TUI
Deutsche Post	MAN	Volkswagen

o **FAZ-Index** (100 Aktien)

3. Festverzinsliche Wertpapiere

Als weitere Investitionsobjekte bieten sich einem Unternehmen die festverzinslichen Wertpapiere an.

Beispiele:

- **Öffentliche Anleihen**, die vom Bund, den Ländern und Körperschaften des öffentlichen Rechtes ausgegeben werden.
- **Kommunalanleihen**, die von Städten und Gemeinden sowie Gemeindeverbänden ausgegeben werden.
- **Kommunalobligationen**, die von öffentlich-rechtlichen Grundkreditinstituten und privaten Hypothekenbanken ausgegeben werden.
- **Pfandbriefe**, die von öffentlich-rechtlichen Grundkreditinstituten und privaten Hypothekenbanken ausgegeben werden.
- **Industrieobligationen**, die von der gewerblichen Wirtschaft - nicht nur von der Industrie, sondern auch von Handels- und sonstigen Dienstleistungsunternehmen - ausgegeben werden.

Die festverzinslichen Wertpapiere werden auch genannt:

- Anleihen
- Schuldverschreibungen

- Rentenpapiere
- Obligationen.

Sie verfügen über ein **hohes Maß an Sicherheit**. Diese wird bei den öffentlichen Anleihen und Kommunalanleihen unmittelbar durch das Vermögen und die Steuerkraft der Emittenten, bei Kommunalobligationen mittelbar durch das Vermögen und die Steuerkraft der Kommunen gewährleistet. Bei Pfandbriefen dienen Grundpfandrechte als Sicherheit.

Die **Industrieobligationen** können auf unterschiedliche Weise gesichert sein, die in folgenden Möglichkeiten bestehen kann:

- Grundpfandrechte ersten Ranges bis zu 40 % des Beleihungswertes.
- Negativklauseln als vertragliche Verpflichtung, künftig keine Belastungen von Vermögensteilen zugunsten anderer Gläubiger zuzulassen.
- Bürgschaften, die besonders von der öffentlichen Hand übernommen werden.

Außerdem verfügen die genannten festverzinslichen Wertpapiere über eine **hohe Fungibilität**, was sich darin äußert, dass sie nach der Börsenzulassung jederzeit über die Börse an- und verkauft werden können.

Die Börsenfähigkeit ist bei festverzinslichen Wertpapieren staatlicher und öffentlich-rechtlicher Emittenten automatisch oder aufgrund von Prüfungen gegeben. Besonders streng sind die **Vorschriften für die Börsenzulassung** bei den Industrieobligationen und deren Sonderformen:

- Stellung eines schriftlichen Zulassungsantrages durch ein Kreditinstitut.
- Erstellung eines Zulassungsprospektes, in dem Art, Zweck und Umfang der Emission, ihre Sicherstellung sowie die Umsatz- und Ertragsentwicklung des emittierenden Unternehmens dargestellt sind.
- Veröffentlichung des Zulassungsantrages und Prospektes in mindestens einer Zeitung.

Das quantitative Kriterium zur Beurteilung der Vorteilhaftigkeit von festverzinslichen Wertpapieren ist deren **Verzinsung**. Die aus den Wertpapieren zustehenden Zinsen werden halbjährlich oder jährlich nachschüssig gezahlt. Wird eine Teilschuldverschreibung zwischen den Zinsterminen veräußert, stehen dem Verkäufer die Zinsen zu, die zwischen dem letzten Zinstermin und dem Tag der Veräußerung angefallen sind. Sie sind dem Börsenkurs hinzuzurechnen.

Als **Zinssätze** müssen unterschieden werden:

- Der **Nominalzinssatz**, der auf dem Mantel einer jeden Schuldverschreibung ausgedruckt ist. Der Nominalzinssatz ist zur Beurteilung der Vorteilhaftigkeit einer Investition nur dann geeignet, wenn der Ausgabekurs und der Rückzahlungskurs dem Nennwert der Schuldverschreibung entsprechen, wovon grundsätzlich nicht ausgegangen werden kann.

- Der **Effektivzinssatz**, der dann vom Nominalzinssatz abweicht, wenn sich der Ausgabekurs oder/und der Rückzahlungskurs vom Nennwert der Schuldverschreibung unterscheidet. Die Abweichung zwischen dem Effektivzinssatz und dem Nominalzinssatz ist umso größer, je höher die Kursdifferenz und je kürzer die Laufzeit ist.

Der Effektivzinssatz ist das geeignete Kriterium zur Beurteilung der Vorteilhaftigkeit von festverzinslichen Wertpapieren. Er lässt sich – mit unterschiedlicher Genauigkeit – auf dreifache Weise ermitteln:

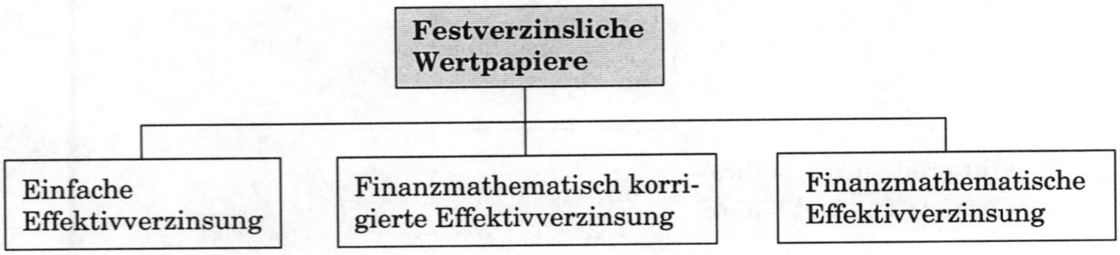

Auf alle drei Verfahren soll im Folgenden eingegangen werden.

3.1 Einfache Effektivverzinsung

Als praxisübliche **Faustformel*** für die Berechnung der einfachen Effektivverzinsung von Anleihen gilt bei einer Tilgung zum Ende der Laufzeit:

$$r = \frac{Z + \frac{RK - AK}{n}}{AK} \cdot 100$$

r = Effektivzinssatz (%)
Z = Zinsen (€/Jahr)
RK = Rückzahlungsbetrag (€)
AK = Ausgabebetrag (€)
n = Laufzeit (Jahre)

* Die Berechnung des Effektivzinssatzes kann für **Darlehen** in gleicher Weise erfolgen, wobei:

$$r = \frac{Z + \frac{D}{n}}{AK} \cdot 100$$

D = Damnum

Für t_m gelten ebenfalls die gleichen Formeln.

Auch die verbesserten Berechnungen des Effektivzinssatzes, wie sie nachfolgend in den Kapiteln 3.2 und 3.3 dargestellt sind, können unmittelbar auf die Darlehen übertragen werden.

Beispiel: Eine Anleihe wird mit 98 % ausgegeben und mit 102 % zurückgenommen. Die Nominalverzinsung beträgt 8 % bei einer Laufzeit von 12 Jahren, mit deren Ablauf die Tilgung erfolgt.

$$r = \frac{8 + \frac{102 - 98}{12}}{98} \cdot 100 = \mathbf{8{,}50\ \%}$$

Wird die Anleihe jährlich in **gleichen Raten** getilgt, ist die mittlere Laufzeit zu Grunde zu legen:

$$t_m = \frac{t + 1}{2}$$

t_m = Mittlere Laufzeit (Jahre)
t = Gesamte Laufzeit (Jahre)

Bei Berücksichtigung von **tilgungsfreien Jahren**, denen sich eine Tilgung in gleichen Raten anschließt, gilt:

$$t_m = t_f + \frac{(t - t_f) + 1}{2}$$

t_m = Mittlere Laufzeit (Jahre)
t_f = Tilgungsfreie Laufzeit (Jahre)
t = Gesamte Laufzeit (Jahre)

Beispiel: Bei 98 % Ausgabekurs, 102 % Rückzahlungskurs, 8 % Nominalverzinsung und einer Laufzeit von 12 Jahren ergibt sich als Effektivverzinsung:

- Bei einer Tilgung in jährlich gleichen Raten

$$r = \frac{8 + \frac{4}{6{,}5}}{98} \cdot 100 = \mathbf{8{,}79\ \%}$$

- Bei einer tilgungsfreien Zeit von 4 Jahren und anschließender Tilgung in gleichen Raten

$$r = \frac{8 + \frac{4}{4 + 4{,}5}}{98} \cdot 100 = \mathbf{8{,}64\ \%}$$

Die Berechnung der Effektivverzinsung mithilfe der Faustformel führt nicht zu hinreichend genauen Ergebnissen, da die Differenz aus Rückzahlungskurs und Ausgabekurs **ohne exakte Berücksichtigung von Zins und Zinseszins auf die Laufzeit verteilt** wird.

Die Verwendung der Gleichung erscheint umso problematischer, je länger die Laufzeit der Anleihe ist.

3.2 Finanzmathematisch korrigierte Effektivverzinsung

Eine genauere Ermittlung des Effektivzinssatzes lässt sich mithilfe der nachstehenden Gleichung erreichen, wobei der durch die Faustformel ermittelte Zinssatz auf einen Wert gerundet wird, der in der finanzmathematischen Tabelle enthalten ist, um den Restwertfaktor festzustellen *(Däumler, Grundlagen, S. 111 f.)*:

$$r = \frac{Z + (RK - AK) \cdot \frac{q - 1}{q^n - 1}}{AK} \cdot 100$$

r = Effektivzinssatz (%)
Z = Zinsen (€/Jahr oder entsprechende Prozentwerte)
RK = Rückzahlungsbetrag (€ oder entsprechende Prozentwerte)
AK = Ausgabebetrag (€ oder entsprechende Prozentwerte)
$\frac{q - 1}{q^n - 1}$ = Restwertfaktor

Beispiel: Für die mithilfe der Faustformel ermittelte einfache Effektivverzinsung einer Anleihe mit 98 % Ausgabekurs, 102 % Rückzahlungskurs, einer Nominalverzinsung von 8 %, einer Laufzeit von 12 Jahren ergibt sich:

- Bei einer Tilgung zu Ende der Laufzeit

$$r = \frac{Z + (RK - AK) \cdot \frac{q - 1}{q^n - 1}}{AK} \cdot 100$$

$\frac{q - 1}{q^n - 1}$ für die mithilfe der Faustformel ermittelte Effektivverzinsung von 8,50 % wird auf 9 % aufgerundet* und beträgt 0,049651.

$$r = \frac{8 + (102 - 98) \cdot 0{,}049651}{98} \cdot 100 = \mathbf{8{,}37\ \%}$$

Die finanzmathematisch korrigierte Effektivverzinsung liegt um 0,13 % niedriger.

* Da die finanzmathematischen Tabellen im Anhang nur ganze Prozentsätze enthalten. Mittels der Exponentialfunktion am Taschenrechner könnten die ermittelten Zinssätze auch direkt verwendet werden. Im Beispiel wären dann q = 1,085.

- Bei einer Tilgung in jährlich gleichen Raten

$$r = \frac{Z + (RK - AK) \cdot \dfrac{q - 1}{q^n - 1}}{AK} \cdot 100$$

$\dfrac{q - 1}{q^n - 1}$ ist für 9 %, die sich aus der Aufrundung von 8,79 % ergeben, und $\dfrac{12 + 1}{2}$ Jahre zu ermitteln.

$$r = \frac{8 + (102 - 98) \cdot (0{,}132920 + 0{,}108691) : 2}{98} \cdot 100 = \mathbf{8{,}66\ \%}$$

Die finanzmathematisch korrigierte Effektivverzinsung liegt um 0,13 % niedriger.

- Bei einer tilgungsfreien Zeit von 4 Jahren und anschließender Tilgung in jährlich gleichen Raten

$$r = \frac{Z + (RK - AK) \cdot \dfrac{q - 1}{q^n - 1}}{AK} \cdot 100$$

$\dfrac{q - 1}{q^n - 1}$ ist für 9 %, die sich aus der Aufrundung von 8,64 % ergeben, und (4 + 4,5) Jahre zu ermitteln.

$$r = \frac{8 + (102 - 98) \cdot (0{,}090674 + 0{,}076799) : 2}{98} \cdot 100 = \mathbf{8{,}51\ \%}$$

Die finanzmathematisch korrigierte Effektivverzinsung liegt um 0,13 % niedriger.

Es lässt sich erkennen, dass die effektiven Zinssätze bei der finanzmathematisch korrigierten Ermittlung insgesamt geringer sind als die effektiven Zinssätze, die mithilfe der Faustformel ermittelt wurden.

Die finanzmathematisch korrigierte Effektivverzinsung stellt zwar auch kein vollkommen genaues Verfahren dar, weist aber so geringe Abweichungen zur rein finanzmathematischen Effektivverzinsung auf, dass sie für die betriebliche Praxis ohne Bedenken empfohlen werden kann, um die Vorteilhaftigkeit von festverzinslichen Wertpapieren als Investitionsobjekte feststellen zu können.

74 Seite 424

75 Seite 424

3.3 Finanzmathematische Effektivverzinsung

Der Effektivzinssatz von Anleihen lässt sich am genauesten mithilfe der **Internen Zinsfuß-Methode** ermitteln, wie sie bereits bei der Beurteilung der Vorteilhaftigkeit von Sachinvestitionen erörtert wurde.

Beispiel: Für die bereits ermittelte Effektivverzinsung einer Anleihe mit 98 % Ausgabekurs, 102 % Rückzahlungskurs, einer Nominalverzinsung von 8 %, einer Laufzeit von 12 Jahren und einer Tilgung nach deren Ablauf ergibt sich:

$$C_o = ü \cdot \frac{q^n - 1}{q^n (q-1)} + L \cdot \frac{1}{q^n} - a_o$$

Versuchszinssatz 1: 8 %

$$C_{o1} = 8 \cdot 7{,}536078 + 102 \cdot 0{,}397114 - 98 = \mathbf{2{,}79\ €}$$

Versuchszinssatz 2: 9 %

$$C_{o2} = 8 \cdot 7{,}160725 + 102 \cdot 0{,}355535 - 98 = \mathbf{-\ 4{,}45\ €}$$

Effektivverzinsung:

$$r = i_1 - C_{o1} \cdot \frac{i_2 - i_1}{C_{o2} - C_{o1}}$$

$$r = 0{,}08 - 2{,}79 \cdot \frac{0{,}09 - 0{,}08}{-4{,}45 - 2{,}79} = 0{,}0839 = \mathbf{8{,}39\ \%}$$

Es ist festzustellen, dass der rein finanzmathematisch mithilfe der Internen Zinsfuß-Methode ermittelte Effektivzinssatz mit 8,39 % nur um 0,02 % von dem Effektivzinssatz abweicht, der sich aufgrund der finanzmathematisch korrigierten Berechnung ergab.

Grafisch lässt sich unter der Annahme, dass nominell 100 € investiert wurden, der Verlauf der Investition aus obigem Beispiel in Zahlungsströmen darstellen:

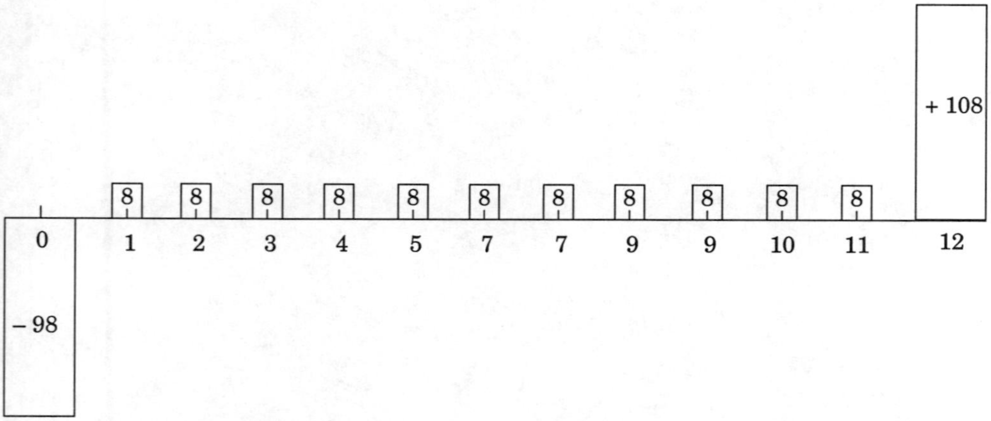

Als Besonderheit sei noch der **Zweizahlungsfall** *(Däumler, Grundlagen, S. 100 ff.)* ergänzt, der beispielsweise beim Kauf eines **Zerobonds** entstehen kann. Einem Zerobond, auch Nullkupon-Anleihe genannt, fehlt während der Laufzeit die regelmäßige Verzinsung. Dies wird durch entsprechende Ausgabeabschläge aufgefangen, die Kursgewinne bei der Tilgung zum Nennwert ergeben.

Für einen solchen Zweizahlungsfall steht folgende Formel:

$$r = \sqrt[n]{\frac{RK}{AK}} - 1$$

r = Effektivverzinsung (%)
n = Laufzeit (Jahre)
AK = Ankaufskurs (€ oder entsprechende Prozentwerte)
RK = Rückgabekurs (€ oder entsprechende Prozentwerte)

Beispiel: Ein Zerobond kann am Markt zu 67 % gekauft werden. Eine Rückzahlung zu 100 % ist nach fünf Jahren vorgesehen.

$$r = \sqrt[n]{\frac{RK}{AK}} - 1 = \sqrt[5]{\frac{100}{67}} - 1 = \mathbf{0{,}08339}$$

Die Effektivverzinsung beträgt damit 8,34 %.

76 Seite 425

	Kontrollfragen	bearbeitet	Lösungshinweis	Lösung +	Lösung -
01	Welche Finanzinvestitionen lassen sich unterscheiden?		243		
02	Welche Gründe kann es dafür geben, dass Unternehmen zum Gegenstand von Investitionsrechnungen werden?		243		
03	Weshalb ist es nicht einfach, den Wert eines Unternehmens festzustellen?		244 f.		
04	Welchen Zweck verfolgt die Unternehmensbewertung?		244 f.		
05	Nennen Sie Gesichtspunkte, die bei der Ermittlung des Unternehmenswertes berücksichtigt werden müssen!		244 f.		
06	Wovon geht das IdW bei seinen Überlegungen zum Unternehmenswert aus?		244		
07	Welche Bewertungstechniken bieten sich zur Unternehmensbewertung an?		248 f.		
08	Erläutern Sie, wie die Einzelbewertung durchgeführt wird!		248		
09	Wie ist die Einzelbewertung zu beurteilen?		249		
10	Auf welche Weise erfolgt die Gesamtbewertung?		249		
11	Worin liegt der Nachteil der Gesamtbewertung?		249		
12	Nennen Sie die Wertansätze für die Unternehmensbewertung!		249		
13	Was ist unter dem Liquidationswert zu verstehen?		249 f.		
14	Inwiefern stellt der Liquidationswert eine Grenzpreis-Untergrenze bzw. Grenzpreis-Obergrenze dar?		250		
15	Was versteht man unter dem Reproduktionswert?		250 f.		
16	Inwiefern stimmen der Reproduktionswert und der Substanzwert überein?		252		
17	Welche Güter werden in die Ermittlung des Reproduktionswertes einbezogen?		252		
18	Stellen Sie die Kostenwerte als Elemente des Reproduktionswertes dar!		251		
19	Was ist unter dem Ertragswert zu verstehen?		253		
20	Wie kann der Ertragswert als Zukunftserfolgswert ermittelt werden?		253		
21	Woran kann sich der Kapitalisierungszinsfuß orientieren?		254 ff.		
22	Welche Verfahren sind zur Berücksichtigung des Risikos bei Festlegung des Kapitalisierungszinsfußes zu unterscheiden?		254 ff.		
23	Was versteht man unter dem Firmenwert?		256 f.		
24	Nennen Sie Ursachen dafür, dass ein Firmenwert positiv ist!		257		
25	Erläutern Sie, welche Arten des Firmenwertes es gibt!		257		

	Kontrollfragen	bearbeitet	Lösungshinweis	Lösung +	Lösung -
26	Welche Verfahren zur Unternehmensbewertung können unterschieden werden?		260 ff.		
27	Wie wird der Zukunftserfolgswert grundsätzlich errechnet?		262		
28	Wie kann der Zukunftserfolgswert bei begrenzter Lebensdauer und jährlich unterschiedlich hohen Gewinnen ermittelt werden?		262		
29	Wie errechnet man den Zukunftserfolgswert bei begrenzter Lebensdauer und jährlich gleich hohen Gewinnen?		263		
30	Zeigen Sie die Ermittlung des Zukunftserfolgswertes bei unbegrenzter Lebensdauer und jährlich gleich hohen Gewinnen!		264		
31	Erläutern Sie das Substanzwert-Verfahren!		264 f.		
32	Was ist unter dem zukunftsorientierten Substanzwert zu verstehen?		265 f.		
33	Welcher Zukunftssubstanzwert lässt den Kauf eines Unternehmens vorteilhaft erscheinen?		265 f.		
34	Beschreiben Sie das Mittelwert-Verfahren!		267		
35	Welchen Zweck verfolgt das Übergewinn-Verfahren?		269		
36	Erläutern Sie die beiden Verfahren, derer sich das Übergewinn-Verfahren bedienen kann!		269 f.		
37	Welche Multiplikator-Verfahren zur Unternehmensbewertung kennen Sie? Charakterisieren Sie deren grundsätzliche Konzeption.		271 ff.		
38	Welche Besonderheiten weist die Interfinanz-Methode auf?		274 f.		
39	Legen Sie die einzelnen Schritte zur Berechnung des Unternehmenswertes nach der Discounted Cash Flow-Methode dar.		278		
40	Wodurch unterscheiden sich Discounted Cash Flow-Methode und die Shareholder Value-Methode?		281		
41	Was besagt das Capital Asset Pricing Modell?		282		
42	Welche Rechte verbriefen Aktien?		284		
43	Aus welchen Teilen bestehen Aktien?		284		
44	Wie kann die effektive Verzinsung von Aktien berechnet werden?		284		
45	Geben Sie einen Überblick über die Arten von Aktien!		285 ff.		
46	Wie werden Inhaberaktien übertragen?		287		
47	Worin liegt der Unterschied von Inhaberaktien und Namensaktien?		287		
48	Was sind vinkulierte Namensaktien?		288		

	Kontrollfragen	bearbeitet	Lösungshinweis	Lösung +	Lösung -
49	Worin unterscheiden sich grundsätzlich Stammaktien und Vorzugsaktien?		288		
50	Worauf können sich die Vorzüge bei Vorzugsaktien beziehen?		288		
51	Erläutern Sie die Arten von Vorzugsaktien, die sich auf die Dividende beziehen!		288 f.		
52	Worin unterscheiden sich alte und junge Aktien?		289		
53	Wie kann der Aktienhandel grundsätzlich erfolgen?		290 f.		
54	Welche Möglichkeiten des börslichen Aktienhandels können unterschieden werden?		290 f.		
55	Welche Faktoren können den Börsenkurs einer Aktie beeinflussen?		291 f.		
56	Was versteht man unter dem Stückkurs und Prozentkurs?		292		
57	Wie erfolgt die Ermittlung des Einheitskurses grundsätzlich?		292 f.		
58	Wo wird der Einheitskurs veröffentlicht?		292		
59	Was versteht man unter dem variablen Kurs?		292		
60	Erläutern Sie, was unter dem Kassamarkt und Optionsmarkt zu verstehen ist!		290		
61	Wie erfolgt der außerbörsliche Handel?		293		
62	Was versteht man unter der Fundamentalanalyse?		293 ff.		
63	Nennen Sie Einflussfaktoren auf den inneren Wert einer Aktie!		293 ff.		
64	Wie kann der Bilanzkurs errechnet werden?		295		
65	In welchem Falle sollte ein korrigierter Bilanzkurs ermittelt werden?		295 f.		
66	Auf welche Weise kann der Ertragswertkurs errechnet werden?		296 f.		
67	Was ist unter der PER-Kennziffer zu verstehen?		297 f.		
68	Bei welchen PER-Kennziffern ist der Kauf von Aktien vorteilhaft?		298		
69	Wie ist die Brauchbarkeit der PER-Kennziffer zu beurteilen?		298		
70	Welche Überlegungen liegen der technischen Aktienanalyse zu Grunde?		298 f.		
71	Welcher Methoden bedient sich die technische Aktienanalyse?		300		
72	Welche festverzinslichen Wertpapiere können unterschieden werden?		301		
73	Wie sind die Sicherheit und Fungibilität bei den Wertpapieren zu beurteilen?		301 f.		

	Kontrollfragen	bearbeitet	Lösungshinweis	Lösung +	Lösung -
74	Wie erfolgt die Verzinsung bei den festverzinslichen Wertpapieren meist?		302		
75	Worin unterscheiden sich der Nominalzinssatz und der Effektivzinssatz?		302		
76	Wie erfolgt die Berechnung der Verzinsung festverzinslicher Wertpapiere bei Tilgung mit Ablauf der Laufzeit?		303		
77	Wie verändert sich die Formel, wenn jährlich in gleichen Raten getilgt wird?		304		
78	Wie wird die effektive Verzinsung bei zunächst tilgungsfreien Jahren mit anschließender jährlicher Tilgung in gleichen Raten berechnet?		304		
79	Wie erfolgen grundsätzlich die Berechnungen der Effektivverzinsung beim finanzmathematisch korrigierten und dem finanzmathematischen Verfahren?		304 ff.		
80	Welche Berechnungsform erfordert der so genannte Zweizahlungsfall?		307		

F. Nutzwertrechnungen zur Beurteilung von Investitionen

Die Vorteilhaftigkeit von Investitionen zu messen, ist nicht nur ein Problem der quantitativen Ermittlung von Kosten bzw. Auszahlungen und Erlösen bzw. Einzahlungen, die für alternative Investitionsobjekte anfallen. Sollen verschiedene Zielsetzungen des investierenden Unternehmens berücksichtigt werden, dann ist eine Quantifizierung aller Bewertungskriterien meist nicht möglich oder – wegen des damit verbundenen beträchtlichen Aufwandes – wirtschaftlich nicht vertretbar.

In diesen Fällen können Nutzwertrechnungen eingesetzt werden. Mit ihrer Hilfe wird der **Nutzwert** für jedes alternative Investitionsobjekt ermittelt, worunter der zahlenmäßige Ausdruck für den subjektiven Wert einer Investition hinsichtlich des Erreichens vorgegebener Ziele verstanden wird.

Die Nutzwerte, die sich für die alternativen Investitionsobjekte ergeben, ermöglichen es, die Investitionsobjekte in eine **Rangordnung** zu bringen. Ein Investitionsobjekt ist um so positiver zu beurteilen, je höher sein Nutzwert liegt. Das Investitionsobjekt mit dem höchsten Nutzwert kommt auf den ersten Rang, das Investitionsobjekt mit dem geringsten Nutzwert erhält den letzten Rang.

Die Nutzwertrechnungen kommen den Erwartungen entgegen, welche die betriebliche Praxis an Investitionsrechnungen richtet. *Little* fasst sie in folgenden Punkten zusammen:

- Einfachheit
- Robustheit
- Kontrollierbarkeit
- Anpassungsfähigkeit
- Vollständigkeit
- Operationalität
- Subjektbezogenheit.

Die Nutzwertrechnungen können in zwei **Stufen des Planungsprozesses** von Investitionen eingesetzt werden:

- Bei der **Vorauswahl alternativer Investitionsobjekte,** die nützlich erscheint, wenn die Vorteilhaftigkeit abzuschätzen ist

  ○ von vielen Investitionsobjekten
  ○ anhand mehrerer Bewertungskriterien
  ○ unter relativ hoher Ungewissheit

  Kosten- und zeitbedingt kann eine umfassende, individuelle Abschätzung aller bedeutsamen Bewertungskriterien für die Vielzahl der Investitionsalternativen zu aufwendig sein.

Die Vorauswahl, die eine rahmenmäßige Negativabgrenzung darstellt, bietet die Möglichkeit, eine grundsätzliche Vorteilhaftigkeit der alternativen Investitionsobjekte zu ermitteln und damit die Zahl der - qualitativ und quantitativ - noch genau zu untersuchenden Investitionsobjekte einzuschränken.

Beispiel: Verschiedene Untersuchungen zeigen, dass – je nach Untersuchung – zwischen 40 und 540 Projektvorschläge zu prüfen sind, um zu einem realisierungswürdigen Forschungs- und Entwicklungs-Projekt zu gelangen.

Die Bewertung der Projektvorschläge erfolgt dabei in mehreren Phasen:

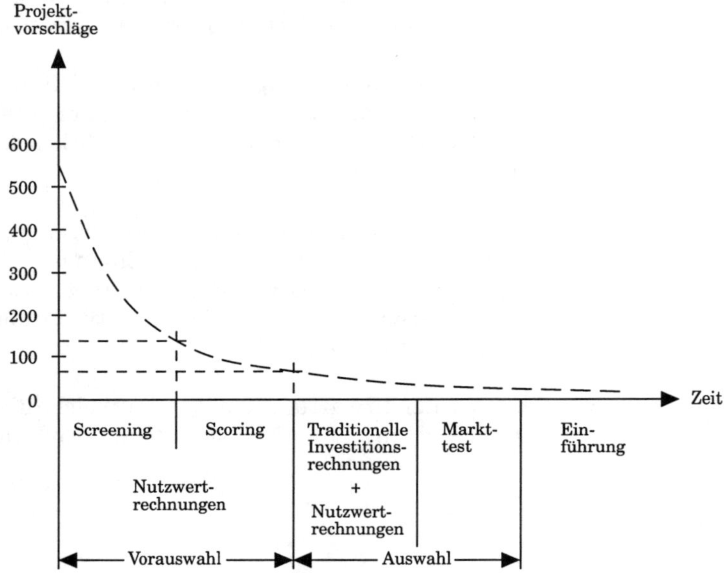

Aus dem Schaubild lässt sich erkennen:

- Zunächst werden ausschließlich die Nutzwertrechnungen eingesetzt, um die Zahl der noch genau zu untersuchenden alternativen Investitionsobjekte zu vermindern.
- Dies geschieht einmal mithilfe des **Screening**, bei welchem die Projektvorschläge allgemein daraufhin untersucht werden, ob sie den wirtschaftlichen und technischen, gegebenenfalls auch den sozialen und rechtlichen Gegebenheiten des Unternehmens sowie den Erfordernissen der Umwelt entsprechen. Damit lassen sich erfahrungsgemäß 60 % bis 90 % der Projektvorschläge bereits eliminieren.
- Die verbleibenden Projektvorschläge werden dem **Scoring** – das sind Verfahren der Punktbewertung – unterworfen, wobei weitere 60 % bis 90 % der verbliebenen Projektvorschläge ausscheiden.

- Bei der **Auswahl alternativer Investitionsobjekte,** die ohne vorausgehende Vorauswahl erfolgen kann, wenn die Zahl der Investitionsalternativen überschaubar und damit eingehend bewertbar ist.

Die alternativen Investitionsobjekte können aber auch - wie oben dargestellt - durch Maßnahmen der Vorauswahl zunächst überschaubar gemacht worden sein.

Die Auswahl der alternativen Investitionsobjekte erfolgt auf der Grundlage aller bedeutsamen Bewertungskriterien, gleichgültig, ob sie quantifiziert oder nicht quantifiziert sind. Das bedeutet, dass traditionelle Investitionsrechnungen und Nutzwertrechnungen gemeinsam zur Entscheidungsfindung einzusetzen sind. Dabei gibt es grundsätzlich zwei **Möglichkeiten**:

- o Neben den traditionellen Investitionsrechnungen werden **getrennte Nutzwertrechnungen** durchgeführt.
- o Die traditionellen Investitionsrechnungen werden mit **Nutzwertrechnungen integrativ verbunden**.

Im Folgenden sollen betrachtet werden:

- **Bewertungskriterien**
- **Bewertungsmaßstäbe**
- **Nutzenmessung**
- **Eignung**.

1. Bewertungskriterien

Es gibt eine Vielzahl möglicher, in den Nutzwertrechnungen verwendbarer Bewertungskriterien, die sorgfältig ausgewählt werden müssen.

Darauf soll näher eingegangen werden, indem dargestellt werden:

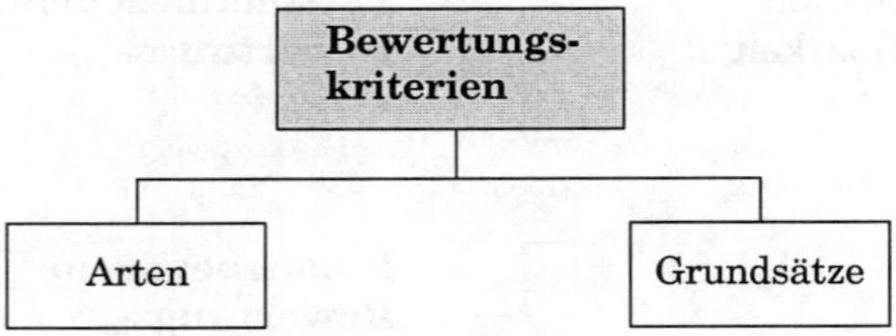

1.1 Arten

Bei den Nutzwertrechnungen lassen sich besonders vier Gruppen von Bewertungskriterien unterscheiden, die für die Beurteilung alternativer Investitionsobjekte verwendet werden können:

- **Wirtschaftliche Bewertungskriterien**
- **Technische Bewertungskriterien**
- **Rechtliche Bewertungskriterien**
- **Soziale Bewertungskriterien.**

Auf sie soll nachfolgend beispielhaft eingegangen werden.

1.1.1 Wirtschaftliche Bewertungskriterien

Wirtschaftliche Bewertungskriterien zur Beurteilung von Investitionen können sein:

• Marktanteil • Marktsättigung • Marktstrategie • Distributionsfähigkeit • Werbewirksamkeit • Preisangemessenheit	**Absatzbezogene Bewertungskriterien**
• Fortschrittlichkeit • Kundendienst • Garantie • Kulanz • Lieferzeit • Bonität • Pünktlichkeit • Zuverlässigkeit • Elastizität	**Beschaffungsbezogene Bewertungskriterien**
• Qualitative Beschaffbarkeit • Quantitative Beschaffbarkeit • Entwicklungsfähigkeit	**Personalbezogene Bewertungskriterien**
• Sicherheit • Fungibilität • Kursrisiko • Zinsrisiko	**Finanzbezogene Bewertungskriterien**

Im Einzelfall kann es sich als notwendig erweisen, die wirtschaftlichen Bewertungskriterien noch differenzierter zu formulieren.

1.1.2 Technische Bewertungskriterien

Technische Bewertungskriterien zur Beurteilung von Investitionen können sein:

- Universalität
- Spezialisierungsgrad
- Automationsgrad
- Genauigkeitsgrad
- Kapazität(sreserve)
- Ergänzbarkeit
- Störunanfälligkeit
- Energieverbrauch
- Arbeitsgeschwindigkeit
- Arbeitsdruck
- Arbeitstemperatur
- Werkstückdimension

Betriebsmittel-bezogene Bewertungskriterien

- Unfallsicherheit
- Staubentwicklung
- Lärmentwicklung
- Bedienbarkeit
- Geistige Anforderungen
- Körperliche Anforderungen

Arbeitsphysiologische Bewertungskriterien

- Transportmöglichkeit
- Energieversorgung
- Lagermöglichkeit
- Abfallentsorgung

Infrastrukturelle Bewertungskriterien

Die technischen Bewertungskriterien können hier nur relativ allgemein dargestellt werden. In der betrieblichen Praxis haben sie sich im einzelnen an den spezifischen technischen Gegebenheiten zu orientieren.

1.1.3 Soziale Bewertungskriterien

Die sozialen Bewertungskriterien zur Beurteilung von Investitionen stellen den Menschen in den Mittelpunkt der Betrachtung. Sie können sich insofern mit den wirtschaftlichen und technischen Bewertungskriterien überschneiden, da sie gegebenenfalls den gleichen Tatbestand - lediglich unter einem anderen Blickwinkel - betrachten.

Soziale Bewertungskriterien können sein:

- Arbeitsmonotonie
- Arbeitsstress
- Arbeitszufriedenheit
- Arbeitsinteresse

- Arbeitsautonomie
- Arbeitsplatzerhaltung
- Qualifikationssicherung
- Umweltfreundlichkeit
- Ästhetik.

Die sozialen Bewertungskriterien haben in den letzten Jahren immer größere Bedeutung in der betrieblichen Praxis erlangt, was mit einer Entwicklung zusammenhängt, welche die Humanisierung der Arbeit zum Ziel hat.

1.1.4 Rechtliche Bewertungskriterien

Neben wirtschaftlichen, technischen und sozialen Bewertungskriterien kann es sich als notwendig erweisen, auch rechtliche Bewertungskriterien bei der Beurteilung von Investitionen zu berücksichtigen.
Rechtliche Bewertungskriterien können sein:

- Unfallverhütungsvorschriften
- Umweltschutzvorschriften
- Patente
- Lizenzen
- Kartellgesetze
- Bauvorschriften.

Die rechtlichen Bewertungskriterien haben vielfach eine Wirkung, die alternative Investitionsobjekte als möglich oder unmöglich erscheinen lässt. Seltener ist es, den Investitionsobjekten eine mehr oder wenige große Vorteilhaftigkeit zuzuweisen.

Beispiel: Unfallverhütungsvorschriften, Umweltschutzvorschriften oder Bauvorschriften sind bei einem Investitionsobjekt entweder eingehalten oder nicht. Ein Investitionsobjekt, bei dem diese Vorschriften »nur überwiegend« eingehalten werden, ist für das Unternehmen nicht tragbar.

77 Seite 425

1.2 Grundsätze

Es wurde gezeigt, welche Bewertungskriterien in den Nutzwertrechnungen berücksichtigt werden können. Für die Auswahl der Bewertungskriterien, die für bestimmte alternative Investitionsobjekte verwendet werden sollen, gilt es - nach *Zangemeister* - vier Grundsätze zu berücksichtigen:

- **Operationalität**
- **Hierarchiebezogenheit**

- **Unterschiedlichkeit**
- **Nutzenunabhängigkeit**.

Die Betrachtung dieser im Folgenden näher beschriebenen Grundsätze für die Kriterienauswahl hat große Bedeutung, wenn die Nutzwertrechnungen aussagekräftig sein sollen.

1.2.1 Operationalität

Die Bewertungskriterien zur Beurteilung von Investitionsobjekten sind operational zu formulieren. Darunter ist zu verstehen, dass die einzelnen **Bewertungskriterien**

- **genau beschrieben** sind und vermieden wird, dass darunter verschiedene Tatbestände verstanden werden können. Die Bewertungskriterien dürfen weder zu allgemein noch mehrdeutig gefasst sein.

- **messbar** sind, d. h. dass ihnen Nutzenwerte zugeordnet werden können, denn für die qualitativen Bewertungskriterien gibt es zunächst noch keine Maßstäbe der Vorteilhaftigkeit, wie bei den quantitativen Bewertungskriterien. Sie müssen erst geschaffen werden.

- mit einer **Maßskala** versehen sind, die nominal, ordinal oder kardinal sein kann. Mit ihrer Hilfe wird eine konkrete Messung des Nutzens erst möglich.

Beispiel: Es wird vorgeschlagen, bei der Vorauswahl einer großen Anzahl alternativer Investitionsobjekte unter anderem das Bewertungskriterium »**Erfolg**« zu verwenden. Dieses Bewertungskriterium ist **nicht operational**, weil es unter verschiedenen Gesichtspunkten gesehen werden kann, als

- wirtschaftlicher Erfolg
- technischer Erfolg
- Marktmacht.

Das Bewertungskriterium ist auf den wirtschaftlichen Erfolg einzugrenzen. Dieser ist aber auch noch mehrdeutig, er kann interpretiert werden als

- Umsatz
- Gewinn
- Marktanteil.

Die Entscheidung, welches Bewertungskriterium zugrunde gelegt werden sollte, kann sich schließlich für das Bewertungskriterium »Gewinn« ergeben, der auch dem Gesichtspunkt der Messbarkeit gerecht wird.

Es müsste nun eine Maßskala festgelegt werden, mit deren Hilfe eine Nutzenmessung möglich ist. Diese könnte beispielsweise folgendes Aussehen haben:

Gewinn in €	Punkte
0 – 799.999	1
800.000 – 1.599.999	2
1.600.000 – 2.399.999	3
2.400.000 – 3.199.999	4
3.200.000 – ∞	5

Bewertungskriterien, die nicht operational formuliert sind, können zu Fehlentscheidungen im Unternehmen führen.

1.2.2 Hierarchiebezogenheit

Der Grundsatz der Hierarchiebezogenheit ist dann zu beachten, wenn nicht nur einzelne, sondern eine Mehrzahl von Bewertungskriterien zur Beurteilung alternativer Investitionsobjekte herangezogen wird.

Die in die Nutzwertrechnungen eingehenden Bewertungskriterien dürfen nicht einfach undifferenziert nebeneinandergestellt werden. Sie sind hierarchisch zu ordnen, indem Bewertungskriterien, die ein gemeinsames Oberkriterium haben, zusammengefasst werden.

Beispiel: Bei der Beurteilung einer Vielzahl von Investitionsobjekten im Rahmen einer Vorauswahl hat man sich entschlossen, die folgenden Bewertungskriterien zu berücksichtigen:

Marktanteil, Lieferzeit, Marktsättigung, Kundendienst, Werbewirksamkeit, Universalität, Energieverbrauch, Unfallsicherheit, Bedienbarkeit.

Es wäre **nicht zweckmäßig**, alle diese Bewertungskriterien - wie oben aufgezählt - nebeneinander aufzulisten:

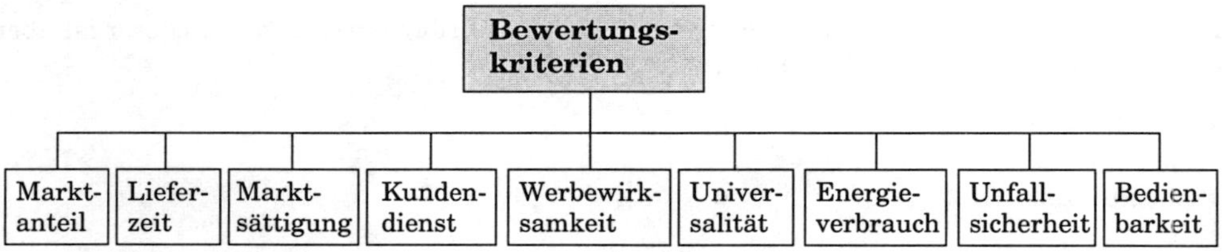

Unter Berücksichtigung der **Hierarchiebezogenheit** ergibt sich folgende Anordnung der Bewertungskriterien:

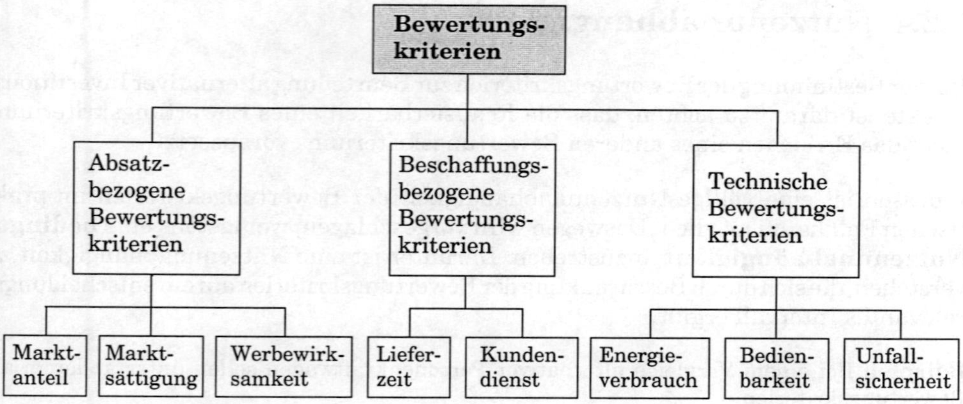

1.2.3 Unterschiedlichkeit

Bei der Festlegung der Bewertungskriterien ist darauf zu achten, dass sich nicht mehrere Bewertungskriterien nebeneinander – direkt oder indirekt – auf gleiche Objekteigenschaften beziehen. Wäre dies der Fall, würde die Gefahr bestehen, dass eine einseitige Beurteilung der Investitionsobjekte vorgenommen würde und fehlerhafte Entscheidungen die Folge wären.

Beispiel: Die Vorteilhaftigkeit von Personenkraftwagen der Mittelklasse soll mithilfe der Nutzwertrechnung umfassend untersucht werden. Dabei sind die Bewertungskriterien:

- Betriebskosten pro Jahr
- Fahrleistung pro Jahr
- Leistung in kW bzw. PS
- Benzinverbrauch auf 100 km.

Es ist leicht zu erkennen, dass mit den genannten Bewertungskriterien kein umfassendes, ausgewogenes Bild über die zu untersuchenden Personenkraftwagen zu erreichen ist, denn die dargestellten Kriterien hängen alle eng miteinander zusammen, d. h. sie weisen eine hohe Korrelation auf.

Damit wird ein einzelner Problemkreis im wesentlichen lediglich aus vier verschiedenen Perspektiven betrachtet. Die Dominanz dieses Problemkreises bei der Gesamtbeurteilung ist erheblich, das Ergebnis entsprechend einseitig.

Für die Beurteilung **fehlen** beispielsweise:

o Höchstgeschwindigkeit	o Service
o Kofferraumvolumen	o Formschönheit
o Sitzplatzzahl	o Repräsentativität

Blohm/Lüder schlagen vor, traditionell quantifizierte Beurteilungskriterien nicht in die Nutzwertrechnungen einzubringen, sondern traditionelle Investitionsrechnungen und Nutzwertrechnungen nebeneinander durchzuführen.

1.2.4 Nutzenunabhängigkeit

Bei der Bestimmung der Bewertungskriterien zur Beurteilung alternativer Investitionsobjekte ist darauf zu achten, dass die Realisierbarkeit eines Bewertungskriteriums nicht das Erreichen eines anderen Bewertungskriteriums voraussetzt.

Indessen ist eine völlige Nutzenunabhängigkeit der Bewertungskriterien im praktischen Fall kaum möglich. Deswegen wird vorgeschlagen, wenigstens eine **bedingte Nutzenunabhängigkeit** anzustreben. Darunter ist eine Nutzenunabhängigkeit zu verstehen, die sich durch Beschränkung der Bewertungskriterien auf ein entscheidungsrelevantes Intervall ergibt.

Beispiel: Bei einem Vergleich alternativer Personenkraftwagen sollen unter anderem als Bewertungskriterien

- Anzahl der Sitzplätze
- Größe des Kofferraumes

dienen. Von einer (völligen) Nutzenunabhängigkeit beider Bewertungskriterien kann aber nicht ausgegangen werden. Deshalb wird eine bedingte Nutzenunabhängigkeit herbeigeführt, indem als entscheidungsrelevante Intervalle festgelegt werden:

- 4 bis 5 Sitzplätze
- Kofferraum über 400 Liter.

2. Bewertungsmaßstäbe

Um die Zielerfüllung - und damit den Nutzen - der einzelnen Bewertungskriterien beurteilen zu können, ist es erforderlich, entsprechende Maßstäbe festzulegen.

Die Nutzen können mithilfe einer nominalen, ordinalen und kardinalen Skalierung gemessen werden:

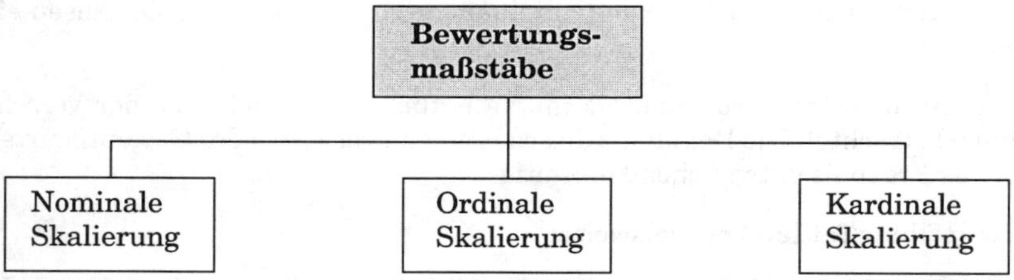

2.1 Nominale Skalierung

Die nominale Skalierung ermöglicht die einfachste Form der Nutzenmessung. Sie beschreibt eine Nutzengleichheit oder Nutzenverschiedenheit der einzelnen Bewertungskriterien, ohne dass die Richtung der Nutzenunterschiede erkennbar wird, beispielsweise:

- gut / schlecht
- ja / nein
- + / –

Beispiele:

Bewertungs-kriterium	Investitions-objekt I	Investitions-objekt II	Investitions-objekt III
A	ja	nein	ja
B	ja	ja	ja
C	ja	nein	ja
D	nein	nein	ja
E	ja	ja	ja

oder

Bewertungs-kriterium	Investitions-objekt I	Investitions-objekt II	Investitions-objekt III
A	+	–	+
B	+	+	+
C	+	–	+
D	–	–	+
E	+	+	+

Die nominale Skalierung wird vielfach im Rahmen des **Screening**, der groben Vorauswahl von alternativen Investitionsobjekten, verwendet.

2.2 Ordinale Skalierung

Die ordinale Skalierung ist anspruchsvoller als die nominale Skalierung, aber dennoch gut handhabbar. Mit ihrer Hilfe lässt sich die Richtung von Nutzenunterschieden erkennen. Diese wird aufgezeigt, indem geschätzt wird, ob einem bestimmten Bewertungskriterium bei den einzelnen Investitionsobjekten ein größerer oder kleinerer Nutzen zuzusprechen ist.

Damit ergeben sich für die einzelnen Bewertungskriterien **Rangordnungen** der alternativen Investitionsobjekte:

Beispiel:

Bewertungs-kriterium	Investitions-objekt I	Investitions-objekt II	Investitions-objekt III
A	3	2	1
B	3	2	1
C	3	2	1
D	2	1	3
E	3	2	1

Die Zahl der Rangklassen entspricht dabei grundsätzlich der Zahl der alternativen Investitionsobjekte. Dabei ist - was im obigen Beispiel berücksichtigt wurde - denkbar, dass zwei Investitionsobjekte in Bezug auf ein Bewertungskriterium der gleichen Rangklasse zuzuordnen sind, da ein Nutzenunterschied nicht feststellbar ist.

2.3 Kardinale Skalierung

Die kardinale Skalierung führt zu einer weiteren Verbesserung der Nutzenmessung. Sie kann als

- **Intervallskalierung**
- **Verhältnisskalierung**

durchgeführt werden, wobei die Verhältnisskalierung für die betriebliche Praxis geringe Bedeutung hat.

2.3.1 Intervallskalierung

Die Intervallskalierung ist auf zweifache Weise möglich:

- Als **direkte Intervallskalierung**, die es ermöglicht, trotz - meist erheblicher - Informationsprobleme einen relativ differenzierten Überblick über die Vorteilhaftigkeit der Investitionsalternativen zu vermitteln. Sie wird bei **Scoring-Modellen** angewendet, wobei für bestimmte qualitative oder quantitative Intervalle Punkte - im Sinne von Zensuren - verteilt werden können:

sehr viel	sehr hoch	sehr stark	**5 Punkte**
viel	hoch	stark	**4 Punkte**
mittel	mittel	mittel	**3 Punkte**
wenig	niedrig	schwach	**2 Punkte**
sehr wenig	sehr niedrig	sehr schwach	**1 Punkt**

Beispiel:

Bewertungs-kriterium	Investitions-objekt I	Investitions-objekt II	Investitions-objekt III
A	5	5	4
B	3	3	2
C	5	4	2
D	1	4	3
E	2	3	4
F	5	1	4

- Als **indirekte Intervallskalierung**, bei der ordinale Urteile über die Bewertungskriterien abgegeben werden, aus denen eine Rangreihe gebildet wird, die in eine Intervallskala überführt wird.

  Die indirekte Intervallskalierung hat in der betrieblichen Praxis geringere Bedeutung als die direkte Intervallskalierung.

2.3.2 Verhältnisskalierung

Die Verhältnisskalierung findet in der betrieblichen Praxis kaum Verwendung. Das liegt daran, dass die Verhältnisskalierung zwar das genaueste, aber deshalb auch am schwierigsten zu handhabende Verfahren der Nutzenmessung darstellt.

Der Verhältnisskalierung können zwei **Methoden** zu Grunde liegen:

- Die Methode der **Verhältnisherstellung**, bei der die Wertfunktion im Mittelpunkt steht, die geschätzt oder mathematisch exakt ermittelt wird.

- Die Methode der direkten **Verhältnisschätzung**, bei der auf die Erstellung der Wertfunktion verzichtet wird.

3. Nutzenmessung

Die Beurteilung der alternativen Investitionsobjekte erfordert - wie dargestellt - zunächst die Bestimmung

- der Bewertungskriterien
- des Bewertungsmaßstabes.

Ist dies erfolgt, kann die Nutzenmessung durchgeführt werden, die in drei Schritten erfolgt:

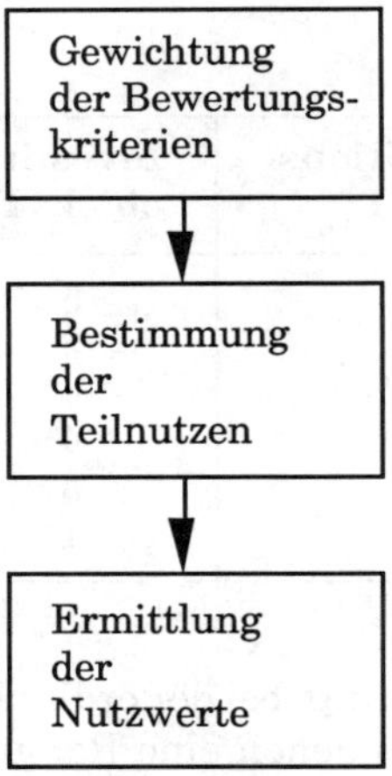

Mit der Feststellung der Nutzwerte für die alternativen Investitionsobjekte ist es möglich, eine Rangordnung dieser Investitionsobjekte zu bilden, aus der ersichtlich ist, welches der alternativen Investitionsobjekte das vorteilhafteste ist.

3.1 Kriterien-Gewichtung

Eine Gewichtung der Bewertungskriterien untereinander muss nicht zwangsweise erfolgen, erweist sich aber in vielen Fällen als zweckmäßig, und zwar dann, wenn nicht alle Bewertungskriterien eine gleich hohe Bedeutung für die Investitionsentscheidung haben.

Beispiel: Eine Maschine wird unter anderem beurteilt nach den Bewertungskriterien

- Genauigkeitsgrad
- Kapazitätsreserve
- Arbeitsgeschwindigkeit
- Platzbedarf.

Es ist zu vermuten, dass der Platzbedarf der Maschine für die Kaufentscheidung möglicherweise keine so große Bedeutung hat wie die übrigen Bewertungskriterien, die genannt wurden.

Mit der Kriterien-Gewichtung wird angestrebt, ein möglichst zweckdienliches Verhältnis zwischen den Bewertungskriterien herzustellen. Hierfür gelten zwei **Voraussetzungen:**

- Jedes Bewertungskriterium wird bestmöglich erfüllt, sodass vergleichbare Zustände vorliegen.

- Es gilt das **Transitivitätsgesetz**, das besagt, das Bewertungskriterium A müsse höhergewichtig sein als das Bewertungskriterium C, wenn das Bewertungskriterium A höhergewichtig als das Bewertungskriterium B und das Bewertungskriterium B höhergewichtig als das Bewertungskriterium C ist.

Die Kriterien-Gewichtung kann auf zweifache Weise erfolgen, die nachfolgend beschrieben werden:

- **Paarvergleich**
- **Stufenvergleich**.

3.1.1 Paarvergleich

Der Paarvergleich zur Gewichtung der Bewertungskriterien wird vorgenommen, indem jedes Bewertungskriterium mit jedem anderen Bewertungskriterium verglichen wird. Dabei können sich im Einzelfall drei **Situationen** ergeben:

- Das betrachtete Bewertungskriterium ist gegenüber einem anderen Bewertungskriterium **vorrangig**.
- Das betrachtete Bewertungskriterium ist gegenüber einem anderen Bewertungskriterium **nicht vorrangig**.
- Das betrachtete Bewertungskriterium ist gegenüber einem anderen Bewertungskriterium **gleichwertig**.

Die **Vorzugshäufigkeit** eines bestimmten Bewertungskriteriums wird dadurch ermittelt, dass die Vorrangigkeiten des Bewertungskriteriums in ihrer Anzahl erfasst werden, wobei Gleichwertigkeiten für jedes der gleich gewichteten Bewertungskriterien zur Hälfte zählen.

Beispiel:

Bewertungskriterium	Vergleich der Bewertungskriterien*	Vorzugshäufigkeit
A	Ⓐ A A Ⓐ A B C D	2
B	Ⓑ B Ⓑ B C D	3
C	Ⓒ Ⓒ C D	4
D	Ⓓ D	1

* Das vorrangige Bewertungskriterium wird durch einen Kreis gekennzeichnet: ⓧ

Gleichrangige Bewertungskriterien werden durch eine ovale Umfassungslinie gekennzeichnet: (x/y)

Eine **Normierung** der einzelnen Gewichte auf den Wert 1 oder 100 kann erfolgen, indem die Summe der Vorzugshäufigkeiten gebildet und anschließend die Vorzugshäufigkeit des einzelnen Bewertungskriteriums durch die Summe der Vorzugshäufigkeiten dividiert wird.

Für das obige **Beispiel** gilt:

Bewertungs-kriterium	Vergleich der Bewertungskriterien	Vorzugs-häufigkeit	Barwert	Gewicht
A	Ⓐ A A Ⓐ A B C D	2	2 : 10	0,20
B	Ⓑ B Ⓑ B C D	3	3 : 10	0,30
C	Ⓒ Ⓒ C D	4	4 : 10	0,40
D	Ⓓ D	1	1 : 10	0,10
		10		1,00

oder

Bewertungs-kriterium	Vergleich der Bewertungskriterien	Vorzugs-häufigkeit		Gewicht
A	Ⓐ A A Ⓐ A B C D	2	2 : 10 · 100	20,00
B	Ⓑ B Ⓑ B C D	3	3 : 10 · 100	30,00
C	Ⓒ Ⓒ C D	4	4 : 10 · 100	40,00
D	Ⓓ D	1	1 : 10 · 100	10,00
		10		100,00

Abschließend wird den Bewertungskriterien der ihren Gewichten entsprechende **Rangplatz** zugeordnet, wobei das Bewertungskriterium mit dem höchsten Gewicht den ersten Rang erhält.

Für das obige **Beispiel** gilt:

Bewertungs-kriterium	**Vergleich der Bewertungskriterien**	**Vorzugs-häufigkeit**	**Gewicht**	**Rang**
A	Ⓐ A A Ⓐ A B C D	2	0,20	3
B	Ⓑ B Ⓑ B C D	3	0,30	2
C	Ⓒ Ⓒ C D	4	0,40	1
D	Ⓓ D	1	0,10	4

Die für die einzelnen Bewertungskriterien ermittelten Ränge sollten auf ihre Plausibilität hin überprüft werden, um Fehlentscheidungen zu vermeiden.

3.1.2 Stufenvergleich

Der Stufenvergleich kann vorgenommen werden, wenn mehrere Stufen von Bewertungskriterien vorhanden sind:

- In der ersten Stufe der Bewertungskriterien werden die **Hauptkriterien** dargestellt, die auch als Oberziele angesehen werden können.
- Die zweite Stufe enthält die unter die Hauptkriterien unterzuordnenden Bewertungskriterien, die Unterziele sind.

Der Stufenvergleich erfolgt in drei **Schritten:**

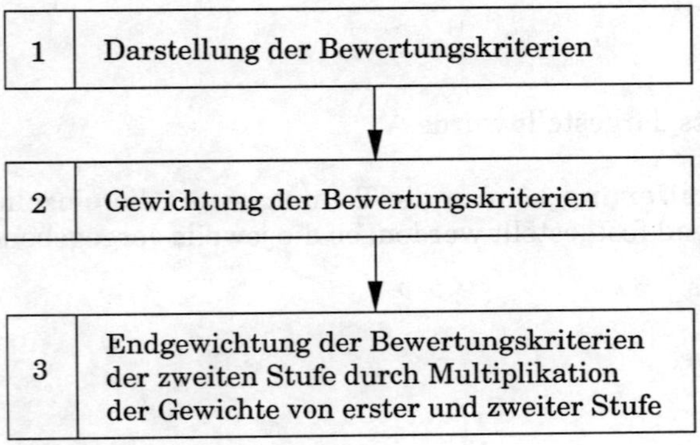

Beispiel:

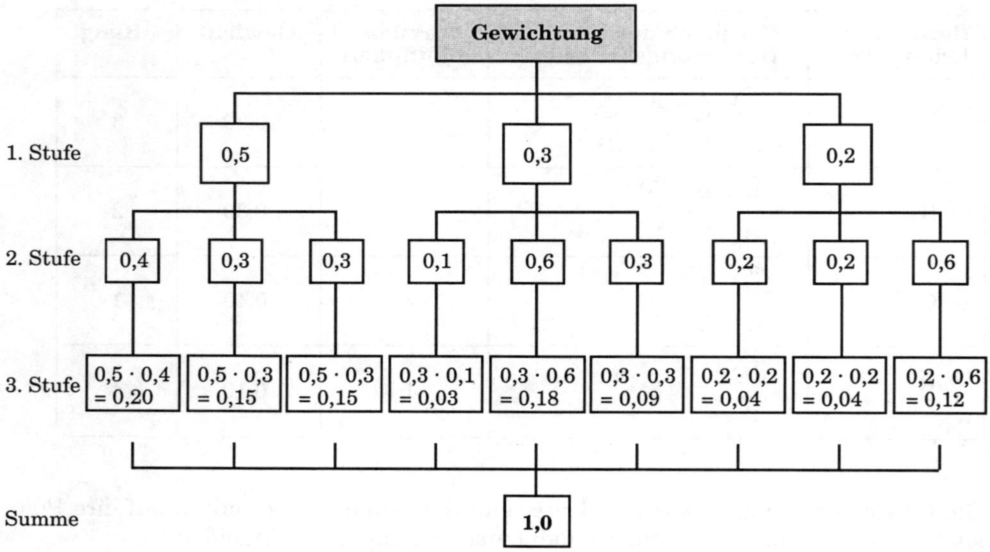

Die Feststellung der Gewichte für die Hauptkriterien bzw. für die einem Hauptkriterium zugeordneten Bewertungskriterien kann jeweils durch Paarvergleich erfolgen.

78 Seite 426

3.2 Teilnutzen-Bestimmung

Für die Bestimmung der Teilnutzen der alternativen Investitionsobjekte ist es wichtig, dass die Bewertungskriterien operational formuliert sind, das heißt, sie müssen

- beschrieben
- messbar
- skaliert

sein, wie dies bereits dargestellt wurde.

Bei **nominaler Skalierung** können die Teilnutzen für die einzelnen Bewertungskriterien dahingehend festgestellt werden, ob die jeweils vorgegebenen Ziele erreicht werden oder nicht.

Beispiel:

Bewertungs-kriterium	**Investitions-objekt I**	**Investitions-objekt II**	**Investitions-objekt III**
A	+	–	+
B	+	+	+
C	+	–	+
D	–	–	+
E	+	+	+

Die Bestimmung der Teilnutzen auf der Grundlage einer nominalen Skalierung ist nicht sehr aussagekräftig, kann aber erfolgen, wenn es darum geht, die **Vorauswahl** einer Vielzahl von alternativen Investitionsobjekten durchzuführen.

Sollen alternative Investitionsobjekte genauer beurteilt werden, ist es erforderlich, die Bestimmung der Teilnutzen mithilfe einer **Ordinalskalierung** oder **Kardinalskalierung** vorzunehmen.

3.2.1 Ordinalskalierung

Bei der Ordinalskalierung werden mehrere **Klassen der Zielerreichung** für die einzelnen Bewertungskriterien verbal beschrieben. Die Zahl der Klassen entspricht zweckmäßigerweise der Zahl der alternativen Investitionsobjekte.

Beispiel für drei Investitionsalternativen:

Bewertungskriterium A: **Bedienbarkeit der Maschine**

Klasse 1	am besten erfüllt
Klasse 2	am zweitbesten erfüllt
Klasse 3	am drittbesten erfüllt

Bewertungskriterium B: **Erweiterungsfähigkeit der Maschine**

Klasse 1	am besten erfüllt
Klasse 2	am zweitbesten erfüllt
Klasse 3	am drittbesten erfüllt

Bewertungskriterium C: **Reparaturfreundlichkeit der Maschine**

Klasse 1	am besten erfüllt
Klasse 2	am zweitbesten erfüllt
Klasse 3	am drittbesten erfüllt

Bewertungskriterium D: **Universalität der Maschine**

Klasse 1	am besten erfüllt
Klasse 2	am zweitbesten erfüllt
Klasse 3	am drittbesten erfüllt

Ermittlung der Teilnutzen (ohne Gewichtung)			
Bewertungs-kriterium	Investitions-objekt I	Investitions-objekt II	Investitions-objekt III
	Punkte	Punkte	Punkte
A	1	2	3
B	2	3	1
C	1	2	3
D	2	1	3

Aus den Klassen der Zielerreichung lassen sich die **Teilnutzen** der Bewertungskriterien ableiten, wobei eine Gleichheit der jeweiligen Nutzenabstände unterstellt wird:

Klasse 1: 3 Punkte
Klasse 2: 2 Punkte
Klasse 3: 1 Punkt

Messung der Zielerreichung			
Bewertungs-kriterium	Investitions-objekt I	Investitions-objekt II	Investitions-objekt III
	Klasse	Klasse	Klasse
A	3	2	1
B	2	1	3
C	3	2	1
D	2	3	1

Bei der Bestimmung der Teilnutzen der alternativen Investitionsobjekte kann - im Gegensatz zum Beispiel - das Problem auftreten, dass zwei oder mehr Investitionsalternativen der gleichen Zielerreichungsklasse zugeordnet worden sind. In diesem Falle ist paarweise zu untersuchen, ob zwischen den betreffenden Teilnutzen der alternativen Investitionsobjekte nicht doch ein Nutzenunterschied festzustellen ist.

Wird ein Nutzenunterschied verneint, bietet es sich an, **Zwischenwerte** zu bilden.

Beispiel:

Rang	Zielerfüllung	Punkte
1	am besten erfüllt zweimal gleichermaßen am besten erfüllt	3 2,5
2	am zweitbesten erfüllt zweimal gleichermaßen am drittbesten erfüllt	2 1,5
3	am drittbesten erfüllt	1

Die Feststellung der Teilnutzen erfolgt vielfach unter **Ansatz unterschiedlicher Gewichtungen** bei den einzelnen Bewertungskriterien. Die Gewichtungen können - wie oben gezeigt - durch Paarvergleich oder Stufenvergleich ermittelt werden.

Die Teilnutzen für die einzelnen Bewertungskriterien ergeben sich durch die Multiplikation der jeweiligen Punktzahl mit dem zugehörigen Gewichtsfaktor.

Für das obige **Beispiel** ergibt sich:

Ermittlung der Teilnutzen (ohne Gewichtung)				
Bewertungs-kriterium	**Gewicht**	**Investitions-objekt I**	**Investitions-objekt II**	**Investitions-objekt III**
		Punkte	**Punkte**	**Punkte**
A	0,2	1 · 0,2 = 0,2	2 · 0,2 = 0,4	3 · 0,2 = 0,6
B	0,1	2 · 0,1 = 0,2	3 · 0,1 = 0,3	1 · 0,1 = 0,1
C	0,4	1 · 0,4 = 0,4	2 · 0,4 = 0,8	3 · 0,4 = 1,2
D	0,3	2 · 0,3 = 0,6	1 · 0,3 = 0,3	3 · 0,3 = 0,9
	1,0			

3.2.2 Kardinalskalierung

Die Kardinalskalierung ermöglicht es - im Gegensatz zu der Ordinalskalierung - häufig nicht, zunächst eine Messung der Zielerreichung für die einzelnen Bewertungskriterien vorzunehmen, sondern wird vielfach durchgeführt, indem die einzelnen **Nutzwerte subjektiv bestimmt** werden. Die Bestimmung kann durch eine Einzelperson oder durch eine Personenmehrheit erfolgen.

Auch bei der Kardinalskalierung ist es notwendig, eine verbale Beschreibung von **Zielerreichungs-Klassen** vorzunehmen. Außerdem muss festgelegt werden, in welcher **Dimension** die Teilnutzen zu messen sind.

Beispiel:

Bewertungskriterium A: **Bedienbarkeit der Maschine**

Klasse 1	sehr gut
Klasse 2	gut
Klasse 3	befriedigend
Klasse 4	schlecht
Klasse 5	sehr schlecht

Bewertungskriterium B: **Erweiterungsfähigkeit der Maschine**

Klasse 1	sehr groß
Klasse 2	groß
Klasse 3	mittel
Klasse 4	gering
Klasse 5	sehr gering

Bewertungskriterium C: **Reparaturfreundlichkeit der Maschine**

Klasse 1	sehr hoch
Klasse 2	hoch
Klasse 3	mittel
Klasse 4	gering
Klasse 5	sehr gering

Bewertungskriterium D: **Universalität der Maschine**

Klasse 1	sehr groß
Klasse 2	groß
Klasse 3	mittel
Klasse 4	gering
Klasse 5	sehr gering

Messung der Zielerreichung			
Bewertungskriterium	**Investitionsobjekt I**	**Investitionsobjekt II**	**Investitionsobjekt III**
	Klasse	**Klasse**	**Klasse**
A	4	3	3
B	3	2	1
C	4	2	2
D	2	2	1

Den einzelnen Klassen der Zielerreichung werden als **Nutzwerte** zugeordnet:

Klasse 1:	10
Klasse 2:	8
Klasse 3:	6
Klasse 4:	4
Klasse 5:	2

Ermittlung der Teilnutzen (ohne Gewichtung)			
Bewertungskriterium	**Investitionsobjekt I**	**Investitionsobjekt II**	**Investitionsobjekt III**
	Punkte	**Punkte**	**Punkte**
A	4	6	6
B	6	8	10
C	4	8	8
D	8	8	10

Auch hier ist es – wie bei der Ordinalskalierung – vielfach üblich, die einzelnen Bewertungskriterien zu gewichten. Die **Gewichtung** kann mithilfe des Paarvergleiches und des Stufenvergleiches erfolgen.

Für das obige **Beispiel** ergibt sich:

Ermittlung der Teilnutzen (mit Gewichtung)				
Bewertungs-kriterium	**Gewicht**	**Investitions-objekt I**	**Investitions-objekt II**	**Investitions-objekt III**
		Punkte	**Punkte**	**Punkte**
A	0,2	0,8	1,2	1,2
B	0,1	0,6	0,8	1,0
C	0,3	1,2	2,4	2,4
D	0,4	3,2	3,2	4,0
	1,0			

Aus den einzelnen Teilnutzen werden im nächsten Schritt die Nutzwerte ermittelt.

3.3 Nutzwert-Ermittlung

Die Ermittlung der Nutzwerte für die alternativen Investitionsobjekte erfolgt durch Addition der ungewichteten oder gewichteten Teilnutzen der einzelnen Bewertungskriterien.

Die Nutzwerte der Investitionsalternativen ermöglichen es, eine Rangordnung der alternativen Investitionsobjekte festzustellen, die deren Vorteilhaftigkeit offenlegt.

Bei der **Nominalskalierung** ergibt sich der Nutzwert der alternativen Investitionsobjekte aus der Addition der positiv beurteilten Bewertungskriterien.

Das **Beispiel** der Seite 331 ergibt als Nutzwerte:

Bewertungs-kriterium	**Investitions-objekt I**	**Investitions-objekt II**	**Investitions-objekt III**
A	+	–	+
B	+	+	+
C	+	–	+
D	–	–	+
E	+	+	+
	4	**2**	**5**

Aus den Nutzwerten lässt sich die **Rangordnung** der Investitionsobjekte ableiten:

	Investitions-objekt I	**Investitions-objekt II**	**Investitions-objekt III**
Rang	2	3	1

Das Investitionsobjekt III kann als das vorteilhafteste angesehen werden.

Die Ermittlung der Nutzwerte der alternativen Investitionsobjekte soll im Folgenden dargestellt werden für:

- **Ordinalskalierung**
- **Kardinalskalierung**.

3.3.1 Ordinalskalierung

Für das auf der Grundlage der Ordinalskalierung dargestellte **Beispiel** – Seite 331 f. – ergeben sich als Nutzwerte der alternativen Investitionsobjekte:

Ermittlung der Nutzwerte (ohne Gewichtung)			
Bewertungskriterium	**Investitionsobjekt I**	**Investitionsobjekt II**	**Investitionsobjekt III**
	Punkte	**Punkte**	**Punkte**
A	1	2	3
B	2	3	1
C	1	2	3
D	2	1	3
	6	**8**	**10**

Daraus lässt sich die **Rangordnung** ableiten:

	Investitionsobjekt I	**Investitionsobjekt II**	**Investitionsobjekt III**
Rang	3	2	1

Das Investitionsobjekt III ist das vorteilhafteste Investitionsobjekt.

Das **Beispiel** mit Gewichtung der Bewertungskriterien ergibt:

Ermittlung der Nutzwerte (mit Gewichtung)				
Bewertungskriterium	**Gewicht**	**Investitionsobjekt I**	**Investitionsobjekt II**	**Investitionsobjekt III**
		Punkte	**Punkte**	**Punkte**
A	0,2	0,2	0,4	0,6
B	0,1	0,2	0,3	0,1
C	0,4	0,4	0,8	1,2
D	0,3	0,6	0,3	0,9
	1,0	**1,4**	**1,8**	**2,8**

Die Nutzwerte ergeben die **Rangordnung:**

	Investitions-objekt I	Investitions-objekt II	Investitions-objekt III
Rang	3	2	1

Das Investitionsobjekt III ist - auch bei unterschiedlicher Gewichtung der Bewertungskriterien - als das vorteilhafteste anzusehen.

3.3.2 Kardinalskalierung

Die Beurteilung der alternativen Investitionsobjekte mit Hilfe der kardinalen Skalierung ergibt – in Fortführung des **Beispieles** der Seite 333 f. – die folgenden Nutzwerte:

Ermittlung der Nutzwerte (ohne Gewichtung)			
Bewertungs-kriterium	**Investitions-objekt I**	**Investitions-objekt II**	**Investitions-objekt III**
	Punkte	**Punkte**	**Punkte**
A	4	6	6
B	6	8	10
C	4	8	8
D	8	8	10
	22	**30**	**34**

Daraus lässt sich die **Rangordnung** ableiten:

	Investitions-objekt I	Investitions-objekt II	Investitions-objekt III
Rang	3	2	1

Danach ist das Investitionsobjekt III das vorteilhafteste.

Das **Beispiel** mit Gewichtung der Bewertungskriterien ergibt:

Ermittlung der Nutzwerte (mit Gewichtung)				
Bewertungs-kriterium	**Gewicht**	**Investitions-objekt I**	**Investitions-objekt II**	**Investitions-objekt III**
		Punkte	**Punkte**	**Punkte**
A	0,2	0,8	1,2	1,2
B	0,1	0,6	0,8	1,0
C	0,3	1,2	2,4	2,4
D	0,4	3,2	3,2	4,0
	1,0	**5,8**	**7,6**	**8,6**

Die Nutzwerte ergeben die **Rangordnung:**

	Investitions-objekt I	Investitions-objekt II	Investitions-objekt III
Rang	3	2	1

Das Investitionsobjekt III stellt sich – auch bei unterschiedlicher Gewichtung der Bewertungskriterien – als das vorteilhafteste heraus.

79 Seite 427

4. Eignung

Die Nutzwertrechnungen können geeignet sein, durch qualitative Bewertung – auch von an sich quantifizierbaren Bewertungskriterien – eine umfassende, verschiedenen Zielsetzungen des Unternehmens gerecht werdende Beurteilung von alternativen Investitionsobjekten zu gewährleisten.

Vorteile der Nutzwertrechnungen sind:

- Die Beurteilungen der Investitionsobjekte lassen sich qualitativ vornehmen.
- Die Bewertungskriterien können individuell zusammengestellt werden.
- Die Bewertungskriterien können ihrer Bedeutung nach gewichtet werden.
- Die Nutzwertrechnungen lassen sich relativ leicht handhaben.

Probleme der Nutzwertrechnungen sind:

- Die Festlegung der jeweiligen Bewertungskriterien erfolgt subjektiv.
- Die Festlegung der jeweiligen Kriterien-Gewichte erfolgt subjektiv.
- Die Messung der Zielerreichung der jeweiligen Bewertungskriterien erfolgt subjektiv.

	Kontrollfragen	bear-beitet	Lösungs-hinweis	Lösung +	Lösung -
01	Inwieweit liefern traditionelle Investitionsrechnungen hinreichend geeignete Aussagen über Investitionsobjekte?		313		
02	Was ist unter den Nutzwerten zu verstehen?		313		
03	Wofür bilden die Nutzwerte die Grundlage?		313		
04	Welche Forderungen werden von der betrieblichen Praxis an Investitionsrechnungen gerichtet?		313		
05	In welchen Stufen des Planungsprozesses können Nutzwertrechnungen eingesetzt werden?		313 f.		
06	Beschreiben Sie, wann sich eine Vorauswahl mithilfe von Nutzwertrechnungen anbietet!		314		
07	Was versteht man unter Screening?		314		
08	Was ist unter Scoring zu verstehen?		314		
09	Welchen Grund gibt es, Nutzwertrechnungen bei der Auswahl alternativer Investitionsobjekte zu verwenden?		314 f.		
10	In welcher Beziehung können die Nutzwertrechnungen zu den traditionellen Investitionsrechnungen stehen?		315		
11	Welche Arten von Bewertungskriterien können unterschieden werden?		315 f.		
12	Nennen Sie zehn wirtschaftliche Bewertungskriterien zur Beurteilung von Investitionen!		316		
13	Nennen Sie zehn technische Bewertungskriterien zur Beurteilung von Investitionen!		317		
14	Was versteht man unter sozialen Bewertungskriterien?		317 f.		
15	Nennen Sie fünf Beispiele für soziale Bewertungskriterien!		317 f.		
16	Nennen Sie fünf rechtliche Bewertungskriterien zur Beurteilung von Investitionen!		318		
17	Welche Grundsätze der Gestaltung von Bewertungskriterien lassen sich nennen?		318 f.		
18	Was ist unter der Operationalität von Bewertungskriterien zu verstehen?		319		
19	Welche Folgen können nicht operational formulierte Bewertungskriterien auslösen?		319 f.		
20	Weshalb fordert man die Hierarchiebezogenheit von Bewertungskriterien?		320		
21	Aus welchen Gründen ist auf die Unterschiedlichkeit der Bewertungskriterien zu achten?		321		
22	Inwieweit sollen traditionell quantifizierte Bewertungskriterien in die Nutzwertrechnungen eingebracht werden?		321		

	Kontrollfragen	bear-beitet	Lösungs-hinweis	Lösung +	Lösung -
23	Wie ist die Möglichkeit zu beurteilen, eine Nutzenunabhängigkeit der Bewertungskriterien zu gewährleisten?		322		
24	Nennen Sie die möglichen Bewertungsmaßstäbe für die Bewertungskriterien!		322		
25	Was versteht man unter der Nominalskalierung?		322 f.		
26	Worin unterscheidet sich die Ordinalskalierung von der Nominalskalierung?		323		
27	Beschreiben Sie die Arten der Kardinalskalierung!		324 f.		
28	Wie ist die Verwendbarkeit der Intervallskalierung und Verhältnisskalierung in der betrieblichen Praxis zu beurteilen?		324 f.		
29	In welchen Schritten erfolgt die Nutzenmessung?		325 f.		
30	Weshalb nimmt man vielfach eine Gewichtung der Bewertungskriterien vor?		326		
31	Welche Voraussetzungen müssen für eine Gewichtung der Bewertungskriterien erfüllt sein?		326		
32	Nennen Sie die Arten der Kriterien-Gewichtung!		327		
33	Erläutern Sie, wie der Paarvergleich vorgenommen wird!		327 f.		
34	Beschreiben Sie die Vorgehensweise beim Stufenvergleich!		329 f.		
35	Wie erfolgt die Teilnutzen-Bestimmung bei der Nominal-, Ordinal- und Kardinalskalierung?		330 ff.		
36	Wie wird verfahren, wenn sich bei ordinaler Skalierung gleiche Rangklassen für ein Bewertungskriterium ergeben?		332		
37	Weshalb wird bei der Ordinalskalierung, gegebenenfalls auch bei der Kardinalskalierung, zunächst die Zielerreichung gemessen und danach die Teilnutzen-Bestimmung vorgenommen?		332		
38	Erläutern Sie, wie die Ermittlung der Nutzwerte für die alternativen Investitionsobjekte bei den verschiedenen Skalierungen vor sich geht!		335 ff.		
39	Welcher Schritt schließt sich an die Ermittlung der Nutzwerte an, um die vorteilhafteste Investitionsalternative festzustellen?		335 ff.		
40	Wie ist die Eignung der Nutzwertrechnungen zu beurteilen?		338		

G. Finanzwirtschaftliche Analyse

Die finanzwirtschaftliche Analyse hat vorrangig die Aufgabe, das finanzwirtschaftliche Gebaren eines Unternehmens zu untersuchen. Vielfach kann der externe Analytiker mehrere **Möglichkeiten** nutzen, um sich Informationen über ein zu analysierendes Unternehmen zu beschaffen. Das können sein:

- Bilanzen
- Geschäftsberichte
- Firmenmitteilungen
- Firmenzeitschriften
- Wirtschaftspresse
- Statistiken.

Den **Bilanzen** einschließlich der eine Jahresabschlussbilanz ergänzenden Teile – GuV-Rechnung, Anhang und gegebenenfalls Lagebericht – kommt bei der finanzwirtschaftlichen Analyse die zentrale Bedeutung zu.

Die finanzwirtschaftliche Analyse kann beruhen auf:

- Einem **Objektvergleich** bzw. Branchenvergleich, indem das untersuchte Unternehmen mit einem ähnlich strukturierten Unternehmen verglichen wird,
- Einem **Zeitvergleich**, indem das Unternehmen über mehrere Perioden hinweg analysiert wird.

Mithilfe der finanzwirtschaftlichen Analyse können mehrere **Ziele** verfolgt werden:

Informations-verdichtung	Tatsachen und Zusammenhänge, die der Jahresabschluss nicht unmittelbar aufzeigt, sollen sichtbar gemacht werden. Hierzu dienen hauptsächlich die **Kennzahlen**.
Wahrheits-findung	Der Jahresabschluss wird entsprechend der handels- und steuerrechtlichen Vorschriften erstellt. Er ist richtig, wenn er diesen Vorschriften entspricht. Damit ist er im Sinne der betrieblichen Wirklichkeit aber keineswegs wahr. Im Rahmen der finanzwirtschaftlichen Analyse kann versucht werden, realitätsbezogene Daten zu ermitteln, beispielsweise: o Das wahre Periodenergebnis, indem Scheingewinne vom ausgewiesenen Periodenergebnis abgezogen werden, o Die tatsächlich vorhandenen Vermögenswerte, indem zu den ausgewiesenen Vermögenswerten stille Reserven hinzugerechnet werden.
Urteils-bildung	Der Jahresabschluss als monetäres Ergebnis der während eines Abrechnungszeitraumes getroffenen unternehmerischen Entscheidungen kann dazu dienen, diese **Entscheidungen wertend zu beurteilen**. Dabei ist es möglich, die Qualität

	o der Entscheidungsträger o einzelner Entscheidungen o einzelner Entscheidungsfelder o des ganzen Unternehmens einer Analyse zu unterziehen. Im Vordergrund stehen die Beurteilungen finanzwirtschaftlicher und rentabilitätsbezogener Art, beispielsweise im Rahmen einer Kreditwürdigkeitsprüfung.
Entscheidungsfindung	Die Erkenntnisse aus der finanzwirtschaftlichen Analyse können dazu verwendet werden, **künftige Entscheidungsprozesse zu lenken bzw. zu beeinflussen**. Dies ist durch den Einsatz der EDV gut möglich, mittels derer Bilanzen und ihre zielgerichteten Auswertungen sowie Prognoserechnungen kurzfristig verfügbar sind. Die Entscheidungsfindung betrifft: o Die **Entscheidungsträger**, denen die Ergebnisse aus der finanzwirtschaftlichen Analyse hinsichtlich des Anspruchsniveaus, der Alternativenbildung und Alternativenbewertung sowie Entscheidungsdurchsetzung nützlich sind. o Den **Entscheidungsprozess**, der durch die Ergebnisse aus der finanzwirtschaftlichen Analyse positiv unterstützt werden kann. o Die **Entscheidungsfelder**, deren Gestaltung aufgrund der Ergebnisse der finanzwirtschaftlichen Analyse möglich ist, sich aber auch daran orientieren kann, wie die Entscheidungen sich auf den Jahresabschluss auswirken werden. Diese Überlegung ist besonders dann anzustellen, wenn die Bilanzadressaten bestimmte Vorstellungen bzw. Erwartungen haben.

1. Arten

Die finanzwirtschaftliche Analyse kann sein:

- Eine **interne Analyse**, wenn sie innerhalb des Unternehmens erfolgt und damit auf das gesamte im Unternehmen verfügbare Zahlenmaterial zurückgreifen kann.

- Eine **externe Analyse**, wenn sie außerhalb des Unternehmens durchgeführt wird und im Wesentlichen veröffentlichte Jahresabschlüsse zur Grundlage hat.

- Eine **formelle Analyse**, die dazu dienen soll, die formelle Übereinstimmung des Jahresabschlusses mit den gesetzlichen Vorschriften festzustellen.

- Eine **materielle Analyse**, die den Jahresabschluss inhaltlich analysiert. Sie kann vorgenommen werden als:

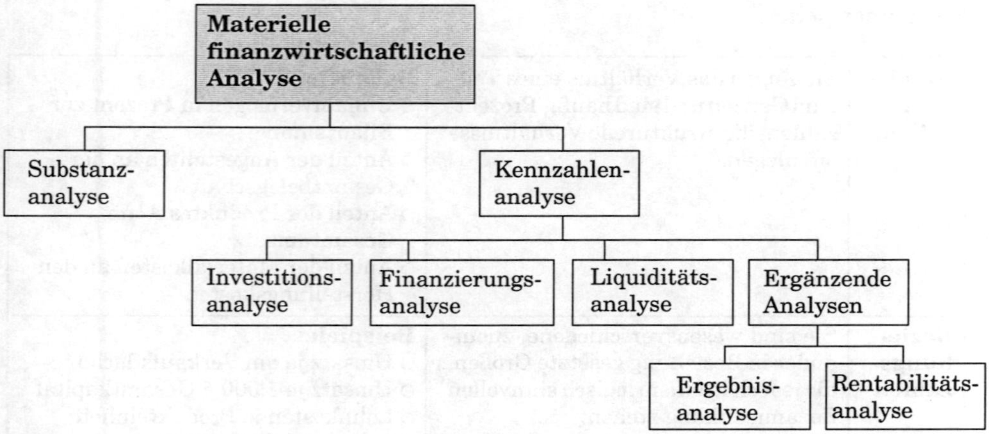

1.1 Substanzanalyse

Substanzanalysen dienen dazu, die **Posten des Jahresabschlusses** auf

- ihr Zustandekommen
- ihre Zusammensetzung
- ihre Entwicklung

hin zu überprüfen. Daraus lassen sich wertvolle Hinweise auf die wirtschaftliche Entwicklung eines Unternehmens ziehen.

Siehe ausführlich *Ditges/Arendt*.

1.2 Kennzahlenanalyse

Kennzahlen sind Zahlen, die sich auf wichtige Tatbestände beziehen und diese in konzentrierter Form darstellen. Die Investitionsanalyse ist im Wesentlichen eine **Kennzahlenrechnung**, die durch andere zusätzliche Informationen ergänzt und abgerundet wird. Zu unterscheiden sind:

- **Absolute Kennzahlen** oder **Grundzahlen,** die eine begrenzte Aussagekraft besitzen, weil sie nur absolute Veränderungen berücksichtigen, also Einzelzahlen, Summen, Differenzen.

  Beispiele: Anzahl der Mitarbeiter am 1.1.2000, Betrag des Umlaufvermögens am 31.12.2000, Umsatz in 2000 in Mio. €.

- **Relative Kennzahlen** oder **Verhältniszahlen**, deren Aussagefähigkeit höher als die Aussagefähigkeit der absoluten Kennzahlen ist, weil eine Größe zu einer anderen in Beziehung gesetzt wird.

Sie können sein:

Gliederungszahlen	Sie zeigen das Verhältnis eines Teils zum Ganzen und sind häufig Prozentzahlen, die strukturelle Verhältnisse offenlegen.	**Beispiele:** o Umlaufvermögen in Prozent zur Bilanzsumme o Anteil der Angestellten an der Gesamtbelegschaft o Anteil des Produktes A am Gesamtumsatz o Anteil der Materialkosten an den Herstellungskosten
Beziehungszahlen	Sie sind wesensverschiedene, zueinander in Beziehung gesetzte Größen, die jedoch in einem logisch sinnvollen Zusammenhang stehen.	**Beispiele:** o Umsatz je qm Verkaufsfläche o Umsatz je 1.000 € Gesamtkapital o Lohnkosten je Produkteinheit o Umsatz je Mitarbeiter
Indexzahlen	Sie werden als Verhältnis zweier gleichartiger Größen gebildet, die aber zu verschiedenen Zeitpunkten oder an verschiedenen Orten entstanden sind. Eine Größe erhält den Wert 100 und die andere wird an diesem Index gemessen. Indexzahlen verdeutlichen die Entwicklung bestimmter Merkmale.	**Beispiele:** o Preisentwicklung bei Anlagen, Rohstoffen usw. o Entwicklung der Löhne und Gehälter o Entwicklung des Unternehmensgewinnes o Lohnkosten anderer Länder im Vergleich zur Bundesrepublik

Die Bildung relativer Kennzahlen ist beim Jahresabschluss grundsätzlich möglich:

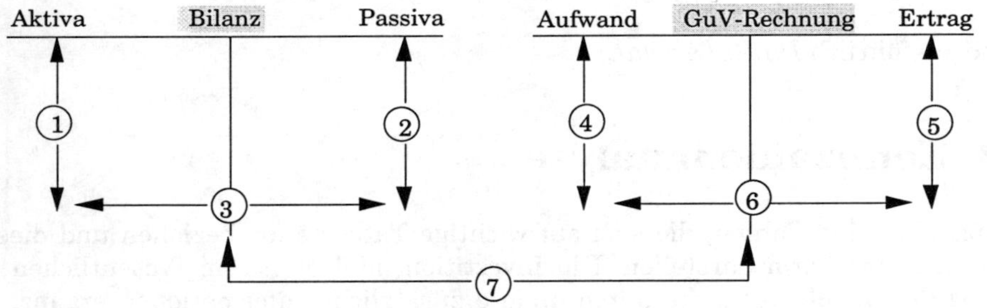

Es lassen sich auch **Kennzahlensysteme** bilden, die nicht nur einzelne, isoliert nebeneinanderstehende Kennzahlen betrachten, sondern betriebswirtschaftliche Zusammenhänge in ihren Wechselwirkungen offenlegen.

Kennzahlensysteme gehen von einer bestimmten Ausgangskennzahl aus und entwickeln sich baumförmig weiter. Die Ausgangskennzahl bestimmt das Untersuchungsziel.

Gebräuchliche Kennzahlensysteme sind beispielsweise – siehe ausführlicher *Ditges / Arendt* :

• Das **DuPont-System**, das von der Kennzahl RoI als »Return on Investment« ausgeht. Es legt offen, wie geplante Einsatz-, Ertrags- und Erfolgsgrößen in einen sinnvollen Zusammenhang gebracht werden können. Es teilt die Verhältniszahl, die aus einer Gewinngröße und dem eingesetzten Kapital besteht und dann mit dem Umsatz erweitert wird, auf in zwei Komponenten:

○ Die **Umsatzrentabilität** als Verhältnis einer Gewinngröße zum Umsatz, die insbesondere leistungswirtschaftliche Ursachen von Ergebnisveränderungen im Unternehmen darzulegen versucht. Sie spricht insbesondere die Kostenstruktur eines Unternehmens an.

○ Den **Kapitalumschlag**, der als Verhältnis von Umsatz zu eingesetztem Kapital finanzwirtschaftliche Gründe von Ergebnisveränderungen anhand der Umschlagsgeschwindigkeit des eingesetzten Kapitals untersucht und versucht zu hohe Kapitalbindungen im Unternehmen zu vermeiden.

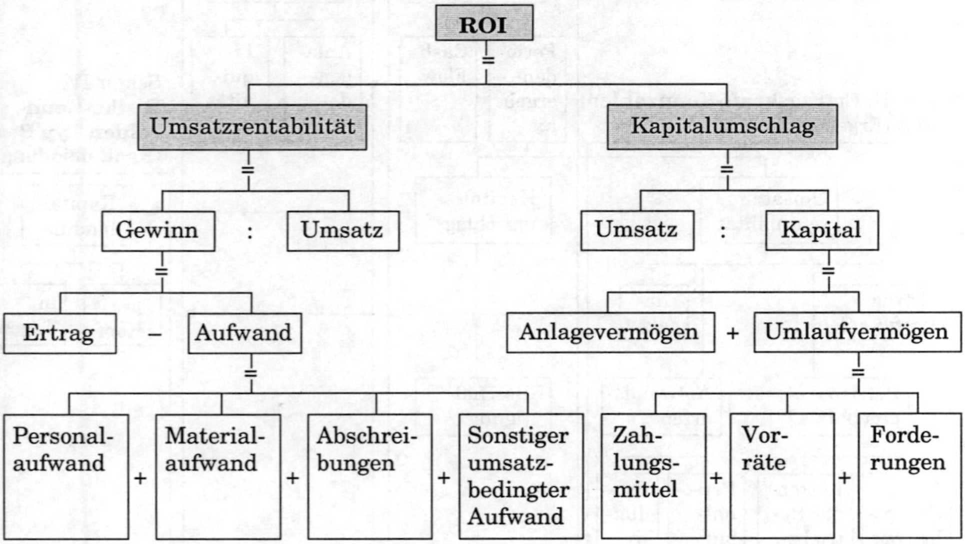

• Das **ZVEI-Kennzahlensystem**, das vom Zentralverband der Elektrotechnischen Industrie e. V. entwickelt wurde. Es besteht insbesondere in einem Kennzahlen-Vergleich und einer Zerlegung von Kennzahlen. Zwei analytische Bereiche werden angesprochen:

○ Die **Wachstumsanalyse**, die Auskunft über ausgewählte Wachstumsindikatoren gibt.

○ Die **Strukturanalyse**, welche die Unternehmenseffizienz in den Sektoren Rentabilität, Ergebnisbildung, Kapitalstruktur und Kapitalbindung untersucht.

Das ZWEI-Kennzahlensystem hat folgendes Aussehen:

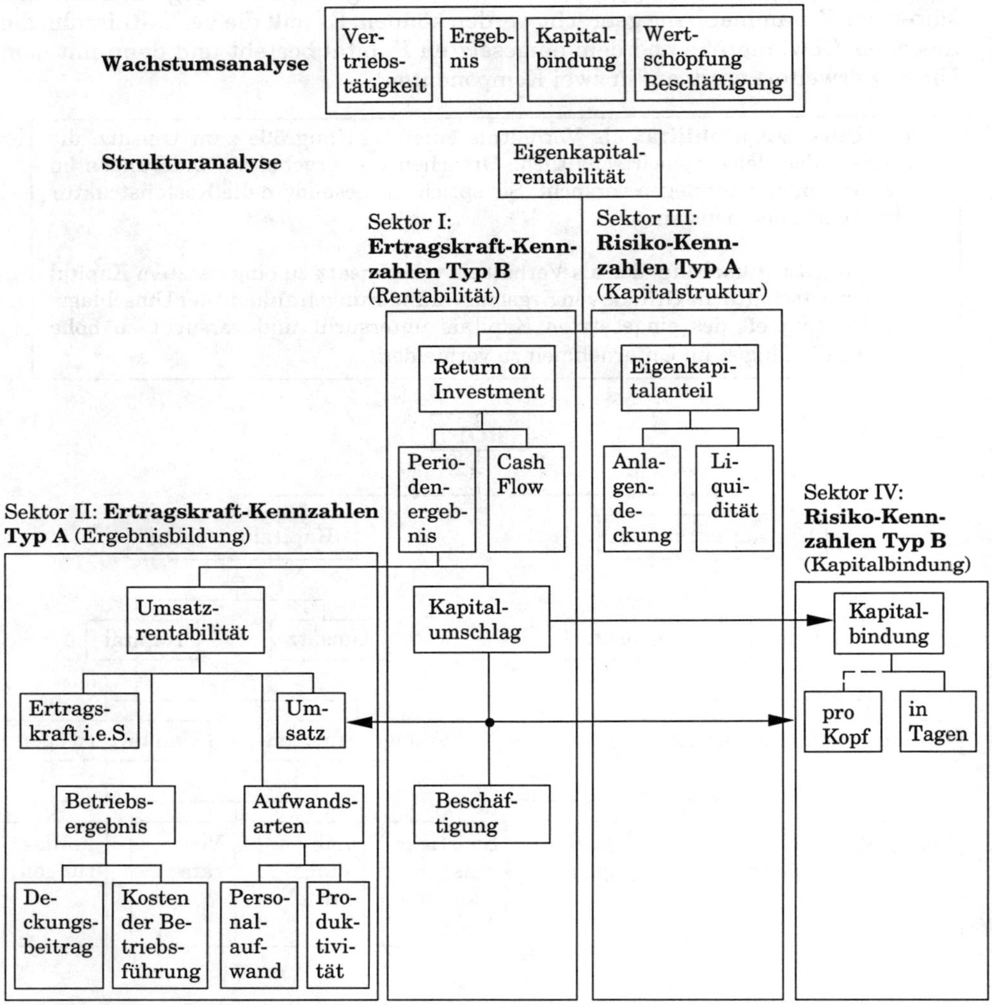

Für die **Kennzahlenanalyse** können die Jahresabschlüsse in der üblicherweise vorgelegten Form aber nicht verwendet werden, auch wenn sie nach den Vorschriften des HGB erstellt sind. Wichtig ist deshalb, die

- Bilanzen
- GuV-Rechnungen

einheitlich und nach betriebswirtschaftlichen Gesichtspunkten **umzugestalten**.

Hierdurch wird die Vergleichbarkeit verschiedener Jahresabschlüsse gewährleistet und die Auswertung ermöglicht.

Zwei **Schritte** müssen den Kennzahlenanalysen dabei vorangehen:

- Die **Bilanzbereinigung**, die folgende Umgestaltungen umfasst:

  - **Wertberichtigungen** (bei Einzelunternehmen und Personengesellschaften) sind mit den entsprechenden Posten zu saldieren.
  - **Aktive Rechnungsabgrenzungsposten** werden den kurzfristigen Forderungen zugerechnet.
  - **Passive Rechnungsabgrenzungsposten** erhöhen die kurzfristigen Verbindlichkeiten.
  - **Sonderposten mit Rücklagenanteil** sind grundsätzlich zu 50 % dem Eigenkapital zuzurechnen.
  - **Rückstellungen** und **Verbindlichkeiten** müssen nach ihrer Restlaufzeit dem kurz-, mittel- oder langfristigen Fremdkapital zugeordnet werden.
  - **Pensionsrückstellungen** können bei einigen Analysen wie Eigenkapital eingestuft werden.
  - Der zur Ausschüttung vorgesehene **Gewinn** zählt zum kurzfristigen Fremdkapital, der Rest gehört zum Eigenkapital.
  - Ein **Bilanzverlust** ist vom Eigenkapital abzusetzen.

- Die **Bilanzaufbereitung**, mit der die Bilanzpositionen in zweckmäßiger Weise zusammengefasst und gruppiert werden.

  - Die Vermögensseite wird nach Liquiditätsgesichtspunkten geordnet.
  - Die Kapitalseite wird nach Herkunft und Fristigkeit des Kapitals gruppiert.

Beispiel:

Aktiva	Bilanz Passiva
Anlagevermögen	Eigenkapital
Umlaufvermögen	Fremdkapital
Mittel 1. Grades	kurzfristig
Mittel 2. Grades	mittelfristig
Mittel 3. Grades	langfristig

Beispielhaft soll auf den folgenden Seiten die Aufbereitung eines Jahresabschlusses gezeigt werden. Sie wird bei der Beurteilung der Kreditwürdigkeit der Unternehmen von Kreditinstituten vorgenommen.

Kennzahlenanalysen können ausgeweitet werden zu Managementmethoden, wie dies zum Beispiel mit der **Balance Scorecard** versucht wird. Sie überträgt Strategieausrichtungen eines Unternehmens in Kennzahlen und Zielsetzungen und fungiert als Bindeglied, um aus Strategiesetzungen messbare Steuerungs- und Zielgrößen für das operative Geschäft abzuleiten.

Niederlassung/Filiale:		Bilanz					
Firma/Branche:							
1	Kasse, Bank, Wechsel						
2	börsengängige Wertpapiere						
3	Warenforderungen						
4							
5	flüssige Mittel						
6	Vorräte: Roh-, Hilfs- u. Betriebsstoffe						
7	unfertige Erzeugnisse						
8	fertige Erzeugnisse						
9							
10	liquides Umlaufvermögen						
11	sonstige Forderungen						
12							
13							
14	Beteiligungen						
15	Grundstücke/Gebäude						
17	im Bau befindliche Anlagen/Anzahlungen						
18							
19	Ford. an Inh./Eigene Anteile/ausst. Einlagen						
20	Verlust einschl. Vortrag						
21	Bilanzsumme						
22	Warenschulden						
23	Akzepte						
24	Bankschulden bei uns						
25	Bankschulden bei anderen Instituten						
26	Anzahlungen						
27	sonstige Verbindlichkeiten						
28							
29							
30	kurzfristige Rückstellungen						
31	Wertber. z. liq. Umlaufvermögen						
32	kurzfristige Verbindlichkeiten						
33	mittel- und langfristige Darlehen, Hypotheken						
34							
35							
36							
37	Unterstützungs./Pensionsrückst.						
38	langfristige Verbindlichkeiten						
39	(davon innerhalb von 5 Jahren fällig)						
40	unversteuerte Rücklagen						
41	gezeichnetes Kapital						
42							
43							
44	Rücklagen						
45	Jahresüberschuss einschl. Vortrag						
46	Summe der eigenen Mittel (40 bis 45) – (19 + 20)						
47	Liquidität I. Ordnung						
48	Liquidität II. Ordnung						
49	Nettoverschuldung (32 + 38) – (1 + 2 + 31 + 37)						
50	Avale						
51	Giroverbindlichkeiten						
52							
53	Steuerschulden (soweit nicht passiviert)						
54	Leasingverpflichtungen p.a.						
55	haftendes Vermögen außerhalb der Bilanz						
56	Entnahmen/Ausschüttungen						
57	Sonstige Kapitalveränderungen (sep. erläutern)						
58	Zugang im Sachanlagevermögen						
59							

Niederlassung/Filiale:	**Erfolgsrechnung**					
Firma/Branche:						
1 Geschäftsumsatz (ohne MwSt) *						
2 Erlösschmälerungen						
3 Bestandsveränd. der Erzeugnisse + –						
4 aktivierte Eigenleistungen						
5 Gesamtleistung						
6 Materialaufwand, Fremdleistungen						
7 Materialaufwand in % der Gesamtleistung						
8 Handelswareneinsatz						
9 (darin berücksichtigt Lieferantenskonti)						
10 Rohertrag						
11 Rohertrag in % der Geamtleistung						
12 Erträge/Verluste aus Beteiligungen + –						
13 Erträge aus Zinsen						
14 sonstige ordentliche Erträge						
15						
16						
17 Summe der ordentlichen Erträge						
18 Personalaufwendungen						
19 Personalaufwwendungen in % der Gesamtleistung						
20 Steuern (ohne St. v. Einkommen und Ertrag)						
21 sonstige ordentliche Aufwendungen						
22						
23						
24 Summe der ordentlichen Aufwendungen						
25 Betriebsergebnis						
26 Zinsaufwendungen						
27 Geschäftserg. vor Anlagenabschr. + –						
28 Geschäftserg. in % des Geschäftsumsatzes						
29 planmäßige Abschreibung auf Anlagen						
30 außerplanmäßige Abschreibung auf Anlagen						
31						
32 a.o. Aufwand						
33 Zuführung zur Pensionsrückstellung						
34						
35						
36 a.o. Ertrag						
37						
38						
39 unversteuertes Ergebnis + –						
40 Steuern v. Einkommen und Ertrag						
41 Jahresüberschuss/Fehlbetrag						
42						
43 Auflösung/Zuweisung zu Rückl. + –						
44 Jahresgewinn/-verlust (Auch ausfüllen, falls auf Organmutter übertragen)						
45 Cash Flow (27 - 40)						
46 Nettoverschuldung: Cash-flow						
47 Nettoverschuldung: Cash-flow (ohne Anzahlung)						
48 Geschäftsumsatz: Vorräten						
49 Geschäftsumsatz: Warenforderungen						
50						
51 Beschäftigtenzahl						
52 Auftragsbestand						
53						
54						
55						
56 * davon Exportanteil (in %)						
57						

Es soll eine **Balance** hergestellt werden zwischen:

- Tätigkeitsergebnissen aus der Vergangenheit und Kennzahlen, die zukünftige Entwicklungen vorgeben.

- Externen Anforderungen, die sich in Messzahlen der Eigentümer (Shareholder Value z. B.) oder der Kunden (z. B. Kundenzufriedenheit) niederschlagen, und Messgrößen interner Prozessentwicklungen.

Diese Balance soll innerhalb von vier **Perspektiven** stattfinden:

Finanzwirtschaftliche Perspektive	Auf der Basis traditioneller Kennzahlen des Rechnungswesens, wie z. B. RoI oder Kapitalrenditen, sind strategierelevante Kennzahlen zu ermitteln und zusammenzufassen.
Kundenperspektive	Hier stehen Kennzahlen im Mittelpunkt, welche die Sicht der Kunden widerspiegeln. Solche Kennzahlen können sein z. B. Marktanteil, Kundenzufriedenheit, Kundentreue, Kundenrentabilität.
Interne Prozessperspektive	Erfolgsbestimmende Prozesse innerhalb eines Unternehmens sind festzustellen und hinsichtlich ihres Einflusses auf die Zielerreichung zu werten. Kennzahlen für diese Perspektive können z. B. aus der Prozesskostenrechnung stammen und Durchlaufzeiten bzw. Produktivitätszahlen zum Inhalt haben.
Lern- und Entwicklungsperspektive	Hier sind Kernkompetenzen auszumachen, deren Verstärkung und Weiterentwicklung nachzuhalten. Kennzahlen für diese Innovations- und Lernperspektive können Zahlen zur Motivation der Mitarbeiter oder zu deren Qualifikation beispielsweise sein.

Die Ausgewogenheit dieser angeführten Perspektiven, die Einbeziehung materieller wie auch immaterieller Größen sowie unternehmeninterner wie auch unternehmensexterner Kennzahlen soll ein ganzheitliches Managementsystem schaffen, das die obigen Perspektiven miteinander verknüpft.

2. Investitionsanalyse

Die Investitionsanalyse ist die **Analyse der Vermögensseite** der Bilanz. Sie bezieht sich vor allem auf folgende Fragestellungen:

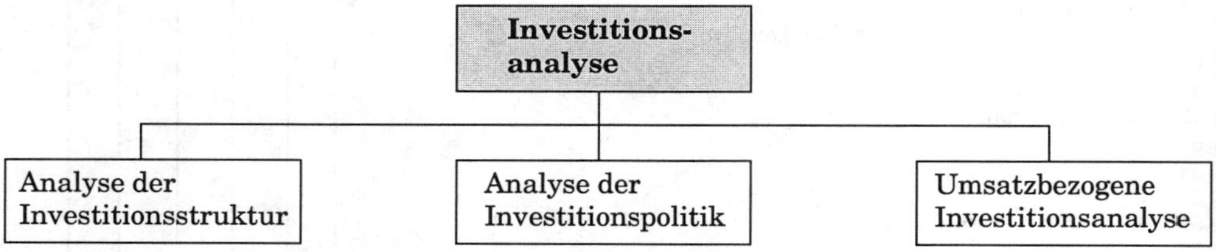

2.1 Analyse der Investitionsstruktur

Die Kennzahlen der Investitionsstruktur sollen die **Flexibilität** und damit die Stabilität eines Unternehmens sowie den **Umfang der Kapazitätsnutzung** anzeigen. Beide Gesichtspunkte sind grundsätzlich um so positiver zu beurteilen, je geringer der Anteil des Anlagevermögens ist. Kennzahlen sind:

- Die **Vermögenskonstitution**, welche die Art der Beziehung zwischen dem Anlagevermögen und Umlaufvermögen ausdrückt.

$$\text{Vermögenskonstitution} = \frac{\text{Anlagevermögen}}{\text{Umlaufvermögen}} \cdot 100$$

  Die Verwendung dieser Kennzahl hat beim **Vergleich der Entwicklung über mehrere Perioden** in einem bestimmten Unternehmen einen Sinn. Zwischenbetriebliche Vergleiche sind wegen unterschiedlicher Größe und Strukturierung der Unternehmen von geringer Aussagekraft.

- Die **Anlageintensität**, die über den Grad der Beweglichkeit des Unternehmens Auskunft gibt.

$$\text{Anlageintensität} = \frac{\text{Anlagevermögen}}{\text{Gesamtvermögen}} \cdot 100$$

  Ein **umfangreiches Anlagevermögen** birgt eine gewisse Starrheit in sich, da bei rückläufigen Unternehmensentwicklungen die erforderliche Verringerung des Anlagevermögens nur schwer vorgenommen werden kann.

  Außerdem können hohe Fixkosten bei nicht voll ausgenutzten Kapazitäten finanzielle Belastungen mit sich bringen.

  Eine **große Anlageintensität** kann sein:

  - Branchenbedingt, beispielsweise beim Schiffsbau und bei Transportunternehmen.
  - Durch Rationalisierungsmaßnahmen hervorgerufen worden, beispielsweise beim Einsatz von Automatenstraßen.
  - Durch einen überalterten Maschinenpark verursacht worden, der möglicherweise in mangelhaftem Management begründet ist.

- Die **Umlaufintensität**, welche die Beziehung zwischen dem Umlaufvermögen und Gesamtvermögen angibt.

$$\text{Umlaufintensität} = \frac{\text{Umlaufvermögen}}{\text{Gesamtvermögen}} \cdot 100$$

Ein überdurchschnittlich hoher Grad der Umlaufintensität lässt bei materialintensiven Unternehmen auf einen hohen Lagerbestand von Material und Umsatzgütern schließen und damit auf erhebliche Lagerhaltungskosten. Er kann aber auch auf einem hohen Forderungsbestand beruhen.

2.2 Analyse der Investitionspolitik

Von großer Wichtigkeit im Rahmen der Investitionsanalyse ist auch, das **Verhalten** eines Unternehmens **als Investor** zu beurteilen. Kennzahlen sind:

- Die **Investitionsquote**, die Aufschluss darüber geben soll, welche **Investitionsneigung** in einem Unternehmen besteht.

$$\text{Investitionsquote} = \frac{\text{Nettoinvestition bei Sachanlagen}}{\text{Anfangsbestand der Sachanlagen}} \cdot 100$$

Der Vergleich der Investitionsquote eines Unternehmens im Zeitablauf gibt Hinweise darauf, inwieweit sich seine Investitionstätigkeit verändert hat.

- Die **Investitionsdeckung**, mit der offengelegt wird, inwieweit ein wirkliches Wachstum eines Unternehmens gegeben ist. Sie zeigt, ob und in welchem Umfang Anlagenzugänge aus Abschreibungen finanziert werden.

$$\text{Investitionsdeckung} = \frac{\text{Abschreibungen auf Sachanlagen}}{\text{Zugänge an Sachanlagen}} \cdot 100$$

Liegt die Investitionsdeckung über 100 %, wurden die Abschreibungen nicht voll reinvestiert. Bei einem Wert von unter 100 % liegt die Quote der Reinvestition über den Abschreibungen.

- Die **Abschreibungsquote**, die bei Betrachtung mehrerer aufeinanderfolgender Perioden transparent macht, ob – bei steigender Quote – stille Reserven zu Lasten des Gewinnes gebildet oder – bei sinkender Quote – zu Gunsten des Gewinnes aufgelöst werden.

$$\text{Abschreibungsquote} = \frac{\text{Abschreibung auf Sachanlagen}}{\text{Endbestand an Sachanlagen}} \cdot 100$$

2.3 Umsatzbezogene Investitionsanalyse

Bei der umsatzbezogenen Investitionsanalyse wird untersucht, welche Beziehung zwischen den Vermögensteilen eines Unternehmens und den Umsatzerlösen besteht. Damit lassen sich Informationen über die geschäftliche Entwicklung gewinnen. Kennzahlen sind:

- Die **Anlagennutzung**, mit der offengelegt werden soll, inwieweit eine Ausnutzung der Sachanlagen gegeben ist

$$\text{Anlagennutzung} = \frac{\text{Umsatz}}{\text{Sachanlagen}} \cdot 100$$

Ein Ansteigen der Kennzahl lässt den Schluss zu, dass die Sachanlagen eine verbesserte Ausnutzung erfahren, d. h. die Beschäftigung sich erhöhte.

- Die **Vorratshaltung**, die anzeigt, in welchem Verhältnis die Vorräte zum Umsatz eines Unternehmens stehen.

$$\text{Vorratshaltung} = \frac{\text{Vorräte}}{\text{Umsatz}} \cdot 100$$

Ein Sinken der Vorratshaltung deutet auf wirtschaftliche Vorratshaltung hin. Sie wird erreicht, indem die Vorräte bei steigenden Umsätzen nicht (ebenso stark) erhöht werden, bei gleichbleibenden Umsätzen vermindert werden oder bei sinkenden Umsätzen stärker abnehmen als die Umsätze.

- Die **Umschlagshäufigkeit**, die angibt, wie oft ein Vermögensposten in einer Periode umgeschlagen wurde. Sie kann ermittelt werden als:

$$\begin{array}{l}\text{Umschlagshäufigkeit} \\ \text{des Anlagevermögens}\end{array} = \frac{\begin{array}{c}\text{Abschreibungen des Anlagevermögens} \\ + \text{Abgänge}\end{array}}{\text{Ø Bestand des Anlagevermögens}} \cdot 100$$

$$\begin{array}{l}\text{Umschlagshäufigkeit} \\ \text{des Umlaufvermögens}\end{array} = \frac{\text{Umsatz}}{\text{Ø Bestand des Umlaufvermögens}} \cdot 100$$

$$\begin{array}{l}\text{Umschlagshäufigkeit} \\ \text{des Gesamtvermögens}\end{array} = \frac{\text{Umsatz}}{\text{Gesamtvermögen}} \cdot 100$$

Der durchschnittliche Bestand ergibt sich dabei aus:

$$\begin{array}{l}\text{Durchschnittlicher} \\ \text{Bestand}\end{array} = \frac{\text{Anfangsbestand + Endbestand}}{2}$$

Die Umschlagshäufigkeit zeigt die Bindungsdauer des Vermögens bzw. von Vermögensteilen und gibt Hinweise auf die Höhe des Kapitalbedarfes. Sie ist um so positiver zu beurteilen, je höher sie ist.

- Die **Laufzeit der Forderungen**, mit der sich Rückschlüsse auf das Zahlungsverhalten der Kunden ziehen lassen. Es lässt sich feststellen, wie lange es dauert, bis die Umsatzerlöse liquiditätswirksam werden.

$$\text{Laufzeit der Forderungen} = \frac{\text{Ø Bestand an Warenforderung}}{\text{Umsatz}} \cdot 360$$

Eine lange Laufzeit lässt meist auf schlechte Zahlungsmoral der Kunden schließen. Andererseits bedeutet dies, dass sich ein Unternehmen bei einem Liquiditätsengpass durch entsprechende Gestaltung der Zahlungsbedingungen finanzielle Mittel beschaffen kann.

3. Finanzierungsanalyse

Die Finanzierungsanalyse ist die **Analyse der Kapitalseite** mit dem Ziel, Informationen über die Quellen sowie die Zusammensetzung des Kapitals nach Art, Sicherheit und Fristigkeit zu gewinnen. Sie bezieht sich auf:

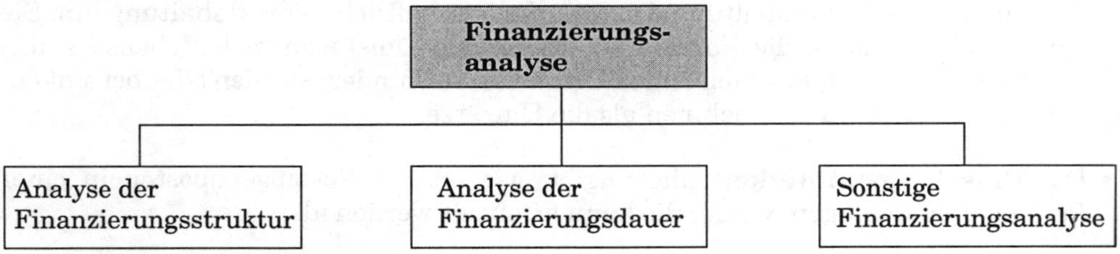

3.1 Analyse der Finanzierungsstruktur

Die Finanzierungsstruktur eines Unternehmens kann mithilfe der folgenden Kennzahlen analysiert werden:

- Dem **Eigenkapitalanteil**, der die Beziehung zwischen Eigenkapital und Gesamtkapital ausdrückt.

$$\text{Eigenkapitalanteil} = \frac{\text{Eigenkapital}}{\text{Gesamtkapital}} \cdot 100$$

  Die Kennzahl kann keine präzise Aussage liefern, da das Eigenkapital sich beispielsweise aus dem gezeichneten Kapital und den Rücklagen sowie den stillen Reserven zusammensetzt. Inwieweit Bewertungsschwankungen auf der Vermögensseite die Größe des Eigenkapitals beeinflusst haben, ist ungewiss.

- Dem **Anspannungskoeffizienten**, der auch **Kapitalanspannung** genannt wird und den relativen Anteil des Fremdkapitals am gesamten Kapital angibt.

$$\text{Anspannungskoeffizient} = \frac{\text{Fremdkapital}}{\text{Gesamtkapital}} \cdot 100$$

Wie hoch der Anteil der Schulden am Gesamtkapital sein darf, ist nicht generell festlegbar, sondern von Branche, Unternehmen und Situation her unterschiedlich zu beurteilen.

- Dem **Verschuldungskoeffizienten**, der aus der Beziehung zwischen Fremdkapital und Eigenkapital ermittelt wird.

$$\text{Verschuldungskoeffizient} = \frac{\text{Fremdkapital}}{\text{Eigenkapital}} \cdot 100$$

Der Verschuldungskoeffizient ist eine besonders wichtige Kennzahl. Er gibt an, inwieweit das Unternehmen von außenstehenden Dritten finanziert wurde im Verhältnis zu dem Anteil der Unternehmenseigentümer.

Wie hoch der Verschuldungskoeffizient sein darf, wird in vertikalen **Finanzierungsregeln** als »Qualitätsnormen« dargestellt:

			Sie gelten bei Kreditinstituten als ...
Vertikale Finanzierungs-regeln	1 : 1-Regel	$\frac{\text{Fremdkapital}}{\text{Eigenkapital}} \leq 1$	»erstrebenswert«
	2 : 1-Regel	$\frac{\text{Fremdkapital}}{\text{Eigenkapital}} \leq 2$	»gesund«
	3 : 1-Regel	$\frac{\text{Fremdkapital}}{\text{Eigenkapital}} \leq 3$	»noch zulässig«

Sie sind sowohl finanz- als auch erfolgswirtschaftlich gesehen nicht geeignet, bei Einhaltung den Bestand des Unternehmens zu sichern. Dennoch können sie eine gewisse Bedeutung erlangen, wenn Fremdkapitalgeber das Unternehmen hinsichtlich seiner Kreditwürdigkeit anhand dieser Finanzierungsregeln beurteilen.

Zur Beurteilung der Kreditwürdigkeit eines Unternehmens verwenden die Kreditinstitute auch die sogenannte **Cash Flow-Ziffer**. Zur Bewertung der Verschuldung eines Unternehmens wird ins Verhältnis gesetzt:

$$\text{Cash Flow-Ziffer} = \frac{\text{Fremdkapital}}{\text{Cash Flow}}$$

Sie trifft eine Aussage, wie viele Jahre ein bestimmter finanzwirtschaftlicher Überschuss im Unternehmen notwendig wird, um das Fremdkapital zu tilgen.

Eine ausreichende Beurteilung des Verhältnisses der verschiedenen Kapitalarten zueinander ist erst gegeben, wenn bekannt ist, wie lange die fremden Mittel in dem Unternehmen verbleiben, ob sie als kurz-, mittel- oder langfristig fällig sind. Um die

Aussagefähigkeit der Kapitalkennzahlen zu erhöhen, sind weitere Relationen zu bilden:

$$\frac{\text{Langfristiges Fremdkapital}}{\text{Gesamtkapital}}$$

$$\frac{\text{Mittel- und kurzfristiges Fremdkapital}}{\text{Gesamtkapital}}$$

Für die Gestaltung des Fremdkapital-Eigenkapital-Verhältnisses sind besonders die **Rentabilitätswirkungen** des Fremdkapitals von Bedeutung - siehe ausführlich *Olfert*.

3.2 Analyse der Finanzierungsdauer

Die Analyse der Laufzeit kurzfristiger Finanzierungsmittel, die von einem Unternehmen in Anspruch genommen wurden, ermöglicht es, Informationen über die Finanzlage dieses Unternehmens zu erlangen. Kennzahlen sind:

- Die **Lieferantenkreditdauer**, bei welcher der durchschnittliche Bestand an Kreditoren und der Wareneingang gegenübergestellt werden:

$$\text{Lieferantenkreditdauer} = \frac{\text{Ø Kreditorenbestand}}{\text{Wareneingang}} \cdot 360$$

  Eine hohe Lieferantenkreditdauer lässt vermuten, dass Skonti nicht ausgenutzt wurden, was sich rentabilitätsmindernd auswirkt. Ein Grund dafür könnten Liquiditätsengpässe beim betrachteten Unternehmen sein.

- Die **Wechselkreditdauer**, die ermittelt wird:

$$\text{Wechselkreditdauer} = \frac{\text{Ø Schuldwechselbestand}}{\text{Wareneingang}} \cdot 360$$

  Eine hohe Wechselkreditdauer kann auf kurzfristige Überbrückungen zwischen Beschaffung und Absatz hindeuten. Es ist aber auch möglich, dass die Wechselfinanzierung nur noch die einzige Finanzierungsmöglichkeit für das Unternehmen darstellt.

- Die **Bankkreditdauer**, die errechnet werden kann:

$$\text{Bankkreditdauer} = \frac{\text{Ø Geschäftskontenbestand}}{\text{Wareneingang}} \cdot 360$$

Eine genaue Wertung einer bestimmten Bankkreditdauer ist nur dann möglich, wenn die Einflussgrößen auf die Kontenbestände im Einzelnen bekannt sind.

3.3 Sonstige Finanzierungsanalyse

Die Finanzierungsanalyse ist schließlich noch mithilfe von zwei aufschlussreichen Kennzahlen möglich:

- Dem **Bilanzkurs**, der, wie bereits gezeigt, die einer Aktie innewohnende Substanz aufzeigt:

$$\text{Bilanzkurs} = \frac{\text{Eigenkapital}}{\text{Gezeichnetes Kapital}} \cdot 100$$

  Im Vergleich mit dem Börsenkurs der Aktie kann offengelegt werden, inwieweit Faktoren den Wert eines Unternehmens verändern, die nicht aus der Bilanz ersichtlich sind, beispielsweise die stillen Reserven und der Goodwill.

- Der **Kreditanspannung**, mit deren Hilfe die Möglichkeiten der Finanzierung durch Lieferantenkredite angedeutet werden können:

$$\text{Kreditanspannung} = \frac{\text{Wechselverbindlichkeiten}}{\text{Warenschulden}} \cdot 100$$

  Steigende Kreditanspannung lässt vermuten, dass Lieferantenkredite weitgehend ausgeschöpft sein könnten, was bedingt durch die Nichtausnutzung von Skonti zu einer Verminderung der Rentabilität führen würde.

4. Liquiditätsanalyse

Bei der Liquiditätsanalyse werden sowohl Positionen der **Vermögensseite** als auch der **Kapitalseite** der Bilanz untersucht:

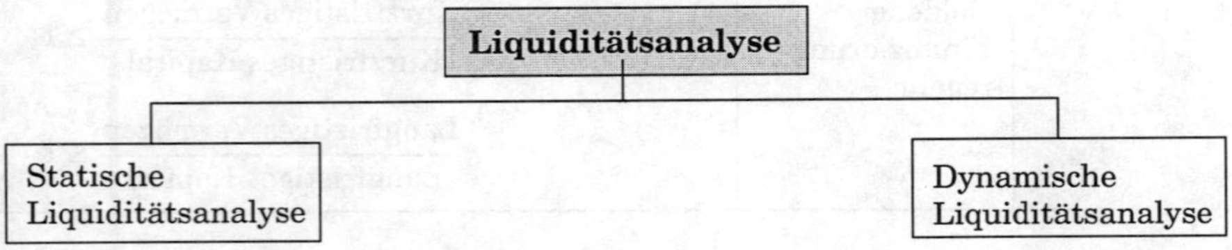

4.1 Statische Liquiditätsanalyse

Die statische Liquiditätsanalyse bezieht sich auf einen **bestimmten Zeitpunkt** im Unternehmensleben. Sie kann sein:

- Eine **langfristige Liquiditätsanalyse**, bei der unterschieden werden:
  - Der **Deckungsgrad A**, der besagt, in welchem Umfang die langfristig investierten Vermögensteile durch Eigenkapital gedeckt sind.

$$\text{Deckungsgrad A} = \frac{\text{Eigenkapital}}{\text{Anlagevermögen}} \cdot 100$$

  - Der **Deckungsgrad B**, der berücksichtigt, dass für langfristige Investitionen neben dem Eigenkapital auch langfristiges Fremdkapital Einsatz finden kann.

$$\text{Deckungsgrad B} = \frac{\text{Eigenkapital + langfristiges Fremdkapital}}{\text{Anlagevermögen}} \cdot 100$$

  - Der **Deckungsgrad C** berücksichtigt, dass mit Eigenkapital und langfristigem Fremdkapital nicht nur Anlagevermögen, sondern auch langfristig gebundenes Umlaufvermögen finanziert werden kann.

$$\text{Deckungsgrad C} = \frac{\text{Eigenkapital + langfristiges Fremdkapital}}{\text{Anlagevermögen + langfristig gebundenes Umlaufvermögen}} \cdot 100$$

Wie bei der Finanzierungsanalyse gibt es auch bei den Deckungsgraden Überlegungen, welches Verhältnis zwischen den einzelnen Werten als günstig anzusehen wäre. Sie finden in den **horizontalen Finanzierungsregeln** als »Qualitätsnormen« ihren Niederschlag, die sein können:

Horizontale Finanzierungsregeln	Goldene Bilanzregeln	im engeren Sinne:	$\frac{\text{Anlagevermögen}}{\text{Eigenkapital}} \leq 1$
		im weiteren Sinne:	$\frac{\text{Anlagevermögen}}{\text{Eigenkapital + langfristiges Fremdkapital}} \leq 1$
	Goldene Finanzierungsregeln		$\frac{\text{Kurzfristiges Vermögen}}{\text{Kurzfristiges Kapital}} \geq 1$
			$\frac{\text{Langfristiges Vermögen}}{\text{Langfristiges Kapital}} \leq 1$

Auch die horizontalen Finanzierungsregeln ermöglichen es nicht, den Bestand des Unternehmens zu sichern.

- Eine **kurzfristige Liquiditätsanalyse**, bei der zu unterscheiden sind:

Bar-liquidität	Liquidität 1. Grades	= Zahlungsmittel* / Kurzfristige Verbindlichkeiten**
Liquidität auf kurze Sicht	Liquidität 2. Grades	= (Zahlungsmittel + kurzfristige Forderungen***) / Kurzfristige Verbindlichkeiten
Liquidität auf mittlere Sicht	Liquidität 3. Grades	= (Zahlungsmittel + kurzfristige Forderungen + Vorräte) / Kurzfristige Verbindlichkeiten

Die genannten Liquiditätsgrade sind zu eng mit der Bilanz verknüpft. Ob ein Unternehmen liquide ist, wird aus einzelnen aktiven und passiven Bilanzpositionen nicht ohne weiteres zu entnehmen sein.

Trotz massiver Kritik an diesen Liquiditätskennzahlen verwenden Kreditinstitute diese bei der Kreditwürdigkeitsprüfung in der Praxis. Sie legen Prozentsätze fest, nach denen z. B. die Liquidität zweiten Grades um 100 Prozent liegen und die Liquidität dritten Grades die 100 Prozentmarke deutlich überschreiten sollte.

Der dritte Liquiditätsgrad – auch Working capital ratio genannt – kann auch in absoluten Zahlen dargestellt werden und ergibt dann das **Working Capital**:

	Umlaufvermögen
–	Kurzfristige Verbindlichkeiten
=	**Working Capital**

Das Umlaufvermögen umfasst hier alle kurzfristigen, innerhalb eines Jahres liquidierbaren Vermögensgegenstände. Weist es einen Überschuss als Working Capital aus, können Aussagen in Bezug auf die Liquiditätsveränderungen und künftige, interne Finanzierungspotenziale getroffen werden. Es wird auch **Reinumlaufvermögen** genannt.

* Zahlungsmittel sind Kasse, Bundesbank, Postbankguthaben, Guthaben bei Kreditinstituten, Wechsel, Schecks.

** Kurzfristige Verbindlichkeiten sind Verbindlichkeiten aus Warenlieferungen und Leistungen, Schuldwechsel, Schulden bei Kreditinstituten, erhaltene Anzahlungen, Dividenden, wenn diese Positionen innerhalb von 3 Monaten fällig werden.

*** Sofern die Forderungen innerhalb von 3 Monaten fällig werden.

4.2 Dynamische Liquiditätsanalyse

Die dynamische Liquiditätsanalyse ist zeitraumbezogen. Es lassen sich unterscheiden:

- Der **Cash Flow,** der wie auf Seite 258 gezeigt direkt und, wie im Folgenden durchgeführt, indirekt ermittelt werden kann, erbringt folgende Aussagen:

  - Der **Cash Flow im engeren Sinne**, der das Ausmaß der Unternehmensfinanzierung aus den Umsatzerlösen als »Kassenüberschuss« zeigt, der über die reine Aufwandsdeckung hinausreicht und dem Unternehmen zur Verfügung steht:

    o Zur (Innen)-Finanzierung von Investitionen
    o Zur Rückzahlung von Verbindlichkeiten
    o Zur Ausschüttung von Gewinn

    Neben der Ertragslage dokumentiert der Cash Flow den **Selbstfinanzierungsspielraum** eines Unternehmens.

	Nichtentnommener Gewinn
+	Neu gebildete Rücklagen
+	Abschreibungen
+	Pauschalwertberichtigungen
=	**Cash Flow im engeren Sinne**

  - Der **Cash Flow im weiteren Sinne**, der nicht nur die aus der Selbstfinanzierung stammenden Mittel erfasst, sondern auch fremdfinanzierte Mittel, die bis zum Zeitpunkt ihrer Inanspruchnahme im Unternehmen verbleiben. Leitgedanke ist, sämtliche Liquiditätszuflüsse einzubeziehen.

	Jahresgewinn bzw. -verlust
–	Gewinnvortrag
+	Verlustvortrag
+	Erhöhung der Rücklagen zu Lasten des Ergebnisses
–	Auflösung der Rücklagen zugunsten des Ergebnisses
+	Erhöhung der langfristigen Rückstellungen
–	Auflösung langfristiger Rückstellungen zu Gunsten des Ergebnisses
+	Abschreibungen und Wertberichtigungen auf Sachanlagen und Beteiligungen
+	außerordentliche, betriebs- und periodenfremde Aufwendungen
–	außerordentliche, betriebs- und periodenfremde Erträge
=	**Cash Flow im weiteren Sinne**

Der Cash Flow ist ein **Indikator für die Finanzkraft** des Unternehmens insofern, als der Spielraum zur Innenfinanzierung, Schuldentilgung und Dividendenzahlung zum Ausdruck gebracht wird.

Aus dem Cash Flow wird geschlossen, inwieweit das Unternehmen dauernd fähig ist, die erforderlichen Finanzmittel aus eigener Kraft für Ersatz- und Erweiterungsinvestitionen zur Verfügung zu stellen.

Zudem geben die im Cash Flow enthaltenen Posten an, in welchem Maße das Unternehmen fähig ist, Schulden zu tilgen und Zinsverbindlichkeiten zu erfüllen, so dass im Rahmen der Analyse nicht nur die **Kreditfähigkeit** aus unternehmensinterner Sicht, sondern darüber hinaus auch die **Kreditwürdigkeit** extern beurteilt werden kann, z. B. anhand der bereits gezeigten Cash Flow-Ziffer.

- Die **Bewegungsbilanz**, in der Mittelverwendung und Mittelherkunft gegenübergestellt werden.

Im Gegensatz zur Beständebilanz stellt die Bewegungsbilanz keine Zeitpunktrechnung, sondern eine Zeitraumrechnung dar, in der die Veränderungen der Bilanzpositionen während einer Rechnungsperiode aufgezeigt werden.

Die Bewegungsbilanz weist auf der Aktiv-Seite die Mittelverwendung, auf der Passiv-Seite die Mittelherkunft aus:

Mittelverwendung	**Bewegungsbilanz** Mittelherkunft
Aktivmehrungen Passivminderungen	Aktivminderungen Passivmehrungen

Da die Bewegungsbilanz die Bestandsveränderungen erfasst, ist sie primär als Mittel zu sehen, finanzwirtschaftliche Vorgänge aufzuzeigen und zudem als Nebenprodukt den Erfolg der Unternehmenstätigkeit zu offenbaren.

- Die **Kapitalflussrechnung**, die dadurch ermöglicht wird, dass

- die Bilanzen
- die GuV-Rechnungen

zu Beginn und Ende einer Rechnungsperiode gegenübergestellt werden. Sie kann nach folgendem **Schema** erfolgen:

Mittelherkunft	
	Einstellung in die Rücklage • gesetzliche Rücklage • Rücklage für eigene Anteile • satzungsmäßige Rücklagen • andere Gewinnrücklagen
–	Entnahmen aus der Rücklage
+	Abschreibungen auf Sachanlagen (einschließlich Abgänge)
+	Abschreibungen auf Beteiligungen
+	Erhöhung des Grundkapitals
+	Zunahme der langfristigen Verbindlichkeiten
+	Zunahme der mittelfristigen Verbindlichkeiten
+	Erhöhung der Rückstellungen
+	Verringerte Vorratshaltung
=	Gesamtbetrag der verfügbaren Mittel (1)

Mittelverwendung	
	Investitionen in
	• Sachanlagen
	• Beteiligungen
+	Erhöhung der Vorräte
+	Zunahme der Forderungen aus langfristigen Geschäften
+	Zunahme der Forderungen aus mittelfristigen Geschäften
+	Verminderung der kurzfristigen Verbindlichkeiten
=	Gesamtbetrag der eingesetzten Mittel (2)

Die Differenz zwischen (1) und (2) ergibt die Zu- oder Abnahme der flüssigen Mittel.

Die Kapitalflussrechnung verdeutlicht die durch die Bilanz und die GuV-Rechnung nicht zum Ausdruck gebrachten Vorgänge im Bereich der Finanzierung und der Investierung. Sie ist damit eine **ergänzende Informationsquelle** zum Jahresabschluss und enthält insbesondere Aussagen über:

- o die Höhe der Betriebseinnahmen aus Umsatzerlösen,
- o die Betriebsausgaben für Material, Personal, Fremdleistungen, Abgaben,
- o den Überschuss der Betriebseinnahmen über die Betriebsausgaben,
- o die Ausgaben für Investitionen, Entwicklung, Markterschließung,
- o den Finanzbedarf, wenn die Ausgaben für Investitionen den Überschuss der Betriebseinnahmen über die Betriebsausgaben übersteigen,
- o die Außenfinanzierung aus Eigen- und Fremdkapital,
- o die Veränderung der liquiden Mittel.

80 Seite 427

5. Ergebnisanalyse

Die Ergebnisanalyse kann durchgeführt werden, indem Relationen von Positionen der Aufwandseite und Ertragsseite* gebildet werden. Sie beziehen sich dabei auf:

- Die **Struktur des Aufwandes**, bei der mehrere Kennzahlen zu unterscheiden sind:

  - Die **Personalintensität**, die ein Maßstab für die Wirtschaftlichkeit des Faktors Arbeit ist.

$$\text{Personalintensität} = \frac{\text{Personalaufwand}}{\text{Gesamtaufwand}} \cdot 100$$

* Damit erfolgt eine **Strukturanalyse**. Die Ergebnisanalyse kann sich aber auch auf die **Analyse der Erfolgsquellen** beziehen – siehe ausführlich *Olfert / Ditges / Langenbeck*.

Der Personalaufwand umfasst die Löhne und Gehälter, die sozialen Abgaben und die Aufwendungen für Altersversorgung und Unterstützung. Mithilfe der Personalintensität kann die Entwicklung der **Wirtschaftlichkeit des Personaleinsatzes** im Zeitablauf überprüft werden. Eine Verschlechterung muss nicht vom Management zu vertreten sein, sondern kann darauf beruhen, dass Lohn- und Gehaltserhöhungen stärker gestiegen sind als der Gesamtaufwand.

Im zwischenbetrieblichen Vergleich ist diese Kennzahl für die Beurteilung des Mechanisierungs- und Automationsniveaus der Unternehmen nützlich.

- Die **Materialintenstität,** die den Anteil des Materialaufwandes am Gesamtaufwand offenlegt.

$$\text{Materialintensität} = \frac{\text{Materialaufwand}}{\text{Gesamtaufwand}} \cdot 100$$

Als Materialaufwand dient der Aufwand für Roh-, Hilfs- und Betriebsstoffe sowie bezogene Waren.

Grundsätzlich ist mit der Materialintensität die **Wirtschaftlichkeit des Materialeinsatzes** festzustellen. Auch hier ist aber zu beachten, dass Veränderungen in den Beschaffungspreisen diese Wirtschaftlichkeit ebenfalls beeinflussen.

- Die **Abschreibungsintensität**, die ein Maßstab für die Wirtschaftlichkeit des eingesetzten Sachanlagevermögens ist.

$$\text{Abschreibungsintensität} = \frac{\text{Abschreibungsaufwand}}{\text{Gesamtaufwand}} \cdot 100$$

Diese Kennzahl ist insofern schwierig zu ermitteln, als der Abschreibungsaufwand durch bilanzpolitische Maßnahmen stark beeinflusst ist.

- Die **Struktur des Ertrages**, bei der als informative Kennzahl die Umsatzdominanz gilt.

$$\text{Umsatzdominanz} = \frac{\text{Umsatz}}{\text{Gesamtertrag}} \cdot 100$$

Sie zeigt den Anteil der Umsatzerlöse am Gesamtertrag.

6. Rentabilitätsanalyse

Die Rentabilitätsanalyse soll Aufschluss über den **Erfolg** eines Unternehmens geben. Ihre **Problematik** liegt in der richtigen Ermittlung des Gewinnes.

Die **handelsrechtliche Erfolgsrechnung** zeigt beispielsweise nur den verteilungsfähigen Reingewinn, also den Gewinn nach Abzug von Steuern, die aus dem Gewinn zu zahlen sind, und nach Abzug von Gewinnanteilen, die auf Rücklagen überführt worden sind.

Der ausgewiesene Gewinn kann außerdem durch Bildung stiller Rücklagen verfälscht sein. Er ist ferner nicht nur durch den Umsatzprozess der Betriebsleistungen, sondern auch durch außerordentliche Erträge entstanden.

Es lassen sich unterscheiden:

- **Gewinnorientierte Rentabilitätsanalyse**

  - Die **Eigenkapitalrentabilität** ergibt sich:

$$\text{Eigenkapitalrentabilität} = \frac{\text{Gewinn}}{\text{Eigenkapital}} \cdot 100$$

Als **Gewinn** wird hier der Jahresüberschuss der Handelsbilanz verstanden, der um die Steuern vom Einkommen, Ertrag und Vermögen vermindert wird. Das **Eigenkapital** besteht aus dem gezeichneten Kapital, den Rücklagen und dem nicht ausgeschütteten Teil des Jahresgewinnes.

  - Die **Gesamtkapitalrentabilität** wird ermittelt:

$$\text{Gesamtkapitalrentabilität} = \frac{\text{Gewinn + Fremdkapitalzinsen}}{\text{Gesamtaufwand}} \cdot 100$$

Die Gesamtkapitalrentabilität stellt die Verzinsung des in einem Unternehmen insgesamt eingesetzten Kapitals dar.

  - Die **Umsatzrentabilität** lässt sich errechnen:

$$\text{Umsatzrentabilität} = \frac{\text{Gewinn}}{\text{Umsatz}} \cdot 100$$

Zweckmäßigerweise kann anstelle des Gewinnes das ordentliche Betriebsergebnis verwendet werden, weil damit betriebsfremde oder außerordentliche Aktivitäten des Unternehmens unberücksichtigt bleiben.

$$\text{Umsatzrentabilität} = \frac{\text{Ordentliches Betriebsergebnis}}{\text{Umsatz}} \cdot 100$$

- **Cash Flow-orientierte Rentabilitätsanalyse**

Sie hat den **Vorteil**, dass sie über den Gewinn hinaus auch andere Einflussgrößen berücksichtigt und somit ein umfassenderes Bild ermöglicht, insbesondere unter finanzwirtschaftlichen Aspekten.

- Die **Eigenkapitalrentabilität** ergibt sich:

$$\text{Eigenkapitalrentabilität} = \frac{\text{Cash Flow}}{\text{Eigenkapital}} \cdot 100$$

Die so errechnete Eigenkapitalrentabilität gibt Auskunft darüber, wieviel Prozent des Eigenkapitals der Cash Flow ausmacht. Dadurch kann die Finanzierungs- und Ertragskraft eines Unternehmens fundierter analysiert werden als bei der gewinnorientierten Betrachtung.

- Die **Gesamtkapitalrentabilität** wird ermittelt :

$$\text{Gesamtkapitalrentabilität} = \frac{\text{Cash Flow}}{\text{Gesamtkapital}} \cdot 100$$

- Die **Umsatzrentabilität** lässt sich errechnen:

$$\text{Umsatzrentabilität} = \frac{\text{Cash Flow}}{\text{Umsatz}} \cdot 100$$

• **Return on Investment**

Beim RoI handelt es sich um eine erweiterte Form der Gesamtkapitalrentabilität. Durch Einbeziehung der Umschlagshäufigkeit des investierten Kapitals werden die Beziehungen zwischen Gewinn, Umsatz und eingesetztem Kapital dargestellt. Die Umsatzrendite wird nicht isoliert, sondern im Zusammenhang mit dem investierten Kapital gesehen.

Die Kennziffer ist auch unter dem Namen »**DuPont-Formel**« bekannt.

Die ursprüngliche Kennziffer des RoI knüpft an die Gesamtkapitalrentabilität an:

$$\text{RoI} = \frac{\text{Gewinn}}{\text{Investiertes Kapital}} \cdot 100$$

Wie bereits gezeigt, kann sie durch die **Einbeziehung des Umsatzes** erweitert werden:

$$\text{RoI} = \frac{\text{Gewinn} \cdot \text{Umsatz}}{\text{Investiertes Kapital} \cdot \text{Umsatz}} \cdot 100$$

Anschließend erfolgt eine Zerlegung der Formel in die Teile

o Umsatzrentabilität
o Kapitalumschlag

$$\text{RoI} = \frac{\text{Gewinn}}{\text{Umsatz}} \cdot \frac{\text{Umsatz}}{\text{Investiertes Kapital}} \cdot 100$$

Die Kennziffer kann auch definiert werden:

RoI =	Umsatz- rentabilität	·	Umschlagshäufigkeit des investierten Kapitals

Der RoI erteilt Auskunft darüber, ob eine Veränderung der Gesamtkapitalrentabilität auf einer Veränderung der Umsatzrentabilität oder des Kapitalumschlags beruht.

Die Kennziffer kann beeinflusst werden durch

- Umsatzsteigerungen
  (Preiserhöhung)
- Verringerung des betriebsnotwendigen Kapitals
  (Erhöhung der Umschlagsgeschwindigkeit)
- Kostensenkungen.

	Kontrollfragen	bear-beitet	Lösungs-hinweis	Lösung +	-
01	Welche Aufgabe hat die finanzwirtschaftliche Analyse?		341		
02	Welche Möglichkeiten der Information hat ein externer Analytiker?		341		
03	Was versteht man unter einem Objekt- und Zeitvergleich?		341		
04	Welche Ziele können mit der finanzwirtschaftlichen Analyse verfolgt werden?		341		
05	Womit wird eine Informationsverdichtung erreicht?		341		
06	Erläutern Sie, worauf sich die Urteilsbildung bezieht!		341 f.		
07	Was sind die Subjekte bzw. Objekte der Entscheidungsfindung?		342		
08	Welche Arten von finanzwirtschaftlichen Analysen lassen sich unterscheiden?		342 f.		
09	Wozu dienen Substanzanalysen?		343		
10	Was sind Kennzahlen?		343		
11	Welche Arten von Kennzahlen können unterschieden werden?		343 f.		
12	Geben Sie Beispiele für relative Kennzahlen!		343 f.		
13	Zeigen Sie, welche Relationen bei der Bilanz und GuV-Rechnung grundsätzlich gebildet werden können!		344		
14	Wie können Kennzahlen systematisiert werden?		344 f.		
15	Inwieweit ist der handelsrechtliche Jahresabschluss zur Kennzahlenanalyse geeignet?		346 f.		
16	Was geschieht bei der Bereinigung der Bilanz?		347		
17	Wie wird die Bilanz aufbereitet?		347		
18	Auf welche Fragestellungen bezieht sich die Investitionsanalyse?		350		
19	Wozu dienen die Kennzahlen zur Investitionsstruktur?		351		
20	Erläutern Sie die Kennzahlen zur Investitionsstruktur!		351 f.		
21	Beschreiben Sie die Kennzahlen, welche die Investitionspolitik beurteilen sollen!		352		
22	Welche umsatzbezogenen Kennzahlen lassen sich unterscheiden?		352 f.		
23	Worauf bezieht sich die Finanzierungsanalyse?		354		
24	Welche Kennzahlen dienen der Analyse der Finanzierungsstruktur?		354 f.		
25	Was sind vertikale Finanzierungsregeln?		355		
26	Wie ist ihre Eignung zu beurteilen?		355		
27	Erläutern Sie die Kennzahlen zur Finanzierungsdauer!		356		

	Kontrollfragen	bear-beitet	Lösungs-hinweis	Lösung +	-
28	Wie ermittelt man den Bilanzkurs?		357		
29	Was sagt die Kreditanspannung aus?		357		
30	Wie kann die Liquiditätsanalyse durchgeführt werden?		357		
31	Welcher Kennzahlen bedient man sich bei der langfristigen statischen Liquiditätsanalyse?		358		
32	Beschreiben Sie die horizontalen Finanzierungsregeln!		358		
33	Inwieweit können horizontale Finanzierungsregeln helfen, den Bestand eines Unternehmens zu sichern?		358		
34	Nennen Sie die kurzfristigen statischen Liquiditätskennzahlen!		359		
35	Wie sind sie zu beurteilen?		359		
36	Welche Möglichkeiten der dynamischen Liquiditätsanalyse lassen sich unterscheiden?		360		
37	Was ist der Cash Flow?		360		
38	Welche Arten des Cash Flow gibt es?		360		
39	Wie ist die Aussagekraft des Cash Flow zu beurteilen?		360 f.		
40	Was versteht man unter einer Bewegungsbilanz?		361		
41	Was ist eine Kapitalflussrechnung?		361 f.		
42	Wie kann eine Kapitalflussrechnung aussehen?		361 f.		
43	Welchen Zwecken dient die Kapitalflussrechnung?		362		
44	Wozu dient die Ergebnisanalyse?		362 f.		
45	Mithilfe welcher Kennzahlen kann die Aufwandsstruktur analysiert werden?		362 f.		
46	Welche Kennzahl gibt über die Ertragstruktur Auskunft?		363		
47	Welchen Zweck verfolgt die Rentabilitätsanalyse?		363 f.		
48	Worin liegt die Problematik bei der Rentabilitätsanalyse?		363 f.		
49	Welche Kennzahlen dienen der Gewinn- und Cash Flow-orientierten Rentabilitätsanalyse?		364		
50	Was ist der Return on Investment, welche Aussagen sind mit seiner Hilfe möglich?		365 f.		

Anhang

q^n	$(1+i)^n$	Aufzinsungsfaktor
$\frac{1}{q^n}$	$\frac{1}{(1+i)^n}$	Abzinsungsfaktor
$\frac{q-1}{q^n-1}$	$\frac{i}{(1+i)^n-1}$	Restwert-verteilungsfaktor
$\frac{q^n(q-1)}{q^n-1}$	$\frac{i(1+i)^n}{(1+i)^n-1}$	Kapitalwieder-gewinnungsfaktor
$\frac{q^n-1}{q-1}$	$\frac{(1+i)^n-1}{i}$	Endwertfaktor
$\frac{q^n-1}{q^n(q-1)}$	$\frac{(1+i)^n-1}{i(1+i)^n}$	Barwertfaktor

Eine ausführliche Darstellung finanzmathematischer Tabellen findet sich bei *Däumler*, Finanzmathematisches Tabellenwerk.

5,0 % n	q^n	$\frac{1}{q^n}$	$\frac{q-1}{q^n-1}$	$\frac{q^n(q-1)}{q^n-1}$	$\frac{q^n-1}{q-1}$	$\frac{q^n-1}{q^n(q-1)}$
1	1,050000	0,952381	1,000000	1,050000	1,000000	0,952381
2	1,102500	0,907029	0,487805	0,537805	2,050000	1,859410
3	1,157625	0,863838	0,317209	0,367209	3,152500	2,723248
4	1,215506	0,822702	0,232012	0,282012	4,310125	3,545951
5	1,276282	0,783526	0,180975	0,230975	5,525631	4,329477
6	1,340096	0,746215	0,147018	0,197017	6,801913	5,075692
7	1,407100	0,710681	0,122820	0,172820	8,142008	5,786373
8	1,477455	0,676839	0,104722	0,154722	9,549109	6,463213
9	1,551328	0,644609	0,090690	0,140690	11,026564	7,107822
10	1,628895	0,613913	0,079505	0,129505	12,577893	7,721735
11	1,710339	0,584679	0,070389	0,120389	14,206787	8,306414
12	1,795856	0,556837	0,062825	0,112825	15,917127	8,863252
13	1,885649	0,530321	0,056456	0,106456	17,712983	9,393573
14	1,979932	0,505068	0,051024	0,101024	19,598632	9,898641
15	2,078928	0,481017	0,046342	0,096342	21,578564	10,379658
16	2,182875	0,458112	0,042270	0,092270	23,657492	10,837770
17	2,292018	0,436297	0,038699	0,088699	25,840366	11,274066
18	2,406619	0,415521	0,035546	0,085546	28,132385	11,689587
19	2,526950	0,395734	0,032745	0,082745	30,539004	12,085321
20	2,653298	0,376889	0,030243	0,080243	33,065954	12,462210

6,0 % n	q^n	$\frac{1}{q^n}$	$\frac{q-1}{q^n-1}$	$\frac{q^n(q-1)}{q^n-1}$	$\frac{q^n-1}{q-1}$	$\frac{q^n-1}{q^n(q-1)}$
1	1,060000	0,943396	1,000000	1,060000	1,000000	0,943396
2	1,123600	0,889996	0,485437	0,545437	2,060000	1,833393
3	1,191016	0,839619	0,314110	0,374110	3,183600	2,673012
4	1,262477	0,792094	0,228592	0,288591	4,374616	3,465106
5	1,338226	0,747258	0,177396	0,237396	5,637093	4,212364
6	1,418519	0,704961	0,143363	0,203363	6,975319	4,917324
7	1,503630	0,665057	0,119135	0,179135	8,393838	5,582381
8	1,593848	0,627412	0,101036	0,161036	9,897468	6,209794
9	1,689479	0,591898	0,087022	0,147022	11,491316	6,801692
10	1,790848	0,558395	0,075868	0,135868	13,180795	7,360087
11	1,898299	0,526788	0,066793	0,126793	14,971643	7,886875
12	2,012196	0,496969	0,059277	0,119277	16,869941	8,383844
13	2,132928	0,468839	0,052960	0,112960	18,882138	8,852683
14	2,260904	0,442301	0,047585	0,107585	21,015666	9,294984
15	2,396558	0,417265	0,042963	0,102963	23,275970	9,712249
16	2,540352	0,393646	0,038952	0,098952	25,672528	10,105895
17	2,692773	0,371364	0,035445	0,095445	28,212880	10,477260
18	2,854339	0,350344	0,032357	0,092357	30,905653	10,827603
19	3,025600	0,330513	0,029621	0,089621	33,759992	11,158116
20	3,207135	0,311805	0,027185	0,087185	36,785591	11,469921

7,0 % n	q^n	$\frac{1}{q^n}$	$\frac{q-1}{q^n-1}$	$\frac{q^n(q-1)}{q^n-1}$	$\frac{q^n-1}{q-1}$	$\frac{q^n-1}{q^n(q-1)}$
1	1,070000	0,934579	1,000000	1,070000	1,000000	0,934579
2	1,144900	0,873439	0,483092	0,553092	2,070000	1,808018
3	1,225043	0,816298	0,311052	0,381052	3,214900	2,624316
4	1,310796	0,762895	0,225228	0,295228	4,439943	3,387211
5	1,402552	0,712986	0,173891	0,243891	5,750739	4,100197
6	1,500730	0,666342	0,139796	0,209796	7,153291	4,766540
7	1,605781	0,622750	0,115553	0,185553	8,654021	5,389289
8	1,718186	0,582009	0,097468	0,167468	10,259803	5,971299
9	1,838459	0,543934	0,083487	0,153486	11,977989	6,515232
10	1,967151	0,508349	0,072378	0,142378	13,816448	7,023582
11	2,104852	0,475093	0,063357	0,133357	15,783599	7,498674
12	2,252192	0,444012	0,055902	0,125902	17,888451	7,942686
13	2,409845	0,414964	0,049651	0,119651	20,140643	8,357651
14	2,578534	0,387817	0,044345	0,114345	22,550488	8,745468
15	2,759032	0,362446	0,039795	0,109795	25,129022	9,107914
16	2,952164	0,338735	0,035858	0,105858	27,888054	9,446649
17	3,158815	0,316574	0,032425	0,102425	30,840217	9,763223
18	3,379932	0,295864	0,029413	0,099413	33,999033	10,059087
19	3,616528	0,276508	0,026753	0,096753	37,378965	10,335595
20	3,869684	0,258419	0,024393	0,094393	40,995492	10,594014

8,0 % n	q^n	$\frac{1}{q^n}$	$\frac{q-1}{q^n-1}$	$\frac{q^n(q-1)}{q^n-1}$	$\frac{q^n-1}{q-1}$	$\frac{q^n-1}{q^n(q-1)}$
1	1,080000	0,925926	1,000000	1,080000	1,000000	0,925926
2	1,166400	0,857339	0,480769	0,560769	2,080000	1,783265
3	1,259712	0,793832	0,308034	0,388034	3,246400	2,577097
4	1,360489	0,735030	0,221921	0,301921	4,506112	3,312127
5	1,469328	0,680583	0,170457	0,250456	5,866601	3,992710
6	1,586874	0,630170	0,136315	0,216315	7,335929	4,622880
7	1,713824	0,583490	0,112072	0,192072	8,922803	5,206370
8	1,850930	0,540269	0,094015	0,174015	10,636628	5,746639
9	1,999005	0,500249	0,080080	0,160080	12,487558	6,246888
10	2,158925	0,463193	0,069030	0,149029	14,486562	6,710081
11	2,331639	0,428883	0,060076	0,140076	16,645487	7,138964
12	2,518170	0,397114	0,052695	0,132695	18,977126	7,536078
13	2,719624	0,367698	0,046522	0,126522	21,495297	7,903776
14	2,937194	0,340461	0,041297	0,121297	24,214920	8,244237
15	3,172169	0,315242	0,036830	0,116830	27,152114	8,559479
16	3,425943	0,291890	0,032977	0,112977	30,324283	8,851369
17	3,700018	0,270269	0,029629	0,109629	33,750226	9,121638
18	3,996019	0,250249	0,026702	0,106702	37,450244	9,371887
19	4,315701	0,231712	0,024128	0,104128	41,446263	9,603599
20	4,660957	0,214548	0,021852	0,101852	45,761964	9,818147

9,0 % n	q^n	$\frac{1}{q^n}$	$\frac{q-1}{q^n-1}$	$\frac{q^n(q-1)}{q^n-1}$	$\frac{q^n-1}{q-1}$	$\frac{q^n-1}{q^n(q-1)}$
1	1,090000	0,917431	1,000000	1,090000	1,000000	0,917431
2	1,188100	0,841680	0,478469	0,568469	2,090000	1,759111
3	1,295029	0,772183	0,305055	0,395055	3,278100	2,531295
4	1,411582	0,708425	0,218669	0,308669	4,573129	3,239720
5	1,538624	0,649931	0,167093	0,257092	5,984711	3,889651
6	1,677100	0,596267	0,132920	0,222920	7,523335	4,485919
7	1,828039	0,547034	0,108691	0,198691	9,200435	5,032953
8	1,992563	0,501866	0,090674	0,180674	11,028474	5,534819
9	2,171893	0,460428	0,076799	0,166799	13,021036	5,995247
10	2,367364	0,422411	0,065820	0,155820	15,192930	6,417658
11	2,580426	0,387533	0,056947	0,146947	17,560293	6,805191
12	2,812665	0,355535	0,049651	0,139651	20,140720	7,160725
13	3,065805	0,326179	0,043567	0,133567	22,953385	7,486904
14	3,341727	0,299246	0,038433	0,128433	26,019189	7,786150
15	3,642482	0,274538	0,034059	0,124059	29,360916	8,060688
16	3,970306	0,251870	0,030300	0,120300	33,003399	8,312558
17	4,327633	0,231073	0,027046	0,117046	36,973705	8,543631
18	4,717120	0,211994	0,024212	0,114212	41,301338	8,755625
19	5,141661	0,194490	0,021730	0,111730	46,018458	8,950115
20	5,604411	0,178431	0,019546	0,109546	51,160120	9,128546

10,0 % n	q^n	$\frac{1}{q^n}$	$\frac{q-1}{q^n-1}$	$\frac{q^n(q-1)}{q^n-1}$	$\frac{q^n-1}{q-1}$	$\frac{q^n-1}{q^n(q-1)}$
1	1,100000	0,909091	1,000000	1,100000	1,000000	0,909091
2	1,210000	0,826446	0,476191	0,576190	2,100000	1,735537
3	1,331000	0,751315	0,302115	0,402115	3,310000	2,486852
4	1,464100	0,683013	0,215471	0,315471	4,641000	3,169865
5	1,610510	0,620921	0,163798	0,263797	6,105100	3,790787
6	1,771561	0,564474	0,129607	0,229607	7,715610	4,355261
7	1,948717	0,513158	0,105406	0,205405	9,487171	4,868419
8	2,143589	0,466507	0,087444	0,187444	11,435888	5,334926
9	2,357948	0,424098	0,073641	0,173641	13,579477	5,759024
10	2,593742	0,385543	0,062745	0,162745	15,937425	6,144567
11	2,853117	0,350494	0,053963	0,153963	18,531167	6,495061
12	3,138428	0,318631	0,046763	0,146763	21,384284	6,813692
13	3,452271	0,289664	0,040779	0,140779	24,522712	7,103356
14	3,797498	0,263331	0,035746	0,135746	27,974983	7,366687
15	4,177248	0,239392	0,031474	0,131474	31,772482	7,606080
16	4,594973	0,217629	0,027817	0,127817	35,949730	7,823709
17	5,054470	0,197845	0,024664	0,124664	40,544703	8,021553
18	5,559917	0,179859	0,021930	0,121930	45,599173	8,201412
19	6,115909	0,163508	0,019547	0,119547	51,159090	8,364920
20	6,727500	0,148644	0,017460	0,117460	57,274999	8,513564

11,0 % n	q^n	$\frac{1}{q^n}$	$\frac{q-1}{q^n-1}$	$\frac{q^n(q-1)}{q^n-1}$	$\frac{q^n-1}{q-1}$	$\frac{q^n-1}{q^n(q-1)}$
1	1,110000	0,900901	1,000000	1,110000	1,000000	0,900901
2	1,232100	0,811622	0,473934	0,583934	2,110000	1,712523
3	1,367631	0,731191	0,299213	0,409213	3,342100	2,443715
4	1,518070	0,658731	0,212326	0,322326	4,709731	3,102446
5	1,685058	0,593451	0,160570	0,270570	6,227801	3,695897
6	1,870415	0,534641	0,126377	0,236377	7,912860	4,230538
7	2,076160	0,481658	0,102215	0,212215	9,783274	4,712196
8	2,304538	0,433926	0,084321	0,194321	11,859434	5,146123
9	2,558037	0,390925	0,070602	0,180602	14,163972	5,537048
10	2,839421	0,352184	0,059801	0,169801	16,722009	5,889232
11	3,151757	0,317283	0,051121	0,161121	19,561430	6,206515
12	3,498451	0,285841	0,044027	0,154027	22,713187	6,492356
13	3,883280	0,257514	0,038151	0,148151	26,211638	6,749870
14	4,310441	0,231995	0,033228	0,143228	30,094918	6,981865
15	4,784589	0,209004	0,029065	0,139065	34,405359	7,190870
16	5,310894	0,188292	0,025517	0,135517	39,189948	7,379162
17	5,895093	0,169633	0,022471	0,132471	44,500843	7,548794
18	6,543553	0,152822	0,019843	0,129843	50,395936	7,701617
19	7,263344	0,137678	0,017563	0,127563	56,939488	7,839294
20	8,062312	0,124034	0,015576	0,125576	64,202832	7,963328

12,0 % n	q^n	$\frac{1}{q^n}$	$\frac{q-1}{q^n-1}$	$\frac{q^n(q-1)}{q^n-1}$	$\frac{q^n-1}{q-1}$	$\frac{q^n-1}{q^n(q-1)}$
1	1,120000	0,892857	1,000000	1,120000	1,000000	0,892857
2	1,254400	0,797194	0,471698	0,591698	2,120000	1,690051
3	1,404928	0,711780	0,296349	0,416349	3,374400	2,401831
4	1,573519	0,635518	0,209234	0,329234	4,779328	3,037349
5	1,762342	0,567427	0,157410	0,277410	6,352847	3,604776
6	1,973823	0,506631	0,123226	0,243226	8,115189	4,111407
7	2,210681	0,452349	0,099118	0,219118	10,089012	4,563757
8	2,475963	0,403883	0,081303	0,201303	12,299693	4,967640
9	2,773079	0,360610	0,067679	0,187679	14,775656	5,328250
10	3,105848	0,321973	0,056984	0,176984	17,548735	5,650223
11	3,478550	0,287476	0,048415	0,168415	20,654583	5,937699
12	3,895976	0,256655	0,041437	0,161437	24,133133	6,194374
13	4,363493	0,229144	0,035677	0,155677	28,029109	6,423548
14	4,887112	0,204620	0,030871	0,150871	32,392602	6,628168
15	5,473566	0,182696	0,026824	0,146824	37,279715	6,810864
16	6,130394	0,163122	0,023390	0,143390	42,753280	6,973986
17	6,866041	0,145644	0,020457	0,140457	48,883674	7,119630
18	7,689966	0,130040	0,017937	0,137937	55,749715	7,249670
19	8,612762	0,116107	0,015763	0,135763	63,439681	7,365777
20	9,646293	0,103667	0,013879	0,133879	72,052442	7,469444

13,0 % n	q^n	$\frac{1}{q^n}$	$\frac{q-1}{q^n-1}$	$\frac{q^n(q-1)}{q^n-1}$	$\frac{q^n-1}{q-1}$	$\frac{q^n-1}{q^n(q-1)}$
1	1,130000	0,884956	1,000000	1,130000	1,000000	0,884956
2	1,276900	0,783147	0,469484	0,599484	2,130000	1,668102
3	1,442897	0,693050	0,293522	0,423522	3,406900	2,361153
4	1,630474	0,613319	0,206194	0,336194	4,849797	2,974471
5	1,842435	0,542760	0,154315	0,284315	6,480271	3,517231
6	2,081952	0,480319	0,120153	0,250153	8,322706	3,997550
7	2,352605	0,425061	0,096111	0,226111	10,404658	4,422610
8	2,658444	0,376160	0,078387	0,208387	12,757263	4,798770
9	3,004042	0,332885	0,064869	0,194869	15,415707	5,131655
10	3,394567	0,294588	0,054290	0,184290	18,419749	5,426243
11	3,835861	0,260698	0,045842	0,175841	21,814317	5,686941
12	4,334523	0,230706	0,038986	0,168986	25,650178	5,917647
13	4,898011	0,204165	0,033350	0,163350	29,984701	6,121812
14	5,534753	0,180677	0,028668	0,158667	34,882712	6,302488
15	6,254270	0,159891	0,024742	0,154742	40,417464	6,462379
16	7,067326	0,141496	0,021426	0,151426	46,671735	6,603875
17	7,986078	0,125218	0,018608	0,148608	53,739060	6,729093
18	9,024268	0,110812	0,016201	0,146201	61,725138	6,839905
19	10,197423	0,098064	0,014134	0,144134	70,749406	6,937969
20	11,523088	0,086782	0,012354	0,142354	80,946829	7,024752

14,0 % n	q^n	$\frac{1}{q^n}$	$\frac{q-1}{q^n-1}$	$\frac{q^n(q-1)}{q^n-1}$	$\frac{q^n-1}{q-1}$	$\frac{q^n-1}{q^n(q-1)}$
1	1,140000	0,877193	1,000000	1,140000	1,000000	0,877193
2	1,299600	0,769468	0,467290	0,607290	2,140000	1,646661
3	1,481544	0,674972	0,290732	0,430731	3,439600	2,321632
4	1,688960	0,592080	0,203205	0,343205	4,921144	2,913712
5	1,925415	0,519369	0,151284	0,291284	6,610104	3,433081
6	2,194973	0,455587	0,117158	0,257157	8,535519	3,888668
7	2,502269	0,399637	0,093192	0,233192	10,730491	4,288305
8	2,852586	0,350559	0,075570	0,215570	13,232760	4,638864
9	3,251949	0,307508	0,062168	0,202168	16,085347	4,946372
10	3,707221	0,269744	0,051714	0,191714	19,337295	5,216116
11	4,226232	0,236617	0,043394	0,183394	23,044516	5,452733
12	4,817905	0,207559	0,036669	0,176669	27,270749	5,660292
13	5,492411	0,182069	0,031164	0,171164	32,088654	5,842362
14	6,261349	0,159710	0,026609	0,166609	37,581065	6,002072
15	7,137938	0,140096	0,022809	0,162809	43,842414	6,142168
16	8,137249	0,122892	0,019615	0,159615	50,980352	6,265060
17	9,276464	0,107800	0,016915	0,156915	59,117601	6,372859
18	10,575169	0,094561	0,014621	0,154621	68,394066	6,467420
19	12,055693	0,082948	0,012663	0,152663	79,969235	6,550369
20	13,743490	0,072762	0,010986	0,150986	91,024928	6,623131

15,0 % n	q^n	$\frac{1}{q^n}$	$\frac{q-1}{q^n-1}$	$\frac{q^n(q-1)}{q^n-1}$	$\frac{q^n-1}{q-1}$	$\frac{q^n-1}{q^n(q-1)}$
1	1,150000	0,869565	1,000000	1,150000	1,000000	0,869565
2	1,322500	0,756144	0,465116	0,615116	2,150000	1,625709
3	1,520875	0,657516	0,287977	0,437977	3,472500	2,283225
4	1,749006	0,571753	0,200265	0,350265	4,993375	2,854978
5	2,011357	0,497177	0,148316	0,298316	6,742381	3,352155
6	2,313061	0,432328	0,114237	0,264237	8,753738	3,784483
7	2,660020	0,375937	0,090360	0,240360	11,066799	4,160420
8	3,059023	0,326902	0,072850	0,222850	13,726819	4,487322
9	3,517876	0,284262	0,059574	0,209574	16,785842	4,771584
10	4,045558	0,247185	0,049252	0,199252	20,303718	5,018769
11	4,652391	0,214943	0,041069	0,191069	24,349276	5,233712
12	5,350250	0,186907	0,034481	0,184481	29,001667	5,420619
13	6,152788	0,162528	0,029110	0,179110	34,351917	5,583147
14	7,075706	0,141329	0,024688	0,174688	40,504705	5,724476
15	8,137062	0,122894	0,021017	0,171017	47,580411	5,847370
16	9,357621	0,106865	0,017948	0,167948	55,717472	5,954235
17	10,761264	0,092926	0,015367	0,165367	65,075093	6,047161
18	12,375454	0,080805	0,013186	0,163186	75,836357	6,127966
19	14,231772	0,070265	0,011336	0,161336	88,211811	6,198231
20	16,366537	0,061100	0,009761	0,159761	102,443583	6,259331

16,0 % n	q^n	$\frac{1}{q^n}$	$\frac{q-1}{q^n-1}$	$\frac{q^n(q-1)}{q^n-1}$	$\frac{q^n-1}{q-1}$	$\frac{q^n-1}{q^n(q-1)}$
1	1,160000	0,862069	1,000000	1,160000	1,000000	0,862069
2	1,345600	0,743163	0,462963	0,622963	2,160000	1,605232
3	1,560896	0,640658	0,285258	0,445258	3,505600	2,245890
4	1,810639	0,552291	0,197375	0,357375	5,066496	2,798181
5	2,100342	0,476113	0,145409	0,305409	6,877135	3,274294
6	2,436396	0,410442	0,111390	0,271390	8,977477	3,684736
7	2,826220	0,353830	0,087613	0,247613	11,413873	4,038565
8	3,278415	0,305025	0,070224	0,230224	14,240093	4,343591
9	3,802961	0,262953	0,057082	0,217082	17,518508	4,606544
10	4,411435	0,226684	0,046901	0,206901	21,321469	4,833227
11	5,117265	0,195417	0,038861	0,198861	25,732904	5,028644
12	5,936027	0,168463	0,032415	0,192415	30,850169	5,197107
13	6,885791	0,145227	0,027184	0,187184	36,786196	5,342334
14	7,987518	0,125195	0,022898	0,182898	43,671987	5,467529
15	9,265521	0,107927	0,019358	0,179358	51,659505	5,575456
16	10,748804	0,093041	0,016414	0,176414	60,925026	5,668497
17	12,467685	0,080207	0,013952	0,173952	71,673030	5,748704
18	14,462514	0,069144	0,011885	0,171885	84,140715	5,817848
19	16,776517	0,059607	0,010142	0,170142	98,603230	5,877455
20	19,460759	0,051385	0,008667	0,168667	115,379747	5,928841

Gesamtliteraturverzeichnis

A. Grundlagen

Altrogge, G., Investition, 3. Auflage, München 1996
Bischoff, S., Investitionsmanagement, München 1997
Blohm/Lüder, Investition, 8. Auflage, München 1995
Buchner, R., Grundzüge der Finanzanalyse, München 1981
Büschgen, H.E., Grundlagen betrieblicher Finanzwirtschaft, 3. Auflage, Frankfurt/Main 1991
Chmielewicz, K., Betriebliche Finanzwirtschaft, Berlin 1976
Däumler, K.-D., Grundlagen der Investitions- und Wirtschaftlichkeitsrechnung, 10. Auflage, Herne/Berlin 2000
Ditges/Arendt, Bilanzen, 10. Auflage, Ludwigshafen (Rhein) 2002
Eilenberger, G., Betriebliche Finanzwirtschaft, 6. Auflage, München/Wien 1997
Grefe, C., Kompakt-Training Bilanzen, 2. Auflage, Ludwigshafen (Rhein) 2001
Grill/Perczynski, Wirtschaftslehre des Kreditwesens, 36. Auflage, Bad Homburg 2002
Größl, L., Betriebliche Finanzwirtschaft, 3. Auflage, Renningen 1999
Hahn, O., Finanzwirtschaft, 2. Auflage, Landsberg 1983
Hopfenbeck, W., Allgemeine Betriebswirtschafts- und Managementlehre, 13. Auflage, Landsberg 2000
Jaspersen, T., Investition, München/Wien 1997
Jehle/Blazek/Deyhle, Finanzcontrolling, 7. Auflage, Gauting/München 2002
Kruschwitz, L, Finanzierung und Investition, 3. Auflage, Berlin/New York 2000
Kruschwitz, L., Investitionsrechnung, 8. Auflage, Berlin/New York 2000
Lücke, W., Investitionslexikon, 2. Auflage, München 1991
Möser, H.D., Finanz- und Investitionswirtschaft im Unternehmen, 2. Auflage, Landsberg/Lech 1993
Olfert, K., Finanzierung, 11. Auflage, Ludwigshafen (Rhein) 2001
Olfert/Rahn, Lexikon der Betriebswirtschaftslehre, 4. Auflage, Ludwigshafen (Rhein) 2001
Olfert/Reichel, Kompakt-Training Investition, 2. Auflage, Ludwigshafen (Rhein) 2002
Olfert/Reichel, Kompakt-Training Finanzierung, 3. Auflage, Ludwigshafen (Rhein) 2003
Perridon/Steiner, Finanzwirtschaft der Unternehmung, 11. Auflage, München 2002
Schneider, D., Investition, Finanzierung und Besteuerung, 7. Auflage, Wiesbaden 1992
Süchting, J., Finanzmanagement, 6. Auflage, Wiesbaden 1995
Swoboda, P., Investition und Finanzierung, 5. Auflage, Göttingen 1996
Ulrich/Fluri, Management, 7. Auflage, Bern/Stuttgart/Wien 1995
Wöhe/Bilstein, Grundzüge der Unternehmensfinanzierung, 9. Auflage, München 2002
Ziegenbein, K., Controlling, 7. Auflage, Ludwigshafen (Rhein) 2002

B. Investitionsplanung

Adam, D., Investitionscontrolling, 3. Auflage, München 2000
Bamberg/Coenenberg, Betriebswirtschaftliche Entscheidungslehre, 11. Auflage, München 2002
Bischoff, S., Investitionsmanagement, München 1997
Blohm/Lüder, Investition, 8. Auflage, München 1995
Busse, F.-J., Grundlagen der betrieblichen Finanzwirtschaft. 4. Auflage, München/Wien 1996
Däumler, K.-D., Grundlagen der Investitions- und Wirtschaftlichkeitsrechnung, 10. Auflage, Herne/Berlin 2000
Ebel, B., Kompakt-Training Produktionswirtschaft, Ludwigshafen 2002
Ebel, B., Produktionswirtschaft, Ludwigshafen, 2003
Ehrmann, H., Unternehmensplanung, 4. Auflage, Ludwigshafen (Rhein) 2002
Eilenberger, G., Betriebliche Finanzwirtschaft, 6. Auflage, München/Wien 1997
Grabbe, H.-W., Investitionsrechnung in der Praxis, Köln 1976
Gutenberg, E., Grundlagen der Betriebswirtschaftslehre, Bd. 3, Die Finanzen, 8. Auflage, Berlin 1987
Hahn/Hungenberg, PUK, Wertorientierte Controllingkonzepte, 6. Auflage, Wiesbaden 2001
Hahn, O., Finanzwirtschaft, 2. Auflage, Landsberg (Lech) 1983
Hax, Investitionstheorie, 5. Auflage, Würzburg/Wien 1985
Heinhold, M., Investitionsrechnung, 8. Auflage, München/Wien 1999
Jehle/Blazek/Deyhle, Finanzcontrolling, 7. Auflage, Gauting/München 2002
Kruschwitz, L., Investitionsrechnung, 8. Auflage, Berlin/New York 2000

Kruschwitz/Decker/Möbius, Investitions- und Finanzplanung, Wiesbaden 1994
Lücke, W., Investitionslexikon, 2. Auflage, München 1991
Lüder, K., Investitionskontrolle, Wiesbaden 1982
Matschke, M. J., Investitionsplanung und Investitionskontrolle, Herne/Berlin 1993
Mertens, P., Prognoserechnung, 5. Auflage, Berlin 1994
Möser, H.D., Finanz- und Investitionswirtschaft im Unternehmen, 2. Auflage, Landsberg (Lech) 1993
Müller-Hederich, B., Betriebliche Investitionswirtschaft, 3. Auflage, Stuttgart 1983
Olfert, K., Finanzierung, 11. Auflage, Ludwigshafen (Rhein) 2001
Olfert, K., Kostenrechnung, 12. Auflage, Ludwigshafen (Rhein) 2001
Olfert, K., Kompakt-Training Kostenrechnung, 2. Auflage, Ludwigshafen (Rhein) 2001
Olfert/Rahn, Lexikon der Betriebswirtschaftslehre, 4. Auflage, Ludwigshafen (Rhein) 2001
Olfert/Reichel, Kompakt-Training Investition, 2. Auflage, Ludwigshafen (Rhein) 2002
Olfert/Reichel, Kompakt-Training Finanzierung, 3. Auflage, Ludwigshafen (Rhein) 2003
Perridon/Steiner, Finanzwirtschaft der Unternehmung, 11. Auflage, München 2002
Reichmann, T., Controlling mit Kennzahlen und Managementberichte, 6. Auflage, München 2001
Schneider, D., Investition, Finanzierung und Besteuerung, 7. Auflage, Wiesbaden 1992
Swoboda, P., Investition und Finanzierung, 5. Auflage, Göttingen 1996
Volkart, R., Finanzmanagement, Beiträge zu Theorie und Praxis, Bd. I u. II, 7. Auflage, Zürich 1998
Volkart, R., Shareholder Value & Corporate Valuation, Zürich 1998
Walz/Gramlich, Investitions- und Finanzplanung, 5. Auflage, Heidelberg 1997
Zangenmeister, C., Nutzwertanalyse in der Systemtechnik, 4. Auflage, Berlin 1976
Ziegenbein, K., Controlling, 7. Auflage, Ludwigshafen (Rhein) 2002
Ziegenbein, K., Kompakt-Training Controlling, Ludwigshafen (Rhein) 2001

C. Statische Investitionsrechnungen zur Beurteilung von Sachinvestitionen

Altrogge, G., Investition, 3. Auflage, München 1996
Bischoff, S., Investitionsmanagement, München 1997
Blohm/Lüder, Investition, 8. Auflage, München 1995
Chmielewicz, K., Betriebliche Finanzwirtschaft, Berlin 1976
Däumler, K.-D., Betriebliche Finanzwirtschaft, 7. Auflage, Herne/Berlin 1997
Däumler, K.-D., Grundlagen der Investitions- und Wirtschaftlichkeitsrechnung, 10. Auflage, Herne/Berlin 2000
Ditges/Arendt, Bilanzen, 10. Auflage, Ludwigshafen (Rhein) 2002
Eilenberger, G., Betriebliche Finanzwirtschaft, 6. Auflage, München/Wien 1997
Grabbe, H.-W., Investitionsrechnung in der Praxis, Köln 1976
Grefe, C., Kompakt-Training Bilanzen, 2. Auflage, Ludwigshafen (Rhein) 2001
Hahn, O., Finanzwirtschaft, 2. Auflage, Landsberg (Lech) 1983
Hass, O., Finanzmathematik, 5. Auflage, München 1997
Heinhold, M., Investitionsrechnung, 7. Auflage, München/Wien 1996
Jaspersen, T., Investition, München/Wien 1997
Kruschwitz, L., Investitionsrechnung, 8. Auflage, Berlin/New York 2000
Kruschwitz, L., Finanzierung und Investition, 3. Auflage, Berlin/New York 2000
Lücke, W., Investitionslexikon, 2. Auflage, München 1991
Möser, H.D., Finanz- und Investitionswirtschaft im Unternehmen, 2. Auflage, Landsberg (Lech) 1993
Müller-Hedrich, B., Betriebliche Investitionswirtschaft, 3. Auflage, Stuttgart 1983
Olfert, K., Kostenrechnung, 12. Auflage, Ludwigshafen (Rhein) 2001
Olfert, K., Kompakt-Training Kostenrechnung, 2. Auflage, Ludwigshafen (Rhein) 2001
Olfert/Rahn, Lexikon der Betriebswirtschaftslehre, 4. Auflage, Ludwigshafen (Rhein) 2001
Olfert/Reichel, Kompakt-Training Investition, 2. Auflage, Ludwigshafen (Rhein) 2002
Perridon/Steiner, Finanzwirtschaft der Unternehmung, 11. Auflage, München 2002
Schneider, D., Investition, Finanzierung und Besteuerung, 7. Auflage, Wiesbaden 1992
Schulte, K. W., Wirtschaftlichkeitsrechnung, 4. Auflage, Würzburg/Wien 1986
Spremann, K., Wirtschaft, Investition und Finanzierung, 5. Auflage, München 1996
Swoboda, P., Investition und Finanzierung, 5. Auflage, Göttingen 1996

Terborgh, G., Leitfaden der betrieblichen Investitionspolitik, Wiesbaden 1962
Walther, A., Investitionsrechnung, Köln 1996
ZVEI, Leitfaden für die Beurteilung von Investitionen, Frankfurt/Main 1971

D. Dynamische Investitionsrechnungen zur Beurteilung von Sachinvestitionen

Altrogge, G., Investition, 3. Auflage, München 1996
Bischoff, S., Investitionsmanagement, München 1997
Blohm/Lüder, Investition, 8. Auflage, München 1995
Caprano/Gierl, Finanzmathematik, 6. Auflage, München 1998
Chmielewicz, K., Betriebliche Finanzwirtschaft, Berlin 1976
Däumler, K.-D., Finanzmathematisches Tabellenwerk mit CD-ROM, 4. Auflage, Herne/Berlin 1998
Däumler, K.-D., Betriebliche Finanzwirtschaft, 7. Auflage, Herne/Berlin 1997
Däumler, K.-D., Grundlagen der Investitions- und Wirtschaftlichkeitsrechnung, 10. Auflage, Herne/Berlin 2000
Ditges/Arendt, Bilanzen, 10. Auflage, Ludwigshafen (Rhein) 2002
Eilenberger, G., Betriebliche Finanzwirtschaft, 6. Auflage, München/Wien 1997
Grabbe, H.-W., Investitionsrechnung in der Praxis, Köln 1976
Grefe, C., Kompakt-Training Bilanzen, 2. Auflage, Ludwigshafen (Rhein) 2001
Hahn, O., Finanzwirtschaft, 2. Auflage, Landsberg (Lech) 1983
Hass, O., Finanzmathematik, 5. Auflage, München 1997
Heinhold, M., Investitionsrechnung, 8. Auflage, München/Wien 1999
Kobelt/Schulte, Finanzmathematik, 7. Auflage, Herne/Berlin 1999
Kruschwitz, L., Investitionsrechnung, 8. Auflage, Berlin/New York 2000
Kruschwitz, L., Finanzierung und Investition, 3. Auflage, Berlin/New York 2000
Lücke, W., Investitionslexikon, 2. Auflage, München 1991
Möser, H.D., Finanz- und Investitionswirtschaft im Unternehmen, 2. Auflage, Landsberg (Lech) 1993
Müller-Hederich, B., Betriebliche Investitionswirtschaft, 3. Auflage, Stuttgart 1983
Olfert/Rahn, Lexikon der Betriebswirtschaftslehre, 4. Auflage, Ludwigshafen (Rhein) 2001
Olfert/Reichel, Kompakt-Training Investition, 2. Auflage, Ludwigshafen (Rhein) 2002
Perridon/Steiner, Finanzwirtschaft der Unternehmung, 11. Auflage, München 2002
Schneider, D., Investition, Finanzierung und Besteuerung, 7. Auflage, Wiesbaden 1992
Schulte, K.W., Wirtschaftlichkeitsrechnung, 4. Auflage, Würzburg/Wien 1986
Spremann, K., Wirtschaft, Investition und Finanzierung, 5. Auflage, München 1996
Swoboda, P., Investition und Finanzierung, 5. Auflage, Göttingen 1996
ter Horst, K.W., Investitionsplanung, Stuttgart 1980
ZVEI, Leitfaden für die Beurteilung von Investitionen, Frankfurt/Main 1971

E. Investitionsrechnungen zur Beurteilung von Finanzinvestitionen

Ballwieser, W., Methoden der Unternehmensbewertung, in: Handbuch des Finanzmanagements, Instrumente und Märkte der Unternehmensfinanzierung, hrsg. v. G. Gebhart/W./Gerke/M./Steiner, München 1993
Bea/Haas, Strategisches Management, 3. Auflage, Stuttgart 2001
Bellinger/Vahl, Unternehmensbewertung in Theorie und Praxis, Wiesbaden 1984
Blohm/Lüder, Investition, 8. Auflage, München 1995
Buchner, R., Grundzüge der Finanzanalyse, München 1981
Bühner, R., Das Management-Wert-Konzept, Strategien zur Schaffung von mehr Wert im Unternehmen, Stuttgart 1990
Busse von Colbe, W., Der Zukunftserfolg, Wiesbaden 1957
Däumler, K.-D., Betriebliche Finanzwirtschaft, 7. Auflage, Herne/Berlin 1997
Däumler, K.-D., Grundlagen der Investitions- und Wirtschaftlichkeitsrechnung, 10. Auflage, Herne/Berlin 2000

Ditges/Arendt, Bilanzen, 10. Auflage, Ludwigshafen (Rhein) 2002
Eilenberger, G., Betriebliche Finanzwirtschaft, 6. Auflage, München/Wien 1997
Grefe, C., Kompakt-Training Bilanzen, 2. Auflage, Ludwigshafen (Rhein) 2001
Jacob, H., Die Methoden zur Ermittlung des Gesamtwertes einer Untersuchung, in: H. Janberg (Hrsg.), Finanzierungs-Handbuch, 2. Auflage, Wiesbaden 1970
Jung, W., Praxis des Unternehmenskaufs, Stuttgart 1983
Kruschwitz, L., Finanzierung und Investition, 3. Auflage, Berlin/New York 2000
Mellerowicz, K., Der Wert des Unternehmens als Ganzes, Essen 1952
Moxter, A., Grundsätze ordnungsmäßiger Unternehmensbewertung, 2. Auflage, Wiesbaden 1983
Müller-Hedrich, B., Betriebliche Investitionswirtschaft, 3. Auflage, Stuttgart 1983
Olfert/Reichel, Kompakt-Training Investition, 2. Auflage, Ludwigshafen (Rhein) 2002
Perridon/Steiner, Finanzwirtschaft der Unternehmung, 10. Auflage, München 2002
Rappaport, A., Creating shareholder value: the new standard for business performance, New York/ London 1986
Sieben, G., Der Substanzwert der Unternehmung, Wiesbaden 1963
Swoboda, P., Investition und Finanzierung, 5. Auflage, Göttingen 1996
Süchting, J., Finanzmanagement, 6. Auflage, Wiesbaden 1995
Ziegenbein, K., Controlling, 7. Auflage, Ludwigshafen (Rhein) 2002
Zimmerer, C., Die Bewertung von Unternehmungen und Unternehmensanteilen, in: Finanzierungshandbuch, hrsg. v. F.W. Christians, 2. Auflage, Wiesbaden 1988

F. Nutzwertrechnungen zur Beurteilung von Investitionen

Bischoff, M., Multivariable Zielsysteme in der Unternehmung, Meisenheim 1973
Blohm/Lüder, Investition, 8. Auflage, München 1995
Brandt, H., Investitionspolitik des Industriebetriebes, 3. Auflage, Wiesbaden 1970
Brockhoff, K., Forschungsobjekte und Forschungsprogramme, ihre Bewertung und Auswahl, 2. Auflage, Wiesbaden 1973
Dathe, H.M., Moderne Projektplanung in Technik und Wissenschaft, Wiesbaden 1971
Dreyer, A., Scoring-Modelle bei Mehrfachzielsetzungen, in: ZfB, 1974
Fandel, G., Optimale Entscheidungen bei mehrfacher Zielsetzung, Berlin/Heidelberg/New York 1972
Frischmuth, G., Daten als Grundlagen der Investitionsentscheidung, Berlin 1969
Gäfgen, G., Theorie der wirtschaftlichen Entscheidung, 3. Auflage, Tübingen 1974
Gas, B., Wirtschaftlichkeitsrechnung bei immateriellen Investitionen, Frankfurt/Zürich 1972
Haedrich, G., Operationale Entscheidungshilfen für die Marketingplanung, Berlin/New York 1977
Kern, W., Investitionsrechnung, Stuttgart 1974
Kruschwitz, L., Investitionsrechnung, 8. Auflage, Berlin/New York 2000
Little, J.D.G., Models and Managers, The Concept of Decision Calculus, in: M.C., 1970
Lücke, W., Investitionslexikon, 2. Auflage, München 1991
Schröder, H.-H., Forschung und Entwicklung in der Unternehmung, Reinbek 1977
Schwarz, H., Optimale Investitionsentscheidungen, München 1967
Seicht, G., Investitionsentscheidungen richtig treffen, Wien 1976
Sieben/Goetzke, Investitionskalküle unter Berücksichtigung pluralistischer Interessen, in: BFuP, 1976
Strebel, H., Forschungsplanung mit Scoring-Modellen, Baden-Baden 1975
Strebel, H., Scoring-Modelle im Lichte neuer Gesichtspunkte zur Konstruktion praxisorientierter Entscheidungsmodelle, in: DB, 1978
Strebel, H., Zur Gewichtung von Urteilskriterien bei mehrdimensionalen Zielsystemen, in: ZfB, 1972
ter Horst, K.W., Investitionsplanung, Stuttgart 1980
Wolff, H., Die Bestimmung der Investitionstätigkeit unter Berücksichtigung mehrwertiger Zielfunktionen der Unternehmer, Meisenheim 1971
Zangemeister, C., Nutzwertanalyse in der Systemtechnik, 4. Auflage, München 1976
Zangemeister, C., Nutzwertanalyse von Projektalternativen, Grafenau 1976

G. Finanzwirtschaftliche Analyse

Buchner, R., Grundzüge der Finanzanalyse, München 1981
Buchner, R., Finanzwirtschaftliche Statistik und Kennzahlenrechnung, München 1985
Coenenberg, A., Jahresabschluß und Jahresabschlußanalyse, 18. Auflage, München 2001
Ditges/Arendt, Bilanzen, 10. Auflage, Ludwigshafen (Rhein) 2002
Ehrmann, H., Kompakt-Training Balanced Scorecard, Ludwigshafen (Rhein) 2000
Gräfer, H., Einführung in die Bilanzanalyse, 7. Auflage, Herne/Berlin 1997
Grefe, C., Kompakt-Training Bilanzen, 2. Auflage, Ludwigshafen (Rhein) 2001
Harrmann, A., Bilanzanalyse für die Praxis, 3. Auflage, Herne/Berlin 1988
Hauschildt, J., Erfolgs- und Finanzanalyse, Köln 1984
Helbling, C., Bilanz- und Erfolgsanalyse, 10. Auflage, Berlin 1997
Hesse, Wie beurteilt man eine Bilanz, 7. Auflage, Gütersloh 1988
Jehle/Blazek/Deyhle, Finanzcontrolling, 7. Auflage, Gauting/München 2002
Juesten, W., Cash Flow und Unternehmensbeurteilung, 4. Auflage, Berlin 1980
Käfer, K., Kapitalflußrechnungen, 2. Auflage, Stuttgart 1984
Käfer, K., Praxis der Kapitalflußrechnung, Stuttgart 1969
Kaplan/Norton, Balanced Scorecard. Strategien erfolgreich umsetzen, Stuttgart 1997
Küting/Weber, Die Bilanzanalyse, Stuttgart 1993
Leffson, U., Bilanzanalyse, 3. Auflage, Stuttgart 1984
Meyer, C., Bilanzierung nach Handels- und Steuerrecht, 12. Auflage, Herne/Berlin 1998
Moxter, A., Bilanzlehre, 3. Auflage, Wiesbaden 1986
Olfert, K., Finanzierung, 11. Auflage, Ludwigshafen/Rhein 2001
Olfert/Reichel, Kompakt-Training Finanzierung, 3. Auflage, Ludwigshafen (Rhein) 2003
Olfert/Reichel, Kompakt-Training Investition, 2. Auflage, Ludwigshafen (Rhein) 2002
Peemöller, V.H., Bilanzanalyse und Bilanzpolitik, 2. Auflage, Wiesbaden 2001
Reichmann, T., Controlling mit Kennzahlen und Managementberichte, 6. Auflage, München 2001
Schott, G., Kennzahlen, 5. Auflage, Stuttgart 1988
Schult, Bilanzanalyse, 10. Auflage, Freiburg 1999
Serfling, K., Die Kapitalflußrechnung, 2. Auflage, Herne/Berlin 1988
Serfling, K., Controlling, 2. Auflage, Stuttgart 1993
Wöhe, G., Bilanzierung und Bilanzpolitik, 9. Auflage, München 1997
Ziegenbein, K., Controlling, 7. Auflage, Ludwigshafen (Rhein) 2002
Ziegenbein, K., Kompakt-Training Controlling, Ludwigshafen (Rhein) 2001

Übungsteil

Aufgaben/Fälle

Übungsteil (Aufgaben/Fälle)

1 : Eigen-/Fremdkapital / Anlage-/Umlaufvermögen

Ordnen Sie die folgenden Positionen dem bilanziellen Eigenkapital, Fremdkapital, Anlagevermögen oder Umlaufvermögen zu:

		Eigen-kapital	Fremd-kapital	Anlage-vermögen	Umlauf-vermögen
a	Kapitalrücklage				
b	Forderungen				
c	Schecks				
d	Sachanlagen				
e	Geschäftsanteile				
f	Rückstellungen				
g	Vorräte				
h	Jahresüberschuss				
i	Wertpapiere				
j	Kassenbestand				
k	Finanzanlagen				
l	Verbindlichkeiten				
m	Gewinnrücklagen				
n	Wertpapiere				
o	Gewinnvortrag				

2 : Begriffspaare

Zeigen Sie praktische Beispiele für die Begriffspaare Invesititon und Desinvestition sowie Einzahlung/Auszahlung und Einnahme/Ausgabe auf:

(1) Was ist eine Investition, die gleichzeitig eine Auszahlung und eine Ausgabe bewirkt?

(2) Was ist eine Desinvestition, die eine sofortige Einnahme, aber keine sofortige Einzahlung nach sich zieht?

(3) Was ist eine Investition, für die eine Ausgabe zu tätigen ist, bei der aber keine sofortige Auszahlung erfolgt?

(4) Was ist eine in der Zukunft liegende Desinvestition, die eine gegenwärtige Einzahlung nach sich zieht, aber keine sofortige Einnahme bewirkt?

3 : Arten der Investition

(1) Ordnen Sie die folgenden Vorgänge den entsprechenden Arten der Investition zu:

		Sach-investition	Finanz-investition	Immat. Investition	Netto-Investition	Re-investition
a	Das Unternehmen beschafft Maschinen, um die Leistungsmenge zu vergrößern.					
b	Eine Maschine wird durch eine technisch verbesserte neue Maschine ersetzt.					
c	Das Unternehmen erwirbt eine Konzession.					
d	Das Unternehmen gründet eine Vertriebs GmbH.					
e	Das Unternehmen kauft Rohstoffe für die laufende Produktion.					
f	Das Unternehmen nimmt Umweltschutzmaßnahmen vor.					

(2) Wie können folgende Arten der Investition noch genannt werden?

Sachinvestitionen	
Finanzinvestitionen	
Gründungsinvestitionen	

4 : Arten der Finanzierung

(1) Um welche Arten von Finanzierung handelt es sich bei folgenden Vorgängen:

		Finanzier. mit Eigenkapital	Finanzier. mit Fremdkapital	Außenfinanzierung	Innenfinanzierung	Beteiligungszierung	Umfinanzierung
a	Es wird ein neuer Gesellschafter im Unternehmen aufgenommen.						
b	Das Unternehmen bildet Pensionsrückstellungen zur Altersversorgung der Mitarbeiter.						
c	Ein kurzfristiger Kredit wird in einen langfristigen Kredit umgewandelt.						
d	Erzielte Gewinne werden vom Unternehmen einbehalten und für Investitionszwecke verwendet.						
e	Das Unternehmen nimmt einen Kredit auf.						
f	Das Unternehmen kauft für zurücklaufende Abschreibungsbeträge eine Maschine.						
g	Dem Unternehmen wird eine Maschine geliefert, die erst 6 Wochen später zu bezahlen ist.						
h	Das Unternehmen verkauft eine nicht mehr benötigte Maschine, um Rohstoffe zu beschaffen.						
i	Das Unternehmen least einen Personenkraftwagen.						
j	Eine Aktiengesellschaft erhöht ihr gezeichnetes Kapital.						

(2) Wie können folgende Arten der Finanzierung noch genannt werden?

Beteiligungsfinanzierung	
Fremdfinanzierung	
Finanzierung aus Umsatzerlösen	

5 : Zahlungsverkehr

(1) Die Metallbau GmbH hat einem Zulieferer gegenüber eine Rechnung in Höhe von 10.000 € zu begleichen.

Inwieweit hat die Metallbau GmbH ihre Verpflichtung erfüllt, wenn der Betrag

(a) bar bezahlt wird,
(b) durch Scheck bezahlt wird,
(c) durch Banküberweisung bezahlt wird?

(2) Ergänzen Sie das Schaubild um die Arten des Zahlungsverkehrs!

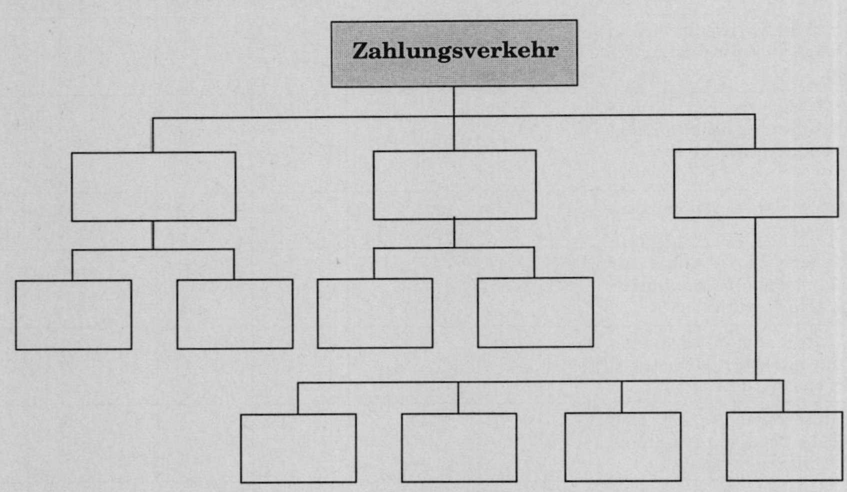

6 : Messung der statischen Liquidität

Ermitteln Sie aus der vorliegenden Bilanz die statischen Liquiditätsgrade und versuchen Sie eine Analyse der Liquiditätssituation des Unternehmens.

Aktiva			**Passiva**
Anlagevermögen	25.000 €	Eigenkapital	22.000 €
Umlaufvermögen		Fremdkapital	
Langfristige Forderungen	6.000 €	Langfristige Bankverbindlichkeiten	18.000 €
Vorräte	14.500 €		
Kurzfristige Forderungen	30.000 €	Kurzfristige Bankverbindlichkeiten	42.000 €
Kasse, Bank, Post	6.500 €		
	82.000 €		**82.000 €**

7 : Rentabilität

Ein Unternehmen weist folgende Daten auf:

Aktiva		**Bilanz**	Passiva
Vermögen	10.400.000	Gezeichnetes Kapital	2.000.000
		Rücklagen	3.000.000
		Fremdkapital	5.000.000
		Gewinn	400.000
	10.400.000		10.400.000

Aufwendungen		**Erfolgsrechnung**	Erträge
Verschiedene Aufwendungen	29.300.000	Erträge	30.000.000
Zinsaufwendungen	300.000		
Gewinn	400.000		
	30.000.000		30.000.000

Ermitteln Sie:

(1) die Gesamtkapitalrentabilität!

(2) die Eigenkapitalrentabilität!

(3) die Umsatzrentabilität!

8 : Zielkonflikt

Finanzwirtschaftliche Entscheidungen unterliegen zumeist einem Zielkonflikt. Zeigen Sie anhand eines Beispieles den Zielkonflikt bei Investitionsentscheidungen zwischen den Zielsetzungen Rentabilität und Liquidität sowie Rentabilität und Unabhängigkeit auf!

Legen Sie dies auch grafisch dar!

9 : Planung einer Investition

Ergänzen Sie das nachfolgende Schema, das den stufenweisen Ablauf der Planung einer Investition darstellt!

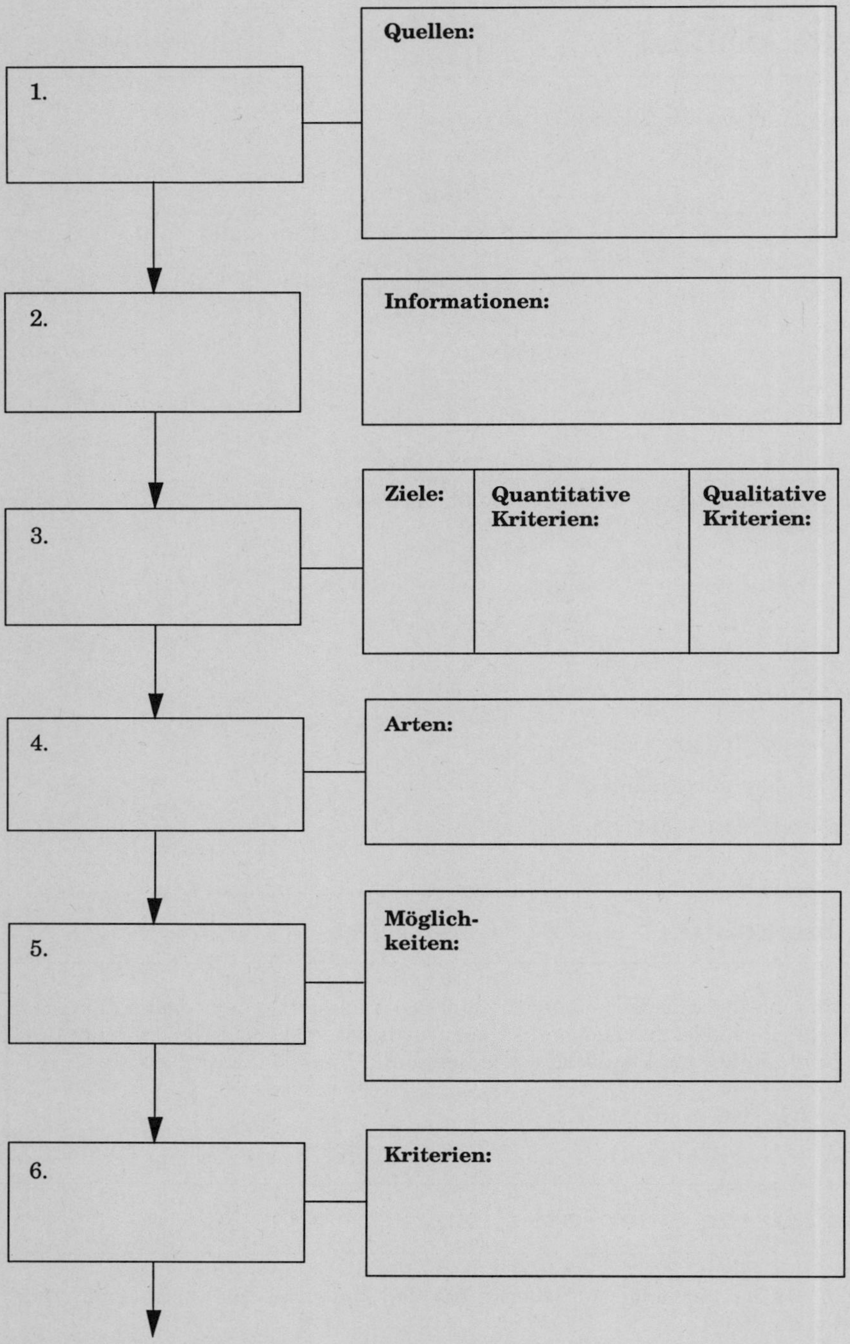
1.
Quellen:
2.
Informationen:
3.
Ziele:
Quantitative Kriterien:
Qualitative Kriterien:
4.
Arten:
5.
Möglich-keiten:
6.
Kriterien:

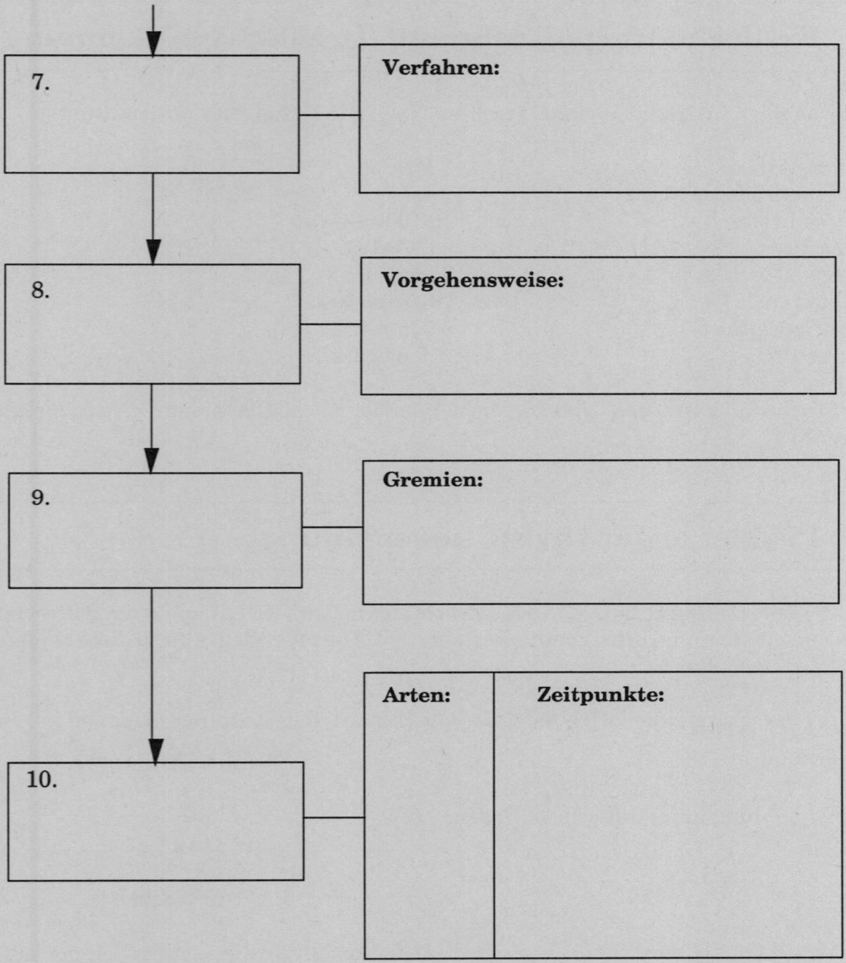

10: Gewichteter Kapitalzins

Ein Unternehmen möchte mittels des gewichteten Kapitalzinses den Kalkulationszinssatz für eine Investition ermitteln. Als Information liegt vor, dass das Unternehmen durchschnittlich 7 % Fremdkapitalzinsen an die Bank zahlt. Die Eigenkapitalgeber fordern 20 % als Rendite vom Unternehmen.

Folgende Bilanzpositionen sind bei der Berechnung zu berücksichtigen:

- Eigenkapital 20 Mio. €
- Rücklagen 5 Mio. €
- Langfristiges Bankdarlehen 65 Mio. €.

11 : Kritische Werte-Rechnung (Break-even-Rechnung)

Ein Unternehmen investiert in eine Maschine. Folgende Daten wurden ermittelt:

Investitionvolumen	1 Mio. €
Lineare Abschreibung über	8 Jahre
Sonstige Fixkosten	150.000 €/Jahr
Energiekosten	25 €/Stück
Lohnkosten	85 €/Stück
Materialkosten	70 €/Stück
Geplante Kapazität	5.000 Stück
Erzielbarer Preis	250 €/Stück

Welche Stückzahl muss das Unternehmen mindestens absetzen, um keine Verluste zu realisieren?

12 : Probleme der Investitionsplanung

Die Metall GmbH beabsichtigt, eine neue Fräsmaschine anzuschaffen. Es handelt sich dabei um eine Neuentwicklung, die computergesteuert ist. Hierüber liegen im Unternehmen noch keine Erfahrungen vor.

Die Firma Peter Schmidtke OHG bietet die Maschine zu folgenden Bedingungen an:

Listenpreis (netto)	148.000 €
Rabatt	5 %
Skonto (bei Zahlung innerhalb von 14 Tagen)	2 %
Verpackung	114 €
Fracht	52 €
Lieferzeit	10 Wochen

Bei der Metall GmbH wird damit gerechnet, dass Kosten für die Installation der Fräsmaschine von 419 € und Kosten für Probeläufe von 669 € anfallen. Bei der Nutzungsdauer gehen die Schätzungen auseinander. Sie liegen zwischen 7 und 9 Jahren. Der Schrottwert der Fräsmaschine wird mit 4.500 €, die Abbruchkosten mit 980 € veranschlagt.

Die Maschine wird fremdfinanziert. Der bei der Metall GmbH verrechnete Zinssatz betrug im letzten Jahr allgemein 10 %. Der Kapitalmarktzins wird für absehbare Zeit auf 12 % bis 14 % geschätzt.

(1) Ermitteln Sie den Nettopreis der Fräsmaschine!

(2) Stimmt der Nettopreis mit den Anschaffungskosten bzw. Anschaffungsausgaben überein?

(3) Welche Nutzungsdauer empfehlen Sie für die Fräsmaschine anzusetzen?

(4) Würden Sie einen Rest(erlös)wert bzw. Liquidationserlös der Fräsmaschine berücksichtigen, gegebenenfalls welchen?

(5) Schlagen Sie den zu verwendenden Kalkulationszinssatz vor!

13 : Kapitalwertrate und Interner Zinsfuß

Fünf Investitionsobjekte sind in einem Beispiel von *Perridon/Steiner* gegeben. Folgende **Kapitalwerte** (C_0) errechnen sich bei einem Kalkulationszinssatz von 10 %:

Investitionsobjekt	A_0	e_1-a_1	e_2-a_2	C_0	Rangfolge
I	– 400	350	150	42,149	1
II	– 200	130	125	21,488	2
III	– 100	65	70	16,942	3
IV	– 100	50	60	– 4,959	5
V	– 50	30	30	2,066	4

Ermitteln Sie die Reihenfolge der Investitionsobjekte nach der Kapitalwertrate und dem Internen Zinsfuß bei der Berücksichtung eines vorgegebenen Investitionsvolumens von 400 Geldeinheiten!

14 : Kapitalbedarf I

Gegeben sind folgende Einzahlungen und Auszahlungen:

Monat	Auszahlungen €	Einzahlungen €
Januar	100	0
Februar	80	20
März	50	70
April	100	100
Mai	100	70
Juni	60	100
Juli	60	110
August	60	240
September	80	90
Oktober	100	40
November	110	0
Dezember	80	20

(1) Ermitteln Sie den Kapitalbedarf jeden Monats rechnerisch!

(2) Stellen Sie den Kapitalbedarf für die einzelnen Monate grafisch dar!

15 : Kapitalbedarf II

(1) Wie kann generell der Kapitalbedarf vermindert werden, ohne dass sich die Werte der Auszahlungen und der Einzahlungen verändern?

(2) Nennen Sie hierzu Möglichkeiten aus der Praxis, welche auf diese Zielsetzung ausgerichtet sind.

16 : Kapitalbedarf III

Ein Unternehmen ist Größenschwankungen ausgesetzt, die aufgrund von Kapital bindenden Prozessen zunehmende oder abnehmende Kapitalbedarfe bedingen.

Zeigen Sie praxisbezogene Beispiele in der unten stehenden Matrix auf, die zu Veränderungen des Kapitalbedarfes bei einer Größenänderungen des Unternehmens führen!

	Zunehmende Unternehmensgröße	**Abnehmende Unternehmensgröße**
Anlagevermögen		
Umlaufvermögen		

17 : Kapitalbedarf IV

Die Firma Peter Schmidtke OHG fertigt gleichartige Maschinen. Dabei können die folgenden Zahlungsreihen für jede Maschine als typisch angesehen werden:

1. Dekade	7.500 €	Auszahlungen für Fertigungsstufe 1
2. Dekade	10.500 €	Auszahlungen für Fertigungsstufe 2
3. Dekade	2.500 €	Auszahlungen für Fertigungsstufe 3
4. Dekade	0 €	Lagerung der gefertigten Maschine
5. Dekade	0 €	Verkauf auf Ziel
6. Dekade	20.500 €	Einzahlungen aus dem Verkauf

(1) Wie entwickelt sich der Kapitalbedarf des Unternehmens, wenn mit Abschluss der Fertigung einer Maschine die Fertigung der nächsten Maschine jeweils begonnen wird?

Stellen Sie die Entwicklung tabellarisch und grafisch für 15 Dekaden dar!

(2) In welcher Weise entwickelt sich der Kapitalbedarf des Unternehmens, wenn durch Rationalisierungsmaßnahmen erreicht wird, dass die Lagerzeiten der gefertigten Maschinen sowie die Zahlungsziele eine Verminderung um 50 % erfahren?

Stellen Sie dies tabellarisch und grafisch für 15 Dekaden dar!

(3) Stellen Sie tabellarisch und grafisch dar, inwieweit sich der Kapitalbedarf durch die Rationalisierungsmaßnahmen vermindert!

18 : Kapitalbedarf V

Eine Firma, die Küchengeräte herstellt, soll errichtet werden. Bei der Planung der Auszahlungen ist zu berücksichtigen, dass

- ein Fabrikgebäude im Werte von 750.000 € gekauft wird,
- Maschinen im Werte von 550.000 € benötigt werden,
- Betriebs- und Geschäftsausstattung im Werte von 350.000 € erforderlich ist,
- Auszahlungen für Roh-, Hilfs- und Betriebsstoffe von täglich 4.000 € anfallen,
- Auszahlungen für Löhne und Gehälter von täglich 7.000 € entstehen,
- sonstige Auszahlungen von täglich 1.000 € anfallen.

Die Roh-, Hilfs- und Betriebsstoffe lagern 20 Tage, die Fertigerzeugnisse 10 Tage.

Der Fertigungsprozess umfasst 6 Tage.

Die Gründung und Ingangsetzung des Geschäftsbetriebes verursacht Auszahlungen von 10.000 €.

(1) Ermitteln Sie den Kapitalbedarf der Firma nach der elektiven Methode, wenn für die Roh-, Hilfs- und Betriebsstoffe von den Lieferanten ein Ziel von 15 Tagen eingeräumt wird und die Fertigerzeugnisse binnen 5 Tagen bezahlt werden!

(2) Wie verändert sich der Kapitalbedarf der Firma, wenn die Roh-, Hilfs- und Betriebsstoffe binnen 5 Tagen zu bezahlen sind, den Kunden aber aus Wettbewerbsgründen ein Zahlungsziel von 30 Tagen eingeräumt werden muss?

(3) In welcher Weise verändert sich der Kapitalbedarf aus (2), wenn es sich als möglich erweist, die Lagerdauer der Roh-, Hilfs- und Betriebsstoffe sowie der Fertigerzeugnisse zu halbieren?

19 : Kapitalkosten

Eine Investition verursacht Anschaffungskosten in Höhe von 2.000.000 €. Ihre Nutzungsdauer ist auf 8 Jahre angesetzt. Der Kalkulationszinssatz sei 10 %.

(1) Errechnen Sie die kalkulatorischen Abschreibungen unter der Berücksichtigung eines möglichen Restwertes von 250.000 €.

(2) Ermitteln Sie die kalkulatorischen Zinsen für kontinuierliche Rückflüsse, ohne dass ein Restwert anfällt bzw. unter der Annahme des Anfalls von 250.000 € Restwert.

(3) Ermitteln Sie dies ebenso für kalkulatorischen Zinsen bei Rückflüssen am Periodenende.

20 : Kostenvergleichsrechnung I

Die Stahlbau GmbH plant die Anschaffung einer Maschine zwecks Erweiterung der Kapazität. Es liegt ein Angebot vor, das folgende Daten aufweist:

Anschaffungskosten	140.000 €
Nutzungsdauer	7 Jahre
Auslastung	28.000 Stück/Jahr
Fixe Kosten	
ohne Abschreibungen und Zinsen	15.000 €/Jahr
Variable Kosten	180.000 €/Jahr

Der Kalkulationszinssatz beträgt 10 %

(1) Ermitteln Sie den Kapitaldienst für die Maschine unter Berücksichtigung linearer Abschreibungen und kontinuierlicher Kapitalrückflüsse!

(2) Ermitteln Sie die Betriebskosten, die für die Maschine jährlich anfallen!

(3) Kann die Maschine als vorteilhafte Investition angesehen werden?

21 : Kostenvergleichsrechnung II

Zu dem Angebot aus Übung 20 liegt ein zweites Angebot mit folgenden Daten vor:

Anschaffungskosten	161.000 €
Nutzungsdauer	7 Jahre
Auslastung	28.000 Stück/Jahr
Fixe Kosten	
ohne Abschreibungen und Zinsen	14.000 €/Jahr
Variable Kosten	165.000 €/Jahr

Vergleichen Sie beide Angebote

- mathematisch
- tabellarisch

miteinander und stellen Sie fest, welches alternative Investitionsobjekt vorteilhafter ist.

22 : Kostenvergleichsrechnung III

Ein Unternehmen, das Zulieferteile herstellt, benötigt eine Maschine. Drei Alternativen stehen zur Auswahl:

		Investitions-objekt I	Investitions-objekt II	Investitions-objekt III
Anschaffungskosten	€	80.000	85.000	90.000
Restwert	€	4.000	5.000	6.000
Nutzungsdauer	Jahre	8	8	8
Kapazität	Stück/Jahr	10.000	10.000	9.000
Abschreibungen	€/Jahr	?	?	?
Zinsen	€/Jahr	?	?	?
Gehälter	€/Jahr	54.000	52.000	58.000
Sonstige fixe Kosten	€/Jahr	14.000	14.000	15.000
Löhne	€/Jahr	143.750	136.250	110.250
Materialkosten	€/Jahr	122.500	122.500	109.125
Sonstige variable Kosten	€/Jahr	11.250	11.250	10.125

(1) Die Auftragslage des Unternehmens lässt erwarten, dass jährlich 8.000 Stück abgesetzt werden können. Welcher Maschine ist der Vorzug zu geben, wenn der Kalkulationszinssatz im Unternehmen 12 % beträgt? Nehmen Sie einen Kostenvergleich pro Periode und pro Leistungseinheit vor!

(2) Ermitteln Sie die kritischen Ausbringungsmengen mathematisch und grafisch!

(3) Die Marketing-Abteilung des Unternehmens teilt mit, dass ein neuer, zusätzlicher Abnehmer der Produkte gefunden sei. Es ließen sich künftig um 10.000 Stück pro Jahr absetzen. Welche Maschine ist – bei gleichbleibendem Kalkulationszinssatz – die vorteilhafteste?

23 : Kostenvergleichsrechnung IV

Ein metallverarbeitendes Unternehmen benötigt für seine Fertigung bestimmte Drehteile. Diese können selbst hergestellt oder von außen bezogen werden. Im Einzelnen bieten sich folgende Alternativen an:

- **Alternative I: Kauf einer Drehmaschine traditioneller Bauart**

Anschaffungskosten	48.000 €
Nutzungsdauer	6 Jahre
Kapazität	8.000 Stück/Jahr
Abschreibungen	? €
Zinsen	? €
Gehälter	10.000 €
Sonstige fixe Kosten	8.000 €
Löhne	44.000 €
Material	80.000 €
Sonstige variable Kosten	6.000 €

- **Alternative II: Kauf einer halbautomatischen Drehmaschine**

Anschaffungskosten	120.000 €
Nutzungsdauer	6 Jahre
Kapazität	10.000 Stück/Jahr
Abschreibungen	? €
Zinsen	? €
Gehälter	10.000 €
Sonstige fixe Kosten	10.000 €
Löhne	29.000 €
Material	96.000 €
Sonstige variable Kosten	5.000 €

- **Alternative III: Fremdbezug der Drehteile**

  Kosten der Beschaffung: 21,00 €/Stück

Der Kalkulationszinssatz beträgt 8 %.

Ermitteln Sie die vorteilhafteste der Alternativen:

(1) bei einer Produktions-/Beschaffungsmenge von 5.000 Drehteilen!

(2) bei einer Produktions-/Beschaffungsmenge von 6.000 Drehteilen!

(3) Ermitteln Sie die kritischen Mengen mathematisch und grafisch!

(4) Welche der beiden Maschinen wäre die vorteilhaftere, wenn mit ihrer vollen Kapazität produziert würde?

24: Kostenvergleichsrechnung V

Eine ältere halbautomatische Drehmaschine hat eine Restlaufzeit von vier Jahren nach der AfA-Tabelle. Ihre Anschaffungskosten betrugen 180.000 € und ihre ursprüngliche Nutzungsdauer 10 Jahre. Sie verursacht Betriebskosten in Höhe von 250.000 € jährlich. Der Kalkulationszins beträgt 5 %. Sie weist keinen Restwert auf.

Beurteilen Sie die Vorteilhaftigkeit des Ersatzes dieser älteren Drehmaschine durch eine vollautomatische neuere Drehmaschine, die in der Anschaffung 300.000 € kostet und 30.000 € weniger Betriebskosten als die alte Drehmaschine pro Jahr verursacht. Die Nutzungsdauer soll 10 Jahre sein und der Kalkulationszinssatz wird ebenfalls auf 5 % angesetzt. Sie hat ebenso keinen Restwert.

25 : Kostenvergleichsrechnung VI

Die Speditions GmbH verfügt über 10 Lastkraftwagen. Sie sollen prüfen, ob es vorteilhaft ist, den Lastkraftwagen Nr. 7 durch einen neuen Lastkraftwagen zu ersetzen.

Der Lastkraftwagen Nr. 7 hat bei seiner Anschaffung 80.000 € gekostet und ist seit 5 Jahren in Betrieb. Seine Nutzungsdauer wird auf 8 Jahre geschätzt. Derzeit hat er einen Restbuchwert von 40.000 €. Nach seiner Gesamtnutzungsdauer von 8 Jahren wird er einen

Restbuchwert von 10.000 € besitzen. Zur Zeit könnte man aus dem Verkauf des Lastkraftwagens einen Erlös von 30.000 €, mit Ende der Gesamtnutzungsdauer von 6.000 € erzielen.

Ein neuer Lastkraftwagen würde 100.000 € kosten und ebenfalls 8 Jahre lang nutzbar sein. Sein Restwert würde mit 8.000 € anzusetzen sein.

Folgende Daten sind außerdem bekannt:

		Alter LKW	Neuer LKW
Kapazität	Std/Jahr	3.000	3.000
Zinssatz	%	10	10
Fixe Kosten ohne Abschreibungen und Zinsen	€/Jahr	15.000	13.000
Löhne	€/Jahr	28.000	28.000
Energiekosten	€/Jahr	58.000	55.500
Sonstige variable Kosten	€/Jahr	16.000	15.000

(1) Stellen Sie fest, ob es zweckmäßig ist, den alten Lastkraftwagen zum Ende des 5. Jahres durch den neuen Lastkraftwagen zu ersetzen!

(2) Wie sieht der Vergleich aus, wenn ein konkurrierendes Fabrikat einbezogen würde, das sich gegenüber dem zuvor betrachteten neuen Lastkraftwagen dadurch unterscheidet, dass die Reparatur- und Inspektionszeiten sowie der Energieverbrauch auf Grund verbesserter Technik geringer sind?

Damit könnte die Auslastung von 3.000 auf 3.200 Std./Jahr erhöht werden, die Energiekosten würden sich um 10 % im Vergleich zu dem zuvor betrachteten neuen Lastkraftwagen vermindern.

26 : Gewinnvergleichsrechnung I

Ein Unternehmen benötigt zwecks Kapazitätserweiterung eine Maschine.

(1) Es liegt nur ein Angebot vor, das folgende Daten aufweist:

Anschaffungskosten	80.000 €
Nutzungsdauer	8 Jahre
Kapazität	12.000 Stück/Jahr
Kapitaldienst	14.000 €/Jahr
Betriebskosten	62.000 €/Jahr

Ist das vorliegende Angebot vorteilhaft, wenn jährlich 12.000 Stück zum Preis von je 8 € abgesetzt werden können?

(2) Die Beschaffungs-Abteilung legt noch ein weiteres Angebot vor:

Anschaffungskosten	70.000 €
Nutzungsdauer	8 Jahre
Kapazität	12.000 Stück/Jahr
Kapitaldienst	12.250 €/Jahr
Betriebskosten	66.000 €/Jahr

Vergleichen Sie das vorliegende Angebot mit dem Angebot aus (1) und ermitteln Sie, welches der Angebote vorteilhafter ist!

(3) Welche Gewinne werden von den alternativen Investitionsobjekten erzielt, wenn die Auslastung 8.000 Stück/Jahr beträgt und die gefertigte Menge zum Preis von 8 €/Stück abgesetzt wird?

(4) Ermitteln Sie mathematisch und grafisch die kritische Menge für die Investitionsobjekte aus (1) und (2), wenn in den Betriebskosten des Investitionsobjektes I 3.400 €/Jahr, des Investitionsobjektes II 1.600 €/Jahr an fixen Kosten enthalten sind!

27 : Gewinnvergleichsrechnung II

Ein Pizzabäcker möchte über die Gewinnvergleichsrechnung herausfinden für welchen der unten angebotenen Pizzaöfen er sich entscheiden sollte. Folgende Daten dieser Investitionsalternativen sind bekannt:

		Pizzaofen »Roma«	Pizzaofen »Florenz«
Anschaffungspreis	€	100.000	65.000
Restwert	€	0	0
Nutzungsdauer	Jahre	8	8
Auslastung	Pizza/Jahr	50.000	40.000
Durchschn. Erlös	€/Stück	5	5
Zinssatz	%	10	10
Sonstige Fixkosten ohne Zins und Abschreibung	€/Jahr	55.000	45.000
Variable Kosten	€/Stück	2,50	2,50

(1) Welche Form der Gewinnvergleichsrechnung ist anzuwenden?

(2) Für welchen Pizzaofen müsste sich der Pizzabäcker entscheiden, wenn er sich als Maßgabe an die Gewinnvergleichsrechnung halten würde und wenn sowohl 50.000 Pizzas als auch 40.000 Stück absetzbar wären?

(3) Wie viele Pizzas müsste er mit dem Ofen »Roma« absetzen, um in die Gewinnzone zu kommen?

28 : Gewinnvergleichsrechnung III

Bei der Werkzeug GmbH wird überlegt, ob eine 5 Jahre in Betrieb befindliche Maschine durch eine neue Maschine ersetzt werden soll, die mit verbesserter Qualität fertigt. Durch die gesteigerte Oberflächengüte der zu fertigenden Produkte ist es möglich, einen um 5 % höheren Preis zu erzielen.

Folgende Daten liegen vor:

		Altes Investitions-objekt	Neues Investitions-objekt
Anschaffungskosten	€	120.000	140.000
Restwert	€	10.000	12.000
Nutzungsdauer	Jahre	8	8
Kapazität	Stück/Jahr	20.000	25.000
Fixe Kosten	€/Jahr	31.000	46.000
Variable Kosten	€/Jahr	147.000	186.250
Erlöse	€/Stück	10	10,50

Die alte Maschine erbringt zum Ende des 5. Jahres einen Resterlös von 60.000 €, zum Ende des 8. Jahres von 16.000 €.

Der Kalkulationszinssatz beträgt 8 %.

(1) Es wird davon ausgegangen, dass die Auslastung der Investitionsobjekte künftig bei 20.000 Stück/Jahr liegen wird.

In welcher Form kann der Gewinnvergleich vorgenommen werden?

Ermitteln Sie, ob es zweckmäßig ist, das alte Investitionsobjekt durch das neue Investitionsobjekt zu ersetzen!

(2) Wie fällt der Gewinnvergleich aus, wenn die Auslastung absatzbedingt auf 25.000 Stück/Jahr erhöht werden könnte?

29 : Rentabilitätsvergleichsrechnung I

Die Chemie AG plant die Anschaffung einer neuen Maschine. Eine Investition kommt für die Chemie AG grundsätzlich nur dann in Betracht, wenn die Rentabilität des Investitionsobjektes mindestens 20 % beträgt.

Es liegt folgendes Angebot vor:

Anschaffungskosten	€	100.000
Nutzungsdauer	Jahre	8
Restwert	€	5.000
Kapazität	Stück/Jahr	15.000
Fixe Kosten ohne Abschreibungen/Zinsen	€/Jahr	19.000
Variable Kosten	€/Jahr	90.000

Die Kapazität des Investitionsobjektes kann voll ausgeschöpft werden. Die mit der Maschine gefertigten Erzeugnisse lassen sich für 8,50 €/Stück absetzen.

Als Kalkulationszinssatz sind 10 % anzusetzen.

(1) Ermitteln Sie die von dem Investitionsobjekt zu erzielende Rentabilität und beurteilen Sie die Vorteilhaftigkeit der Maschine!

(2) Für ein früher der Chemie AG abgegebenes Angebot, das für die Investition ebenfalls in Betracht kommen könnte, liegt die folgende Gewinnvergleichsrechnung vor:

Anschaffungskosten	€	98.000
Restwert	€	0
Nutzungsdauer	Jahre	8
Auslastung	Stück/Jahr	15.000
Zinssatz	%	10
Erlöse	€/Jahr	127.500
Kosten	€/Jahr	124.000
Gewinn	€/Jahr	3.500

Ermitteln Sie, ob dieses Angebot als vorteilhaft anzusehen ist!

30 : Rentabilitätsvergleichsrechnung II

Einem Unternehmen der Metallbranche stehen drei Angebote für eine Investition zur Verfügung:

		Investitionsobjekt I	Investitionsobjekt II	Investitionsobjekt III
Anschaffungskosten	€	80.000	120.000	160.000
Restwert	€	0	0	0
Nutzungsdauer	Jahre	8	8	8
Auslastung	Stück/Jahr	18.000	20.000	22.000
Zinssatz	%	8	8	8
Erlöse	€/Jahr	190.950	212.100	233.020
Fixe Kosten ohne Zinsen	€/Jahr	18.200	28.300	39.650
Variable Kosten	€/Jahr	168.700	176.620	184.360

(1) Ermitteln Sie unter Verwendung der obigen Daten die Rentabilität der alternativen Investitionsobjekte!

(2) Wie sind die ermittelten Rentabilitäten zu beurteilen?

(3) Rechnen Sie die Rentabilitäten der alternativen Investitionsobjekte nochmals durch und berücksichtigen Sie dabei, dass finanzielle Mittel, die nicht durch eine Investition gebunden werden, mit einem Zinssatz von 14 % angelegt werden könnten!

(4) Stellen Sie die Ergebnisse aller Rentabilitätsberechnungen zusammen und interpretieren Sie diese!

31 : Rentabilitätsvergleichsrechnung III

Die Chemie AG will eine Maschine im Rahmen einer Rationalisierungsinvestition ersetzen. Als Daten liegen vor:

Kosten der alten Maschine pro Jahr	60.000 €
Kosten der neuen Maschine pro Jahr	42.000 €
Anschaffungskosten der neuen Maschine	150.000 €

Die von der Chemie AG grundsätzlich zu erzielende Mindestrentabilität beträgt 20 %.

(1) Ermitteln Sie die Rentabilität der Investition und beurteilen Sie ihre Vorteilhaftigkeit!

(2) Wie verändert sich die Rentabilität der Investition, wenn in Verbindung mit der Investition zusätzliches Umlaufvermögen von 15.000 € erforderlich wird?

(3) Hat ein Resterlös der alten Maschine von 7.000 € Einfluss auf die Höhe der Rentabilität?

32 : Amortisationsvergleichsrechnung I

Für eine Investition stehen zwei alternative Objekte zur Verfügung, die folgende Daten aufweisen:

		Investitions-objekt I	Investitions-objekt II
Anschaffungskosten	€	138.000	132.000
Restwert	€	0	0
Nutzungsdauer	Jahre	6	6
Gewinn 1. Jahr	€	24.000	19.000
Gewinn 2. Jahr	€	28.000	24.000
Gewinn 3. Jahr	€	32.000	24.000
Gewinn 4. Jahr	€	28.000	32.000
Gewinn 5. Jahr	€	20.000	38.000
Gewinn 6. Jahr	€	30.000	25.000

(1) Ermitteln Sie die Amortisationszeit mithilfe der Durchschnittsrechnung!

(2) Welche Amortisationszeit ergibt sich bei Anwendung der Kumulationsrechnung?

(3) Interpretieren Sie die unterschiedlichen Ergebnisse!

(4) Wie ist es zu beurteilen, wenn Unternehmen eine maximal zulässige Amortisationszeit generell festlegen, anhand derer die Vorteilhaftigkeit eines Investitionsobjektes gemessen wird?

33 : Amortisationsvergleichsrechnung II

Bei einem Unternehmen der Textilbranche liegt die maximal zulässige Amorisationszeit bei 4 Jahren. Folgende Daten sind gegeben:

		Investitions-objekt I	Investitions-objekt II
Anschaffungskosten	€	84.000	96.000
Restwert	€	4.000	6.000
Nutzungsdauer	Jahre	5	5
Gewinn 1. Jahr	€	6.000	15.000
Gewinn 2. Jahr	€	10.000	13.000
Gewinn 3. Jahr	€	16.000	8.000
Gewinn 4. Jahr	€	20.000	8.000
Gewinn 5. Jahr	€	24.000	8.000

(1) Ermitteln Sie die Amortisationszeiten der alternativen Investitionsobjekte mithilfe der Kumulationsrechnung!

(2) Beurteilen Sie die errechneten Amortisationszeiten!

(3) Verbessern Sie den Amortisationsvergleich; der Kalkulationszinssatz beträgt 10 %!

(4) Wie ist das nunmehr ermittelte Ergebnis zu beurteilen?

34 : Amortisationsvergleichsrechnung III

Eine mehrere Jahre in Gebrauch befindliche Maschine, die einen Resterlöswert von 10.000 € hat, soll gegebenenfalls durch eine neue Maschine ersetzt werden, die folgende Daten aufweist:

Anschaffungskosten	€	120.000
Restwert	€	0
Nutzungsdauer	Jahre	6
Kosten der alten Maschine	€/Jahr	168.000
Kosten der neuen Maschine	€/Jahr	153.000

Die Ersatzinvestition soll nur dann vorgenommen werden, wenn die Amortisationszeit nicht über 4 Jahren liegt.

(1) Ermitteln Sie die Amortisationszeit bei Durchführung der Ersatzinvestition und stellen Sie deren Vorteilhaftigkeit fest!

(2) Inwieweit gibt die errechnete Amortisationszeit Auskunft über die Wirtschaftlichkeit des Investitionsobjektes?

35 : Barwert I

Verwenden Sie für die folgenden Berechnungen die finanzmathematischen Tabellen im Anhang:

(1) Welchen Barwert weist eine Zahlung auf, die am Ende des 8. Jahres in Höhe von 124.500 € geleistet wird? Der Kalkulationszinssatz beträgt 8 %.

(2) Ermitteln Sie den Barwert von drei zu leistenden Zahlungen, wenn der Kalkulationszinssatz 10 % beträgt:

Ende des 3. Jahres	70.000 €
Ende des 5. Jahres	150.000 €
Ende des 7. Jahres	150.000 €

(3) Es wird über 10 Jahre hinweg eine Rente von 6.800 € gezahlt. Die Zahlungen erfolgen jeweils zum Ende des Jahres, der Kalkulationszinssatz beträgt 9 %. Ermitteln Sie den Barwert der Rente!

36 : Barwert II

Lösen sie folgende Aufgaben mit dem Taschenrechner:

(1) Ein Mann soll in 30 Jahren zu seinem 60. Geburtstag eine Lebensversicherungssumme in Höhe von 250.000 € ausgezahlt bekommen. Welchen Wert stellt dieser Betrag heute dar, wenn eine durchschnittliche Inflationsrate von 2,5 % vorliegt?

(2) Überprüfen Sie die Aussage: Eine jährliche Steigerung der Einwohnerzahl in Höhe von 7,2 Prozent hat die Bevölkerungszahl einer Großstadt innerhalb der letzten 10 Jahre verdoppelt.

(3) Ein Immobilieneigentümer erhält aus einem Mietshaus jedes Jahr 25.000 €. Der Mietvertrag läuft über 18 Jahre. Als Zins werden 5,5 % angenommen. Welche Summe würde der Immobilieneigentümer erhalten, wenn an ihn der gesamte Betrag der Vermietung gleich zu Beginn des Mietvertrages ausgezahlt werden würde?

37 : Barwert III

(1) Herr Müller schuldet Herrn Meier einen bestimmten Geldbetrag. Herr Müller bietet an, Herrn Meier 5 jährliche Raten von 12.000 € zu zahlen. Die Zahlungen sollen jeweils am Jahresende erfolgen.

Herr Meier ist grundsätzlich bereit, auf den Vorschlag einzugehen, macht aber doch einen Gegenvorschlag. Herr Müller könne ihm das Geld in 15 Jahresraten in Höhe von 6.000 € zurückzahlen. Er geht ebenfalls davon aus, dass die Zahlungen am Jahresende erfolgen.

Welche der beiden Alternativen würden Sie Herrn Müller empfehlen, wenn der Kalkulationszinssatz 10 % beträgt?

(2) Zu welchem Barwert führen die folgenden Zahlungen bei einem Zinssatz von 12 %.

1. Jahr:	5.000 €
2. Jahr:	10.000 €
3. Jahr:	15.000 €
4. Jahr:	20.000 €

(3) Wie hoch ist der Barwert bei gleichem Zinssatz und folgendem Verlauf der Zahlungen:

1. Jahr:	20.000 €
2. Jahr:	15.000 €
3. Jahr:	10.000 €
4. Jahr:	5.000 €

(4) Weshalb sind die Barwerte aus (2) und (3) unterschiedlich hoch?

38 : Barwert IV

(1) Eine Erdölquelle soll nach geologischen Untersuchungen Vorräte aufweisen, die in den nächsten zwanzig Jahren bis zum Versiegen der Quelle durchschnittlich 2 Mio. € an jährlichen Gewinnen erbringen.

Errechnen Sie den Barwert dieser Erdölvorräte, der einem Kaufpreis dieser Erdölquelle gleichen kann. Als Kalkulationszins werden 6,5 % festgesetzt.

(2) In der Nähe dieser Quelle wird ein Solarzellenfeld erstellt, das aus dem Sonnenlicht Energie gewinnt. Der Verkauf der gewonnene Energie führt ebenfalls zu jährlich durchschnittlichen Gewinnen von 2 Mio. €. Die Laufzeit soll aufgrund der Sonnenenergie unbegrenzt sein. Als Kalkulationszins werden ebenso 6,5 % festgesetzt.

Errechnen Sie durch den Barwert dieser Investition den möglichen Kaufpreis dieses Solarzellenfeldes.

39 : Endwert I

Verwenden Sie für die folgenden Aufgaben die finanzmathematischen Tabellen im Anhang:

(1) Welcher Betrag ergibt sich, wenn 5.000 € über 10 Jahre hinweg mit 8 % verzinst werden, am Ende des 10. Jahres?

(2) Ermitteln Sie den Wert, der sich nach 5 Jahren ergibt, wenn jährlich 2.500 € auf ein Sparbuch eingezahlt werden. Der Zinssatz beträgt 6 %.

(3) Ist es bei einem Zinssatz von 10 % vorteilhafter, jetzt 10.000 € oder über 6 Jahre hinweg eine jährliche Rate von 2.300 € oder zum Ende des 6. Jahres 18.000 € zu zahlen?

(4) Wie sieht der Vorteilsvergleich von (3) aus, wenn der Zinssatz 6 % bzw. 14 % beträgt?

40 : Endwert II

Berechnen sie folgende Aufgaben mit dem Taschenrechner:

(1) Sie pachten ein Restaurant und haben in den nächsten acht Jahren nachschüssige Zahlungen in Höhe von 24.000 € jährlich zu leisten. Zudem fällt zu Beginn und am Ende der Pachtzeit jeweils eine zu leistende Zahlung für Renovierungen in Höhe von 5.000 € an.

Welche Gesamtsumme haben Sie nach dem achten Jahr für die Pacht und die Renovierung des Restaurants gezahlt?

Zu Berechnung dieses Endwertes ist ein Kalkulationszinsfuß von 5,5 % anzusetzen.

(2) Ein Weintrinker investiert jährlich 1.500 € in köstliche Rotweine. Welchen Betrag hätte er in 10 Jahren erspart, würde dieses Geld jährlich nachschüssig bei einem Kreditinstitut angelegt?

Als Kondition hätte man ihm für einen solch langfristigen Sparvertrag 6,8 % Zinsen und Zinseszinsen pro Jahr garantiert.

41 : Jahreswert I

Verwenden Sie für die folgenden Aufgaben die finanzmathematischen Tabellen im Anhang.

(1) Ein jetzt fälliger Betrag von 50.000 € soll in 5 gleich hohen Jahresraten ausgezahlt werden. Wie hoch sind die Jahresraten bei einem Kalkulationszinssatz von 10 %?

(2) Eine Zahlung ist nach 10 Jahren fällig. Sie beträgt 100.000 €. Die Vertragspartner kommen überein, den Betrag nicht einmalig nach 10 Jahren, sondern in gleich hohen Jahresbeträgen über die 10 Jahre hinweg zu zahlen. Wie hoch ist der Jahresbetrag, wenn von einem Kalkulationszinssatz von 8 % ausgegangen wird?

(3) Eine Zahlung von 10.000 € ist jetzt fällig. Es wird angeboten, anstelle der einmaligen Zahlung in 5 jährlichen Raten von 2.600 € zu zahlen. Der Kalkulationszinssatz beträgt 10 %.

Ist das Angebot für den Schuldner vorteilhaft?

42 : Jahreswert II

Berechnen sie folgende Aufgaben mit dem Taschenrechner:

(1) In einer amerikanischen Lotterie gewinnt ein Glückspilz die enorme Summe von 25 Mio. USD. Diese kommen allerdings nicht sofort zur Auszahlung, sondern werden als jährliche Zahlungen auf 10 Jahre verteilt. Die Lottogesellschaft verzinst diese Vorgehensweise mit 5,5 %.

Welchen Betrag erhält der Lottomillionär jährlich nachschüssig?

(2) Sie beantragen bei einer Bank für eine Baufinanzierung ein Annuitätendarlehen mit einer Summe von 650.000 €. Der Kreditzins beträgt 7,5 % und ist für die Gesamtlaufzeit des Annuitätendarlehens auf die nächsten 15 Jahre fest geschrieben.

Welchen Betrag müssen Sie jährlich aufbringen, um dieses Darlehen hinsichtlich der Zinsen und der Tilgung bedienen zu können?

43 : Kapitalwertmethode I

Ein Investitionsobjekt kostet 200.000 € und erwirtschaftet jährliche Überschüsse von 35.000 €.

(1) Ist die Investition vorteilhaft, wenn der Kalkulationszinssatz 6 %, 10 %, 14 % beträgt und die Nutzung auf 8 Jahre begrenzt ist?

(2) Berücksichtigen Sie zusätzlich, dass ein Liquidationserlös von 28.500 € anfallen wird! Gibt es eine Veränderung in der Vorteilhaftigkeit der Investition?

(3) Nehmen Sie an, die Investition sei unbestimmte Zeit nutzbar. Ermitteln Sie die Vorteilhaftigkeit der Investition für die gleichen Kalkulationszinssätze wie in (1).

44 : Kapitalwertmethode II

(1) Die Beteiligungs AG will ein Grundstück für 400.000 € kaufen und rechnet damit, es nach 4 Jahren zum Preise von 540.000 € wieder verkaufen zu können.

Ist diese Investition vorteilhaft, wenn mit einem Kalkulationszinssatz von 10 % gerechnet wird?

(2) Die Chemie AG beabsichtigt, eine Investition vorzunehmen. Zwei Alternativen stehen zur Auswahl:

- Maschine I kostet 90.000 € und ist 6 Jahre nutzbar. Ihr Liquidationserlös wird mit 15.000 € angesetzt. Als Zahlungsströme werden angenommen:

	Einzahlungen	Auszahlungen
1. Jahr:	52.000 €	38.000 €
2. Jahr:	56.000 €	35.000 €
3. Jahr:	65.000 €	39.000 €
4. Jahr:	62.000 €	38.000 €
5. Jahr:	55.000 €	40.000 €
6. Jahr:	48.000 €	37.000 €

- Maschine II kostet ebenfalls 90.000 € und ist 6 Jahre nutzbar. Mit einem Liquidationserlös wird in Höhe von 5.000 € gerechnet. Die folgenden Zahlungsströme werden erwartet:

	Einzahlungen	Auszahlungen
1. Jahr:	60.000 €	41.000 €
2. Jahr:	68.000 €	42.000 €
3. Jahr:	67.000 €	40.000 €
4. Jahr:	55.000 €	35.000 €
5. Jahr:	48.000 €	36.000 €
6. Jahr:	40.000 €	32.000 €

Ermitteln Sie die Vorteilhaftigkeit der Maschine und berücksichtigen Sie dabei einen Kalkulationszinssatz von 8 %!

45 : Kapitalwertmethode III

Ein Unternehmen plant mehrere Investitionen:

- **Investition A**

Es liegen zwei Angebote vor, die folgende Daten aufweisen:

		Investitionsobjekt I	Investitionsobjekt II
Anschaffungswert	€	140.000	180.000
Liquidationserlös	€	10.000	20.000
Nutzungsdauer	Jahre	6	6
Überschüsse			
1. Jahr	€	23.000	30.000
2. Jahr	€	28.000	38.000
3. Jahr	€	38.000	42.000
4. Jahr	€	39.000	46.000
5. Jahr	€	34.000	39.000
6. Jahr	€	29.000	32.000

- **Investition B**

Es liegt ein Angebot vor, das als Daten aufweist:

Anschaffungswert	€	20.000
Liquidationserlös	€	0
Nutzungsdauer	Jahre	6
Überschüsse jährlich	€	5.100

- **Investition C**

Es liegt ein Angebot vor, das folgende Daten aufweist:

Anschaffungswert	€	60.000
Liquidationserlös	€	5.000
Nutzungsdauer	Jahre	6
Überschüsse jährlich	€	15.000

- **Investition D**

Es liegen zwei Angebote vor, die folgende Daten aufweisen:

		Investitions-objekt I	**Investitions-objekt II**
Anschaffungswert	€	20.000	20.000
Liquidationserlös	€	0	3.000
Nutzungsdauer	Jahre	6	6
Überschüsse jährlich	€	4.400	3.900

Beurteilen Sie die Investitionen unter Verwendung eines Kalkulationszinssatzes von 8 % auf ihre Vorteilhaftigkeit hin!

46 : Kapitalwertmethode IV

Ein Unternehmen will eine Maschine in Höhe von 1.000 € anschaffen. Man verspricht sich von dieser Maschine in den nächsten vier Jahren einen jährlichen Überschuss von 300 €/Jahr. Auf den Ansatz eines Liquidationserlöses wird verzichtet.

Berechnen Sie den Kapitalwert dieser Investition mit zwei unterschiedlich hohen Kalkulationszinssätzen und interpretieren Sie das aufgefundene Ergebnis.

Als Kalkulationszinssätze sind 7 % und 8 % anzusetzen.

47 : Kapitalwertmethode V

Die Metall GmbH will überprüfen, ob es vorteilhaft ist, eine in Betrieb befindliche Maschine jetzt oder später zu ersetzen.

Folgende Daten liegen vor:

		Alte Maschine	Neue Maschine
Anschaffungswert	€	–	200.000
Liquidationserlös			
bei sofortigem Ersatz	€	10.000	
bei Ersatz nächste Periode	€	5.000	
nach Nutzungsdauer	€	0	2.000
Nutzungsdauer	Jahre	–	10

Der Kalkulationszinssatz beträgt 10 %.

(1) An welche Voraussetzungen ist die mathematische Ermittlung des Ersatzzeitpunktes geknüpft?

(2) Ermitteln Sie den Ersatzzeitpunkt, wenn die jährlichen Überschüsse der alten Maschine 30.000 €, die jährlichen Überschüsse der neuen Maschine 50.000 € betragen.

(3) Verändert sich der Ersatzzeitpunkt, wenn die jährlichen Überschüsse der alten Maschine mit 30.000 € angesetzt werden und der Liquidationserlös der neuen Maschine mit 2.000 €, die Überschüsse der neuen Maschine aber folgenden Verlauf nehmen:

1. Jahr	63.000 €
2. Jahr	63.000 €
3. Jahr	65.000 €
4. Jahr	63.000 €
5. Jahr	61.000 €
6. Jahr	58.000 €
7. Jahr	56.000 €
8. Jahr	57.000 €
9. Jahr	52.000 €
10. Jahr	50.000 €

48 : Kapitalwertmethode VI

(1) Ein Investitionsobjekt hat laut AfA-Tabelle eine Nutzungszeit von 5 Jahren. Die Anfangsinvestition beläuft sich auf 15.000 €. Jährlich gleichbleibende Überschüsse in Höhe von 4.000 € sind geplant. Nach einer Restwerttabelle können die jährlichen Liquidationserlöse festgelegt werden. Sie betragen nach dem ersten Jahr 12.000 €, nach dem zweiten Jahr 10.000 €, nach dem dritten Jahr 8.000 €, nach dem vierten Jahr 4.500 € und im letzten Nutzungsjahr 500 €.

Ist die vorgegebene Nutzungszeit ökonomisch sinnvoll, wenn ein Kalkulationszinssatz von 7 % unterstellt wird?

(2) Errechnen Sie die optimale Nutzungszeit für das Investitionsobjekt aus der Frage (1) mit einer einzigen Änderung. Der Liquidiationserlös der letzten Periode beträgt nicht 500 €, sondern 1.000 €.

Zeigen Sie die sich ergebenden Änderungen!

49 : Interne Zinsfuß-Methode I

Ein Investitionsobjekt hat einen Anschaffungswert von 140.000 € und erzielt jährliche Überschüsse von 21.650 €.

Die im Unternehmen festgelegte Mindestverzinsung beträgt 14 %.

(1) Das Investitionsobjekt ist 15 Jahre nutzbar. Ermitteln Sie, ob es vorteilhaft ist!

(2) Das Investitionsobjekt aus (1) ist unbestimmte Zeit nutzbar. Wie ist seine Vorteilhaftigkeit zu beurteilen?

50 : Interne Zinsfuß-Methode II

Ein Unternehmen, das Zubehörteile für Kraftfahrzeuge fertigt, plant eine Investition. Zwei Möglichkeiten sind gegeben:

		Investitionsobjekt I	Investitionsobjekt II
Anschaffungswert	€	98.000	98.000
Liquidationserlös	€	6.000	8.000
Nutzungsdauer	Jahre	6	6
Überschüsse			
1. Jahr	€	18.000	23.000
2. Jahr	€	22.000	25.000
3. Jahr	€	20.000	23.000
4. Jahr	€	26.000	23.000
5. Jahr	€	25.000	21.000
6. Jahr	€	24.000	20.000

(1) Ermitteln Sie rechnerisch, welches Investitionsobjekt das vorteilhaftere ist! Die angestrebte Mindestverzinsung beträgt 10 %.

(2) Stellen Sie das Ergebnis grafisch dar!

(3) Wie ist die Vorteilhaftigkeit der Investition bei einer Mindestverzinsung von 12 % zu beurteilen?

51 : Interne Zinsfuß-Methode III

(1) Sie haben in eine Aktie investiert und vor fünf Jahren 250 € beim Kauf dieser Aktie gezahlt. In den darauf folgenden Jahren wurden jährlich nachschüssig Dividenden gezahlt in Höhe von 14,50 €, 13,00 €, 13,50 €, 14,50 € und zuletzt 15,00 €. Am Ende des fünften Jahres können Sie die Aktie zu 350 € verkaufen.

Berechnen Sie mit der »Regula falsi« die Effektivverzinsung dieser Investition auf zwei Kommastellen genau.

(2) Welche Berechnung könnten Sie anwenden, wenn nur der Kaufkurs und der Verkaufskurs bekannt wären und es in der Zwischenzeit zu keiner Dividendenzahlung gekommen wäre.

52 : Annuitätenmethode I

Die Beteiligungs AG beabsichtigt, ein Grundstück zu kaufen. Der Preis beträgt 1.650.000 €.

(1) Prüfen Sie die Vorteilhaftigkeit der Investition, wenn das Grundstück 5 Jahre lang für 112.000 €/Jahr verpachtet und danach für 1.850.000 € verkauft wird. Der Kalkulationszinssatz soll 8 % betragen.

(2) Es wird der Vorschlag gemacht, das Grundstück nicht wieder zu veräußern, sondern unbegrenzt zu nutzen. Es ließe sich eine jährliche Pacht von 127.000 € erzielen. Errechnen Sie unter Zugrundelegung des Kalkulationszinssatzes von 8 %, ob dieser Vorschlag vorteilhafter ist als die in (1) beschriebene Vorgehensweise.

(3) Ein Baustoffgroßhändler bietet der Beteiligungs AG an, einen 20-jährigen Pachtvertrag abzuschließen und das Grundstück danach für 3.528.000 € zu erwerben. Die jährliche Pacht würde 90.000 € betragen. Wie ist die Vorteilhaftigkeit bei dem Kalkulationszinssatz von 8 % zu beurteilen?

(4) Kann die vorteilhafteste der Alternativen auch dann noch positiv beurteilt werden, wenn der Kalkulationszinssatz auf 9 % erhöht wird?

53 : Annuitätenmethode II

Für eine Investition kommen zwei Objekte in Betracht:

- Maschine I kostet 100.000 € und ist 5 Jahre nutzbar. Die jährlichen Überschüsse betragen

1. Jahr	28.000 €	4. Jahr	32.000 €
2. Jahr	36.000 €	5. Jahr	30.000 €
3. Jahr	35.000 €		

Der Liquidationserlös wird mit 5.000 € veranschlagt.

- Maschine II kostet 80.000 € und ist ebenfalls 5 Jahre nutzbar. Die jährlichen Überschüsse betragen

1. Jahr	22.000 €	4. Jahr	28.000 €
2. Jahr	30.000 €	5. Jahr	20.000 €
3. Jahr	28.000 €		

Ein Liquidationserlös fällt nicht an.

(1) Ermitteln Sie unter Verwendung eines Kalkulationszinssatzes von 8 %, welches Investitionsobjekt vorteilhafter ist!

(2) Weshalb ist es bei der Annuitätenmethode nicht erforderlich, bei unterschiedlichen Anschaffungswerten und/oder Nutzungsdauern Differenzinvestitionen vorzunehmen?

54 : Annuitätenmethode III

(1) Ein Unternehmen investiert in eine Maschine 4.000 €. Die Investitionsabteilung schätzt folgende jährliche Überschüsse. Im ersten Jahr sollen 1.200 €, im zweiten Jahr 1.600 € und im dritten Jahr 2.400 € zurückfließen. Ein Liquidationswert fällt nicht an. Als Kalkulationszinsfuß werden 8,5 % angesetzt. Errechnen Sie die Annuität.

(2) Erstellen Sie eine Tabelle, mit der Sie den Investitionsablauf dieses Investitionsobjektes darstellen können.

55 : Annuitätenmethode IV

Es soll geprüft werden, ob es vorteilhaft ist, eine in Betrieb befindliche Maschine jetzt oder später zu ersetzen.

Daten sind:

		Alte Maschine	Neue Maschine
Anschaffungswert	€	–	200.000
Liquidationserlös			
bei sofortigem Ersatz	€	10.000	
bei Ersatz nächste Periode	€	5.000	
nach Nutzungsdauer	€	0	2.000
Nutzungsdauer	Jahre		10

Der Kalkulationszinssatz beträgt 10 %.

(1) Ermitteln Sie den Ersatzzeitpunkt, wenn die jährlichen Überschüsse der alten Maschine 30.000 €, die jährlichen Überschüsse der neuen Maschine 50.000 € betragen.

(2) Verändert sich der Ersatzzeitpunkt, wenn die jährlichen Überschüsse der alten Maschine mit 30.000 € angesetzt werden, die Überschüsse der neuen Maschine aber folgenden Verlauf nehmen:

1. Jahr	63.000 €
2. Jahr	63.000 €
3. Jahr	65.000 €
4. Jahr	63.000 €
5. Jahr	61.000 €

6. Jahr	58.000 €
7. Jahr	56.000 €
8. Jahr	57.000 €
9. Jahr	52.000 €
10. Jahr	50.000 €

56 : Unternehmensbewertung

(1) Welche generellen Probleme ergeben sich bei Kauf bzw. bei Verkauf eines Unternehmens.

(2) Erstellen Sie eine Aufzählung mit für einen Unternehmenskauf notwendigen Informationsinhalten.

57 : Substanzwert

Welche gedanklichen Schritte müssen Sie vollziehen, um zum Substanzwert eines Unternehmens zu gelangen?

58 : Begriffsgrößen der Unternehmensbewertung

Zeigen Sie die Unterschiede der nachfolgenden Begriffe auf!

(1) Hinsichtlich des Substanzwertes und des Ertragswertes.
(2) Hinsichtlich des derivativen und originären Firmenwertes.
(3) Hinsichtlich der direkten und indirekten Ermittlung des Cash Flow.
(4) Hinsichtlich des Brutto Cash Flow und des Free Cash Flow.

59 : Ertragswert-Verfahren I

Ein Unternehmen wird für 300.000 € zum Verkauf angeboten. Seine Lebensdauer wird noch mit 8 Jahren angesetzt. Die Gewinnerwartungen sehen folgendermaßen aus.

1. Jahr	48.000 €
2. Jahr	52.000 €
3. Jahr	55.000 €
4. Jahr	55.000 €
5. Jahr	50.000 €
6. Jahr	49.000 €
7. Jahr	41.000 €
8. Jahr	34.000 €

Der Kalkulationszinssatz beträgt 10 %.

(1) Welche Aussage ermöglicht der Zukunftserfolgswert für den Käufer und den Verkäufer?

(2) Ermitteln Sie den Zukunftserfolgswert!

(3) Würden Sie dazu raten, das Unternehmen zu kaufen?

60 : Ertragswert-Verfahren II

Die Beteiligungs AG plant, einen kleinen Fertigungsbetrieb zu übernehmen, der einen durchschnittlichen jährlichen Gewinn von 93.500 € erwirtschaftet.

(1) Ermitteln Sie den maximalen Kaufpreis für den Fertigungsbetrieb, wenn dem Investitionsobjekt noch eine Lebensdauer von 20 Jahren gegeben und ein Kalkulationszinssatz von 8 % angesetzt wird!

(2) Wie hoch liegt der maximale Kaufpreis bei gleichem Kalkulationszinssatz, jedoch unbegrenzter Lebensdauer?

(3) Die Forderung des Verkäufers beträgt bei Annahme einer 20jährigen Restnutzungsdauer 1.000.000 €. Kann sie bei einem Kalkulationszinssatz von 6 % von der Beteiligungs AG akzeptiert werden?

61 : Substanzwert-Verfahren

(1) Welche Zusammenhänge bestehen zwischen dem Teilreproduktionswert, Substanzwert und zukunftsorientierten Substanzwert?

(2) Ermitteln Sie den Substanzwert der Peter Schmidtke KG aus der folgenden Bilanz:

Bilanz zum ...

Aktiva		€	Passiva		€
I.	Anlagevermögen		I.	Kapital Schmidtke	120.000
	Grundstücke und Gebäude	80.000		Kapital Heimann	40.000
	Maschinen und Werkzeuge	60.000	II.	Neubaurücklagen	60.000
	Betriebs- und Geschäftsausstattung	10.000	III.	Verbindlichkeiten	
II.	Umlaufvermögen			Hypothek	50.000
	Roh-, Hilfs- und Betriebsstoffe	60.000		Lieferschulden	100.000
	Halb- und Fertigerzeugnisse	90.000			
	Kundenforderungen	50.000			
	Bank	20.000			
		370.000			370.000

In der Bilanz ist ein Grundstück ausgewiesen, das nicht betriebsnotwendig ist und dessen Wert 15.000 € beträgt.

62 : Zukunftsorientierter Substanzwert

Ein zu bewertendes Unternehmen weist als Zahlungsreihen auf:

	Einzahlungen	Auszahlungen
1. Jahr	600.000 €	490.000 €
2. Jahr	680.000 €	540.000 €
3. Jahr	670.000 €	520.000 €
4. Jahr	600.000 €	460.000 €
5. Jahr	540.000 €	390.000 €
6. Jahr	450.000 €	360.000 €

Würde ein gleichartiges Unternehmen neu errichtet, ergäben sich folgende Auszahlungen:

1. Jahr	540.000 €	4. Jahr	430.000 €
2. Jahr	500.000 €	5. Jahr	340.000 €
3. Jahr	500.000 €	6. Jahr	300.000 €

Ermitteln Sie – bei einem Kalkulationszinssatz von 10 % - die Preisobergrenze für den Käufer!

63 : Mittelwert-Verfahren

Ermitteln Sie den Wert eines Unternehmens nach dem Mittelwert-Verfahren, wobei folgende Informationen vorliegen:

Anlagevermögen	288.000 €
Umlaufvermögen	320.000 €
Nicht betriebsnotwendiges Vermögen	160.000 €
Jährlicher Gewinn	70.000 €

Der Kalkulationszinssatz soll 8 % betragen.

(1) Dem Unternehmen wird eine 10-jährige Lebensdauer unterstellt.

(2) Es wird angenommen, dass die Lebensdauer des Unternehmens unbegrenzt ist.

64 : Übergewinn-Verfahren

Wie sieht der Unternehmenswert des in (63) angesprochenen Unternehmens aus, wenn er mithilfe der Methode der Übergewinnkapitalisierung ermittelt wird?

Die Daten sind:

Anlagevermögen	288.000 €
Umlaufvermögen	320.000 €
Nicht betriebsnotwendiges Vermögen	160.000 €
Jährlicher Gewinn	70.000 €
Kalkulationszinssatz	8 %
Zinssatz für Übergewinne	15 %

65 : Kurs-Gewinn-Verhältnis-Methode

Ein Unternehmen weist über verschiedene Jahre folgende bereinigte, nachsteuerliche Gewinngrößen aus:

1. Jahr: 50 Mio. €
2. Jahr: 60 Mio. €
3. Jahr: 70 Mio. €
4. Jahr: 70 Mio. €
5. Jahr: 60 Mio. €
6. Jahr: 75 Mio. €

Errechnen Sie die durchschnittliche Gewinngröße und den Unternehmenswert unter der Annahme, dass das KGV für dieses Unternehmen bei 9 liegt.

66 : Interfinanz-Methode

Ein Unternehmen soll gekauft werden. Es weist heute (t) einen bereinigten Gewinn in Höhe von 100 Mio. € auf. Aus den Geschäftsberichten der 4 Jahre zuvor sind folgende bereinigte Gewinngrößen abzuleiten:

t - 4: 50 Mio. €
t - 3: 60 Mio. €
t - 2: 75 Mio. €
t - 1: 90 Mio. €

Hinzukommt, dass prognostizierte Gewinne für die nächsten zwei Jahre vorliegen:

t + 1: 105 Mio. €
t + 2: 110 Mio. €

Der Multiplikator, der auch bei M&A Firmen nachzufragen ist, soll der Branche nach und dem Risiko entsprechend bei 6 liegen. Errechnen Sie den Unternehmenswert nach der Interfinanz-Methode.

67 : EBDIT-Methode

Ein Unternehmen weist eine Bilanzsumme von 580 Mio. € aus. Es hat eine Eigenkapitalquote von 30 %. Weitere Informationen liegen vor:

Jahr	1	2	3	4	5	6
Gewinn vor Steuer (Mio. €)	50	60	70	70	75	75
AfA (Mio. €)	20	25	30	30	30	30
Zins (Mio. €)	30	33	35	37	38	40

Errechnen Sie über den durchschnittlichen EBDIT den Unternehmenswert. Als Multiplikator wird in dieser Branche und bei dieser Unternehmensstruktur die Zahl 5 verwendet.

68 : Discounted Cash Flow-Methode

Berechnen Sie nach der Discounted Cash Flow-Methode den vorsteuerlichen Unternehmenswert für ein Unternehmen, das folgende Informationen aufweist:

Eigenkapitalquote	20 %
Bilanzsumme absolut:	560 Mio. €
Fremdkapitalzins:	8 %
Eigenkapitalzins:	15 %

Es liegt nur betriebsnotwendiges Vermögen im Unternehmen vor.

Folgende Free Cash Flows sind geplant:

Jahre:	t + 1	t + 2	t + 3	t + 4	t + 5
FCF in Mio. €:	65	70	80	85	95

69 : Shareholder Value-Methode

Eine börsennotierte Aktiengesellschaft weist ein Beta von 0,89 auf. Die Umlaufrendite am Anleihemarkt beträgt zur Zeit 5,5 %. Der Aktienmarkt erbringt durchschnittlich eine Rendite von 15 %.

Errechnen Sie den für die Shareholder Value-Methode anzuwendenden Kalkulationszinssatz für den Fall, dass dieses Unternehmen zu 75 % fremdfinanziert ist, durchschnittlich 8,5 % für das aufgenommene Fremdkapital zahlt und der Pauschalsteuersatz 50 % beträgt.

70 : Einheitskurs/Kurszusätze

(1) Folgende Kaufaufträge und Verkaufaufträge liegen an der Wertpapierbörse vor:

Kaufaufträge	Verkaufaufträge
100 billigst	150 Stück bestens
150 Stück zu 190,- €	100 Stück zu 184,- €
200 Stück zu 188,- €	130 Stück zu 186,- €
175 Stück zu 186,- €	190 Stück zu 188,- €
150 Stück zu 184,- €	240 Stück zu 190,- €

Wie hoch ist der Einheitskurs an diesem Tag?

(2) Was heißt:

(a) bG
(b) – G
(c) exD
(d) B
(e) *

71 : Fundamentalanalyse I

Ein Unternehmen hat ein gezeichnetes Kapital von 100 Mio. €. Die Anzahl der ausgegebenen Stückaktien beträgt 5 Mio. In der Bilanz sind ausgewiesen an Kapitalrücklagen 75 Mio. € und 35 Mio. € gesetzliche Rücklagen. Das Unternehmen besitzt Immobilien, deren tatsächlicher Wert mit 80 Mio. € von Aktienanalysten eingeschätzt wird.

Errechnen Sie mit diesen Angaben aus untenstehender Bilanz den korrigierten Bilanzkurs der Aktie und deren inneren Wert.

Aktiva	Bilanz in Mio. €		Passiva
Anlagevermögen	200	Gezeichnetes Kapital	100
davon Immobilien 20		Kapitalrücklagen	75
Umlaufvermögen	110	Gewinnrücklagen	35
		Verbindlichkeiten	100
	310		310

72 : Fundamentalanalyse II

Die Kosmetik AG weist folgende, vereinfachte Bilanz auf:

Aktiva	**Bilanz**		Passiva
	€		€
Anlagevermögen	750.000	Gezeichnetes Kapital	600.000
Umlaufvermögen	390.000	Gewinnrücklagen	
		Gesetzliche Rücklage	30.000
		Andere Rücklagen	65.000
		Verbindlichkeiten	440.000
		Gewinnvortrag	5.000
	1.140.000		1.140.000

Jahresgewinn: 115.000 €

Kalkulationszinsfuß: 10 %

Ein Konkurrenzunternehmen, die Beauty AG, hat folgende, vereinfachte Bilanz:

Aktiva		Bilanz	Passiva
	€		€
Anlagevermögen	340.000	Gezeichnetes Kapital	300.000
Umlaufvermögen	246.000	Gewinnrücklagen	
		Gesetzliche Rücklage	15.000
		Andere Rücklagen	130.000
		Verbindlichkeiten	140.000
		Gewinnvortrag	1.000
	586.000		586.000

Jahresgewinn: 62.000 €

Kalkulationszinsfuß: 10 %

(1) Ermitteln Sie den Bilanzkurs und Ertragswertkurs für beide Unternehmen und interpretieren Sie die Ergebnisse!

(2) Der Kaufmann Peter Merseburger hat eine 50 €-Nennwertaktie der Beauty AG zum Kurs von 180 gekauft. Als Dividende erhält er 10,30 €. Hat sich seine Investition gelohnt, wenn der effektive Zinssatz am Kapitalmarkt bei 7,5 % liegt?

73 : Fundamentalanalyse III

Zwei Unternehmen sollen verglichen werden, deren Bilanzen vorliegen:

Werkzeug AG

Aktiva		Bilanz	Passiva
	€		€
Anlagevermögen	580.000	Gezeichnetes Kapital	600.000
Umlaufvermögen	480.000	Gesetzliche Rücklage	20.000
		Andere Rücklagen	50.000
		Verbindlichkeiten	390.000
	1.060.000		1.060.000

Metall AG

Aktiva		**Bilanz**	Passiva
	€		€
Anlagevermögen	460.000	Gezeichnetes Kapital	500.000
Umlaufvermögen	610.000	Gesetzliche Rücklage	15.000
		Andere Rücklagen	10.000
		Verbindlichkeiten	545.000
	1.070.000		1.070.000

Die Werkzeug AG erwirtschaftet einen jährlichen Gewinn von 118.000 €.

Bei der Metall AG beträgt der jährliche Gewinn 107.000 €.

Der Kalkulationszinssatz beträgt 8 %.

(1) Ermitteln Sie die Bilanzkurse beider Unternehmen und beurteilen Sie diese!

(2) Wie hoch sind die Ertragswertkurse beider Unternehmen und wie sind sie zu beurteilen?

(3) Beide Aktiengesellschaften haben 100.000 Stückaktien ausgegeben. Interpretieren Sie dies.

74 : Darlehens-Verzinsung

Die Computer GmbH hat einen finanziellen Überschuss, den sie über mehrere Jahre anlegen will. Es ist daran gedacht, 200.000 € über 6 Jahre hinweg an ein zulieferndes Unternehmen als Darlehen zu gewähren.

(1) Ermitteln Sie, welche einfache und finanzmathematisch korrigierte Effektivverzinsung sich erzielen ließe, wenn folgende Konditionen vereinbart würden:

Zinssatz	8 %
Auszahlung	98 %
Tilgung	Jährlich in gleichen Raten

(2) Wie würde die einfache und die finanzmathematisch korrigierte Effektivverzinsung bei folgenden Konditionen aussehen:

Zinssatz	7 %
Auszahlung	95 %
Tilgung	Nach 2 tilgungsfreien Jahren in gleichen Raten

(3) Wie hoch würde der einfache und der finanzmathematisch korrigierte Effektivzinssatz sein, wenn das Darlehen erst mit Ende der Laufzeit getilgt würde?

75 : Wertpapier-Verzinsung

Ein Unternehmen investiert in Industrieobligationen, die zu folgenden Konditionen ausgegeben werden:

Auszahlungskurs	96 %
Rückzahlungskurs	100 %
Nominalzinssatz	7 %
Laufzeit	10 Jahre

(1) Ermitteln Sie die einfache Effektivverzinsung und die finanzmathematisch korrigierte Effektivverzinsung der Industrieobligationen, wenn sie jährlich in gleichen Raten getilgt werden!

(2) Wie entwickeln sich der einfache Effektivzinssatz und der finanzmathematisch korrigierte Effektivzinssatz, wenn die Industrieobligationen 4 Jahre tilgungsfrei sind und danach in gleichen jährlichen Raten getilgt wird?

(3) Wie hoch würden der einfache und der finanzmathematisch korrigierte Effektivzinssatz sein, wenn die Konditionen aus (2) gelten, deren Rückzahlungskurs aber 104 % betragen würde?

(4) Auf welche Weise ließe sich die Effektivverzinsung noch genauer ermitteln?

76 : Effektivverzinsung festverzinslicher Anleihen und Zerobonds

(1) Ein Unternehmen kauft für eine Finanzinvestition eine neu emittierte Anleihe am Markt. Folgende Konditionen bestehen:

Zinssatz:	6, 5 %
Auszahlung:	97,4 %
Laufzeit:	5 Jahre
Rückzahlung:	100 %
Tilgung:	Erfolgt nach Ablauf der Anleihe.

Errechnen Sie nach der Internen Zinsfuß-Methode die Effektivverzinsung!

(2) Ein Zerobond wird mit einem Ausgabekurs von 48,5 % emittiert. Seine 100 % Rückzahlung soll in 12 Jahren erfolgen.

Zeigen Sie grafisch diesen Zweizahlungsfall auf und errechnen Sie die Effektivverzinsung.

77 : Qualitative Bewertungskriterien

(1) Systematisieren Sie die nachfolgenden qualitativen Bewertungskriterien anhand geeigneter Oberbegriffe:

Ästhetik, Patente, Arbeitszufriedenheit, Qualifikationssicherung, Störanfälligkeit, Garantie, Marktanteil, Kundendienst, Energieverbrauch, Lärmentwicklung, Bedienbarkeit, Transportmöglichkeit, Umweltschutzvorschriften, Abfallentsorgung, Kartellgesetze, Distributionsfähigkeit.

(2) Erläutern Sie, was unter Sreening- und Scoring-Modellen zu verstehen ist und welche Bedeutung sie für die betriebliche Praxis haben!

78 : Gewichtung der Bewertungskriterien

Bewertungskriterium	Vergleich der Bewertungskriterien														Vorzugshäufigkeiten	Gewichtungsfaktor	Rangfolge
A	① 1	1 2	① 3	1 4	① 5	1 6	① 7	1 8	1 9	1 10	① 11	1 12	1 13	① 14			
B	② 2	② 3	② 4	② 5	2 6	② 7	2 8	② 9	2 10	② 11	2 12	2 13	② 14				
C	③ 3	③ 4	3 5	3 6	③ 7	3 8	3 9	3 10	3 11	3 12	3 13	③ 14					
D	④ 4	4 5	4 6	④ 7	4 8	④ 9	4 10	4 11	4 12	4 13	④ 14						
E	⑤ 5	5 6	⑤ 7	5 8	5 9	5 10	⑤ 11	5 12	5 13	⑤ 14							
F	⑥ 6	⑥ 7	6 8	6 9	6 10	⑥ 11	6 12	6 13	⑥ 14								
G	⑦ 7	7 8	7 9	7 10	⑦ 11	7 12	7 13	7 14									
H	⑧ 8	8 9	[8 10]	⑧ 11	[8 12]	8 13	⑧ 14										
I	⑨ 9	9 10	⑨ 11	9 12	9 13	⑨ 14											
J	⑩ 10	⑩ 11	[10 12]	[10 13]	⑩ 14												
K	⑪ 11	11 12	11 13	11 14													
L	⑫ 12	[12 13]	⑫ 14														
M	⑬ 13	⑬ 14															
N	⑭ 14																

(1) Ermitteln Sie durch paarweisen Vergleich die Vorzugshäufigkeiten der Bewertungskriterien!

(2) Errechnen Sie die auf 1 normierten Gewichtsfaktoren!

(3) Geben Sie die Rangfolge der Gewichte an!

79 : Nutzenbestimmung

Drei alternative Investitionsobjekte stehen zur Auswahl, die unter Verwendung der Gewichtungsfaktoren aus (78) einer Nutzenbestimmung unterworfen werden.

Folgende Urteile liegen vor:

Bewertungskriterium	Investitionsobjekt I	Investitionsobjekt II	Investitionsobjekt III
	Rangklasse	Rangklasse	Rangklasse
A	1	3	2
B	1	1	3
C	1	1	3
D	1	3	3
E	3	2	1
F	1	2	3
G	3	2	1
H	3	2	1
I	1	2	3
J	3	1	2
K	1	2	3
L	3	1	2
M	2	3	1
N	3	2	1

Rangklasse 1: 3 Punkte
Rangklasse 2: 2 Punkte
Rangklasse 3: 1 Punkt

(1) Ermitteln Sie die Nutzwerte!

(2) Stellen Sie die Rangfolge der in (78) und (79) untersuchten Investitionsobjekte dar!

80 : Finanzwirtschaftliche Analyse

Die nachstehenden Bilanzen und Gewinn- und Verlustrechnungen liegen Ihnen zur Analyse des Jahresabschlusses vor. Die Darstellung wurde für interne Zwecke teilweise über die Gliederungsvorschriften der §§ 266 und 275 HGB hinaus aufgegliedert.

Bilanz		Vorjahr Mio. €		Berichtsjahr Mio. €
Aktiva				
A. Anlagevermögen				
I. Sachanlagen:				
1. Grundstücke und Bauten				
– bebaute Grundstücke		80		95
– unbebaute Grundstücke		5		5
2. technische Anlagen und Maschinen		17		20
3. andere Anlagen, Betriebs- und Geschäftsausstattung		10		10
II. Finanzanlagen				
1. Beteiligungen		5		10
2. sonstige Ausleihungen		1		1
B. Umlaufvermögen				
I. Vorräte				
1. Roh-, Hilfs- und Betriebsstoffe		20		24
2. unfertige Erzeugnisse		30		28
3. fertige Erzeugnisse		25		20
II. Forderungen und sonstige Vermögensgegenstände				
1. Forderungen aus L. und L.				
– Forderungen		68		78
– Wechsel		1		2
2. sonstige Vermögensgegenstände		6		10
III. Scheck, Kassenbestand, Bundesbank- und Postgiroguthaben, Guthaben bei Kreditinstituten		26		30
C. Rechnungsabgrenzungsposten		4		5
		298		338
Passiva				
A. Eigenkapital				
I. Gezeichnetes Kapital		70		70
II. Gewinnrücklagen				
1. gesetzliche Rücklage		7		7
2. andere Gewinnrücklagen		25		40
III. Bilanzgewinn		40		30
B. Rückstellungen				
1. Rückstellungen für Pensionen		30		36
2. sonstige Rückstellungen		20		24
C. Verbindlichkeiten				
1. Verbindlichkeiten gegenüber Kreditinstituten		81		103
– davon Restlaufzeit bis 1 Jahr	24		30	
– davon Restlaufzeit mehr als 5 Jahre	57		73	
2. Verbindlichkeiten aus L. u. L.		12		18
3. sonstige Verbindlichkeiten		12		8
D. Rechnungsabgrenzungsposten		1		2
		298		338

Gewinn- und Verlustrechnung	**Vorjahr** Mio. €	Mio €	**Berichtsjahr** Mio. €	Mio. €
1. Umsatzerlöse	441		510	
2. Erhöhung oder Verminderung des Bestands an fertigen und unfertigen Erzeugnissen	+ 3	444	– 7	503
3. Aufwendungen für Roh-, Hilfs- und Betriebsstoffe		95		115
Rohergebnis		349		388
4. Personalaufwand				
a) Löhne und Gehälter	150		160	
b) soziale Abgaben	20		38	
5. Abschreibungen auf Sachanlagen	29		40	
6. sonstige betriebliche Aufwendungen	50		45	
7. Zinsen und ähnliche Aufwendungen	15	264	20	303
8. **Ergebnis aus der gewöhnlichen Geschäftstätigkeit**		85		85
9. Steuern vom Einkommen und vom Ertrag	30		35	
10. sonstige Steuern	5	35	5	40
11. **Jahresüberschuss**		50		45
12. Einstellung in andere Gewinnrücklagen		10		15
13. Bilanzgewinn		40		30

Zusatzinformationen

- Das unbebaute Grundstück betrifft einen Zufahrtsweg mit einer Fläche von 100 qm. Der qm-Preis lag im Vorjahr bei 80 € und im Berichtsjahr bei 100 €.
- Die Position technische Anlagen und Maschinen enthält stille Reserven von 2 Mio. € im Vorjahr und 4 Mio. € im Berichtsjahr.
- Bei den anderen Anlagen, Betriebs- und Geschäftsausstattung wurden bis einschließlich Vorjahr 10 Mio. € stille Reserven gelegt, im Berichtsjahr wurden hier Abschreibungen in Höhe des Zugangs von 15 Mio. € vorgenommen. Bestimmen Sie die stillen Reserven näherungsweise!
- Entsprechend den Vorjahren ist mit einer Inanspruchnahme aus Pensionsverpflichtungen in Höhe von 2/3 der eingestellten Pensionsrückstellungen zu rechnen.

(1) Bereiten Sie die Bilanzen beider Jahre auf!

(2) Beurteilen Sie die Entwicklung der Vermögensstruktur!

(3) Beurteilen Sie die Entwicklung der Kapitalstruktur!

(4) Beurteilen Sie die Entwicklung der Finanzstruktur!

(5) Beurteilen Sie die Entwicklung der Liquidität anhand der statischen Liquiditätsanalyse!

Lösungen

1 : Eigen-/Fremdkapital/Anlage-/Umlaufvermögen

		Eigenkapital	Fremdkapital	Anlagevermögen	Umlaufvermögen
a	Kapitalrücklage	●			
b	Forderungen				●
c	Schecks				●
d	Sachanlagen			●	
e	Geschäftsanteile	●			
f	Rückstellungen		●		
g	Vorräte				●
h	Jahresüberschuss	●			
i	Wertpapiere				●
j	Kassenbestand				●
k	Finanzanlagen			●	
l	Verbindlichkeiten		●		
m	Gewinnrücklagen	●			
n	Wertpapiere				●
o	Gewinnvortrag	●			

2 : Begriffspaare

(1) Es werden Investitionsobjekte, z. B. Vorräte, eingekauft und bar bezahlt. Der Zahlungsmittelbestand vermindert sich, ohne dass sich Verbindlichkeiten oder Forderungen im Geldvermögen ändern. Somit ändert sich auch das Geldvermögen.

(2) Ein produzierendes Unternehmen verkauft seine Produkte auf dem Markt unter Gewährung eines Zahlungszieles von z. B. 60 Tagen. Hierdurch bleibt der Zahlungsmittelbestand gleich, das Geldvermögen aber ändert sich durch die Erhöhung der Forderungen aus Lieferung und Leistung.

(3) Hier werden Investitionsobjekte (z. B. Maschinen, Fahrzeuge, Rohstoffe) auf Ziel gekauft. Es erfolgt eine Kreditierung des investierenden Unternehmens (Lieferantenkredit). Das Geldvermögen ändert sich durch steigende Verbindlichkeiten, während der Zahlungsmittelbestand gleich bleibt.

(4) Dies ist eine Anzahlung von Kunden auf ein in der Zukunft zu lieferndes Produkt. Der Zahlungsmittelbestand erhöht sich ebenso wie die Verbindlichkeiten durch die Kundenanzahlung. Daher bleibt das Geldvermögen gleich. Es ist somit noch keine Einnahme zu verzeichnen

3 : Arten der Investition

(1) Zuordnung der Vorgänge:

		Sach-investition	Finanz-investition	Immat. Investition	Netto-Investition	Re-investition
a	Das Unternehmen beschafft Maschinen, um die Leistungsmenge zu vergrößern.	●			●	
b	Eine Maschine wird durch eine technisch verbesserte neue Maschine ersetzt.	●				●
c	Das Unternehmen erwirbt eine Konzession.			●	●	
d	Das Unternehmen gründet eine Vertriebs GmbH.		●		●	
e	Das Unternehmen kauft Rohstoffe für die laufende Produktion.	●				●
f	Das Unternehmen nimmt Umweltschutzmaßnahmen vor.	●				●

(2)

Sachinvestitionen	Leistungswirtschaftliche Investitionen Produktionswirtschaftliche Investitionen Realinvestitionen
Finanzinvestitionen	Finanzwirtschaftliche Investitionen Nominalinvestitionen
Gründungsinvestitionen	Anfangsinvestitionen Erstinvestitionen Errichtungsinvestitionen Neuinvestitionen

4 : Arten der Finanzierung

(1) Finanzierungsvorgänge:

		Finanzier. mit Eigenkapital	Finanzier. mit Fremdkapital	Außenfinanzierung	Innenfinanzierung	Beteiligungszierung	Umfinanzierung
a	Es wird ein neuer Gesellschafter im Unternehmen aufgenommen.	●				●	
b	Das Unternehmen bildet Pensionsrückstellungen zur Altersversorgung der Mitarbeiter.		●		●		
c	Ein kurzfristiger Kredit wird in einen langfristigen Kredit umgewandelt.		●	●			●
d	Erzielte Gewinne werden vom Unternehmen einbehalten und für Investitionszwecke verwendet.	●			●		
e	Das Unternehmen nimmt einen Kredit auf.		●	●			
f	Das Unternehmen kauft für zurücklaufende Abschreibungsbeträge eine Maschine.	*			●		
g	Dem Unternehmen wird eine Maschine geliefert, die erst 6 Wochen später zu bezahlen ist.		●	●			
h	Das Unternehmen verkauft eine nicht mehr benötigte Maschine, um Rohstoffe zu beschaffen.	*			●		
i	Das Unternehmen least einen Personenkraftwagen.		●	●			
j	Eine Aktiengesellschaft erhöht ihr gezeichnetes Kapital.	●		●			

* Dieser Vorgang wird vielfach als Finanzierung mit Eigenkapital angesehen. Eine solche Zuordnung ist aber in der Praxis nicht ohne weiteres möglich.

(2)

Beteiligungsfinanzierung	Einlagenfinanzierung
Fremdfinanzierung	Kreditfinanzierung
Finanzierung aus Umsatzerlösen	Überschussfinanzierung Cash-Flow-Finanzierung

5 : Zahlungsverkehr

(1) Die Verpflichtung der Metallbau GmbH ist

(a) bei Barzahlung mit der Zahlung erfüllt (Zahlung an Erfüllungs Statt),
(b) bei Zahlung durch Scheck erst dann erfüllt, wenn der Scheck eingelöst wurde (Zahlung erfüllungshalber),
(c) bei Zahlung durch Überweisung mit der Überweisung erfüllt (Zahlung an Erfüllungs Statt).

(2)

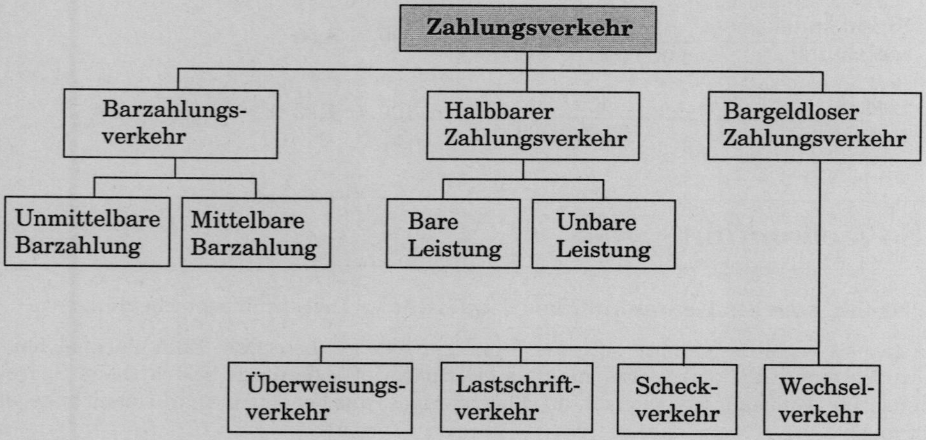

6 : Messung der statischen Liquidität

Aktiva			**Passiva**
Anlagevermögen	25.000 €	Eigenkapital	22.000 €
Umlaufvermögen		Fremdkapital	
Langfristige Forderungen	6.000 €	Langfristige Bankverbindlichkeiten	18.000 €
Vorräte	14.500 €		
Kurzfristige Forderungen	30.000 €	Kurzfristige Bankverbindlichkeiten	
Kasse, Bank, Post	6.500 €		42.000 €
	82.000 €		**82.000 €**

Es ergeben sich folgenden Liquiditätsgrade:

Barliquidität bzw. Liquidität 1. Grades	: 15,5 %
Liquidität auf kurze Sicht bzw. Liquidität 2. Grades	: 86,9 %
Liquidität auf mittlere Sicht bzw. Liquidität 3. Grades	: 121,4 %

Zum Zeitpunkt der Liquiditätsmessung kann dem Unternehmen eine befriedigende Liquiditätsausstattung bescheinigt werden. Insbesondere die Barliquidität kann ein Engpassfaktor sein.

Für die Liquiditätsgrößen des zweiten und des dritten Grades kann als grober Anhaltspunkt die aus dem Bankenbereich stammende Faustregel übernommen werden. Nach dieser sollte der zweite Grad um 100 Prozent liegen und der dritte Grad die 100 Prozent deutlich übertreffen. Dies ist im oben angeführten Beispiel nur bedingt der Fall.

7 : Rentabilität

(1) Gesamtkapitalrentabilität $= \frac{400.000 + 300.000}{5.000.000 + 5.000.000} \cdot 100 = \mathbf{7{,}00\ \%}$

(2) Eigenkapitalrentabilität $= \frac{400.000}{2.000.000 + 3.000.000} \cdot 100 = \mathbf{8{,}00\ \%}$

(3) Umsatzrentabilität $= \frac{400.000}{30.000.000} \cdot 100 = \mathbf{1{,}33\ \%}$

8 : Zielkonflikt

Zielkonflikt zwischen **Rentabilität** und **Liquidität** bei Investitionsentscheidungen:

Die Investitionsentscheidung soll eine Finanzinvestition betreffen. Zum Beispiel hat ein Sparbuch eine niedrigere Verzinsung als ein Sparbrief. Allerdings besteht beim Sparbuch jederzeitige Auflösungsmöglichkeit des Sparbetrages, was bei einem Sparbrief nicht gegeben sein muss.

Generell kann gelten, dass eine Investition, die schneller als eine Alternativinvestition zu liquidieren ist, eine geringere Rentabilität als diese Alternativinvestition aufweisen wird.

Zielkonflikt zwischen **Rentabilität** und **Unabhängigkeit** bei Investitionsentscheidungen:

Beispielhaft sei die Anzahl der Lieferanten genannt. Werden Einkaufsentscheidungen (Bevorratung von z. B. Halbfertigwaren) als Investitionsentscheidungen aufgrund der Kapitalbindung aufgefasst, können Rentabilität und Unabhängigkeit konkurrieren. Eine Vielzahl von unterschiedlichen Lieferanten garantieren den Erhalt der Unabhängigkeit hinsichtlich der Investitionsentscheidung.

Sie werden aber, da kleinere Einkaufsmengen pro Lieferant geordert werden, die Rentabilität aufgrund des Wegfalls von z. B. Rabatten oder besonderen Lieferkonditionen negativ beeinflussen. Bei einer Konzentration auf wenige oder gar nur einen Lieferanten sind aufgrund des höheren Ordervolumens z. B. günstigere Preise aushandelbar. Allerdings entsteht hierbei eine große Abhängigkeit von z. B. der Lieferfähigkeit des Lieferanten.

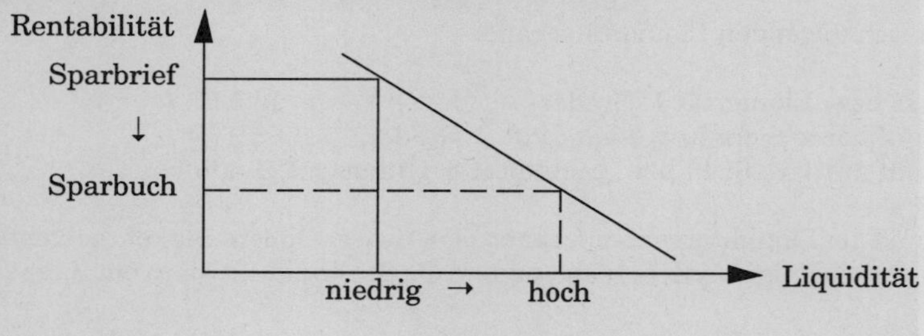

9 : Planung einer Investition

1. Anregung der Investition

Quellen:	**unternehmensintern**	**unternehmensextern**
	Fertigungswirtschaft Forschung und Entwicklung Absatzwirtschaft Rechnungswesen Investitionsplanung Vorschlagswesen	Marktpartner Beratungsunternehmen Gesetzgeber

↓

2. Beschreibung der Investition

Informationen: Darstellung des Investitionsproblems, Begründung des Investitionsproblems, Dringlichkeit der Investition, Vorteile der Investition, Nachteile der Investition

↓

3. Festlegung der Bewertungskriterien

Ziele:	**Quantitative Kriterien:**		**Qualitative Kriterien:**
Formalziele Sachziele	Kosten Gewinn Rentabilität Amortisationszeit	Kapitalwert Interner Zinsfuß Annuität	wirtschaftlich technisch sozial rechtlich

↓

4. Festlegung der Begrenzungsfaktoren

Arten:
Wirtschaftliche Begrenzungsfaktoren
Technische Begrenzungsfaktoren
Soziale Begrenzungsfaktoren
Rechtliche Begrenzungsfaktoren

↓

5. Ermittlung der Investitionskriterien

Möglichkeiten:	**Sammlung der Alternativen**	**Schaffung der Alternativen**
	Kataloge, Preislisten Prospekte, Zeitungen, Fachzeitschriften, Branchenhandbücher, Bezugsquellenverzeichnisse, Lieferantenkarteien	Brainstorming Methode 635 Morphologische Methode

↓

6. Vorauswahl der Investitionsalternativen

Kriterien:
Wirtschaftliche Begrenzungsfaktoren
Technische Begrenzungsfaktoren
Soziale Begrenzungsfaktoren
Rechtliche Begrenzungsfaktoren

↓

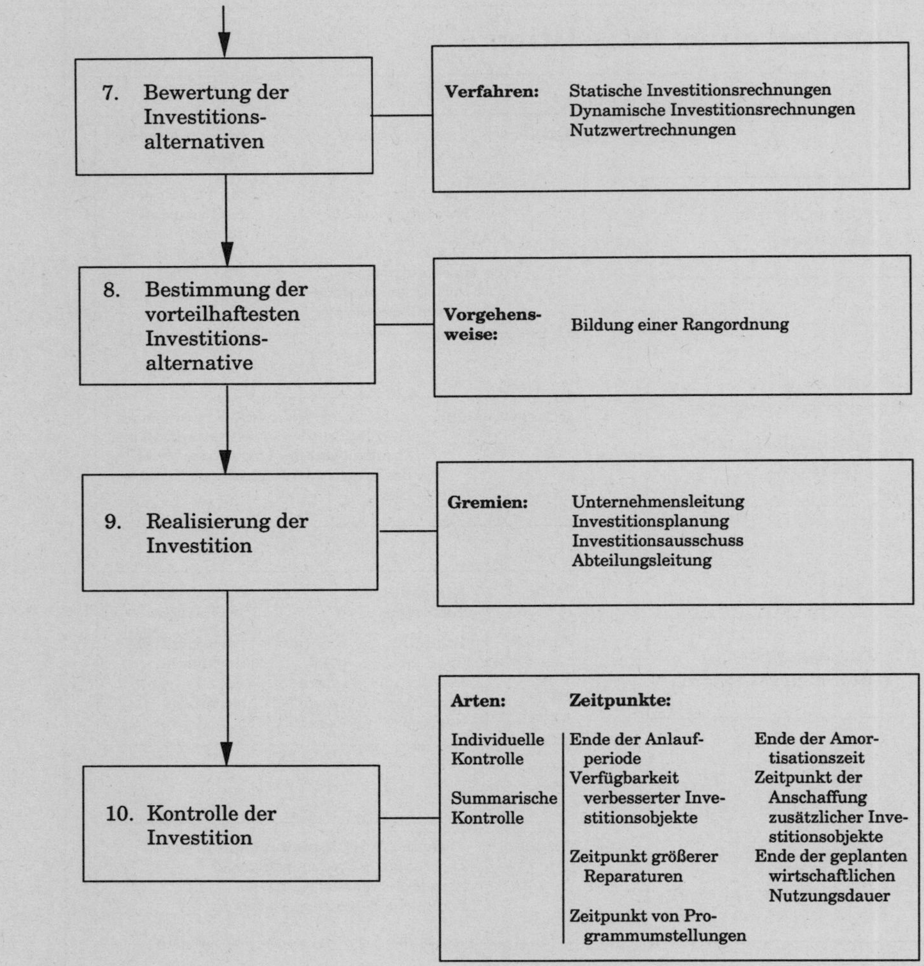

10: Gewichteter Kapitalzins

Gewichteter Kapitalzins: $\frac{65 \cdot 7\,\%}{90} + \frac{25 \cdot 20\,\%}{90} = 5{,}05\,\% + 5{,}55\,\% = \mathbf{10{,}6\,\%}$

Als Kalkulationszinsfuß zur Berechnung der Investition sind 10,6 % zu verwenden.

11: Kritische Werte-Rechnung (Break-even-Rechnung)

Fixkosten der Investition = Lineare Abschreibung + Sonstige Fixkosten

$$k_{fix} = \frac{1.000.000}{8} + 150.000 = 275.000\ €$$

$$x = \frac{k_{fix}}{p - k_{var}} = \frac{275.000}{250 - (25 + 85 + 70)} = \mathbf{3.928\ Stück}$$

Das Unternehmen erzielt einen Gewinn, wenn mehr als 3.928 Stück abgesetzt werden können.

12 : Probleme der Investitionsplanung

(1)

	Listenpreis (netto)	148.000 €
–	Rabatt (5 % von 148.000)	7.400 €
–	Skonto (2 % von 140.600)	2.812 €
=	Zieleinkaufspreis	137.788 €
+	Verpackung	114 €
+	Fracht	52 €
=	**Nettopreis**	**137.954 €**

(2) Der Nettopreis stimmt nicht mit den Anschaffungskosten bzw. Anschaffungsauszahlungen überein, da noch weitere Kosten bzw. Auszahlungen anfallen, um die Fräsmaschine nutzbar zu machen.

Für die Investitionsrechnung sind noch zu berücksichtigen:

	Nettopreis	137.954 €
+	Kosten für Installation	419 €
+	Kosten für Probeläufe	669 €
=	**Anschaffungskosten/-ausgaben**	**139.042 €**

(3) Aus Gründen der Vorsicht sollte die Nutzungsdauer mit dem niedrigsten Schätzwert, also mit 7 Jahren angesetzt werden, insbesondere weil Erfahrungswerte fehlen.

(4) Aus Gründen der Genauigkeit ist ein möglicher Rest(erlös)wert bzw. Liquidationserlös anzusetzen, wenngleich dieser vorsichtig geschätzt werden sollte.

Für die Fräsmaschine ergibt er sich aus der Differenz zwischen dem Schrottwert – als Einzahlung bzw. Erlös – und den zur Realisierung des Schrottwertes noch aufzuwendenden Abbruchkosten – als Auszahlung bzw. Kosten:

	Schrottwert	4.500 €
–	Abbruchkosten	980 €
=	**Rest(erlös)wert/Liquidationserlös**	**3.520 €**

(5) Aus Gründen der Vorsicht sollte der Kalkulationszinssatz für die Fräsmaschine nicht – wie im letzten Jahr allgemein – 10 %, sondern zwischen 12 % und 14 % betragen. Dies ist insbesondere deshalb gerechtfertigt, weil die Maschine fremdfinanziert wird und der Zinssatz des Kapitalmarktes eine Grundlage für den Kalkulationszinssatz darstellt.

13 : Kapitalwertrate und Interner Zinsfuß

Folgende **Kapitalwerte** (C_0) waren gegeben:

Investitionsobjekt	A_0	$e_1 - a_1$	$e_2 - a_2$	C_0	Rangfolge
I	– 400	350	150	42,149	1
II	– 200	130	125	21,488	2
III	– 100	65	70	16,942	3
IV	– 100	50	60	– 4,959	5
V	– 50	30	30	2,066	4

Bei einem Investitionsvolumen von 400 Einheiten wäre unter Berücksichtigung des Kapitalwertes nur die Investitionsalternative I in Erwägung gezogen worden.

Legt man die **Kapitalwertrate** $C_r = \frac{C_0}{A_0}$ als Bewertungskriterium zu Grunde, erhält man:

Investitionsobjekt	A_0	C_0	C_r	Rangfolge
I	– 400	42,149	0,105	3
II	– 200	21,488	0,107	2
III	– 100	16,942	0,169	1
IV	– 100	– 4,959	– 0,050	5
V	– 50	2,066	0,041	4

Als Entscheidung im Investitionsprogramm würde stehen: 100 % der Investitionsalternative III, 100 % der Investitionsalternative II und 25 % von der Investitionsalternative I.

Die Berechnung des **Internen Zinsfußes** (r), ergibt eine von den obigen Ergebnissen abweichende Rangfolge der Investitionsalternativen:

Investitionsobjekt	A_0	$e_1 - a_1$	$e_2 - a_2$	r	Rangfolge
I	– 400	350	150	19,0 %	2
II	– 200	130	125	18,0 %	3
III	– 100	65	70	22,3 %	1
IV	– 100	50	60	6,4 %	5
V	– 50	30	30	13,1 %	4

Nun würde im Gegensatz zur Kapitalwertrate als Entscheidung im Investitionsprogramm stehen: 100 % der Investitionsalternative III und 75 % der Investitionsalternative I. Die Investitionsalternative II könnte nicht mehr wie oben berücksichtigt werden.

14 : Kapitalbedarf I

(1)

Monat	Auszahlungen €		Einzahlungen €		Kapital-bedarf
	monatlich	kumuliert	monatlich	kumuliert	
Januar	100	100	0	0	100
Februar	80	180	20	20	160
März	50	230	70	90	140
April	100	330	100	190	140
Mai	100	430	70	260	170
Juni	60	490	100	360	130
Juli	60	550	110	470	80
August	60	610	240	710	– 100
September	80	690	90	800	– 110
Oktober	100	790	40	840	– 50
November	110	900	0	840	60
Dezember	80	980	20	860	120

(2)

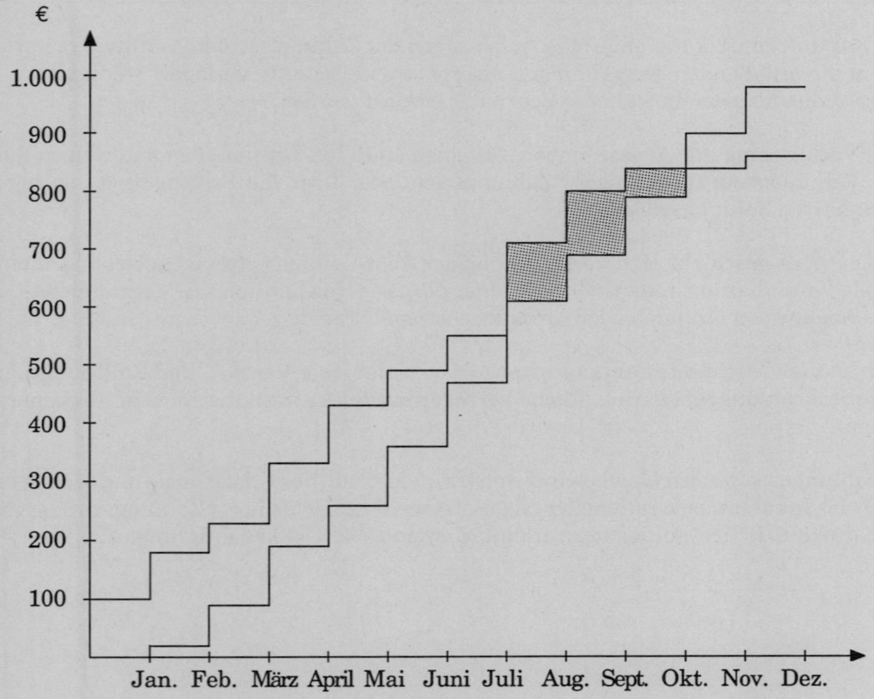

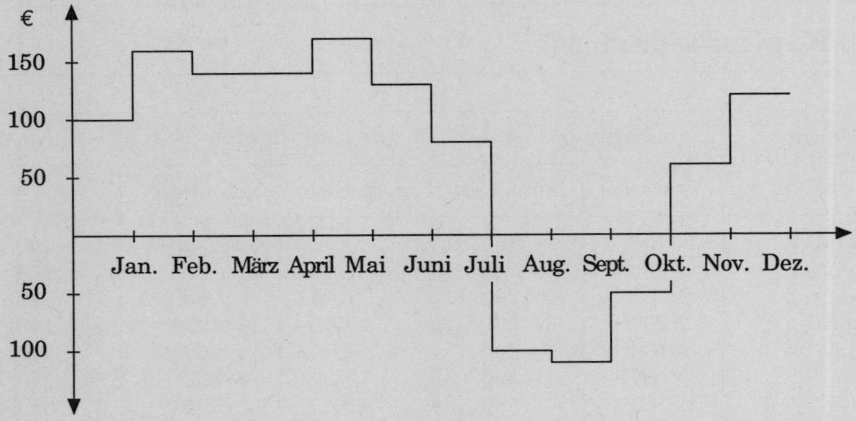

15 : Kapitalbedarf II

(1) Der Kapitalbedarf kann ohne eine Änderungen der Zahlungsströme vermindert werden, indem die anfallenden Auszahlungen auf spätere Zeitpunkte verlagert werden bzw. die Einzahlungen zu einem früheren Zeitpunkt erwirkt werden.

(2) Eine Verlagerung der Auszahlungen auf einen späteren Zeitpunkt kann erfolgen durch eine Vereinbarung über längere Zahlungsziele oder über die Prolongation von bereits vereinbarten Zahlungszielen.

In der Praxis geschieht eine Verlängerung der Auszahlungen oftmals auch ohne entsprechende Vereinbarung, indem der Schuldner die gesetzten Zahlungsziele nicht einhält und ohne Angabe von Gründen oder Absprache verspätet zahlt.

Auch können bestimmte Zahlungsarten (z. B. Postlaufzeit, Vorlage- und Einlösungsdauer bei Scheckzahlungen) eine künstliche Verzögerung der Auszahlung eines Betrages herbeiführen.

Einzahlungen können früher bewirkt werden, indem z. B. das Forderungs- und Mahnwesen sowie das Inkassowesen rationeller eingesetzt werden. Ein früherer Zahlungszufluss kann auch durch z. B. den Forderungsverkauf oder eine Wechseldiskontierung erfolgen.

16 : Kapitalbedarf III

	Zunehmende Unternehmensgröße	**Abnehmende Unternehmensgröße**
Anlage-vermögen	Fehlende Teilbarkeit der Betriebsmittel bei der Betriebserweiterung können unausgelastete Kapazitäten nach sich ziehen, z. B. Kopiergeräte für mehrere Sekretariate.	Hier ergeben sich zumeist unterproportionale Abnahmen im Anlagevermögen. Dies entsteht durch nicht verwertbare oder nur unter Wert verkaufbare Vermögensgegenstände, deren Finanzierung z. B. noch anhält.
Umlauf-vermögen	Hier sind zumeist proportionale Entwicklungen der Mengen zur Unternehmensgröße, z. B. beim Rohstoffeinsatz, festzustellen. Unterproportional steigende Kapitalbedarfe können durch Größenvorteile, z. B. durch den Mengenrabatt im Einkauf, realisiert werden.	Hier verhält sich durch die Variabilität der Vermögensentwicklung im Einkauf oder auch im Verbrauch (Rohstoffe, Hilfsstoffe) der Kapitalbedarf entsprechend der abnehmenden Unternehmensgröße.

17 : Kapitalbedarf IV

(1) Der Kapitalbedarf der Firma Peter Schmidtke OHG entwickelt sich in folgender Weise:

Prozess \ Dekade	1	2	3	4	5	6	7	8	9	10	11	12	13	14	15
1	7.500	10.500	2.500	0	0	20.500									
2				7.500	10.500	2.500	0	0	20.500						
3							7.500	10.500	2.500	0	0	20.500			
4										7.500	10.500	2.500	0	0	20.500
5													7.500	10.500	2.500
Kumulierte Auszahl.	7.500	18.000	20.500	28.000	38.500	41.000	48.500	59.000	61.500	69.000	79.500	82.000	89.500	100.000	102.500
Kumulierte Einzahl.	0	0	0	0	0	20.500	20.500	20.500	41.000	41.000	41.000	61.500	61.500	61.500	82.000
Kapitalbedarf	**7.500**	**18.000**	**20.500**	**28.000**	**38.500**	**20.500**	**28.000**	**38.500**	**20.500**	**28.000**	**38.500**	**20.500**	**28.000**	**38.500**	**20.500**

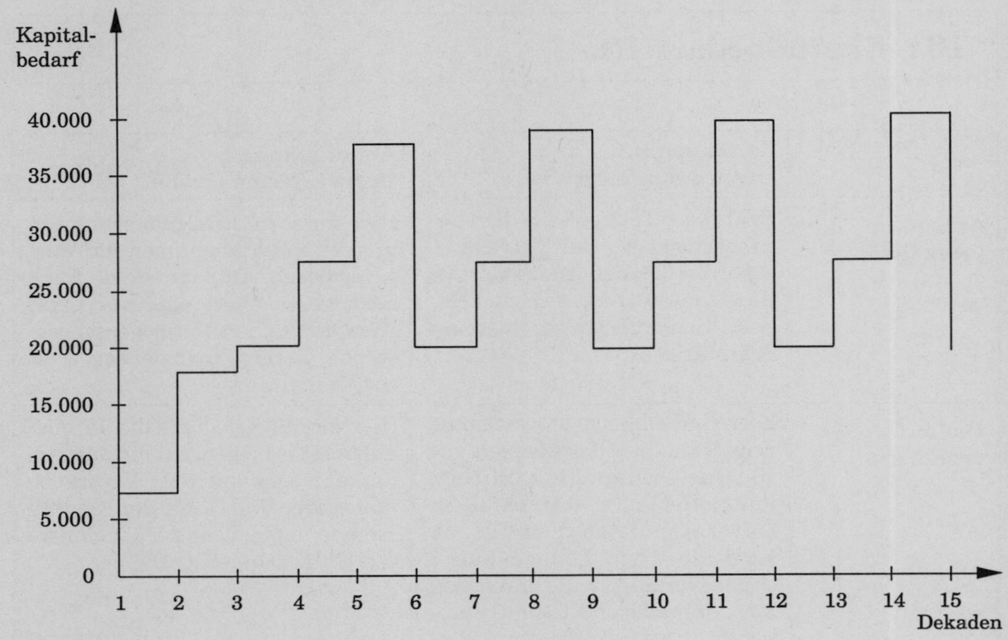

(2) Mit der Verminderung der Lagerzeiten und Zahlungsziele um 50 % ergibt sich, dass der Zahlungsmittelrückfluss bereits in der 5. Dekade erfolgt:

Prozess \ Dekade	1	2	3	4	5	6	7	8	9	10	11	12	13	14	15
1	7.500	10.500	2.500	0	20.500										
2				7.500	10.500	2.500	0	20.500							
3							7.500	10.500	2.500	0	20.500				
4										7.500	10.500	2.500	0	20.500	
5													7.500	10.500	2.500
Kumulierte Auszahl.	7.500	18.000	20.500	28.000	38.500	41.000	48.500	59.000	61.500	69.000	79.500	82.000	89.500	100.000	102.500
Kumulierte Einzahl.	0	0	0	0	20.500	20.500	20.500	41.000	41.000	41.000	61.500	61.500	61.500	82.000	82.000
Kapital-bedarf	**7.500**	**18.000**	**20.500**	**28.000**	**18.000**	**20.500**	**28.000**	**18.000**	**20.500**	**28.000**	**18.000**	**20.500**	**28.000**	**18.000**	**20.500**

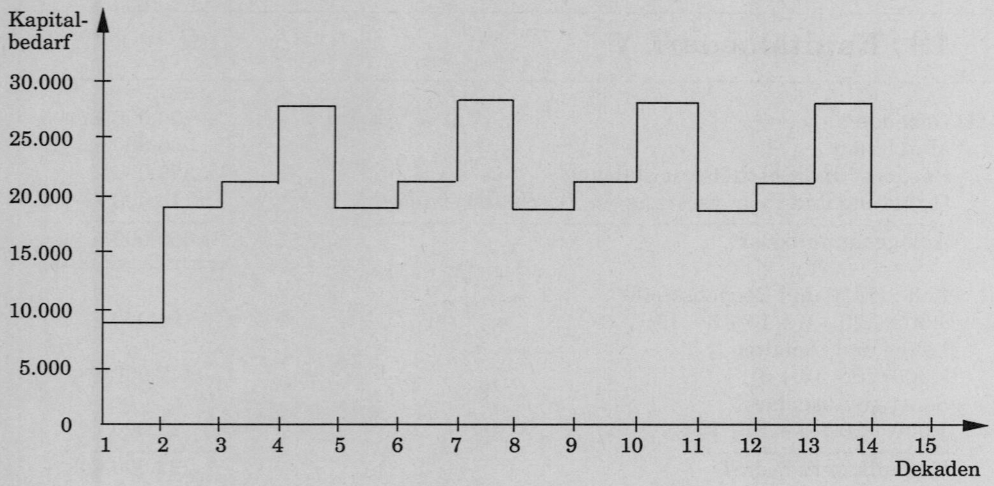

(3) Durch die getroffenen Rationalisierungsmaßnahmen vermindert sich der Kapitalbedarf der Firma Peter Schmidtke OHG um:

Dekade	1	2	3	4	5	6	7	8	9	10	11	12	13	14	15
Kapitalbedarf vor Rationalisierung	7.500	18.000	20.500	28.000	38.500	20.500	28.000	38.500	20.500	28.000	38.500	20.500	28.000	38.500	20.500
Kapitalbedarf nach Rationalisierung	7.500	18.000	20.500	28.000	18.000	20.500	28.000	18.000	20.500	28.000	18.000	20.500	28.000	18.000	20.500
Verminderung des Kapitalbedarfes durch Rationalisierung	**0**	**0**	**0**	**0**	**20.500**	**0**	**0**	**20.500**	**0**	**0**	**20.500**	**0**	**0**	**20.500**	**0**

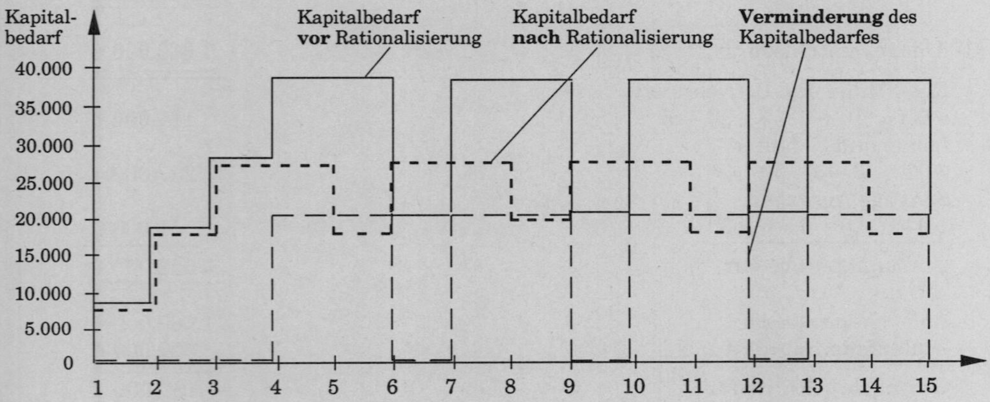

18 : Kapitalbedarf V

(1)

Gebäude	750.000 €
Maschinen	550.000 €
Betriebs- und Geschäftsausstattung	350.000 €
Gründung und Ingangsetzung des Geschäftsbetriebes	10.000 €
Anlagekapitalbedarf	1.660.000 €
Roh-, Hilfs- und Betriebsstoffe	
4.000 · (20 + 6 + 10 + 5 – 15)	104.000 €
Löhne und Gehälter	
7.000 · (6 + 10 + 5)	147.000 €
Sonstige Ausgaben	
1.000 · (20 + 6 + 10 + 5)	41.000 €
Umlaufkapitalbedarf	292.000 €
Anlagekapitalbedarf	1.660.000 €
Umlaufkapitalbedarf	292.000 €
Gesamtkapitalbedarf	**1.952.000 €**

(2)

Anlagekapitalbedarf	1.660.000 €
Roh-, Hilfs- und Betriebsstoffe	
4.000 · (20 + 6 + 10 + 30 – 5)	244.000 €
Löhne und Gehälter	
7.000 · (6 + 10 + 30)	322.000 €
Sonstige Ausgaben	
1.000 · (20 + 6 + 10 + 30)	66.000 €
Umlaufkapitalbedarf	632.000 €
Anlagekapitalbedarf	1.660.000 €
Umlaufkapitalbedarf	632.000 €
Gesamtkapitalbedarf	**2.292.000 €**

(3)

Anlagekapitalbedarf	1.660.000 €
Roh-, Hilfs- und Betriebsstoffe	
4.000 · (10 + 6 + 5 + 30 – 5)	184.000 €
Löhne und Gehälter	
7.000 · (6 + 5 + 30)	287.000 €
Sonstige Ausgaben	
1.000 · (10 + 6 + 5 + 30)	51.000 €
Umlaufkapitalbedarf	522.000 €
Anlagekapitalbedarf	1.660.000 €
Umlaufkapitalbedarf	522.000 €
Gesamtkapitalbedarf	**2.182.000 €**

19 : Kapitalkosten

(1) $b = \frac{A - RW}{n}$

$b = \frac{2.000.000 - 250.000}{8}$ = **218.750 €**

(2) ohne Restwert: $Z = \frac{A}{2} \cdot i$

$Z = \frac{2.000.000}{2} \cdot 0{,}1$ = **100.000 €**

mit Restwert: $Z = \frac{A + RW}{2} \cdot i$

$Z = \frac{2.000.000 + 250.000}{2} \cdot 0{,}1$ = **112.500 €**

(3) ohne Restwert: $Z = \left(\frac{A}{2} + \frac{A}{2n}\right) \cdot i$

$Z = \left(\frac{2.000.000}{2} + \frac{2.000.000}{16}\right) \cdot 0{,}1$ = **112.500 €**

mit Restwert: $Z = \left(\frac{A - RW}{2} + \frac{A - RW}{2n} + RW\right) \cdot i$

$Z = \left(\frac{2.000.000 - 250.000}{2} + \frac{2.000.000 - 250.000}{16} + 250.000\right) \cdot 0{,}1$

Z = **123.437,50 €**

20 : Kostenvergleichsrechnung I

(1) $KD = \frac{A}{n} + \frac{A}{2} \cdot i$

$KD = \frac{140.000}{7} + \frac{140.000}{2} \cdot 0{,}10 = 20.000 + 7.000$ = **27.000 €**

(2) B = 15.000 + 180.000 = **195.000 €**

(3) Mithilfe der Kostenvergleichsrechnung ist es nicht möglich, ein einzelnes Investitionsobjekt auf seine Vorteilhaftigkeit hin zu beurteilen.

Die für ein Investitionsobjekt anfallenden Kosten müssten mit den Kosten bei einem anderen alternativen Investitionsobjekt oder mit dem aus dem Investitionsobjekt zu erzielenden Gewinn verglichen werden, um eine Aussage zu ermöglichen.

21 : Kostenvergleichsrechnung II

Mathematischer Vergleich:

$B_I + \frac{A_I}{2} \cdot i + \frac{A_I}{n_I}$	$\gtrless$	$B_{II} + \frac{A_{II}}{2} \cdot i + \frac{A_{II}}{n_{II}}$
195.000 + 7.000 + 20.000		179.000 + 8.050 + 23.000
= **222.000 €**		= **210.050 €**
K_I	>	K_{II}

Tabellarischer Vergleich:

		Investitions-objekt I		Investitions-objekt II	
Anschaffungskosten	€		140.000		161.000
Restwert	€		0		0
Nutzungsdauer	Jahre		7		7
Auslastung	Stück/Jahr		28.000		28.000
Zinssatz	%		10		10
Abschreibungen	€/Jahr	20.000		23.000	
Zinsen	€/Jahr	7.000		8.050	
Sonstige fixe Kosten	€/Jahr	15.000		14.000	
Fixe Kosten	€/Jahr		42.000		45.050
Variable Kosten	€/Jahr		180.000		165.000
Gesamte Kosten	€/Jahr		222.000		210.050
Kostendifferenz I - II	€/Jahr		**11.950**		

Das Investitionsobjekt II ist vorteilhafter als das Investitionsobjekt I, da es jährlich um 11.950 € geringere Kosten verursacht.

22 : Kostenvergleichsrechnung III

(1) Die variablen Kosten sind von 10.000 Stück/Jahr bzw. 9.000 Stück/Jahr auf die Auslastung von 8.000 Stück/Jahr umzurechnen.

Der Kostenvergleich kann wegen der gleich hohen Auslastung der Investitionsalternativen pro Periode oder pro Leistungseinheit vorgenommen werden.

Kostenvergleich pro Periode:

	Investitionsobjekt I	Investitionsobjekt II	Investitionsobjekt III
Anschaffungskosten €	80.000	85.000	90.000
Restwert €	4.000	5.000	6.000
Nutzungsdauer Jahre	8	8	8
Auslastung Stück/Jahr	8.000	8.000	8.000
Zinssatz %	12	12	12
Abschreibungen €/Jahr	9.500	10.000	10.500
Zinsen €/Jahr	5.040	5.400	5.760
Gehälter €/Jahr	54.000	52.000	58.000
Sonstige fixe Kosten €/Jahr	14.000	14.000	15.000
Fixe Kosten €/Jahr	82.540	81.400	89.260
Löhne* €/Jahr	115.000	109.000	98.000
Materialkosten* €/Jahr	98.000	98.000	97.000
Sonstige variable Kosten* €/Jahr	9.000	9.000	9.000
Variable Kosten	222.000	216.000	204.000
Gesamte Kosten	304.540	297.400	293.260
Kostendifferenz	**+ 7.140**	**+ 4.140**	

Das Investitionsobjekt III ist das vorteilhafteste, da es die geringsten Kosten verursacht.

---

* Löhne: $\frac{143.750 \cdot 8.000}{10.000} = 115.000$ $\frac{136.250 \cdot 8.000}{10.000} = 109.000$ $\frac{110.250 \cdot 8.000}{9.000} = 98.000$

Materialkosten: $\frac{122.500 \cdot 8.000}{10.000} = 98.000$ $\frac{122.500 \cdot 8.000}{10.000} = 98.000$ $\frac{109.125 \cdot 8.000}{9.000} = 97.000$

Sonstige variable Kosten: $\frac{11.250 \cdot 8.000}{10.000} = 9.000$ $\frac{11.250 \cdot 8.000}{10.000} = 9.000$ $\frac{10.125 \cdot 8.000}{9.000} = 9.000$

Kostenvergleich pro Leistungseinheit:

		Investitions-objekt I	Investitions-objekt II	Investitions-objekt III
Anschaffungskosten	€	80.000	85.000	90.000
Restwert	€	4.000	5.000	6.000
Nutzungsdauer	Jahre	8	8	8
Auslastung	Stück/Jahr	8.000	8.000	8.000
Zinssatz	%	12	12	12
Abschreibungen	€/Stück			
9.500 : 8.000		1,19		
10.000 : 8.000			1,25	
10.500 : 8.000				1,31
Zinsen	€/Stück			
5.040 : 8.000		0,63		
5.400 : 8.000			0,68	
5.760 : 8.000				0,72
Gehälter	€/Stück			
54.000 : 8.000		6,75		
52.000 : 8.000			6,50	
58.000 : 8.000				7,25
Sonstige fixe Kosten	€/Stück			
14.000 : 8.000		1,75		
14.000 : 8.000			1,75	
15.000 : 8.000				1,88
Fixe Kosten	€/Stück	10,32	10,18	11,16
Löhne	€/Stück			
115.000 : 8.000		14,38		
109.000 : 8.000			13,63	
98.000 : 8.000				12,25
Materialkosten	€/Stück			
98.000 : 8.000		12,25		
98.000 : 8.000			12,25	
97.000 : 8.000				12,13
Sonstige variable Kosten	€/Stück			
9.000 : 8.000		1,13		
9.000 : 8.000			1,13	
9.000 : 8.000				1,13
Variable Kosten	€/Stück	27,76	27,01	25,51
Gesamte Kosten	€/Stück	38,08	37,19	36,67
Kostendifferenz	€/Stück		+ 0,89	+ 0,52

Das Investitionsobjekt III ist auch beim Kostenvergleich pro Leistungseinheit das vorteilhafteste, da es die geringsten Kosten verursacht.

(2) Ermittlung der kritischen Ausbringungsmenge:

		Investitions-objekt I	Investitions-objekt II	Investitions-objekt III
Fixe Kosten	€/Jahr	82.540	81.400	89.260
Variable Kosten	€/Jahr	222.000	216.000	204.000
Gesamte Kosten	€/Jahr	304.540	297.400	293.260

$$K_{fI} + k_{vI}\,x = K_{fII} + k_{vII}\,x$$

$$82.540 + \frac{222.000}{8.000}\,x = 81.400 + \frac{216.000}{8.000}\,x$$

$$82.540 + 27{,}75\,x = 81.400 + 27{,}00\,x$$

$$x = \mathbf{-1.520}$$

$$K_{fII} + k_{vII}\,x = K_{fIII} + k_{vIII}\,x$$

$$81.400 + \frac{216.000}{8.000}\,x = 89.260 + \frac{204.000}{8.000}\,x$$

$$81.400 + 27{,}00\,x = 89.260 + 25{,}50\,x$$

$$x = \mathbf{5.240}$$

$$K_{fI} + k_{vI}\,x = K_{fIII} + k_{vIII}\,x$$

$$82.540 + 27{,}75\,x = 89.260 + 25{,}50\,x$$

$$x = \mathbf{2.987}$$

Das Investitionsobjekt I ist für die Investitionsentscheidung völlig uninteressant. Es liegt in seiner Kostenentwicklung bei jeder Produktionsmenge über den Kosten des Investitionsobjektes II. Eine kritische Menge ergibt sich zum Investitionsobjekt II erst im Minusbereich. Zum Investitionsobjekt III gibt es eine kritische Menge, die aber ebenfalls nicht von Bedeutung ist, weil sie auf einem höheren Kostenniveau liegt als das Investitionsobjekt II.

Für die Investitionsobjekte II und III gibt es eine kritische Menge, die beachtet werden muss. Liegt die Produktionsmenge unter 5.240 Stück/Jahr, ist das Investitionsobjekt II das vorteilhaftere. Bei einer Auslastung über 5.240 Stück/Jahr empfiehlt es sich, das Investitionsobjekt III anzuschaffen.

Grafisch lässt sich dies zeigen:

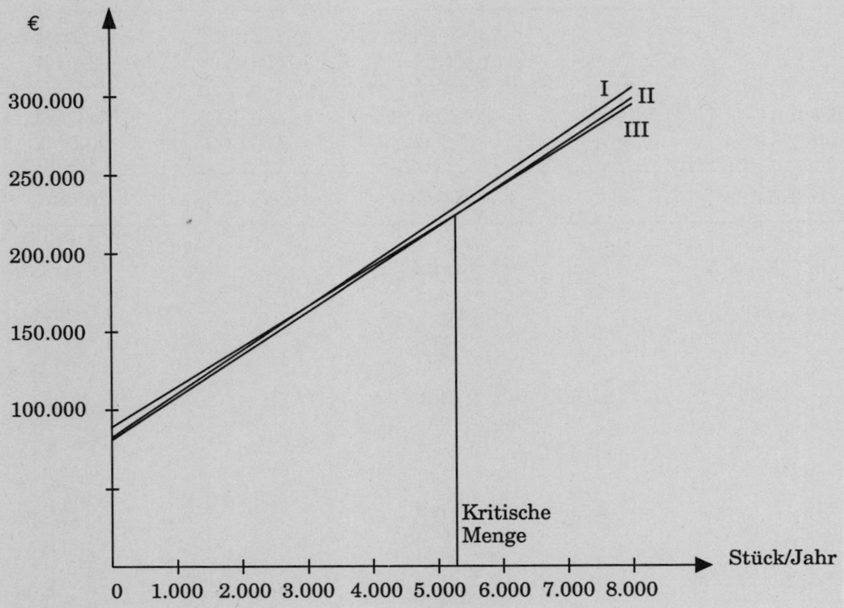

(3) Es lassen sich nach Angaben der Marketing-Abteilung künftig um 10.000 Stück absetzen. Diese Auslastung ist bei den Investitionsobjekten I und II möglich und deshalb beim Kostenvergleich anzusetzen. Mit dem Investitionsobjekt III hingegen lassen sich nur 9.000 Stück fertigen, die dem Kostenvergleich zugrundezulegen sind.

Bei unterschiedlicher Auslastung der alternativen Investitionsobjekte muss der Kostenvergleich pro Leistungseinheit vorgenommen werden:

		Investitionsobjekt I	Investitionsobjekt II	Investitionsobjekt III
Anschaffungskosten	€	80.000	85.000	90.000
Restwert	€	4.000	5.000	6.000
Nutzungsdauer	Jahre	8	8	8
Auslastung	Stück/Jahr	10.000	10.000	9.000
Zinssatz	%	12	12	12
Abschreibungen	€/Stück			
9.500 : 10.000		0,95		
10.000 : 10.000			1,00	
10.500 : 9.000				1,17
Zinsen	€/Stück			
5.040 : 10.000		0,50		
5.400 : 10.000			0,54	
5.760 : 9.000				0,64
Gehälter	€/Stück			
54.000 : 10.000		5,40		
52.000 : 10.000			5,20	
58.000 : 9.000				6,44
Sonstige fixe Kosten	€/Stück			
14.000 : 10.000		1,40		
14.000 : 10.000			1,40	
15.000 : 9.000				1,67
Fixe Kosten	€/Stück	8,25	8,14	9,92
Variable Kosten*	€/Stück	27,76	27,01	25,51
Gesamte Kosten	€/Stück	36,01	35,15	35,43
Kostendifferenz	€/Stück	**+ 0,86**		**– 0,28**

Bei der Veränderung der Auslastung auf 10.000 Stück bzw. 9.000 Stück ist das Investitionsobjekt III nicht mehr das vorteilhafteste, sondern das Investitionsobjekt II, das um 0,28 €/Stück kostengünstiger als das Investitionsobjekt III und um 0,86 €/Stück kostengünstiger als das Investitionsobjekt I fertigt.

* Die variablen Kosten pro Stück können unmittelbar aus (1) übernommen werden, da sie bei einer Veränderung der Ausbringungsmenge gleich bleiben. Sie können aber auch aus den gesamten variablen Kosten errechnet werden. In diesem Falle lägen sie 0,01 €/Stück niedriger als in (1) ermittelt, was an den dort vorgenommenen Rundungen der Einzelbeträge liegt.

23 : Kostenvergleichsrechnung IV

(1) Produktion / Beschaffung von 5.000 Drehteilen

		Investitions-objekt I		Investitions-objekt II		Fremd-bezug
Anschaffungskosten	€	48.000		120.000		
Restwert	€	0		0		
Nutzungsdauer	Jahre	6		6		
Auslastung	Stück/Jahr	5.000		5.000		
Zinssatz	%	8		8		
Abschreibungen	€/Stück	1,60		4,00		
Zinsen	€/Stück	0,38		0,96		
Gehälter	€/Stück	2,00		2,00		
Sonstige fixe Kosten	€/Stück	1,60		2,00		
Fixe Kosten	€/Stück		5,58		8,96	
Löhne	€/Stück	5,50		2,90		
Material	€/Stück	10,00		9,60		
Sonst. variable Kosten	€/Stück	0,75		0,50		
Variable Kosten	€/Stück		16,25		13,00	
Gesamte Kosten	€/Stück		21,83		21,96	21,00
Kostendifferenz	€/Stück		**– 0,13**		**+ 0,96**	

Es ist vorteilhafter, die 5.000 benötigten Drehteile durch Fremdbezug zu beschaffen, da dies im Vergleich zum Investitionsobjekt I um 0,83 €, zum Investitionsobjekt II um 0,96 € pro Stück kostengünstiger ist.

Die Vorteilhaftigkeit könnte auch durch Periodenvergleich ermittelt werden.

(2) Produktion / Beschaffung von 6.000 Drehteilen

		Investitions-objekt I		Investitions-objekt II		Fremd-bezug
Anschaffungskosten	€	48.000		120.000		
Restwert	€	0		0		
Nutzungsdauer	Jahre	6		6		
Auslastung	Stück/Jahr	6.000		6.000		
Zinssatz	%	8		8		
Abschreibungen	€/Stück	1,33		3,33		
Zinsen	€/Stück	0,32		0,80		
Gehälter	€/Stück	1,67		1,67		
Sonstige fixe Kosten	€/Stück	1,33		1,67		
Fixe Kosten	€/Stück		4,65		7,47	
Variable Kosten	€/Stück		16,25		13,00	
Gesamte Kosten	€/Stück		20,90		20,47	21,00
Kostendifferenz	€/Stück		**+ 0,43**		**– 0,53**	

Bei einem jährlichen Bedarf von 6.000 Drehteilen ist es von Vorteil, das Investitionsobjekt II anzuschaffen, da es im Vergleich zum Fremdbezug um 0,53 € pro Stück, zum Investitionsobjekt I um 0,43 € pro Stück kostengünstiger ist.

Die Vorteilhaftigkeit könnte auch durch Periodenvergleich ermittelt werden.

(3) **Ermittlung der kritischen Mengen**

		Investitions-objekt I	Investitions-objekt II	Fremd-bezug
Fixe Kosten*	€/Jahr	27.900	44.800	
Variable Kosten**	€/Jahr	81.250	65.000	
Gesamte Kosten	€/Jahr	109.150	109.800	
Gesamte Kosten	€/Stück	21,83	21,96	21,00

$$K_{fI} + k_{vI}\,x = K_{fII} + k_{vII}\,x$$

$$27.900 + 16,25\,x = 44.800 + 13\,x$$

$$x = \textbf{5.200 Stück}$$

$$K_{fI} + k_{vI}\,x = K_{fIII} + k_{vIII}\,x$$

$$27.900 + 16,25\,x = 21\,x$$

$$x = \textbf{5.874 Stück}$$

$$K_{fII} + k_{vII}\,x = K_{fIII} + k_{vIII}\,x$$

$$44.800 + 13\,x = 21\,x$$

$$x = \textbf{5.600 Stück}$$

Liegt der jährliche Bedarf an Drehteilen unter 5.600 Stück, ist ein Fremdbezug vorzunehmen. Bei einem jährlichen Bedarf über 5.600 Stück sollte das Investitionsobjekt II angeschafft werden.

Die kritischen Mengen 5.200 und 5.874 haben keine Bedeutung, weil es dort jeweils eine bereits kostengünstigere Alternative gibt. In der grafischen Darstellung lässt sich dies erkennen:

* 5,58 € · 5.000 = 27.900 €
8,96 € · 5.000 = 44.800 €

** 16,25 € · 5.000 = 81.250 €
13,00 € · 5.000 = 65.000 €

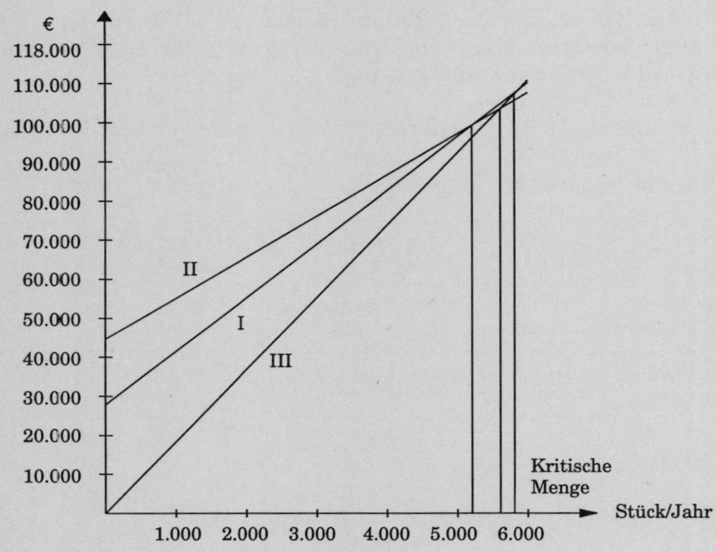

(4) **Produktion mit voller Kapazität**

		Investitions-objekt I		Investitions-objekt II	
Anschaffungskosten	€	48.000		120.000	
Restwert	€	0		0	
Nutzungsdauer	Jahre	6		6	
Auslastung	Stück/Jahr	8.000		10.000	
Zinssatz	%	8		8	
Abschreibungen	€/Jahr	8.000		20.000	
Zinsen	€/Jahr	1.920		4.800	
Gehälter	€/Jahr	10.000		10.000	
Sonstige fixe Kosten	€/Jahr	8.000		10.000	
Fixe Kosten	€/Jahr	27.920		44.800	
27.920 : 8.000	€/Stück		3,49		
44.800 : 10.000	€/Stück				4,48
Löhne	€/Jahr	44.000		29.000	
Material	€/Jahr	80.000		96.000	
Sonstige variable Kosten	€/Jahr	6.000		5.000	
Variable Kosten	€/Jahr	130.000		130.000	
130.000 : 8.000	€/Stück		16,25		
130.000 : 10.000	€/Stück				13,00
Gesamtkosten	€/Stück		19,74		17,48
Kostendifferenz	€/Stück	**+ 2,26**			

Das Investitionsobjekt II ist bei einer Produktion mit voller Kapazität das um 2,26 € pro Stück kostengünstigere.

24 : Kostenvergleichsrechnung V

Es gilt:

$$\text{Kapitalkosten}_{neu} + \text{Betriebskosten}_{neu} < \text{Betriebskosten}_{alt}$$

Die Kostendifferenz ergibt sich aus:

Ersatzproblem: Kostenvergleich pro Periode		**Altes Investitionsobjekt**	**Neues Investitionsobjekt**
Anschaffungskosten	€	180.000	300.000
Restwert	€	0	0
Nutzungsdauer	Jahre	10	10
Zinssatz	%	5	5
Abschreibungen	€/Jahr		30.000
Zinsen	€/Jahr		7.500
Betriebskosten	€/Jahr	250.000	220.000
Gesamtkosten	€/Jahr	250.000	257.500
Kostendifferenz	Alt – Neu	**– 7.500**	

Der sofortige Ersatz ist nicht vorteilhaft, da die halbautomatische Drehmaschine jährlich noch einen Kostenvorteil von 7.500 € aufweist.

25 : Kostenvergleichsrechnung VI

(1)

		Alter LKW		Neuer LKW	
Anschaffungskosten	€		80.000		100.000
Restwert	€		10.000		8.000
Nutzungsdauer	Jahre		8		8
Auslastung	Stück/Jahr		3.000		3.000
Zinssatz	%		10		10
Restnutzungsdauer	Jahre		3		—
Resterlöswert Ende 5. Jahr	€		30.000		—
Resterlöswert Ende 8. Jahr	€		6.000		—
Abschreibungen	€/Jahr	—		11.500	
Verringerung des Liquidationswertes	€/Jahr	8.000		—	
Zinsen	€/Jahr	1.800		5.400	
Sonstige fixe Kosten	€/Jahr	15.000		13.000	
Fixe Kosten	€/Jahr		24.800		29.900
Löhne	€/Jahr	28.000		28.000	
Energiekosten	€/Jahr	58.000		55.500	
Sonstige variable Kosten	€/Jahr	16.000		15.000	
Variable Kosten	€/Jahr		102.000		98.500
Gesamtkosten	€/Jahr		126.800		128.400
Differenz A - N	€/Jahr		**– 1.600**		

Der Kostenvergleich zeigt, dass es zum Ende des 5. Jahres nicht vorteilhaft ist, den alten Lastkraftwagen durch den neuen Lastkraftwagen zu ersetzen, weil der neue Lastkraftwagen um 1.600 €/Jahr höhere Kosten verursacht als der alte Lastkraftwagen.

Der Kostenvergleich könnte auch durch Vergleich pro Leistungseinheit ermittelt werden.

(2)

		Alter LKW		Konkurrienrendes Fabrikat	
Anschaffungskosten	€	80.000		100.000	
Restwert	€	10.000		8.000	
Nutzungsdauer	Jahre	8		8	
Auslastung	Stück/Jahr	3.000		3.200	
Zinssatz	%	10		10	
Restnutzungsdauer	Jahre	3		—	
Resterlöswert Ende 5. Jahr	€	30.000		—	
Resterlöswert Ende 8. Jahr	€	6.000		—	
Abschreibungen	€/Stück	—		3,59	
Verringerung des Liquidationswertes	€/Stück	2,67		—	
Zinsen	€/Stück	0,60		1,69	
Sonstige fixe Kosten	€/Stück	5,00		4,06	
Fixe Kosten	€/Stück		8,27		9,34
Löhne	€/Stück	9,33		9,33*	
Energiekosten	€/Stück	19,33		16,65*	
Sonstige variable Kosten	€/Stück	5,33		5,00*	
Variable Kosten	€/Stück		33,39		30,98
Gesamte Kosten	€/Stück		42,26		40,32
Kostendifferenz A – N	€/Stück	**+ 1,94**			

Es lässt sich erkennen, dass der neue Lastkraftwagen der konkurrierenden Marke gekauft werden sollte, da er um 1,94 € pro Betriebsstunde kostengünstiger ist als der alte Lastkraftwagen.

---

* Löhne: $\frac{28.000 \cdot 3.200}{3.000} : 3.200 = 9,33$

Energiekosten: $\frac{55.500 \cdot 3.200}{3.000} \cdot 0,9 : 3.200 = 16,65$

Sonstige variable Kosten: $\frac{15.000 \cdot 3.200}{3.000} : 3.200 = 5,00$

26 : Gewinnvergleichsrechnung I

(1)

Anschaffungskosten	€	80.000	
Nutzungsdauer	Jahre	8	
Auslastung	Stück/Jahr	12.000	
Erlöse	€/Jahr		96.000
Kapitaldienst	€/Jahr	14.000	
Betriebskosten	€/Jahr	62.000	
Gesamte Kosten	€/Jahr		76.000
Gewinn	€/Jahr		**20.000**

Das vorliegende Angebot ist vorteilhaft, da sich ein Gewinn von 20.000 €/Jahr mit dem Investitionsobjekt erzielen lässt.

(2)

		Investitionsobjekt I		**Investitionsobjekt II**	
Anschaffungskosten	€	80.000		70.000	
Nutzungsdauer	Jahre	8		8	
Auslastung	Stück/Jahr	12.000		12.000	
Erlöse	€/Jahr		96.000		96.000
Kapitaldienst	€/Jahr	14.000		12.250	
Betriebskosten	€/Jahr	62.000		66.000	
Gesamte Kosten	€/Jahr		76.000		78.250
Gewinn	€/Jahr		20.000		17.750
Gewinndifferenz I-II	€/Jahr	**+ 2.250**			

Das zuerst betrachtete Investitionsobjekt I ist das vorteilhaftere, weil es einen um 2.250 €/Jahr höheren Gewinn erzielen lässt als das Investitionsobjekt II.

(3) Es lässt sich nicht hinreichend genau ermitteln, welche Gewinne von den alternativen Investitionsobjekten bei einer Auslastung von 8.000 Stück/Jahr erzielt werden, weil die für die Berechnung erforderliche Auflösung der Kosten in fixe und variable Teile nicht vorliegt.

(4)

		Investitions-objekt I	Investitions-objekt II
Auslastung	Stück/Jahr	12.000	12.000
Erlöse	€/Stück	8	8
Fixe Kosten	€/Jahr		
14.000 + 3.400		17.400	13.850
12.250 + 1.600			
Variable Kosten	€/Stück		
(62.000 – 3.400) : 12.000		4,88	
(66.000 – 1.600) : 12.000			5,37

$G_I = p_I\,x - k_{vI}\,x - K_{fI}$ $\qquad$ $G_{II} = p_{II}\,x - k_{vII}\,x - K_{fII}$

$G_I = 8\,x - 4{,}88\,x - 17.400$ $\qquad$ $G_{II} = 8\,x - 5{,}37\,x - 13.850$

$$G_I = G_{II}$$

$$8\,x - 4{,}88\,x - 17.400 = 8\,x - 5{,}37\,x - 13.850$$

$$x = \mathbf{7.245}$$

Die kritische Menge beträgt 7.245 Stück/Jahr. Liegt die Auslastung unter 7.245 Stück/Jahr, dann ist das Investitionsobjekt II das vorteilhaftere. Bei einer Auslastung über 7.245 Stück/Jahr sollte das Investitionsobjekt I angeschafft werden.

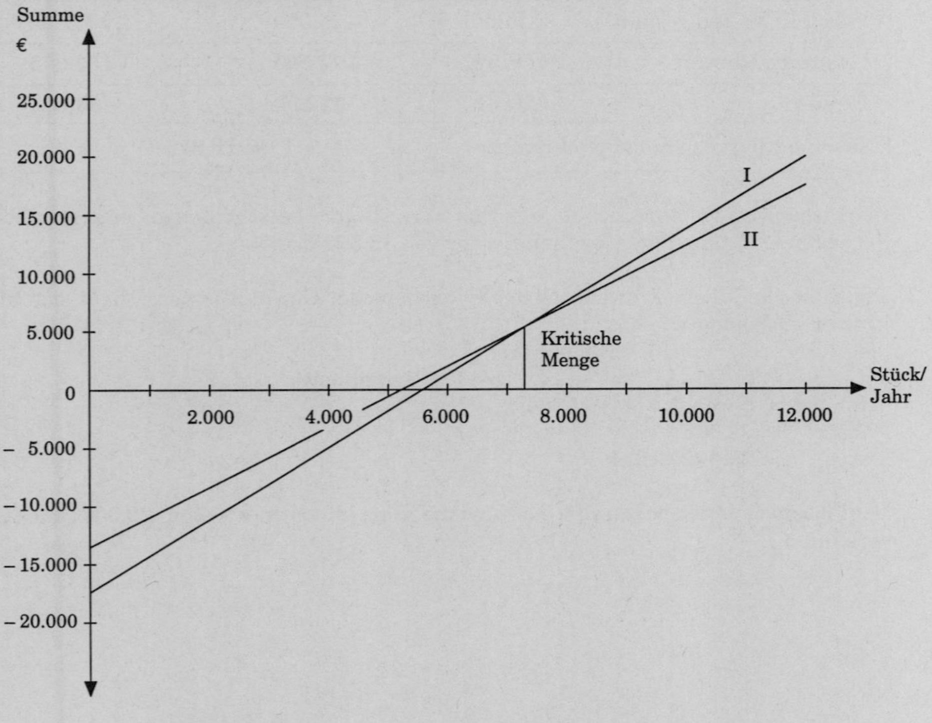

27 : Gewinnvergleichsrechnung II

(1) Der Pizzabäcker sollte den Gewinnvergleich pro Periode nützen, da die voraussichtlichen Mengen unterschiedlich hoch sind und damit ein Gewinnvergleich pro Leistungseinheit zu einer falschen Beurteilung der Situation führen kann.

(2) Folgende Berechnung ist durchzuführen:

		Pizzaofen »Roma«	Pizzaofen »Florenz«
Anschaffungspreis	€	100.000	65.000
Restwert	€	0	0
Nutzungsdauer	Jahre	8	8
Auslastung	Pizza/Jahr	50.000	40.000
Durchschn. Erlös	€/Stück	5	5
Zinssatz	%	10	10
Sonstige Fixkosten ohne Zins und Abschreibung	€/Jahr	55.000	45.000
Variable Kosten	€/Stück	2,50	2,50
Erlöse	**€/Jahr**	**250.000**	**200.000**
Fixkosten aus Abschreibung	€/Jahr	12.500	8.125
Fixkosten aus Zinsen	€/Jahr	5.000	3.250
Sonstige Fixkosten	€/Jahr	55.000	45.000
Fixkosten gesamt	€/Jahr	72.500	56.375
Variable Kosten gesamt	€/Jahr	125.000	100.000
Gesamte Kosten	**€/Jahr**	**197.500**	**156.375**
Gewinne	**€/Jahr**	**52.500**	**33.625**
Gewinndifferenz »Roma« – »Florenz«		**+ 18.875**	

Der Pizzabäcker müsste sich für den Pizzaofen »Roma« entscheiden, da er gegenüber dem Pizzaofen »Florenz« eine Gewinndifferenz von 18.875 € aufweist.

(3) Die Kritische Menge hinsichtlich des Erreichens der Gewinnzone errechnet sich für den Pizzaofen »Roma« wie folgt:

$$G_{Roma} = p \cdot x - k_v \cdot x - k_f \qquad \text{bei } G = 0 \text{ ergibt sich}$$
$$0 = 5 \cdot x - 2{,}5 \cdot x - 72.500$$
$$2{,}5\, x = 72.500$$
$$x_{krit} = \mathbf{29.000\ Stück}$$

Der Pizzabäcker müsste, um die Gewinnzone zu erreichen, mindestens 29.000 Stück Pizzas verkaufen.

28 : Gewinnvergleichsrechnung III

(1) Da von einer gleich hohen Auslastung beider Investitionsobjekte pro Jahr ausgegangen wird, kann der Gewinnvergleich als

- Vergleich pro Periode
- Vergleich pro Leistungseinheit

vorgenommen werden.

Es wird unterstellt, dass die Problematik der Kostenermittlung für das alte Investitionsobjekt bereits bei den im Kasten angegebenen fixen Kosten berücksichtigt wurde.

		Altes Investitionsobjekt		Neues Investitionsobjekt	
Anschaffungskosten	€		120.000		140.000
Restwert	€		10.000		12.000
Nutzungsdauer	Jahre		8		8
Auslastung	Stück/Jahr		20.000		20.000
Zinssatz	%		8		8
Restnutzungsdauer	Jahre		3		–
Resterlöswert Ende 5. Jahr	€		60.000		–
Resterlöswert Ende 8. Jahr	€		16.000		–
Erlöse	€/Jahr		200.000		210.000
Fixe Kosten	€/Jahr	31.000		46.000	
Variable Kosten	€/Jahr	147.000		149.000 *	
Gesamte Kosten	€/Jahr		178.000		195.000
Gewinn	€/Jahr		22.000		15.000
Gewinndifferenz A - N	€/Jahr		**+ 7.000**		

Es ist nicht vorteilhaft, das alte Investitionsobjekt ausscheiden zu lassen und das neue Investitionsobjekt zu beschaffen, da es einen um 7.000 €/Jahr höheren Gewinn erwirtschaftet als das neue Investitionsobjekt.

(2) Beim alten Investitionsobjekt ist eine Erhöhung der Auslastung nicht möglich. Beim neuen Investitionsobjekt kann sie vorgenommen werden. Wegen unterschiedlicher Auslastung beider Investitionsobjekte kann nur ein Periodenvergleich erfolgen.

* $\frac{186.250 \cdot 20.000}{25.000} = 149.000$

		Altes Investitions-objekt		Neues Investitions-objekt	
Anschaffungskosten	€	120.000		140.000	
Restwert	€	10.000		12.000	
Nutzungsdauer	Jahre	8		8	
Auslastung	Stück/Jahr	20.000		25.000	
Zinssatz	%				
Restnutzungsdauer	Jahre	3		–	
Resterlöswert Ende 5. Jahr	€	60.000		–	
Resterlöswert Ende 8. Jahr	€	16.000		–	
Erlöse	€/Jahr		200.000		262.500
Fixe Kosten	€/Jahr	31.000		46.000	
Variable Kosten	€/Jahr	147.000		186.250	
Gesamte Kosten	€/Jahr		178.000		232.250
Gewinn	€/Jahr		22.000		30.250
Gewinndifferenz A - N	€/Jahr		**– 8.250**		

Bei einer Erhöhung der Ausbringungsmenge auf 25.000 Stück/Jahr ist es vorteilhaft, das alte Investitionsobjekt ausscheiden zu lassen.

29 : Rentabilitätsvergleichsrechnung I

(1)

Anschaffungskosten	€	100.000	
Restwert	€	5.000	
Nutzungsdauer	Jahre	8	
Auslastung	Stück/Jahr	15.000	
Zinssatz	%	10	
Erlöse	€/Jahr		127.500
Abschreibungen	€/Jahr	12.500	
Zinsen	€/Jahr	–	
Sonstige fixe Kosten	€/Jahr	19.000	
Fixe Kosten	€/Jahr	31.500	
Variable Kosten	€/Jahr	90.000	
Gesamte Kosten	€/Jahr		121.500
Gewinn	€/Jahr		**6.000**

$$R = \frac{E - K}{D} \cdot 100$$

$$R = \frac{6.000}{52.500} \cdot 100 = \mathbf{11{,}43\ \%}$$

Die Investition ist nicht vorteilhaft, weil die von der Chemie AG festgelegte Mindestrentabilität nicht erreicht wird.

(2) Zunächst ist der sich aus der Gewinnvergleichsrechnung ergebende Gewinn zu korrigieren. Da in der Gewinnvergleichsrechnung kalkulatorische Zinsen angesetzt wurden, die den Gewinn gemindert haben, werden diese Zinsen dem Gewinn hinzugerechnet:

$$G = 3.500 + \frac{98.000}{2} \cdot 0{,}10 = \mathbf{8.400\ €}$$

$$R = \frac{G}{D}$$

$$R = \frac{8.400}{49.000} \cdot 100 = \mathbf{17{,}14\ \%}$$

Die Rentabilität des nunmehr betrachteten Investitionsobjektes ist zwar erheblich höher als beim zuvor überprüften Investitionsobjekt, wird aber ebenso nicht der Forderung der Chemie AG gerecht, die Rentabilität müsse mindestens 20 % betragen.

Die Investition ist nicht vorteilhaft.

30 : Rentabilitätsvergleichsrechnung II

(1)

		Investitions-objekt I		Investitions-objekt II		Investitions-objekt III	
Anschaffungskosten	€	80.000		120.000		160.000	
Restwert	€	0		0		0	
Nutzungsdauer	Jahre	8		8		8	
Auslastung	Stück/Jahr	18.000		20.000		22.000	
Zinssatz	%	8		8		8	
Erlöse	€/Jahr		190.950		212.100		233.020
Fixe Kosten ohne Zinsen	€/Jahr	18.200		28.300		39.650	
Variable Kosten	€/Jahr	168.700		176.620		184.360	
Gesamte Kosten	€/Jahr		186.900		204.920		224.010
Gewinn	€/Jahr		**4.050**		**7.180**		**9.010**

$$R_I = \frac{G_I}{D_I} \cdot 100$$

$$R_I = \frac{4.050}{80.000 : 2} \cdot 100 = \mathbf{10{,}13\ \%}$$

$$R_{II} = \frac{G_{II}}{D_{II}} \cdot 100$$

$$R_{II} = \frac{7.180}{120.000 : 2} \cdot 100 = \mathbf{11{,}97\ \%}$$

$$R_{III} = \frac{G_{III}}{D_{III}} \cdot 100$$

$$R_{III} = \frac{9.010}{160.000 : 2} \cdot 100 = \mathbf{11{,}26\ \%}$$

(2) Die ermittelten Rentabilitäten sind **nicht aussagefähig,** weil die Anschaffungskosten der alternativen Investitionsobjekte erheblich auseinanderliegen.

Der vorliegende Rentabilitätsvergleich kann nur vorgenommen werden, wenn Differenzinvestitionen berücksichtigt werden, mit denen die Anschaffungskosten vergleichbar gemacht werden.

(3) **Investitionsobjekt I:**

Dieses Investitionsobjekt muss um eine Differenzinvestition erweitert werden:

Investitionsobjekt III	–	Investitionsobjekt I	=	Differenzinvestition
160.000	–	80.000	=	80.000 €

Gewinn aus der Differenzinvestition:

$80.000 \cdot 0{,}14 = 11.200$ €

$$R_I = \frac{G_I + G_{Diff.}}{(D_I + D_{Diff.}) : 2} \cdot 100$$

$$R_I = \frac{4.050 + 11.200}{(80.000 + 80.000) : 2} \cdot 100 = \mathbf{19{,}06\ \%}$$

Investitionsobjekt II:

Ebenso muss dieses Investitionsobjekt um eine Differenzinvestition erweitert werden:

Investitionsobjekt III	–	Investitionsobjekt II	=	Differenzinvestition
160.000	–	120.000	=	40.000 €

Gewinn aus der Differenzinvestition:

$40.000 \cdot 0{,}14 = 5.600$ €

$$R_{II} = \frac{G_{II} + G_{Diff.}}{(D_I + D_{Diff.}) : 2} \cdot 100$$

$$R_{II} = \frac{7.180 + 5.600}{(120.000 + 40.000) : 2} \cdot 100 = \mathbf{15{,}98\ \%}$$

Investitionsobjekt III:

Hier ist die Bildung einer Differenzinvestition nicht erforderlich. Es gilt die in (1) ermittelte Rentabilität:

$R_{III} =$ **11,26 %**

(4) Die berechneten Rentabilitäten ergeben folgendes Bild:

	Investitionsobjekt I	**Investitionsobjekt II**	**Investitionsobjekt III**
Rentabilität **ohne** Differenzinvestition	10,13 %	11,97 %	11,26 %
Rentabilität **mit** Differenzinvestition	19,06 %	15,98 %	11,26 %

Die relativ hohe Verzinsung der Differenzinvestition lässt das in (1) am schlechtesten beurteilte Investitionsobjekt I nun am vorteilhaftesten erscheinen.

Auch beim Investitionsobjekt II führt die Differenzinvestition zu einer Erhöhung der Rentabilität, allerdings nicht im Umfang wie beim Investitionsobjekt I, weil der Umfang der Differenzinvestition erheblich geringer ist.

Das Investitionsobjekt III kann nicht an der vorteilhaften Verzinsung der Differenzinvestition teilhaben und erfährt deshalb keine Verbesserung der Rentabilität.

31 : Rentabilitätsvergleichsrechnung III

(1) $$R = \frac{K_A - K_N}{D_N} \cdot 100$$

$$R = \frac{60.000 - 42.000}{150.000 : 2} \cdot 100 = \mathbf{24{,}00\ \%}$$

Die Investition ist vorteilhaft, weil sie die von der Chemie AG geforderte Mindestrentabilität um 4 % übersteigt.

(2) $$R = \frac{K_A - K_N}{D_N} \cdot 100$$

$$R = \frac{60.000 - 42.000}{(150.000 : 2) + 15.000} \cdot 100 = \mathbf{20{,}00\ \%}$$

Die Investition ist noch immer vorteilhaft, denn sie erzielt die von der Chemie AG geforderte Mindestrentabilität von 20 %.

(3) Ein Resterlös der alten Maschine hat Einfluss auf die Rentabilität der Investition. Er ist im Nenner des Bruches zu berücksichtigen.

Ergänzung zu (1):

$$R = \frac{60.000 - 42.000}{(150.000 + 7.000) : 2} \cdot 100 = \mathbf{22{,}93\ \%}$$

Ergänzung zu (2):

$$R = \frac{60.000 - 42.000}{(150.000 + 7.000) : 2 + 15.000} \cdot 100 = \mathbf{19{,}25\ \%}$$

Die Rentabilität des Investitionsobjektes wird durch die Einbeziehung des Resterlöses in beiden Fällen beeinflusst, im zweiten Fall wird die Investition sogar unvorteilhaft.

32 : Amortisationsvergleichsrechnung I

(1) $$t_{wI} = \frac{138.000}{(24.000 + 28.000 + 32.000 + 28.000 + 20.000 + 30.000) : 6 + (138.000 : 6)}$$

t_{wI} = **2,76 Jahre**

$$t_{wII} = \frac{132.000}{(19.000 + 24.000 + 24.000 + 32.000 + 38.000 + 25.000) : 6 + (132.000 : 6)}$$

t_{wII} = **2,69 Jahre**

Das Investitionsobjekt II ist dem Investitionsobjekt I vorzuziehen, da es eine geringere Amortisationszeit hat.

(2)

	Investitions-objekt I		**Investitions-objekt II**	
	Jährlich	Kumuliert	Jährlich	Kumuliert
Rückfluss 1. Jahr €	24.000 + 23.000	47.000	19.000 + 22.000	41.000
Rückfluss 2. Jahr €	28.000 + 23.000	98.000	24.000 + 22.000	87.000
Rückfluss 3. Jahr €	32.000 + 23.000	**153.000**	24.000 + 22.000	**133.000**
Rückfluss 4. Jahr €	28.000 + 23.000	204.000	32.000 + 22.000	187.000
Rückfluss 5. Jahr €	20.000 + 23.000	247.000	38.000 + 22.000	247.000
Rückfluss 6. Jahr €	30.000 + 23.000	300.000	25.000 + 22.000	294.000

(3) Die Kumulationsrechnung führt zu einem genaueren Ergebnis als die Durchschnittsrechnung. Sie zeigt auch eine veränderte Vorteilhaftigkeit der Investitionsobjekte.

Während bei der Durchschnittsrechnung das Investitionsobjekt II mit 2,69 Jahren Amortisationszeit vorteilhafter war, ergibt sich bei der Kumulationsrechnung eine Amortisationszeit von knapp 3 Jahren, die damit über der Amortisationszeit des Investitionsobjektes I liegt.

(4) Die generelle Festlegung einer maximal zulässigen Amortisationszeit kann problematisch sein, da sie sich überwiegend an mittelfristigen Investitionen orientieren wird. Längerfristige Investitionen werden damit benachteiligt, kürzerfristige Investitionen bevorzugt.

Liegt beispielsweise die maximal zulässige Amortisationszeit bei 4 Jahren, dann kann dies für Investitionen mit einer Nutzungsdauer von 5 bis 10 Jahren durchaus vertretbar sein.

Ist hingegen ein Gebäude auf seine Vorteilhaftigkeit hin zu beurteilen, ist denkbar, dass eine längere Amortisationszeit durchaus noch positiv zu bewerten ist.

Es ist demnach nicht vorteilhaft, pauschal eine maximal zulässige Amortisationszeit im Unternehmen festzulegen. Vorgegebene Amortisationszeiten sollten sich an den Nutzungsdauern der Investitionsobjekte orientieren. Eine Bildung von 2 oder 3 Amortisationszeiten für entsprechende Gruppen von Investitionsobjekten kann nützlich sein.

33 : Amortisationsvergleichsrechnung II

(1)

	Investitionsobjekt I		Investitionsobjekt II	
	Jährlich	Kumuliert	Jährlich	Kumuliert
Rückfluss 1. Jahr €	22.000	22.000	33.000	33.000
Rückfluss 2. Jahr €	26.000	48.000	31.000	64.000
Rückfluss 3. Jahr €	32.000	80.000	26.000	90.000
Rückfluss 4. Jahr €	36.000	116.000	26.000	116.000
Rückfluss 5. Jahr €	40.000	156.000	26.000	142.000

Die Amortisationszeit beträgt für beide Investitionsobjekte 3 Jahre und liegt damit unter der im Unternehmen zulässigen Amortisationszeit.

(2) Die Investitionsobjekte scheinen formal gleich vorteilhaft zu sein. Dies ist aber bei näherer Betrachtung nicht zutreffend:

- Die Rückflüsse der einzelnen Jahre innerhalb der Amortisationszeit verlaufen bei den Investitionsobjekten unterschiedlich. Das Investitionsobjekt I hat ansteigende jährliche Rückflüsse, das Investitionsobjekt II zeichnet sich durch fallende jährliche Rückflüsse aus.

  Da ein Investitionsobjekt grundsätzlich um so positiver zu beurteilen ist, je früher es hohe Rückflüsse zu erwirtschaften vermag, kann das Investitionsobjekt II doch als das vorteilhaftere angesehen werden.

- Die Rückflüsse der Investitionsobjekte nach der Amortisationszeit bleiben bei der Amortisationsvergleichsrechnung unberücksichtigt. Dies ist bei ähnlich hohen jährlichen Rückflüssen der Investitionsobjekte nicht problematisch. Wenn die jährlichen Rückflüsse aber – wie oben dargestellt – erheblich voneinander abweichen, möglicherweise sogar gegensätzlichen Verlauf haben, birgt eine Entscheidung, die ausschließlich auf Amortisationszeiten beruht, eine Gefahr für das Unternehmen.

(3) Eine Verbesserung des Amortisationsvergleiches kann durch Dynamisierung vorgenommen werden:

	Abzinsungsfaktor	Investitionsobjekt I			Investitionsobjekt II		
		Jährlich	Barwert	Kumuliert	Jährlich	Barwert	Kumuliert
Rückfluss 1. Jahr €	0,909091	22.000	20.000		33.000	30.000	
Rückfluss 2. Jahr €	0,826446	26.000	21.488	41.488	31.000	25.620	55.620
Rückfluss 3. Jahr €	0,751315	32.000	24.042	65.530	26.000	19.534	75.154
Rückfluss 4. Jahr €	0,683013	36.000	24.588	**90.118**	26.000	17.758	**92.912**
Rückfluss 5. Jahr €	0,620921	40.000	24.837	114.955	26.000	16.144	109.056

Die dynamische Amortisationsvergleichsrechnung lässt das Investitionsobjekt I als das vorteilhaftere erscheinen. Seine Amortisationszeit liegt bei dreieinhalb Jahren.

Das Investitionsobjekt II hat eine höhere Amortisationszeit, die kurz vor Beginn des vierten Jahres liegt.

(4) Die mithilfe der dynamischen Amortisationsvergleichsrechnung ermittelten Amortisationszeiten stellen zweifellos eine Verbesserung dar, weil sie die unterschiedlichen Rückflüsse im Zeitablauf entsprechend berücksichtigt.

Allerdings erfolgt auch hier keine Einbeziehung der sich unterschiedlich gestaltenden Rückflüsse nach Ende der Amortisationszeit.

34 : Amortisationsvergleichsrechnung III

(1) $t_w = \dfrac{120.000 - 10.000}{15.000 + 20.000} =$ **3,14 Jahre**

Die Ersatzinvestition ist vorteilhaft, da ihre Amortisationszeit um 0,9 Jahre unter der vom Unternehmen maximal festgelegten Amortisationszeit liegt.

(2) Die Wirtschaftlichkeit einer Investition lässt sich mithilfe der Amortisationszeit nicht ermitteln, sondern es sind lediglich Aussagen über das relativ vorteilhaftere bzw. vorteilhafteste Investitionsobjekt möglich. Deshalb bietet es sich an, neben der Amortisationsvergleichsrechnung noch eine Rentabilitätsvergleichsrechnung oder ein dynamisches Verfahren der Investitionsrechnung anzuwenden.

35 : Barwert I

(1) $K_o = K_8 \cdot \dfrac{1}{q^8}$

$K_o = 124.500 \cdot 0{,}540269 =$ **67.263 €**

(2) $K_o = K_3 \cdot \frac{1}{q^3} + K_5 \cdot \frac{1}{q^5} + K_7 \cdot \frac{1}{q^7}$

$K_o = 70.000 \cdot 0{,}751315 + 150.000 \cdot 0{,}620921 + 150.000 \cdot 0{,}513158 = \mathbf{222.704}$ **€**

(3) $Ko = e \cdot \frac{q^{10} - 1}{q^{10}(q-1)}$

$K_o = 6.800 \cdot 6{,}417658 = \mathbf{43.640}$ **€**

36 : Barwert II

(1) $K_n = 250.000$ € q = 1,025 n = 30 Jahre

$K_0 = 250.000 \cdot \frac{1}{1{,}025^{30}} = \mathbf{119.185{,}67}$ **€**

Der Versicherungsnehmer erhält einen auf den heutigen Zeitpunkt bezogenen Betrag in Höhe von 119.185 €.

(2) K_n soll beispielhaft 200.000 Einwohner betragen.
q = 1,072 n= 10 Jahre

$K_0 = \frac{200.000}{1{,}072^{10}} = \mathbf{99.788}$

Die jährliche Steigerung von 7,2 % war hoch genug, um die Bevölkerungszahl innerhalb von 10 Jahren zu verdoppeln.

(3) e = 25.000 € q = 1,055 n = 18

$K_0 = e \cdot \frac{q^n - 1}{q^n \cdot (q-1)} = 25.000 \cdot \frac{1{,}055^{18} - 1}{1{,}055^{18} \cdot (1{,}055 - 1)}$

$K_0 = 25.000 \cdot \frac{2{,}621467 - 1}{2{,}621467 \cdot 0{,}055} = 25.000 \cdot \frac{1{,}621467}{0{,}144181} = \mathbf{281.151{,}30}$ **€**

Eine vorzeitige Auszahlung der Mieteinnahmen würde über einen Betrag von 281.151 € lauten.

37 : Barwert III

(1) **Angebot Müller:**

$$K_0 = e \cdot \frac{q^5 - 1}{q^5 (q-1)}$$

$$K_0 = 12.000 \cdot 3{,}790787 = \mathbf{45.489\ €}$$

Angebot Meier:

$$K_0 = e \cdot \frac{q^{15} - 1}{q^{15} (q-1)}$$

$$K_0 = 6.000 \cdot 7{,}606080 = \mathbf{45.636\ €}$$

Herr Müller würde 147 € einsparen, wenn er auf seinem Angebot bestehen würde.

(2)

	Abzinsungs-faktor	Zahlung	Barwert
1. Jahr	0,892857	5.000	4.464
2. Jahr	0,797194	10.000	7.972
3. Jahr	0,711780	15.000	10.677
4. Jahr	0,635518	20.000	12.710
Summe		50.000	35.823

(3)

	Abzinsungs-faktor	Zahlung	Barwert
1. Jahr	0,892857	20.000	17.857
2. Jahr	0,797194	15.000	11.958
3. Jahr	0,711780	10.000	7.118
4. Jahr	0,635518	5.000	3.178
Summe		50.000	40.111

(4) Die Barwerte sind unterschiedlich hoch, weil die Entwicklung der Zahlungen gegensätzlich verläuft und ein um so höherer Barwert erreicht wird, je früher hohe Zahlungen geleistet werden.

38 : Barwert IV

(1) e = 2.000.000 € q = 1,065 n = 20

$$K_0 = e \cdot \frac{q^n - 1}{q^n \cdot (q-1)} = 2.000.000 \cdot \frac{1{,}065^{20} - 1}{1{,}065^{20} \cdot (1{,}065-1)}$$

$$K_0 = 2.000.000 \cdot \frac{3{,}523645 - 1}{3{,}523645 \cdot 0{,}065} = 2.000.000 \cdot \frac{2{,}523645}{0{,}229037} = \mathbf{22.037.007\ €}$$

Für die Erdölquelle könnte ein Kaufpreis in Höhe von rund 22 Mio. € angesetzt werden.

(2) e = 2. 000.000 € q = 1,065 n = ∞

$$K_0 = e \cdot \frac{1}{(q-1)} = 2.00.000 \cdot \frac{1}{(1{,}065-1)} = \mathbf{30.769.231\ €}$$

Für das Solarzellenfeld könnte ein Kaufpreis in Höhe von rund 31 Mio. € angesetzt werden.

39 : Endwert I

(1) $K_{10} = K_o \cdot q^{10}$

$K_{10} = 5.000 \cdot 2{,}158925 =$ **10.795 €**

(2) $K_5 = e \cdot \frac{q^5 - 1}{q - 1}$

$K_5 = 2.500 \cdot 5{,}637093 =$ **14.093 €**

(3) $K_6 = K_o \cdot q^6$

$K_6 = 10.000 \cdot 1{,}771561 =$ **17.716 €**

$K_6 = e \cdot \frac{q^6 - 1}{q - 1}$

$K_6 = 2.300 \cdot 7{,}715610 =$ **17.746 €**

$K_6 =$ **18.000 €**

Es ist am vorteilhaftesten, jetzt 10.000 € zu zahlen, weil diese Zahlung den geringsten Endwert ergibt.

(4) **Zinssatz 6 %**

$K_6 = K_o \cdot q^6$

$K_6 = 10.000 \cdot 1{,}418519 =$ **14.185 €**

$K_6 = e \cdot \dfrac{q^6 - 1}{q - 1}$

$K_6 = 2.300 \cdot 6{,}975319 =$ **16.043 €**

$K_6 =$ **18.000 €**

Auch bei einem Zinssatz von 6 % ist es am vorteilhaftesten, jetzt 10.000 € zu zahlen.

Zinssatz 14 %

$K_6 = K_o \cdot q^6$

$K_6 = 10.000 \cdot 2{,}194973 =$ **21.950 €**

$K_6 = e \cdot \dfrac{q^6 - 1}{q - 1}$

$K_6 = 2.300 \cdot 8{,}535519 =$ **19.632 €**

$K_6 =$ **18.000 €**

Der Zinssatz von 14 % lässt die jetzige Zahlung von 10.000 € nicht mehr vorteilhaft erscheinen. Am günstigsten ist es, zum Ende des 6. Jahres 18.000 € zu zahlen.

40 : Endwert II

(1) e = 24.000 € n = 8 Jahre q = 1,055

$$K_n = 5.000 \cdot q^n + e \cdot \frac{q^n - 1}{q - 1} + 5.000 = 5.000 \cdot 1{,}055^8 + 24.000 \cdot \frac{1{,}055^8 - 1}{1{,}055 - 1} + 5.000$$

$= 5.000 \cdot 1{,}534687 + 24.000 \cdot 9{,}721582 + 5.000 = 7.673{,}44 + 233.317{,}97 + 5.000$

= **245.991,41 €**

Es ergibt sich ein Endwert von ca. 246.000 €

(2) e = 1.500 € n = 10 Jahre q = 1,068

$$K_n = e \cdot \frac{q^n - 1}{q - 1} = 1.500 \cdot \frac{1{,}068^{10} - 1}{1{,}068 - 1} = 1.500 \cdot 13{,}686616 = \mathbf{20.529{,}92\ €}$$

Der Weinliebhaber hätte über 20.000 € sich erspart.

41 : Jahreswert I

(1) $e = K_o \cdot \frac{q^5 \; (q-1)}{q^5 - 1}$

$e = 50.000 \cdot 0{,}263797 = \mathbf{13.190}$ **€**

(2) $e = K_{10} \cdot \frac{q-1}{q^{10} - 1}$

$e = 100.000 \cdot 0{,}069030 = \mathbf{6.903}$ **€**

(3) $e = K_o \cdot \frac{q^5 \, (q-1)}{q^5 - 1}$

$e = 10.000 \cdot 0{,}263797 = \mathbf{2.638}$ **€**

Das Angebot ist für den Schuldner vorteilhaft, da seine jährliche Rate mit 2.600 € geringer ist als die finanzmathematisch errechnete Rate.

42 : Jahreswert II

(1) K_0 = 25.000.000 USD n = 10 Jahre q = 1,055

$$e = K_0 \cdot q^n \cdot \frac{q-1}{q^n - 1} = 25.000.000 \cdot 1{,}055^{10} \cdot \frac{1{,}055 - 1}{1{,}055^{10} - 1} =$$

$= 25.000.000 \cdot 0{,}132668 =$ **3.316.700 USD**

Der Lotteriespieler muss sich mit einer jährlichen Zahlung in Höhe von über 3,3 Mio. USD zufrieden geben.

(2) K_0 = 650.000 € n = 15 Jahre q = 1,075

$$e = K_0 \cdot q^n \cdot \frac{q-1}{q^n - 1} = 650.000 \cdot 1{,}075^{15} \cdot \frac{1{,}075 - 1}{1{,}075^{15} - 1}$$

$= 650.000 \cdot 0{,}133287 =$ **73.637 €**

Für diese Baufinanzierung wären jährlich 73.637 € zu zahlen.

43 : Kapitalwertmethode I

(1) $C_o = ü \cdot \frac{q^8 - 1}{q^8 (q - 1)} - a_o$

Kalkulationszinssatz 6 %:

C_o = 35.000 · 6,209794 – 200.000 = **17.343 €**

Die Investition ist vorteilhaft, da sie einen positiven Kapitalwert aufweist.

Kalkulationszinssatz 10 %:

C_o = 35.000 · 5,334926 – 200.000 = **– 13.278 €**

Die Investition ist nicht vorteilhaft, da sie einen negativen Kapitalwert hat.

Kalkulationszinssatz 14 %:

C_o = 35.000 · 4,638864 – 200.000 = **– 37.640 €**

Die Investition ist nicht vorteilhaft, da sie einen negativen Kapitalwert aufweist.

(2) $C_o = C_{o\ \text{aus}\ (1)} + L \cdot \frac{1}{q^8}$

Kalkulationszinssatz 6 %:

C_o = 17.343 + 28.500 · 0,627412 = **35.224 €**

Die Investition weist unter Berücksichtigung des Liquidationserlöses eine noch höhere Vorteilhaftigkeit auf, da ihr Kapitalwert weiter angewachsen ist.

Kalkulationszinssatz 10 %:

C_o = – 13.278 + 28.500 · 0,466507 = **17 €**

Unter Berücksichtigung des Liquidationserlöses ist die Investition (gerade noch) vorteilhaft, da der Kapitalwert positiv ist.

Kalkulationszinssatz 14 %:

C_o = – 37.640 + 28.500 · 0,350559 = **– 27.649 €**

Auch beim Ansatz des Liquidationserlöses ist die Investition nicht vorteilhaft, da sie einen negativen Kapitalwert aufweist.

(3) $C_o = ü \cdot \frac{1}{q-1}$

Kalkulationszinssatz 6 %:

$C_o = 35.000 \cdot \frac{1}{0,06} - 200.000 =$ **383.333 €**

Die Investition ist vorteilhaft, da sie einen positiven Kapitalwert hat.

Kalkulationszinssatz 10 %:

$C_o = 35.000 \cdot \frac{1}{0,10} - 200.000 =$ **150.000 €**

Die Investition ist vorteilhaft, da sie einen positiven Kapitalwert aufweist.

Kalkulationszinssatz 14 %:

$C_o = 35.000 \cdot \frac{1}{0,14} - 200.000 =$ **50.000 €**

Die Investition ist vorteilhaft, da sie einen positiven Kapitalwert aufweist.

44 : Kapitalwertmethode II

(1) $C_o = C_E - C_A$

$C_o = 540.000 \cdot \frac{1}{1,1^4} - 400.000$

$C_o = 540.000 \cdot 0,683013 - 400.000 =$ **– 31.173 €**

Da der Kapitalwert negativ ist, kann zu der Investition nicht geraten werden.

(2)

Jahr	Abzinsungs-faktor	Maschine I		Maschine II	
		Überschuss	Barwert	Überschuss	Barwert
1. Jahr	0,925926	14.000	12.963	19.000	17.593
2. Jahr	0,857339	21.000	18.004	26.000	22.291
3. Jahr	0,793832	26.000	20.640	27.000	21.433
4. Jahr	0,735030	24.000	17.641	20.000	14.701
5. Jahr	0,680583	15.000	10.209	12.000	8.167
6. Jahr	0,630170	11.000	6.932	8.000	5.041
+ Liquidationserlös	0,630170	15.000	9.453	5.000	3.151
= Summe – Anschaffungswert			95.842 90.000		92.377 90.000
= Kapitalwert			**5.842**		**2.377**

Beide Maschinen erzielen einen positiven Kapitalwert. Da die Maschine I jedoch einen um 3.465 € höheren Kapitalwert erreicht als die Maschine II, ist ihr der Vorzug zu geben.

45 : Kapitalwertmethode III

Um die Investitionen alle beurteilen zu können, ist es erforderlich, für die Investition A eine Differenzinvestition zu berücksichtigen, weil die Anschaffungswerte der alternativen Investitionsobjekte um 40.000 € auseinanderliegen.

Investition C kommt als Differenzinvestition nicht in Betracht. Die Nutzungsdauer wäre zwar richtig, nicht aber der Anschaffungswert, der um 20.000 € über der erforderlichen Differenzinvestition liegt.

Die Investitionen B und D ergeben zusammen den für die Differenzinvestition erforderlichen Anschaffungswert von 40.000 €, die Nutzungsdauern entsprechen der Investition A. Um die Investitionen B und D als Differenzinvestition ansetzen zu können, ist es zunächst aber noch notwendig, bei der Investition D die günstigere Alternative zu ermitteln.

Investition D

$$C_{oI} = ü \cdot \frac{q^6 - 1}{q^6 (q-1)} - a_o$$

$$C_{oI} = 4.400 \cdot 4{,}622880 - 20.000 = \mathbf{341\ €}$$

$$C_{oII} = ü \cdot \frac{q^6 - 1}{q^6 (q-1)} + L \cdot \frac{1}{q^6} - a_o$$

$$C_{oII} = 3.900 \cdot 4{,}622880 + 3.000 \cdot 0{,}630170 - 20.000 = \mathbf{-80\ €}$$

Die Alternative I ist vorteilhafter als die Alternative II, da sie einen positiven Kapitalwert aufweist.

Investition B

$$C_o = ü \cdot \frac{q^6 - 1}{q^6 (q-1)} - a_o$$

$$C_o = 5.100 \cdot 4{,}622880 - 20.000 = \mathbf{3.577\ €}$$

Investition A

Jahr	Abzinsungsfaktor	Investitionsalternative I				Investitionsalternative II	
		Überschüsse A_I	Barwert A_I	Barwert B	Barwert D_I	Überschüsse A	Barwert A_{II}
1. Jahr	0,925926	23.000	21.296			30.000	27.778
2. Jahr	0,857339	28.000	24.005			38.000	32.579
3. Jahr	0,793832	38.000	30.166			42.000	33.341
4. Jahr	0,735030	39.000	28.666			46.000	33.811
5. Jahr	0,680583	34.000	23.140			39.000	26.543
6. Jahr	0,630170	29.000	18.275			32.000	20.165
= Summe			145.548				174.217
+ Liquidationserlös	0,630170	10.000	6.302			20.000	12.603
= Barwert			151.850	23.577	20.341		186.820
− Anschaffungswert			140.000	20.000	20.000		180.000
			11.850	3.577	341		
= Kapitalwert			**15.768**				**6.820**

Es ist vorteilhafter, die Investitionsalternative I der Investition A zusammen mit der Investition B und der Investitionsalternative I der Investition D zu realisieren als die Investitionsalternative II der Investition A, weil sie zu einem höheren Kapitalwert führt.

Investition C

$$C_o = ü \cdot \frac{q^6 - 1}{q^6 (q-1)} + L \cdot \frac{1}{q^6} - a_o$$

$$C_o = 15.000 \cdot 4{,}622880 + 5.000 \cdot 0{,}630170 - 60.000 = \mathbf{12.494\ €}$$

Die Investition C ist vorteilhaft, da ihr Kapitalwert positiv ist.

46 : Kapitalwertmethode IV

Kalkulationszinssatz: 7 %

$$C_o = ü \cdot \frac{q^4 - 1}{q^4 (q-1)} - a_o = 300 \cdot \frac{1{,}07^4 - 1}{1{,}07^4 (1{,}07 - 1)} - 1.000 = 300 \cdot 3{,}387211 - 1.000 = \mathbf{16{,}16\ €}$$

Kalkulationszinssatz: 8 %

$$C_o = ü \cdot \frac{q^4 - 1}{q^4 (q-1)} - a_o = 300 \cdot \frac{1{,}08^4 - 1}{1{,}08^4 (1{,}08 - 1)} - 1.000 = 300 \cdot 3{,}312127 - 1.000 = \mathbf{-\,63{,}62\ €}$$

Diese Investition weist einen positiven Kapitalwert bei 7 % in Höhe von 16,16 € auf. Nach der Interpretation eines positiven Kapitalwertes muss der angesetzte Kalkulationszinssatz von 7 % damit durch diese Investition übertroffen werden.

Mit einem Kalkulationszinssatz von 8 % erreicht diese Investition nur einen negativen Kapitalwert in Höhe von – 63,62 €. Interpretiert man dieses Ergebnis, muss man feststellen, dass die Investition den angestrebten Zinsfuß nicht erreicht, sondern unterhalb von 8 % liegen muss.

Eine genaue Rentabilitätsaussage lässt sich mit der Anwendung der Kapitalwertmethode nicht treffen. Allerdings kann aus obigen Beispiel gefolgert werden, dass die Effektivverzinsung der Investition zwischen den Verssuchzinssätzen von 7 % und 8 % liegen muss. Diese Feststellung macht sich die im Folgenden noch zu schildernde Interne Zinsfuß-Methode zunutze, indem sie ein Ergebnis durch Interpolation anstrebt.

47 : Kapitalwertmethode V

(1) Die mathematische Ermittlung des Ersatzzeitpunktes ist an drei Voraussetzungen geknüpft:

- Die jährlichen Überschüsse und die Restwerte des alten Investitionsobjektes nehmen im Zeitablauf ab.
- Das neue Investitionsobjekt wird nach Ablauf seiner Nutzungsdauer unendlich oft identisch wiederholt.
- Die Identität zwischen altem und neuem Investitionsobjekt lässt technischen Fortschritt unberücksichtigt.

(2) **Ersatz in der jetzigen Periode**

$$C_o^{t_o} = L_A + (ü_N \cdot \frac{q^{10}-1}{q^{10}(q-1)} + \frac{L_N}{q^{10}} - a_{oN}) \cdot \frac{q^{10}}{q^{10}-1}$$

$$C_o^{t_o} = 10.000 + (50.000 \cdot 6{,}144567 + \frac{2.000}{2{,}593742} - 200.000) \cdot \frac{2.593742}{2.593742-1}$$

$$C_o^{t_o} = 10.000 + 107.999 \cdot 1{,}627454 = \mathbf{185.764\ €}$$

Ersatz in der nächsten Periode

$$C_o^{t_1} = [ü_A + L_A + (ü_N \cdot \frac{q^{10}-1}{q^{10}(q-1)} + \frac{L_N}{q^{10}} - a_{oN}) \cdot \frac{q^{10}}{q^{10}-1}] \cdot \frac{1}{q}$$

$$C_o^{t_1} = [30.000 + 5.000 + (50.000 \cdot 6{,}144567 + \frac{2.000}{2{,}593742} - 200.000) \cdot \frac{2{,}593742}{2{,}593742-1}] \cdot \frac{1}{1{,}1}$$

$$C_o^{t_1} = [35.000 + 107.999 \cdot 1{,}627454] \cdot \frac{1}{1{,}1} = \frac{210.764}{1{,}1} = \mathbf{191.604\ €}$$

Es ist vorteilhaft, die Maschine jetzt noch nicht, sondern erst in der nächsten Periode zu ersetzen, weil der Kapitalwert dann höher ist.

(3) **Ersatz in der jetzigen Periode**

$$C_o^{t_o} = L_A + \left(\frac{ü_1}{q} + \frac{ü_2}{q^2} + \frac{ü_3}{q^3} + \frac{ü_4}{q^4} + \frac{ü_5}{q^5} + \frac{ü_6}{q^6} + \frac{ü_7}{q^7} + \frac{ü_8}{q^8} + \frac{ü_9}{q^9} + \frac{ü_{10}}{q^{10}} + \frac{L_N}{q^{10}} - a_o\right) \cdot \frac{q^{10}}{q^{10}-1}$$

$$C_o^{t_o} = 10.000 + \left(\frac{63.000}{1,100000} + \frac{63.000}{1,210000} + \frac{65.000}{1,331000} + \frac{63.000}{1,464100} + \frac{61.000}{1,610510} + \frac{58.000}{1,771561} + \right.$$
$$\left. + \frac{56.000}{1,948717} + \frac{57.000}{2,143589} + \frac{52.000}{2,357948} + \frac{50.000}{2,593742} + \frac{2.000}{2,593742} - 200.000\right) \cdot \frac{2,593742}{2,593742-1}$$

$$C_o^{t_o} = 10.000 + 169.249 \cdot 1,627454 = \mathbf{285.445\ €}$$

Ersatz in der nächsten Periode

$$C_o^{t_1} = \left[ü_A + L_A + \frac{ü_1}{q} + \frac{ü_2}{q^2} + \frac{ü_3}{q^3} + \frac{ü_4}{q^4} + \frac{ü_5}{q^5} + \frac{ü_6}{q^6} + \frac{ü_7}{q^7} + \frac{ü_8}{q^8} + \frac{ü_9}{q^9} + \frac{ü_{10}}{q^{10}} + \frac{L_N}{q^{10}} - a_o) \cdot \frac{q^{10}}{q^{10}-1}\right] \cdot \frac{1}{q}$$

$$C_o^{t_1} = [30.000 + 5.000 + 169.249 \cdot 1,627454] \cdot \frac{1}{1,1} = \mathbf{282.223\ €}$$

Es ist vorteilhaft, die Maschine bereits jetzt zu ersetzen, da sich ein höherer Kapitalwert ergibt, als wenn der Ersatz erst in der nächsten Periode erfolgen würde.

48 : Kapitalwertmethode VI

(1) q = 1,07

Jahr	ü	$1/q^n$	L_n	C_o
0	– 15.000	1		
1	4.000	0,934579	12.000	– 46,73
2	4.000	0,873439	10.000	966,46
3	4.000	0,816298	8.000	**2.027,65**
4	4.000	0,762895	4.500	1.981,87
5	4.000	0,712986	500	1.757,28

Die optimale Nutzungsdauer beträgt unter diesen Voraussetzungen drei Jahre.

(2) q = 1,07

Jahr	ü	$1/q^n$	L_n	C_o
0	– 15.000	1		
1	4.000	0,934579	12.000	– 46,73
2	4.000	0,873439	10.000	966,46
3	4.000	0,816298	8.000	2.027,65
4	4.000	0,762895	4.500	1.981,87
5	4.000	0,712986	1.000	**2.113,78**

Hier zeigt sich die Reagibilität dieses Modells. Eine Erhöhung des letzten Liquidationswertes um 500 € ergibt die Aussage, dass dieses Investitionsobjekt über seine gesamte Laufzeit genutzt werden sollte.

49 : Interne Zinsfuß-Methode I

(1)
$$0 = ü \cdot \frac{(1+i)^{15} - 1}{i\,(1+i)^{15}} - a_o$$

$$\frac{(1+i)^{15} - 1}{i\,(1+i)^{15}} = \frac{a_o}{ü}$$

$$\frac{(1+i)^{15} - 1}{i\,(1+i)^{15}} = \frac{140.000}{21.650} = \mathbf{6{,}466513}$$

Das Investitionsobjekt hat einen internen Zinsfuß von 13 %, was aus den finanzmathematischen Tabellen ablesbar ist, und liegt damit unter der Minimalforderung des Unternehmens.

(2)
$$r = \frac{ü}{a_o}$$

$$r = \frac{21.650}{140.000} = \mathbf{0{,}15}$$

Das Investitionsobjekt hat einen internen Zinsfuß von 15 % und übersteigt damit den Minimalzinssatz des Unternehmens.

50 : Interne Zinsfuß-Methode II

(1)

Jahr	Abzinsungsfaktor	Investitionsobjekt I		Investitionsobjekt II	
	0,08	Überschuss	Barwert	Überschuss	Barwert
1. Jahr	0,925926	18.000	16.667	23.000	21.296
2. Jahr	0,857339	22.000	18.861	25.000	21.433
3. Jahr	0,793832	20.000	15.877	23.000	18.258
4. Jahr	0,735030	26.000	19.111	23.000	16.906
5. Jahr	0,680583	25.000	17.015	21.000	14.292
6. Jahr	0,630170	24.000	15.124	20.000	12.603
= Summe			102.655		104.788
+ Liquidationserlös	0,630170	6.000	3.781	8.000	5.041
= Barwert			106.436		109.829
– Anschaffungswert			98.000		98.000
= Kapitalwert			**8.436**		**11.829**

Jahr	Abzinsungs-faktor	Investitionsobjekt I		Investitionsobjekt II	
	0,12	Überschuss	Barwert	Überschuss	Barwert
1. Jahr	0,892857	18.000	16.071	23.000	20.536
2. Jahr	0,797194	22.000	17.538	25.000	19.930
3. Jahr	0,711780	20.000	14.236	23.000	16.371
4. Jahr	0,635518	26.000	16.523	23.000	14.617
5. Jahr	0,567427	25.000	14.186	21.000	11.916
6. Jahr	0,506631	24.000	12.159	20.000	10.133
= Summe			90.713		93.503
+ Liquidationserlös	0,506631	6.000	3.040	8.000	4.053
= Barwert			93.753		97.556
– Anschaffungswert			98.000		98.000
= Kapitalwert			**– 4.247**		**– 444**

$$r = i_1 - C_{o1} \cdot \frac{i_2 - i_1}{C_{o2} - C_{o1}}$$

$$r_I = 0{,}08 - 8.436 \cdot \frac{0{,}12 - 0{,}08}{-4.247 - 8.436} = \mathbf{0{,}107}$$

$$r_{II} = 0{,}08 - 11.829 \cdot \frac{0{,}12 - 0{,}08}{-444 - 11.829} = \mathbf{0{,}1186}$$

Beide Investitionsobjekte liegen über dem Kalkulationszinssatz. Das vorteilhaftere Investitionsobjekt ist die Alternative II mit einem internen Zinsfuß von 11,9 %.

(2)

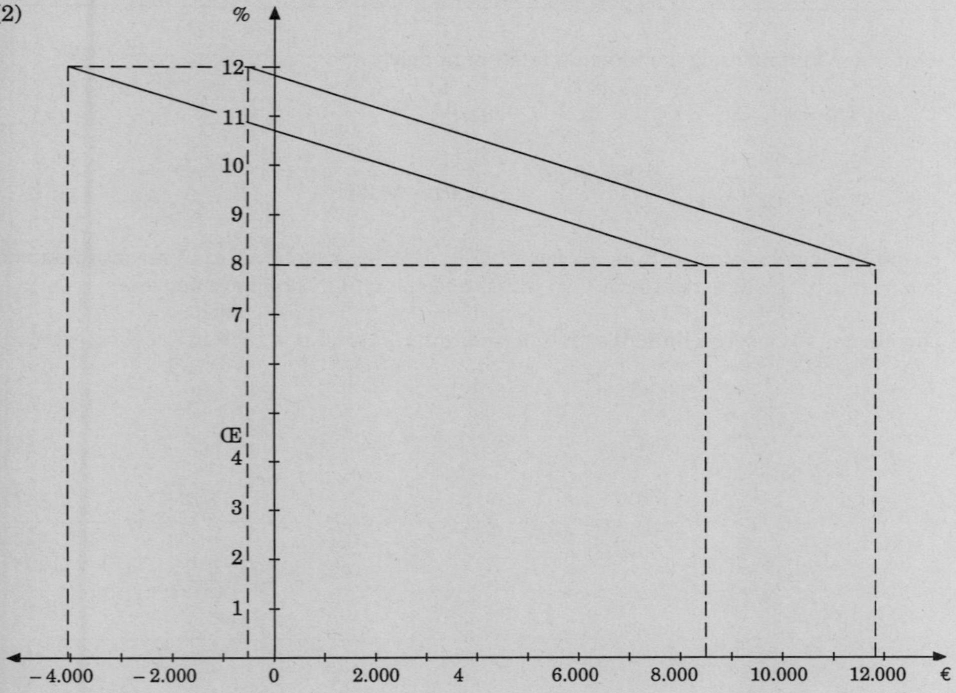

(3) Bei einer Mindestverzinsung von 12 % ist keines der alternativen Investitionsobjekte als vorteilhaft anzusehen.

51 : Interne Zinsfuß-Methode III

(1) Zuerst wurden 8 % und 14 % als Versuchszinsfüße herangezogen. Diese ergeben folgende Kapitalwerte:

		i = 0,08		i = 0,14	
Jahr	**Überschuss**	**Abzinsungs-faktor**	**Barwert**	**Abzinsungs-faktor**	**Barwert**
1	14,5	0,925926	13,43	0,877193	12,72
2	13,0	0,857339	11,15	0,769468	10,00
3	13,5	0,793832	10,72	0,674972	9,11
4	14,5	0,735030	10,66	0,592080	8,59
5	15,0	0,680583	10,21	0,519369	7,79
5	350	0,680583	238,20	0,519369	181,78
	Summe Barwerte		294,36		229,99
	– Anschaffungswert		250,00		250,00
	= Kapitalwert		44,36		– 20,01

Unter der Verwendung der »Regula falsi« ergibt sich:

C_{01} bei 8 % = 44,36 € C_{02} bei 14 % = – 20,01 €

$$r = i_1 - C_{01} \cdot \frac{i_2 - i_1}{C_{02} - C_{01}} = 0{,}08 - 44{,}36 \cdot \frac{0{,}14 - 0{,}08}{-20{,}01 - 44{,}36} = \mathbf{0{,}1213}$$

Es ergibt sich ein interner Zinsfuß von 12,13 %. Da dieser mehr als ein Prozentpunkt von den Versuchszinsfüßen entfernt liegt, muss noch einmal interpoliert werden.

Um ein genaueres Ergebnis zu erhalten, soll mit 11 % und mit 13 % interpoliert werden.

		i = 0,11		i = 0,13	
Jahr	**Überschuss**	**Abzinsungs-faktor**	**Barwert**	**Abzinsungs-faktor**	**Barwert**
1	14,5	0,900901	13,06	0,884956	12,83
2	13,0	0,811622	10,55	0,783147	10,18
3	13,5	0,731191	9,87	0,693050	9,36
4	14,5	0,658731	9,55	0,613319	8,89
5	15,0	0,593451	8,90	0,542760	8,14
5	350	0,593451	207,71	0,542760	189,97
	Summe Barwerte		259,65		239,37
	– Anschaffungswert		250,00		250,00
	= Kapitalwert		9,65		– 10,63

C_{01} bei 11 % = 9,65 € C_{02} bei 13 % = – 10,63 €

$$r = i_1 - C_{01} \cdot \frac{i_2 - i_1}{C_{02} - C_{01}} = 0{,}11 - 9{,}65 \cdot \frac{0{,}13 - 0{,}11}{-10{,}63 - 9{,}65} = \mathbf{0{,}1195}$$

Der interne Zinsfuß der Aktieninvestition beträgt 11,95 %.

Die Differenz zur ersten Berechnung beträgt 0,2 %, was insbesondere für Finanzinvestitionen von Bedeutung sein mag. Eine weitere Interpolation mit 11 % und 12 % würde dann das auf zwei Kommastellen exakte Ergebnis von 11,93 % ergeben.

(2) Hier kann der Zweizahlungsfall zur Anwendung kommen.

a_0 = Anschaffungswert = 250 €
E_n = Endwert der Investition im fünften Jahr = 350 €
n = 5

$$q = \sqrt[n]{\frac{E_n}{a_0}} = \sqrt[5]{\frac{350}{250}} = \mathbf{1{,}0696} \quad \text{oder} \quad i = \mathbf{0{,}0696}$$

Ohne die Dividendenzahlungen ist eine Rendite von 6,96 % zu verzeichnen.

52 : Annuitätenmethode I

(1) $$d = ü - (a_o - L \cdot \frac{1}{q^5}) \cdot \frac{q^5 \, (q-1)}{q^5 - 1}$$

d = 112.000 – (1.650.000 – 1.850.000 · 0,680583) · 0,250456 = **14.091 €/Jahr**

Die Investition ist vorteilhaft, da sie eine positive Annuität ergibt.

(2) $d = ü - a_o \cdot i$

$d = 127.000 - 1.650.000 \cdot 0{,}08 = \mathbf{-5.000}$ **€/Jahr**

Die Investition ist in keinem Falle vorteilhaft, auch nicht im Vergleich zu (1).

(3) $d = ü - (a_o - L \cdot \frac{1}{q^{20}}) \cdot \frac{q^{20}\,(q-1)}{q^{20}-1}$

$d = 90.000 - (1.650.000 - 3.528.000 \cdot 0{,}214548) \cdot 0{,}101852 = \mathbf{-961}$ **€/Jahr**

Auch diese Investition ist keinesfalls vorteilhaft, auch nicht im Vergleich zu (1).

(4) $d = ü - (a_o - L \cdot \frac{1}{q^{5}}) \cdot \frac{q^{5}\,(q-1)}{q^{5}-1}$

$d = 112.000 - (1.650.000 - 1.850.000 \cdot 0{,}649931) \cdot 0{,}257092 = \mathbf{-3.081}$ **€/Jahr**

Die Investition ist nicht mehr vorteilhaft, wenn der Kalkulationszinssatz auf 9 % erhöht wird.

53 : Annuitätenmethode II

(1)

Jahr	Abzinsungs-faktor	Investitionsobjekt I		Investitionsobjekt II	
		Überschuss	Barwert	Überschuss	Barwert
1. Jahr	0,925926	28.000	25.926	22.000	20.370
2. Jahr	0,857339	36.000	30.864	30.000	25.720
3. Jahr	0,793832	35.000	27.784	28.000	22.227
4. Jahr	0,735030	32.000	23.521	28.000	20.581
5. Jahr	0,680583	30.000	20.417	20.000	13.612
= Summe			128.512		102.510
+ Liquidations-erlös	0,680583	5.000	3.403	0	0
= Barwert			131.915		102.510
– Anschaffungswert			100.000		80.000
= Kapitalwert			**31.915**		**22.510**

$d = C_o \cdot \frac{q^{5}\,(q-1)}{q^{5}-1}$

$d_I = 31.915 \cdot 0{,}250456 = \mathbf{7.993}$ **€/Jahr**

$d_{II} = 22.510 \cdot 0{,}250456 = \mathbf{5.638}$ **€/Jahr**

Investitionsobjekt I ist vorteilhafter als Investitionsobjekt II, da es eine um 2.355 € höhere Annuität erzielt.

(2) Differenzinvestitionen müssen bei der Annuitätenmethode nicht vorgenommen werden, weil eine Umformung in gleich hohe jährliche Überschüsse bei den alternativen Investitionsobjekten erfolgt.

54: Annuitätenmethode III

(1) Zuerst ist mit den Angaben eine Kapitalwertmethode durchzuführen:

Jahr n	Abzinsungsfaktor	Überschuss	Barwert
1 2 3	0,921659 0,849455 0,782908	1.200 1.600 2.400	1.106 1.359 1.879
		Summe – Anschaffungswert	4.344 4.000
		Kapitalwert	**344**

Der Kapitalwert ist nun in die Annuitätenformel einzusetzen:

$$z = 344 \cdot 1{,}085^3 \cdot \left(\frac{1{,}085 - 1}{1{,}085^3 - 1}\right) = 344 \cdot 0{,}391539 = \mathbf{134{,}69\ €}$$

Die Investition ist vorteilhaft. Man erhält eine Annuität in Höhe von 134,69 €

(2) Zur Probe und zur Veranschaulichung des Investitionsablaufes kann für das Investitionsobjekt folgende Tabelle erstellt werden:

Jahr	Eingesetztes Kapital	Zinsen auf das Kapital	Annuität	Tilgung	Geplante Überschüsse
1	4.000,00	340,00	134,69	725,31	1.200
2	3.274,69	278,35	134,69	1.186,96	1.600
3	2.087,73	177,46	134,69	2.087,85	2.400

Im ersten Jahr sind aus dem investierten Kapital 340 € an Zinsen (8,5 % von 4.000 €) zu zahlen. Durch die Addition der Annuität, die im ersten Jahr entnommen werden kann, verbleiben vom geplanten Überschuss noch 725,31 €, die zur Tilgung (1.200 –134,69 - 340 = 725,31 €) verwendet werden. So ergibt die Summe aus Zins, Tilgung und Annuität pro Jahr den geplanten Überschuss des jeweiligen Jahres.

Dies erfolgt nach dem gleichen Schema bis in das dritte Jahr, in dem dann annuitätentypisch die Investition gesamthaft zurückgezahlt wird. Der Tilgungsbetrag des dritten Jahres entspricht bis auf einen kleinen Rundungsfehler dem noch zu tilgenden Kapital.

55 : Annuitätenmethode IV

(1) $d_N = ü_N - (a_o - L \cdot \frac{1}{q^{10}}) \cdot \frac{q^{10}(q-1)}{q^{10}-1}$

$d_N = 50.000 - (200.000 - 2.000 \cdot 0{,}385543) \cdot 0{,}162745 = \mathbf{17.576\ €/Jahr}$

$d_A = ü_A - L_A^{t_o} \cdot i - (L_A^{t_o} - L_A^{t_1})$

$d_A = 30.000 - 10.000 \cdot 0{,}10 - (10.000 - 5.000) = \mathbf{24.000\ €/Jahr}$

Es ist vorteilhaft, die alte Maschine noch nicht jetzt, sondern erst in der nächsten Periode zu ersetzen, weil der Kapitalwert dann höher ist.

(2) $d_N = C_{oN} \cdot \frac{q^{10}(q-1)}{q^{10}-1}$

$dN = (63.000 \cdot 0{,}909091 + 63.000 \cdot 0{,}826446 + 65.000 \cdot 0{,}751315 + 63.000 \cdot 0{,}683013 + 61.000 \cdot 0{,}620921 + 58.000 \cdot 0{,}564474 + 56.000 \cdot 0{,}513158 + 57.000 \cdot 0{,}466507 + 52.000 \cdot 0{,}424098 + 50.000 \cdot 0{,}385543 + 2.000 \cdot 0{,}385543 - 200.000) \cdot 0{,}162745 = \mathbf{27.544\ €}$

$d_A = ü_A - L_A^{t_o} \cdot i - (L_A^{t_o} - L_A^{t_1})$

$d_A = 30.000 - 10.000 \cdot 0{,}1 - (10.000 - 5.000) = \mathbf{24.000\ €}$

Es ist vorteilhaft, die Maschine bereits jetzt zu ersetzen, da sich für das neue Investitionsobjekt eine höhere Annuität ergibt als für das alte Investitionsobjekt.

56 : Unternehmensbewertung

(1) Folgende generellen Probleme können beim Kauf oder Verkauf von Unternehmen auftreten:

- Die Preisermittlung ist schwierig, da keine Märkte für Unternehmen, die nicht an der Börse gehandelt werden, bestehen.
- Zahlungsstromorientierte Darstellungen der Überschüsse fallen oft schwer.
- Zukünftige und damit unsichere Daten sind zumeist in die Bewertung mit einzubeziehen.
- Die Subjektivität der Beteiligten führt zu oft stark differierenden Sichtweisen.
- Es bestehen qualitative Größen, wie Image, Kundenstamm, Managementqualitäten die als Goodwill in einen Kaufpreis einbezogen werden müssen und entsprechend schwer zu quantifizieren sind.

- Das Unternehmen muss gesamthaft als Einheit gesehen werden. Dessen Wert kann daher nicht durch Addition von Einzelwerten ermittelt werden.

- Die Informationseinholung für einen Unternehmensbewertung kann erschwert sein, z. B. bei feindlichen Übernahmen. Falls der Informationsfluss nicht gestört ist, kann dennoch die Qualität der übermittelten Information unzureichend sein.

(2) Notwendige Informationen bei einem Unternehmenskauf sind:

- Jahresabschlüsse der letzten drei bis fünf Jahre
- Prüfberichte der Abschlussprüfer
- Controlling- und Planungsunterlagen zum Umsatz, Deckungsbeitrag und Bruttogewinn
- Investitionsplanung
- Kostenaufstellungen
- Bewertungsverfahren und Bilanzierungsauffassungen
- Bestehende Verträge (Gesellschaftsverträge, Kooperationsverträge, andere langfristig bindende Verträge)
- Aufstellung von Schutzrechten und Patentschriften
- Gegebene Garantien, Gewährleistungen usw.

57 : Substanzwert

Folgende gedanklichen Schritte sind zur Ermittlung des Substanzwertes möglich:

1. Schritt	Zuerst wird die Addition der aktuellen Anschaffungskosten aller Vermögensteile des Unternehmens notwendig, wobei nur betriebsnotwendige Vermögensteile zu erfassen sind. Hierdurch ergibt sich der **Vollreproduktionswert**, der auch **Reproduktionsneuwert** genannt werden kann.
2. Schritt	Von den vorhandenen Vermögenswerten sind entsprechend ihrem Lebensalter Wertminderungen abzuziehen. Diese abgeschriebenen Wirtschaftsgüter führen zum **Reproduktionsaltwert**. Durch dieses Vorgehen werden stillen Reserven der Bilanz aufgelöst. Werden immaterielle Güter nicht diesem Wert zugerechnet, spricht man vom **Teilreproduktionswert**.
3. Schritt	Immaterielle Güter können zusätzlich zum Teilreproduktionswert angesetzt werden, soweit für sie ein Preis ermittelt werden kann und sie als Einzelwirtschaftsgut ausgewiesen sind. Firmenwerte bleiben beim Teilreproduktionswert unberücksichtigt.

58 : Begriffsgrößen der Unternehmensbewertung

(1) **Substanzwert und Ertragswert**

Der **Substanzwert** zeigt **gegenwärtige Größen** auf, die als Summe der Beträge bezeichnet werden können, die bei einer Wiedererrichtung eines Unternehmens mit der gleichen technischen Leistungsfähigkeit aufgewendet werden müssten. Zu übernehmende Vermögensgegenstände werden entsprechend ihrem Lebensalter mit Wertminderungen belegt.

Der **Ertragswert** zeigt **zukünftige Größen** auf. Diese Größen stellen nachhaltige, also vom Zufall befreite Zukunftserfolge eines Unternehmens dar, die auf die Gegenwart, in der die Unternehmensbewertung stattfindet, abgezinst werden. Entscheidend neben diesen Erfolgsgrößen für diesen Unternehmenswert ist die Wahl des Kapitalisierungszinsfußes, der die Zukunftsgrößen abzinst und ein Maß des Risikos ist.

(2) **Derivativer und originärer Firmenwert**

Der **derivative Firmenwert** repräsentiert im Rahmen einer Unternehmensbewertung immaterielle Güter (Goodwill). Er wird vom Käufer bei einer Unternehmensübernahme bezahlt. Er kann nach dem Handelsrecht aktiviert werden, nach dem Steuerrecht besteht eine Aktivierungspflicht.

Der **originäre Firmenwert** ist als Vermögensposition nicht bilanzierbar. Er ergibt sich aus der Tätigkeit des Unternehmens heraus und stellt selbst geschaffene, immaterielle Werte (Firmennamen, Markennamen, Image, Kundenstamm, Mitarbeiterpotenzial) dar.

(3) **Direkte und indirekte Ermittlung des Cash Flow**

Der Cash Flow zeigt den finanziellen Überschuss der Geschäftstätigkeit eines Unternehmens auf. Er kann **direkt** nur **unternehmensintern** ermittelt werden. Dies geschieht durch die Gegenüberstellung von zahlungswirksamen Erträgen und Aufwendungen.

Die **indirekte** Ermittlung stellt eine wichtige Möglichkeit für **unternehmensexterne** Analysten dar, diesen Finanzkraft-Indikator aus Daten des Jahresabschlüsse zu ermitteln, wobei es unterschiedliche Vorgehensweisen gibt.

(4) **Brutto Cash Flow und Free Cash Flow**

Die neueren Unternehmensbewertungsverfahren greifen auf den sogenannten Free Cash Flow zurück, der eine Größe darstellt, die sich aus der operativen Tätigkeit eines Unternehmens ergibt und all jenen zur Verfügung steht, die dem Unternehmen ihr Kapital gegeben hatten. Der Free Cash Flow errechnet sich aus dem Brutto Cash Flow, der von einem nachhaltigen von Zufallsgrößen bereinigten Betriebsergebnis vor Steuern ausgeht:

	Betriebsergebnis vor Steuern
+	Kalkulatorischen Zinsen
+	Kalkulatorischen Abschreibungen
+/–	Veränderungen bei langfristigen Rückstellungen
=	**Brutto Cash Flow**
–	Ersatzinvestitionen
–	Steuerzahlungen
=	**Operating Cash Flow**
–	Erweiterungsinvestitionen
=	**Free Cash Flow**

59 : Ertragswert-Verfahren I

(1) Der Zukunftserfolgswert ist ein kritischer Wert. Für den Käufer stellt er eine Obergrenze dar, die zu einem negativen Kapitalwert führt, wenn sie überschritten wird. Damit wird die Investition investitionsrechnerisch uninteressant. Hingegen können aber andere Bewertungskriterien vorliegen, beispielsweise die Stärkung der Marktmacht, die ein Überschreiten dieser Obergrenze dennoch rechtfertigen.

(2)

Jahr	Gewinn	Abzinsungs-faktor	Barwert
1	48.000	0,909091	43.636
2	52.000	0,826446	42.975
3	55.000	0,751315	41.322
4	55.000	0,683013	37.566
5	50.000	0,620921	31.046
6	49.000	0,564474	27.659
7	41.000	0,513158	21.039
8	34.000	0,466507	15.861
Zukunftserfolgswert			**261.104**

(3) Es ist davon abzuraten, das Unternehmen für 300.000 € zu kaufen, weil der Zukunftserfolgswert lediglich 261.104 € beträgt.

60 : Ertragswert-Verfahren II

(1) $$EW = G \cdot \frac{q^{20} - 1}{q^{20}(q-1)}$$

$EW = 93.500 \cdot 9{,}818147 =$ **917.997 €**

Der maximale Kaufpreis sollte 917.997 € nicht überschreiten.

(2) $EW = \dfrac{G}{q-1}$

$EW = \dfrac{93.500}{0{,}08} = \mathbf{1.168.750\ €}$

Der maximale Kaufpreis sollte nicht über 1.168.750 € liegen.

(3) $EW = G \cdot \dfrac{q^{20}-1}{q^{20}(q-1)}$

$EW = 93.500 \cdot 11{,}469921 = \mathbf{1.072.438\ €}$

Es ist der Beteiligungs-AG zu empfehlen, das Angebot zu akzeptieren, da es um 72.438 € niedriger liegt als der Zukunftserfolgswert.

61 : Substanzwert-Verfahren

(1) Der Substanzwert und Teilreproduktionswert sind identisch. Beide sind gegenwartsbezogen. Im Gegensatz dazu bezieht sich der zukunftsorientierte Substanzwert nicht auf die Gegenwart, sondern auf die künftige Entwicklung des Unternehmens.

(2) Substanzwert = Gesamtvermögen – Nicht betriebsnotwendiges Vermögen
Substanzwert = 370.000 – 15.000
Substanzwert = **355.000 €**

62 : Zukunftsorientierter Substanzwert

Um die Preisobergrenze für den Käufer ermitteln zu können, ist es erforderlich, den Zukunftssubstanzwert und den Zukunftserfolgswert zu ermitteln.

Jahr	**Abzinsungsfaktor**	**Bestehendes Unternehmen**		**Zu errichtendes Unternehmen**	
		Auszahlungen	Barwert	Auszahlungen	Barwert
1. Jahr	0,909091	490.000	445.455	540.000	490.909
2. Jahr	0,826446	540.000	446.281	500.000	413.223
3. Jahr	0,751315	520.000	390.684	500.000	375.658
4. Jahr	0,683013	460.000	314.186	430.000	293.696
5. Jahr	0,620921	390.000	242.159	340.000	211.113
6. Jahr	0,564474	360.000	203.211	300.000	169.342
Summe					
Zukunftssubstanzwert			**88.035**		

Jahr	Abzinsungs-faktor	Gewinn	Barwert
1. Jahr	0,909091	110.000	100.000
2. Jahr	0,826446	140.000	115.702
3. Jahr	0,751315	150.000	112.697
4. Jahr	0,683013	140.000	95.622
5. Jahr	0,620921	150.000	93.138
6. Jahr	0,564474	90.000	50.803
Zukunftserfolgswert			**567.962**

Da der Zukunftssubstanzwert kleiner ist als der Zukunftserfolgswert, beträgt die Preisobergrenze für den Käufer 88.035 €.

63 : Mittelwert-Verfahren

(1) $UW = \frac{EW + SW}{2}$

$$UW = \frac{G \cdot \frac{q^{10} - 1}{q^{10}(q-1)} + AV + UV - NBV}{2}$$

$$UW = \frac{70.000 \cdot 6{,}710081 + 288.000 + 320.000 - 160.000}{2} = \mathbf{458.853\ €}$$

(2) $UW = \frac{EW + SW}{2}$

$$UW = \frac{\frac{G}{q-1} + AV + UV - NBV}{2}$$

$$UW = \frac{\frac{70.000}{0{,}08} + 288.000 + 320.000 - 160.000}{2} = \mathbf{661.500\ €}$$

64 : Übergewinn-Verfahren

$$UW = SW + \frac{G - i \cdot SW}{h}$$

$$UW = (288.000 + 320.000 - 160.000) + \frac{70.000 - 0{,}08\ (288.000 + 320.000 - 160.000)}{0{,}15}$$

$$UW = 448.000 + 227.733 = \mathbf{675.733\ €}$$

65 : Kurs-Gewinn-Verhältnis-Methode

Bereinigte, nachsteuerliche Gewinngrößen:

1. Jahr:	50 Mio. €
2. Jahr:	60 Mio. €
3. Jahr:	70 Mio. €
4. Jahr:	70 Mio. €
5. Jahr:	60 Mio. €
6. Jahr:	75 Mio. €
Summe	385 Mio. €

Durchschnittlicher Gewinn: 385 Mio. €: 6 = 64,17 Mio. €

Das KGV wurde auf 9 festgesetzt. Hieraus ergibt sich ein Unternehmenswert von:

Unternehmenswert = 64,17 Mio. € · 9 = **577,53 Mio. €**

66 : Interfinanz-Methode

Die bereinigten Gewinne sind nach ihrem zeitlichen Anfall zu gewichten:

Jahr	Mio. €		Gewichtung		
t - 4	50	·	1	=	50
t - 3	60	·	2	=	120
t - 2	75	·	3	=	225
t - 1	90	·	4	=	360
t	100	·	5	=	500
t + 1 prognostiziert	105	·	4	=	420
t + 2 prognostiziert	110	·	3	=	330
Summe:			**22**		**2.005**

Hieraus ergibt sich ein durchschnittlicher, bereinigter und gewichteter Gewinn in Höhe von

2005 Mio. € : 22 = 91,14 Mio. €

Der Multiplikator beträgt 6, daher ergibt sich ein Unternehmenswert von:

Unternehmenswert = Bereinigter, gewichteter Durchschnittsgewinn · Multiplikator

91,14 Mio. € · 6 = **546,84 Mio. €**

Nach dieser Methode könnte über eine halbe Milliarde € für das Unternehmen zu zahlen sein.

67 : EBDIT-Methode

Jahr	1	2	3	4	5	6
Gewinn vor Steuer (Mio. €)	50	60	70	70	75	75
AfA (Mio. €)	20	25	30	30	30	30
Zins (Mio. €)	30	33	35	37	38	40
EBDIT	100	118	135	137	143	145

Durch die Addition der EBDIT's ergibt sich eine Summe von 778 Mio. €.

Damit kann der durchschnittlich zu erzielende EBDIT errechnet werden:

778 Mio. € : 6 = 129,67 Mio. €

Bei einem vorliegenden Multiplikator von 5 ergibt sich ein Wert von:

129,67 Mio. € · 5 = 648,35 Mio. €

Das Unternehmen hatte eine Bilanzsumme von 580 Mio. € mit einer Eigenkapitalquote von 30 %. Das Fremdkapital beträgt damit 406 Mio. €.

Diese Fremdkapitalien sind noch abzuziehen. Damit beträgt der Unternehmenswert:

Unternehmenswert = 648,35 Mio. € – 406 Mio. € = **242,35 Mio. €**

68 : Discounted Cash Flow-Methode

Folgende Zinsgrößen sind festzuhalten:

Zinskosten für das langfristiges Fremdkapital	8 %
Zinskosten für das Eigenkapital	15 %

Finanzierungsstruktur:
Das Eigenkapital beträgt 20 % der Bilanzsumme von 560 Mio. €
Hieraus folgt, dass das Fremdkapital 80 % der Bilanzsumme ausmacht und damit absolut 448 Mio. € beträgt.

Die gewichteten Kapitalkosten errechnen sich wie folgt:

$$\frac{80 \cdot 8\,\%}{100} + \frac{20 \cdot 15\,\%}{100} = 6{,}4\,\% + 3\,\% = 9{,}4\,\%$$

Jahre	Free Cash Flow in Mio. €	Barwertfaktor	Barwert in Mio. €
t + 1	65	0,914077	59,42
t + 2	70	0,835536	58,49
t + 3	80	0,763744	61,10
t + 4	85	0,698121	59,34
t + 5	95	0,638136	60,62
		Summe	**298,97**

Ewige Rente des zuletzt geplanten Free Cash Flow in Höhe von 95 Mio. €:

$$\text{Restwert} = \frac{95 \text{ Mio. €}}{1{,}094 - 1} = 1.010{,}64 \text{ Mio. €}$$

Barwert des Restwertes = 1.010,64 Mio. € · 0,638136 = **644,92 Mio. €**

Summe der prognostizierten Free Cash Flows	298,97 Mio €
Barwert des Restwertes	644,92 Mio. €
Gesamtwert	943,89 Mio. €
abzüglich des Fremdkapitals	448,00 Mio. €
Unternehmenswert	**495,89 Mio. €**

69 : Shareholder Value-Methode

Zuerst sollen die Eigenkapitalkosten ermittelt werden:

$$Z = r + (E_{rm} - r) \cdot \beta$$

Z = Zinssatz für die Eigenkapitalkosten
r = risikolose Anleihe = 5,5 %
E_{rm} = Marktrendite für Aktien = 15 %
$E_{rm} - r$ = durchschnittliche Risikoprämie des Aktienmarktes
β = systematisches Risiko des zu bewertenden Unternehmens = 0,89

$$Z = 5{,}5\,\% + (15\% - 5{,}5\%) \cdot 0{,}89 = 13{,}955\,\%$$

Der Fremdkapitalzins liegt bei 8,5 %. Da eine nachsteuerliche Größe zu errechnen ist, sollen pauschal Unternehmenssteuern in Höhe von 50 % berücksichtigt werden. Hierdurch verringert sich wegen der steuerlichen Abzugsfähigkeit der Fremdkapitalzinsen der Satz des Fremdkapitals auf 4,25 %.

Bei der vorgegebenen bilanziellen Verteilung des Kapitals ergibt sich nach dem gewichteten Kapitalzins folgender Kalkulationszinssatz:

Zinskosten für das langfristiges Fremdkapital	4,25 %
Zinskosten für das Eigenkapital	13,955 %

Finanzierungsstruktur: Fremdkapital 75 % der Bilanzsumme
Eigenkapital 25 % der Bilanzsumme

Gewichtete Kapitalkosten:

$$\frac{75 \cdot 4{,}25\,\%}{100} + \frac{25 \cdot 13{,}955\,\%}{100} = 3{,}1875\,\% + 3{,}48875\,\% = \mathbf{6{,}67625\,\%}$$

Die als Kalkulationszinsatz im Shareholder Value zu verwendende Größe müsste 6,68 % betragen.

70 : Einheitskurs / Kurszusätze

(1)

Ausführbar zum Kurs	Käufe	Verkäufe	Umsatz
184 €	775	250	250
186 €	625	380	380
188 €	**450**	**570**	**450**
190 €	250	810	250

Der größte Umsatz erfolgt bei einem Kurs von 188. Dieser Kurs ist der Einheitskurs.

(2) Die Kurszusätze / Hinweise bedeuten:

(a) bezahlt Geld
Die zum festgelegten Kurs limitierten Kaufaufträge müssen nicht vollständig ausgeführt sein. Es bestand weitere Nachfrage.

(b) gestrichen Geld
Ein Kurs konnte nicht festgestellt werden, da überwiegend Nachfrage bestand.

(c) ohne Dividende
Notierung am Tag des Abschlages der Dividende.

(d) Brief
Zu diesem Preis bestand nur Angebot.

(e) Kleine Beträge konnten nicht gehandelt werden.

71 : Fundamentalanalyse I

Bei 100 Mio. € gezeichnetem Kapital und 5 Mio. Stückaktien ergibt sich ein fiktiver Nennwert von 20 € pro Aktie. Das bilanzielle Eigenkapital beträgt:

Gezeichnetes Kapital	100 Mio. €
Kapitalrücklagen	75 Mio. €
Gewinnrücklagen	35 Mio. €
Bilanzielles Eigenkapital	210 Mio. €

An stillen Reserven können bei einem ausgewiesenen Immobilienvermögen von 20 Mio. € und geschätzten Tageswerten dieser Immobilien von 80 Mio. € noch 60 Mio. € hinzu genommen werden.

Dementsprechend kann der korrigierte Bilanzkurs errechnet werden:

$$\text{Korrigierter Bilanzkurs} = \frac{\text{Bilanzielles Eigenkapital + Stille Reserven}}{\text{Gezeichnetes Kapital}} \cdot 100$$

$$\text{Korrigierter Bilanzkurs} = \frac{100 + 75 + 35 + 60}{100} \cdot 100 = \mathbf{275\ \%}$$

Bei einem fiktiven Nennwert der Aktie von 20 € würde sich ein innerer Wert von 55 € ergeben.

72 : Fundamentalanalyse II

(1) Bilanzkurs der Kosmetik AG

$$= \frac{600.000 + 30.000 + 65.000 + 5.000}{600.000} \cdot 100 = \mathbf{116{,}67\ \%}$$

Bilanzkurs der Beauty AG

$$= \frac{300.000 + 15.000 + 130.000 + 1.000}{300.000} \cdot 100 = \mathbf{148{,}67\ \%}$$

Der Bilanzkurs gibt Aufschluss über den inneren Wert der Aktien. Dieser ist bei der Beauty AG erheblich positiver zu beurteilen als bei der Kosmetik AG. Stille Reserven bleiben dabei unbeachtet. Ihre Aufdeckung kann zu einer Veränderung der ermittelten Werte führen.

Ertragswertkurs der Kosmetik AG

$$= \frac{115.000}{0{,}10 \cdot 600.000} \cdot 100 = \mathbf{191{,}67\ \%}$$

Ertragswertkurs der Beauty AG

$$= \frac{62.000}{0{,}10 \cdot 300.000} \cdot 100 = \mathbf{206{,}67\ \%}$$

Auch der Ertragswertkurs der Beauty AG wird günstiger zu beurteilen sein als der Ertragswertkurs der Kosmetik AG.

(2) Die effektive Verzinsung der von Peter Merseburger erworbenen 50 €-Aktie der Beauty AG beträgt 5,72 %, da die Verzinsung sich auf den Kurswert, nicht auf den Nominalwert bezieht:

$$\frac{\text{Dividende}}{\text{Anschaffungskosten}} \cdot 100 = \frac{10{,}30}{180} \cdot 100 = \mathbf{5{,}72\ \%}$$

Beim Vergleich der effektiven Zinssätze erweist sich die Investition des Peter Merseburger nicht als vorteilhaft.

73 : Fundamentalanalyse III

(1) Bilanzkurs

$$= \frac{\text{Bilanziertes Eigenkapital}}{\text{Gezeichnetes Kapital}} \cdot 100$$

$$\text{Bilanzkurs}_{\text{W AG}} = \frac{670.000}{600.000} \cdot 100 = \mathbf{111{,}67\ \%}$$

$$\text{Bilanzkurs}_{M\,AG} = \frac{525.000}{500.000} \cdot 100 = \mathbf{105{,}00\ \%}$$

Der Bilanzkurs der Werkzeug AG ist höher als der Bilanzkurs der Metall AG. Die Werkzeug AG ist damit positiver zu beurteilen als die Metall AG.

(2) $$\text{Ertragswertkurs} = \frac{\text{Zukunftserfolgswert}}{\text{Gezeichnetes Kapital}} \cdot 100$$

$$\text{Ertragswertkurs}_{W\,AG} = \frac{\frac{118.000}{0{,}08}}{600.000} \cdot 100 = \mathbf{245{,}83\ \%}$$

$$\text{Ertragswertkurs}_{M\,AG} = \frac{\frac{107.000}{0{,}08}}{500.000} \cdot 100 = \mathbf{267{,}50\ \%}$$

Im Gegensatz zu dem Bilanzkurs ist die Metall AG beim Ertragswertkurs besser zu beurteilen. Ihr Ertragswertkurs liegt höher als der Ertragswertkurs der Werkzeug AG.

(3) Der Bilanzkurs und der Ertragswertkurs lassen sich auch über die fiktiven Nennwerte der Aktien in EURO-Beträgen ausgedrücken. Damit werden Vergleichsgrößen zum Börsenkurs geschaffen. Folgende fiktive Nennwerte können über das Verhältnis des gezeichneten Kapitals zur Anzahl der ausgegebenen Stückaktien der Werkzeug AG und der Metall AG errechnet werden:

Werkzeug AG: $\frac{600.000}{100.000}$ = 6 € pro Stückaktie

Metall AG: $\frac{500.000}{100.000}$ = 5 € pro Stückaktie

Entsprechend ergeben sich folgende EURO-Kursgrößen:

$\text{Bilanzkurs}_{W\,AG}$ = 6 € · 111,67 % = **6,70 €**

$\text{Bilanzkurs}_{M\,AG}$ = 5 € · 105,00 % = **5,25 €**

$\text{Ertragswertkurs}_{W\,AG}$ = 6 € · 245,83 % = **14,75 €**

$\text{Ertragswertkurs}_{M\,AG}$ = 5 € · 267,50 % = **13,38 €**

Diese EURO-Werte lassen sich nun mit Börsenkursen vergleichen, wobei zu beachten ist, dass insbesondere der Bilanzkurs in seiner nicht-korrigierten Form, also ohne Berücksichtigung der stillen Reserven eines Unternehmens, zumeist weit von Börsenkurswerten entfernt ist.

74 : Darlehens-Verzinsung

(1) **Einfache Effektivverzinsung**

$$r = \frac{Z + \frac{D}{t_m}}{K} \cdot 100$$

$$r = \frac{8 + \frac{2}{3{,}5}}{98} \cdot 100 = \mathbf{8{,}75\ \%}$$

Finanzmathematisch korrigierte Effektivverzinsung

Hier wird der oben ermittelte Zinssatz von 8,75 % auf 9 % aufgerundet, um in der Formel verwendet werden zu können.

$$r = \frac{Z + D \cdot \frac{q - 1}{q^n - 1}}{K} \cdot 100$$

$$r = \frac{8 + 2 \cdot (0{,}305055 + 0{,}218669) : 2}{98} \cdot 100 = \mathbf{8{,}70\ \%}$$

(2) **Einfache Effektivverzinsung**

$$r = \frac{Z + \frac{D}{t_f + \frac{(t - t_f) + 1}{2}}}{K} \cdot 100$$

$$r = \frac{7 + \frac{5}{2 + 2{,}5}}{95} \cdot 100 = \mathbf{8{,}54\ \%}$$

Finanzmathematisch korrigierte Effektivverzinsung

Hier wird der oben ermittelte Zinssatz von 8,54 % auf 9 % aufgerundet, um in der Formel verwendet werden zu können.

$$r = \frac{Z + D \cdot \frac{q - 1}{q^n - 1}}{K} \cdot 100$$

$$r = \frac{7 + 5 \cdot (0{,}218669 + 0{,}167093) : 2}{95} \cdot 100 = \mathbf{8{,}38\ \%}$$

Die in (1) genannten Konditionen sind für die Computer GmbH vorteilhafter als die in (2) genannten Konditionen.

(3) **Einfache Effektivverzinsung**

Zinssatz 8 %
Auszahlung 98 %

$$r = \frac{8 + \frac{2}{6}}{98} \cdot 100 = \mathbf{8{,}50\ \%}$$

Zinssatz 7 %
Auszahlung 95 %

$$r = \frac{7 + \frac{5}{6}}{95} \cdot 100 = \mathbf{8{,}25\ \%}$$

Finanzmathematisch korrigierte Effektivverzinsung

Zinssatz 8 %
Auszahlung 98 %

Hier wird der oben ermittelte Zinssatz auf 9 % aufgerundet, um in der Formel verwendet werden zu können.

$$r = \frac{Z + D \cdot \frac{q - 1}{q^n - 1}}{K} \cdot 100$$

$$r = \frac{8 + 2 \cdot 0{,}132920}{98} \cdot 100 = \mathbf{8{,}43\ \%}$$

Zinssatz 7 %
Auszahlung 95 %

Hier wird der oben ermittelte Zinssatz von 8,25 % auf 8 % abgerundet, um in der Formel verwendet werden zu können.

$$r = \frac{Z + D \cdot \frac{q - 1}{q^n - 1}}{K} \cdot 100$$

$$r = \frac{7 + 5 \cdot 0{,}136315}{95} \cdot 100 = \mathbf{8{,}09\ \%}$$

Die in (1) genannten Konditionen sind für die Computer AG vorteilhafter als die in (3) zu Grunde gelegten Konditionen.

75 : Wertpapier-Verzinsung

(1) **Einfache Effektivverzinsung**

$$r = \frac{Z + \frac{R - K}{n}}{K} \cdot 100$$

$$r = \frac{7 + \frac{4}{(10 + 1) : 2}}{96} \cdot 100 = \mathbf{8{,}05\ \%}$$

Finanzmathematisch korrigierte Effektivverzinsung

Hier wird der oben ermittelte Zinssatz von 8,05 % auf 8,00 % abgerundet, um in der Formel verwendet werden zu können.

$$r = \frac{Z + (R - K)\,\frac{q - 1}{q^n - 1}}{K} \cdot 100$$

$$r = \frac{7 + 4 \cdot (0{,}170457 + 0{,}136315) : 2}{96} \cdot 100 = \mathbf{7{,}93\ \%}$$

(2) **Einfache Effektivverzinsung**

$$r = \frac{7 + \frac{4}{4 + 3{,}5}}{96} \cdot 100 = \mathbf{7{,}85\ \%}$$

Finanzmathematisch korrigierte Effektivverzinsung

Hier wird der oben ermittelte Zinssatz von 7,85 % auf 8,00 % aufgerundet, um in der Formel verwendet werden zu können.

$$r = \frac{Z + (R - K)\,\frac{q - 1}{q^n - 1}}{K} \cdot 100$$

$$r = \frac{7 + 4 \cdot (0{,}112072 + 0{,}094015) : 2}{96} \cdot 100 = \mathbf{7{,}72\ \%}$$

(3) **Einfache Effektivverzinsung**

$$r = \frac{7 + \frac{8}{4 + 3{,}5}}{96} \cdot 100 = \mathbf{8{,}40\ \%}$$

Finanzmathematisch korrigierte Effektivverzinsung

Hier wird der oben ermittelte Zinssatz von 8,40 % auf 8 % abgerundet, um in der Formel verwendet werden zu können.

$$r = \frac{Z + (R - K)\,\frac{q - 1}{q^n - 1}}{K} \cdot 100$$

$$r = \frac{7 + 8 \cdot (0{,}112072 + 0{,}094015) : 2}{96} \cdot 100 = \mathbf{8{,}15\,\%}$$

(4) Die Effektivverzinsung könnte mithilfe der Internen Zinsfuß-Methode ganz genau ermittelt werden.

76 : Effektivverzinsung festverzinslicher Anleihen und Zerobonds

(1) Es bietet sich zuerst an, eine ungefähre Effektivverzinsung mit der Faustformel zu errechnen, um dann mit zwei Versuchszinsfüssen interpolieren zu können. Folgende Konditionen bestehen:

Zinssatz:	6, 5 %
Auszahlung:	97,4 %
Laufzeit:	5 Jahre
Rückzahlung:	100 %
Tilgung:	Erfolgt nach Ablauf der Anleihe.

$$\text{Faustformel: } r = \frac{Z + \frac{RK - AK}{n}}{AK} = \frac{6{,}5 + \frac{100 - 97{,}4}{5}}{97{,}4} = 0{,}072$$

Nach der Faustformel beträgt die Effektivverzinsung 7,2 % . Demnach kann mit 7 % und 8 % eine Interpolation vorgenommen werden.

Versuchszinssatz 1: 7 %

$$C_{01} = ü \cdot \frac{q^n - 1}{q^n \cdot (q - 1)} + L \cdot \frac{1}{q^n} - a_0 = 6{,}5 \cdot 4{,}100197 + 100 \cdot 0{,}712986 - 97{,}4 = 0{,}55$$

Versuchszinssatz 2: 8 %

$$C_{02} = ü \cdot \frac{q^n - 1}{q^n \cdot (q - 1)} + L \cdot \frac{1}{q^n} - a_0 = 6{,}5 \cdot 3{,}992710 + 100 \cdot 0{,}680583 - 97{,}4 = -3{,}39$$

Effektivverzinsung:

$$r = i_1 - C_{01} \cdot \frac{i_2 - i_1}{C_{02} - C_{01}} = 0{,}07 - 0{,}55 \cdot \frac{0{,}08 - 0{,}07}{-3{,}39 - 0{,}55} = \mathbf{0{,}071395}$$

Die Verzinsung ist mit 7, 14 % anzusetzen.

(2) Grafische Darstellung:

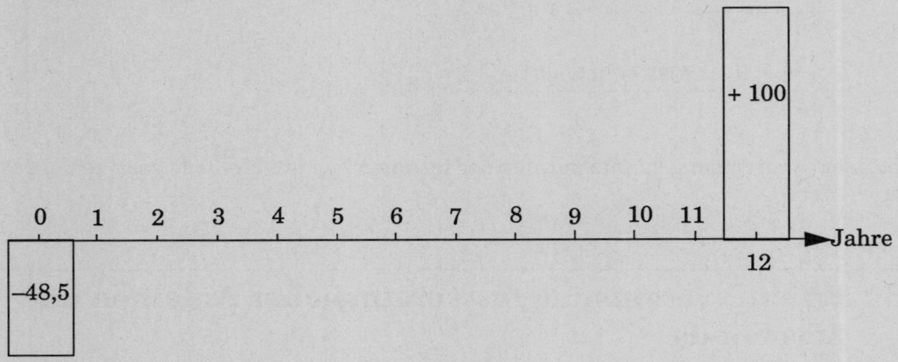

r = Effektivverzinsung
n = Laufzeit = 12
AK = Ankaufskurs = 48,5
RK = Rückgabekurs = 100

Formel für den Zweizahlungsfall:

$$r = \sqrt[n]{\frac{RK}{AK}} - 1 = \sqrt[12]{\frac{100}{48,5}} - 1 = \mathbf{0{,}06215}$$

Die Effektivverzinsung beträgt 6,22 %.

77 : Qualitative Bewertungskriterien

(1)

Bewertungskriterien

Wirtschaftliche Bewertungskriterien

Absatzbezogene Kriterien
- Marktanteile
- Distributionsfähigkeit

Beschaffungsbezogene Kriterien
- Garantie
- Kundendienst

Technische Bewertungskriterien

Betriebsmittelbezogene Kriterien
- Störunanfälligkeit
- Energieverbrauch

Arbeitsphysiologische Kriterien
- Lärmentwicklung
- Bedienbarkeit

Infrastrukturelle Kriterien
- Transportmöglichkeit
- Abfallentsorgung

Soziale Bewertungskriterien
- Ästhetik
- Arbeitszufriedenheit
- Qualifikationssicherung

Rechtliches Bewertungskriterien
- Patente
- Umweltschutzvorschriften
- Kartellgesetze

(2) Screening-Modelle sind Bewertungsverfahren mit nominaler Skalierung, die dazu dienen, diejenigen Investitionsalternativen rasch offenzulegen, die grundlegenden Anforderungen des Unternehmens nicht gerecht werden.

Scoring-Modelle sind Bewertungsverfahren mit ordinaler oder kardinaler Skalierung. Sie ermöglichen es, eine Bewertung von Investitionsalternativen trotz Informations- und Quantifizierungsproblemen vornehmen zu können.

78 : Gewichtung der Bewertungskriterien

Bewertungskriterium	Vergleich der Bewertungskriterien	(1) Vorzugshäufigkeiten	(2) Gewichtungsfaktor	(3) Rangfolge
A	① 1 ① 1 ① 1 ① 1 1 1 ① 1 1 ① 1 2 3 4 5 6 7 8 9 10 11 12 13 14	6	0,057	8
B	② ② ② ② 2 ② 2 ② 2 ② 2 2 ② 2 3 4 5 6 7 8 9 10 11 12 13 14	9	0,085	5
C	③ ③ 3 3 ③ 3 3 3 3 3 3 ③ 3 4 5 6 7 8 9 10 11 12 13 14	4	0,038	11
D	④ 4 4 ④ 4 ④ 4 4 4 4 ④ 4 5 6 7 8 9 10 11 12 13 14	5	0,048	10
E	⑤ 5 ⑤ 5 5 5 ⑤ 5 5 ⑤ 5 6 7 8 9 10 11 12 13 14	6	0,057	8
F	⑥ ⑥ 6 6 6 ⑥ 6 6 ⑥ 6 7 8 9 10 11 12 13 14	9	0,085	5
G	⑦ 7 7 7 ⑦ 7 7 7 7 8 9 10 11 12 13 14	2	0,019	14
H	⑧ 8 [8] ⑧ [8] 8 ⑧ 8 9 [10] 11 [12] 13 14	11	0,105	4
I	⑨ 9 ⑨ 9 9 ⑨ 9 10 11 12 13 14	9	0,085	5
J	⑩ ⑩ [10] [10] ⑩ 10 11 [12] [13] 14	12,5	0,119	2
K	⑪ 11 11 11 11 12 13 14	3	0,029	12
L	⑫ [12] ⑫ 12 [13] 14	12,5	0,119	2
M	⑬ ⑬ 13 14	13	0,125	1
N	⑭ 14	3	0,029	12
		105	**1,000**	

79 : Nutzenbestimmung

(1)

Bewertungskriterium	Gewichtungsfaktoren	Investitionsobjekt I		Investitionsobjekt II		Investitionsobjekt III	
		Punkte	Teilnutzwerte	Punkte	Teilnutzwerte	Punkte	Teilnutzwerte
A	0,057	3	0,171	1	0,057	2	0,114
B	0,085	2,5	0,213	2,5	0,213	1	0,085
C	0,038	2,5	0,095	2,5	0,095	1	0,038
D	0,048	3	0,144	1,5	0,072	1,5	0,072
E	0,057	1	0,057	2	0,114	3	0,171
F	0,085	3	0,255	2	0,170	1	0,085
G	0,019	1	0,019	2	0,038	3	0,057
H	0,105	1	0,105	2	0,210	3	0,315
I	0,085	3	0,255	2	0,170	1	0,085
J	0,119	1	0,119	3	0,357	2	0,238
K	0,029	3	0,087	2	0,058	1	0,029
L	0,119	1	0,119	3	0,357	2	0,238
M	0,125	2	0,250	1	0,125	3	0,375
N	0,029	1	0,029	2	0,058	3	0,087
Nutzwert			**1,918**		**2,094**		**1,989**

(2)

Rangfolge	Investitionsobjekt	Nutzwert
1	II	2,094
2	III	1,989
3	I	1,918

Das Investitionsobjekt II ist als das vorteilhaftere anzusehen.

80 : Finanzwirtschaftliche Analyse

(1) Die Aufbereitung einer Bilanz umfasst Umwertungen und Umgliederungen:

- Unter **Umwertungen** ist die Auflösung von stillen Reserven zu verstehen.
- **Umgliederungen** betreffen:
  - Bilanzbereinigung, beispielsweise Saldierungen von Wertberichtungen mit den entsprechenden Gegenposten der Bilanz
  - Zusammenfassung der einzelnen Bilanzpositionen zu einem brauchbaren Schema.

Die Aufbereitung erfolgt in einem Zug, d. h. Umgliederungen und Umwertungen werden **gleichzeitig** vorgenommen:

	Vorjahr Mio. €	**Berichtsjahr Mio. €**
Aktiva		
I. Anlagevermögen		
Bilanzansätze »Sachanlagen«	112	130
+ stille Reserven:		
a) Grundstück	3	5
b) Maschinen	2	4
c) Betriebs- u. Geschäftsausstattungen	10	20
	127	159
Bilanzansätze »Finanzanlagen«	6	11
	133	170
II. Umlaufvermögen		
1. Mittel I. Grades		
Schecks, Kassenbestand, Bundesbank- und Postgiroguthaben, Guthaben bei Kreditinstituten	26	30
2. Mittel II. Grades		
Wechsel	1	2
Forderungen L. u. L. 50 %	34	39
sonstige Vermögensgegenstände 50 %	3	5
	38	46
3. Mittel III. Grades		
Forderungen L. u. L. 50 %	34	39
sonstige Vermögensgegenstände 50 %	3	5
Vorräte	75	72
Aktive Rechnungsabgrenzung	4	5
	116	121
Summe Aktiva	**313**	**367**

Passiva		
I. Eigenkapital		
Gezeichnetes Kapital	70	70
Rücklagen	32	47
Bilanzgewinn	40	30
Stille Reserven Aktiva	15	29
Stille Reserven Passiva	10	12
	167	188
II. Fremdkapital		
1. kurzfristig		
Andere Rückstellungen	20	24
Verbindlichkeiten aus L. u. L.	12	18
Verbindlichkeiten gegenüber Kreditinstituten 50 %	12	15
Sonstige Verbindlichkeiten 50 %	6	4
Passive Rechnungsabgrenzung	1	2
	51	63
2. mittelfristig		
Verbindlichkeiten gegenüber Kreditinstituten 50 %	12	15
Sonstige Verbindlichkeiten 50 %	6	4
	18	19
3. langfristig		
Pensionsrückstellungen	20	24
Verbindlichkeiten gegenüber Kreditinstituten	57	73
	77	97
Summe Passiva	**313**	**367**

Erläuterungen zur Aufbereitung

Die Einteilung des Umlaufvermögens in Mittel I., II. und III. Grades sowie des Fremdkapitals in kurz-, mittel- und langfristig kann keinen Anspruch auf volle Richtigkeit erheben. Auf jeden Fall wurde im Interesse des Gläubigerschutzprinzips die Aufbereitung vorsichtig vorgenommen, d. h. Mittel, bei denen es fraglich ist, welchem Grad sie zuzuordnen sind, wurden in den höheren Grad eingestellt.

Die stillen Reserven wurden zu den entsprechenden Aktivposten addiert, bei den Pensionsrückstellungen auf der Passivseite dagegen abgezogen. Zum Ausgleich erhöhte sich das Eigenkapital um den Betrag der gesamten stillen Reserve. Der Näherungswert im Berichtsjahr bei der Bilanzposition andere Anlagen, Betriebs- und Geschäftsausstattung errechnet sich wie folgt:

Die im Vergleich zum Buchwert hohen Abschreibungen deuten auf das Vorhandensein von geringwertigen Wirtschaftsgütern hin. Unterstellt man hier eine durchschnittliche Nutzungsdauer von vier Jahren, ergibt sich wirtschaftlich eine Abschreibung von einem

Viertel der Zugänge. Bei einem durchschnittlichen Anschaffungszeitpunkt um die Jahresmitte sind demnach 12,5 % von 15 Mio. €, etwa 2 Mio. € gerechtfertigt. Die Abschreibung auf den Restbuchwert per 1.1. kann ohne Anhaltspunkt ebenfalls nur geschätzt werden. Sie wird mit rund einem Drittel von 10 Mio. €, und zwar mit 3 Mio. € angenommen. Insgesamt belaufen sich somit die wirtschaftlich vertretbaren Abschreibungen auf 5 Mio. € gegenüber einem Bilanzansatz von 15 Mio. €, die im Berichtsjahr zusätzlich gelegten stillen Reserven betragen 10 Mio. €.

Überblick über die Relationen für (2) bis (5) mit Prozentausweis

	Vorjahr		Berichtsjahr	
	Mio. €	%	Mio. €	%
Aktiva				
I. Anlagevermögen	133	42,5	170	46,3
II. Umlaufvermögen				
Mittel I. Grades	26	8,3	30	8,2
Mittel II. Grades	38	12,1	46	12,5
Mittel III. Grades	116	37,1	121	33,0
	180	57,5	197	53,7
	313	100,0	367	100,0
Passiva				
I. Eigenkapital	167	53,4	188	51,2
II. Fremdkapital				
kurzfristig	51	16,3	63	17,2
mittelfristig	18	5,7	19	5,2
langfristig	77	24,6	97	26,4
	146	46,6	179	48,8
	313	100,0	367	100,0

(2) **Vermögensstruktur**

Anlagevermögen	42,5 %	46,3 %
Umlaufvermögen	57,5 %	53,7 %

Das Unternehmen ist nicht sehr anlageintensiv. Die Steigerung des Vorjahres gegenüber dem Berichtsjahr könnte auf Kapazitätserweiterung und/oder Rationalisierungsmaßnahmen schließen lassen.

Weiteren Aufschluss gibt eventuell ein Vergleich mit Branchendurchschnittszahlen, die im Einzelfall dem Statistischen Jahrbuch der Bundesrepbulik Deutschland zu entnehmen sind.

(3) **Kapitalstruktur**

	Vorjahr	Berichtsjahr
Eigenkapital	53,4 %	51,2 %
Fremdkapital	46,6 %	48,8 %

Ebenso wie bei der Vermögensstruktur kann man auch hier nicht ein bestimmtes Verhältnis als gut oder schlecht bezeichnen. Dementsprechend ist wiederum ein Vergleich mit dem Branchendurchschnitt sehr aufschlussreich.

Allgemein besteht die Forderung, dass das Eigenkapital möglichst hoch sein soll, um seine investitionsrechnische, kreditwirtschaftliche und betriebspolitische Funktion optimal erfüllen zu können.

Die Eigenkapitalstruktur hat sich im Vergleich Vorjahr zu Berichtsjahr leicht verschlechtert, da die Steigerung des Eigenkapitals durch den gleichzeitigen Anstieg des Fremdkapitals mehr als kompensiert wurde. Die Stärkung der Kapitaldecke dürfte wahrscheinlich ein unternehmenspolitisches Ziel der Zukunft sein.

(4) **Finanzstruktur**

	Vorjahr	Berichtsjahr
Eigenkapital	53,4 %	51,2 %
Anlagevermögen	42,5 %	46,3 %
	+ 10,9 %	+ 4,9 %
Langfristiges Fremdkapital	24,6 %	26,4 %
	35,5 %	31,3 %

Das Anlagevermögen wird in beiden Jahren voll durch Eigenkapital gedeckt. Diese Situation kann als zufriedenstellend bezeichnet werden, auch wenn mit dem Anstieg des Anlagevermögens eine Minderung der Eigenkapitaldecke verbunden ist. Es ist gelungen, die Zugänge im Anlagevermögen größtenteils durch Aufnahme zusätzlicher langfristiger Mittel zu finanzieren.

(5) **Liquidität**

Eine externe Liquiditätsbeurteilung anhand des Jahresabschlusses enthält aus verschiedenen Gründen Ungenauigkeiten. Der Feststellung der einzelnen Liquiditätsgrade und der Ermittlung der Über-/Unterdeckung kommt deshalb nur Näherungscharakter zu.

	Vorjahr		Berichtsjahr	
	Mio. €	%	Mio. €	%
Liquidität I. Grades				
Mittel I. Grades	26	8,3	30	8,2
Fremdkapital (kurzfristig)	51	16,3	63	17,2
Unterdeckung	25	8,0	33	9,0

Liquidität II. Grades				
Mittel II. Grades	38	12,1	46	12,5
Fremdkapital (mittelfristig)	18	5,7	19	5,2
Überdeckung	20	6,4	27	7,3
:/. Unterdeckung I. Grades	25	8,0	33	9,0
Unterdeckung	5	1,6	6	1,7
Liquidität III. Grades				
Mittel III. Grades	116	37,1	121	33,0
Fremdkapital (langfristig)	77	24,6	97	26,4
Überdeckung	39	12,5	24	6,6
./. Unterdeckung II. Grades	5	1,6	6	1,7
Überdeckung	34	10,9	18	4,9

Die Liquiditätslage des Unternehmens ist zufriedenstellend. Es ergibt sich zwar erst bei der Liquidität III. Grades eine Überdeckung. Dem ist aber entgegenzuhalten, dass die Aufteilung der Mittel und des Fremdkapitals mit großer Vorsicht vorgenommen wurde. Zudem ist zu berücksichtigen, dass der Jahresabschluss nach dem Stichtagsprinzip erstellt wird, während die Liquidität eine zeitraumbezogene Rechnung ist.

Stichwortverzeichnis